Übungen zu 1.2.1

1. Ordnen Sie die Graphen den Geradengleichungen zu.
a) $y = -5$
b) $y = 2x - 1$
c) $y = \frac{1}{2}x + 1$
d) $x = -5$
e) $y = \frac{1}{3}x$

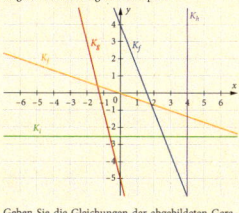

2. Geben Sie die Steigung m und den y-Achsenabschnitt b der Graphen der linearen Funktionen an. Zeichnen Sie die Graphen der Funktionen in ein Koordinatensystem.
a) $f(x) = 3x$
b) $f(x) = -2x + 1$
c) $f(x) = -\frac{4}{5}x + \frac{5}{2}$
d) $f(x) = 4$

3. Zeichnen Sie den Graphen der Funktion f mit $f(x) = -2,5x + 4$. Zeigen Sie, dass zwei unterschiedliche Steigungsdreiecke an die Gerade die gleiche Steigung aufweisen.

4. Geben Sie die Steigung m und den y-Achsenabschnitt b der Graphen der linearen Funktionen an.
a) $y = \frac{1}{3}x$
b) $3x - 2y - 2 = 0$
c) $y = \frac{1}{2} - \frac{2}{5}x$
d) $y = -8$
e) $y = \pi(x + 1) - 2$
f) $0 = 12x - 3y + 6$

5. Bestimmen Sie jeweils die Gleichung der Geraden, die durch P und Q geht.
a) $P(5|2) \quad Q(3|1)$
b) $P(2|4) \quad Q(0|6)$
c) $P(-1,5|0) \quad Q(1,5|-6)$
d) $P(-1|3) \quad Q(1|3)$
e) $P(2|-3) \quad Q(2|4)$

6. Gegeben sind jeweils zwei Punkte. Berechnen Sie die Steigung der Geraden K_f durch P_1 und P_2, wenn möglich. Entscheiden Sie, ob die Gerade K_f steigend, fallend oder parallel zu einer Achse ist.
a) $P_1(-2|1) \quad P_2(6|3)$
b) $P_1(-5|2) \quad P_2(3,5|2)$
c) $P_1(-2|6) \quad P_2(4|3)$
d) $P_1(-4|-1) \quad P_2(6|1)$
e) $P_1(2|1) \quad P_2(2|6)$

7. Gegeben sind die Gleichungen linearer Funktionen f und Punkte P. Bestimmen Sie die Steigung m des Graphen K_f und den Schnittpunkt mit der y-Achse. Bestimmen Sie die Lage von P (oberhalb, unterhalb oder auf K_f).
a) $y = 3x - 1 \quad P(2|6)$
b) $y = 2 \quad P(2|1,5)$
c) $y = -2x + 4 \quad P(0,5|3)$
d) $y = 3(x - 5) \quad P(4|-2)$
e) $y = -0,5(x - 2) - 3 \quad P(2|-3)$
f) $x - 2y - 6 = 0 \quad P(9|1)$

8. Gegeben sind die folgenden Graphen.

a) Geben Sie die Gleichungen der abgebildeten Geraden an.
b) Berechnen Sie die Nullstelle der Funktion, die eine negative Nullstelle hat.
c) Berechnen Sie den Flächeninhalt des Dreiecks, das von K_f und den Achsen begrenzt wird.

9. Geben Sie die lineare Funktion an, deren Graph den Steigungswinkel $\alpha = 60°$ und den y-Achsenschnittpunkt $S_y(0|6)$ besitzt.

58

Am Ende jedes Abschnitts finden Sie zahlreiche **Übungen**. Nach jedem Abschnitt zweiter Ordnung (z. B. 1.1) folgen zudem übergreifende Aufgaben.

Aufgaben, die mit dem **Symbol** gekennzeichnet sind, sollen ohne Hilfsmittel gelöst werden.

Zum Abschluss jedes Kapitels finden Sie den Kompetenz-Check **„Ich kann …"** sowie einen **Abschluss-Test**. So können erworbene inhaltliche und anwendungsbezogene Kompetenzen überprüft werden.

1.2 Lineare Funktionen und lineare Ungleichungen

Ich kann …

… eine lineare Funktion in **Hauptform** angeben sowie die Bedeutung von m und b erklären.
▶ Test-Aufgabe 4b)

$f(x) = -\frac{1}{4}x + 2$
$f(x) = -\frac{1}{4} \cdot 0 + 2$
$S_y(0|2)$

Die Gerade zu $x = 3$ hat keine Steigung, sie ist parallel zur y-Achse.

$f(x) = mx + b$ mit $m, b \in \mathbb{R}$
m: Steigung der Geraden K_f
b: y-Achsenabschnitt
$S_y(0|b)$: y-Achsenschnittpunkt
Parallele zur y-Achse: $x = a$,
$a \in \mathbb{R}$ (keine Funktion)

… eine Gerade mithilfe des y-Achsenabschnitts b und des Steigungsdreiecks zeichnen bzw. die Werte für m und b aus der Zeichnung ablesen.
▶ Test-Aufgaben 1a), 4a)

y-Achsenabschnitt b einzeichnen/ablesen; Steigungsdreieck mit $m = \frac{\Delta y}{\Delta x}$ zeichnen/ablesen

… die **Steigung** m mithilfe zweier Punkte bestimmen.
▶ Test-Aufgaben 3c), 5a)

$P_1(0|2) \; ; \; P_2(4|1)$
$m = \frac{1-2}{4-0} = -\frac{1}{4}$

$P_1(x_1|y_1); P_2(x_2|y_2)$
$m = \frac{y_1 - y_2}{x_1 - x_2} = \frac{\Delta y}{\Delta x}$

… eine **Funktionsgleichung** mithilfe der Steigung m und eines Punkts $P(x_p|y_p)$ bestimmen.
▶ Test-Aufgabe 5b)

$m = 2; P(-1|-3)$
$-3 = 2 \cdot (-1) + b \Rightarrow b = -1$
$y = 2x - 1$ Hauptform
Oder: $y = 2(x - (-1)) - 3$
$= 2(x + 1) - 3$ PSF

m, x_p und y_p in $y = mx + b$ **(Hauptform)** einsetzen und nach b auflösen.
Oder: m in $y = m(x - x_p) + y_p$ **(Punkt-Steigungsform)** einsetzen.

… den **Schnittpunkt** zweier Geraden berechnen.
▶ Test-Aufgaben 1b), 4d)

$f(x) = -x + 1,5$ und $g(x) = 2x - 4,5$
$f(x) = g(x)$
$-x + 1,5 = 2x - 4,5$
$\Rightarrow x = 2$
$f(2) = -0,5 \Rightarrow S(2|-0,5)$

1. $f(x) = g(x)$ setzen
2. Gleichung auflösen
→ x-Wert des Schnittpunkts
3. Einsetzen des x-Werts in die Gleichung von f oder g
→ y-Wert des Schnittpunkts

… die Steigung einer **parallelen** oder **orthogonalen** Geraden bestimmen.
▶ Test-Aufgaben 2b), 2c)

$f(x) = -\frac{1}{4}x + 2$ und $g(x) = -\frac{1}{4}x + 3$
$m_f = m_g = -\frac{1}{4}$

Parallele Geraden besitzen die gleiche Steigung: $m_f = m_{g'}$

$f(x) = -\frac{1}{4}x + 2$ und $h(x) = 4x - 2$
$m_f \cdot m_h: m_h = -\frac{1}{4} \cdot 4$

Bei orthogonalen Geraden gilt:
$m_f \cdot m_g = -1$

… die Größe des **Steigungswinkels** α einer Geraden bestimmen.
▶ Test-Aufgabe 3d), 7)

$m = -\frac{1}{4}$; $-\frac{1}{4} = \tan(\alpha_{neg})$
$\alpha_{neg} = -14°$
$\alpha = 180° - 14° = 166°$

$m = \tan(\alpha)$ nach α auflösen
$\alpha = 180° - \alpha_{neg}$, falls der Wert negativ ist.

… den **Abstand** zwischen zwei Punkten berechnen.
▶ Test-Aufgaben 3e), 4d)

$P(-1|4)$ und $Q(3|2)$
$d(P, Q) = \sqrt{(3 - (-1))^2 + (2 - 4)^2}$
$= \sqrt{20} \approx 4,47$ LE

$P(x_p|y_p)$ und $Q(x_Q|y_Q)$
$d(P, Q) = \sqrt{(x_Q - x_p)^2 + (y_Q - y_p)^2}$

… eine **Ungleichung** lösen.
▶ Test-Aufgabe 4c)

$-x + 2 < 2x - 1$
$-3x < -3 \quad | : (-3)$
$x > 1$
$L =]1; +\infty[$

Grafisch: $f(x) < g(x)$ gilt, wenn K_f **unterhalb** von K_g liegt
Rechnerisch: beim Multiplizieren/Dividieren mit einer negativen Zahl muss das Ungleichzeichen umgedreht werden

74

Test zu 1.2

1. Gegeben sind die beiden linearen Funktionen f mit $f(x) = -1,25x + 3$ und g mit $g(x) = 0,75x - 1$ mit $x \in \mathbb{R}$.
a) Zeichnen Sie die Graphen der beiden Funktionen f und g in ein Koordinatensystem.
b) Berechnen Sie die Koordinaten des Schnittpunkts der beiden Geraden K_f und $K_{g'}$.

2. Gegeben ist die Gerade K_f mit der Gleichung $f(x) = -\frac{1}{4}x + 2$.
a) Überprüfen Sie rechnerisch, ob der Punkt $R(4|0)$ auf der Geraden liegt.
b) Geben Sie die Gleichung einer Geraden K_g an, die parallel zu K_f durch den Ursprung verläuft.
c) Geben Sie die Gleichung einer Geraden K_h an, die senkrecht zu K_f verläuft und die dieselbe Nullstelle wie K_f hat.
d) Geben Sie die Koordinaten eines Punkts an, der *nicht* auf K_f liegt.

3. Gegeben sind die Punkte $A(-1|3)$, $B(4|1)$ und $D(0|5,5)$ sowie die eingezeichneten Strecken.
a) Bestimmen Sie den Punkt C so, dass die Punkte A, B, C und D ein Rechteck bilden.
b) Der Punkt A liegt auf der Geraden K_{f_1} mit $f_1(x) = -\frac{2}{5}(x - 4) + 1$. Begründen Sie mithilfe der Gleichung, dass auch B auf K_{f_1} liegt.
c) Bestimmen Sie die Gleichung der Geraden K_{f_2}, die durch A und D geht. Geben Sie den Definitionsbereich der zugehörigen Funktion zur Beschreibung der Strecke $\overline{AD}$ an.
d) Der Steigungswinkel α der Geraden durch B und D beträgt $131,6°$.
Bestimmen Sie die Größe des Winkels β, der von den Strecken $\overline{AB}$ und $\overline{BD}$ eingeschlossen wird.
e) Berechnen Sie den Flächeninhalt des Rechtecks $ABCD$.

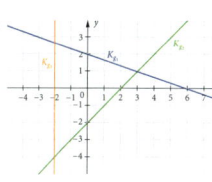

4. Gegeben sind drei Geraden durch die nebenstehende Grafik.
a) Bestimmen Sie die Gleichungen der Geraden.
b) Geben Sie die zu K_{f_3} den y-Achsenabschnitt an. Nennen Sie die Nullstelle von g_1.
c) Lösen Sie die folgenden Ungleichungen grafisch und rechnerisch.
c₁) $g_1(x) \geq 0$
c₂) $g_2(x) \leq 3$
c₃) $g_1(x) > g_2(x)$
d) Berechnen Sie den Flächeninhalt des Dreiecks, das durch die drei Geraden begrenzt wird.

5. Philippo steigt aus dem Bus aus und geht mit konstanter Geschwindigkeit in Richtung Elbphilharmonie. Nach 3 Sekunden ist Philippo 9 Meter und nach 8 Sekunden 14 Meter von der Bushaltestelle entfernt.
a) Bestimmen Sie die Geschwindigkeit, mit der Phillippo sich bewegt.
b) Ermitteln Sie zeichnerisch und rechnerisch Philippos Entfernung von der Bushaltestelle nach 5 Sekunden.

6. Für eine lineare Funktion f gilt: $f(2016) - f(2006) = 20$. Geben Sie mit kurzer Begründung an, welchen Wert $f(2016) - f(1991)$ annimmt.

7. Gegeben sind die Punkte $A(1|2,5)$ und $B_a(2|a)$. Bestimmen Sie a so, dass die Gerade durch A und B_a einen Steigungswinkel von $60°$ hat.

75

Zusatzmaterialien in der PagePlayer-App

Die PagePlayer-App ergänzt dieses Buch durch kostenlose digitale Zusatzmaterialien. Diese können zu Hause, unterwegs oder auch im Unterricht mit dem Smartphone oder dem Tablet direkt aus dem Buch heraus geöffnet werden. Nach einmaligem Herunterladen stehen alle Materialien auch offline zur Verfügung.

Und so können Sie die Materialien abspielen:

1. Scannen Sie den QR-Code und laden Sie die kostenlose App PagePlayer herunter. Sie können die Inhalte auf Ihrem Smartphone oder Tablet speichern und jederzeit direkt aus dem Buch aufrufen.

2. Scannen Sie mit Ihrem Smartphone oder Tablet die ausgewählte Buchseite mit den Icons , und . Das Material wird angezeigt und Sie können es direkt starten. Alternativ können Sie auf die Inhalte der App über das Medienmenü zugreifen.

> Scannt man diese Seite, dann kommt man zu „Funktionsplottern", mit denen man beliebige Graphen zeichnen kann.

Sie erkennen die Zusatzmaterialien im Buch an den folgenden Symbolen:

▷ Lernvideos

In den Lernvideos werden vor allem grundlegende Rechenverfahren gezeigt. Sie unterstützen damit das Lösen von Übungsaufgaben.

◯ GeoGebra-Applets

Die GeoGebra-Applets sind für das intuitive Erforschen mathematischer Zusammenhänge konzipiert, kurze Aufgabenstellungen in der App unterstützen dabei. Weiterhin können die Applets zum Überprüfen von Ergebnissen genutzt werden.

Interaktive Übungen

Zu jedem Kapitel zweiter Ordnung (z. B. 3.1) geben interaktive Übungen die Möglichkeit, das Erlernte zu üben und den Lernerfolg zu überprüfen.

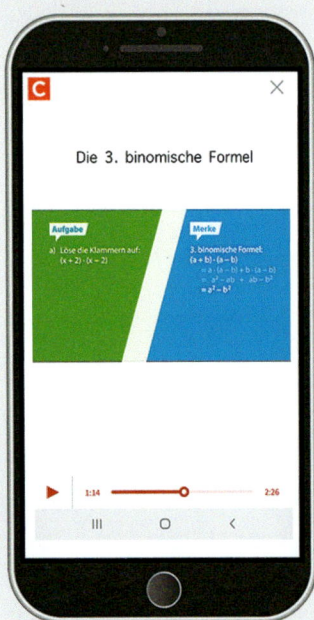

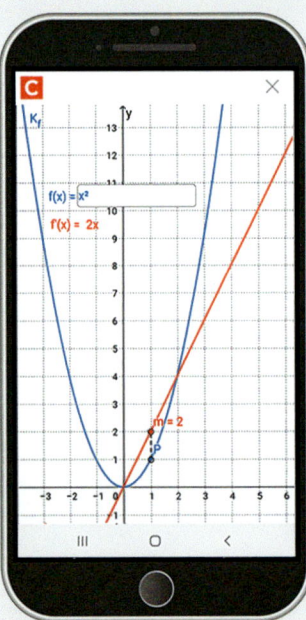

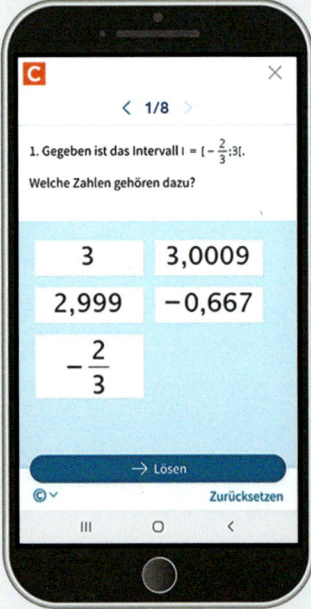

MATHEMATIK
BERUFLICHES GYMNASIUM

BADEN-WÜRTTEMBERG | EINGANGSKLASSE

Von:

Frédérique Chauffer

Otto Feszler

Rüdiger Hölzel

Michael Knobloch

Heidrun Roschmann

Christian Saur

Markus Strobel

unter Mitarbeit der Redaktion

Beratung:

Vera May

Dieses Buch enthält Materialien und Aufgaben anderer Bücher der Cornelsen Schulverlage.
An diesen waren neben den zuvor genannten Personen beteiligt:
Dr. Volker Altrichter, Garnet Becker, Christoph Berg, Sandra Bödeker, Rudolf Borgmann, Juliane Brüggemann, Elke Effert, Susanne Emminger, Hugo Fenner, Werner Fielk, Dr. Christoph Fredebeul, Dr. Michael Funcke, Berthold Heinrich, Christine Heinz, Christa Hermes, Robert Hinze, Andreas Höing, Mikhail Ioffe, Wolfgang Jüschke, Volker Klotz, Eva Klute, Jost Knapp, Daniel Körner, Stefan Konstandin, Peter Meier, Hildegard Michael, Georg Ott, Jörg Rösener, Franz Roßmann, Kathrin Rüsch, Volker Schmitt, Karin Schommer, Rolf Schöwe, Dr. Markus Schröder, Reinhard Sobczak, Jens-Oliver Stock, Robert Triftshäuser, Paul Vaßen, Susanne Viebrock, Claus Wiesmann, Simon Winter, Martina Wolke

Verlagsredaktion: Marielle Böhning, Linda Ristau, Susann Streller
Redaktion: Gudrun Schaeper, Kyritz
Korrektorat: Oskar Braun, Dimler & Braun Partnerschaft, Müncheberg
Bildredaktion: Gertha Maly
Illustration: Dietmar Griese, Laatzen
Grafik/technische Zeichnungen: Martin Frech, Tübingen; Da-TeX Gerd Blumenstein, Leipzig; zweiband.media, Berlin
Umschlaggestaltung: Elena Blazquez, Recklinghausen; EYES-OPEN, Berlin
Layout: Da-TeX Gerd Blumenstein, Leipzig
Technische Umsetzung: Maas & Frech GbR, medienfrech.de, Tübingen

www.cornelsen.de

1. Auflage, 1. Druck 2021

Alle Drucke dieser Auflage können im Unterricht nebeneinander verwendet werden.

Druck: Firmengruppe APPL, aprinta Druck, Wemding

ISBN 978-3-06-451067-8 (Schülerbuch)
ISBN 978-3-06-451071-5 (E-Book)

PEFC zertifiziert
Dieses Produkt stammt aus nachhaltig bewirtschafteten Wäldern und kontrollierten Quellen.
www.pefc.de

PEFC/04-32-0928

Vorwort

Dieses Schulbuch wendet sich an Lernende, die das Berufliche Gymnasium in Baden-Württemberg besuchen und ist passgenau zu den ab dem Schuljahr 2021/22 geltenden Bildungsplänen konzipiert.

Zahlreiche digitale Zusatzmaterialien gibt es in der kostenlosen PagePlayer-App. Sie finden dort Lernvideos, GeoGebra-Applets und interaktive Übungen. Die digitalen Materialien unterstützen das Verständnis mathematischer Zusammenhänge und das Lösen von Übungsaufgaben.

Das Autorenteam hat bewusst darauf geachtet, dass alle im Bildungsplan aufgeführten Kompetenzen durch viele Aufgaben und Beispiele gefördert werden.

Ein Teil der Prüfung ist ohne Hilfsmittel zu lösen, für den restlichen Teil darf nur ein wissenschaftlicher Taschenrechner (WTR) und die offizielle Merkhilfe des Kultusministeriums verwendet werden. Diesem Sachverhalt wird im ganzen Lehrbuch Rechnung getragen: Über das gesamte Buch verteilt finden sich Aufgaben, die ohne Hilfsmittel zu lösen sind und die so auf den hilfsmittelfreien Teil der Abiturprüfung vorbereiten.

Die Inhalte des Buchs sind mit Blick auf die Schülerperspektive geschrieben: Durch zahlreiche Beispiele aus der Alltags- und Berufswelt werden die Lernenden motiviert, sich mit mathematischen Aufgabenstellungen auseinanderzusetzen. Durch die schülergerechten Erläuterungen und die Übersichtlichkeit der Beispiele lädt das Buch die Lernenden ein, die Themen auch selbstständig nachzuarbeiten oder zu erarbeiten. Die kurzen „Alles klar?"-Aufgaben, „Ich kann…"-Checks und Tests, deren Lösungen am Ende des Lehrbuchs zu finden sind, bieten die Möglichkeit zur Selbstkontrolle und fördern das selbstständige Lernen, Vertiefen und Wiederholen.

Wir sind davon überzeugt, dass das Buch einen wertvollen Beitrag dazu leistet, einen verständnisorientierten Mathematikunterricht auch mit digitaler Unterstützung erfolgreich zu gestalten.

Wir würden uns über Rückmeldungen und Anregungen freuen.

Das Autorenteam
– tätig an Beruflichen Gymnasien mit verschiedenen Ausbildungsrichtungen in Baden-Württemberg:

Frédérique Chauffer, Lehrerin für Mathematik und Informationstechnik
Otto Feszler, Lehrer für Mathematik und Informationstechnik
Rüdiger Hölzel, Lehrer für Mathematik, Elektrotechnik und Informationstechnik
Michael Knobloch, Lehrer für Mathematik und Chemie
Heidrun Roschmann, Lehrerin für Mathematik und Physik
Christian Saur, Lehrer für Mathematik und Englisch
Markus Strobel, Lehrer für Mathematik und Fertigungstechnik

Zusammen haben wir 125 Jahre Unterrichtserfahrung. In dieser Zeit haben wir mehr als 50 000 einzelne Mathematik-Klassenarbeiten korrigiert und ungefähr 1000 Mathematik-Abiturprüfungen abgenommen.

Inhaltsverzeichnis

Grundlagen

1 Vertiefung der Mathematik aus der Sekundarstufe I

2 Funktionen und zugehörige Gleichungen

3   Veränderungen verstehen

4   Vektorielle Geometrie – Grundlagen

Anhang

Bildquellenverzeichnis

Grundlagen

Aussagenlogik

Ein sinnvoller Satz heißt **Aussage**, wenn eindeutig entschieden werden kann, ob er wahr oder falsch ist.

Aussagen bezeichnen wir mit Großbuchstaben. Sie können sowohl durch Sätze als auch durch Gleichungen oder Ungleichungen angegeben werden.

A: Köln ist eine Stadt.	wahre Aussage (w)
B: $5 > 7$	falsche Aussage (f)
C: $7x + = +$	keine Aussage

Werden Aussagen miteinander verbunden, so entstehen neue, zusammengesetzte Aussagen.
Der Wahrheitswert von Verknüpfungen verschiedener Aussagen lässt sich in der **Wahrheitstafel** ablesen.

Sind zwei Aussagen A und B so verknüpft, dass die zusammengesetzte Aussage nur dann wahr ist, wenn beide Aussagen wahr sind, so heißt diese Verknüpfung **Und-Verknüpfung** oder **Konjunktion**. Für diese logische Verknüpfung wird das Zeichen $\wedge$ verwendet.

A	B	$A \wedge B$	$A \vee B$
w	w	w	w
w	f	f	w
f	w	f	w
f	f	f	f

„Köln ist eine Stadt" $\wedge$ „$5 > 7$" (f), da A(w) und B(f)
„Köln ist eine Stadt" $\vee$ „$5 > 7$" (w), da A(w) und B(f)

Sind zwei Aussagen A und B so verknüpft, dass die zusammengesetzte Aussage genau dann wahr ist, wenn entweder die eine oder die andere oder beide Aussagen wahr sind, so heißt diese Verknüpfung **Oder-Verknüpfung** oder **Disjunktion**. Für diese logische Verknüpfung wird das Zeichen $\vee$ verwendet.

Sind zwei Aussagen A und B so verknüpft, dass aus der Aussage A die Aussage B folgt, so heißt diese Verknüpfung **Folgerung** oder **Implikation**. Das zugehörige Zeichen ist $\Rightarrow$.

A	B	$A \Rightarrow B$	$A \Leftrightarrow B$
w	w	w	w
w	f	f	f
f	w	w	f
f	f	w	w

Sind zwei Aussagen so verknüpft, dass die zusammengesetzte Aussage immer dann wahr ist, wenn beide Aussagen wahr oder beide Aussagen falsch sind, so liegt eine **Äquivalenz** von Aussagen vor. Für diese Verknüpfung wird das Zeichen $\Leftrightarrow$ benutzt.

Bei **äquivalenten Umformungen** bleibt die Lösungsmenge und die Lösbarkeit einer Gleichung unverändert.

Äquivalente Umformung:
$x + 1 = 4 \Leftrightarrow x = 3$
ist gleichwertig zu:
$$x + 1 = 4 \qquad | -1$$
$$x = 3$$

Übungen

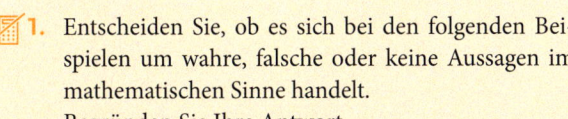

1. Entscheiden Sie, ob es sich bei den folgenden Beispielen um wahre, falsche oder keine Aussagen im mathematischen Sinne handelt.
Begründen Sie Ihre Antwort.
a) Es gibt ungerade Zahlen, die durch 3 teilbar sind.
b) Rom ist die Hauptstadt Italiens.
c) Bayern München ist ein guter Fußballverein.

2. Verknüpfen Sie die Aussagen A und B jeweils durch $\wedge$, $\vee$ und $\Rightarrow$. Geben Sie für jede verknüpfte Aussage den Wahrheitswert in Tabellenform an.
a) A: Jede Zahl ist durch 2 teilbar.
   B: 101 ist eine gerade Zahl.
b) A: Ich drücke den Lichtschalter.
   B: Das Licht geht aus.

3. Prüfen Sie die folgenden Aussageformen A und B auf Äquivalenz.
a) A: $x^2 = 25$ B: $x = 5$
b) A: $x^2 - 9 = 0$ B: $(x - 3)(x + 3) = 0$

G

Mengen

Eine **Menge** ist eine Zusammenfassung von Objekten (**Elementen**) zu einem Ganzen. Mengen werden in der Regel mit Großbuchstaben bezeichnet und mithilfe von geschweiften Klammern dargestellt.

Die Menge A enthält die Elemente Füller, Bleistift, Radiergummi und Lineal.
$\in$ ist das Zeichen für „ist Element von".
$\notin$ ist das Zeichen für „ist nicht Element von".

$A = \{$Füller; Bleistift; Radiergummi; Lineal$\}$
▶ **aufzählende** Darstellung
Füller $\in A$
Geodreieck $\notin A$

B ist eine **endliche Menge** mit den Elementen 4, 7 und 9,5.

$B = \{4; 7; 9,5\}$ ▶ drei Elemente

C ist eine **unendliche Menge**.
Die **leere Menge** enthält gar keine Elemente.

$C = \{1; 2; 3; 4; \dots\}$ ▶ unendlich viele Elemente
$D = \{\ \}$ oder $D = \emptyset$

Eine Menge kann auch **beschreibend** angegeben werden, d. h. durch Angabe eines gemeinsamen Merkmals der Elemente.

$M = \{x \,|\, x$ ist in der Klasse 11/1 und x ist ein Mädchen$\}$

Menge aller x für die gilt   Verknüpfungen sind möglich
▶ x hat hier die Rolle eines Platzhalters.

Wenn alle Elemente einer Menge M in einer Menge K enthalten sind, sagen wir, dass M **Teilmenge** von K ist und schreiben $M \subset K$.

$K = \{x \,|\, x$ ist in der Klasse 11/1$\}$
$M \subset K$: Alle Mädchen aus M sind in der Menge K (Klasse 11/1).

Die Menge der Elemente, die sowohl zur Menge A als auch zur Menge B gehören heißt **Schnittmenge** von A und B.
$C = A \cap B = \{x \,|\, x \in A \wedge x \in B\}$

$A = \{x \,|\, x$ ist Augenzahl eines Standardwürfels$\}$
$B = \{0; 1; 2\}$

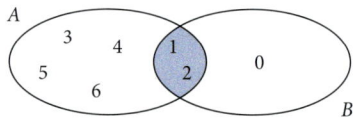

Dies können wir mithilfe eines **Venn-Diagramms** besonders gut darstellen.

$C = \{1; 2\}$

Die **Vereinigungsmenge** zweier Mengen A und B umfasst alle Elemente, die in A oder in B oder in beiden Mengen enthalten sind.

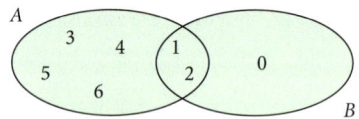

$D = A \cup B = \{x \,|\, x \in A \vee x \in B\}$

$D = \{0; 1; 2; 3; 4; 5; 6\}$

Die **Differenzmenge** (oder **Restmenge**) der Mengen A und B umfasst alle Elemente, die in A aber nicht in B enthalten sind.

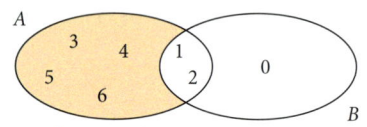

$E = A \setminus B = \{x \,|\, x \in A \wedge x \notin B\}$
Sprechweise: „A ohne B"

$E = \{3; 4; 5; 6\}$

Übungen

1. Geben Sie $A \cap B$, $A \cup B$ und $A \setminus B$ jeweils in aufzählender Form an und zeichnen Sie die zugehörigen Venn-Diagramme.

a) $A = \{2; 3; 4; 5; 6\}$
   $B = \{3; 4; 6; 8; 9; 10\}$
b) $A = \{j; k; l; m\}$
   $B = \{a; b; l; m; n\}$

2. Geben Sie die Mengen in aufzählender Form an.

a) $B \cup C$
b) $A \cap C$
c) $A \cap B$
d) $A \cup B \cup C$
e) $C \cap (A \cup B)$
f) $(A \cup B) \setminus C$

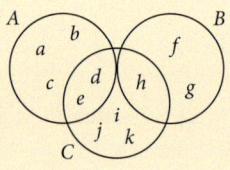

Rechnen mit Termen

Begriffe und Regeln

Als **Term** bezeichnet man einen mathematisch sinnvollen Ausdruck aus reellen Zahlen, Variablen und Operatoren, z. B. 159; a; $3x + b$; $7uv$; $5z^2$; $\sqrt{3y}$. Kein Term ist dagegen $14 + : x$.

Rechenoperation	Schreibweise	Namen der einzelnen Terme	Name des Ergebnisses
Addieren	$a + b$	a, b: Summanden	Summe
Subtrahieren	$a - b$	a: Minuend, b: Subtrahend	Differenz
Multiplizieren	$a \cdot b$	a, b: Faktoren	Produkt
Dividieren	$a : b$ oder $\frac{a}{b}$	a: Dividend (Zähler), b: Divisor (Nenner)	Quotient
Potenzieren	a^n	a: Basis (Grundzahl), n: Exponent (Hochzahl)	Potenz
Radizieren (Wurzelziehen)	$\sqrt{a}$, allgemein $\sqrt[n]{a}$	a: Radikand, n: Wurzelexponent	Wurzel

Der **Betrag** einer Zahl gibt ihren „Abstand" zur Null an. Er ist daher nie negativ.

$|4| = 4$ (wir lesen: „Betrag von 4 gleich 4")
$|-4| = 4$ (wir lesen: „Betrag von −4 gleich 4")

$$\text{allgemein: } |a| = \begin{cases} a & \text{falls } a \geq 0 \\ -a & \text{falls } a < 0 \end{cases}$$

Elementare Rechenregeln

„Punktrechnung vor Strichrechnung"
Zuerst führen wir alle „Punktrechnungen" und anschließend die „Strichrechnungen" durch.

$$= \underset{-48}{24 \cdot (-2)} + \underset{3}{12 : 4} + \underset{50}{5 \cdot 10} = 5$$

„Potenzrechnung vor Punktrechnung"
Zuerst berechnen wir die Potenzen, anschließend kann mit einem anderen Faktor multipliziert werden.

$$5 \cdot 2^3 = 5 \cdot 8 = 40$$
$$-5 \cdot 2^3 = -5 \cdot 8 = -40$$
$$-2^4 = (-1) \cdot 2^4 = (-1) \cdot 16 = -16$$
$$\text{Aber: } (-2)^4 = 16$$

„Klammerrechung geht vor"
Wenn ein Term Klammern enthält, muss deren Inhalt zuerst berechnet werden. Bei mehreren Klammern rechnen wir von innen (runde Klammer) nach außen (eckige Klammer).

$$\left(\frac{7}{2} - \frac{3}{2}\right) \cdot 9 = \frac{4}{2} \cdot 9 = 2 \cdot 9 = 18$$

$$2 \cdot [7a - (2a + 4a)]$$
$$= 2 \cdot [7a - 6a]$$
$$= 2 \cdot a = 2a$$

Übungen

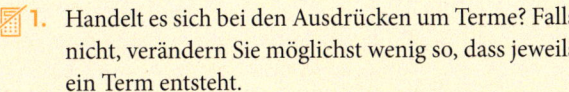

1. Handelt es sich bei den Ausdrücken um Terme? Falls nicht, verändern Sie möglichst wenig so, dass jeweils ein Term entsteht.

a) $2a + b$
b) $8 + \cdot 2$
c) $1{,}5x$
d) $4 + x = -7$
e) $8x^2 + y$
f) $16(8x - 22$
g) $[x + 5|$
h) $1 < 2$
i) $x = 3$
j) $9(v + w)$

2. Berechnen Sie ohne Taschenrechner.

a) $[-12 + |-6| + 2 \cdot (16 - 3)] : 2 + 1$
b) $5 \cdot 10 - 20 \cdot [25 + (30 - 5) - 50] - 5 \cdot 3$
c) $2 - 3 \cdot (72 + 21 + 8)$
d) $-2^2 + 3 \cdot (18 - 13)$
e) $|12 - 8| - (-5)^3$
f) $[21 + 2 \cdot (38 - 50)] + 3 \cdot 8$
g) $|3 \cdot (6 - 14)| : 6 + 4^2$

G

Rechnen mit Klammern

Ausmultiplizieren

Wir können einen Faktor, der vor oder hinter einer Klammer steht, mit den Summanden in der Klammer multiplizieren.

(Aus)multiplizieren:

$$-3\,\overbrace{(2a + 3b)} = -6a - 9b$$

$$(3x + 4y)\cdot 5 = 3x\cdot 5 + 4y\cdot 5 = 15x + 20y = 15x + 20y$$

$$2x(-3 - 0{,}5x) = (2x)\cdot(-3) + 2x\cdot(-0{,}5x) = -6x - x^2$$

Multiplikation von Klammern

Wir multiplizieren zwei Klammern, indem wir jeden Summanden der ersten Klammer mit jedem Summanden der zweiten Klammer multiplizieren.

Die **binomischen Formeln** sind Spezialfälle für die Multiplikation zweier Klammern:

$(a + b)^2 = a^2 + 2ab + b^2$ ▸ 1. binomische Formel
$(a - b)^2 = a^2 - 2ab + b^2$ ▸ 2. binomische Formel
$(a + b)(a - b) = a^2 - b^2$ ▸ 3. binomische Formel

$$(2x + y)(4x - 3)$$
$$= 2x\cdot 4x + 2x\cdot(-3) + y\cdot 4x + y\cdot(-3)$$
$$= 8x^2 - 6x + 4xy - 3y$$

$$(x + 3)^2 = x^2 + 2\cdot x\cdot 3 + 3^2 = x^2 + 6x + 9$$
$$(2a - 3b)^2 = (2a)^2 - 2\cdot(2a)\cdot(3b) + (3b)^2$$
$$= 4a^2 - 12ab + 9b^2$$
$$(4x - 3y)(4x + 3y) = (4x)^2 - (3y)^2 = 16x^2 - 9y^2$$
$$(x + \sqrt{2})(x - \sqrt{2}) = x^2 - (\sqrt{2})^2 = x^2 - 2$$

Wenn das Produkt mehrere Faktoren hat, multiplizieren wir zuerst zwei Faktoren miteinander, dann das Teilergebnis mit dem dritten Faktor etc.

$$x(2x - 1)(x + 3) = (2x^2 - x)(x + 3)$$
$$= 2x^3 + 6x^2 - x^2 - 3x$$
$$= 2x^3 + 5x^2 - 3x$$

Es ist nicht immer sinnvoll, auszumultiplizieren:
Ist der Wert einer Variablen bekannt, so können wir den Wert des Ausdrucks in der Regel einfacher berechnen, wenn wir nicht ausmultiplizieren.

$x(2x - 1)(x + 3)$ mit $x = 2$:
$2(2\cdot 2 - 1)(2 + 3) = 2\cdot 3\cdot 5 = 30$
Erst nach dem Ausmultiplizieren:
$2x^3 + 5x^2 - 3x$ mit $x = 2$:
$2\cdot 2^3 + 5\cdot 2^2 - 3\cdot 2 = 16 + 20 - 6 = 30$

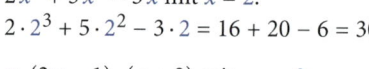

Wir setzen 2 ein.

Insbesondere „sehen" wir dann ohne zusätzliche Rechnungen, ob sich null ergibt. Dazu wenden wir den **Satz vom Nullprodukt** an.
Ein Produkt ist genau dann null, wenn mindestens einer der Faktoren gleich null ist.
Kurz: $a\cdot b = 0 \iff a = 0 \lor b = 0\ (a, b \in \mathbb{R})$

$$x\cdot(2x - 1)\cdot \underbrace{(x + 3)}_{\underbrace{-3 + 3}_{0}}\ \text{mit}\ x = -3$$
$$= 0$$

▸ Das Produkt wird auch für $x = 0$ und $x = 0{,}5$ null.

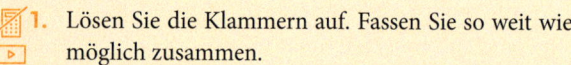

Übungen

1. Lösen Sie die Klammern auf. Fassen Sie so weit wie möglich zusammen.

a) $5 - (-3x + 6) - 7x$ d) $2(3(-2(x-5)) + 15)$
b) $5(2 - 3x)$ e) $x(b - a) + (a - b)x$
c) $-(2x - 1)\cdot 19 + 32x$ f) $(3 - 5y)(3 + 5y)$

2. Multiplizieren Sie aus.
a) $(x + 7)^2$ c) $(2x + 5)(2x - 5)$
b) $(5 - x)^2$ d) $(4x + 6y)^2$

3. Multiplizieren Sie möglichst geschickt aus.
a) $(x + y)(3x - 3y)$
b) $x(2x + 8)(x - 4)$

4. Gegeben ist ein Produkt: $(x - 4)(x + 1)(3x - 6)$.
a) Bestimmen Sie den Produktwert für $x = 1$ bzw. $x = 4$.
b) Bestimmen Sie die Werte von x, für die das Produkt null wird.

Ausklammern

Es ist oft sinnvoll, die Summanden einer Summe (oder Differenz) in Produkte mit einem jeweils gleichen Faktor zu zerlegen. Diesen Faktor können wir dann **ausklammern**. Dadurch entsteht aus der Summe (oder Differenz) ein Produkt. Deshalb heißt diese Umformung auch **Faktorisieren**.

$$15x + 20y = 5 \cdot 3x + 5 \cdot 4y = 5 \cdot (3x + 4y)$$
$$18a - 6a^2 + 2 = 2 \cdot 9a - 2 \cdot 3a^2 + 2 \cdot 1 = 2 \cdot (9a - 3a^2 + 1)$$
$$-x - 5y - 3z = -(x + 5y + 3z)$$

Wir können auch schrittweise ausklammern.

$$
\begin{aligned}
11xy + 33x - 44ax &= x(11y + 33 - 44a) \\
&= x(11y + 11 \cdot 3 - 11 \cdot 4a) \\
&= 11x(y + 3 - 4a)
\end{aligned}
$$

Auch ein gemeinsamer Term in Klammern kann ausgeklammert werden.

$$
\begin{aligned}
3x \cdot (2x - 1) - 7 \cdot (2x + 1) \cdot (2x - 1) & \\
&= (2x - 1)(3x - 7(2x + 1)) \\
&= (2x - 1)(3x - 14x - 7) \\
&= (2x - 1)(-11x - 7)
\end{aligned}
$$

Durch das Ausklammern werden bestimmte Eigenschaften des Terms sichtbar.

Ausklammern von 5 bedeutet beispielsweise, dass der Wert des Terms ein Vielfaches von 5 ist.

$$15x + 20y = 5 \cdot (3x + 4y)$$

An der faktorisierten Form eines Terms kann man besser erkennen, wann der Term null wird. Dabei verwendet man den Satz vom Nullprodukt.
Ausklammern von x bedeutet beispielsweise, dass der Term für $x = 0$ null wird.

$$11xy + 33x - 44ax = 11x(y + 3 - 4a)$$
▶ Der Term ist auch ein Vielfaches von 11.

Wir können mitunter auch faktorisieren, indem wir die binomischen Formeln „in die andere Richtung" anwenden.

$$
\begin{aligned}
x^2 + 4x + 4 &= x^2 + 2 \cdot x \cdot 2 + 2^2 = (x + 2)^2 \\
4x^2 - 12x + 9 &= (2x)^2 - 2 \cdot 2x \cdot 3 + 3^2 \\
&= (2x - 3)^2 \\
x^2 - 25 &= x^2 - 5^2 = (x + 5) \cdot (x - 5)
\end{aligned}
$$

Übungen

1. Klammern Sie gemeinsame Faktoren aus.
a) $2a + 4b$
b) $3ac + 6ab$
c) $7a^2b^2 + 49ab$
d) $4ab^2 + 16ab + 32a^2b$
e) $5xy - 10x + 15x^2$

2. Füllen Sie die Lücken aus.
a) $(3 + \blacksquare)(3 - \blacksquare) = \blacksquare - 2{,}25$
b) $(\blacksquare + 9a)^2 = 25b^2 + \blacksquare + \blacksquare$

3. Faktorisieren Sie mithilfe der binomischen Formeln.
a) $x^2 + 10x + 25$
b) $x^2 - 6x + 9$
c) $x^2 - 36$
d) $9x^2 - 24x + 16$
e) $4x^2 + 20x + 25$

4. Faktorisieren Sie.
a) $8x - 2y$
b) $10a + 15b - 10$
c) $0{,}5x + 0{,}5y + 0{,}5z$
d) $a^2 + 2ab + b^2$
e) $z^2 - 2z + 1$
f) $36a^2 - 60ab + 25b^2$
g) $1 - 4a^2$
h) $36x^2 - 100$
i) $12x^2 - 12y^2$
j) $a(a + b) - (a + b)b$

5. Faktorisieren Sie. Berechnen Sie dann den Wert des Produkts für $x = 1$. Bestimmen Sie, für welche Werte von x der Term null wird.
a) $3x^2 - 12$
b) $-2(x + 2) + x(4x + 8)$

G

Rechnen mit Brüchen

Ein **Bruch** $\frac{a}{b}$ besteht aus seinem **Zähler** a über dem Bruchstrich und seinem **Nenner** b unter dem Bruchstrich. Vertauschen wir Zähler und Nenner eines Bruchs, dann erhalten wir den **Kehrwert**: $\frac{b}{a}$ ist der Kehrwert von $\frac{a}{b}$.

$$\frac{2}{3} \quad \nwarrow \text{ Zähler}$$
$$\quad \nwarrow \text{ Nenner}$$

Der Kehrwert von $\frac{2}{3}$ ist $\frac{3}{2}$.

Addition und Subtraktion

Brüche mit gleichem Nenner heißen **gleichnamig**. Diese addieren oder subtrahieren wir, indem wir die Zähler addieren bzw. subtrahieren. Der Nenner bleibt unverändert.

$$\frac{5}{7} - \frac{2}{7} = \frac{5-2}{7} = \frac{3}{7} \quad \blacktriangleright \text{ Brüche sind gleichnamig}$$

Brüche, die nicht gleichnamig sind, müssen wir gleichnamig machen, d.h. auf denselben Nenner bringen. Dazu bestimmen wir ihren **Hauptnenner** und **erweitern** sie dann entsprechend.

$$\frac{5}{6} + \frac{1}{8} + \frac{3}{10} - \frac{2}{9} - \frac{5}{12} + \frac{7}{40}$$

Zur Berechnung des Hauptnenners wird jede Nennerzahl in Primfaktoren zerlegt. Der Hauptnenner ist das **kleinste gemeinsame Vielfache (kgV)** aller Nenner; das ist das Produkt der höchsten in ihrer Primfaktorzerlegung auftretenden Potenzen.

$$
\begin{array}{llll}
6 = 2 \cdot & 3 & = 2 \cdot & 3 \\
8 = 2 \cdot 2 \cdot 2 & & = 2^3 \\
10 = 2 \cdot & 5 & = 2 \cdot & 5 \\
9 = & 3 \cdot 3 & = & 3^2 \\
12 = 2 \cdot 2 \cdot & 3 & = 2^2 \cdot & 3 \\
40 = 2 \cdot 2 \cdot 2 \cdot & 5 & = 2^3 \cdot & 5 \\
& 2^3 \cdot & 3^2 \cdot & 5 = 360 \quad \blacktriangleright \text{ Hauptnenner}
\end{array}
$$

$\blacktriangleright$ kgV $(6; 8; 10; 9; 12; 40) = 360$

Wenn der Hauptnenner gefunden ist, muss jeder Bruch in der Summe auf den Hauptnenner erweitert werden. Dafür werden Zähler *und* Nenner mit dem gleichen Faktor multipliziert, sodass im Nenner der Hauptnenner steht.

$$\frac{5}{6} = \frac{5 \cdot 60}{6 \cdot 60} = \frac{300}{360}$$

$$\frac{1}{8} = \frac{1 \cdot 45}{8 \cdot 45} = \frac{45}{360}$$

usw.

Nach der Erweiterung der Brüche auf den Hauptnenner 360 lässt sich die Summe leicht berechnen. Das Ergebnis sollte noch gekürzt werden.

$$\frac{300}{360} + \frac{45}{360} + \frac{108}{360} - \frac{80}{360} - \frac{150}{360} + \frac{63}{360} = \frac{286}{360}$$
$$= \frac{143}{180}$$

Übungen

Berechnen Sie und kürzen Sie das Ergebnis.

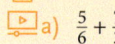 a) $\frac{5}{6} + \frac{7}{3}$

b) $-\frac{1}{2} + \frac{5}{2} - \frac{3}{8}$

c) $\frac{1}{4} + \frac{5}{8} + \frac{11}{24}$

d) $-\frac{7}{12} + \frac{2}{3} - \frac{1}{6}$

e) $\frac{3}{4} + \frac{5}{9} + \frac{18}{25} - \frac{4}{75}$

f) $\frac{36}{49} - \frac{13}{98} + \frac{17}{21} - \frac{7}{42}$

g) $\frac{3}{4} + \frac{5}{8} + \frac{2}{5} - \frac{1}{9} + \frac{1}{3}$

h) $\frac{8}{3} - \frac{1}{6} + \frac{5}{18} - \frac{4}{9}$

i) $\frac{7}{4} - \frac{5}{28} - \frac{8}{7} + \frac{9}{8}$

j) $\frac{y}{3} + \frac{2y}{5} + \frac{y}{2}$

k) $z - \frac{z}{2} + \frac{z}{4} - \frac{z}{8}$

l) $\frac{1}{x^2 - x} - \frac{x^2}{x + 1}$

Multiplikation und Division von Brüchen

Brüche werden multipliziert, indem man die Zähler und die Nenner jeweils multipliziert.

Beim Multiplizieren eines Bruchs mit einer ganzen Zahl wird im Unterschied zum Erweitern nur der Zähler mit dieser Zahl multipliziert.

Es ist zu beachten, dass ein Bruchstrich wie eine Klammer wirkt. Wenn also die Zähler bzw. Nenner Summen sind, müssen beim Multiplizieren Klammern gesetzt werden.

Zwei Brüche werden dividiert, indem man den ersten Bruch mit dem Kehrwert des zweiten Bruchs multipliziert. Diese Regel wird auch bei Doppelbrüchen angewendet.

Achtung:
Bevor Brüche multipliziert oder dividiert werden, sollten gemischte Zahlen in unechte Brüche verwandelt werden.

Gemischte Zahlen dürfen nicht verwechselt werden mit der Multiplikation von Bruch und Zahl!

$\frac{3}{5} \cdot \frac{2}{7} = \frac{3 \cdot 2}{5 \cdot 7} = \frac{6}{35}$

$\frac{3}{8} \cdot 2 = \frac{3}{8} \cdot \frac{2}{1} = \frac{6}{8} = \frac{3}{4}$

$\frac{2a+b}{4} \cdot \frac{6}{x+y} = \frac{(2a+b) \cdot \overset{3}{\cancel{6}}}{\underset{2}{\cancel{4}} \cdot (x+y)} = \frac{6a+3b}{2x+2y}$

$\frac{3}{5} : \frac{2}{7} = \frac{3}{5} \cdot \frac{7}{2} = \frac{21}{10}$

$\frac{\frac{2}{3}}{\frac{5}{6}} = \frac{2}{\underset{1}{\cancel{3}}} \cdot \frac{\overset{2}{\cancel{6}}}{5} = \frac{4}{5}$

$2\frac{3}{4}$ ▶ gemischte Zahl

$= 2 + \frac{3}{4} = \frac{8}{4} + \frac{3}{4}$

$= \frac{11}{4}$ ▶ unechter Bruch

$2\frac{3}{4} = \frac{11}{4} \neq \frac{6}{4} = 2 \cdot \frac{3}{4}$

 *Zähler mal Zähler, Nenner mal Nenner.*

 *Dividieren heißt: mit dem Kehrwert multiplizieren.*

 *Unechter Bruch: Der Zähler ist größer als der Nenner.*

Übungen

1. Multiplizieren Sie die Brüche und kürzen Sie das Ergebnis.

a) $\frac{1}{2} \cdot \frac{2}{3}$ c) $\frac{7}{8} \cdot \frac{4}{5}$ e) $\frac{5}{3} \cdot \frac{2}{11} \cdot \frac{6}{5}$ g) $4\frac{1}{7} \cdot 8\frac{2}{5}$

b) $\frac{5}{7} \cdot \frac{3}{6}$ d) $\frac{9}{8} \cdot \frac{16}{3}$ f) $\frac{1}{5} \cdot \frac{9}{4} \cdot \frac{2}{9}$ h) $3 \cdot \frac{25}{9} \cdot \frac{3}{5}$

2. Führen Sie die Division aus und kürzen Sie das Ergebnis.

a) $\frac{1}{3} : \frac{1}{4}$ c) $\frac{7}{9} : \frac{2}{5}$ e) $\frac{17}{3} : \frac{2}{9}$ g) $3\frac{3}{11} : \frac{9}{7}$

b) $\frac{5}{7} : \frac{3}{7}$ d) $\frac{8}{3} : \frac{2}{9}$ f) $\frac{9}{7} : \frac{9}{4}$ h) $\frac{\frac{3}{7} : \frac{1}{2}}{\frac{4}{5}}$

3. Berechnen Sie.

a) $\frac{25}{3} \cdot \left(\frac{14}{35} : \frac{3}{5}\right)$ b) $\left(\frac{25}{3} \cdot \frac{14}{35}\right) : \frac{3}{5}$ c) $\left(\frac{25}{3} : \frac{14}{35}\right) : \frac{3}{5}$ d) $\frac{25}{3} : \left(\frac{14}{35} : \frac{3}{5}\right)$

4. Wandeln Sie die Dezimalzahlen in Brüche um und kürzen Sie.

a) 0,2   d) 1,2   g) 0,14   j) −3,25
b) 0,4   e) 1,3   h) 0,001   k) 2,5
c) 0,1   f) 4,4   i) 1,234   l) 0,5

5. Vereinfachen Sie durch Kürzen.

a) $\frac{12a+4ab}{2ab-4a}$ b) $\frac{ab-ac}{b-c}$ c) $\frac{6a+2b}{12a-16b}$ d) $\frac{-7a-5a}{7a+5a}$

G

Lösen von Gleichungen

Wir sprechen von einer **Gleichung**, wenn zwei Terme durch das Zeichen **=** verbunden sind. Gleichungen können Variablen (= Platzhalter) enthalten, z. B. x.

$$x + 7 = 2$$

Je nach Wert der Variable erhalten wir eine wahre oder falsche Aussage.

$$x = 5 \ \Rightarrow \ 5 + 7 = 2 \ \Leftrightarrow \ 12 = 2 \ \text{(f)}$$
$$x = -5 \ \Rightarrow \ -5 + 7 = 2 \ \Leftrightarrow \ \ 2 = 2 \ \text{(w)}$$

Durch Angabe der **Grundmenge** können wir für eine Variable spezifizieren, welche Werte „erlaubt" sind. Ein Wert, der eine wahre Aussage ergibt und Element der Grundmenge ist, nennen wir eine **Lösung** der Gleichung.

Falls die Grundmenge nur positive Zahlen enthält, ist $x = -5$ keine Lösung, obwohl die Gleichung eine wahre Aussage ergibt.

Die Menge der Lösungen einer Gleichung bezeichnet man als **Lösungsmenge L**.

$$x(2x - 1)(x + 3) = 0$$
$$L = \{0; \ 0{,}5; \ -3\}$$
▶ Satz vom Nullprodukt

Einsetzen von 0 oder 0,5 oder −3 für x ergibt 0.

Lineare Gleichungen

Eine Gleichung, in der alle Variablen nur in der ersten Potenz vorkommen, heißt **lineare Gleichung**.
Lineare Gleichungen mit einer Variablen lösen wir mithilfe von **Äquivalenzumformungen**: Wir formen die gegebene Gleichung in eine einfachere Gleichung um, die aber dieselbe Lösungsmenge hat.

Lösungsschritte:

1. Klammern auflösen und zusammenfassen.
2. Terme mit Variable auf die eine Seite bringen, Terme ohne Variable auf die andere Seite.
3. Durch den Faktor vor der Variablen teilen.

$$
\begin{aligned}
x + 40 &= 2(3 + 8x) + 2x \\
x + 40 &= 6 + 16x + 2x \\
x + 40 &= 6 + 18x \qquad | -18x \ | -40 \\
x - 18x + 40 - 40 &= 6 - 40 + 18x - 18x \\
-17x &= -34 \qquad | : (-17) \\
x &= 2
\end{aligned}
$$

Wichtig: Alle Äquivalenzumformungen müssen *auf beiden* Seiten der Gleichung durchgeführt werden.

Oder $\cdot \frac{1}{-17}$ statt $:(-17)$

Der ermittelte Wert wird „zur **Probe**" in die Ausgangsgleichung eingesetzt. Entsteht dabei eine wahre Aussage, so ist dieser Wert tatsächlich eine Lösung. Ist die entstehende Aussage falsch, so haben wir beim Umformen oder Einsetzen einen Fehler gemacht.

$$
\begin{aligned}
\text{Probe:} \quad 2 + 40 &= 2(3 + 8 \cdot 2) + 2 \cdot 2 \\
42 &= 2 \cdot 19 + 4 \\
42 &= 42 \qquad \text{(w)}
\end{aligned}
$$

Lösungsmenge: $L = \{2\}$

Übungen

1. Bestimmen Sie die Lösungen folgender Gleichungen. Erklären Sie, welche Änderung sich ergibt, wenn die Grundmenge nur negative Zahlen enthält.

a) $2(x - 1) = 13 - 3x$

b) $12 + 5z = 3(z - 8)$

c) $(x - 5)(x - 3) = 0$

d) $(x - 5)(x + 3) = 0$

2. Bestimmen Sie die Lösungsmenge. Die Grundmenge ist $\mathbb{R}$.

a) $3x - 7 = 5$

b) $-12x = 3x + 5$

c) $x + 2 = x - 6$

d) $x + 2(3x - 7) = 21$

e) $14(2y + 2) = 28$

f) $\frac{1}{3}y - 5 = -\frac{1}{3}y + 3$

g) $\left(\frac{1}{4} - \frac{a}{2}\right) + \left(-5a + \frac{1}{2}\right) = a - 2{,}5$

h) $-(3b - 2) + 2(4b - 2) = -5b + 10b - 2$

Lösen von Gleichungssystemen

Eine lineare Gleichung kann mehrere unterschiedliche Variablen enthalten. In diesem Fall besteht eine Lösung aus den Werten dieser Variablen, bei zwei Variablen sprechen wir von einem **Zahlenpaar**, bei drei Variablen von einem **Zahlentripel**.

$2x + 3y = 5$
Lösungen: $x = 1$ und $y = 1$;
$\qquad\qquad x = 2{,}5$ und $y = 0$;
$L = \{(1;\,1);\,(2{,}5;\,0);\,\dots\}$

Die Reihenfolge der Werte im Paar ist wichtig

▶ Es gibt unendlich viele Lösungen.

Wenn eine gemeinsame Lösung für mehrere Gleichungen mit mehreren Variablen gesucht ist, sprechen wir von einem **Gleichungssystem**. Treten dabei alle Variablen in linearer Form auf, so handelt es sich um ein **lineares Gleichungssystem (LGS)**.

Gleichsetzungsverfahren

Das **Gleichsetzungsverfahren** bietet sich an, wenn beide Gleichungen nach derselben Variablen aufgelöst sind. Wir lösen das Gleichungssystem, indem wir
1. die rechten Seiten **gleichsetzen**,
2. die sich ergebende Gleichung nach der noch vorhandenen Variablen auflösen,
3. das Ergebnis in eine der beiden gegebenen Gleichungen einsetzen und damit den Wert für die andere Variable bestimmen.

(I) $\qquad y = x + 9$
(II) $\qquad y = 3x - 1$

(III) $x + 9 = 3x - 1 \qquad\quad |-9 \quad |-3x$
$\qquad\quad -2x = -10 \qquad\qquad |:(-2)$
$\qquad\qquad\ x = 5$

$x = 5$ in (II):
$y = 3 \cdot 5 - 1 = 14$
$L = \{(5;\,14)\}$

Einsetzungsverfahren

Das **Einsetzungsverfahren** bietet sich an, wenn eine der beiden Gleichungen nach einer Variablen aufgelöst ist. Wir lösen das Gleichungssystem, indem wir
1. den Term aus der bereits aufgelösten Gleichung (II) in die Gleichung (I) **einsetzen**,
2. die neue Gleichung (III) nach der noch vorhandenen Variablen auflösen,
3. das Ergebnis in eine der beiden gegebenen Gleichungen einsetzen und damit den Wert für die andere Variable bestimmen.

(I) $\qquad\quad 2x + 3y = 18$
(II) $\qquad\qquad\quad\ x = y - 1$

(III) $\ 2(y - 1) + 3y = 18$
$\qquad\ 2y - 2 + 3y = 18 \qquad |+2$
$\qquad\qquad\qquad 5y = 20 \qquad |:5$
$\qquad\qquad\qquad\ y = 4$

$y = 4$ in (II):
$x = 4 - 1 = 3$
$L = \{(3;\,4)\}$

Additionsverfahren

Das **Additionsverfahren** bietet sich an, wenn keine der Gleichungen nach einer Variablen aufgelöst ist.
1. Wir multiplizieren eine der Gleichungen mit einer Zahl, sodass sich die Koeffizienten einer Variablen nur durch ihr Vorzeichen unterscheiden. In einigen Fällen müssen wir dafür auch beide Gleichungen mit je einer Zahl multiplizieren.
2. Wir **addieren** die beiden Gleichungen und lösen die neue Gleichung (III) nach der noch vorhandenen Variablen auf.
3. Das Ergebnis setzen wir in eine der beiden gegebenen Gleichungen ein und bestimmen damit den Wert für die andere Variable.

(I) $\qquad\qquad 6x + 7y = 10$
(II) $\qquad\qquad 3x + 2y = \ 2 \qquad |\cdot(-2)$

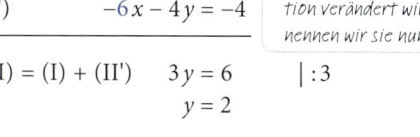

Da Gleichung (II) durch die Multiplikation verändert wird, nennen wir sie nun (II').

(I) $\qquad\qquad\ 6x + 7y = 10$
(II') $\qquad\quad -6x - 4y = -4$

(III) = (I) + (II') $\quad 3y = 6 \qquad |:3$
$\qquad\qquad\qquad\qquad\ y = 2$

$y = 2$ in (II): $3x + 2 \cdot 2 = 2 \qquad |-4$
$\qquad\qquad\qquad\qquad\ 3x = -2 \qquad |:3$
$\qquad\qquad\qquad\qquad\ \ x = -\tfrac{2}{3}$

$L = \left\{\left(-\tfrac{2}{3};\,2\right)\right\}$

G

Grafisches Lösen

Wir können ein lineares Gleichungssystem auch grafisch lösen, indem wir

1. bei den Gleichungen y auf eine Seite bringen,
2. die Geraden zu den Gleichungen zeichnen,
3. den Schnittpunkt ablesen.

$\quad$ *Wir schreiben auch $L = \{(-1 \mid 0)\}$.*

(I) $\qquad y = x + 1$
(II) $\quad y + 2x = -2 \qquad |-2x$
$\qquad\qquad y = -2x - 2$

$L = \{(-1; 0)\}$

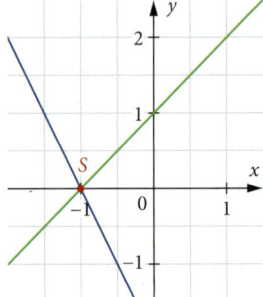

Lösbarkeit von Gleichungssystemen

Genau eine Lösung
Bisherige Beispiele für lineare Gleichungssysteme hatten genau eine Lösung.

(I) $\quad x - y = 1$
(II) $\qquad x = 2y + 2$
(II) in (I) einsetzen: $(2y + 2) - y = 1$
$\qquad y + 2 = 1 \Leftrightarrow y = -1$
$y = -1$ in (II): $x = 0$
$L = \{(0; -1)\}$

Keine Lösung
Einsetzen führt zu einer falschen Aussage, das bedeutet, dass das lineare Gleichungssystem gar keine Lösung hat.

(I) $\quad x - y = 1$
(II) $\qquad x = y + 2$
(II) in (I) einsetzen: $(y + 2) - y = 1$
$\qquad 2 = 1 \quad (f)$
$L = \{\ \}$

Addieren von y bei (I) ergibt (II).

Unendlich viele Lösungen
Einsetzen führt zu einer wahren Aussage, das bedeutet, dass das lineare Gleichungssystem unendlich viele Lösungen hat.
Wir können Lösungen des Gleichungssystems angeben, indem wir einen Wert für y wählen. Der x-Wert ergibt sich dann durch Addition von eins zum y-Wert ($\blacktriangleright$ Gleichung (II)).

$\quad$ *Und wenn wir einen Wert für x wählen?*

(I) $\quad x - y = 1$
(II) $\qquad x = y + 1$
(II) in (I) einsetzen: $(y + 1) - y = 1$
$\qquad 1 = 1 \quad (w)$
$L = \{(2; 1); (0; -1); (4; 3); \ldots\}$
$\quad = \{(x; y) \mid x - y = 1\}$

Übungen

 **1.** Bestimmen Sie die Lösungsmenge. Wählen Sie ein geeignetes Lösungsverfahren.

 a) (I) $\quad 15a - b = 2{,}6$
$\quad\quad$ (II) $\quad 5a + 3b = 2{,}2$

c) (I) $\quad 5x - 2y = 0$
$\quad\quad$ (II) $\quad 7x - 3y = 1$

e) (I) $\quad \frac{x}{2} + \frac{y}{3} = 6$
$\quad\quad$ (II) $\quad \frac{x}{4} + \frac{y}{2} = 5$

b) (I) $\quad 3x - y = 3{,}5$
$\quad\quad$ (II) $\quad -y = -6x + 5$

d) (I) $\quad x + y = 4$
$\quad\quad$ (II) $\quad y = 4 - x$

f) (I) $\quad 3x + 6y = 8$
$\quad\quad$ (II) $\quad y = 2 - 0{,}5x$

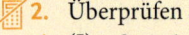 **2.** Überprüfen Sie, ob folgende Zahlenpaare jeweils Lösungen der LGS sind: $(1 \mid 2)$, $(1 \mid 3)$, $(3 \mid 1)$, $(3 \mid 5)$.

a) (I) $\quad 2x = 1 + x$
$\quad\quad$ (II) $\quad y + x = 4$

b) (I) $\quad y = 2x + 1$
$\quad\quad$ (II) $\quad 4x = 2y - 1$

c) (I) $\quad y = x + 2$
$\quad\quad$ (II) $\quad x - y + 2 = 0$

Koordinatensystem und Wertetabelle

Ein **Koordinatensystem** besteht aus 4 Quadranten. Die waagerechte Achse heißt **Abszissenachse** (x-Achse), die senkrechte Achse **Ordinatenachse** (y-Achse).

In das Koordinatensystem können wir Wertepaare als Punkte eintragen, z. B. $(3\,|\,2)$ oder $(-4\,|-1)$.

$$\underset{x\text{-Koordinate}}{\nearrow} \quad \underset{y\text{-Koordinate}}{\nwarrow}$$

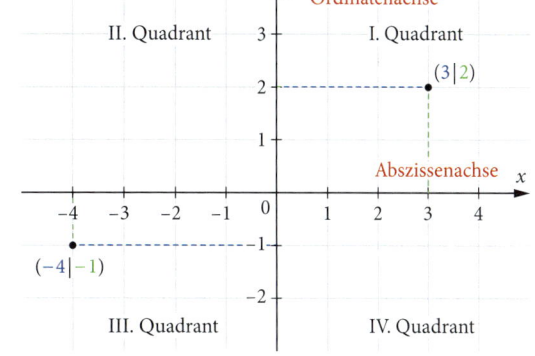

Beispiel:
An der Frankfurter Wertpapierbörse wurde die „ABC-Aktie" zu nebenstehenden Kursen notiert. Dabei ist jedem Börsentag genau ein Kurs in € zugeordnet. Börsentag und zugehöriger Kurs bilden in dieser Reihenfolge ein **Wertepaar**. In diesem Beispiel existieren sieben solche Paare.

Diese Paare können in einer **Wertetabelle** aufgeführt oder als Punkte in einem rechtwinkligen **Koordinatensystem** gedeutet werden.

Im I. Quadranten eines Koordinatensystems tragen wir die Kurse gegen die Börsentage ab und erhalten einzelne Punkte, den **Graphen** oder das **Schaubild**.

Punkte hier nicht verbinden!

Wertetabelle

Börsentag	1	2	3	4	5	6	7
Kurs in €	2	4	1	3	5	5	4

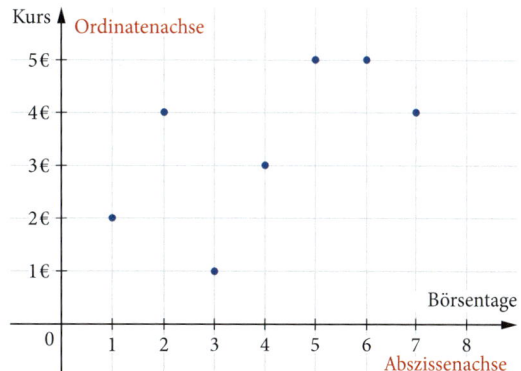

Übungen

1. Tragen Sie die Wertepaare der nebenstehenden Wertetabelle als Punkte in ein Koordinatensystem ein.

2. Übertragen Sie die eingezeichneten Punkte in eine Wertetabelle.

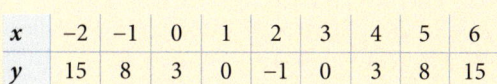

x	−2	−1	0	1	2	3	4	5	6
y	15	8	3	0	−1	0	3	8	15

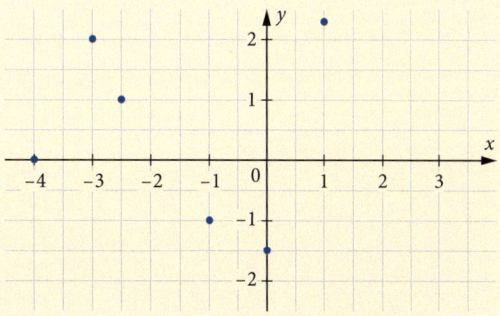

G

Einheitenumrechnungen

Bei Anwendungsaufgaben sind für die gegebenen Größen **Einheiten** angegeben. Beispiele sind m, ℓ, g und W. Um Vielfache oder Teile davon auszudrücken, können wir **Vorsätze** direkt davor schreiben.

Entfernung	Meter	m
Inhalt	Liter	ℓ
Gewicht	Gramm	g
Leistung	Watt	W

...	Mm		km	hm	dam	m	dm	cm	mm		μm	...
	Mega		Kilo	Hekto	Deka		Dezi	Zenti	Milli		Mikro	
	· 1 000 000		· 1000	· 100	· 10		: 10	: 100	: 1000		: 1 000 000	

Eine solche Tabelle können wir auch zur Umrechnung nutzen.

Beispiel 1: Wir wollen 12,3 kW in W umwandeln. Wir schreiben die Zahl 12,3 so in die Zeile, dass es eine Ziffer pro Spalte gibt und die Zahl vor dem Komma in der Spalte kW endet. Wir fügen dann eine 0 in jeder Spalte **rechts** bis zum Zielvorsatz ein. Wir lesen das Ergebnis beim Zielvorsatz ab.

12,3 kW = 12 300 W
▸ Komma um 3 Stellen nach rechts verschieben

...	MW		kW	hW	daW	W	dW	cW	mW		μW	...
		1	2,	3	0	0						

Beispiel 2: Wir wollen 345 μg in g umwandeln. Wir tragen die Zahl 345 wie in Beispiel 1 beschrieben ein. Wir fügen eine 0 in jeder Spalte **links** bis zum Zielvorsatz ein. Wir lesen das Ergebnis beim Zielvorsatz ab.

345 μg = 0,000345 g
▸ Komma um 6 Stellen nach links verschieben

...	Mg		kg	hg	dag	g	dg	cg	mg		μg	...
						0,	0	0	0	3	4	5

Bei Flächen ist es ähnlich, wie vorher beschrieben, aber wir tragen jeweils **zwei** Ziffern pro Spalte ein.

Beispiel 3: Wir wandeln 12,3 m^2 in cm^2 um. Dazu füllen wir die Tabelle aus und lesen das Ergebnis ab.

12,3 m^2 = 123 000 cm^2
▸ Komma um 4 Stellen nach rechts verschieben

...	Mm^2		km^2	hm^2	dam^2	m^2	dm^2	cm^2	mm^2		μm^2	...
						12,	30	00				

Bei Volumen ist es ähnlich, aber wir tragen jeweils **drei** Ziffern pro Spalte ein.

Beispiel 4: Wir wandeln 345 ℓ in hm^3 um. Dazu füllen wir die Tabelle aus und lesen das Ergebnis ab.

345 ℓ = 345 dm^3 = 0,000 000 345 hm^3
▸ Komma um 9 Stellen nach links verschieben

1 l = 1 dm³

...	Mm^3		km^3	hm^3	dam^3	m^3	dm^3	cm^3	mm^3		μm^3	...
				0,	000	000	345					

Übungen

Wandeln Sie folgende Einheiten um.

a) 86,21 MW = ▪ kW

b) 250 cℓ = ▪ ℓ

c) 0,023 kg = ▪ mg

d) 18 310 km^2 = ▪ m^2

e) 577,3 dm^2 = ▪ m^2

f) 2700 m^2 = ▪ km^2

g) 33 mℓ = ▪ mm^3

h) 52 dm^3 = ▪ m^3

Lösen von Anwendungsaufgaben

Für eine Teambesprechung im Kindergarten hat Saskia ein Angebot für einen Spieltunnel ausgedruckt. Erzieher Nico winkt ab: „Der Tunnel ist viel zu schmal. Wenn unsere Vorschulkinder da durchrobben, ist er schnell zerrissen." Über diese Reaktion ist Saskia enttäuscht, aber auch etwas verunsichert. Ist der Tunnel für ältere Kinder vielleicht wirklich nicht geeignet?

Spieltunnel „Krabbel"

- Spaß für drinnen und draußen
- 180 cm lang, 150 cm Umfang
- Zusammenfaltbar
- Ab dem 3. Lebensjahr

1. Verstehen der Aufgabe
Worum geht es eigentlich?

Welche Fragestellungen beinhaltet die Aufgabe?

Welche Informationen enthält der Aufgabentext?

Passt ein sechsjähriges Kind problemlos durch diesen Raupen-Tunnel?
Wie groß darf das Kind sein, damit es nicht an die eingearbeiteten Metallreifen stößt?
Wie viel Platz hat das Kind im Tunnel?
Gegeben: Länge 180 cm, Umfang 150 cm

2. Mathematisieren der Aufgabe
Welche mathematischen Begriffe und Aussagen kann man den einzelnen Fragestellungen zuordnen?

Welche Darstellungsform ist geeignet, das Problem zu lösen?

Notwendige Daten ermitteln.

Bei Bedarf Skizzen zur Veranschaulichung anfertigen.

Der größte Abstand und damit der Platz im Raupen-Tunnel entspricht dem Durchmesser d.
Wir nutzen den gegebenen Umfang U und die Formel $U = \pi \cdot d$.
Am meisten Platz benötigt das Kind auf allen Vieren vermutlich vom Boden bis zum Kopf. Die Kopfhöhe kann durch Messen, Schätzen oder Internetrecherche bestimmt werden.
Die geschätzte Kopfhöhe eines 6-Jährigen auf allen Vieren beträgt 57 cm.

3. Lösen der Aufgabe
Mathematische Werkzeuge zur Lösung nutzen (z.B. Äquivalenzumformungen).

$$U = \pi \cdot d \iff d = \frac{U}{\pi} \qquad \blacktriangleright\ U = 150\,cm$$
$$\Rightarrow d = \frac{150}{\pi} \approx 47{,}7$$

4. Rückführung
Welche Ergebnisse sind sinnvoll in Bezug auf die Aufgabe, welche nicht?

Ergebnisse in Antwortsätzen formulieren und interpretieren.

Der Durchmesser des Tunnels beträgt ca. 48 cm und ist damit zu klein. Ein Vorschulkind passt nur hindurch, wenn es auf dem Bauch liegend durchrobbt. Wie lange der Tunnel bei dieser Beanspruchung hält, ist eine Frage der Qualität.

Übungen

Thomas plant mit vier Freundinnen einen Filmabend und will Pizza bestellen, wofür er 3 bis 4 € pro Person einsammeln wird (für ihn selbst auch). Die Pizzeria bietet die nebenstehenden Angebote.
Welche Bestellung soll er aufgeben? Begründen Sie.

Pizza
Pizza Classic (30 cm Durchmesser) 7,50 €
Pizza Party (40 cm x 60 cm) 19 €
Pizza Family (33 cm x 48 cm) 11,50 €

1.1 Zuordnung und Funktionen

1 Zahlenreihen

Bei Intelligenztests wird in der Teildisziplin zum logischen Denken auf Zahlenreihen zurückgegriffen. Dabei sind stets einige Zahlen der Zahlenreihe gegeben. Ziel ist es, weitere Zahlen anzugeben.

a) Gegeben ist je eine Zahlenreihe. Wie lauten die nächsten drei Zahlen?
   ① 4, 8, 12, 16, 20
   ② 11, 21, 31, 41, 51
   ③ 2, 5, 8, 11, 14
   ④ 100, 95, 90, 85, 80
b) Formulieren Sie zu den Zahlenreihen eine Anleitung dafür, wie die folgende Zahl aus der vorherigen entsteht.
c) Finden Sie eine Darstellung in Formelschreibweise für die Zahlenreihen. Die Variable x soll dabei für die x-te Zahl der Zahlenreihe stehen. Die Variable y für den Wert der Zahl x in der Zahlenreihe.
   Tipp: Haben Sie die Zahlenreihe 2, 4, 6, 8, … so würde die Formelschreibweise $y = 2x$ lauten.
d) Erläutern Sie, wie die Anleitung und die Formelschreibweise zusammenhängen und was man beachten muss.
e) Entwerfen Sie selbst vier Zahlenreihen mit je fünf Zahlen wie in a) und benutzen Sie dabei nur Addition und Subtraktion. Notieren Sie je eine Anleitung wie in b) und eine Formelschreibweise wie in c). Geben Sie Ihrer Lerngruppe Ihre Anleitung und lassen Sie sie die Zahlenreihe nachbauen und die Formelschreibweise herausfinden. War Ihre Anleitung präzise genug?

2 Zuordnungen

In vielen Bereichen unseres Lebens treffen wir auf Zuordnungen. Zum Beispiel werden Mitglieder einer Klasse, Kinofilme einem Genre und Musiker einer Musikrichtung zugeordnet.

a) Finden Sie fünf weitere Beispiele für Zuordnungen im Alltag.
b) Ordnen Sie die folgenden Hauptstädte ihren Ländern zu: Berlin, Rom, Brüssel, Madrid. Ordnen Sie anschließend die Farben Rot und Gelb den Flaggen dieser Länder zu. Ergänzen Sie nun die folgenden Sätze in Ihrem Heft.
   1) Jedem … kann genau eine … zugeordnet werden.
   2) Einer Farbe wie zum Beispiel … können mehrere … zugeordnet werden.
c) Die Zuordnung „Hauptstadt-Land" nennt man eindeutig, wohingegen die Zuordnung „Farbe-Flagge" nicht eindeutig ist. Überprüfen Sie Ihre Zuordnungen aus Aufgabenteil a) daraufhin, welche Zuordnungen eindeutig sind. Ergänzen Sie Ihre Beispiele, sodass Sie mindestens drei eindeutige und drei nicht eindeutige Zuordnungen haben.

3 Infusion

Herrn Kirsche soll eine Infusionslösung erhalten. Die Gesamtmenge von $200\,\text{m}\ell$ soll dem Körper in einer Zeit von 7 Minuten zugeführt werden. Um dies zu erreichen, muss die Zufuhr der Infusion entsprechend eingestellt werden.

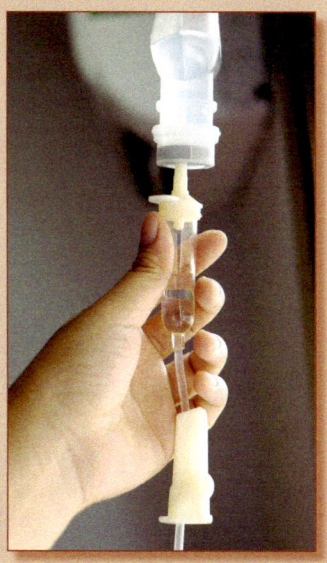

a) Stellen Sie den Zusammenhang zwischen der Zeit und der Infusionsmenge in der Infusionsflasche grafisch dar.

b) Stellen Sie auch den Zusammenhang zwischen der Zeit und der Infusionsmenge im Körper von Herrn Kirsche grafisch dar.

c) Lesen Sie aus Ihrer Zeichnung ab, wie die Infusionsmenge ungefähr nach 1 Minute, 3 Minuten und 5 Minuten im Körper von Herrn Kirsche ist.

d) Markieren Sie in Ihrer Zeichnung den Punkt, an dem die Infusionsflasche halb leer ist. Geben Sie die zugehörigen Werte an.

e) Überlegen Sie sich eine mögliche mathematische Beschreibung. Verwenden Sie für die vergangene Zeit die Variable x und für die Infusionsmenge im Körper des Patienten die Variable y.

f) Diskutieren Sie, ob die Zeit von der Infusionsmenge oder die Infusionsmenge von der Zeit abhängt.

4 Angebote

Die Fly Bike Werke GmbH verwendet bei der Produktion des Mountainbikes *Unlimited* Federgabeln eines fremden Herstellers.

Die Geschäftsführerin der Fly Bike Werke GmbH, Frau Tilsner, möchte daher prüfen, ob sie die Federgabeln günstiger beziehen kann. Sie beauftragt Frau Walker, sich für die Federgabel „Race V" verschiedene Angebote einzuholen. Frau Walker erhält nebenstehende Angebote.

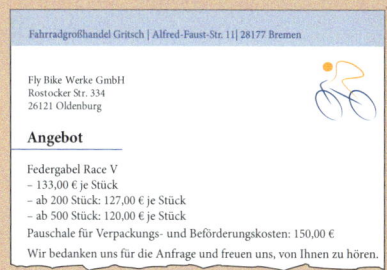

a) Entscheiden Sie, bei welchem Anbieter Sie die Federgabeln für 270 Fahrräder bestellen würden.

b) Unterstützen Sie Frau Walker und vergleichen Sie nun für verschiedene Einkaufsmengen alle Angebote miteinander. Erstellen Sie eine Liste mit verschiedenen Einkaufsmengen, den jeweiligen Kosten der vier Anbieter und einer Empfehlung für Frau Tilsner.

1.1 Zuordnungen und Funktionen

1.1.1 Zahlenmengen

In der Mathematik haben einige Zahlenmengen eine festgelegte Bezeichnung.

 1 $\mathbb{N}, \mathbb{Z}, \mathbb{Q}, \mathbb{R}$

Kleine Kinder können schon Dinge abzählen, sie verwenden **natürliche Zahlen** aus der Menge $\mathbb{N}$. Damit kann man auch beliebig addieren, aber nicht subtrahieren.

$\mathbb{N} = \{0; 1; 2; 3; 4; \ldots\}$
Die Gleichung $x + 3 = 11$ ist in $\mathbb{N}$ lösbar, $x = 8$.
Die Gleichung $x + 3 = 1$ ist **in $\mathbb{N}$ nicht lösbar**, d. h. keine natürliche Zahl ergibt eine wahre Aussage.

Durch Hinzufügen der negativen Zahlen erhalten wir die Menge $\mathbb{Z}$ der **ganzen Zahlen**. Damit können wir allerdings nicht immer dividieren.

$\mathbb{Z} = \{\ldots; -4; -3; -2; -1; 0; 1; 2; 3; 4; \ldots\}$
Die Gleichung $x + 3 = 1$ ist in $\mathbb{Z}$ lösbar, $x = -2$.
Die Gleichung $3x = -1$ ist **in $\mathbb{Z}$ nicht lösbar**.

Zahlen, die sich als Brüche ganzer Zahlen schreiben lassen, nennt man rationale Zahlen. Die Menge der **rationalen Zahlen** wird mit $\mathbb{Q}$ bezeichnet. Diese Menge enthält alle Zahlen mit einer endlichen Anzahl von Nachkommastellen sowie die periodischen Dezimalzahlen.

$\mathbb{Q} = \left\{ \frac{p}{q} \big| p \in \mathbb{Z}, q \in \mathbb{Z}, q \neq 0 \right\}$
Die Gleichung $3x = -1$ ist in $\mathbb{Q}$ lösbar, $x = -\frac{1}{3}$.
$\frac{1}{2} = 0{,}5$ ▶ eine Nachkommastelle
$-\frac{1}{3} = -0{,}33\ldots = -0{,}\overline{3}$ ▶ unendlich viele Nachkommastellen, aber periodisch
Die Gleichung $x^2 = 2$ ist **in $\mathbb{Q}$ nicht lösbar**.

Die Erweiterung von $\mathbb{Q}$ um die **irrationalen Zahlen** ergibt die Menge der **reellen Zahlen** $\mathbb{R}$. Irrationale Zahlen haben unendlich viele Nachkommastellen und sind nicht periodisch.

Die Gleichung $x^2 = 2$ ist in $\mathbb{R}$ lösbar,
$x_1 = -\sqrt{2}$, $x_2 = \sqrt{2}$.
$-\sqrt{2}$ und $\sqrt{2}$ sind irrationale Zahlen.
Auch $\pi = 3{,}14\ldots$ ist eine irrationale Zahl.

Von π sind 50 Billionen Nachkommastellen bekannt.

Folgende Grafik verdeutlicht die Teilmengen-Beziehungen zwischen den genannten Zahlenmengen.

Es gilt: $\mathbb{N} \subset \mathbb{Z} \subset \mathbb{Q} \subset \mathbb{R}$.

Beispielsweise ist die natürliche Zahl 1234 auch in $\mathbb{Z}$, $\mathbb{Q}$ und $\mathbb{R}$.
π liegt in $\mathbb{R}$, aber nicht in $\mathbb{N}$, $\mathbb{Z}$ oder $\mathbb{Q}$.

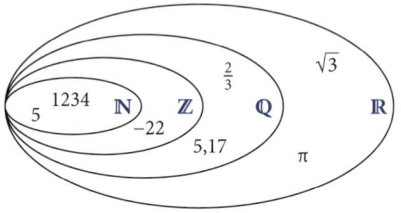

Zusätze *, +, − bei Zahlenmengen
* (oben rechts) steht für den Ausschluss der 0,
+ bzw. − (unten rechts) für nur positive bzw. negative Zahlen.

$\mathbb{N}^* = \{1; 2; 3; 4; \ldots\}$
$\mathbb{Z}_- = \{\ldots; -3; -2; -1; 0\}$
$\mathbb{Z}_+^* = \mathbb{N}^*$

> Eine unlösbare Gleichung kann durch Zahlenbereichserweiterung lösbar gemacht werden.
> Es gilt: $\mathbb{N} \subset \mathbb{Z} \subset \mathbb{Q} \subset \mathbb{R}$.

  1. Zu welchen der Mengen $\mathbb{N}$, $\mathbb{Z}$, $\mathbb{Q}$ und $\mathbb{R}$ gehören folgende Zahlen?

a) 2   b) −5   c) 0,2   d) $-\frac{6}{3}$ e) $\sqrt{5}$ f) $\frac{3}{7}$ g) $\frac{4}{\sqrt{4}}$

Intervalle

Ein **Intervall** ist eine zusammenhängende Teilmenge der reellen Zahlen. Wir können es mithilfe des Zahlenstrahls darstellen.

Das **abgeschlossene Intervall** $I = [a; b]$, $a < b$, enthält a und b sowie alle dazwischen liegenden Zahlen.

Das **offene Intervall** $I =]a; b[$, $a < b$, enthält weder a noch b, aber alle zwischen a und b liegenden Zahlen.

Statt Zahlen a und b können wir auch $-\infty$ für unendlich im negativen bzw. ∞ oder $+\infty$ für unendlich im positiven Bereich verwenden.

Das **halboffene Intervall** $I =]a; b]$, $a < b$, enthält nicht a, aber b und alle zwischen a und b liegenden Zahlen. Das halboffene Intervall $I = [a; b[$, $a < b$, enthält a, aber nicht b.

Auf der Seite von ∞ ist das Intervall immer offen, weil es dort unendlich „weitergeht".

Wir können die Menge aller reellen Zahlen auch als Intervall darstellen.

Schnitt-, Vereinigungs- und Restmenge

Die Darstellung am Zahlenstrahl ist beim Bilden der Schnitt-, Vereinigungs- und Restmengen hilfreich, insbesondere mit Farben.

Schnittmenge
$I_1 \cap I_2 = \{x \mid x \in I_1 \wedge x \in I_2\}$

Vereinigungsmenge
$I_1 \cup I_2 = \{x \mid x \in I_1 \vee x \in I_2\}$

Restmengen/Differenzmengen
$I_1 \setminus I_2 = \{x \mid x \in I_1 \wedge x \notin I_2\}$ „I_1 ohne I_2"
$I_2 \setminus I_1 = \{x \mid x \in I_2 \wedge x \notin I_1\}$ „I_2 ohne I_1"

Die Vereinigung von Intervallen können wir oft als Restmenge ausdrücken.

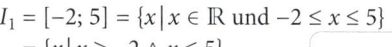

$I_1 = [-2; 5] = \{x \mid x \in \mathbb{R} \text{ und } -2 \leq x \leq 5\}$
$\quad = \{x \mid x \geq -2 \wedge x \leq 5\}$

▶ UND-Verknüpfung siehe auch Grundlagen zu Mengen auf Seite 10.

Die kleinere Zahl steht immer links.

I_1 enthält -2 und 5, sowie alle Zahlen dazwischen.

$I_2 =]-3,5; 1[= \{x \mid x \in \mathbb{R} \text{ und } -3,5 < x < 1\}$
$\quad\quad = \{x \mid x > -3,5 \wedge x < 1\}$

I_2 enthält weder $-3,5$ noch 1, aber alle Zahlen dazwischen.

$I_3 =]-\infty; -1[= \{x \mid x \in \mathbb{R} \text{ und } x < -1\}$

$I_4 =]-1; 3] = \{x \mid x \in \mathbb{R} \text{ und } -1 < x \leq 3\}$
$\quad\quad = \{x \mid x > -1 \wedge x \leq 3\}$

$\mathbb{R} =]-\infty; +\infty[$

$I_1 =]-1; 2] \qquad I_2 =]1,5; 4]$

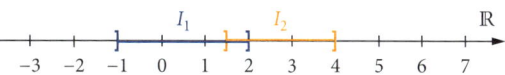

$I_1 \cap I_2 =]1,5; 2]$ blau und orange

$I_1 \cup I_2 =]-1; 4]$ blau oder orange oder beides

$I_1 \setminus I_2 =]-1; 1,5]$ nur blau
$I_2 \setminus I_1 =]2; 4]$ nur orange

$]-\infty; 5[\cup]5; +\infty[= \mathbb{R}\setminus\{5\}$
$]-\infty; -3[\cup [5; 7[\cup]6,5; 7,5] =]-\infty; -3[\cup [5; 7,5]$
$\quad\quad\quad\quad\quad\quad\quad\quad\quad =]-\infty; 7,5] \setminus [-3; 5[$

25

Folgende Schreibweisen werden für Intervalle verwendet:

- **abgeschlossenes Intervall** $I = [a; b] = \{x \mid x \in \mathbb{R} \text{ und } a \le x \le b\}$
- **offenes Intervall** $I = \,]a; b[\,= \{x \mid x \in \mathbb{R} \text{ und } a < x < b\}$
- **halboffenes Intervall** $I = \,]a; b] = \{x \mid x \in \mathbb{R} \text{ und } a < x \le b\}$
  oder $I = [a; b[\,= \{x \mid x \in \mathbb{R} \text{ und } a \le x < b\}$

Übungen zu 1.1.1

1. Entscheiden Sie, welche Aussagen wahr sind.

a) $\sqrt{2} \in \mathbb{Q}$ c) $-7 \in \mathbb{Z}$ e) $-2 \in \mathbb{N}$

b) $\pi \in \mathbb{N}$ d) $\sqrt{9} \in \mathbb{Q}$ f) $\frac{4}{\sqrt{6}}$ ist irrational.

g) Der Umfang eines Kreises ist eine rationale Zahl.

2. Entscheiden Sie, welche Aussagen wahr sind. Geben Sie ein Gegenbeispiel an, falls die Aussage nicht wahr ist.

a) Die Menge der natürlichen Zahlen ist eine Teilmenge der rationalen Zahlen.

b) Die Menge der rationalen Zahlen ist eine Teilmenge der natürlichen Zahlen.

c) Jede irrationale Zahl ist auch eine rationale Zahl.

3. Entscheiden Sie, welche Aussagen wahr sind. Geben Sie ein Gegenbeispiel an, falls die Aussage nicht wahr ist.

a) Eine ganze Zahl ist als Bruch aus zwei ganzen Zahlen darstellbar.

b) Eine ganze Zahl ist nicht irrational.

c) Eine irrationale Zahl ist in ihrer Dezimaldarstellung ab irgendeiner Nachkommastelle periodisch.

d) Eine ganze Zahl ist nicht Wurzel aus einer natürlichen Zahl.

4. Entscheiden Sie, welche Aussagen wahr sind.

a) Es gibt unendlich viele rationale Zahlen zwischen 0 und 1.

b) Es gibt unendlich viele ganze Zahlen, die kleiner als 7 sind.

c) Es gibt unendlich viele natürliche Zahlen, die kleiner als 5 sind.

5. Geben Sie folgende Teilmengen von $\mathbb{R}$ in der Intervallschreibweise an. Veranschaulichen Sie die Intervalle auf der Zahlengeraden.

a) $I_a = \{x \mid -7 \le x \le 2\}$ c) $I_c = \{x \mid x < 2{,}5\}$

b) $I_b = \{x \mid -6 < x \le 4\}$ d) $I_d = \{x \mid -8 < x < 1\}$

6. Die Aussagen enthalten Fehler. Erklären Sie die Fehler und korrigieren Sie sie.

a) $\mathbb{Z}^* = \mathbb{N}$

b) $-\frac{44}{11} \notin \mathbb{Z}$

c) $3{,}1416$ ist irrational.

d) $x^2 = 5$ hat eine Lösung in $\mathbb{Q}$.

e)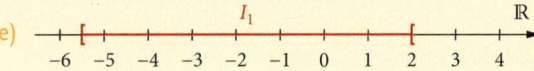

e₁) $I_1 = \,]-5{,}5; 2[$

e₂) $1{,}9999 \notin I_1$

f)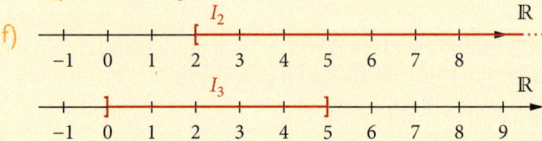

f₁) $I_2 \cup I_3 = \mathbb{R}_+$

f₂) $I_2 \cap I_3 = \,]2; 5]$

f₃) $2 \in \mathbb{R} \backslash I_2$

g)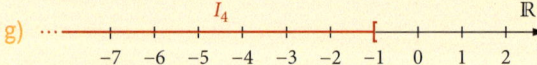

$I_5 = \{x \mid x > 1\}$

g₁) $I_4 \cup I_5 = \mathbb{R}$

g₂) $I_4 \cap I_5 = \{1\}$

g₃) $\mathbb{R} \backslash I_4 = I_5$

7. Geben Sie das Ergebnis der folgenden Mengenverknüpfungen möglichst als Intervall oder Verknüpfung von Intervallen an.

a) $[-10{,}2; 1] \cap \,]-10; 2{,}51]$

b) $[-10{,}2; 1] \cup \,]-10; 2{,}51]$

c) $\left[\frac{1}{3}; 4\right[\cap \mathbb{N}$

d) $[\pi; +\infty[\,\backslash\, [0; 4[$

e) $]-\infty; -3] \backslash \{-5; -3\}$

f) $]-\infty; 1{,}5] \cup \,]1; \sqrt{3}\,[\cup \,]4; 5]$ als Restmenge

g) $\left[-17; \frac{1}{5}\right] \cap \,]-1; 0]$

h) $\left[-17; \frac{1}{5}\right] \cup \,]-1; 0]$

1.1.2 Zuordnungen

Zuordnung zwischen Größe und Gewicht

Birthe soll für ein Schulprojekt einen möglichen Zusammenhang zwischen Größe und Gewicht bei Freizeitsportlern untersuchen.
Sie misst in ihrem Sportverein die Körpergröße und das Körpergewicht von acht Sporttreibenden.
Sie erstellt die nebenstehende Tabelle. Ihr Lehrer bittet sie, die Daten anonymisiert darzustellen.

Name	Größe	Gewicht
Frieda	157 cm	48 kg
Amina	157 cm	50 kg
Lars	163 cm	57 kg
Laura	165 cm	57 kg
Ermin	169 cm	62 kg
Pia	174 cm	66 kg
Jonny	180 cm	71 kg
Ahmet	181 cm	74 kg

Für jede Größe (in cm) notieren wir in einer Tabelle, welches Gewicht (in kg) dazugehört. Es liegt eine **Zuordnung** zwischen Größe und Gewicht vor. Die Tabelle nennt man **Wertetabelle**.

Größe x in cm	157	157	163	165	169	174	180	181
Gewicht y in kg	48	50	57	57	62	66	71	74

Schreibweise: Größe $\mapsto$ Gewicht

Bei einer Zuordnung heißt die Menge, von der wir ausgehen, **Ausgangsmenge**.

Ausgangsmenge:
{157; 163; 165; 169; 174; 180; 181}

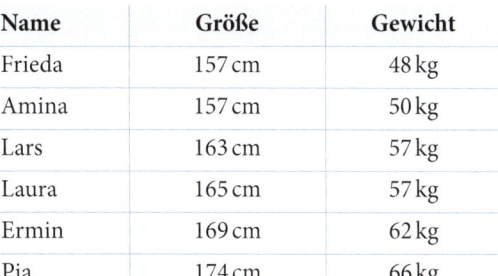

In Mengen wird jeder Wert nur einmal aufgeführt.

Die **Zielmenge** umfasst Elemente, die wir den Elementen der Ausgangsmenge zuordnen können.

Zielmenge: {48; 50; 57; 62; 66; 71; 74}

Eine Zuordnung kann durch eine Menge **geordneter** Wertepaare angegeben werden, man spricht auch von einer **Relation**. Für jede erfasste Person haben wir ein Paar $(x|y)$, wobei x die Größe in cm und y das Gewicht in kg ist.

Relation: {(157|48); (157|50); (163|57); (165|57); (169|62); (174|66); (180|71); (181|74)}

Eine Zuordnung können wir außerdem durch ein **Pfeildiagramm** veranschaulichen.

Wir stellen die Ausgangs- und die Zielmenge dar, indem wir alle möglichen Werte aufschreiben, die an der Relation beteiligt sind: links 157, 163 … und rechts 48, 50 ….

Für jedes Wertepaar wird ein Pfeil gezeichnet, z. B. von 157 zu 48 für das Paar (157|48).

Diese Darstellung eignet sich besonders, wenn die beteiligten Mengen wenige Elemente haben und die Anzahl der Pfeile überschaubar bleibt.

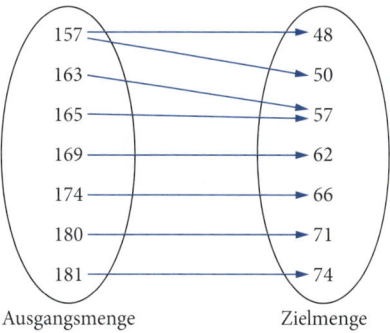

- Eine andere Darstellungsmöglichkeit für eine Zuordnung ist ein **Graph** (auch **Schaubild** genannt).
- Im Koordinatensystem wird für jedes Paar ein Punkt markiert. Werte aus der Ausgangsmenge sind auf der x-Achse repräsentiert und Werte aus der Zielmenge auf der y-Achse.

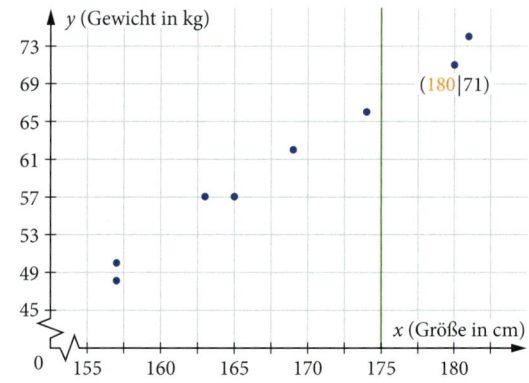

Mit dem Graphen haben wir eine bessere Übersicht und können leichter Fragen zu den Daten beantworten, z. B.:

Gibt es Sporttreibende, die 175 cm bzw. 180 cm groß sind?

Für den x-Wert 175 gibt es keinen zugehörigen y-Wert (keinen Punkt auf der grünen Linie), aber für den x-Wert 180 haben wir einen y-Wert von 71. Die Frage ist mit nein bzw. ja zu beantworten.

- Eine **Zuordnung** stellt eine Beziehung zwischen einer **Ausgangsmenge** und einer **Zielmenge** her. Dabei werden Elemente der Ausgangsmenge mit Elementen der Zielmenge zu **Wertepaaren** $(x|y)$ verknüpft.
- Die Menge aller Wertepaare heißt **Relation**.
- Eine Zuordnung kann durch eine Wertetabelle, eine Menge geordneter Paare, ein Pfeildiagramm oder einen Graphen dargestellt werden.

 Betrachten Sie erneut den Graphen aus Beispiel 3 und beantworten Sie folgende Fragen. Begründen Sie jeweils.
- a) Wie viele Sporttreibende wiegen 57 kg?
- b) Wie groß ist die größte sporttreibende Person?
- c) Ist ein Zusammenhang zwischen Größe und Gewicht erkennbar? (Birthes Frage)

Übungen zu 1.1.2

 1. Finden Sie Zuordnungen in Ihrem Alltag. Geben Sie Ausgangs- und Zielmenge an.

2. Tragen Sie die folgenden Punkte in ein Koordinatensystem ein: $P(1|3)$, $Q(-3|5)$, $R(-4|4)$, $S(-4|-2)$, $T(2,5|-1)$, $U(0|2)$, $V(-4|0)$, $W(4,5|3)$. Erstellen Sie außerdem ein Pfeildiagramm.

3. Die folgenden Zuordnungen sind durch Pfeildiagramme gegeben. Geben Sie sie als Relationen, also als Mengen der zugehörigen Wertepaare, an.

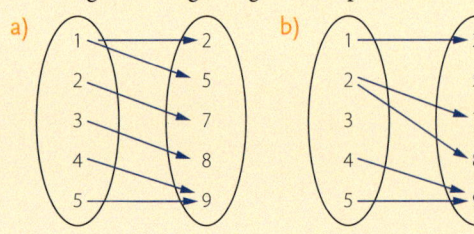

4. Stellen Sie folgende Zuordnungen jeweils durch eine Wertetabelle dar und beantworten Sie die Fragen. Begründen Sie.

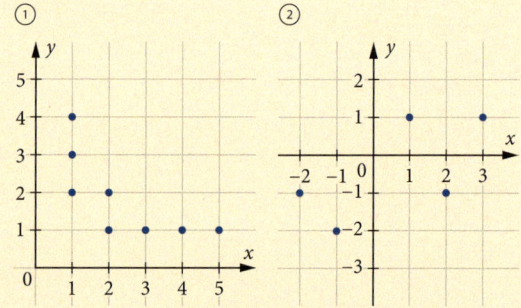

- a) Gibt es negative y-Werte bei positiven x-Werten?
- b) Welche Paare haben dieselben Werte für x und y?
- c) Welche Werte werden dem Wert 1 zugeordnet?
- d) Wie viele Pfeile enden bei 1 in der Zielmenge?

1.1.3 Funktionen

Eine Zuordnung, bei der *jedem* Element x aus der Ausgangsmenge *genau ein* Element y aus der Zielmenge zugeordnet ist, heißt **eindeutig**. Eindeutige Zuordnungen heißen **Funktionen**.

Eindeutige Zuordnung (Funktion)

In einer Nährflüssigkeit werden Bakterien gezüchtet, die sich nach jeder Stunde verdoppeln. Die Zucht wird mit 10 Bakterien begonnen und soll auf eine Dauer von 4 Stunden beschränkt sein.
Fertigen Sie für die Zuordnung eine Wertetabelle an. Veranschaulichen Sie den Sachverhalt anschließend im Koordinatensystem.

Die Zuordnung zwischen den ersten 4 Stunden und der jeweils zugehörigen Bakterienanzahl lässt sich in einer Tabelle und in einem Koordinatensystem veranschaulichen.

Aus beiden Darstellungsarten ist ersichtlich, dass *jeder* Zahl der Ausgangsmenge *genau eine* Zahl der Zielmenge zugeordnet ist. Das heißt, die Zuordnung ist eindeutig und somit eine **Funktion**.

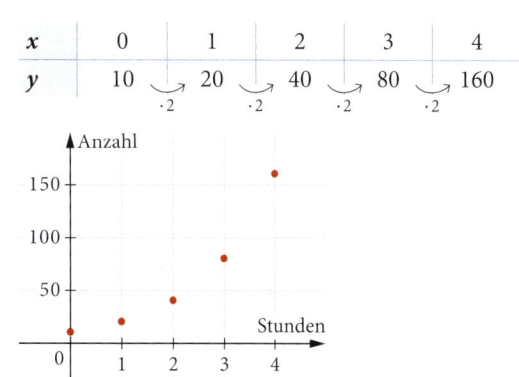

Mehrdeutige Zuordnung (keine Funktion)

Gegeben ist die Zuordnung mit der Ausgangsmenge $A = \{1; 2; 3; 4\}$ und der Zielmenge $Z = \{1; 2; 3; 4\}$, die jeder Zahl $x \in A$ die Zahlen $y \in Z$ mit $y > x$ zuordnet.
Stellen Sie die Zuordnung in einer Wertetabelle und als Graph im Koordinatensystem dar.
Begründen Sie, warum diese Zuordnung keine Funktion ist.

Eine Funktion muss zwei Eigenschaften erfüllen:

1. Jeder Zahl $x \in A$ muss eine Zahl $y \in Z$ zugeordnet sein. Das ist aber für $x = 4$ nicht erfüllt: In der Wertetabelle gibt es für $x = 4$ keine Zahl $y \in Z$; im Koordinatensystem existiert kein Punkt an der Stelle $x = 4$.
2. Jeder Zahl $x \in A$ muss *genau eine* Zahl $y \in Z$ zugeordnet sein. Auch diese Bedingung ist nicht erfüllt: In der Wertetabelle stehen unter $x = 1$ drei verschiedene Zahlen für y und unter $x = 2$ zwei verschiedene Zahlen für y; im Graphen liegen an der Stelle $x = 1$ drei und an der Stelle $x = 2$ zwei Punkte übereinander.

Eine Funktion ordnet jedem x aus der Ausgangsmenge genau ein y zu.

Entscheiden Sie jeweils, ob es sich um die Wertetabelle einer Funktion handelt. Begründen Sie.

a)
x	1	2	3	4
y	3,5	4	5,5	6

b)
x	1	2	3	4
y	−2	−2	−2	−2

c)
x	1	1	2	3
y	2	3	5	4

6 Parallele zur y-Achse

Begründen Sie, warum die beiden folgenden Graphen keine Funktionen darstellen. Die Ausgangsmenge ist jeweils das Intervall $[x_0; x_2]$.

Beim ersten Graphen werden dem Wert x_1 der Ausgangsmenge die Werte y_1, y_2 und y_3 der Zielmenge zugeordnet. Die Zuordnung ist daher nicht eindeutig. Somit ist der Graph kein Funktionsgraph.

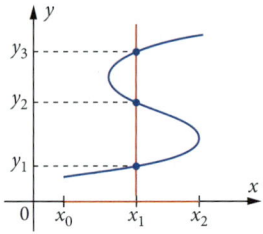

Der unausgefüllte Kreis beim zweiten Graphen bedeutet, dass der Punkt nicht zum Graphen gehört. Hier wird also dem Wert x_1 kein y-Wert zugeordnet, obwohl x_1 zur Ausgangsmenge gehört. Daher ist auch dieser Graph kein Funktionsgraph.

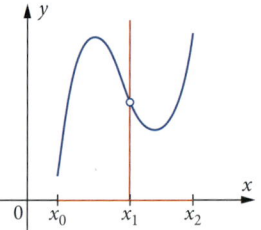

Wir stellen fest: Wenn eine Parallele zur y-Achse, die bei einem x-Wert innerhalb der Ausgangsmenge liegt, den Graphen mehrfach schneidet oder gar nicht schneidet, liegt keine Funktion vor.

7 Graphen richtig interpretieren

Gegeben sind Graphen von Zuordnungen. Prüfen Sie, ob es sich um Funktionen handelt.

Fehlen Angaben zur Ausgangsmenge, so ist $\mathbb{R}$ gemeint.

Eine Parallele zur y-Achse durch $x = 3$ scheint den Graphen nicht zu schneiden. Dies ist allerdings falsch. Der Graph ist so zu interpretieren, dass er links und rechts „in demselben Stil weitergeht", also z. B. für $x = 3$ gilt $y = 9$, obwohl es hier nicht sichtbar ist. Jedem x-Wert wird genau ein y-Wert zugeordnet. Es handelt sich um eine Funktion.

▶ Eine Parallele *zur x-Achse* darf den Graphen einer Funktion nicht oder beliebig oft schneiden. Beispielsweise schneidet die Parallele zur x-Achse mit $y = 1$ den Graphen zweimal, bei $x = -1$ und $x = 1$.

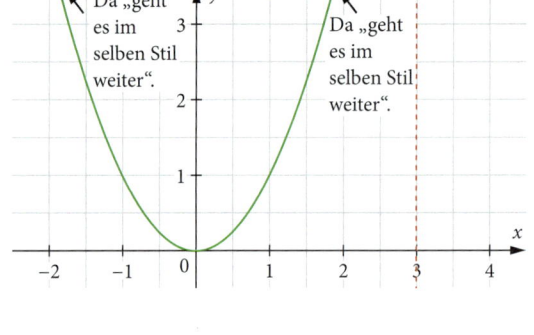

Da „geht es im selben Stil weiter".

Da „geht es im selben Stil weiter".

Es gibt die Möglichkeit einen ausgefüllten Punkt an der Stelle anzugeben, an der die Kurve „aufhören soll". Bei $\mathbb{R}$ als Ausgangsmenge handelt es sich hier nicht um eine Funktion, da eine Parallele zur y-Achse durch z. B. $x = 3$ den Graphen nicht schneidet.

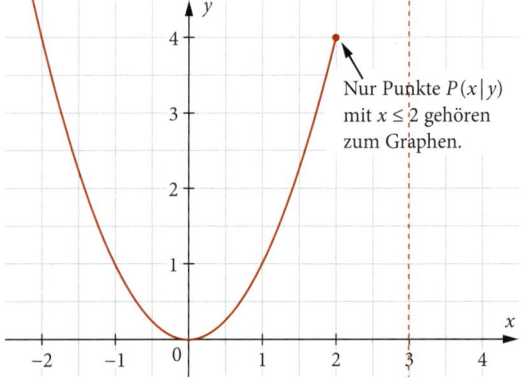

Nur Punkte $P(x \mid y)$ mit $x \le 2$ gehören zum Graphen.

Wir erkennen, dass es sich nicht um eine Funktion handelt. Als Nachweis reicht es, eine einzige Stelle konkret anzugeben, z. B. für $x = 4$ gibt es zwei y-Werte: $-1,5$ und $1,5$

▷ Bei dem Nachweis für eine Nicht-Funktion reicht es aus, *ein* Gegenbeispiel zu nennen. Bei dem Nachweis für eine Funktion reicht es jedoch nicht aus, Beispielwerte zu nennen.

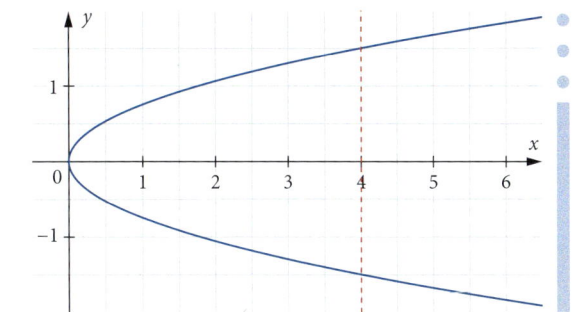

- Eine Zuordnung heißt **Funktion**, wenn **jedem** Element der Ausgangsmenge **genau ein** Element der Zielmenge zugeordnet wird.
- Jede Parallele zur y-Achse (einschließlich der y-Achse selbst) schneidet den Graphen einer Funktion genau einmal oder gar nicht, falls die Funktion für den x-Wert der Parallelen nicht definiert ist.

Entscheiden Sie, ob es sich um Graphen von Funktionen handelt. Begründen Sie.

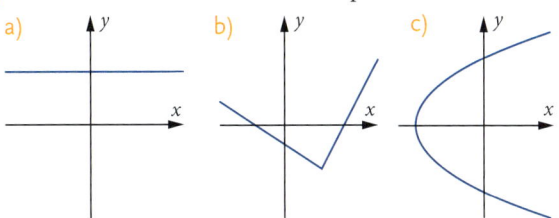

Tanklöschfahrzeug

Lukas ist Mitglied der freiwilligen Feuerwehr. Das neue Tanklöschfahrzeug enthält einen Wasservorrat von 5000 ℓ. Bei einem Feuerwehreinsatz werden pro Minute 2000 ℓ aus dem Tank gepumpt. Lukas überlegt, wie lange der Vorrat reicht.

Die Wassermenge im Tank beschreiben wir durch eine Zuordnung.

Jedem Zeitpunkt bis zur Entleerung des Tanks wird genau eine bestimmte Wassermenge zugeordnet. Diese Zuordnung ist eindeutig und deshalb eine Funktion. Zwischen der Zeit und der Wassermenge besteht also ein **funktionaler Zusammenhang**.

Da wir wissen, dass die Wassermenge pro Minute um 2000 ℓ abnimmt, können wir eine Wertetabelle aufstellen und den Graphen zeichnen.
Wir entnehmen dem Graphen, dass der Tank nach 2,5 Minuten leer ist.

Zeit (in Minuten) $\mapsto$ (Wassermenge in Litern)

Zeit in min	0	0,5	1	1,5	2	2,5
Wasser-menge in ℓ	5000	4000	3000	2000	1000	0

▷ Hier sind die Punkte verbunden, weil alle Werte von 0 bis 2,5 für x zulässig sind.

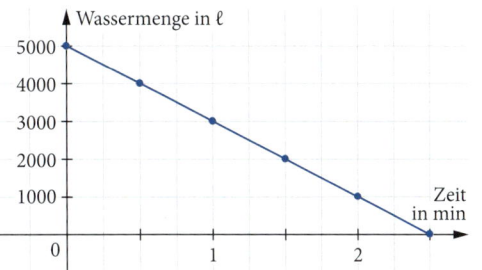

31

Viele funktionale Zusammenhänge sind kompliziert, sodass wir allein mit den bisherigen Mitteln nicht alle Probleme lösen können. Daher benötigen wir Bezeichnungen und Schreibweisen, die vor allem das Rechnen mit Funktionen erleichtern.

Als **Funktionsnamen** werden gewöhnlich Kleinbuchstaben gewählt.
Der Funktion aus Beispiel 8, die die Wassermenge in Abhängigkeit von der Zeit erfasst, geben wir den Namen f. Die abgelaufene Zeit bezeichnen wir mit der **Variablen** x. Sie wird hier in Minuten gemessen.

Häufig benutzte Funktionsnamen:
f, g, h
f: Zeit nach Löschbeginn $\mapsto$ Wassermenge im Tank
  (in Minuten)   (in Litern)
Variable: x
▶ Es können auch andere Buchstaben gewählt werden: Für die Zeit nutzt man z. B. oft die Variable t.

Jedem Zeitpunkt (x-Wert) wird durch die Funktion f eindeutig die Wassermenge im Tank zum Zeitpunkt x zugeordnet. Diese zugeordneten Werte werden oft mit der Variablen y bezeichnet.
Um zu verdeutlichen, dass der y-Wert von der Variablen x abhängig ist, schreiben wir für y auch $f(x)$ (gelesen: „f von x"). $f(x)$ heißt **Funktionswert** von f an der **Stelle** x.

$f\colon x \quad\mapsto\quad y$
$f\colon x \quad\mapsto\quad f(x)$

$y = f(x)$
↑
Funktionswert ▶ Wassermenge nach x Minuten

> Beim Graphen liefert $f(x)$ die y-Koordinate.

Die Graphen zweier Funktionen f und g werden üblicherweise K_f und K_g genannt, oder nur K, falls klar ist, um welche Funktion es sich handelt.

Bezeichnung der Graphen der Funktionen f und g:
K_f, K_g
▶ K steht für „Kurve"

Die **Zuordnungsvorschrift** zeigt an, dass jedem x der entsprechende Wert des **Funktionsterms** zugeordnet wird.
Zum Rechnen besser geeignet ist die Darstellung einer Funktion durch ihre **Funktionsgleichung**.

Funktionsname
↓   Variable   Funktionsterm
$f\colon \quad x \quad\mapsto\quad -2000\,x + 5000$
     Zuordnungsvorschrift

$f(x) = -2000\,x + 5000$
Funktionsgleichung

Mit der Funktionsgleichung können wir nun für beliebige Zeiten die Wassermenge im Tank berechnen, etwa nach 1 oder 2,25 Minuten, indem wir diese Werte nacheinander **einsetzen**. Jedes Paar (Zeit | Wassermenge) entspricht einem Punkt des Graphen.

$f(1) = -2000 \cdot 1 + 5000 = 3000$
Nach 1 Minute sind noch 3000 ℓ im Tank.

$f(2,25) = -2000 \cdot 2,25 + 5000 = 500$
Nach 2,25 Minuten sind noch 500 ℓ im Tank.

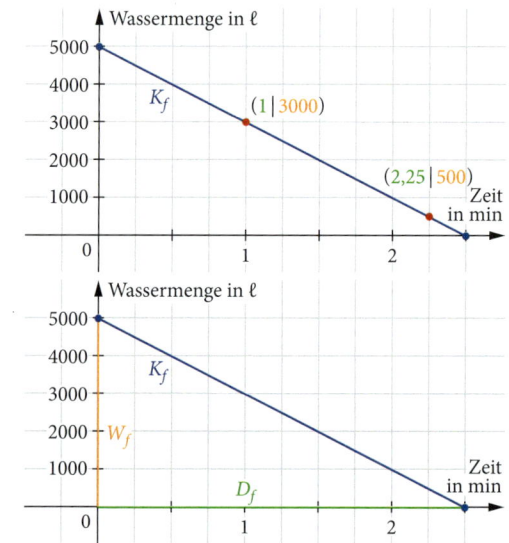

In unserem Beispiel ist es nicht sinnvoll, für x negative Zahlen einzusetzen. Erst ab dem Zeitpunkt $x = 0$ „läuft" die Zeit. Außerdem ist der Tank nach einer bestimmten Zeit leer. Am Graphen erkennen wir, dass dies nach 2,5 Minuten der Fall ist. Daher sollten wir nur diesen begrenzten Zeitraum betrachten.

Die Ausgangsmenge, aus der die x-Werte einer Funktion stammen sollen, heißt **Definitionsbereich** (Definitionsmenge) von f, kurz: D_f.

Die Menge aller Funktionswerte einer Funktion f heißt **Wertebereich** (Wertemenge) von f, kurz: W_f.

Definitionsbereich der Wassermenge-Funktion:
$D_f = [0; 2{,}5]$ ▸ auf der x-Achse ablesbar

Wertebereich der Wassermenge-Funktion:
$W_f = [0; 5000]$ ▸ auf der y-Achse ablesbar

1

Punktprobe

Die Funktion f mit $f(x) = -2000\,x + 5000$ gibt die beim Löschen im Wassertank verbleibende Wassermenge an. x steht dabei für die Zeit in Minuten und $f(x)$ für die Wassermenge in Litern.

Ein Feuerwehrmitglied meint, dass nach 1,5 Minuten der Tank (mit anfänglich $5000\,\ell$) noch halb voll sei. Dann müsste dem Wert $x = 1{,}5$ der Funktionswert $f(1{,}5) = 2500$ zugeordnet werden. Der Punkt $P(1{,}5 \mid 2500)$ müsste auf dem Graphen von f liegen.

Um dies zu prüfen, machen wir die **Punktprobe**: Wir setzen die Koordinaten von P in die Gleichung von f ein. Dabei entsteht eine falsche Aussage. Also liegt der Punkt P nicht auf dem Graphen von f. Die Behauptung des Feuerwehrmitglieds ist somit falsch.

Punktprobe für $P(1{,}5 \mid 2500)$:
$$f(x) = -2000\,x + 5000$$
$$f(1{,}5) = -2000 \cdot 1{,}5 + 5000$$
$$2500 = 2000 \ (f)$$

Dagegen liefert die Punktprobe für $Q(1{,}25 \mid 2500)$ eine wahre Aussage, d.h., der Punkt Q liegt auf dem Graphen von f.

Der Tank ist also nach 1,25 Minuten halb leer.

Punktprobe für $Q(1{,}25 \mid 2500)$:
$$f(x) = -2000\,x + 5000$$
$$f(1{,}25) = -2000 \cdot 1{,}25 + 5000$$
$$1000 = 1000 \ (w)$$

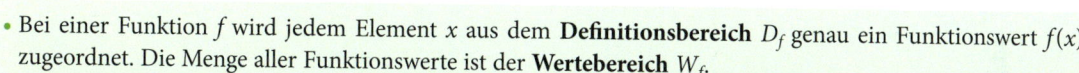

- Bei einer Funktion f wird jedem Element x aus dem **Definitionsbereich** D_f genau ein Funktionswert $f(x)$ zugeordnet. Die Menge aller Funktionswerte ist der **Wertebereich** W_f.
- Die Zuordnungsvorschrift wird in der Regel durch eine **Funktionsgleichung** angegeben.
- Der Graph von f ist die Menge aller Punkte $(x \mid y)$ mit $x \in D_f$, y erhält man dabei durch **Einsetzen** von x in die Funktionsgleichung.

1. Berechnen Sie, soweit möglich, die Funktionswerte für $x = -1$, $x = 0$ und $x = 3{,}5$. Überprüfen Sie außerdem, ob der Punkt $P(20 \mid 15)$ jeweils zum Graphen der gegebenen Funktionen gehört.

a) $f(x) = x - 5$ b) $g(x) = x + 3\,x^2$ c) $h(x) = 15$ d) $k(x) = 3 + \frac{1}{x}$

2. Lesen Sie den Definitions- und Wertebereich ab, sowie den Funktionswert an der Stelle $x = 0$.

a)
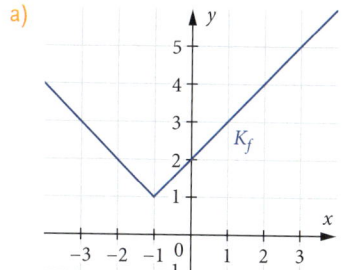

b)
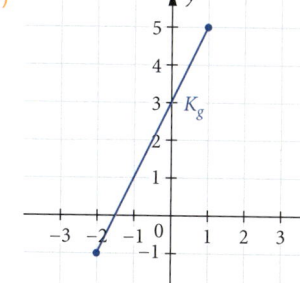

c)
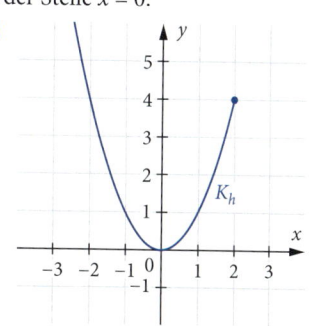

Übungen zu 1.1.3

1. Ein Zug beschleunigt nach dem Losfahren. Der zurückgelegte Weg wurde gemessen.

Zeit in s	0	10	20	30
Weg in m	0	25	100	225

a) Zeichnen Sie den Graphen der Zuordnung in ein Koordinatensystem.

b) Wie viele Meter hat der Zug nach 15 s zurückgelegt? Wann 200 m? Schätzen Sie begründet.

2. Gegeben ist eine Zuordnung mit der Ausgangsmenge {10; 20; 30; 40; 50} und der Zielmenge {A; B; C; D}, die aus zwei Gründen keine Funktion ist. Erstellen Sie ein mögliches Pfeildiagramm einer solchen Zuordnung.

3. Prüfen Sie, ob es sich um Graphen von Funktionen handelt. Begründen Sie Ihre Antwort. Bei welchem Graphen lässt sich keine eindeutige Aussage treffen?

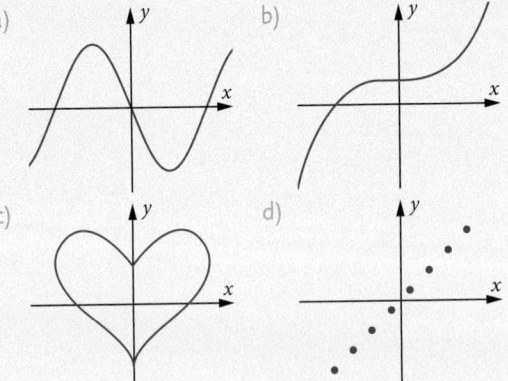

4. Erstellen Sie für zwei selbstgewählte Zuordnungen jeweils eine Wertetabelle. Eine der Zuordnungen soll eine Funktion sein, die andere nicht. Erklären Sie anhand Ihrer Beispiele, wie man die Wertetabelle einer Funktion erkennt.

5. Führen Sie die Punktprobe für $P(2|4)$ und $Q(-1|5)$ bei den Funktionen f und g mit den Gleichungen $f(x) = -5x + 14$ und $g(x) = 3x^2 + 2$ durch.

6. Bestimmen Sie $f(1)$, $f(-2)$ und $f(8)$ für die folgenden Funktionen. Führen Sie außerdem jeweils eine Punktprobe mit $P(-1|2)$ und $Q\left(-\frac{4}{3}\middle|\frac{11}{3}\right)$ durch.

a) $f(x) = x + 5$
b) $f(x) = -x^2 + 3$
c) $f(x) = 2$
d) $f(x) = -2x + 1$

7. Zeichnen Sie die Graphen der Funktionen mithilfe einer Wertetabelle. Geben Sie den Wertebereich an.

a) $f(x) = 2x + 1$; $D_f = \mathbb{R}$
b) $f(x) = 3x$; $D_f = \mathbb{N}$
c) $f(x) = \sqrt{x}$; $D_f = \mathbb{R}_+$
d) $f(x) = 2x^2 - 2$; $D_f = [-2; 2]$
e) $f(x) = -0,5x^2 + 4x$; $D_f = [0; 8]$

8. Gegeben sind Funktionen durch ihre Graphen. Bestimmen Sie den Definitionsbereich und den Wertebereich.

Soll der Definitionsbereich bestimmt werden, ist der größtmögliche Definitionsbereich gemeint.

a)

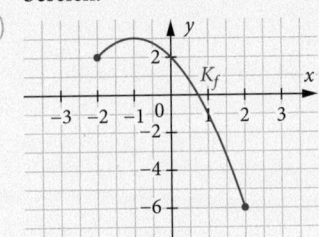

b)

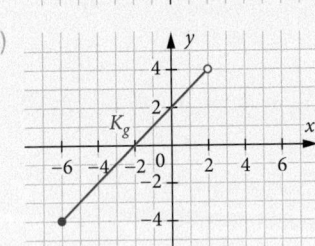

9. Drücken Sie die folgenden Sachverhalte in mathematischer Symbolsprache aus.

a) Der Definitionsbereich einer Funktion f ist die Menge der reellen Zahlen.

b) Der Definitionsbereich einer Funktion f ist die Menge der negativen ganzen Zahlen.

c) Der Wertebereich einer Funktion g enthält alle reellen Zahlen, die zwischen -1 und 1 liegen, sowie -1 und 1 selbst.

d) Der Funktionswert von f an der Stelle 3 ist 9.

e) Der Funktionswert von f an der Stelle 5 ist gleich dem Funktionswert von f an der Stelle 9.

f) Alle Funktionswerte von f sind gleich 1.

g) An der Stelle $x = 7$ besitzen die Funktionen f und g denselben Funktionswert.

h) Die Funktion f hat an der Stelle $x = 1,5$ den Funktionswert 0.

1.1.4   Grundlegende Eigenschaften von Funktionen

Definitionslücke

Gegeben ist die Funktion f mit der Gleichung $f(x) = \frac{1}{x+2}$. Bestimmen Sie den Definitionsbereich.

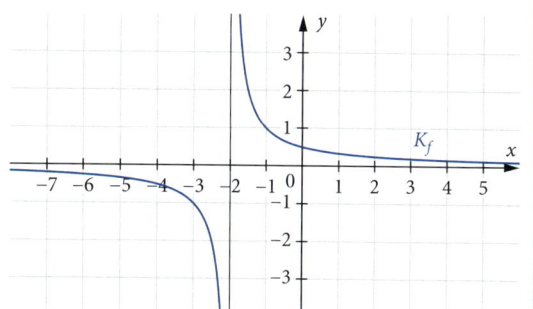

Die Zahl -2 muss aus dem Definitionsbereich ausgeschlossen werden, da für $x = -2$ der Nenner den Wert 0 annehmen würde.
Somit gilt $D_f = \mathbb{R} \setminus \{-2\}$.
Man nennt -2 eine **Definitionslücke**.

Auch anhand des Graphen erkennt man, dass bei $x = -2$ eine Definitionslücke vorliegt. Der Graph nähert sich der y-Achse an, berührt oder schneidet diese aber nie.

Definitionslücken ablesen

Gegeben ist der Graph der Funktion f mit $f(x) = \frac{3-x}{2x^2 - 6x}$.

Lesen Sie die Definitionslücken ab und geben Sie den Definitionsbereich an.

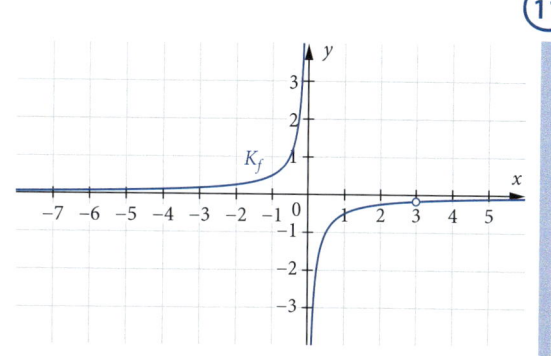

Anhand des Graphen erkennen wir, dass die Funktion f die zwei Definitionslücken 0 und 3 hat.

Auch anhand des Funktionsterms kann man die beiden Definitionslücken ermitteln, indem man die x-Werte berechnet, für die der Nenner gleich 0 ist.

$$f(x) = \frac{3-x}{2x^2 - 6x} = \frac{3-x}{x(2x-6)}$$

$$2x^2 - 6x = 0$$
$$x(2x - 6) = 0 \quad \blacktriangleright \text{Satz vom Nullprodukt, Seite 12}$$
$$x = 0 \qquad 2x - 6 = 0$$
$$2x = 6$$
$$x = 3$$

Der Definitionsbereich ist $\mathbb{R}$ ohne die Werte 0 und 3. Es gibt unterschiedliche Möglichkeiten, den Definitionsbereich anzugeben.

$$D_f = \mathbb{R} \setminus \{0; 3\} = \mathbb{R}^* \setminus \{3\}$$
$$= \left]-\infty; 0\right[\cup \left]0; 3\right[\cup \left[3; \infty\right[$$

▶ Schreibweisen von Mengen siehe Seite 10.

> Eine einzelne Stelle, für die eine Funktion f nicht definiert ist, nennt man **Definitionslücke** von f.

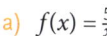 Ermitteln Sie die Definitionslücken und geben Sie den Definitionsbereich an. Veranschaulichen Sie sich den Graphenverlauf mit einem Funktionsplotter.

a) $f(x) = \frac{5}{x}$
b) $f(x) = \frac{2}{x-2}$
c) $f(x) = \frac{x}{2x+1}$
d) $f(x) = \frac{2x}{4x^2 - x}$

35

12 Eingeschränkter Definitionsbereich bei Anwendungen

Die Nachfrage nach Print-Werbung ist gesunken. Deshalb muss die Werbeagentur „Schöner Werben" ihre Preise für Plakate überdenken. Die Fixkosten in Höhe von 1800 € bleiben bestehen. Die Agentur interessiert sich für die *durchschnittlichen* Fixkosten, d. h. für die anteiligen Fixkosten pro Plakat.

▶ Fixkosten (z. B. Miete oder Gehälter) sind auch ohne Produktion vorhanden.

Mit K ist hier kein Graph gemeint. K ist üblich für die Bezeichnung von Kostenfunktionen.

Die Fixkosten (in €) beschreiben wir durch die konstante Funktion K_{fix} mit $K_{\text{fix}}(x) = 1800$. Die Fixkosten sind unabhängig von der Anzahl x der Plakate. Da x eine natürliche Zahl sein muss, gilt $D_{K_{\text{fix}}} = \mathbb{N}$.

Bei den **durchschnittlichen Fixkosten** werden die Fixkosten auf die Ausbringungsmenge x aufgeteilt. Die Funktion, die die durchschnittlichen Fixkosten beschreibt, nennen wir k_{fix}.

x	1	10	50	100	…
$k_{\text{fix}}(x)$	1800	180	36	18	…

$k_{\text{fix}}(x) = \frac{1800}{x}$; $D_{K_{\text{fix}}} = \mathbb{N} \setminus \{0\} = \mathbb{N}^*$

Werden beispielsweise 100 Plakate erstellt, so erhalten wir die durchschnittlichen Kosten $k_{\text{fix}}(100)$, indem wir die Fixkosten 1800 durch 100 teilen: 18.

Auch hier ist der Definitionsbereich die Menge der natürlichen Zahlen. Jedoch muss $x = 0$ noch ausgeschlossen werden, da nicht durch 0 geteilt werden darf.
Es gilt somit $D_{k_{\text{fix}}} = \mathbb{N}^*$.

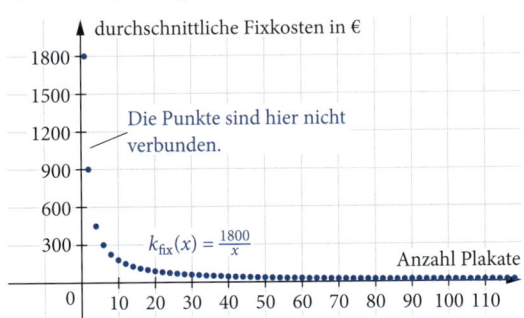

▶ Die Kurve ist hier nicht durchgezogen, da nur natürliche Werte von x zulässig sind.

13 Stetigkeit und Unstetigkeit – anschaulich

Die Abbildungen zeigen die Graphen der Funktionen f und g.
Während wir den Graphen zu f mit einem Stift ohne abzusetzen zeichnen können, ist dies beim Graphen zu g nicht der Fall.

Funktionen, deren Graphen man ohne abzusetzen zeichnen kann, nennt man **stetig**.

Funktionen, deren Graphen Sprungstellen haben, heißen **unstetig**.

Ausgefüllte Kreise bedeuten, dass der Punkt zum Graphen gehört. Unausgefüllte Kreise zeigen, dass der Punkt nicht zum Graphen gehört.

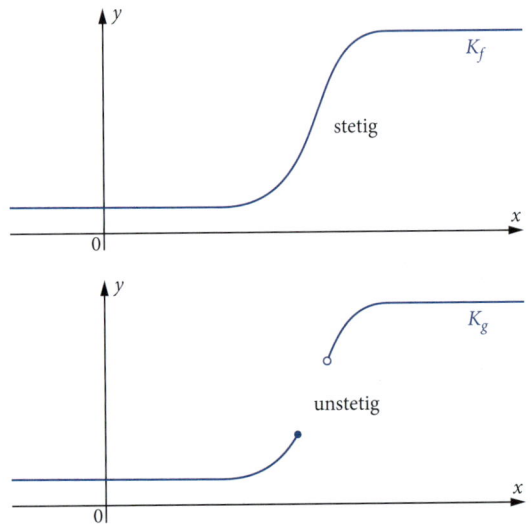

Stetigkeit erkennen

(14)

Zeichnen Sie die Funktionsgraphen und untersuchen Sie die Funktionen anhand der Graphen auf Stetigkeit.

a) $f(x) = \begin{cases} 0{,}5x - 1 & \text{für } x < 4 \\ x - 2 & \text{für } x \geq 4 \end{cases}$
b) $g(x) = \begin{cases} 0{,}5x - 1 & \text{für } x < 4 \\ x - 3 & \text{für } x \geq 4 \end{cases}$
c) $h(x) = \begin{cases} 0{,}5x - 1 & \text{für } x < 4 \\ x - 2 & \text{für } x > 4 \end{cases}$

1

Bei allen Funktionen handelt es sich um abschnittsweise definierte Funktionen. Je nachdem in welchem Bereich sich der x-Wert befindet, wird eine andere Gleichung zur Berechnung des y-Werts angewendet.

Zu a) Anhand des Graphen erkennen wir, dass f an der Stelle $x = 4$ nicht stetig ist, da dort eine Sprungstelle vorliegt. Die Funktion f ist also nicht stetig.

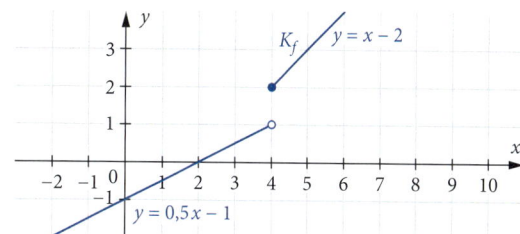

Zu b) Der Graph kann ohne den Stift abzusetzen gezeichnet werden. Die Funktion g ist stetig.

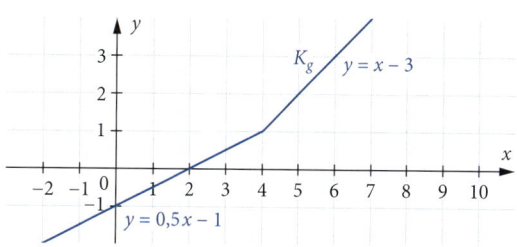

Zu c) Der Graph hat zwar bei $x = 4$ eine Sprungstelle, die Funktion ist an dieser Stelle allerdings nicht definiert. Im gesamten Definitionsbereich ist die Funktion h stetig.

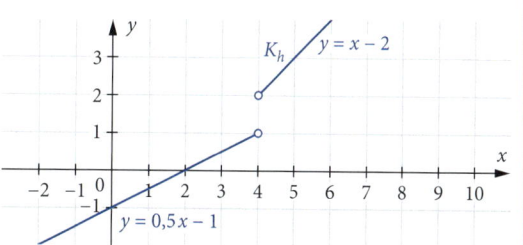

Funktionen, deren Graphen man innerhalb des Definitionsbereichs ohne den Stift abzusetzen durchzeichnen kann, sind **stetig**. Funktionen mit Sprungstellen innerhalb des Definitionsbereichs sind **unstetig**.

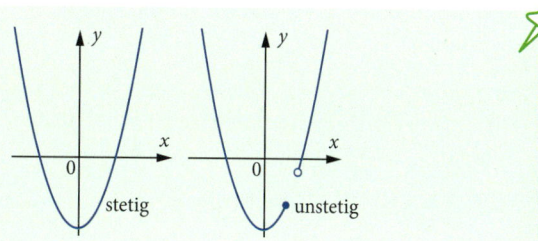

 Entscheiden Sie, ob die Funktionen stetig sind.

a)
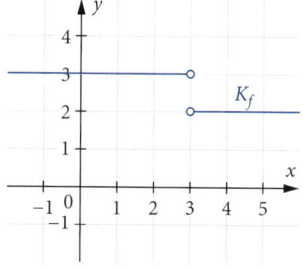

b)
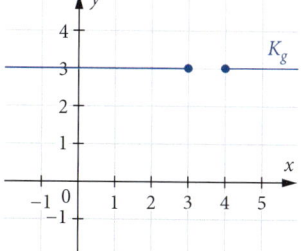

c)
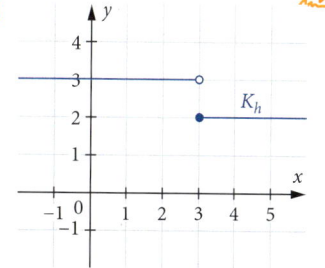

1

 15 y-Achsenschnittpunkte

Gegeben ist der Graph einer Funktion f mit $f(x) = 0{,}5\,x^2 + 1{,}505\,x - 1{,}98$; $x \in \mathbb{R}$. Bestimmen Sie den Schnittpunkt mit der y-Achse.

Den Punkt, an dem der Graph die y-Achse schneidet nennt man **y-Achsenschnittpunkt** und bezeichnet ihn mit S_y.

Liegt S_y vielleicht bei −2?

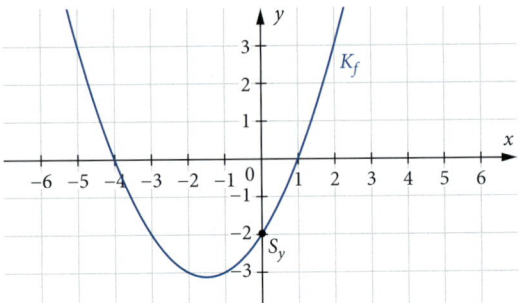

Ablesen dieses Punkts kann ungenau sein. Haben wir jedoch eine Funktionsgleichung von f, so können wir S_y exakt berechnen, indem wir **0 in die Gleichung einsetzen**. Anders gesagt: Die Bedingung für einen y-Achsenschnittpunkt ist $x = 0$.

Der Graph einer Funktion kann nur maximal einen Schnittpunkt mit der y-Achse haben.

$f(0) = 0{,}5 \cdot 0^2 + 1{,}505 \cdot 0 - 1{,}98 = -1{,}98$

$-1{,}98$ ist der Funktionswert an der Stelle **0**.
Es gibt keinen weiteren solchen Wert.
$\Rightarrow S_y(\mathbf{0}\,|\,{-1{,}98})$

---

16 x-Achsenschnittpunkte und Nullstellen

Gegeben ist erneut der Graph der Funktion f mit $f(x) = 0{,}5\,x^2 + 1{,}505\,x - 1{,}98$; $x \in \mathbb{R}$.
a) Überprüfen Sie, ob 1 eine Schnittstelle mit der x-Achse ist.
b) Eine andere Form der Funktionsgleichung von f ist $f(x) = 0{,}5\,(x + 4)\,(x - 0{,}99)$; $x \in \mathbb{R}$. Bestimmen Sie die Schnittpunkte mit der x-Achse.

Zu a) Eine Schnittstelle mit der x-Achse ist ein x-Wert, der 0 als Funktionswert hat. Eine solche Stelle nennt man **Nullstelle**.

Das Ablesen einer Nullstelle am Graphen ist eventuell ungenau, daher verwenden wir die Funktionsgleichung.

Um zu prüfen, ob $x = 1$ eine Nullstelle ist, setzen wir 1 in die Funktionsgleichung von f ein. Wenn der Funktionswert 0 beträgt, ist $x = 1$ eine Nullstelle.

Da $f(1) \neq 0$, ist 1 keine Nullstelle.

Zu b) Die Punkte, an denen der Graph die x-Achse schneidet, nennt man **x-Achsenschnittpunkte**.

Wir berechnen die Nullstellen mithilfe der Funktionsgleichung von f. Die Bedingung dafür ist $y = 0$, also $f(x) = 0$.

Der Graph einer Funktion kann keine bis beliebig viele x-Achsenschnittpunkte haben.

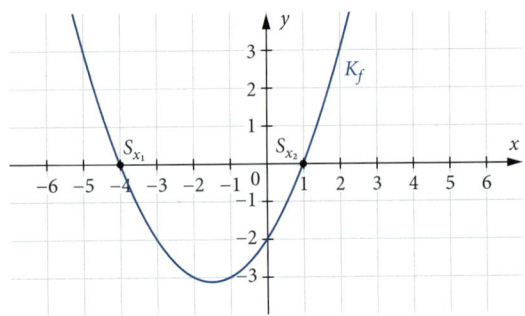

$f(1) = 0{,}5 \cdot 1^2 + 1{,}505 \cdot 1 - 1{,}98$
$\qquad = 0{,}025 \neq 0$
$f(x) = 0$
$0{,}5\,(x + 4)\,(x - 0{,}99) = 0$

$(x + 4) = 0 \qquad\qquad (x - 0{,}99) = 0$
▸ Satz vom Nullprodukt, Seite 12

Nullstellen:
$x_1 = -4$ und $x_2 = 0{,}99$
$\Rightarrow S_{x_1}(-4\,|\,\mathbf{0})$ und $S_{x_2}(0{,}99\,|\,\mathbf{0})$

Die Nullstellen sind nur die x-Werte der x-Achsenschnittpunkte!

Mit dem Taschenrechner abschätzen

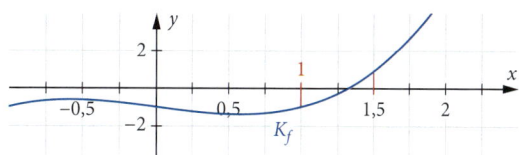

Gegeben ist die Funktion f mit $f(x) = x^3 - x - 1$; $x \in \mathbb{R}$. Ermitteln Sie ihre Nullstelle auf zwei Nachkommastellen gerundet.

Gesucht ist x mit $f(x) = x^3 - x - 1 = 0$.
Wir kennen bisher kein Verfahren zur Lösung dieser Gleichung, aber wir können den Wert der Nullstelle abschätzen.

Mithilfe einer Wertetabelle zeichnen wir den Graphen von f. Wir sehen, dass eine Nullstelle im Bereich $[1; 1,5]$ liegt. Dies kann auch durch Berechnung der Funktionswerte an den Stellen 1 und 1,5 bestätigt werden: Da der Funktionswert an der Stelle 1 negativ ist und der Funktionswert an der Stelle 1,5 positiv ist, folgt dass der Funktionsgraph die x-Achse im Intervall $[1; 1,5]$ mindestens einmal schneidet.
Dies liegt daran, dass die Funktion stetig ist: der Graph lässt sich ohne Unterbrechung zeichnen.

$f(1) = -1 < 0$ ⟵ **Vorzeichenwechsel** (VZW)
$f(1,5) = 0,875 > 0$ ⟵
⟹ Im Intervall $[1; 1,5]$ liegt eine Nullstelle.

Für eine bessere Abschätzung können wir einzelne Werte probieren, was allerdings mühsam sein kann. Einfacher geht es mit einer Wertetabelle: Wir können Start- und Endwert, sowie den Schritt verändern. Im Bereich $[1,3; 1,4]$ liegt eine Nullstelle. Wir können eine genauere Wertetabelle erstellen und verfahren genauso bis zur gewünschten Genauigkeit weiter. Um zu wissen, ob 1,32 oder 1,33 die gerundete Lösung ist, berechnen wir noch $f(1,325)$.
1,32 ist die Nullstelle auf zwei Nachkommastellen gerundet.

▶ Es kann sein, dass es keinen VZW gibt und trotzdem eine Nullstelle vorliegt (zu „grobes" Intervall).

Start: 1 Ende: 1,5
Schritt: 0,1

x	$f(x)$
1	-1
1,1	$-0,769$
1,2	$-0,472$
1,3	$-0,103$ ⟵
1,4	$0,344$ ⟵ VZW
1,5	$0,875$

Start: 1,3 Ende: 1,4
Schritt: 0,01

x	$f(x)$
1,3	$-0,103$
1,31	$-0,061909$
1,32	$-0,020032$ ⟵ VZW
1,33	$0,22637$ ⟵
...	...
1,4	$0,344$

$f(1,325) = 0,001203 > 0$

- Der **y-Achsenschnittpunkt** des Graphen einer Funktion f wird ermittelt durch Berechnung von $f(0)$.
- Die **x-Achsenschnittpunkte** des Graphen einer Funktion f werden bestimmt durch Auflösen von $f(x) = 0$ nach x. Der dabei ermittelte x-Wert heißt **Nullstelle**.

1. Geben Sie die Achsenschnittpunkte des Graphen der Funktion f mit $f(x) = x^3 - x - 1$ an (▶ siehe Beispiel 17). ▶ *Hinweis:* Die Funktion hat genau eine Nullstelle.

2. Gegeben ist eine Funktion f mit $f(x) = -x^2 - 2x + 2$; $x \in \mathbb{R}$.
a) Bestimmen Sie den Schnittpunkt des Funktionsgraphen mit der y-Achse.
b) Überprüfen Sie, ob $-2,7$ und 3 Nullstellen sind.
c) Zeigen Sie, dass eine Nullstelle im Bereich $[0; 1]$ liegt.
d) Ermitteln Sie beide Schnittpunkte mit der x-Achse auf zwei Nachkommastellen genau.
e) Veranschaulichen Sie sich die Schnittpunkte mit einem Funktionsplotter.

Wir haben schon bei Anwendungsaufgaben gesehen, dass es oft sehr wichtig ist, eine Kurve zu interpretieren oder Kurven zu vergleichen.

(18) Aussagen beurteilen

Gegeben sind die Graphen zweier Funktionen. Überprüfen Sie, ob bzw. für welche Funktion die folgenden Aussagen wahr sind. Begründen Sie Ihre Antwort.

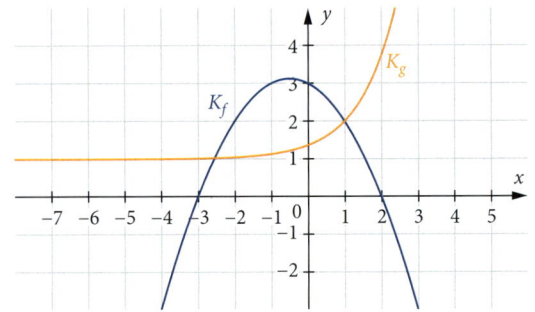

a) Die Funktion hat nur positive Funktionswerte.

b) $f(1) = g(1)$

c) Die Funktion hat Nullstellen.

d) $3 \in W_f$ und $3 \in W_g$

e) $f(-2) < g(0)$

f) $f(x) \leq 0$ für $x \in\ ]-\infty;\, -2] \cup [2;\, +\infty[$

Zu a) Nur der Graph von g liegt komplett oberhalb der x-Achse.

Zu b) $f(1) = g(1) = 2$, die Aussage ist richtig.

Zu c) Nur f hat zwei Nullstellen (bei -3 und 2), der Graph von g liegt oberhalb der x-Achse.

Zu d) Für beide richtig: $f(0) = 3$ und $g(1,7) = 3$ (dabei ist $1,7$ ein gerundeter Wert).

Zu e) Falsch, $f(-2) = 2$ und $g(0) \approx 1,4$.

Zu f) Teilweise richtig, $f(x) \leq 0$ gilt für $x \leq -3$ und für $x \geq 2$, also für $x \in\ ]-\infty;\, -3] \cup [2;\, +\infty[$.

Gegeben ist eine Funktion f mit $f(x) = -x^2 - 2x + 2;\ x \in \mathbb{R}$.

Beurteilen Sie die beiden Aussagen: „$f(1) > 0$" und „es gibt zwei x-Werte mit $f(x) = 3$".

Übungen zu 1.1.4

 1. Bestimmen Sie den Definitionsbereich der folgenden Funktionen. Nennen Sie gegebenenfalls die Definitionslücken. Veranschaulichen Sie sich den Graphenverlauf mit einem Funktionsplotter.

a) $f(x) = 3x - 2$

b) $f(x) = \dfrac{6}{x}$

c) $f(x) = \dfrac{1}{x+3}$

d) $f(x) = x$

e) $f(x) = \dfrac{4}{2x-1}$

f) $f(x) = 3\sqrt{x}$

g) $f(x) = \dfrac{3x}{(x+1)(x-1)}$

h) $f(x) = \dfrac{x-2}{x(x-2)}$

2. Entscheiden Sie, ob die Funktionen stetig sind.

a)

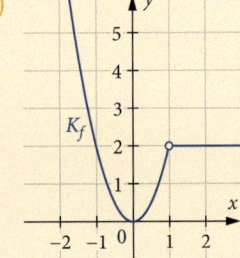

b)

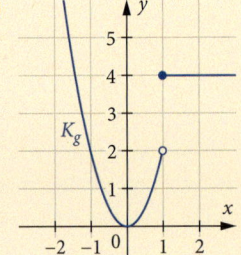

3. Um neue Kunden zu gewinnen, bietet eine Bank ein Sparkonto an, bei dem die ersten 2000 Euro mit 1 % pro Jahr verzinst werden. Die Funktion f gibt den Zinssatz an, der für den x-ten eingezahlten Euro pro Jahr gezahlt wird.

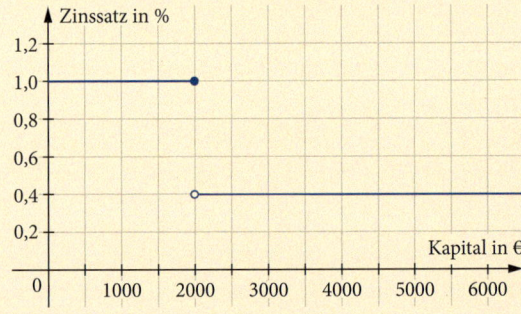

a) Berechnen Sie, wie viel Zinsen man nach einem Jahr erhält, wenn man das ganze Jahr 4000 Euro auf dem Konto hatte.

b) Entscheiden Sie, ob die Funktion stetig oder unstetig ist.

4. Die Kosten für den Versand eines Pakets innerhalb Deutschlands mit einem Paketdienstleister sind von der Masse des Pakets abhängig.

Masse	bis 5 kg	bis 10 kg	bis 20 kg
Preis	6,90 €	8,90 €	16,90 €

Zeichnen Sie den Graphen der Funktion, die den Preis in Abhängigkeit der Masse beschreibt.

5. Gegeben ist eine abschnittsweise definierte Funktion f durch

$$f(x) = \begin{cases} -0,5 & \text{für } x < 2 \\ a & \text{für } x \geq 2;\ a \in \mathbb{R} \end{cases}$$

Bestimmen Sie a so, dass f a) unstetig und b) stetig ist.

6. Lesen Sie die Nullstellen und Achsenschnittpunkte ab.

a)
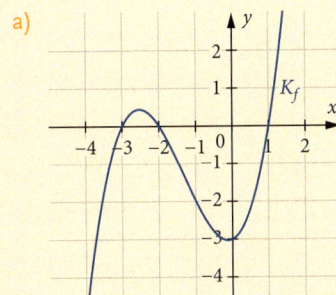

b)
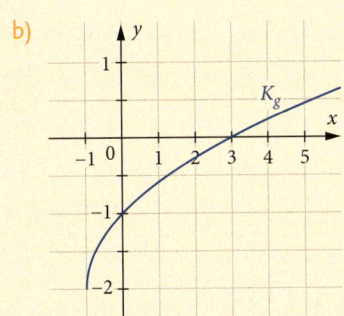

c)
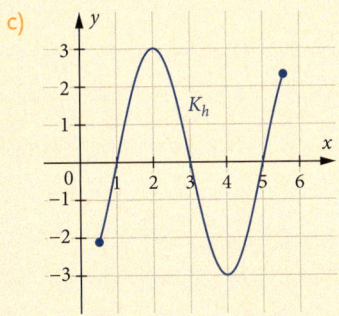

7. Prüfen Sie, ob die x-Werte Nullstellen der durch die Gleichungen gegebenen Funktionen sind. Nutzen Sie einen Funktionsplotter zur Veranschaulichung.

a) $x = -2$ $\quad f(x) = 2x + 4$
b) $x = 4$ $\quad f(x) = x^2 - 15$
c) $x = 3$ $\quad f(x) = 2x^2 - 8x + 3$
d) $x = 1$ $\quad f(x) = x^3 - 1$
e) $x = -1$ $\quad f(x) = 4x^3 - 2x$

8. Gegeben ist der Ausschnitt aus der Wertetabelle einer Funktion.

x	-3	-2	$-1,5$	-1	0	1	$1,5$
y	$0,21$	0	$-0,31$	$-0,83$	$-2,5$	$-2,04$	$3,92$

Geben Sie die erkennbaren Schnittpunkte mit den Achsen an. Untersuchen Sie die Wertetabelle auf die Möglichkeit weiterer Nullstellen.

9. Der Graph K einer Funktion schneidet die y-Achse bei 1 und hat genau zwei Schnittpunkte mit der x-Achse. Ein Schnittpunkt ist $S_{x_1}\ (-2\,|\,0)$ und im Bereich $[3,5;\ 4]$ liegt eine Nullstelle. Skizzieren Sie K. Geben Sie anhand der Skizze eine Eigenschaft der Funktionswerte an den Stellen 3,5 und 4 an.

10. Gegeben sind die Graphen der Funktionen f_1 und f_2. Entscheiden Sie, für welche Funktion die folgenden Aussagen gelten. Begründen Sie Ihre Antworten.

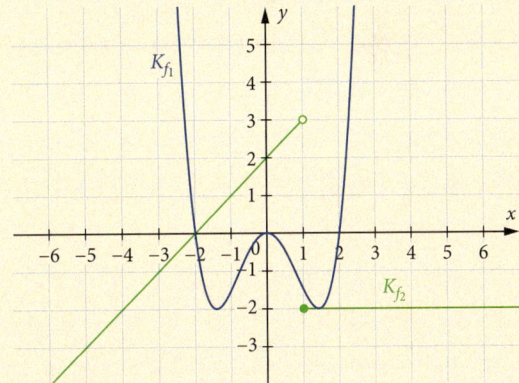

a) $f(x) \leq 0$ für $x \in [1;\ +\infty[$
b) Eine Nullstelle der Funktion ist 2.
c) $3 \in W_f$
d) $f(-2) = 0$
e) $f(1) < 0$
f) Der Graph verläuft für $x > -1$ oberhalb der x-Achse.
g) Die Funktion hat drei Nullstellen.

Übungen zu 1.1

1. Gegeben ist eine Tabelle mit Gleichungen. Kreuzen Sie an, in welchen Mengen diese lösbar sind.

	Gleichung	$\mathbb{N}$	$\mathbb{Z}$	$\mathbb{Q}$	$\mathbb{R}$
a)	$2x + 8 = 0$				
b)	$2x - 2 = 0$				
c)	$x^2 - 5 = 0$				
d)	$2x - 3 = 0$				
e)	$x^2 + 1 = 0$				
f)	$x + \pi = 2x$				
g)	$x^2 = 0{,}5$				

2. Schreiben Sie jeweils in der verlangten Form.
a) $]-2; 3] \cap \mathbb{N}$ als aufzählende Menge
b) $\mathbb{R} \setminus \{-3\}$ mithilfe von Intervallen
c) $\mathbb{Z}_-^* \cap \{x \mid x > -4\}$ als aufzählende Menge
d) $[-1{,}2; \pi] \cap \,]3; 3{,}5[$ als Intervall

3. Ordnen Sie durch Angabe von Pfeildiagrammen Mitgliedern Ihrer Lerngruppe jeweils
a) zwei positive Eigenschaften zu.
b) eine Lieblingsfarbe zu.
c) die Anzahl der Geschwister zu.
d) das Geburtsdatum zu.

4. Gegeben sind die Ausgangsmenge $A = \{1; 2; 3; 4; 5\}$, die Zielmenge $\{2; 5; 7; 8; 9\}$ und die Pfeildiagramme von Zuordnungen.
Entscheiden Sie, ob es sich um Funktionen handelt und begründen Sie.

a)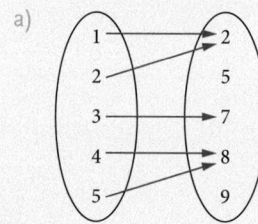
b)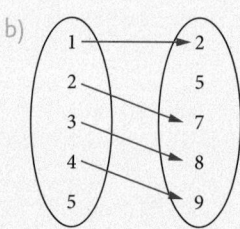
c)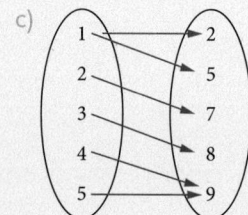
d)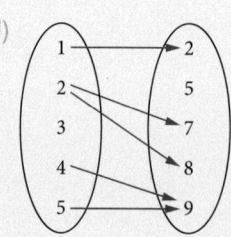

5. Veranschaulichen Sie die vier Zuordnungen im Koordinatensystem.

a)

x	-2	-1	0	1	2
y	2	1	2	3	4

b)

x	2	2	2	2	2
y	-2	-1	0	1	2

c)

x	-1	0	1	1	2
y	2	1	2	3	4

d)

x	-2	-1	0	1	2
y	4	1	0	1	4

6. Bestimmen Sie $f(1), f(-2)$ und $f(8)$ für die folgenden reellen Funktionen f.
a) $f(x) = x + 5$
b) $f(x) = -x^2 + 3$
c) $f(x) = (-x)^2 - 3x$
d) $f(x) = 2$

7. Prüfen Sie, ob die Punkte auf dem Graphen der Funktion liegen.
a) $f(x) = 4x + 3$ $\quad P(2 \mid 11); \; Q(-2 \mid -5); \; R(5 \mid 20)$
b) $f(x) = 0{,}5x^2$ $\quad P(2 \mid 2); \; Q(-2 \mid 0{,}25); \; R(0 \mid 1)$
c) $f(x) = 3x^2 - 4$ $\quad P(1 \mid 1), \; Q(-1 \mid -1); \; R(2 \mid -8)$

8. Ordnen Sie die drei Graphen den Sachverhalten a) bis c) zu.

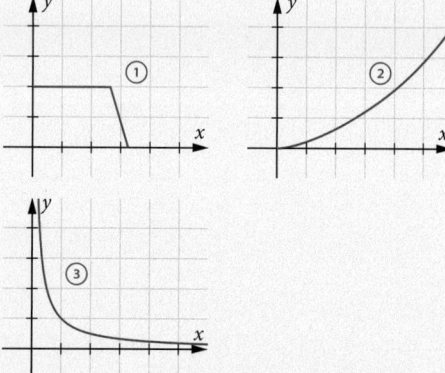

a) Leistung y einer sehr guten Batterie im Laufe der Zeit x.
b) Länge einer Rechtecksseite in Abhängigkeit von der anderen Seitenlänge bei gegebenen Flächeninhalt.
c) Fläche y eines Kreises in Abhängigkeit von seinem Radius x.

9. Der Flächeninhalt eines Kreises wird mit der Formel $A = \pi r^2$ bestimmt. Bezeichnen Sie den Radius mit der Variablen x und geben Sie für die Flächeninhaltsfunktion A die Zuordnungsvorschrift, die Funktionsgleichung, den Definitions- und den Wertebereich an.

10. Entscheiden Sie, ob die Funktionen stetig sind.

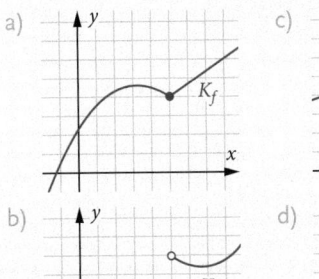

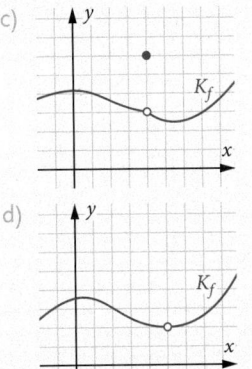

11. Erstellen Sie für die Funktion f eine Wertetabelle und zeichnen Sie den Graphen. Lesen Sie den Wertebereich und die Schnittpunkte mit den Achsen ab.

a) $f(x) = -2; D_f = [-4; 4]$

b) $f(x) = x - 2; D_f = [-2; 6[\setminus \{3\}$

c) $f(x) = \frac{1}{x-3}; D_f = \mathbb{R}_+ \setminus \{3\}$

12. Wählen Sie jeweils ein Beispiel für eine Funktion und skizzieren Sie deren Graphen.

a) Der Graph hat einen Schnittpunkt mit der y-Achse, aber keinen mit der x-Achse.

b) Der Graph hat einen Schnittpunkt mit der x-Achse, aber keinen mit der y-Achse.

c) Der Graph hat weder einen Schnittpunkt mit der x- noch mit der y-Achse.

d) Die Funktion ist stetig.

e) Die Funktion ist unstetig.

13. Prüfen Sie rechnerisch, ob der angegebene Punkt ein Schnittpunkt des zur Funktion f gehörenden Graphen mit einer Koordinatenachse ist. Falls ja, geben Sie an, ob es sich um einen Schnittpunkt mit der x-Achse oder der y-Achse handelt.

a) $S(0|-1); f(x) = 5x - 1$

b) $S(-2|0); f(x) = 7x - 2$

c) $S(4|0); f(x) = -2x + 8$

d) $S(0|0); f(x) = 5x^2 - 7x$

e) $S(0|-2); f(x) = 2x^2 - 2$

f) $S(1|0); f(x) = 2x^2 - 3x$

14. Beschreiben Sie die folgenden Sachverhalte unter Verwendung der mathematischen Fachbegriffe in vollständigen Sätzen.

a) $f(5) = 3$

b) $g(-1) = 7$

c) $f(x) = 5$

d) $D_f = \mathbb{R}$

e) $W_f = [0; 10]$

f) $f(x) > 2$

g) $f(2) = g(2)$

h) $f(x) = g(x)$

i) $D_h = \mathbb{R} \setminus \{1,23\}$

j) $D_g = \mathbb{R} \setminus \{5; 7\}$

15. Geben Sie den Definitionsbereich an. Berechnen Sie die Nullstellen und den Schnittpunkt mit der y-Achse. Zeichnen Sie anschließend K_f. Ermitteln Sie den Wertebereich.

a) $f(x) = 3x + 4,5; -1,5$ ist Definitionslücke

b) $f(x) = x^2 - 2x - 3$

c) $f(x) = -\frac{1}{x^2} + 3;$ f ist für negative Zahlen nicht definiert

d) $f(x) = -2 + 3\sqrt{x - 1}; x \geq 5$

16. Gegeben ist der Graph K_f der Funktion f mit $f(x) = 2 - \sqrt{x - 3}$.

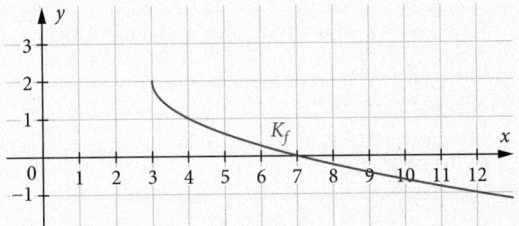

a) Ermitteln Sie den Definitionsbereich.

b) Geben Sie die Schnittpunkte mir den Achsen an.

c) Geben Sie den zu $x = 4$ gehörenden Funktionswert an.

d) Beschreiben Sie, wie festgestellt werden kann, ob der Punkt $P(5|0,5)$ oberhalb oder unterhalb von K_f liegt. Geben Sie die Lage von P an.

17. Eltern möchten ihrer Tochter für eine zehntägige Klassenfahrt Taschengeld mitgeben, und zwar für den ersten Tag $3 €$ und für jeden weiteren Tag $2 €$ mehr als am vorhergehenden Tag. Die Tochter macht einen Gegenvorschlag: Für den ersten Tag 20 Cent, dann täglich den doppelten Betrag des Vortages.

a) Stellen Sie beide Vorschläge in einer Wertetabelle und einem gemeinsamen Koordinatensystem dar.

b) Geben Sie den Definitions- und Wertebereich an.

c) Beurteilen Sie, welcher Vorschlag für die Tochter vorteilhafter ist.

18. Folgender Graph beschreibt die vermutliche Entwicklung der Alkoholkonzentration im Blut bei einem Patienten, der ins Krankenhaus eingeliefert wurde. Der Arzt kann den Patienten erst behandeln, wenn er keinen Alkohol mehr im Blut hat. Beantworten Sie folgende Fragen, verwenden Sie die passenden Fachbegriffe bei der Begründung.

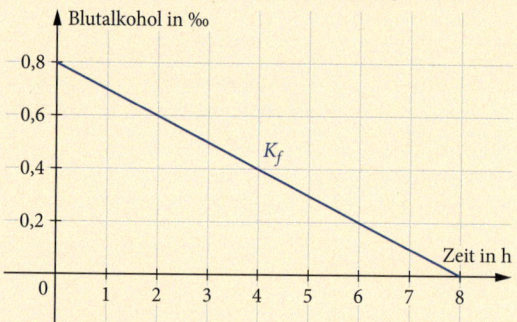

a) In welchem Bereich bewegt sich die Alkoholkonzentration?

b) Wie hoch ist die Alkoholkonzentration im Blut des Patienten bei der ersten Messung?

c) Wie hoch ist die Alkoholkonzentration im Blut des Patienten nach zwei Stunden?

d) Zu welchem Zeitpunkt hat der Patient noch die Hälfte der Alkoholkonzentration, mit der er eingeliefert wurde, im Blut?

e) In welchem Zeitraum hat der Patient weniger als 0,2 ‰ im Blut?

f) Wann kann der Arzt den Patienten behandeln?

19. Die Stadtwerke einer Stadt in Baden-Württemberg stellen ihren Kunden einen Grundpreis von 92,00 € pro Jahr und einen Arbeitspreis von 26 ct pro kWh in Rechnung.

Erläutern Sie, welche Zuordnung bei der Rechnungslegung vorliegt und ob diese Zuordnung eine Funktion ist. Geben Sie die Gleichung, die Definitionsmenge und die Wertemenge dieser Zuordnung an, falls es sich um eine Funktion handelt.

20. Gegeben sind die Graphen dreier Funktionen f, g und h. Entscheiden Sie, für welche Funktionen die Aussagen wahr sind. Begründen Sie Ihre Entscheidung.

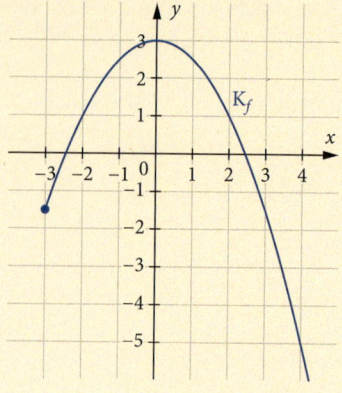

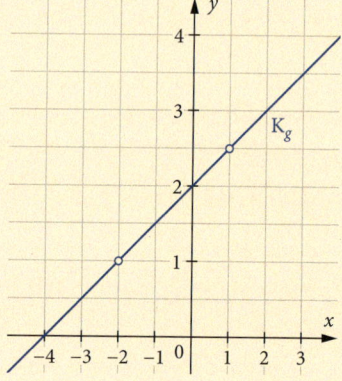

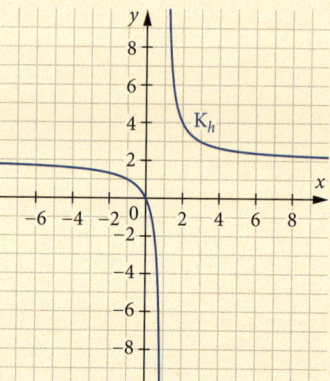

a) Der Funktionswert an der Stelle 1 ist 2,5.

b) Die Funktion hat genau eine Definitionslücke.

c) 3,5 ist Element des Wertebereichs.

d) Die Funktion ist für alle negativen x-Werte definiert.

e) Die Funktion hat negative Funktionswerte.

f) Der Funktionswert an der Stelle -3 ist positiv.

g) Die Funktion hat im Bereich $[-1; 3]$ mindestens eine Nullstelle.

Ich kann ...

... mit **Zahlenmengen** umgehen.
▶ Test-Aufgabe 1

$\mathbb{N} = \{0; 1; 2; 3 \dots\}$
$\mathbb{Z} = \{\dots; -3; -2; -1; 0; 1; 2; 3 \dots\}$
$\mathbb{Q} = \left\{\frac{p}{q} \mid p \in \mathbb{Z}, q \in \mathbb{Z}, q \neq 0\right\}$
$\pi \in \mathbb{R}, \pi \notin \mathbb{Q}$

Die **natürlichen** Zahlen.
Die **ganzen** Zahlen.
Die **rationalen** Zahlen.
π ist eine **reelle** Zahl, aber kein Element von $\mathbb{Q}$.

$[-3; 1[= \{x \mid x \geq -3 \wedge x < 1\}$
$]-\infty; \pi] = \{x \mid x \leq \pi\}$

Intervalle sind zusammenhängende Teilmengen von $\mathbb{R}$.

... mit einer **Zuordnungs-vorschrift** aus den Elementen einer **Ausgangsmenge A** und einer **Zielmenge Z** Wertepaare $(x \mid y)$ bilden.
▶ Test-Aufgabe 2 a)

$A = \{0; 1; 2; 3; 4\}$, $Z = \{1; 3\}$
Zuordnungsvorschrift: $y \leq x$
Wertepaare $(x \mid y)$ der Zuordnung als **Relation**:
$\{(1 \mid 1); (2 \mid 1); (3 \mid 1); (3 \mid 3); (4 \mid 1);$
$(4 \mid 3)\}$

x: Variable für Elemente aus A
y: Variable für Elemente aus Z
  (von x abhängig)

... eine **Zuordnung** grafisch darstellen.
▶ Test-Aufgabe 2 a)

Als **Pfeildiagramm**

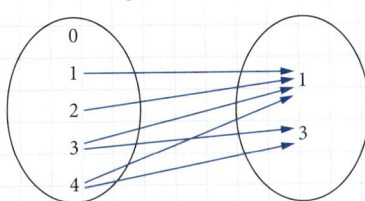

Einem x werden kein, ein oder mehrere y-Werte zugeordnet.
Für jedes Wertepaar $(x \mid y)$ wird ein Pfeil von x zu y gezeichnet.

Als **Graph**

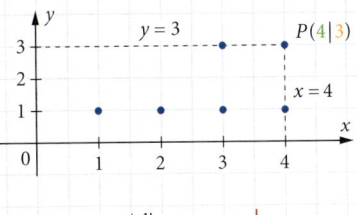

Die Werte für x werden auf der waagerechten Achse (x-Achse), die Werte für y auf der senkrechten Achse (y-Achse) abgetragen.

... erklären, was eine **Funktion** ausmacht.
▶ Test-Aufgaben 2 b), 5

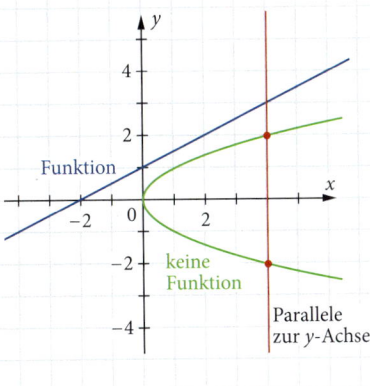

Eine Funktion ist eine spezielle Zuordnung.
Jedem $x \in A$ wird genau ein $y \in Z$ zugeordnet.
Keine Parallele zur y-Achse schneidet den Graphen einer Funktion mehrmals.

... **Funktionen** auf verschiedene Arten darstellen und je nach Fragestellung zwischen den **Darstellungsarten** wechseln.
▶ Test-Aufgabe 3 a)

Gleichung: $f(x) = \frac{1}{2}x + 1$
Wertetabelle:

x	−2	−1	0	1	2
y	0	−0,5	1	1,5	2

Eine Funktion kann durch eine Wertetabelle, eine Gleichung, einen Funktionsgraphen oder einen Text angegeben werden.

Ich kann ...

... die verschiedenen Teile einer Funktionsgleichung benennen.

Funktionsgleichung:

$$\underbrace{f(x)}_{\textbf{Funktionswert}} = \underbrace{-0,5\,x + 1}_{\textbf{Funktionsterm}}$$

... mit der **Punktprobe** *überprüfen, ob ein gegebener Punkt auf dem Graphen einer Funktion liegt.*
▶ Test-Aufgaben 4 b), 4 c)

$A\,(3\,|-0,5) \in K_f$?
$f(3) = -0,5 \cdot 3 + 1 = \mathbf{-0,5}$
Der Punkt A liegt auf dem Graphen von f.

$B\,(1\,|\,0,4) \in K_f$?
$f(1) = -0,5 \cdot 1 + 1 = \mathbf{0,5} \neq 0,4$
Der Punkt B liegt nicht auf dem Graphen von f.

Den exakten Funktionswert y an einer **Stelle** x erhält man, indem man $\boldsymbol{x}$ in die Funktionsgleichung von f **einsetzt**: $y = f(\boldsymbol{x})$
Ist dieser y-Wert gleich dem y-Wert des Punkts, so liegt der Punkt auf dem Graphen, ansonsten nicht.

... die Begriffe **Definitions-, Wertebereich** *und* **Definitionslücke** *anwenden.*
▶ Test-Aufgaben 3 b), 3 c), 4 a)

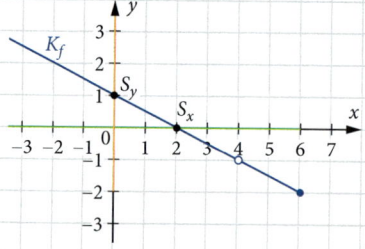

Der Definitionsbereich enthält die für die Funktion zulässigen x-Werte (Ausgangsmenge). Der Wertebereich einer Funktion ist die Menge aller möglichen y-Werte (er ist Teilmenge der Zielmenge).

4 ist eine **Definitionslücke** von f, damit gilt:
$D_f = \,]-\infty;\,6]\backslash\{4\}$
$W_f = [-2;\,+\infty[\,\backslash\{-1\}$

Eine Definitionslücke ist eine einzelne Stelle (x-Wert), an der die Funktion nicht definiert ist.

... erkennen, ob eine Funktion **stetig** *oder* **unstetig** *ist.*
▶ Test-Aufgabe 7

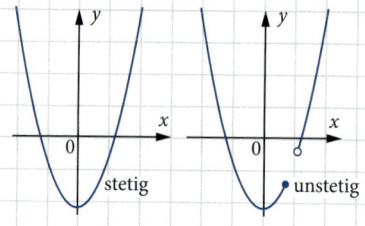

Funktionen, deren Graphen man innerhalb des Definitionsbereichs ohne den Stift abzusetzen durchzeichnen kann, sind **stetig**. Funktionen mit Sprungstellen innerhalb des Definitionsbereichs sind **unstetig**.

... die **Nullstellen** *und* **Schnittpunkte mit den Achsen** *ablesen und überprüfen.*
▶ Test-Aufgaben 3 b), 4 c)

$f(x) = -0,5\,x + 1$
$f(0) = 1 \;\Rightarrow\; S_y(0\,|\,1)$
Vermutung für die Nullstelle: 2
Überprüfung: $f(2) = -0,5 \cdot 2 + 1 = 0$
$\Rightarrow S_x\,(2\,|\,0)$

Der Schnittpunkt mit der y-Achse hat 0 als x-Wert. Den y-Wert erhält man durch Einsetzen von 0 in die Funktionsgleichung von f.
Eine Nullstelle ist ein x-Wert, für den $f(x) = 0$ gilt. Jede Nullstelle entspricht einem Schnittpunkt mit der x-Achse.

... den Wert einer Nullstelle **abschätzen.**
▶ Test-Aufgabe 6

$\left. \begin{array}{l} g(2) = -1 \\ g(2,5) = 0,75 \end{array} \right\}$ **Vorzeichenwechsel** (VZW)
Es gibt eine Nullstelle zwischen 2 und 2,5.

Wenn der Graph einer stetigen Funktion zuerst unterhalb der x-Achse verläuft und dann oberhalb, schneidet er irgendwann die x-Achse.

Test zu 1.1

1. Ergänzen Sie die „kleinste" passende Zahlenmenge: $\mathbb{N}$, $\mathbb{Z}$, $\mathbb{Q}$, $\mathbb{R}$.

a) $\frac{12}{4} \in \dots$

b) $-\frac{\sqrt{2}}{\sqrt{8}} \in \dots$

c) $x + 3 = \sqrt{3}$ ist lösbar in …

d) $x^2 - 9 = 0$ ist lösbar in …

2. Gegeben ist das Pfeildiagramm einer Zuordnung.
 a) Stellen Sie diese Zuordnung als Relation und als Graph dar.
 b) Begründen Sie, dass diese Zuordnung keine Funktion ist.
   Hinweis: Es gibt zwei Gründe.

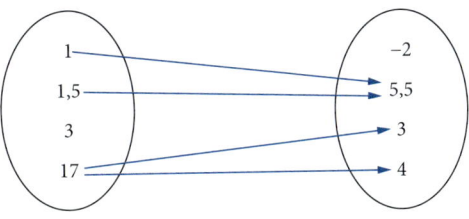

3. Gegeben ist die Funktion f durch $f(x) = x - 2$; $x > -1$.
 a) Zeichnen Sie den Graphen von f.
 b) Geben Sie den Definitionsbereich, den Wertebereich und die Schnittpunkte mit den Achsen an.
 c) Ändern Sie den Graphen so, dass 3 eine Definitionslücke ist und beschreiben Sie die Bedeutung der Definitionslücke.

4. Gegeben ist folgender Graph einer Funktion f mit $f(x) = 2 - \sqrt{x - 1}$.
 a) Geben Sie den Definitionsbereich und den Wertebereich an.
 b) Überprüfen Sie rechnerisch, ob der Punkt $(1\,|\,1{,}9)$ auf dem Graphen liegt.
 c) Ist 5 Nullstelle von f? Begründen Sie mithilfe des Graphen und überprüfen Sie rechnerisch.

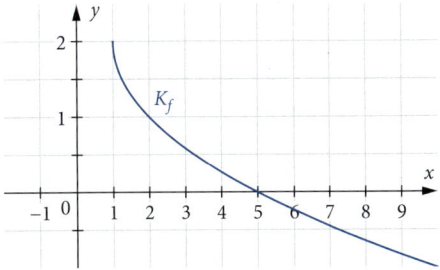

5. Sind die folgenden Aussagen wahr oder falsch? Begründen Sie, falls die Aussage wahr ist bzw. geben Sie ein Gegenbeispiel an, falls die Aussage falsch ist.
Der Graph einer Funktion schneidet …
 a) … die x-Achse höchstens in einem Punkt.
 b) … die y-Achse höchstens in einem Punkt.
 c) … die x-Achse in mindestens einem Punkt.
 d) … die y-Achse in mindestens einem Punkt.
 e) … eine Parallele zur y-Achse höchstens einmal.
 f) … eine Parallele zur x-Achse höchstens einmal.
 g) … die x-Achse im Bereich $[a; b]$ sicher nicht, wenn die Funktionswerte von f an den Stellen a und b dasselbe Vorzeichen haben.

6. Gegeben ist die Funktion f mit $f(x) = x^3 + x^2 - 3$; $x \in \mathbb{R}$. Ermitteln Sie ihre Nullstelle auf zwei Nachkommastellen gerundet.

7. Gegeben sind die Graphen der Funktionen f_1 und f_2. Entscheiden Sie, für welche Funktion die folgenden Aussagen gelten. Begründen Sie Ihre Entscheidungen.
 a) f ist stetig.
 b) $f(1) < 1$
 c) $f(x) > 0$ für $x > 2$
 d) $f(-2) > f(0)$
 e) $f(2) = f(-3)$
 f) $f(x) \le 0$ im Intervall $[-1; 2]$
 g) $3 \in W_f$

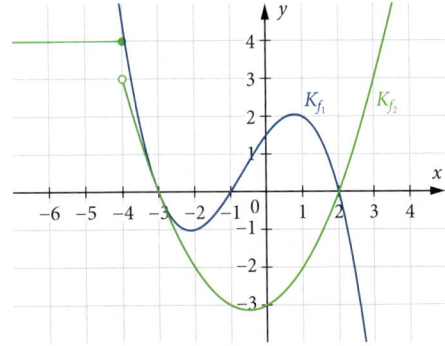

1.2   Lineare Funktionen und lineare Ungleichungen

1   Taxipreis

In Deutschland ist es Pflicht, dass Taxis mit einem sichtbaren und beleuchteten Fahrpreisanzeiger, dem Taxameter, ausgestattet sind. Auf diesem ist der jeweilige Fahrpreis ablesbar, der sich in der Regel aus einer Grundgebühr sowie einem Kilometerpreis zusammensetzt. Hinzu kommen manchmal auch noch Gebühren für die Wartezeit oder Zuschläge für den Transport von sperrigen Gegenständen.

a) Für eine Taxifahrt werden 3 € Grundgebühr verlangt. Jeder weitere gefahrene Kilometer kostet 1,50 €. Veranschaulichen Sie diesen Sachverhalt anhand eines Graphen in einem Koordinatensystem. Auf der x-Achse sollen dabei die gefahrenen Kilometer und auf der y-Achse die entstehenden Kosten aufgetragen werden.

b) Ein Fahrgast zahlt für eine 8 km lange Fahrt 10,90 €. Der Rückweg ist wegen einer Straßensperrung 14 km lang und kostet 16,30 €. Berechnen Sie die Grundgebühr und den Preis für einen gefahrenen Kilometer. Wie viele Kilometer kann der Fahrgast mit 50 € maximal fahren?

c) Betrachten Sie die beiden Tarife aus a) und b).
Alexa behauptet, dass ein Tarif fast immer teurer ist. Nehmen Sie dazu Stellung und begründen Sie Ihre Antwort.

2   Infusionsdauer

In einem Krankenhaus soll ein Patient über 4 Stunden eine Infusion erhalten. Eine volle Flasche enthält 500 mℓ Infusionsflüssigkeit.

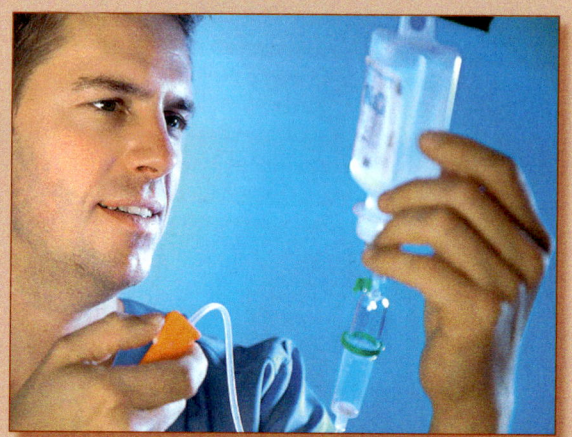

a) Mithilfe einer Infusionspumpe kann die Tropfgeschwindigkeit eingestellt werden. Berechnen Sie die Tropfgeschwindigkeit in $\frac{m\ell}{h}$, die für den Patienten eingestellt werden muss.

b) Ermitteln Sie, wie viel Flüssigkeit nach einer halben Stunde, nach einer Stunde und nach zwei Stunden noch in der Flasche sind.

c) Bestimmen Sie, nach wie vielen Stunden die Infusion vollständig durchgelaufen ist, wenn an der Infusionspumpe stattdessen eine Tropfgeschwindigkeit von $150 \frac{m\ell}{h}$ eingestellt wird.

3 Tangram

Ein Tangram ist ein altes chinesisches Legespiel, das aus sieben Plättchen besteht. Die Plättchen entstehen durch „Zerschneiden" eines Quadrats in zwei große Dreiecke, ein mittelgroßes Dreieck, zwei kleine Dreiecke, ein Quadrat und ein Parallelogramm. Aus den Plättchen können zahlreiche Formen gelegt werden.

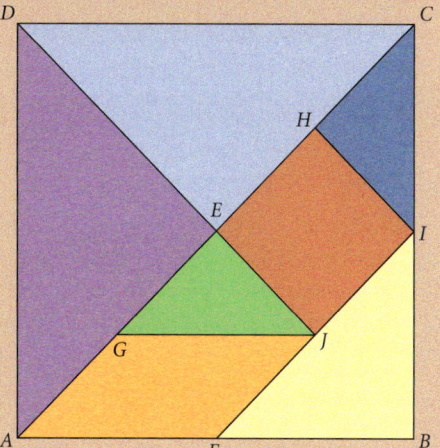

Zoe will ein Tangram selbst erstellen und zeichnet die Kanten auf ein Holzstück mit den Maßen 16 cm × 16 cm.

a) Zeichnen Sie das Tangram in ein Koordinatensystem (1 LE $\hat{=}$ 1 cm). Orientieren Sie sich dabei daran, welche Schnittpunkte die Strecken innerhalb des Tangrams haben.
   ▸ Die Flächen müssen nicht gefärbt werden.

b) Verlängern Sie alle Strecken innerhalb des Tangrams zu Geraden und benennen Sie sie. Wie viele Geraden sind es?

c) Geben Sie an, welche der Geraden jeweils parallel bzw. senkrecht zueinander sind.

d) Bestimmen Sie die Größe des spitzen Winkels im Parallelogramm auf zwei Arten: Finden Sie zunächst eine Begründung für die Winkelgröße. Berechnen Sie anschließend die Größe des Winkels direkt mithilfe der Kantenlängen des Tangrams.

4 Brückenüberquerung

Eine Gruppe von Touristen unternimmt eine größere Tour im Wald und muss dabei einen Fluss überqueren. Herr Vorsichtig ist recht ängstlich und fragt sich, wann er denn wieder „an Land" sein wird.

a) Die Flussufer können als Geraden modelliert werden. Die erste Gerade verläuft durch die Punkte $A(0|5)$ und $B(12,5|0)$. Die zweite Gerade verläuft durch $C(2|10)$ und $D(12|6)$.
   Zeichnen Sie die Geraden in ein Koordinatensystem.
   ▸ 1 cm $\hat{=}$ 1 m

b) Der Einstieg auf die Brücke liegt im Punkt $E(5|3)$. Das Ende der Brücke ist bei $F(7|8)$. Ergänzen Sie die Punkte in Ihrer Zeichnung und zeichnen Sie die Brücke.

c) Ermitteln Sie die Länge der Brücke durch Ausmessen in Ihrer Zeichnung.

d) Finden Sie eine Möglichkeit die Länge der Brücke rechnerisch zu bestimmen und berechnen Sie diese.

1.2   Lineare Funktionen und lineare Ungleichungen

1.2.1   Gleichungen und Graphen linearer Funktionen

Viele funktionale Zusammenhänge lassen sich durch **lineare Funktionen** beschreiben:
- der Preis einer Taxifahrt abhängig von den gefahrenen Kilometern
- der Strompreis abhängig von den verbrauchten Kilowattstunden
- die Ausdehnung einer Feder abhängig vom daran befestigten Gewicht

Schifffahrt

Ein neues Containerschiff fährt von Asien nach Europa. Es bewegt sich jeden Tag mit einer Durchschnittsgeschwindigkeit von 600 Seemeilen pro Tag (sm/Tag). Eine Seemeile beträgt 1852 m. In Hong Kong wird das Schiff zum ersten Mal beladen. Von der Werft bis dahin hat es bereits 300 sm zurückgelegt. Von Hong Kong aus erreicht das Schiff nach acht Tagen den Suezkanal. Berechnen Sie die bis dahin gefahrenen Seemeilen.

Für jeden Zeitpunkt t beschreiben wir die zurückgelegte Strecke ab Hong Kong durch die folgende Gleichung:

$s(t) = 600\,t + 300$

▶ Statt des üblichen Namens für Funktionen – f – und für Variablen – x – verwenden wir hier s für die Strecke und t für die Zeit.

Am Anfang ($t = 0$) ist $s(0) = 300$.
Nach beispielsweise drei Tagen ist
$s(3) = 300 + 600 \cdot 3 = 2100$.

Es handelt sich um eine **lineare Funktion** mit einer Gleichung der Form
$y = mx + b$, $m = 600$, $b = 300$.
Diese Form nennt man **Hauptform** oder **Normalform** der Funktionsgleichung.
Der Graph einer linearen Funktion ist eine Gerade.
(je nach Definitionsbereich kann es sich dabei auch um eine Halbgerade oder Punkte, die auf einer Geraden liegen, handeln) ▶ Wir sprechen deshalb auch von der *Geradengleichung* in Hauptform.

Definitionsbereich: $D_s = \mathbb{R}_+$
Wertebereich: $W_s = \mathbb{R}_+$

Sollte nur die zurückgelegte Strecke bis zum Suezkanal von Interesse sein, würde man den Definitionsbereich einschränken:
$D_s = [0;\,8]$
Um zu ermitteln, wie viele Seemeilen das Schiff zurückgelegt hat, wenn es den Suezkanal erreicht, setzen wir 8 in die Funktionsgleichung von s ein.

Zeit t in Tagen	0	1	1,5	3
Strecke $s(t)$ in sm	300	900	1200	2100

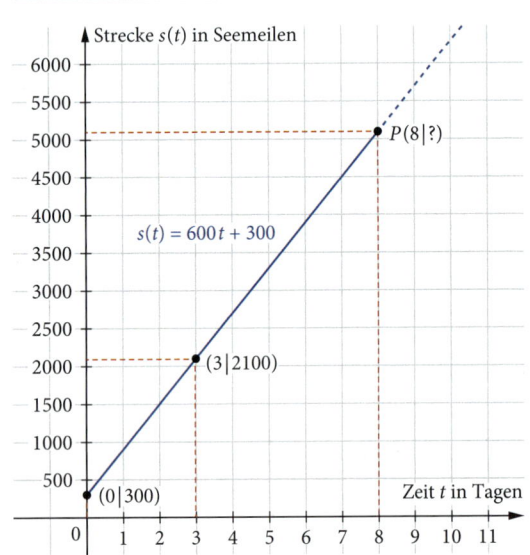

Wie wäre dann der Wertebereich?

$s(8) = 600 \cdot 8 + 300 = 5100$
Das Schiff erreicht den Suezkanal nach 5100 sm.

Eine Funktion f mit der Funktionsgleichung $f(x) = mx + b$ mit $m, b \in \mathbb{R}$ heißt **lineare Funktion**.
Diese Form der Gleichung heißt **Hauptform** oder **Normalform**.

⬡ Bedeutung der Parameter *m* und *b*

Gegeben sind die linearen Funktionen *f*, *g*, *h* und *l* mit
$f(x) = 2x + 1$; $g(x) = -1$; $h(x) = x$; $l(x) = -x$.
Geben Sie jeweils die Werte für *m* und *b* an.
Erläutern Sie deren Bedeutung.

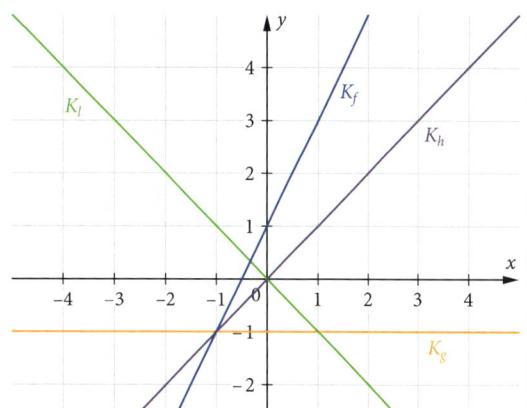

Um festzustellen, ob ein Graph steigt oder fällt, kann man sich vorstellen, ihn von links nach rechts entlangzulaufen.

Die **Steigung** *m* des Graphen einer linearen Funktion gibt an, wie stark die Gerade pro Einheit steigt bzw. fällt.
Steigende Gerade: $m > 0$
Fallende Gerade: $m < 0$
Parallele zur *x*-Achse: $m = 0$

*Die Gerade **hat** eine Steigung, diese ist aber 0.*

Eine Funktion, deren Graph parallel zur *x*-Achse verläuft, heißt **konstante Funktion**. Ihre Gleichung ist $y = b$.

$f(x) = mx + b$	Steigung	Beschreibung des Graphen
$f(x) = 2x + 1$	$m = 2$	steigend
$g(x) = -1$	$m = 0$	parallel zur *x*-Achse
$h(x) = x$	$m = 1$	steigend
$l(x) = -x$	$m = -1$	fallend

Der **_y_-Achsenabschnitt** *b* lässt sich an den Graphen der Funktionen an der *y*-Achse ablesen. Er entspricht genau der *y*-Koordinate des *y*-Achsenschnittpunkts $S_y(0|b)$.
Hat eine Gerade den *y*-Achsenabschnitt $b = 0$, so verläuft sie durch den Koordinatenursprung $(0|0)$. Geraden, die durch den Koordinatenursprung verlaufen, heißen **Ursprungsgeraden**.

$f(x) = mx + b$	*y*-Achsenabschnitt	$S_y(0|b)$
$f(x) = 2x + 1$	$b = 1$	$S_y(0|1)$
$g(x) = -1$	$b = -1$	$S_y(0|-1)$
$h(x) = x$	$b = 0$	$S_y(0|0)$
$l(x) = -x$	$b = 0$	$S_y(0|0)$

Die Geraden K_h und K_l halbieren den Winkel zwischen *x*-Achse und *y*-Achse. Sie heißen deshalb **Winkelhalbierende**.

1. Winkelhalbierende: $h(x) = x$
2. Winkelhalbierende: $l(x) = -x$

Für eine lineare Funktion mit der Gleichung $f(x) = mx + b$ gilt:
- *m* gibt die **Steigung** der Geraden an.
- Je nach Wert der Steigung *m* ist die Gerade steigend ($m > 0$), fallend ($m < 0$) oder parallel zur *x*-Achse ($m = 0$).
- *b* gibt den **_y_-Achsenabschnitt** an. Im Punkt $S_y(0|b)$ schneidet die Gerade die *y*-Achse.

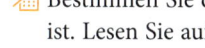 Bestimmen Sie die Steigung und geben Sie an, ob die Gerade steigend, fallend oder parallel zur *x*-Achse ist. Lesen Sie außerdem den Schnittpunkt mit der *y*-Achse ab.
a) $f(x) = 5x + 2$ b) $f(x) = -0{,}5x$ c) $f(x) = -3x - 6$ d) $f(x) = -11$ e) $f(x) = \sqrt{2}\,x + 5$

1

③ Bestimmen der Steigung mithilfe eines Steigungsdreiecks

Der Graph der linearen Funktion f mit $f(x) = 2x + 1$ hat die Steigung $m = 2$.
Erläutern Sie, wie man die Steigung anhand des Graphen erkennen kann.

Geht man vom Punkt $P_1(0\,|\,1)$ eine Einheit nach rechts, so muss man zwei Einheiten nach oben gehen, um wieder zu einem Punkt der Geraden zu gelangen, hier: $P_2(1\,|\,3)$.

Geht man vom Punkt $P_2(1\,|\,3)$ zunächst zwei Einheiten nach rechts, muss man vier Einheiten nach oben gehen, um wieder zu einem Punkt auf der Geraden zu gelangen, hier: $P_3(3\,|\,7)$.

Zeichnen wir diese Schritte nach, so erhalten wir rechtwinklige Dreiecke, die **Steigungsdreiecke**. In jedem dieser Dreiecke beträgt das Verhältnis der Seitenlängen der vertikalen zur horizontalen Seite 2. Es entspricht also der Steigung m.

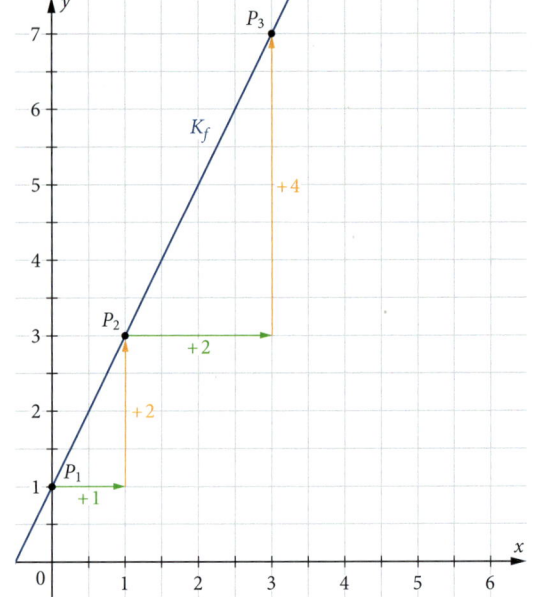

Erstes Dreieck: Zweites Dreieck:

$\frac{2}{1} = 2$ ▶ $m = 2$ $\frac{4}{2} = 2$ ▶ $m = 2$

*Falls die Steigung **negativ** ist, geht man im Steigungsdreieck nach **unten**.*

④ Bestimmen der Steigung mithilfe zweier Punkte

Bestimmen Sie die Steigung der Geraden durch die Punkte $P_1(-1\,|\,2)$ und $P_2(3\,|\,4)$.

Wenn $P_1(x_1\,|\,y_1)$ und $P_2(x_2\,|\,y_2)$ zwei Punkte auf dem Funktionsgraphen sind, erhalten wir die Steigung, indem wir die Differenz der y-Werte durch die Differenz der x-Werte teilen. Für solche Differenzen (Unterschiede) wird der große griechische Buchstabe Δ (sprich: „Delta") verwendet: Δx und Δy.

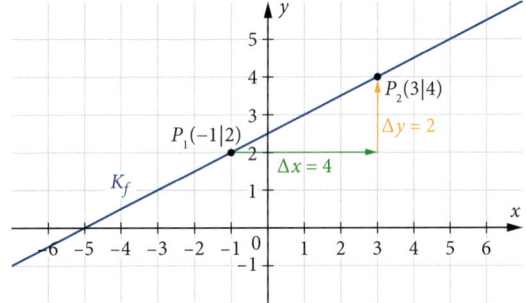

$m = \frac{\Delta y}{\Delta x} = \frac{y_2 - y_1}{x_2 - x_1}$ $(x_1 \neq x_2)$ ▶ Es gilt auch: $m = \frac{y_1 - y_2}{x_1 - x_2}$.

Die Steigung der abgebildeten Geraden erhalten wir beispielsweise, indem wir die Koordinaten der Punkte $P_1(-1\,|\,2)$ und $P_2(3\,|\,4)$ in die obige Formel einsetzen.

$m = \frac{\Delta y}{\Delta x} = \frac{4 - 2}{3 - (-1)} = \frac{2}{3 + 1} = \frac{2}{4} = 0{,}5$

Mit zwei anderen Punkten bleibt $m = 0{,}5$.

Es gibt verschiedene Möglichkeiten die **Steigung** des Graphen einer linearen Funktion zu bestimmen:
- mithilfe eines Steigungsdreiecks.
- mithilfe zweier unterschiedlicher Punkte $P_1(x_1\,|\,y_1)$ und $P_2(x_2\,|\,y_2)$ der Geraden.

Steigungsformel: $m = \frac{\Delta y}{\Delta x} = \frac{y_2 - y_1}{x_2 - x_1}$

Bestimmen Sie die Steigung m der Geraden, die durch die folgenden Punkte geht.

a) $A(2\,|\,4); B(5\,|\,8)$ b) $C(-2\,|\,4); D(0{,}5\,|\,0)$ c) $P(-2\,|\,5); Q(4\,|\,5)$ d) $R(-0{,}75\,|\,-1{,}25); S(-2\,|\,2{,}5)$

Zeichnen von Graphen linearer Funktionen

Der Graph einer linearen Funktion ist eine Gerade. Um diese zu zeichnen, können wir Informationen aus der Funktionsgleichung nutzen. Wir können aber auch zwei auf dem Graphen liegende Punkte für unsere Zeichnung nutzen, da eine Gerade durch zwei Punkte eindeutig festgelegt ist.

Zeichnen des Graphen mithilfe von y-Achsenabschnitt und Steigungsdreieck

Zeichnen Sie den Graphen von f mit $f(x) = \frac{2}{3}x + 1$. Verwenden Sie dabei den y-Achsenabschnitt und ein Steigungsdreieck.

Wir markieren den y-Achsenabschnitt $b = 1$ und erhalten den Punkt $S_y(0|1)$.

Von diesem Punkt aus zeichnen wir mithilfe der Steigung $m = \frac{2}{3}$ ein Steigungsdreieck.

Dazu „gehen" wir 3 Einheiten nach rechts (Zahlenwert des Nenners) und anschließend 2 Einheiten nach oben (Zahlenwert des Zählers). Der so erreichte Punkt P ist ein weiterer Punkt der Geraden. Die Gerade durch P und S_y ist der gesuchte Graph von f.

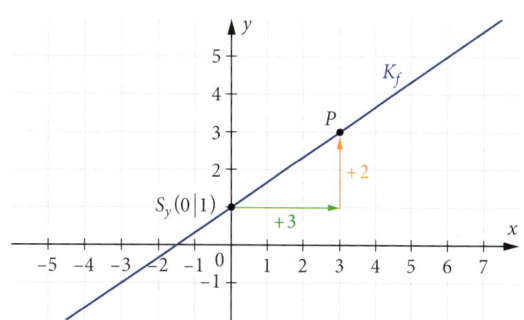

Achtung: Falls die Steigung *negativ* ist, gehen wir beim Steigungsdreieck *nach unten* statt nach oben.

Zeichnen des Graphen mithilfe zweier beliebiger Punkte

Zeichnen Sie den Graphen von f mit $f(x) = \frac{2}{3}x + \frac{1}{3}$. Bestimmen Sie dazu zuerst zwei Punkte mithilfe der Funktionsgleichung. ▶ *Hinweis:* Die Punkte sollten nicht zu nah aneinander liegen, damit die Zeichnung möglichst genau wird.

Mithilfe der Funktionsgleichung von f können wir zwei beliebige Punkte berechnen, die auf dem Graphen liegen. Wir wählen die Werte -2 und 4 als x-Koordinaten unserer Punkte und berechnen mit ihnen die zugehörigen Funktionswerte. Diese entsprechen den y-Koordinaten der gesuchten Punkte.

Der Graph von f entspricht der Geraden durch die ermittelten Punkte P_1 und P_2.

$f(-2) = \frac{2}{3} \cdot (-2) + \frac{1}{3} = -1 \quad \Rightarrow P_1(-2|-1)$

$f(4) = \frac{2}{3} \cdot 4 + \frac{1}{3} = 3 \quad \Rightarrow P_2(4|3)$

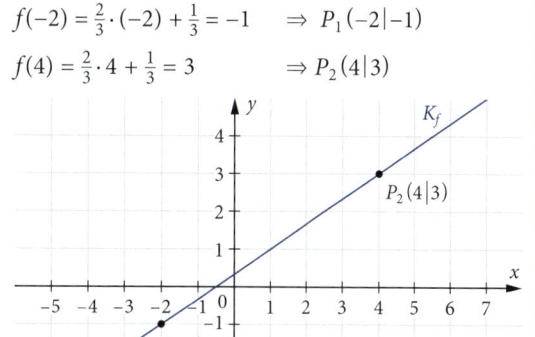

Der **Graph** einer linearen Funktion kann gezeichnet werden:
- mithilfe des y-Achsenabschnitts b und des Steigungsdreiecks.
- mithilfe zweier Punkte, die auf dem Graphen liegen.

1. Zeichnen Sie den Graphen der Funktion f mithilfe des y-Achsenabschnitts und der Steigung.
a) $f(x) = 2x - 5$ b) $f(x) = -3x + 1$ c) $f(x) = \frac{3}{4}x + 5$ d) $f(x) = -0{,}4x + 4$

2. Bestimmen Sie rechnerisch zwei Punkte des Graphen von f und zeichnen Sie die zugehörige Gerade.
a) $f(x) = 4x + 2$ b) $f(x) = \frac{3}{2}x - 4$ c) $f(x) = -0{,}5x + 3{,}5$ d) $f(x) = -\frac{4}{3}x + \frac{7}{3}$

Bestimmen von Funktionsgleichungen linearer Funktionen

Um die Gleichung einer linearen Funktion in der Form $f(x) = mx + b$ angeben zu können, müssen die Werte für m und b bekannt sein. Diese können wir aus der Zeichnung ablesen oder berechnen.

(7) Bestimmen der Gleichung anhand des Graphen

Geben Sie die Funktionsgleichung der Funktion f, deren Graph abgebildet ist, in Hauptform $f(x) = mx + b$ an.

Wir müssen die Werte für m und b ermitteln. Aus der Zeichnung können wir den y-Achsenabschnitt $b = 3$ und die Steigung $m = -\frac{2}{3}$ ablesen.

Die gesuchte Gleichung lautet $f(x) = -\frac{2}{3}x + 3$.

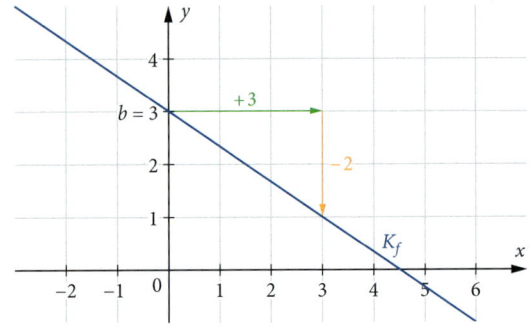

(8) Bestimmen der Gleichung mithilfe eines Punkts und der Steigung

Auf dem Graphen einer linearen Funktion f liegt der Punkt $P(-0{,}5\,|\,3)$. Der Graph hat die Steigung $m = 2$. Bestimmen Sie rechnerisch die Funktionsgleichung von f in der Hauptform.

Da der Wert für die Steigung m schon bekannt ist, muss nur noch der Wert für b berechnet werden.

$m = 2$

Wir setzen die Steigung und die Koordinaten von P in die Gleichung $f(x) = mx + b$ ein. Durch Umstellen der Gleichung erhalten wir $b = 4$.

$f(x) = mx + b$ ▸ $m = 2;\ x = -0{,}5;$
$y = f(-0{,}5) = 3$

$3 = 2 \cdot (-0{,}5) + b$
$3 = -1 + b$ $|\ +1$
$4 = b$

▸ Eine andere Möglichkeit die Gleichung zu ermitteln, ist die Punkt-Steigungsform, siehe Seite 55.

Die gesuchte Gleichung lautet $f(x) = 2x + 4$.

(9) Bestimmen der Gleichung mithilfe zweier Punkte des Graphen

Auf dem Graphen einer linearen Funktion f liegen die Punkte $P_1(-1\,|\,7{,}5)$ und $P_2(4\,|\,0)$. Bestimmen Sie rechnerisch die Funktionsgleichung von f.

Wir gehen von der Gleichung $f(x) = mx + b$ aus und bestimmen die Zahlenwerte für m und b.

$m = \dfrac{y_2 - y_1}{x_2 - x_1}$ ▸ $x_1 = -1;\ y_1 = 7{,}5$
$x_2 = 4;\ y_2 = 0$

Den Wert für m berechnen wir durch Einsetzen der Koordinaten von P_1 und P_2 in die Steigungsformel.

$m = \dfrac{0 - 7{,}5}{4 - (-1)} = \dfrac{-7{,}5}{5} = -1{,}5$

▸ Seite 52

Um b zu bestimmen, setzen wir die berechnete Steigung und die Koordinaten von P_1 (oder von P_2) in die Gleichung $f(x) = mx + b$ ein. Dann können wir die Gleichung nach b auflösen.

$f(x) = m \cdot x + b$

$7{,}5 = -1{,}5 \cdot (-1) + b$
$7{,}5 = 1{,}5 + b$ $|\ -1{,}5$
$6 = b$

Die gesuchte Gleichung lautet $f(x) = -1{,}5x + 6$.

Eine Geradengleichung ist nicht immer in der Hauptform $y = mx + b$ angegeben, es gibt auch andere Formen.

Gleichungsformen für Geraden

⑩

Bestimmen Sie jeweils die gesuchte Gleichung in der Hauptform.
a) Eine Gerade hat die Steigung 2 und geht durch den Punkt $P(1|3)$. Bestimmen Sie eine Gleichung der Geraden mithilfe der Punkt-Steigungsform.
b) Eine Gerade geht durch die Punkte $P_1(1|3)$ und $P_2(-2|-3)$. Bestimmen Sie eine Gleichung der Geraden mithilfe der Zwei-Punkte-Form.
c) Eine Gerade ist durch die Gleichung in allgemeiner Form gegeben: $4x - 2y + 2 = 0$. Bestimmen Sie ihre Gleichung in Hauptform.

Zu a) Punkt-Steigungsform (PSF)
Wenn die Steigung m und ein Punkt $P(x_1|y_1)$ bekannt sind, können wir, anstatt den Punkt in die Hauptform einzusetzen (▶ Beispiel 8), die Punkt-Steigungsform verwenden: $y = m \cdot (x - x_1) + y_1$

Steigung $m = 2$ und Punkt $P(1|3)$

$y = 2 \cdot (x - 1) + 3$ ▶ Gleichung in PSF
$y = 2x - 2 + 3$
$y = 2x + 1$ ▶ Gleichung in Hauptform

Zu b) Zwei-Punkte-Form
Wenn zwei unterschiedliche Punkte $P_1(x_1|y_1)$ und $P_2(x_2|y_2)$ bekannt sind, können wir alle Informationen auf einmal in die Zwei-Punkte-Form einsetzen:
$f(x) = \frac{y_2 - y_1}{x_2 - x_1} \cdot (x - x_1) + y_1$

Punkte $P_1(1|3)$ und $P_2(-2|-3)$

$y = \left(\frac{-3 - 3}{-2 - 1}\right)(x - 1) + 3$ ▶ Gleichung in Zwei-Punkte-Form
$y = \left(\frac{-6}{-3}\right)(x - 1) + 3$
$y = 2(x - 1) + 3$
$y = 2x + 1$ ▶ Gleichung in Hauptform

Zu c) Allgemeine Form
Eine Gleichung der Form $ax + by + c = 0$ heißt allgemeine Form. Diese Gleichung können wir schrittweise in die Gleichung in Hauptform überführen.

$4x - 2y + 2 = 0 \qquad |:2$
$2x - y + 1 = 0 \qquad |+y$
$\qquad\qquad y = 2x + 1$ ▶ Gleichung in Hauptform

Es ist nicht korrekt, „die" Gleichung einer Geraden zu sagen, da eine Gerade viele gleichwertige Gleichungen hat.

„Die Gleichung in Hauptform" ist korrekt.

Eine Gleichung einer Geraden kann man wie folgt bestimmen:
a) Graph gegeben
- $y = mx + b$; $b = y$-Achsenabschnitt; $m = \frac{\Delta y}{\Delta x}$ am Steigungsdreieck ablesen
b) Steigung m und Punkt $P(x_1|y_1)$ bekannt
- $y = mx + b$; m und Koordinaten von P einsetzen: $y_1 = mx_1 + b$; nach b umformen
- $y = m(x - x_1) + y_1$ ▶ **Punkt-Steigungsform (PSF)**
c) Punkte $P_1(x_1|y_1)$ und $P_2(x_2|y_2)$ bekannt
- $m = \frac{\Delta y}{\Delta x}$ berechnen; mit m und einem Punkt wie bei b) verfahren

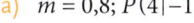
1. Bestimmen Sie durch Rechnung die Gleichung der linearen Funktion, deren Graph die Steigung m hat und den Punkt P enthält.
a) $m = 0{,}8$; $P(4|-1)$ b) $m = 0$; $P(2{,}5|7)$ c) $m = -3$; $P(0|-1)$ d) $m = 1$; $P(3|0)$

2. Bestimmen Sie durch Rechnung die Gleichung der linearen Funktion, deren Graph die angegebenen Punkte enthält.
a) $A(3|2)$ und $B(2|4)$ b) $C(-2|5)$ und $D(6|13)$ c) $E(2|3)$ und $F(2|1)$ d) $P(-4|6)$ und $Q(1{,}5|6)$

11 Koordinatenachsen und ihre Parallelen

Geben Sie eine Gleichung einer Parallelen zur x-Achse und zur y-Achse sowie die Gleichungen der Achsen selbst an.

Bei einer Geraden mit der Gleichung $y = b$, $b \in \mathbb{R}$, ist der y-Wert für alle x-Werte gleich, die Gerade ist Graph einer Funktion und sie ist parallel zur x-Achse.

Die eingezeichnete Parallele zur x-Achse hat die Gleichung $y = 3$.

Die Gleichung $y = 0$ repräsentiert die x-Achse selbst.

▶ Eine Parallele zur x-Achse hat eine Steigung, die allerdings den Wert 0 hat.

Bei einer Parallelen zur y-Achse nimmt y unendlich viele Werte an und der x-Wert ist immer gleich. Die Gleichung einer solchen Geraden hat die Form: $x = a$, $a \in \mathbb{R}$. Es handelt sich nicht um eine Funktion, da es für den x-Wert a mehr als einen y-Wert gibt.

Die eingezeichnete Parallele zur y-Achse hat die Gleichung $x = 2$.

Die Gleichung $x = 0$ repräsentiert die y-Achse selbst.

▶ Eine Parallele zur y-Achse hat keine Steigung.

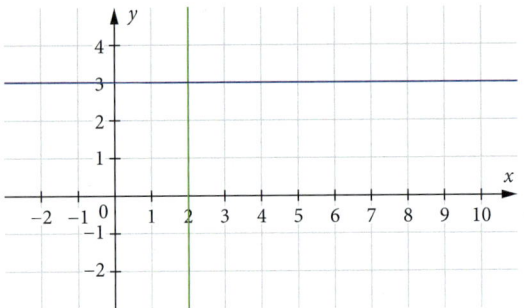

Parallele zur x-Achse: $y = 3$ (Funktion)
y-Achse: $y = 0$

Parallele zur y-Achse: $x = 2$ (keine Funktion)
x-Achse: $x = 0$

Die Hauptform einer Geradengleichung ermöglicht nur die Angabe von Geraden, die zu den linearen Funktionen gehören, ist also für die y-Achse und ihre Parallelen nicht anwendbar. Dafür braucht man die allgemeine Form $a\,x + b\,y + c = 0$ mit $b = 0$.

- Geraden mit der Gleichung $y = b$ sind **parallel zur x-Achse**, $y = 0$ beschreibt die x-Achse selbst.
- Geraden mit der Gleichung $x = a$ sind **parallel zur y-Achse**, $x = 0$ beschreibt die y-Achse selbst.

 1. Die Graphen von f, g, h, k und p sind in der nebenstehenden Zeichnung gegeben. Bestimmen Sie anhand der Graphen die Geradengleichungen.

 2. Zeichnen Sie die beiden Geraden mit den Gleichungen $y = 5$ und $x = -3$ in ein Koordinatensystem. Geben Sie jeweils an, zu welcher Koordinatenachse die Geraden parallel verlaufen.

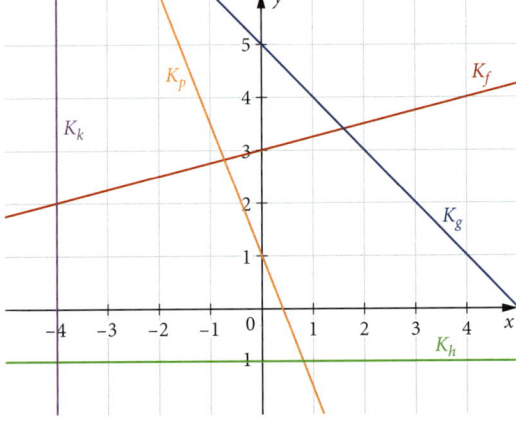

In vielen Anwendungen ist der **Schnittwinkel** mit der x-Achse interessant. Er heißt **Steigungswinkel**.

Steigungswinkel

Sonnenstrahlen fallen im Sommer in Deutschland etwa in einem 55°-Winkel auf die Erde. Entscheiden Sie, welche der folgenden beiden Geraden die Sonneneinstrahlung am besten widerspiegelt: K_f mit $f(x) = 1{,}4x$ oder K_g mit $g(x) = 1{,}5x$. Bestimmen Sie anschließend die Funktionsgleichung der Geraden in Hauptform, die den Einfall der Sonnenstrahlen möglichst genau beschreibt.

Die Sonnenstrahlen bilden mit der Erdoberfläche ein rechtwinkliges Steigungsdreieck. Die Steigung und der Steigungswinkel α stehen in einem Zusammenhang, der aus der Trigonometrie stammt:

$$\tan(\alpha) = \frac{\text{Länge der Gegenkathete}}{\text{Länge der Ankathete}} = \frac{\Delta y}{\Delta x} = m$$

▸ Gegenkathete (gegenüber dem Winkel α)
  Ankathete (anliegend am Winkel α)

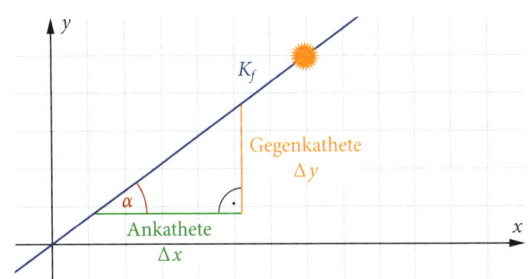

Es gilt also: $m = \tan(\alpha)$. Diesen Zusammenhang können wir nutzen, um eine Entscheidung zu treffen. Wir setzen die Steigungen m_f und m_g nacheinander in die Gleichung ein. Da wir am Winkel α interessiert sind, müssen wir die Gleichungen noch umformen.

▸ Taste $\boxed{\tan^{-1}}$ auf dem Taschenrechner

Offensichtlich beschreibt die Funktionsgleichung $f(x) = 1{,}4x$ den Sachverhalt besser, da 54,46° näher an 55° liegt als 56,31°.

$m_f = \tan(\alpha)$
$1{,}4 = \tan(\alpha)$
$\Rightarrow\ 54{,}46° \approx \alpha$

$m_g = \tan(\alpha)$
$1{,}5 = \tan(\alpha)$
$\Rightarrow\ 56{,}31° \approx \alpha$

Die Steigung der Geraden entlang der Sonnenstrahlen berechnen wir aus dem Einfallswinkel von 55°. Die Sonneneinstrahlung lasst sich durch die Gerade mit $f(x) = 1{,}43x$ am besten darstellen.

$m = \tan(\alpha)$
$m = \tan(55°)$
$m \approx 1{,}43$

Der **Steigungswinkel** α einer Geraden ist der Winkel α zwischen 0 und 180°, den die Gerade mit der positiven x-Achse einschließt. Er kann mithilfe der Steigung der Geraden berechnet werden:
$m = \tan(\alpha)$

Für positive Steigungen können wir die Größe des Steigungswinkels direkt mit der Formel $m = \tan(\alpha)$ berechnen. Er hat einen Wert zwischen 0° und 90°.

Für negative Steigungen berechnen wir zuerst die Größe des Hilfswinkels β mit der Formel $m = \tan(\beta)$. Dieser Winkel ist zwischen −90° und 0° groß. Die Größe des Steigungswinkels α erhalten wir durch die Rechnung $\alpha = 180° + \beta$.

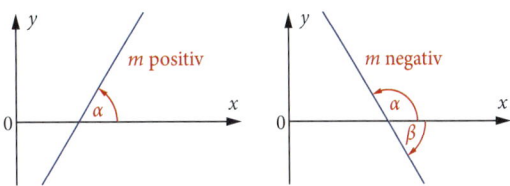

1. Bestimmen Sie die Größe des Steigungswinkels der zu f gehörenden Geraden.
a) $f(x) = -\frac{3}{5}x + 5$ b) $f(x) = 5x - 3$ c) $f(x) = 2$

2. Bestimmen Sie die Gleichung der Geraden, die die x-Achse bei $x = 1$ unter einem Winkel von 20° schneidet.

Übungen zu 1.2.1

1. Ordnen Sie die Graphen den Geradengleichungen zu.

a) $y = -5$

b) $y = 2x - 1$

c) $y = \frac{1}{2}x + 1$

d) $x = -5$

e) $y = \frac{1}{3}x$

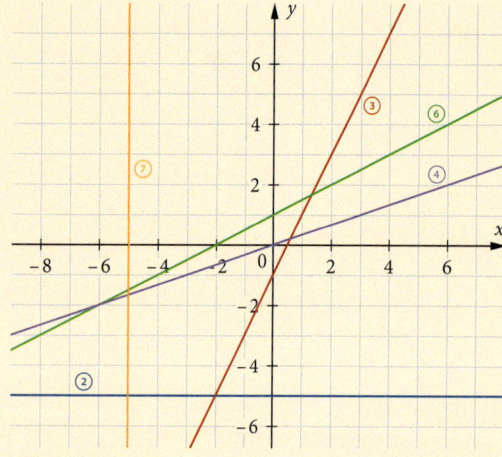

2. Geben Sie die Steigung m und den y-Achsenabschnitt b der Graphen der linearen Funktionen an. Zeichnen Sie die Graphen der Funktionen in ein Koordinatensystem.

a) $f(x) = 3x$

b) $f(x) = -2x + 1$

c) $f(x) = -\frac{4}{5}x + \frac{5}{2}$

d) $f(x) = 4$

3. Zeichnen Sie den Graphen der Funktion f mit $f(x) = -2{,}5x + 4$. Zeigen Sie, dass zwei unterschiedliche Steigungsdreiecke an die Gerade die gleiche Steigung aufweisen.

4. Geben Sie die Steigung m und den y-Achsenabschnitt b der Graphen der linearen Funktionen an.

a) $y = \frac{1}{3}x$

b) $3x - 2y - 2 = 0$

c) $y = \frac{1}{2} - \frac{2}{5}x$

d) $y = -8$

e) $y = \pi(x + 1) - 2$

f) $0 = 12x - 3y + 6$

5. Bestimmen Sie jeweils die Gleichung der Geraden, die durch P und Q geht.

a) $P(5|2)$ $Q(3|1)$

b) $P(2|4)$ $Q(0|6)$

c) $P(-1{,}5|0)$ $Q(1{,}5|-6)$

d) $P(-1|3)$ $Q(1|3)$

e) $P(2|-3)$ $Q(2|4)$

6. Gegeben sind jeweils zwei Punkte. Berechnen Sie die Steigung der Geraden K_f durch P_1 und P_2, wenn möglich. Entscheiden Sie, ob die Gerade K_f steigend, fallend oder parallel zu einer Achse ist.

a) $P_1(-2|1)$ $P_2(6|3)$

b) $P_1(-5|2)$ $P_2(3{,}5|2)$

c) $P_1(-2|6)$ $P_2(4|3)$

d) $P_1(-4|-1)$ $P_2(6|1)$

e) $P_1(2|1)$ $P_2(2|6)$

7. Gegeben sind die Gleichungen linearer Funktionen f und Punkte P. Bestimmen Sie die Steigung m des Graphen K_f und den Schnittpunkt mit der y-Achse. Bestimmen Sie die Lage von P (oberhalb, unterhalb oder auf K_f).

a) $y = 3x - 1$ $P(2|6)$

b) $y = 2$ $P(2|1{,}5)$

c) $y = -2x + 4$ $P(0{,}5|3)$

d) $y = 3(x - 5)$ $P(4|-2)$

e) $y = -0{,}5(x - 2) - 3$ $P(2|-3)$

f) $x - 2y - 6 = 0$ $P(9|1)$

8. Gegeben sind die folgenden Graphen.

a) Geben Sie die Gleichungen der abgebildeten Geraden an.

b) Berechnen Sie die Nullstelle der Funktion, die eine negative Nullstelle hat.

c) Berechnen Sie den Flächeninhalt des Dreiecks, das von K_f und den Achsen begrenzt wird.

9. Geben Sie die lineare Funktion an, deren Graph den Steigungswinkel $\alpha = 60°$ und den y-Achsenschnittpunkt $S_y(0|6)$ besitzt.

10. Eine Gerade geht jeweils durch den Punkt P und hat die Steigung m. Bestimmen Sie die Gleichung der Geraden zuerst in Punkt-Steigungsform und dann in Hauptform. Berechnen Sie außerdem die Größe des Steigungswinkels.
    a) $P(2|5)$; $m = 3$
    b) $P(4|-2)$; $m = 0$
    c) $P(-3|1)$; $m = -1$
    d) $P(1,5|0,5)$; $m = -4$

11. Gegeben sind jeweils Informationen über den Graphen K_f einer linearen Funktion f. Bestimmen Sie die Steigung und den y-Achsenabschnitt von K_f.
    a) K_f hat die Steigung -2 und geht durch $P(-1|5)$.
    b) K_f ist parallel zur x-Achse und geht durch $P(3,5|-4)$.
    c) K_f schneidet die x-Achse bei 4 und die y-Achse bei 5.
    d) K_f geht durch $P(5|3)$ und hat einen Steigungswinkel von 45°.
    e) K_f schneidet die x-Achse bei -6 und hat einen Steigungswinkel von 135°.
    f) K_f hat einen Steigungswinkel von 0° und schneidet die erste Winkelhalbierende bei $x = 3$.

12. Ebru möchte wissen, wie hoch der Wasserverbrauch beim Baden ist. Deshalb füllt sie zunächst einen Eimer mit Wasser und stellt fest, dass pro Minute 10 ℓ Wasser fließen.
    a) Geben Sie eine Funktionsgleichung an, die diesen Sachverhalt beschreibt.
    b) Zeichnen Sie den Graphen der Funktion.
    c) Bestimmen Sie anhand der Zeichnung den Zeitpunkt, zu dem sich 30 ℓ Wasser in der Wanne befinden. Überprüfen Sie den Wert rechnerisch.
    d) Ebru lässt das Wasser 12 Minuten laufen. Geben Sie den Wasserverbrauch an und markieren Sie den Punkt am Graphen.

13. Gegeben ist folgende Wertetabelle einer linearen Funktion, bei der ein Funktionswert falsch ist.

x	-1	0	2	6
y	$-3,5$	-1	4	15

    a) Finden und korrigieren Sie den Fehler.
    b) Begründen Sie, warum die Nullstelle der Funktion positiv sein muss.

14. Bestimmen Sie in der Funktionsgleichung der Funktion f mit $f(x) = mx + 2$ den Steigungsfaktor so, dass der Graph durch den Punkt $A(3|0,5)$ geht.

15. Bestimmen Sie eine Gleichung der linearen Funktion f, die die folgenden Bedingungen erfüllt.
    a) Der Graph von f geht durch die Punkte $P_1(5|2)$ und $P_2(3|1)$.
    b) Der Graph von f schneidet die y-Achse bei 6 und geht durch den Punkt $P(2|4)$.
    c) f hat die Nullstelle 3,5 und den Funktionswert 2 an der Stelle 7.
    d) Der Graph K_f schneidet die Gerade mit der Gleichung $y = 3$ bei 4. Die Nullstelle der Funktion ist 2.
    e) Der Graph K_f schneidet die x-Achse bei $-1,5$ und K_f schneidet die zweite Winkelhalbierende an der Stelle -3.
    f) Der Graph K_f ist parallel zur x-Achse. Die Ursprungsgerade K_g schneidet K_f bei $P(2|y_P)$ und bildet mit K_f und der y-Achse ein Dreieck mit einem Flächeninhalt von 6 FE.
    g) Der Punkt $P(x_P|\frac{2}{3})$ liegt auf dem Graphen der linearen Funktion h mit $\frac{1}{2}x - 3y + \frac{1}{2} = 0$. Der Graph von f geht durch $Q(3|1)$ und durch den Punkt P.

16. Gegeben sind vier Geraden durch eine Zeichnung bzw. eine Gleichung.
    g: $y = -0,5x + 1$
    h: $x = 2$
    i: $6x - 2y + 1 = 0$

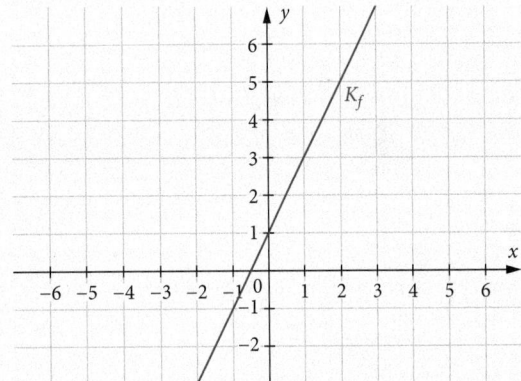

    a) Beurteilen Sie für jede Aussage, für welche Geraden sie zutrifft.
       $a_1)$ Die Gerade ist steigend.
       $a_2)$ Die Gerade schneidet die y-Achse bei 1.
       $a_3)$ Die Gerade ist parallel zu einer Achse.
       $a_4)$ Die Gerade schneidet die x-Achse bei 2.
    b) Ordnen Sie die Geraden in aufsteigender Reihenfolge ihrer Steigungswinkel.

1.2.2 Lagebeziehungen zweier Geraden

In vielen Fällen ist es wichtig, zu erfahren, wie Geraden zueinander liegen.

 13 Schnittpunkt zweier Geraden

Gegeben sind die Funktionen f mit $f(x) = -1,5x + 6$ und g mit $g(x) = 2x - 1$. Zeichnen Sie die zugehörigen Graphen K_f und K_g. Bestimmen Sie die Koordinaten des Schnittpunkts von K_f und K_g zeichnerisch und rechnerisch.

Zeichnerisch:
Wir zeichnen die beiden Graphen in ein Koordinatensystem und lesen den Schnittpunkt ab.
Der Schnittpunkt der Graphen von f und g ist $S(2|3)$.

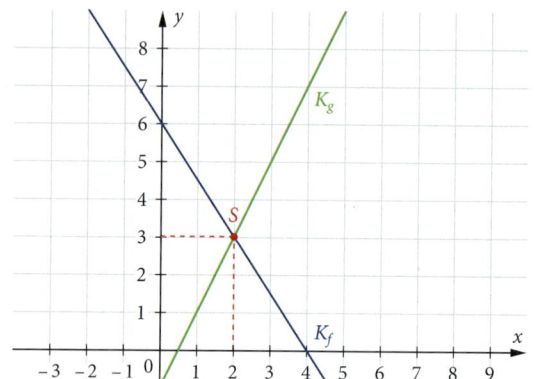

Rechnerisch:
Der Schnittpunkt ist ein gemeinsamer Punkt der Graphen von f und g. Gesucht ist also die Stelle x, bei der beide Funktionen auch den gleichen Funktionswert haben. Es muss also gelten:
$f(x) = g(x)$
Wir setzen die Funktionsterme auf beiden Seiten dieser Gleichung ein und lösen dann nach x auf.
Das berechnete x heißt **Schnittstelle** der Funktionen und ist die x-Koordinate des **Schnittpunkts** S.
Die y-Koordinate von S erhalten wir, indem wir den Funktionswert für $x = 2$ berechnen. Der Schnittpunkt von K_f und K_g ist folglich $S(2|3)$.

$$
\begin{aligned}
f(x) &= g(x) \\
-1,5x + 6 &= 2x - 1 \qquad |-2x \quad |-6 \\
-3,5x &= -7 \qquad |:(-3,5) \\
x &= 2
\end{aligned}
$$

▶ 2 ist die x-Koordinate des Schnittpunkts S.

$f(2) = g(2) = 3 \Rightarrow \mathbf{S(2|3)}$

▶ 3 ist die y-Koordinate des Schnittpunkts S.

14 Schnittpunkt zweier Geraden – Sonderfälle

Gegeben sind die Geraden K_f mit $f(x) = -1,5x + 6$ und K_g mit der Gleichung $x = 3$.
a) Bestimmen Sie die Schnittpunkte von K_f und K_g.
b) Bestimmen Sie die Schnittpunkte von K_f mit den Achsen.

Zu a) Die Gerade K_g entspricht keiner Funktion, es gilt immer $x = 3$. Wir bestimmen den Schnittpunkt von K_f und K_g, indem wir den Wert 3 in in die Gleichung von f einsetzen.

$f(3) = -1,5 \cdot 3 + 6 = 1,5$
$\Rightarrow \mathbf{S(3|1,5)}$

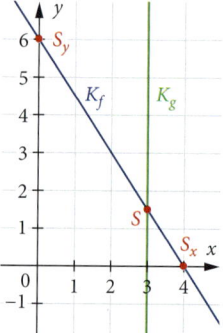

Zu b) Die Schnittpunkte mit den Achsen sind Sonderfälle. ▶ Kapitel 1.1, Seite 38

S_y ist der Punkt, an dem sich K_f und die y-Achse schneiden. Die y-Achse hat die Gleichung $x = 0$, daher setzen wir $x = 0$ in in die Gleichung von f ein. Der Schnittpunkt mit der y-Achse ist $S_y(0|6)$.

$f(0) = -1,5 \cdot 0 + 6 = 6$
$\Rightarrow \mathbf{S_y(0|6)}$

S_x ist der Punkt, an dem sich K_f und die x-Achse schneiden. Die x-Achse hat die Gleichung $y = 0$, daher setzen wir $y = 0$ gleich. Der Schnittpunkt mit der x-Achse ist $S_x(4|0)$.

$$
\begin{aligned}
y = f(x) &= 0 \\
-1,5x + 6 &= 0 \\
1,5x &= 6 \\
x &= 4 \qquad \Rightarrow \mathbf{S_x(4|0)}
\end{aligned}
$$

Hier ist $x = 4$ die **Nullstelle**.

Die Berechnung des **Schnittpunkts** $S(x|y)$ zweier Graphen erfolgt in zwei Schritten:
- Die Schnittstelle x zweier Funktionen wird berechnet, indem die Funktionsterme gleichgesetzt werden:
  $f(x) = g(x)$
  Anschließend wird die Gleichung nach x aufgelöst.
- Der zugehörige Funktionswert y wird durch Einsetzen der Schnittstelle x in eine der beiden Funktionsgleichungen ermittelt.

- Ist genau einer der Graphen eine Parallele zur y-Achse, hat also die Gleichung $x = a$, $a \in \mathbb{R}$, so erhält man den Schnittpunkt durch Einsetzen von a in die andere Gleichung.

Schnittwinkel zweier Geraden

Auf einem Garagendach sind Solarkollektoren aufgestellt. Die Kollektorfläche liegt entlang der Geraden K_f mit $f(x) = -x + 3$. Sonnenstrahlen fallen im Sommer in Deutschland etwa in einem 55°-Winkel auf die Erde. Ideal zur Energieerzeugung ist ein möglichst senkrechtes Auftreffen der Sonnenstrahlen auf den Kollektor. Bestimmen Sie die Größe des Schnittwinkels zwischen Kollektorfläche und Sonneneinstrahlung.

Der **Schnittwinkel** γ zwischen zwei Geraden ist immer kleiner oder gleich 90° groß. Er wird mithilfe der Steigungswinkel der beiden Geraden berechnet:

$$\gamma = \beta - \alpha$$

Dabei ist β der Steigungswinkel von K_f und α der Steigungswinkel der Geraden K_g, die die Sonnenstrahlen repräsentiert.

α ist bereits bekannt (55°).

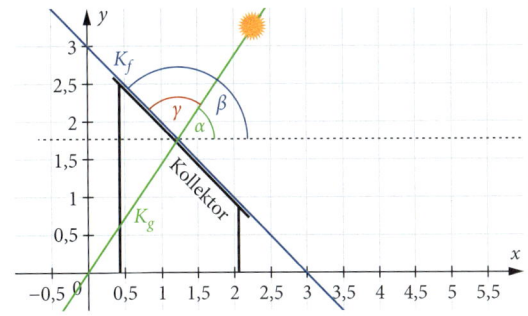

Wir berechnen zuerst β:
Die Steigung -1 ist negativ. Der Taschenrechner liefert einen negativen Wert für den Winkel.
Die Größe des Steigungswinkels erhalten wird durch Addition von 180°.

$m_f = -1$
$\tan(\beta_{\text{neg}}) = -1$
$\beta_{\text{neg}} = -45°$
$\beta = 180° - 45° = 135°$

Wir können jetzt γ berechnen.

$\gamma = \beta - \alpha = 135° - 55° = 80°$

Die Größe des Schnittwinkels zwischen Kollektorfläche und Sonneneinstrahlung beträgt also 80°. Die Sonnenstrahlen treffen also tatsächlich fast senkrecht auf den Kollektor.

Berechnen Sie die Schnittpunkte und die Größe der Schnittwinkel der zugehörigen Geraden.

a) $f(x) = -3x + 7$ und $g(x) = 2x + 9{,}5$ b) $f(x) = -0{,}25x - 1$ und $g(x) = 0{,}5x - 2$

16 Parallele Geraden

Gegeben ist eine lineare Funktion f mit der Gleichung $f(x) = 0{,}5\,x + 1{,}5$.

a) Bestimmen Sie die Funktionsgleichung einer linearen Funktion g, deren Graph zum Graphen von f parallel ist und durch den Punkt $S_y(0\,|\,-1)$ verläuft.

b) Überprüfen Sie außerdem, ob der Graph der linearen Funktion h mit der Gleichung $2\,y - x - 3 = 0$ auch parallel zum Graphen von f ist.

Zu a) Parallele Geraden haben die gleiche Steigung ($m_f = m_g$).

Wir schreiben kurz: $K_f \parallel K_g$.

Die Steigung von K_g ist also identisch mit der Steigung von K_f: $m_g = 0{,}5$.

Der y-Achsenabschnitt b ist aber unterschiedlich: bei K_g ist dieser $b_g = -1$. Somit ist die Gerade zu $g(x) = 0{,}5\,x - 1$ parallel zu derjenigen mit $f(x) = 0{,}5\,x + 1{,}5$.

▶ Der Graph K_g entsteht durch Verschiebung von K_f um 2,5 Einheiten nach unten. Dies äußert sich im y-Achsenabschnitt: $1{,}5 - 2{,}5 = -1$

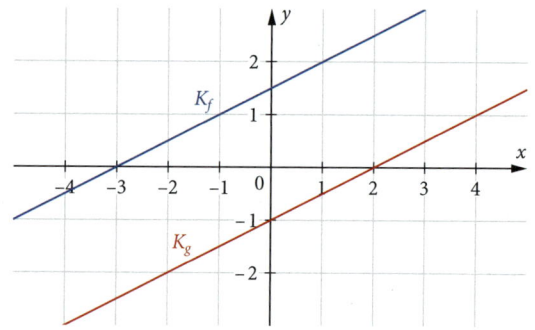

Zu b) Aus einer Geradengleichung in allgemeiner Form können wir die Steigung nicht direkt ablesen. Wir bringen die Gleichung von h zuerst in die Hauptform.

Die Graphen K_f und K_h sind parallel und liegen aufeinander. Die Geraden sind **identisch**.

Die Graphen K_f und K_g sind parallel und verschieden, sie sind **echt parallel**.

$$2\,y - x - 3 = 0$$
$$2\,y = x + 3$$
$$y = \tfrac{1}{2}x + \tfrac{3}{2} = 0{,}5\,x + 1{,}5 = f(x)$$

17 Senkrechte Geraden

Zeichnen Sie zwei Paare von orthogonalen Geraden. Formulieren Sie eine Beobachtung für den Zusammenhang der jeweiligen Steigungen.

Wir betrachten zwei Paare **senkrechter** Geraden und vergleichen die jeweiligen Steigungsdreiecke.

▶ **Orthogonal** ist ein anderer Begriff für senkrecht.

Dabei fällt auf, dass der eine Steigungswert jeweils der negative Kehrwert des anderen Steigungswerts ist:

$$m_1 = \tfrac{3}{2} \quad \rightarrow \quad m_2 = -\tfrac{2}{3}$$
$$m_3 = -4 \quad \rightarrow \quad m_4 = \tfrac{1}{4}$$

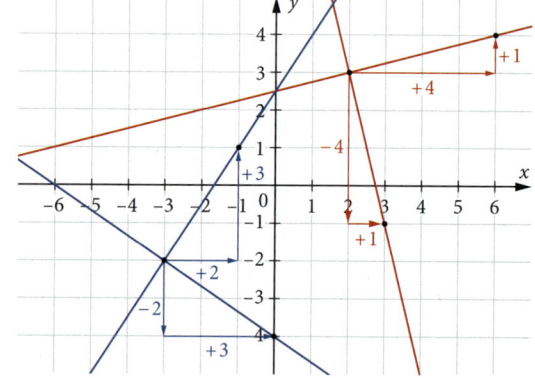

Anders ausgedrückt: $m_1 \cdot m_2 = -1$ und $m_3 \cdot m_4 = -1$

Dies gilt bei orthogonalen Geraden allgemein:

Die Graphen K_f und K_g zweier linearer Funktionen f und g mit den Steigungen m_f und m_g sind genau dann orthogonal (zueinander senkrecht), wenn die Gleichung $m_f \cdot m_g = -1$ gilt.

Wir schreiben kurz: $K_f \perp K_g$.

▶ $m_f \cdot m_g = -1$ lässt sich auch schreiben als $m_g = -\tfrac{1}{m_f}$

Und wenn $m_f = 0$ oder $m_g = 0$?

Bestimmen einer Orthogonalen

Gegeben sind die Gerade K_f mit der Gleichung $f(x) = 1,2\,x + 3$, die Gerade K_h mit der Gleichung $h(x) = 3$ und der Punkt $P(2\,|\,1)$.

a) Bestimmen Sie die Gleichung der Geraden K_g, die orthogonal zu K_f ist und durch P geht.

b) Bestimmen Sie die Gleichung der Geraden K_k, die orthogonal zu K_h ist und durch P geht.

Zu a) Wir setzen den Wert für m_f in die Orthogonalitätsbedingung ein und erhalten den Wert für m_g. Die Gerade K_g hat also die Steigung $m_g = -\frac{5}{6}$.

Einsetzen des Wertes von m_g und der Koordinaten von P in $g(x) = mx + b$ liefert den Wert für b. Die Gleichung der Geraden K_g lautet $g(x) = -\frac{5}{6}x + \frac{8}{3}$.

$$m_f \cdot m_g = -1$$
$$1,2 \cdot m_g = -1$$
$$\tfrac{6}{5}\,m_g = -1$$
$$m_g = -\tfrac{5}{6}$$
$$1 = -\tfrac{5}{6} \cdot 2 + b$$
$$b = \tfrac{8}{3}$$

m_g ist der negative Kehrwert von m_f.

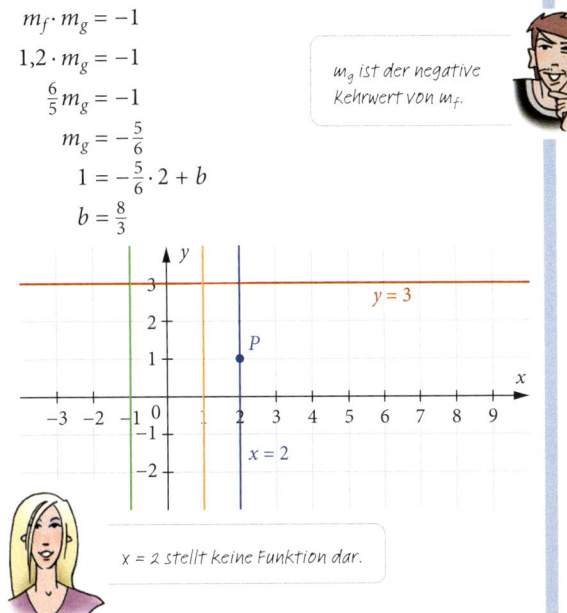

Zu b) Bei der Geraden K_h ist die Steigung $m = 0$. In diesem Fall können wir die Formel nicht nutzen, da man nicht durch 0 teilen darf.

$m = 0$ heißt, dass K_h parallel zur x-Achse ist.

Orthogonale Geraden zu K_h sind parallel zur y-Achse und haben eine Gleichung der Form $x = a$.

In der Zeichnung sehen wir drei Beispiele für Orthogonalen zur x-Achse. Die gesuchte Orthogonale, die durch den Punkt $P(2\,|\,1)$ geht, ist: $x = 2$.

$x = 2$ stellt keine Funktion dar.

Untersucht man die gegenseitige Lage zweier Geraden K_f und K_g so gilt:

- Sie **schneiden sich**, wenn das Gleichsetzen der Funktionsterme $f(x) = g(x)$ eine Lösung x liefert (x-Koordinate des Schnittpunkts). Einsetzen von x in eine der Funktionsgleichungen ergibt die y-Koordinate des Schnittpunkts.
  - Wenn außerdem $m_f \cdot m_g = -1$ gilt (Orthogonalitätsbedingung), schneiden sich die Geraden **orthogonal** (rechtwinklig, senkrecht).
  - Sonderfall: Falls $m_f = 0$ ist, so hat K_g die Gleichung $x = a$ und K_g ist parallel zur y-Achse.
- Sie sind **parallel**, wenn sie dieselbe Steigung haben: $m_f = m_g$ (Parallelitätsbedingung). Man unterscheidet:
  - **Identische** Geraden, sie haben auch denselben y-Achsenabschnitt.
  - **Echt parallele** Geraden, sie haben unterschiedliche y-Achsenabschnitte.

1. Berechnen Sie, sofern vorhanden, den Schnittpunkt der zugehörigen Graphen.

a) $f(x) = 5x + 2$; $\quad g(x) = -2x + 16$

b) $f(x) = 0,5x + 4$; $\quad g$ ist eine Parallele zur y-Achse durch $P(4\,|\,3)$

c) $f(x) = \frac{1}{6}x + 8$; $\quad g(x) = -\frac{1}{8}x + 8$

d) $f(x) = 3$; $\quad g(x) = \frac{1}{10}x$

2. Geben Sie an, welche der folgenden Geraden parallel bzw. orthogonal zueinander sind. Eine der Geraden ist parallel zur x-Achse. Geben Sie zwei weitere orthogonale Geraden dazu an.

a) $y = \frac{3}{4}x + 2$

b) $y = -\frac{3}{4}x - 2$

c) $y = 0,75x - 1$

d) $y = 1,\overline{3}x + 5$

e) $y = -\frac{4}{3}x$

f) $y = -0,75x - 8$

g) $x = \frac{4}{3}$

h) $y = -0,75$

(19) Abstand zwischen Punkten

Berechnen Sie den Abstand zwischen den Punkten $A(-2|1)$ und $B(3|4)$.

Wir wollen den **Abstand** (Entfernung) zwischen $A(-2|1)$ und $B(3|4)$ berechnen, dieser Abstand ist gleich der Länge der Strecke $\overline{AB}$.

Wir berechnen diese Länge mithilfe des Satzes von Pythagoras. Durch Einzeichnen eines Steigungsdreiecks erkennen wir, wie die Formel zustande kommt.

Allgemein gilt:

$$d(A, B) = \sqrt{(\Delta x)^2 + (\Delta y)^2}$$
$$= \sqrt{(x_B - x_A)^2 + (y_B - y_A)^2}$$

Der Abstand zwischen den Punkten A und B beträgt rund 5,83 LE.

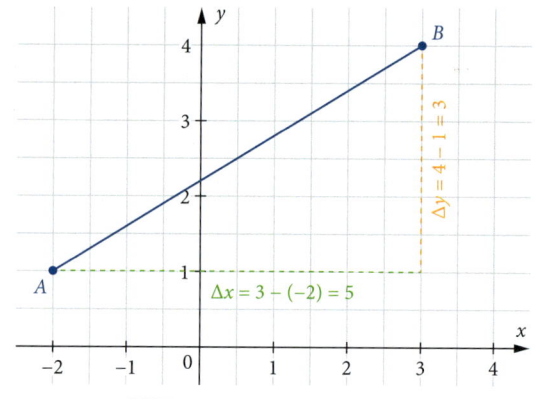

$$d(A, B) = \sqrt{(3 - (-2))^2 + (4 - 1)^2}$$
$$= \sqrt{25 + 9} = \sqrt{34} \approx 5,83$$

Der **Abstand zwischen zwei Punkten** $A(x_A|y_A)$ und $B(x_B|y_B)$ ist $d(A, B) = \sqrt{(x_B - x_A)^2 + (y_B - y_A)^2}$.

 **1.** Berechnen Sie den Abstand zwischen $P(-0,5|1)$ und $Q(2|-\frac{3}{4})$.

 2. Wählen Sie einmal zwei Punkte, die auf einer Parallelen zur x-Achse liegen, und einmal zwei Punkte, die auf einer Parallelen zur y-Achse liegen. Geben Sie jeweils die Formel für den Abstand an und berechnen Sie diesen.

▶ Sind beide Punkte auf einer Parallelen zu einer Achse, so vereinfacht sich die Rechnung bedeutend.

---

(20) Verwendung von Parametern bei Punkten

Gegeben sind die beiden Punkte $A(-1|2)$ und $B_t(3|t)$.
a) Beschreiben Sie, wo der Punkt B abhängig von der Wahl des Parameters t liegt.
b) Bestimmen Sie t so, dass der Abstand zwischen den Punkten A und B 5 LE beträgt.

Zu a) Der Punkt B_t hat verschiedene Koordinaten, je nachdem, wie t gewählt wird. Wir setzen verschiedene Werte für t in B_t ein. Wir stellen fest, dass die Punkte, die wir erhalten, alle auf einer Geraden liegen, die parallel zur y-Achse ist.

Hier ist die Geradengleichung $x = 3$.

$t = -1$: $B_{-1}(3|-1)$
$t = 0$: $B_0(3|0)$
$t = 2$: $B_2(3|2)$

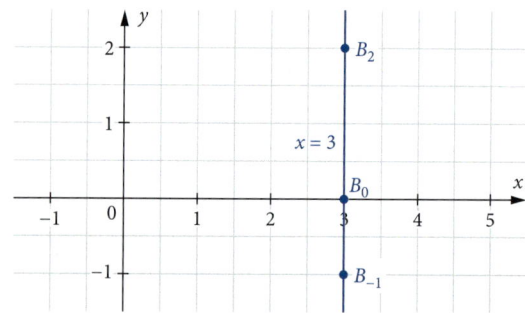

Zu b) Wir verwenden die Formel für den Abstand und setzen diesen gleich 5. Dann formen wir nach t um. Es gibt zwei mögliche Lösungen dafür, dass der Punkt B_t 5 LE von A entfernt ist:

$B_{-1}(3|-1)$ und $B_5(3|5)$

$$d(A, B_t) = 5$$
$$\sqrt{(3 - (-1))^2 + (t - 2)^2} = 5$$
$$(3 + 1)^2 + (t - 2)^2 = 25$$
$$16 + (t - 2)^2 = 25$$
$$(t - 2)^2 = 9$$

$$t - 2 = -\sqrt{9} \qquad t - 2 = +\sqrt{9}$$
$$t = -1 \qquad t = 5$$

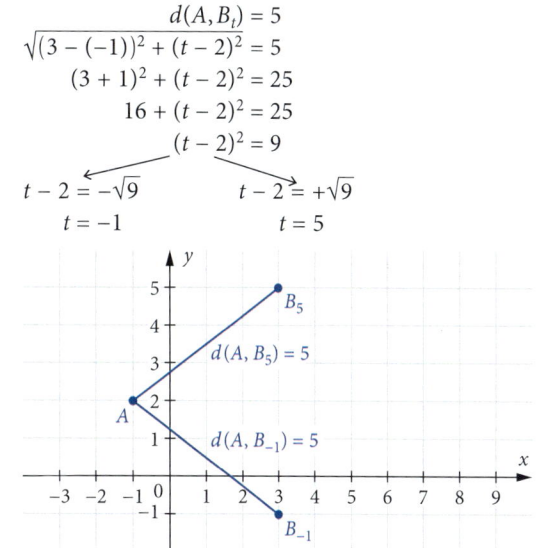

Verwendung von Parametern bei Geraden

Gegeben sind die beiden Punkte $A(-1|2)$ und $B_t(3|t)$ sowie eine Gerade K_f mit der Gleichung $f(x) = 2x + 1$. Die Gerade K_g durch die Punkte A und B_t hat abhängig von t jeweils verschiedene Eigenschaften.

a) Die Gerade K_g soll parallel zu K_f sein. Berechnen Sie den Wert des Parameters t und zeichnen Sie A, B_t, K_f und K_g in ein Koordinatensystem. Lesen Sie die Geradengleichung von K_g ab.

b) Die Gerade K_g soll parallel zu K_f sein. Berechnen Sie den Wert des Parameters t und zeichnen Sie A, B_t, K_f und K_g in ein Koordinatensystem. Lesen Sie die Geradengleichung von K_g ab.

Wir berechnen zunächst allgemein die Steigung m einer Geraden durch A und B_t.

$$m_g = \frac{y_B - y_A}{x_B - x_A} = \frac{t - 2}{3 - (-1)} = \frac{t - 2}{4}$$

Zu a) K_g soll parallel zu K_f sein, das heißt $m_g = m_f$. Die Steigung der Geraden K_f ist $m_f = 2$, also muss die Steigung von K_g auch 2 sein.

$$m_g = m_f$$
$$\frac{t - 2}{4} = 2$$
$$t - 2 = 8$$
$$t = 10$$

Für $t = 10$ ist die Gerade K_g parallel zu K_f.

Wir wissen, dass die Steigung der Geraden K_g 2 ist. Aus der Zeichnung lesen wir den y-Achsenabschnitt ab: $b = 4$.

$$g(x) = 2x + 4$$

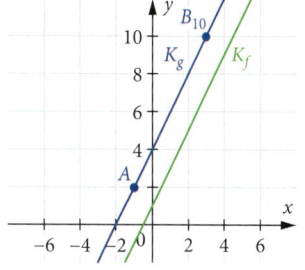

Die Geradengleichung für K_g lautet also $g(x) = 2x + 4$.

Zu b) K_g soll orthogonal zu K_f sein, das heißt $m_g = -\frac{1}{m_f}$. Die Steigung der Geraden K_f ist $m_f = 2$, also muss die Steigung von K_g gleich $-\frac{1}{2}$ sein.

$$m_g = -\frac{1}{m_f}$$
$$\frac{t - 2}{4} = -\frac{1}{2}$$
$$t - 2 = -2$$
$$t = 0$$

Für $t = 0$ ist die Gerade K_g orthogonal zu K_f.

Wir wissen, dass die Steigung der Geraden K_g $-\frac{1}{2}$ ist. Aus der Zeichnung lesen wir den y-Achsenabschnitt ab: $b = \frac{3}{2}$.

$$g(x) = -\frac{1}{2}x + \frac{3}{2}$$

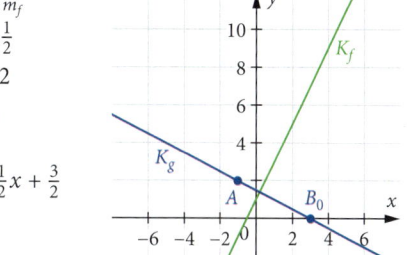

Die Gleichung für K_g lautet also $g(x) = -\frac{1}{2}x + \frac{3}{2}$.

Übungen zu 1.2.2

1. Bestimmen Sie die Schnittpunkte der zu den Funktionen f und g zugehörigen Graphen rechnerisch und zeichnerisch. Überprüfen Sie Ihre Lösung mit einem Funktionsplotter.

a) $f(x) = 0{,}5x + 4$, $\qquad g(x) = -0{,}25x + 5{,}5$

b) $f(x) = -2x + 5$, $\qquad g(x) = x - 1$

2. Bestimmen Sie zur Geraden die Gleichung der Parallelen und die der Orthogonalen durch P.

a) $f(x) = 4x - 1$; $\qquad P(-1|-3)$

b) $f(x) = -\frac{4}{5}x + \frac{6}{5}$; $\qquad P(-0{,}5|1)$

3. Die Graphen der linearen Funktionen f, g, h und i bilden die Seiten eines Vierecks $ABCD$. Der Graph von f schneidet die x-Achse bei 3 und die y-Achse bei 6. Die Funktion g ist gegeben durch die Wertetabelle.

x	−2,5	0	3	4,5
$g(x)$	−9	−4	2	5

Der Graph von h verläuft parallel zum Graphen von f und schneidet die x-Achse bei $x = -2$. Der Graph von i ist orthogonal zum Graphen von f und geht durch den Punkt $P(3|5)$.

a) Bestimmen Sie rechnerisch die Funktionsgleichungen der vier Funktionen.

b) Zeichnen Sie die Geraden in ein Koordinatensystem.

c) Berechnen Sie die Koordinaten der Punkte A, B, C und D.

4. Gegeben sind eine Gerade K_f mit $f(x) = 1{,}5x$ und der Punkt $P(4|2)$.

a) Bestimmen Sie eine Gleichung der Parallelen K_g zur x-Achse, die durch P geht. Berechnen Sie den Flächeninhalt des Dreiecks, das durch K_f, K_g und der y-Achse gebildet wird.

b) Bestimmen Sie eine Gleichung der Parallelen K_h zur y-Achse, die durch P geht. Berechnen Sie den Flächeninhalt des Dreiecks, das durch K_f, K_h und der x-Achse gebildet wird.

c) Bestimmen Sie den y-Achsenabschnittpunkt der Senkrechten zu K_f, die durch P verläuft.

5. Gegeben sind die Punkte $A(0|1)$ und $B_t(1|t)$ sowie die Gerade K_f mit $f(x) = 4x - 3$. Bestimmen Sie die Gleichung der Geraden K_g, die parallel zu K_f ist, und durch A und B_t verläuft.

6. Ordnen Sie jeweils zwei der Zahlen ①, …, ⑫ einander zu, sodass sechs Paare orthogonaler Geraden entstehen.

①
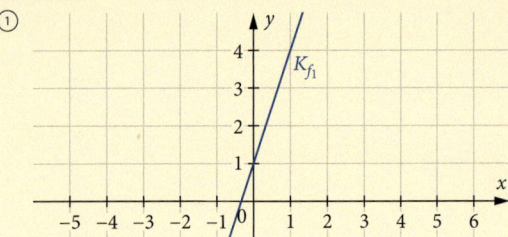

② $y = 0{,}3x - 2$

③ Parallele zur y-Achse durch $P(2|1)$

④ Die Gerade geht durch $P_1\left(0|\frac{1}{3}\right)$ und $P_2\left(\frac{10}{3}|0\right)$.

⑤ Die Gerade hat einen Steigungswinkel von 150°.

⑥ Die Gerade geht durch $P_1(0|3)$ und $P_2(2|3)$.

⑦ $x + 3y - 6 = 0$

⑧
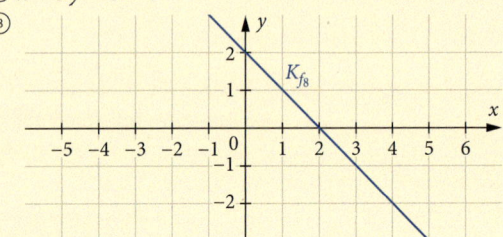

⑨ $y = -\frac{10}{3}x$

⑩ $y = \sqrt{3}\,x + \sqrt{3}$

⑪ $15x - 1{,}5y = 0$

⑫ die erste Winkelhalbierende

7. Gegeben sind die Punkte A, B und C sowie die Graphen der linearen Funktionen f und g durch die Zeichnung.

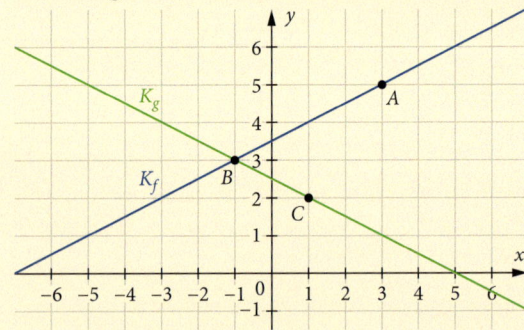

a) Berechnen Sie die Stelle, an der die Parallele zu K_f durch C die x-Achse schneidet.

b) Bestimmen Sie den Punkt D so, dass $ABCD$ ein Parallelogramm bildet. Berechnen Sie die Seitenlängen dieses Parallelogramms.

1.2.3   Lineare Ungleichungen

Angebote grafisch vergleichen

In einem Urlaubsort gibt es folgende Angebote für die Ausleihe eines Fahrrads:
Angebot 1: Leihgebühr 10 € pro Tag.
Angebot 2 ist unten grafisch dargestellt.

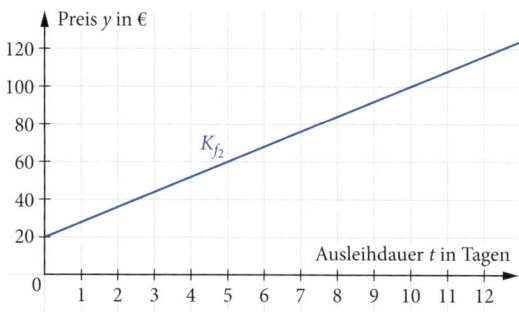

Max verbringt dort seinen Urlaub.
a) Bestimmen Sie, wie lange er das Fahrrad bei Angebot 2 behalten kann, wenn er maximal 60 Euro ausgeben will.
b) Beurteilen Sie, welches Angebot besser ist, wenn Max das Fahrrad länger behalten will.
Lösen Sie die Aufgabe grafisch.

Zu a) Wir lesen die gesuchten Werte in der Zeichnung ab. Max kann das Fahrrad bis zu 5 Tagen behalten, wenn er maximal 60 Euro ausgeben will.

Mathematisch können wir die Lösung durch eine Lösungsmenge angeben: $L = [0; 5]$

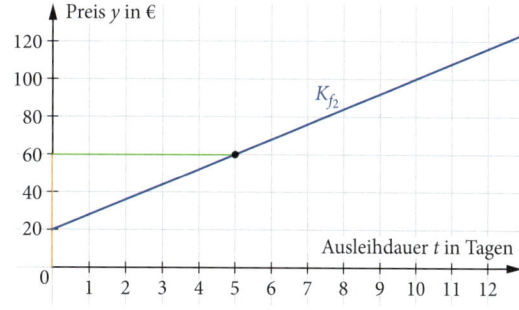

Zu b) Um zu beurteilen, welches Angebot besser ist, wenn Max das Fahrrad länger behalten will, betrachten wir, wie sich die Graphen „für große Werte von t" verhalten. Ein Angebot ist besser als das andere, wenn der Preis geringer ist, d. h., wenn das Kurvenstück sich unterhalb des anderen befindet.

Wir beobachten, dass zuerst K_{f_1} unterhalb von K_{f_2} liegt, aber ab $t > 10$ K_{f_2} unterhalb von K_{f_1} ist.
Wenn Max das Fahrrad länger als 10 Tage behält, ist daher Angebot 2 günstiger.
▶ Für $t = 10$ sind die Angebote genau gleich.

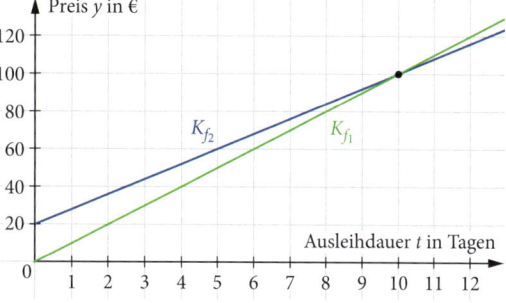

Betrachten Sie erneut Beispiel 22. Lesen Sie die gesuchten Werte an den Graphen zu Angebot 1 und 2 ab.

a) Bestimmen Sie, wie lange Max das Fahrrad bei Angebot 1 behalten kann, wenn er maximal 60 Euro ausgeben will.
b) Bestimmen Sie, wie lange Max das Fahrrad bei Angebot 2 behalten kann, wenn er maximal 100 Euro ausgeben will.

Manche Aufgaben lassen sich nicht oder nur ungenau grafisch lösen. Wenn wir die Gleichungen der Funktionen haben, können wir die Aufgabe rechnerisch lösen.

 (23) Angebote rechnerisch vergleichen

In einem Urlaubsort gibt es zwei Angebote für die Ausleihe eines Fahrrads. Jedes Angebot kann durch eine Geradengleichung beschrieben werden (▶ siehe auch Beispiel 22):

$f_1(t) = 10\,t$, t in Tagen
$f_2(t) = 8\,t + 20$, t in Tagen

▶ Zur Vereinfachung sind die Definitionsbereiche hier nicht weiter eingeschränkt, obwohl nicht alle reellen Zahlen sinnvoll sind.

a) Bestimmen Sie, wie lange Max das Fahrrad bei Angebot 2 behalten kann, wenn er maximal 60 Euro ausgeben will.

b) Beurteilen Sie, welches Angebot besser ist, wenn er das Fahrrad länger behalten will.

Lösen Sie die Aufgabe rechnerisch mithilfe von **Ungleichungen**.

Zu a) Der Preis soll maximal 60 € betragen. Der Preis ist ein y-Wert. Folglich müssen wir folgende Ungleichung lösen: $y \leq 60$

Max kann das Fahrrad bis zu 5 Tagen behalten, wenn er maximal 60 Euro ausgeben will.

$$y = f_2(t) \leq 60$$
$$8\,t + 20 \leq 60 \qquad | -20$$
$$8\,t \leq 40 \qquad | : 8$$
$$\boldsymbol{t \leq 5}$$

Zu b) In Beispiel 22 haben wir schon gesehen, dass der Graph, der zum besseren Angebot gehört, unterhalb des anderen Graphen liegt (dann ist der Preis geringer).

Wir lösen die Ungleichung: $f_1(t) < f_2(t)$, d. h., wir überprüfen rechnerisch, wann K_{f_1} unterhalb von K_{f_2} liegt. Für $t < 10$ (Dauer unter 10 Tagen) ist Angebot 1 günstiger.

K_{f_1} unterhalb von K_{f_2}:
$$f_1(t) < f_2(t)$$
$$10\,t < 8\,t + 20 \qquad | -8\,t$$
$$2\,t < 20 \qquad | : 2$$
$$\boldsymbol{t < 10}$$

Wir führen eine Probe durch und wählen dafür $t = 9$. Da eine wahre Aussage entsteht, liegt der Graph von f_1 tatsächlich unterhalb des Graphen von f_2 für $t < 10$.

Probe:
$$f_1(9) < f_2(9)$$
$$10 \cdot 9 < 8 \cdot 9 + 20$$
$$90 < 92 \ (\text{w})$$

Wir lösen nun die Ungleichung: $f_2(t) < f_1(t)$, d. h., wir überprüfen rechnerisch, wann K_{f_2} unterhalb von K_{f_1} liegt. Für $t > 10$ (Dauer über 10 Tage) ist Angebot 2 günstiger.

K_{f_2} unterhalb von K_{f_1}:
$$f_2(t) < f_1(t)$$
$$8\,t + 20 < 10\,t \qquad | -8\,t$$
$$20 < 2\,t \qquad | : 2$$
$$10 < t$$
$$\boldsymbol{t > 10}$$

Die größere Zahl steht immer auf der Seite der Öffnung: bei „>" links und bei „<" rechts.

Wir führen auch hier eine Probe durch und wählen dafür $t = 11$. Da wir eine wahre Aussage erhalten, liegt tatsächlich für große t der Graph von f_2 unterhalb des Graphen von f_1.

Probe:
$$f_2(11) < f_1(11)$$
$$8 \cdot 11 + 20 < 10 \cdot 11$$
$$108 < 110 \ (\text{w})$$

Da es sich hier um lineare Funktionen handelt, hätte es gereicht, nur eine Rechnung zu betrachten: Wenn $f_1(t) < f_2(t)$ für $t < 10$ gilt, bedeutet das, dass zuerst der Graph von f_1 unterhalb des Graphen von f_2 liegt und sich das nach $t = 10$ „umdreht".

Rechenkunst

(24)

Peter und Milan wundern sich, dass sie beim Lösen derselben Ungleichung unterschiedliche Ergebnisse erhalten. Überprüfen Sie die Ergebnisse.

Peter:
$$
\begin{aligned}
-2x + 1 &< x - 5 && |-x \\
-3x + 1 &< -5 && |-1 \\
-3x &< -6 && |:(-3) \\
x &< 2
\end{aligned}
$$

Milan:
$$
\begin{aligned}
-2x + 1 &< x - 5 && |+2x \\
1 &< 3x - 5 && |+5 \\
6 &< 3x && |:3 \\
2 &< x \\
x &> 2
\end{aligned}
$$

Als erste mögliche Überprüfung können wir eine Probe machen. Wir wählen einen Beispielwert, z. B. $x = 7$, und setzen ihn in die ursprüngliche Ungleichung ein. Wir erhalten eine wahre Aussage. Das heißt $x = 7$ ist eine Lösung der Ungleichung.

$$
\begin{aligned}
-2 \cdot 7 + 1 &< 7 - 5 \\
-13 &< 2 \ (w)
\end{aligned}
$$

Wir betrachten die Ergebnisse von Peter und Milan. Milan erhält die Ungleichung $x > 2$, die für $x = 7$ erfüllt ist. Peter erhält die Ungleichung $x < 2$, die für $x = 7$ nicht erfüllt ist, Peter hat einen Fehler gemacht.

Milans Lösung: $7 > 2$ (w)

Peters Lösung: $7 < 2$ (f)

Um den Fehler zu finden, betrachten wir jede Zeile von Peters Rechnung einzeln und setzen dort jeweils $x = 7$ ein.

$$
\begin{aligned}
2x + 1 &< x - 5 & -2 \cdot 7 + 1 &< 7 - 5 & \Leftrightarrow -13 &< 2 \ (w) \\
-3x + 1 &< -5 & -3 \cdot 7 + 1 &< -5 & \Leftrightarrow -20 &< -5 \ (w) \\
-3x &< -6 & -3 \cdot 7 &< -6 & \Leftrightarrow -21 &< -6 \ (w) \\
x &< 2 & & & 7 &< 2 \ \textbf{(f)}
\end{aligned}
$$

In der letzten Zeile erhalten wir eine falsche Aussage. Der Fehler liegt also im letzten Schritt. Wenn wir mit einer negativen Zahl multiplizieren oder dividieren, so müssen wir das **Ungleichzeichen umdrehen**.

$$
\begin{aligned}
-3x &< -6 && |:(-3) \\
x &> 2
\end{aligned}
$$

Zur Überprüfung können wir die Aufgabe auch grafisch lösen:
$f(x) < g(x)$
mit den Funktionen $f(x) = -2x + 1$ und $g(x) = x - 5$.
Der Graph von f liegt unterhalb des Graphen von g für x-Werte, die größer als 2 sind.
$L = \ ]2; +\infty[$

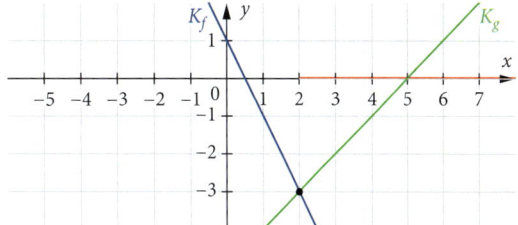

- Beim **grafischen Lösen** von Ungleichungen bedeutet $f(x) < g(x)$, dass x-Werte gesucht werden, für die der Graph von f unterhalb des Graphen von g liegt.
- Beim **rechnerischen Lösen** von Ungleichungen werden Umformungen verwendet, wie bei Gleichungen, allerdings muss beim Multiplizieren/Dividieren mit einer negativen Zahl das Ungleichzeichen umgedreht werden.

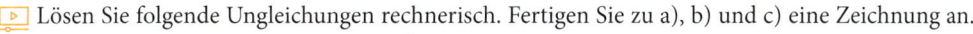 Lösen Sie folgende Ungleichungen rechnerisch. Fertigen Sie zu a), b) und c) eine Zeichnung an.

a) $x + 0,5 \geq -2x - 2$
b) $2x - 4 \leq 2$
c) $2(x - 1) \leq 3(x - 1) - x$

d) $-3x + 2 > -0,5x - 1$
e) $1,5x < 2,5$
f) $2 - x \leq 4x$

Übungen zu 1.2.3

1. Lösen Sie folgende Ungleichungen grafisch näherungsweise und rechnerisch exakt.

a) $-4x \leq 2$

b) $2x + 1 \leq -x + 4$

c) $5 - x < -1$

d) $5x \leq 3x + 1$

e) $-2x + 0,5 > -x + 1$

2. Gegeben sind die Graphen von linearen Funktionen.

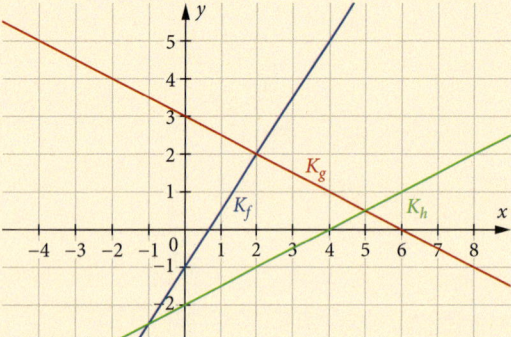

a) Bestimmen Sie die Lösungsmengen folgender Ungleichungen zunächst grafisch und deuten Sie Ihre Ergebnisse geometrisch.

a₁) $f(x) \geq 5$

a₂) $g(x) < 0$

a₃) $g(x) > f(x)$

a₄) $h(x) \leq f(x)$ und $h(x) \leq g(x)$

b) Überprüfen Sie Ihre Ergebnisse aus Teilaufgabe a) rechnerisch.

3. Der Stromanbieter Energy macht einem Hort folgendes Angebot: Der monatliche Grundpreis beträgt 5,90 €. Der Preis pro verbrauchter Kilowattstunde (kWh) ist 0,19 €.

a) Betrachten Sie die Funktion f, die dem Verbrauch in kWh eines Monats die jeweiligen Kosten zuordnet. Stellen Sie eine Wertetabelle in 250er-Schritten auf, geben Sie eine Funktionsgleichung an und zeichnen Sie den Graphen.

b) Ermitteln Sie die Höhe der monatlichen Stromkosten bei einem durchschnittlichen Verbrauch von 860 kWh pro Monat.

c) Bestimmen Sie, welche durchschnittlichen Verbrauchswerte zu mindestens 120 € monatlichen Kosten führen.

d) Erfinden Sie einen anderen Tarif, der ab einem durchschnittlichen Verbrauch von 1000 kWh günstiger ist.

4. Die Praktikantin eines Jugend- und Bildungswerks holt zwei Angebote für eine neue Kühltruhe ein:

- Modell I verbraucht pro Tag 0,62 kWh und gehört zur Energieeffizienzklasse A+. Der Kaufpreis liegt bei 323 €.
- Modell II verbraucht pro Tag 0,46 kWh und gehört zur Energieeffizienzklasse A++. Es kostet 438 €.

Das Leitungsteam möchte aus ökologischen Gründen eine Kühltruhe des Modells II anschaffen. Allerdings stellt sich die Frage, ab welcher Betriebsdauer sich diese Anschaffung auch wirtschaftlich lohnt. Der derzeitige Strompreis beträgt 0,23 € pro kWh.

a) Stellen Sie für beide Modelle eine Funktionsgleichung auf, die der Betriebsdauer in Tagen die Kosten in Euro zuordnet.

b) Zeichnen Sie die Graphen der Funktionen. Lesen Sie ab, für welche Betriebsdauer sich die Anschaffung von Modell II ungefähr lohnt.

c) Berechnen Sie, für welche Betriebsdauer sich die Anschaffung von Modell II lohnt.

5. Gegeben sind zwei Strecken $\overline{AB}$ und $\overline{EF}$. Übertragen Sie diese in Ihr Heft.

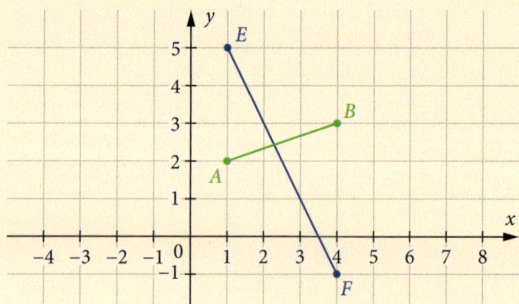

a) Erklären Sie, warum ohne Rechnung klar ist, dass der Punkt $P(2 \mid 1,8)$ nicht auf der Strecke $\overline{AB}$ liegt.

b) Beschreiben Sie den Definitions- und den Wertebereich der zur Strecke $\overline{AB}$ gehörenden Funktion mithilfe von Ungleichungen.

c) Zeichnen Sie eine Strecke $\overline{CD}$, für die die gleichen x- und y-Werte zulässig sind wie für die Strecke $\overline{AB}$.

d) Bestimmen Sie exakt, für welche Werte von x die Strecke $\overline{AB}$ unterhalb der Strecke $\overline{EF}$ verläuft.

6. Gegeben ist eine Ungleichung und die zugehörige Lösungsmenge. Bestimmen Sie einen geeigneten Wert von a. ▶ Erstellen Sie bei Bedarf eine Skizze.

a) $2x - 1 \leq x + a;\ L =]-\infty; -2]$

b) $-x + 3 > ax - 2,\ a > 0;\ L =]-\infty; 1]$

⌨ Übungen zu 1.2

1. Untersuchen Sie die Funktionen auf Nullstellen. Geben Sie den y-Achsenschnittpunkt an. Überprüfen Sie mit einem Funktionsplotter.

a) $f(x) = -x + 4$
b) $f(x) = \frac{3}{2}x - 4$
c) $f(x) = 5$
d) $f(x) = x$
e) $f(x) = 0,1\,x - 1$
f) $f(x) = 3x + 3$

2. Bestimmen Sie die Funktionsgleichung der linearen Funktion, deren Graph

a) die Steigung 10 hat und durch $P(4\,|-8)$ geht.
b) durch $A(-2\,|\,25)$ und $B(5\,|\,13)$ verläuft.
c) durch $C(0\,|\,8)$ und $D(-4\,|\,4)$ verläuft.
d) in der Zeichnung abgebildet ist.

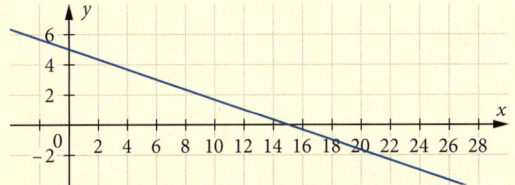

e) durch den Punkt $T(1\,|\,2)$ verläuft und eine Steigung von $m = 2$ besitzt.
f) durch die folgende Wertetabelle gegeben ist.

x	-4	-2	0	2	4
$h(x)$	6,5	5,5	4,5	3,5	2,5

g) den Steigungswinkel $150°$ und $\sqrt{3}$ als Nullstelle hat.

3. Bestimmen Sie die Funktionsgleichungen der linearen Funktionen f und g aus der Zeichnung.

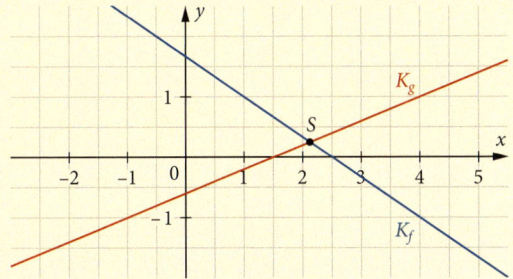

a) Bestimmen Sie die Koordinaten von S rechnerisch.
b) Bestimmen Sie die x-Koordinate des Punkts $P(\ldots\,|\,1)$ auf K_f und die y-Koordinate des Punkts $Q(3\,|\,\ldots)$ auf K_g.
c) Bestimmen Sie alle x-Werte für die gilt: $f(x) > 0$ bzw. $g(x) > 0$.
d) Zeigen Sie, dass der Punkt $A(2\,|\,0,2)$ auf der Geraden zu g liegt.
e) Überprüfen Sie, ob der Punkt $B(3\,|\,0,7)$ unterhalb der Geraden zu g liegt.

4. Berechnen Sie die gemeinsamen Punkte. der beiden Geraden. Überprüfen Sie Ihre Lösung mit einem Funktionsplotter.

a) $f(x) = 2x - 3$ $\qquad$ $g(x) = -x + 3$
b) $f(x) = \frac{3}{4}x - \frac{27}{4}$ $\qquad$ $g(x) = x - 8$
c) $f(x) = \frac{3}{4}x + \frac{7}{2}$ $\qquad$ $g(x) = -\frac{3}{4}x + \frac{13}{2}$
d) $f(x) = 2x + 2$ $\qquad$ $g(x) = 2x + 6$
e) $f(x) = \frac{1}{2}x + 5$ $\qquad$ $g(x) = -2x + 1$
f) $f(x) = x + 2$ $\qquad$ $g(x) = x + \frac{4}{2}$

5. Berechnen Sie die Gleichung der Geraden K_h, die orthogonal zur Geraden K_i mit $i(x) = -4x - 7,5$ und durch den Punkt $O(-2\,|\,9)$ verläuft.

6. Berechnen Sie die Gleichung der Geraden K_g, die parallel zur Geraden K_f mit $f(x) = 2x + 1$ und durch den Punkt $P(1\,|-1)$ verläuft.

7. Geben Sie die Funktionsgleichungen von drei Geraden an, die den Punkt $P(1\,|\,2)$ gemeinsam haben.

8. Gegeben ist die lineare Funktion f mit der Gleichung $f(x) = 0,5\,x - 3$. Eine Parallele zum Graphen dieser Funktion verläuft durch den Punkt $A(5\,|\,5)$.

a) Zeichnen Sie den Graphen der Funktion f und die Parallele zu K_f durch A.
b) Kennzeichnen Sie in Ihrer Zeichnung $f(0)$, $f(2)$ und $f(4)$.
c) Bestimmen Sie die Funktionsgleichung der Funktion g, deren Graph die Parallele durch A zu K_f ist und berechnen Sie die Nullstelle von g.
d) Der Graph der linearen Funktion h verläuft senkrecht zum Graphen von f. Er halbiert die Strecke zwischen den Schnittpunkten von K_f und K_g mit der x-Achse. Bestimmen Sie zeichnerisch und rechnerisch eine Gleichung von h.

9. f, g und h sind drei lineare Funktionen.

a) Beschreiben Sie die Bedeutung der Ausdrücke $f(2) = 0$ und $g(2) > 0$.
b) Für g gilt: $g(0) = -1$ und $g(2) = 5$. Beschreiben Sie das Steigungsverhalten des Graphen K_g.
c) Beschreiben Sie die Bedeutung des Ausdrucks $g(x) > f(x)$ für alle $x \in D_f$ und $x \in D_g$.
d) Es gilt $f(2) = h(2)$. Beschreiben Sie ein Vorgehen, um zu entscheiden, ob für $x < 2$ gilt $f(x) > h(x)$ oder $f(x) < h(x)$.

10. Gegeben sind die zwei Geraden K_f durch $f(x) = 2x + 1$ und K_g durch $g(x) = 2x - 3$ sowie die Punkte $P(1|3)$, $Q(2|a)$ und $R(b|3)$.

a) Beschreiben Sie die gegenseitige Lage der Geraden.

b) Die Punkte Q und R liegen auf K_g. Bestimmen Sie a und b. Bestimmen Sie, welcher der Punkte Q und R dem Punkt P am nächsten ist.

11. Gegeben ist die Funktion f mit $f(x) = -\frac{3}{2}x + \frac{13}{6}$. Der Graph von f bildet mit den Koordinatenachsen ein Dreieck. Berechnen Sie den exakten Wert des Flächeninhalts dieses Dreiecks auf einfachstem Weg.

12. Zwei Motorradfahrer fahren auf derselben Straße von A nach B. Die beiden Orte sind 270 km voneinander entfernt. Fahrer 1 fährt um 9 Uhr ab und hält eine Durchschnittsgeschwindigkeit von $45 \frac{km}{h}$. 75 Minuten später startet Fahrer 2 und fährt durchschnittlich $60 \frac{km}{h}$.

a) Stellen Sie den Sachverhalt mithilfe zweier Funktionen dar und zeichnen Sie deren Graphen.

b) Ermitteln Sie durch Rechnung die Ankunftszeiten beider Fahrer.

c) Bestimmen Sie den Zeitpunkt, an dem sich die beiden Fahrer treffen. Wie weit sind sie zu diesem Zeitpunkt vom Startpunkt entfernt?

13. Ein Tanklaster mit Diesel beliefert eine Tankstelle und wird dort vollständig leer gepumpt. Nach 8 Minuten enthält er noch $11,6\,m^3$ Diesel, nach weiteren 6 Minuten $9,2\,m^3$ Diesel.

a) Stellen Sie den Sachverhalt in einem Koordinatensystem dar und bestimmen Sie die zugehörige Funktionsgleichung.

b) Berechnen Sie, nach wie vielen Minuten der Tanklaster leer ist und wie lange das Leerpumpen dauert.

c) Bestimmen Sie das Fassungsvermögen des Tanklasters in Litern. Schätzen Sie ab, wie viele Autos damit betankt werden können.

d) Geben Sie einen sinnvollen Definitionsbereich der Funktion an, die das Fassungsvermögen beschreibt.

14. Gegeben ist eine Strecke durch die untenstehende Grafik.

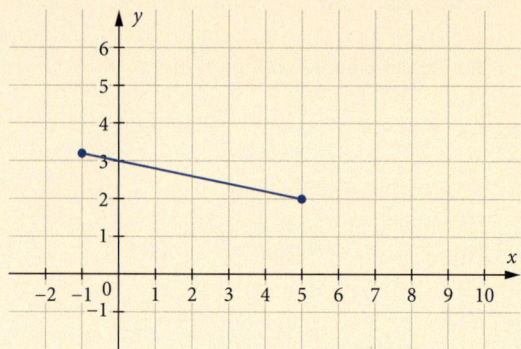

a) Bestimmen Sie die Funktion, die diese Strecke beschreibt.

b) Zeigen Sie, dass die Gerade K_g mit der Gleichung $g(x) = x - 4$ die Strecke nicht schneidet. Geben Sie eine Parallele zu K_g an, die die Strecke schneidet.

c) Bestimmen Sie die Ursprungsgerade, die orthogonal zur Strecke ist.

15. Übertragen Sie das Quadrat in Ihr Heft.

(1)	(2)	?
?	(3)	(4)
?	(5)	?

Bestimmen Sie…

(1) die Steigung der Geraden durch die Punkte $P_1(1|2)$ und $P_2(-2|-7)$.

(2) den y-Achsenabschnitt der Parallelen zu $y = x$ durch den Punkt $P(4|0)$.

(3) die Anzahl der Nullstellen der Funktion zu $y = 2$.

(4) die Steigung der Geraden mit der Gleichung $3y - 6x + 15 = 0$.

(5) t so, dass die Gerade mit der Gleichung $y = -\frac{1}{2}x + 1$ durch $A(t|-1)$ geht.

Tragen Sie die erhaltenen Ergebnisse an den gleich nummerierten Stellen in das magische Quadrat ein (z. B. Antwort zu (1) in Kästchen (1)). Ergänzen Sie die fehlenden Zahlen (?) so, dass alle Summen waagerecht, senkrecht und entlang der Diagonalen denselben Wert haben.

16. Wer tanzt aus der Reihe? Bestimmen Sie jeweils, welches Element einer Reihe nicht zu den anderen Elementen passt. Begründen Sie Ihre Entscheidung.

a) (I) $y = -3x + 1$
   (II) $y = 2x - 1$
   (III) $x - 2y - 2 = 0$
   (IV) $y = -0,5x - 1$

b) (I) $y = 2x + 1$
   (II) $2x - y = 0$
   (III) $y = 2,5x + 2$
   (IV) $y = 2x + 3$

c) (I) Die Gerade hat den Steigungswinkel 135°.
   (II) $y = x$
   (III) $y = -x$
   (IV) die zweite Winkelhalbierende

d)

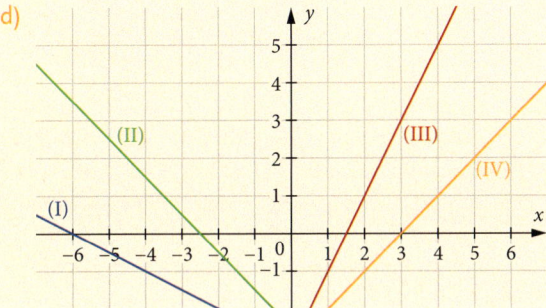

17. Maren will aus Karlsruhe in eine 55 km entfernt liegende Stadt umziehen. Damit sie alle Sachen auf einmal in die neue Wohnung bringen kann, möchte sie einen Transporter mieten. Für das Mieten eines Transporters hat sie zwei Angebote eingeholt:
Angebot 1: Festpreis 75 €.
Angebot 2: Grundpreis 35 € und pro gefahrenen Kilometer 0,35 €.
Das Auto muss am Ende des Tages nach Karlsruhe zurückgebracht werden.

a) Stellen Sie beide Angebote grafisch dar.
b) Zu welchem Angebot würden Sie Maren raten? Begründen Sie Ihren Ratschlag.

18. Gegeben sind lineare Funktionen durch eine Zeichnung des Graphen oder eine Gleichung. Füllen Sie die Lücken bzw. entscheiden Sie sich für eine der angebotenen Varianten (kursiv).

a)

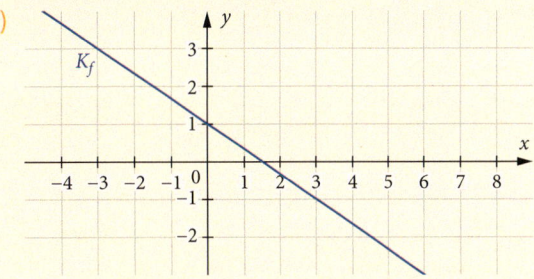

a_1) Der Graph von f hat die Steigung … und eine *positive/negative* Nullstelle.

a_2) $f(3) = \dots$

a_3) $f(x) = 3$ gilt für $x = \dots$

a_4) Für den Steigungswinkel α gilt: $\alpha \dots 90°$.

a_5) Der Punkt $P(-1|1,6)$ liegt *unterhalb/oberhalb* von K_f, weil …

a_6) Die Schnittstelle von K_f mit der Geraden, die parallel zur x-Achse durch $Q(-2|-1)$ geht, ist …

b) $g(x) = 2(x - 1) + 0,5$

b_1) Man sieht ohne jegliche Rechnung, dass K_g durch den Punkt … geht.

b_2) Der y-Achsenabschnitt ist …

b_3) Die Nullstelle ist …

b_4) Eine Orthogonale zu K_g hat die Steigung …

b_5) $f(x) < 0,5$ für $x \in \dots$

c)

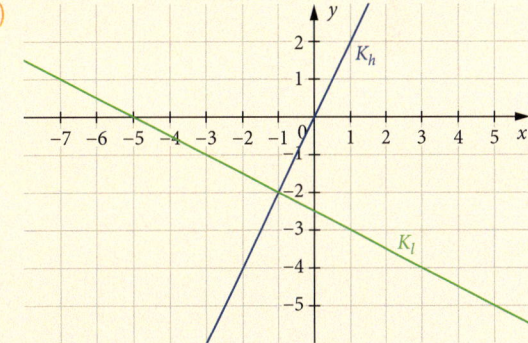

c_1) Der Schnittpunkt von K_h und K_l ist …

c_2) K_l liegt oberhalb von K_h für $x \dots$

c_3) Die Gerade mit der Gleichung $x = 3$ ist … zur y-Achse und schneidet K_l im Punkt …

c_4) $x - \frac{1}{2}y = 0$ ist *eine/keine* zulässige Gleichungsform für K_h.

c_5) Die Parallele zu K_h durch $P(1|l(1))$ schneidet die y-Achse bei …

Ich kann ...

*... eine lineare Funktion in **Hauptform** angeben sowie die Bedeutung von m und b erklären.* ▶ Test-Aufgabe 4b)	$f(x) = -\frac{1}{4}x + 2$ $m = -\frac{1}{4};\ b = 2$ $S_y(0\,\vert\,2)$ Die Gerade zu $x = 3$ hat keine Steigung, sie ist parallel zur y-Achse.	$f(x) = mx + b$ mit $m, b \in \mathbb{R}$ m: Steigung der Geraden K_f b: y-Achsenabschnitt $S_y(0\,\vert\,b)$: y-Achsenschnittpunkt Parallele zur y-Achse: $x = a$, $a \in \mathbb{R}$ (keine Funktion)
*... eine Gerade mithilfe des **y-Achsenabschnitts b** und des **Steigungsdreiecks** zeichnen bzw. die Werte für m und b aus der Zeichnung ablesen.* ▶ Test-Aufgaben 1a), 4a)	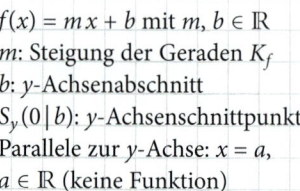	y-Achsenabschnitt b einzeichnen/ablesen; Steigungsdreieck mit $m = \frac{\Delta y}{\Delta x}$ zeichnen/ablesen
*... die **Steigung m** mithilfe zweier Punkte bestimmen.* ▶ Test-Aufgaben 3c), 5a)	$P_1(0\,\vert\,2)\ ;\ P_2(4\,\vert\,1)$ $m = \frac{1-2}{4-0} = -\frac{1}{4}$	$P_1(x_1\,\vert\,y_1);\ P_2(x_2\,\vert\,y_2)$ $m = \frac{y_2 - y_1}{x_2 - x_1} = \frac{\Delta y}{\Delta x}$
*... eine **Funktionsgleichung** mithilfe der Steigung m und eines Punkts $P(x_p\,\vert\,y_p)$ bestimmen.* ▶ Test-Aufgabe 5b)	$m = 2;\ P(-1\,\vert\,-3)$ $-3 = 2 \cdot (-1) + b \ \Rightarrow\ b = -1$ $y = 2x - 1$ Hauptform Oder: $y = 2(x - (-1)) - 3$ $\qquad = 2(x + 1) - 3 \quad$ PSF	m, x_P und y_P in $y = mx + b$ (**Hauptform**) einsetzen und nach b auflösen. Oder: m in $y = m(x - x_P) + y_P$ (**Punkt-Steigungsform**) einsetzen.
*... den **Schnittpunkt** zweier Geraden berechnen.* ▶ Test-Aufgaben 1b), 4d)	$f(x) = -x + 1{,}5$ und $g(x) = 2x - 4{,}5$ $f(x) = g(x)$ $-x + 1{,}5 = 2x - 4{,}5$ $\Rightarrow\ x = 2$ $f(2) = -0{,}5 \ \Rightarrow\ S(2\,\vert\,-0{,}5)$	1. $f(x) = g(x)$ setzen 2. Gleichung auflösen $\rightarrow\ x$-Wert des Schnittpunkts 3. Einsetzen des x-Werts in die Gleichung von f oder g $\rightarrow\ y$-Wert des Schnittpunkts
*... die Steigung einer **parallelen** oder **orthogonalen Geraden** bestimmen.* ▶ Test-Aufgaben 2b), 2c)	$f(x) = -\frac{1}{4}x + 2$ und $g(x) = -\frac{1}{4}x + 3$ $m_f = m_g = -\frac{1}{4}$ $f(x) = -\frac{1}{4}x + 2$ und $h(x) = 4x - 2$ $m_f = -\frac{1}{4};\ m_h = -\frac{1}{-\frac{1}{4}} = 4$	Parallele Geraden besitzen die gleiche Steigung: $m_f = m_g$. Bei orthogonalen Geraden gilt: $m_f \cdot m_g = -1$
*... die Größe des **Steigungswinkels** α einer Geraden bestimmen.* ▶ Test-Aufgaben 3d), 7	$m = -\frac{1}{4} \quad -\frac{1}{4} = \tan(\alpha_{neg})$ $\alpha_{neg.} \approx -14°$ $\alpha = 180° - 14° = 166°$	$m = \tan(\alpha)$ nach α auflösen $\alpha = 180° - \alpha_{neg}$, falls der Wert negativ ist.
*... den **Abstand** zwischen zwei Punkten berechnen.* ▶ Test-Aufgaben 3e), 4d)	$P(-1\,\vert\,4)$ und $Q(3\,\vert\,2)$ $d(P,Q) = \sqrt{(3 - (-1))^2 + (2 - 4)^2}$ $\qquad\quad = \sqrt{20} \approx 4{,}47$ LE	$P(x_P\,\vert\,y_P)$ und $Q(x_Q\,\vert\,y_Q)$ $d(P,Q) =$ $\sqrt{(x_Q - x_P)^2 + (y_Q - y_P)^2}$
*... eine **Ungleichung** lösen.* ▶ Test-Aufgabe 4c)	$-x + 2 < 2x - 1$ $-3x < -3 \qquad \vert : (-3)$ $x > 1$ $L = \,]1;\, +\infty[$	Grafisch: $f(x) < g(x)$ gilt, wenn K_f **unterhalb** von K_g liegt Rechnerisch: beim Multiplizieren/Dividieren mit einer negativen Zahl muss das Ungleichzeichen umgedreht werden

Test zu 1.2

1. Gegeben sind die beiden linearen Funktionen f mit $f(x) = -1{,}25\,x + 3$ und g mit $g(x) = 0{,}75\,x - 1$ mit $x \in \mathbb{R}$.

a) Zeichnen Sie die Graphen der beiden Funktionen f und g in ein Koordinatensystem.

b) Berechnen Sie die Koordinaten des Schnittpunkts der beiden Geraden K_f und K_g.

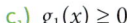 **2.** Gegeben ist die Gerade K_f mit der Gleichung $f(x) = -\frac{1}{2}x + 2$.

a) Überprüfen Sie rechnerisch, ob der Punkt $R(4\,|\,0)$ auf der Geraden liegt.

b) Geben Sie die Gleichung einer Geraden K_g an, die parallel zu K_f durch den Ursprung verläuft.

c) Geben Sie die Gleichung einer Geraden K_h an, die senkrecht zu K_f verläuft und die dieselbe Nullstelle wie K_f hat.

d) Geben Sie die Koordinaten eines Punkts an, der *nicht* auf K_f liegt.

3. Gegeben sind die Punkte $A(-1\,|\,3)$, $B(4\,|\,1)$ und $D(0\,|\,5{,}5)$ sowie die eingezeichneten Strecken.

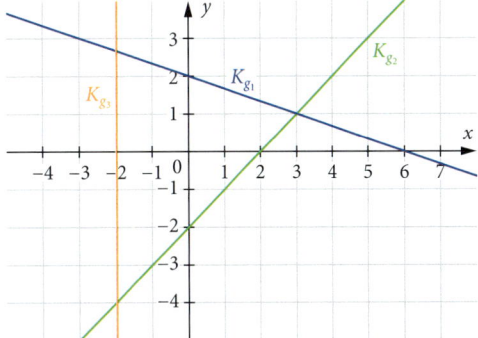

a) Bestimmen Sie den Punkt C so, dass die Punkte A, B, C und D ein Rechteck bilden.

b) Der Punkt A liegt auf der Geraden K_{f_1} mit $f_1(x) = -\frac{2}{5}(x - 4) + 1$. Begründen Sie mithilfe der Gleichung, dass auch B auf K_{f_1} liegt.

c) Bestimmen Sie die Gleichung der Geraden K_{f_2}, die durch A und D geht. Geben Sie den Definitionsbereich der zugehörigen Funktion zur Beschreibung der Strecke $\overline{AD}$ an.

d) Der Steigungswinkel α der Geraden durch B und D beträgt $131{,}6°$.
Berechnen Sie die Größe des Winkels β, der von den Strecken $\overline{AB}$ und $\overline{BD}$ eingeschlossen wird.

e) Berechnen Sie den Flächeninhalt des Rechtecks $ABCD$.

4. Gegeben sind drei Geraden durch die nebenstehende Grafik.

a) Bestimmen Sie die Gleichungen der Geraden.

b) Geben Sie zu K_{g_1} den y-Achsenabschnitt an. Nennen Sie die Nullstelle von g_1.

c) Lösen Sie die folgenden Ungleichungen grafisch und rechnerisch.

  c₁) $g_1(x) \geq 0$
  c₂) $g_2(x) \leq 3$
  c₃) $g_1(x) > g_2(x)$

d) Berechnen Sie den Flächeninhalt des Dreiecks, das durch die drei Geraden begrenzt wird.

5. Philippo steigt aus dem Bus aus und geht mit konstanter Geschwindigkeit in Richtung Elbphilharmonie. Nach 3 Sekunden ist Philippo 9 Meter und nach 8 Sekunden 14 Meter von der Bushaltestelle entfernt.

a) Bestimmen Sie die Geschwindigkeit, mit der Phillippo sich bewegt.

b) Ermitteln Sie zeichnerisch und rechnerisch Philippos Entfernung von der Bushaltestelle nach 5 Sekunden.

6. Für eine lineare Funktion f gilt: $f(2016) - f(2006) = 20$. Geben Sie mit kurzer Begründung an, welchen Wert $f(2016) - f(1991)$ annimmt.

7. Gegeben sind die Punkte $A(1\,|\,2{,}5)$ und $B_a(2\,|\,a)$. Bestimmen Sie a so, dass die Gerade durch A und B_a einen Steigungswinkel von $60°$ hat.

2 Funktionen und zugehörige Gleichungen

2.1 Potenzfunktionen

1 Bremsweg

Der Bremsweg ist die Strecke, die ein Fahrzeug vom Beginn der Bremsung bis zum Stillstand des Fahrzeugs zurücklegt. Entscheidend für die Länge des Bremsweges ist die gefahrene Geschwindigkeit und die Bremsverzögerung. In der Fahrschule lernt man für den Bremsweg eines Autos folgende Faustregel:

„Quadrieren Sie die Geschwindigkeit und teilen Sie das Ergebnis durch 100."

Als Formel ausgedrückt:

$$\text{Bremsweg (in m)} = \left(\text{Geschwindigkeit}\left(\text{in } \tfrac{km}{h}\right)\right)^2 \cdot \tfrac{1}{100}$$

a) Berechnen Sie für fünf unterschiedliche Geschwindigkeiten die zugehörigen Bremswege.

b) Stellen Sie den Sachverhalt grafisch dar. Wählen Sie eine geeignete Skalierung für die Koordinatenachsen.

c) Nach einem Unfall wird festgestellt, dass der Bremsweg 110 m betrug. Ermitteln Sie die Geschwindigkeit, mit der der Fahrer unterwegs gewesen ist.

2 Verpackung

Keine Kleinstpackungen mehr – der Umwelt zuliebe!

Verpackungen kosten häufig mehr als der Inhalt!

Ein Liter Eistee kostet in der Herstellung 9 Cent. Das Verpackungsmaterial kostet 1 € pro m². Bei welchen Maßen kosten Inhalt und Material gleich viel? Einzige Bedingungen sind:
- Der Boden des Tetrapaks muss quadratisch sein.
- Als Höhe soll das Vierfache der Grundkante genommen werden.

a) Geben Sie die Funktionsgleichung einer Funktion V an, die das Volumen des Tetrapaks in Abhängigkeit von der Grundkante x angibt. Berechnen Sie das Volumen für 4 cm und 7 cm Kantenlänge.

b) Geben Sie die Funktionsgleichung einer Funktion O an, die die Oberfläche des Tetrapaks in Abhängigkeit von der Grundkante x angibt (ohne Falz- und Klebeflächen). Berechnen Sie damit den Materialbedarf für 4 cm und 7 cm Kantenlänge.

c) Geben Sie jeweils eine Funktionsgleichung an, mit der sich die Materialkosten sowie die Kosten für den Inhalt für beliebige Grundkantenlängen berechnen lassen. Berechnen Sie die Materialkosten sowie die Kosten für den Inhalt für 4 cm und 7 cm Kantenlänge.

d) Zeichnen Sie die Graphen der Funktionen aus Aufgabenteil c) in ein Koordinatensystem. Lesen Sie anhand der Graphen ab, bei welcher Kantenlänge Material und Inhalt gleich viel kosten.
Prüfen Sie Ihr Ergebnis auch rechnerisch.

3 Springbrunnen

Schon in der Antike gab es als Zeichen von Luxus und Macht Springbrunnen, meist aus Skulpturen mit vereinzelten Wasserausläufen. Nebenbei konnte so kostbares Trinkwasser erhalten und genutzt werden.

Auch heutzutage sind große Springbrunnen oft touristische Anziehungspunkte, z. B. beim World War II Memorial in Washington D. C.

Der Verlauf der Wasserstrahlen im nebenstehenden Bild lässt sich auch als Graph einer Funktion mit der Funktionsgleichung $f(x) = -4 \cdot (x - 0{,}5)^2 + 1{,}2$ beschreiben.

a) Zeichnen Sie mithilfe einer Wertetabelle den Graphen in ein Koordinatensystem.
b) Finden Sie heraus, wie Graph und Funktionsterm zusammenhängen.
c) Zeigen Sie an der Funktionsgleichung und dem Graphen: Höhe und Breite einer Fontäne können leicht variiert werden.

4 Betriebsausflug

Auf einer Betriebsversammlung der Fly Bike Werke GmbH im Herbst hatte der Betriebsratsvorsitzende, Herr Holter, den Ausflug für die nächsten Betriebsferien im Winter vorgestellt. Es sollte eine einwöchige Fahrt in die Skifreizeit der Allgäuer Alpen organisiert werden.

Bei der Planung holte Herr Holter mehrere Angebote von verschiedenen Busunternehmen ein.

Das ausgewählte Busunternehmen veranschlagte einen Fahrpreis von insgesamt 2400 € für einen Bus mit 60 Sitzplätzen.

Herr Holter ging anfangs auch von 60 Teilnehmenden aus, sodass sich ein Fahrpreis von 40 € pro Person ergab. Durch eine starke Grippewelle, die jetzt eine Woche vor der Fahrt im Betrieb umgeht, reduziert sich die Anzahl auf 50 Personen. Der Fahrpreis pro Person erhöht sich spürbar.

a) Berechnen Sie den Fahrpreis pro Person bei 50 Teilnehmenden.
b) Herr Holter möchte die Kosten in Abhängigkeit von der Teilnehmerzahl erfassen, um bei weiteren Ausfällen sofort den neuen Fahrpreis pro Person berechnen zu können. Geben Sie die Gleichung einer Funktion an, die die Kosten pro Person in Abhängigkeit der Teilnehmerzahl x beschreibt.
c) Skizzieren Sie mithilfe einer Wertetabelle den Graphen der Funktion.
d) Beträgt der Fahrpreis pro Person mehr als 80 €, findet die Fahrt nicht statt. Geben Sie an, wie viele Personen mindestens an der Fahrt teilnehmen müssen, damit diese stattfindet.

2.1   Potenzfunktionen

2.1.1   Potenzen

 Potenzen und Potenzgesetze

Jede Zahl oder Variable hoch 0 ergibt 1, z.B. $25^0 = 1$.

Eine **Potenz** a^n besagt, dass eine Zahl a mit sich selbst n-mal multipliziert wird. Das nennt man **Potenzieren**. Die Zahl a heißt **Grundzahl** oder **Basis**, die Zahl n **Hochzahl** oder **Exponent**.

$$a^n = \underbrace{a \cdot a \cdot \ldots \cdot a}_{n \text{ Faktoren}} \qquad \blacktriangleright a \in \mathbb{R}; n \in \mathbb{N}^*$$

(Exponent, Basis)

Beispiel: $5^3 = 5 \cdot 5 \cdot 5 = 125$

Für $a \neq 0$ wird definiert: $a^0 = 1$.

$$a^0 = 1 \qquad\qquad\qquad \blacktriangleright a \in \mathbb{R}^*$$

Für $a \in \mathbb{R}^*$ und $n \in \mathbb{N}^*$ wird die Potenz $a^{-n} = \frac{1}{a^n}$ definiert.

$$a^{-n} = \frac{1}{a^n} \qquad\qquad\qquad \blacktriangleright a \in \mathbb{R}^*; n \in \mathbb{N}^*$$

Beispiel: $2^{-3} = \frac{1}{2^3} = \frac{1}{8}$

Zwei Potenzen mit gleicher Basis werden multipliziert, indem man die Exponenten addiert und die gemeinsame Basis beibehält.

1) $a^r \cdot a^s = a^{r+s}$ $\qquad \blacktriangleright a \in \mathbb{R}^*; r, s \in \mathbb{Z}$
Beispiel: $3^2 \cdot 3^3 = 3^{2+3} = 3^5 = 243$, denn
$\qquad 3^2 \cdot 3^3 = (3 \cdot 3) \cdot (3 \cdot 3 \cdot 3) = 3^5$

Zwei Potenzen mit gleicher Basis werden dividiert, indem man die Exponenten subtrahiert und die gemeinsame Basis beibehält.

2) $a^r : a^s = a^{r-s}$ $\qquad \blacktriangleright a \in \mathbb{R}^*; r, s \in \mathbb{Z}$
Beispiel: $4^5 : 4^2 = 4^{5-2} = 4^3 = 64$, denn
$\qquad 4^5 : 4^2 = \frac{4^5}{4^2} = \frac{4 \cdot 4 \cdot 4 \cdot \cancel{4} \cdot \cancel{4}}{\cancel{4} \cdot \cancel{4}} = 4 \cdot 4 \cdot 4 = 4^3$

Zwei Potenzen mit gleichen Exponenten werden multipliziert, indem man die Basen multipliziert und den gemeinsamen Exponenten beibehält.

3) $a^r \cdot b^r = (a \cdot b)^r$ $\qquad \blacktriangleright a, b \in \mathbb{R}^*; r \in \mathbb{Z}$
Beispiel: $2^3 \cdot 3^3 = (2 \cdot 3)^3 = 6^3 = 216$, denn
$\qquad 2^3 \cdot 3^3 = (2 \cdot 2 \cdot 2) \cdot (3 \cdot 3 \cdot 3)$
$\qquad\qquad = (2 \cdot 3) \cdot (2 \cdot 3) \cdot (2 \cdot 3) = (2 \cdot 3)^3$

Zwei Potenzen mit gleichen Exponenten werden dividiert, indem man die Basen dividiert und den gemeinsamen Exponenten beibehält.

4) $a^r : b^r = (a : b)^r$ $\qquad \blacktriangleright a, b \in \mathbb{R}^*; r \in \mathbb{Z}$
Beispiel: $8^3 : 2^3 = (8 : 2)^3 = 4^3 = 64$, denn
$\qquad 8^3 : 2^3 = \frac{8^3}{2^3} = \frac{8 \cdot 8 \cdot 8}{2 \cdot 2 \cdot 2} = \frac{8}{2} \cdot \frac{8}{2} \cdot \frac{8}{2} = \left(\frac{8}{2}\right)^3 = (8 : 2)^3$

Eine Potenz wird potenziert, indem man die Exponenten multipliziert und die Basis beibehält.

5) $(a^r)^s = a^{r \cdot s}$ $\qquad \blacktriangleright a \in \mathbb{R}^*; r, s \in \mathbb{Z}$
Beispiel: $(4^2)^3 = 4^{2 \cdot 3} = 4^6 = 4096$
$\qquad (4^2)^3 = 4^2 \cdot 4^2 \cdot 4^2$
$\qquad\qquad = (4 \cdot 4) \cdot (4 \cdot 4) \cdot (4 \cdot 4) = 4^{2 \cdot 3} = 4^6$

Potenzen können nur dann addiert und subtrahiert werden, wenn sie in der Basis *und* im Exponenten übereinstimmen.

$5x^2 - 2x^2 = 3x^2$
$3a^5 + b^5 = 3a^5 + b^5$
$a^n + b^m = a^n + b^m$

Potenz:

$$a^n = \underbrace{a \cdot a \cdot \ldots \cdot a}_{n \text{ Faktoren}}$$

(Exponent, Basis)

$a^0 = 1$

$a^{-n} = \frac{1}{a^n}$

Potenzgesetze:
1) $a^r \cdot a^s = a^{r+s}$
2) $a^r : a^s = a^{r-s}$
3) $a^r \cdot b^r = (a \cdot b)^r$
4) $a^r : b^r = (a : b)^r$
5) $(a^r)^s = a^{r \cdot s}$

Zeigen Sie anhand der Beispiele, dass $a^0 = 1$ bzw. $a^{-n} = \frac{1}{a^n}$ gelten muss, indem Sie das 2. Potenzgesetz auf $\frac{4^5}{4^5}$ bzw. $\frac{5^3}{5^7}$ anwenden.

Wurzeln und Wurzelgesetze

Für $a \in \mathbb{R}_+$ und $n \in \mathbb{N}^*$ ist die Potenz $a^{\frac{1}{n}}$ als $\sqrt[n]{a}$ (n-te **Wurzel** aus a) definiert, wobei $\sqrt[1]{a} = a$ gesetzt wird. Die Zahl a heißt **Radikand**, die Zahl n **Wurzelexponent**.

Das Wurzelziehen, auch **Radizieren** genannt, ist die Umkehrung des Potenzierens.
Radizieren und Potenzieren heben sich also auf.

Die Potenzgesetze gelten auch für rationale Exponenten, sodass man daraus Wurzelgesetze ableiten kann:

Zwei Wurzelterme mit gleichen Wurzelexponenten werden multipliziert, indem man die Radikanden multipliziert und das Produkt radiziert.
Das Anwenden dieser Regel „von rechts nach links" wird **teilweise** oder **partielles Radizieren** genannt.

Zwei Wurzelterme mit gleichen Wurzelexponenten werden dividiert, indem man die Radikanden dividiert und den Quotienten radiziert.

Ein Wurzelterm wird potenziert, indem man den Radikanden potenziert und die Potenz dann radiziert.

Eine Wurzel wird radiziert, indem man die Wurzelexponenten multipliziert und mit diesem Produkt als Wurzelexponenten die Wurzel aus dem Radikanden des inneren Wurzelzeichens zieht.

Man kann den Wurzelexponenten und den Exponenten des Radikanden mit derselben natürlichen Zahl multiplizieren, ohne dass sich der Wert des Wurzelterms ändert.

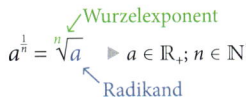

Wurzelexponent
$$a^{\frac{1}{n}} = \sqrt[n]{a} \qquad \blacktriangleright a \in \mathbb{R}_+; n \in \mathbb{N}^*$$
Radikand

Beispiel: $8^{\frac{1}{3}} = \sqrt[3]{8} = 2$

Potenzieren
2^3
$2 \qquad \qquad 8$
$\sqrt[3]{8}$
Radizieren

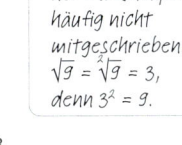

Bei der 2. Wurzel (Quadratwurzel) wird der Wurzelexponent häufig nicht mitgeschrieben:
$\sqrt{9} = \sqrt[2]{9} = 3$,
denn $3^2 = 9$.

$$\left(\sqrt[n]{a}\right)^n = a = \sqrt[n]{a^n}$$

$$\sqrt[n]{a} \cdot \sqrt[n]{b} = a^{\frac{1}{n}} \cdot b^{\frac{1}{n}} = (a \cdot b)^{\frac{1}{n}} = \sqrt[n]{a \cdot b}$$

1) $\sqrt[n]{a} \cdot \sqrt[n]{b} = \sqrt[n]{a \cdot b}$ $\qquad \blacktriangleright a, b \in \mathbb{R}_+; n \in \mathbb{N}^*$
Beispiel: $\sqrt[3]{9} \cdot \sqrt[3]{3} = \sqrt[3]{9 \cdot 3} = \sqrt[3]{27} = 3$

Beispiel: $\sqrt{32} = \sqrt{16 \cdot 2} = \sqrt{16} \cdot \sqrt{2} = 4\sqrt{2}$

2) $\sqrt[n]{a} : \sqrt[n]{b} = \sqrt[n]{a : b}$ $\qquad \blacktriangleright a \in \mathbb{R}_+; b \in \mathbb{R}_+^*; n \in \mathbb{N}^*$
Beispiel: $\sqrt[3]{81} : \sqrt[3]{3} = \sqrt[3]{81 : 3} = \sqrt[3]{27} = 3$

3) $\left(\sqrt[n]{a}\right)^m = \sqrt[n]{a^m}$ $\qquad \blacktriangleright a \in \mathbb{R}_+; n, m \in \mathbb{N}^*$
Beispiel: $\left(\sqrt[3]{3}\right)^6 = \sqrt[3]{3^6} = \sqrt[3]{729} = 9$

4) $\sqrt[m]{\sqrt[n]{a}} = \sqrt[m \cdot n]{a}$ $\qquad \blacktriangleright a \in \mathbb{R}_+; n, m \in \mathbb{N}^*$
Beispiel: $\sqrt[3]{\sqrt[2]{64}} = \sqrt[3 \cdot 2]{64} = \sqrt[6]{64} = 2$

5) $\sqrt[n \cdot k]{a^{m \cdot k}} = \sqrt[n]{a^m}$ $\qquad \blacktriangleright a \in \mathbb{R}_+; n, m, k \in \mathbb{N}^*$
Beispiel: $\sqrt[3 \cdot 5]{3^{6 \cdot 5}} = \sqrt[3]{3^6} = \sqrt[3 \cdot 1]{3^{3 \cdot 2}} = 3^2 = 9$

Wurzel:

Wurzelexponent
$$a^{\frac{1}{n}} = \sqrt[n]{a}$$
Radikand

$$a^{\frac{m}{n}} = \sqrt[n]{a^m} = \left(\sqrt[n]{a}\right)^m$$

Wurzelgesetze: 1) $\sqrt[n]{a} \cdot \sqrt[n]{b} = \sqrt[n]{a \cdot b}$
2) $\sqrt[n]{a} : \sqrt[n]{b} = \sqrt[n]{a : b}$
3) $\left(\sqrt[n]{a}\right)^m = \sqrt[n]{a^m}$
4) $\sqrt[m]{\sqrt[n]{a}} = \sqrt[m \cdot n]{a}$
5) $\sqrt[n \cdot k]{a^{m \cdot k}} = \sqrt[n]{a^m}$

---

 1. Begründen Sie die Gleichheit sowohl mithilfe der Potenzgesetze als auch der Wurzelgesetze.

a) $\sqrt[3]{10} \cdot \sqrt[3]{4} = \sqrt[3]{40}$ \qquad b) $\sqrt[3]{24} : \sqrt[3]{3} = \sqrt[3]{8}$ \qquad c) $\sqrt[4]{\sqrt{5}} = \sqrt[8]{5}$

 2. Es gilt: $a^{\frac{1}{n}} = \sqrt[n]{a}$. Begründen Sie, dass $a^{\frac{m}{n}} = \sqrt[n]{a^m} = \left(\sqrt[n]{a}\right)^m$ gilt.

Übungen zu 2.1.1

1. Schreiben Sie als Potenz.
a) $5 \cdot 5 \cdot 5$
b) $(-2) \cdot (-2) \cdot (-2) \cdot (-2)$
c) Der Faktor a wird x-mal mit sich selbst multipliziert.

2. Berechnen Sie die Potenzen.
a) 4^3
c) $(-5)^3$
e) 2^{-2}
g) $\left(\frac{1}{10}\right)^{-3}$
b) $\left(-\frac{3}{8}\right)^2$
d) $0{,}1^3$
f) $(-4)^{-2}$
h) $0{,}2^{-3}$

3. Für betragsmäßig besonders große oder kleine Zahlen wird häufig die **Exponentialdarstellung** mit Zehnerpotenzen verwendet. Dabei darf vor dem Komma nur eine Ziffer stehen.

Die wissenschaftliche Darstellung bietet einen schnellen Überblick über die Größenordnung von Zahlen.

Beispiele:
$6\,140\,000 = 6{,}14 \cdot 1\,000\,000 = 6{,}14 \cdot 10^6$
$96\,528{,}47 = 9{,}652\,847 \cdot 10\,000 = 9{,}652\,847 \cdot 10^4$
$0{,}005 = 5 \cdot 0{,}001 = 5 \cdot \frac{1}{1000} = 5 \cdot \frac{1}{10^3} = 5 \cdot 10^{-3}$
$0{,}000\,004\,78 = 4{,}78 \cdot 0{,}000\,001 = 4{,}78 \cdot \frac{1}{1\,000\,000}$
$= 4{,}78 \cdot \frac{1}{10^6} = 4{,}78 \cdot 10^{-6}$

Schreiben Sie die Zahlen in Exponentialdarstellung.
a) $20\,000$
c) $0{,}0005$
e) $0{,}000\,09$
b) $134\,480{,}8$
d) $387\,000\,000$
f) $-0{,}000\,064$

4. Schreiben Sie die Zahlen ohne Zehnerpotenz.
a) $5 \cdot 10^3$
c) $4 \cdot 10^{-2}$
e) $9{,}1 \cdot 10^{-3}$
b) $1{,}684 \cdot 10^5$
d) $21{,}09 \cdot 10^6$
f) $3{,}333 \cdot 10^{-4}$

5. Vereinfachen Sie die Terme soweit wie möglich. Geben Sie die Ergebnisse ohne negative Exponenten an.
a) $a^4 \cdot a^3$
e) $a^{\frac{1}{2}} \cdot a^{\frac{1}{2}}$
i) $a^4 - 2a^4$
b) $x^{-2} \cdot x^7$
f) $a^2 \cdot b^{-2}$
j) $2x^3 - 2x^2$
c) $5^a \cdot 5^b$
g) $\frac{4^x}{4^y}$
k) $(a^3)^7$
d) $0{,}2^z \cdot 9^z$
h) $\frac{a^6}{b^6}$
l) $(2^a)^{-1}$

6. Vereinfachen Sie.
a) $3x^4 + y^2 - 2x^4 + 5y^2$
d) $2ab^3 \cdot ab^5 + a^2b^8$
b) $ab^2 + a \cdot \frac{ab^3}{ab}$
e) $\frac{42xz^5}{7z^3} - xz^2$
c) $\frac{1}{x^2}(x^2y \cdot y - y^2x \cdot x)$
f) $x^2y^3 - y^3x^2 + \frac{x^4}{x^3} \cdot xy - xy$

7. Fassen Sie die Terme soweit wie möglich zusammen. Geben Sie die Ergebnisse ohne negative Exponenten an.
a) $2^2 + a^2$
j) $(5a)^2$
b) $a^2 + b^2$
k) $5a^{-2}$
c) $a + a^2$
l) $a^4 \cdot 3a^n$
d) $a^2 + a^{-2}$
m) $2^3 : 2^2$
e) $3a^2 \cdot 4a^5$
n) $5^7 : 5^4$
f) $(a+b)^2 - (a-b)^2$
o) $a^6 : a^2$
g) $3a^2 \cdot 4a^{-5}$
p) $a^2 : a^6$
h) $-3a^2 \cdot 4a^{-5}$
q) $(a \cdot b)^3 : a^2$
i) $3a^{-2} \cdot 4a^{-5}$
r) $a^2 : (a \cdot b)^3$

8. Berechnen Sie die Wurzel.
a) $\sqrt{81}$
b) $\sqrt[3]{27}$
c) $\sqrt{2^4}$

9. Schreiben Sie die Potenzen als Wurzeln.
a) $6^{\frac{1}{2}}$
d) $a^{\frac{4}{5}}$
g) $a^{-\frac{3}{2}}$
b) $7^{\frac{1}{3}}$
e) $5^{-\frac{1}{2}}$
h) $(a^3)^{\frac{1}{3}}$
c) $\left(\frac{7}{8}\right)^{\frac{2}{3}}$
f) $2^{-\frac{1}{3}}$
i) $(4^x)^{\frac{2}{y}}$

10. Schreiben Sie die Wurzeln als Potenzen.
a) $\sqrt{10}$
c) $\sqrt[5]{a^2}$
e) $\sqrt[4]{13^{-2}}$
g) $-\sqrt[10]{7^{\frac{1}{2}}}$
b) $\sqrt[3]{4}$
d) $\sqrt[6]{5^3}$
f) $\frac{1}{\sqrt[3]{9}}$
h) $\sqrt{(a \cdot b)^3}$

11. Berechnen Sie die folgenden Wurzelterme.
a) $\sqrt{2} \cdot \sqrt{2}$
g) $\sqrt{72} - 3\sqrt{2}$
b) $\sqrt{6} \cdot \sqrt{54}$
h) $2\sqrt{9a} + 3\sqrt{a}$
c) $3\sqrt{5} \cdot 2\sqrt{0{,}2}$
i) $\sqrt{49a} - 2\sqrt{16a}$
d) $\sqrt[3]{8} \cdot \sqrt[4]{16}$
j) $\sqrt{9a^2b} \cdot \sqrt{4a^2b}$
e) $\sqrt[3]{9} \cdot \sqrt[3]{3}$
k) $\sqrt{\sqrt{81a}}$
f) $5\sqrt{2{,}45} \cdot 6\sqrt{5}$
l) $\sqrt[3]{\sqrt[8]{27b}}$

12. Wandeln Sie die Terme in Aufgabe 11 in Potenzen um und wenden Sie die Potenzgesetze an. Vergleichen Sie Ihr Ergebnis mit dem Ergebnis aus Aufgabe 11.

13. Vereinfachen Sie die Terme. Ziehen Sie, wenn möglich, partiell die Wurzel.
a) $\sqrt{48}$
c) $\sqrt{25a}$
e) $\frac{\sqrt[3]{2a} \cdot \sqrt[3]{32b}}{2\sqrt[3]{a}}$
b) $\sqrt[3]{54}$
d) $\frac{\sqrt{16a}}{4} \cdot \frac{a}{\sqrt{a}}$
f) $\frac{\sqrt[4]{81}}{3\sqrt[3]{a^2}} : \frac{\sqrt[3]{a^3}}{3}$

2.1.2 Gleichungen und Graphen von Potenzfunktionen

Potenzfunktionen mit positiven ganzzahligen Exponenten

Volumen eines Würfels

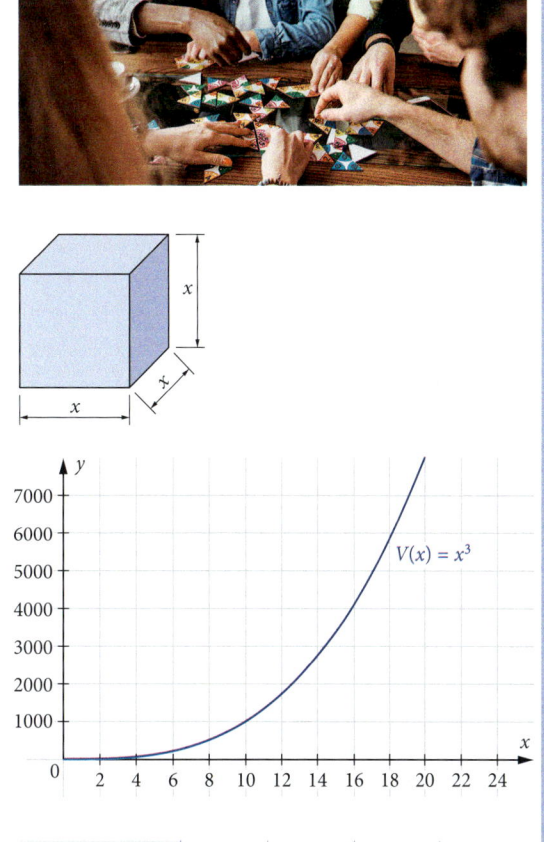

Die Firma „Magic Games" plant für ein neues Spiel eine Verpackung in Würfelform. Die Verpackung darf aus Normgründen das Volumen von $8000\,cm^3$ nicht überschreiten.

Berechnen Sie die Maße der würfelförmigen Verpackung.

Da bei einem Würfel Länge, Breite und Höhe gleich lang sind, können wir das Volumen eines Würfels mit folgender Formel berechnen:

$V(x) = x \cdot x \cdot x = x^3$

Da das Volumen der Schachtel maximal $8000\,cm^3$ groß sein darf, folgt:

$$V(x) = 8000 = x^3$$
$$\sqrt[3]{8000} = x$$
$$20 = x$$

Die Verpackung sollte also eine Kantenlänge von maximal 20 cm besitzen.

Den Graphen und die Wertetabelle der Funktion V mit $V(x) = x^3$ können wir rechts sehen.

Die Kantenlänge und somit die Länge, Breite und Höhe des Würfels müssen positive Zahlen sein. Daraus ergibt sich für die Volumenfunktion V der Definitionsbereich $D_V = \,]0; 20]$.

x in cm	1	10	16	19
$V(x)$ in cm³	1	1000	4096	6859

Die Funktion V mit $V(x) = x^3$ ist ein Beispiel für eine **Potenzfunktion**. Allgemein ist eine Potenzfunktion eine Funktion f mit einer Gleichung vom Typ $f(x) = x^n$ mit $n \in \mathbb{N}$. Dabei gibt der Exponent n den **Grad** der Funktion an.

- Eine Funktion f der Form $f(x) = x^n$ mit $n \in \mathbb{N}$ heißt **Potenzfunktion n-ten Grades**.
- Der maximale Definitionsbereich ist $D_f = \mathbb{R}$.
- Der zu f zugehörige Graph heißt **Parabel n-ter Ordnung**.

 Geben Sie den Grad der Funktion f an. Skizzieren Sie anschließend den Funktionsgraphen in ein Koordinatensystem. Nutzen Sie dafür eine Wertetabelle mit den x-Werten $-2; -1; -0,5; 0; 0,5; 1; 2$.

a) $f(x) = x^3$ 　　b) $f(x) = x^4$ 　　c) $f(x) = x^5$ 　　d) $f(x) = x^6$

4   ⬡ Verlauf und Symmetrie bei geraden und ungeraden positiven Exponenten

Zeichnen und beschreiben Sie die Graphen der Funktionen f_1, f_2, f_3 sowie g_1, g_2, g_3.
$$f_1(x) = x^3, \quad f_2(x) = x^5, \quad f_3 = x^7, \quad g_1(x) = x^2, \quad g_2(x) = x^4, \quad g_3(x) = x^6$$

Wir unterscheiden zwischen Funktionen mit geradem Grad und Funktionen mit ungeradem Grad:

Ungerader Exponent

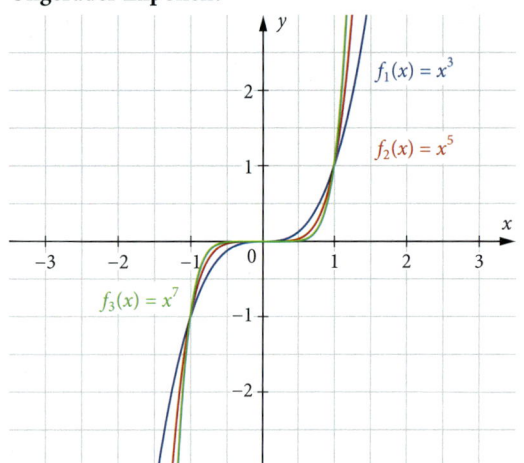

Gerader Exponent

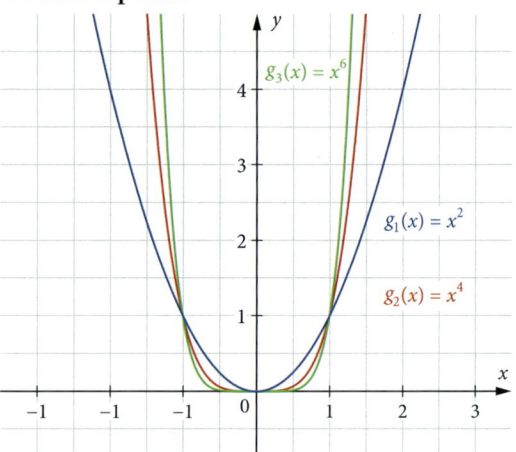

- Die Graphen liegen ausschließlich im I. und im III. Quadranten. Sie kommen aus dem negativ Unendlichen und gehen ins positiv Unendliche.
- Die Graphen gehen durch die Punkte $(-1|-1)$, $(0|0)$ und $(1|1)$.
- $x = 0$ ist die einzige Nullstelle.
- $D_f = \mathbb{R}$ und $W_f = \mathbb{R}$
- Je größer n ist, desto steiler verläuft der Graph für $|x| > 1$ und desto flacher für $-1 < x < 1$.

- Die Graphen sind **punktsymmetrisch** zum Koordinatenursprung. Das bedeutet, dass die Graphen bei Drehung um 180° um den Koordinatenursprung wieder auf sich selbst übergehen.

Für alle $x \in D_f$ gilt dann $f(-x) = -f(x)$,
z. B. $f_1(-x) = (-x)^3 = -x^3 = -f_1(x)$

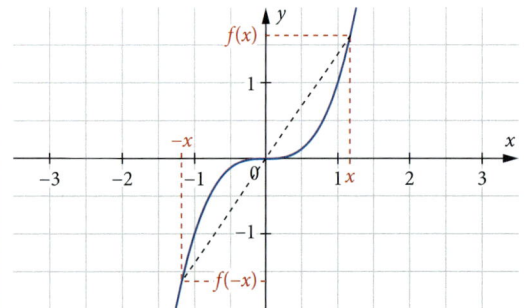

- Die Graphen liegen ausschließlich im I. und im II. Quadranten. Sie kommen aus dem positiv Unendlichen und gehen ins positiv Unendliche.
- Die Graphen gehen durch die Punkte $(-1|1)$, $(0|0)$ und $(1|1)$.
- $x = 0$ ist die einzige Nullstelle.
- $D_g = \mathbb{R}$ und $W_g = \mathbb{R}_+$
- Je größer n ist, desto steiler verläuft der Graph für $|x| > 1$ und desto flacher für $-1 < x < 1$.
- Die Graphen haben im Punkt $(0|0)$ ihren tiefsten Punkt.
- Die Graphen sind **achsensymmetrisch** zur y-Achse. Das bedeutet, dass die Graphen bei Spiegelung an der y-Achse auf sich selbst übergehen.

Für alle $x \in D_g$ gilt dann $g(-x) = g(x)$,
z. B. $g_1(-x) = (-x)^2 = x^2 = g_1(x)$

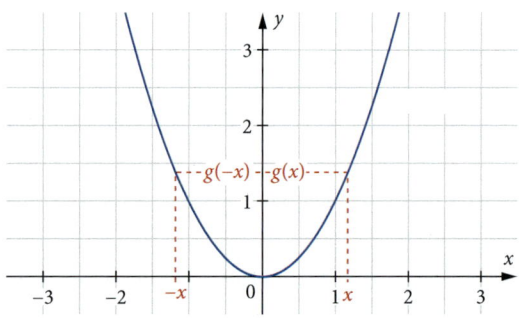

Funktionen, für die gilt $f(-x) = -f(x)$ für alle $x \in D_f$, heißen **ungerade Funktionen**.
Graphen ungerader Funktionen sind **punktsymmetrisch zum Koordinatenursprung**.
Funktionen, für die gilt $f(-x) = f(x)$ für alle $x \in D_f$, heißen **gerade Funktionen**.
Graphen gerader Funktionen sind **achsensymmetrisch zur y-Achse**.

Graphen von **Potenzfunktionen mit ungeraden positiven Exponenten**
- sind punktsymmetrisch zum Koordinatenursprung,
- schneiden die x-Achse im Koordinatenursprung und
- verlaufen vom III. in den I. Quadranten.

Graphen von **Potenzfunktionen mit geraden positiven Exponenten**
- sind achsensymmetrisch zur y-Achse,
- haben eine Berührstelle mit der x-Achse im Ursprung und
- verlaufen vom II. in den I. Quadranten (oberhalb der x-Achse).

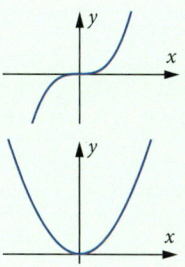

2

Sonderfall Geraden

⑤

Zeichnen Sie die Graphen zu $f(x) = 3$, $g(x) = -3$ und $h(x) = x$.

Die Funktionsterme von f und g kann man auch wie folgt schreiben:
$f(x) = x^0 + 2$ und $g(x) = x^0 - 4$, denn es gilt $x^0 = 1$ für alle $x \in \mathbb{R}$.
Die Funktionen f und g haben den Grad 0. Es handelt sich dabei um **konstante Funktionen**. Die zugehörigen Graphen sind zur x-Achse parallele Geraden.
Die Funktion h mit der Gleichung $h(x) = x$ hat den Grad 1, denn $x = x^1$. Funktionen vom Grad 1 sind **lineare Funktionen**. Die zugehörigen Graphen sind ebenfalls Geraden. Der Graph zu h ist eine steigende Gerade durch den Koordinatenursprung.

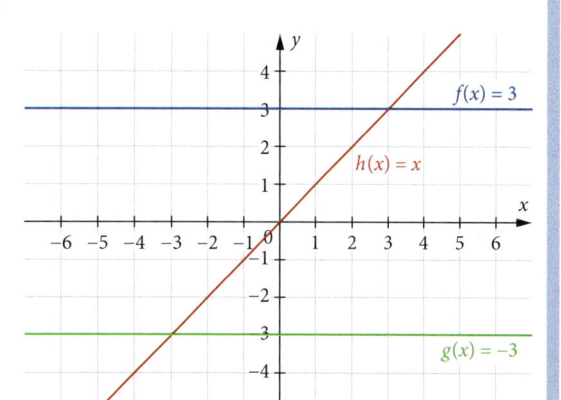

Sonderfall Normalparabel

⑥

Zeichnen Sie den Graphen zu $f(x) = x^2$ und beschreiben sie seine Eigenschaften.

Die Funktion f mit $f(x) = x^2$ ist eine Potenzfunktion 2. Grades bzw. eine **quadratische Funktion**, da 2 die höchste Potenz von x ist.
Der Graph zu $f(x) = x^2$ heißt auch **Normalparabel**. Er ist symmetrisch zur y-Achse. Der Punkt auf der Symmetrieachse ist der **Scheitelpunkt** der Parabel.

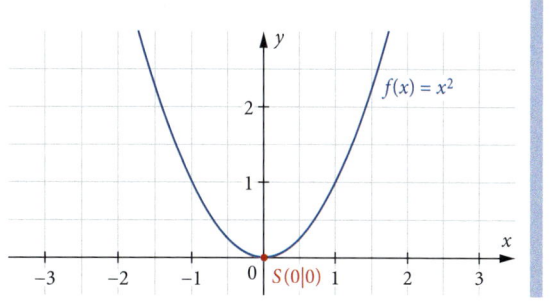

Prüfen Sie, ob die Graphen punktsymmetrisch zum Ursprung oder achsensymmetrisch zur y-Achse sind.

a) $f(x) = 2x$ b) $f(x) = 4x - 6$ c) $f(x) = x^2 + 4$ d) $f(x) = x^3 - 1$

Potenzfunktionen mit negativen ganzzahligen Exponenten

 7   Kehrwert

Untersuchen Sie die Eigenschaften des Graphen der Funktion f, die einer Zahl x ihren Kehrwert zuordnet.

Die Funktion f hat die Gleichung $f(x) = \frac{1}{x}$ bzw. $f(x) = x^{-1}$. Es handelt sich also um eine Potenzfunktion mit einem negativen Exponenten.

x	−5	−3	−1	1	3	5
y	−0,2	$-\frac{1}{3}$	−1	1	$\frac{1}{3}$	0,2

Da x im Nenner steht, darf x nicht null sein. Die Funktion f hat somit bei $x = 0$ eine **Definitionslücke**. Es gilt $D_f = \mathbb{R} \setminus \{0\}$.

Wir zeichnen den Graphen mithilfe einer Wertetabelle.
Der Graph von f verläuft im I. und III. Quadranten. Er ist punktsymmetrisch zum Koordinatenursprung. Es handelt sich um eine **Hyperbel**.

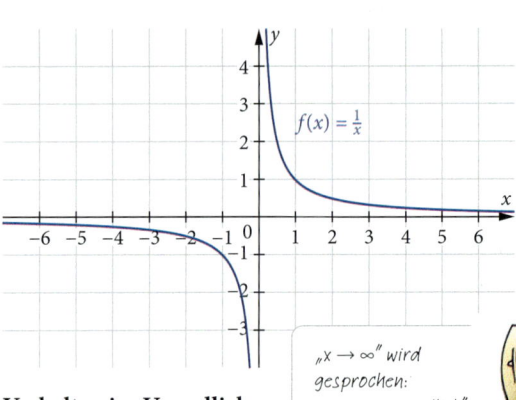

Für $x > 0$ sind die Funktionswerte positiv. Hier gilt: Je größer die x-Werte werden, desto kleiner werden die Funktionswerte. Sie nähern sich 0, nehmen aber nie den Wert 0 an.

Für $x < 0$ sind die Funktionswerte negativ. Hier gilt: Je kleiner die x-Werte werden, desto größer werden die Funktionswerte. Sie nähern sich 0, nehmen aber nie den Wert 0 an.

Für sehr kleine und sehr große x-Werte nähert sich der Graph somit der x-Achse bzw. der Geraden mit der Gleichung $y = 0$ an. Eine solche Näherungsgerade heißt **Asymptote**.

Betrachten wir das Verhalten an der Definitionslücke $x = 0$, stellen wir fest, dass sich der Graph der y-Achse annähert. Die y-Achse bzw. die Gerade mit der Gleichung $x = 0$ ist somit ebenfalls eine Asymptote.

Verhalten im Unendlichen:
Für $x \to \infty$ gilt $f(x) \to 0^+$.
▸ 0^+ bedeutet, dass sich die Funktionswerte der 0 nähern, dabei aber positiv sind. Der Graph nähert sich also der x-Achse von oben.

Für $x \to -\infty$ gilt $f(x) \to 0^-$.
▸ 0^- bedeutet, dass sich die Funktionswerte der 0 nähern, dabei aber negativ sind. Der Graph nähert sich also der x-Achse von unten.

„$x \to \infty$" wird gesprochen: „x gegen unendlich".

Die x-Achse bzw. die Gerade $y = 0$ ist waagerechte Asymptote.

Verhalten an der Definitionslücke:
Für $x \to 0$ und $x > 0$ gilt $f(x) \to \infty$.
Für $x \to 0$ und $x < 0$ gilt $f(x) \to -\infty$.
Die y-Achse bzw. die Gerade mit der Gleichung $x = 0$ ist eine senkrechte Asymptote.

 Die Graphen von Potenzfunktionen der Form $f(x) = x^n$ mit negativen ganzzahligen Exponenten (also $n \in \mathbb{Z}_-^*$) heißen **Hyperbeln**. Sie haben die x-Achse als waagerechte und die y-Achse als senkrechte **Asymptote** (Näherungskurve).

Den Graphen zu $f(x) = \frac{1}{x}$ können wir nicht in einem Zug, ohne Absetzen des Stifts zeichnen. Anschaulich gesehen ist die Funktion f somit auf ganz $\mathbb{R}$ unstetig. Da die Stetigkeit mathematisch gesehen jedoch eine Eigenschaft ist, die sich auf den Definitionsbereich der Funktion bezieht, ist f trotzdem eine stetige Funktion.
Alle Potenzfunktionen sind in ihrem Definitionsbereich stetig.

○ Verlauf und Symmetrie bei geraden und ungeraden negativen Exponenten

Zeichnen Sie die Graphen der Funktionen in ein Koordinatensystem und ermitteln Sie Gemeinsamkeiten.

$f_1(x) = x^{-1} = \frac{1}{x}$, $\quad f_2(x) = x^{-3} = \frac{1}{x^3}$, $\quad f_3(x) = x^{-5} = \frac{1}{x^5}$, $\quad g_1(x) = x^{-2} = \frac{1}{x^2}$, $\quad g_2(x) = x^{-4} = \frac{1}{x^4}$, $\quad g_3(x) = x^{-6} = \frac{1}{x^6}$

Wir unterscheiden anhand des Exponenten n zwei Arten von Hyperbeln:

Ungerader Exponent

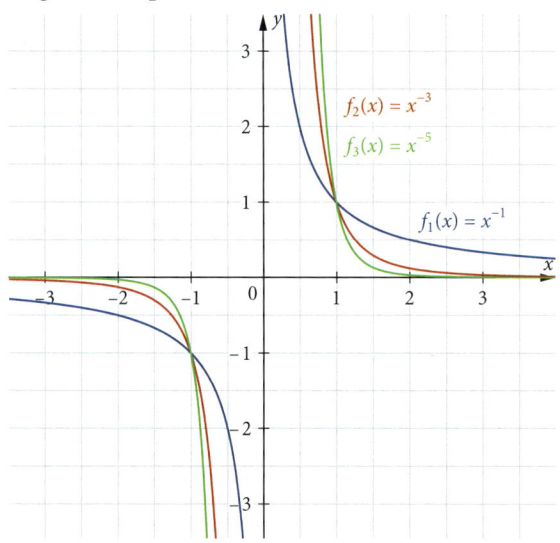

Gerader Exponent

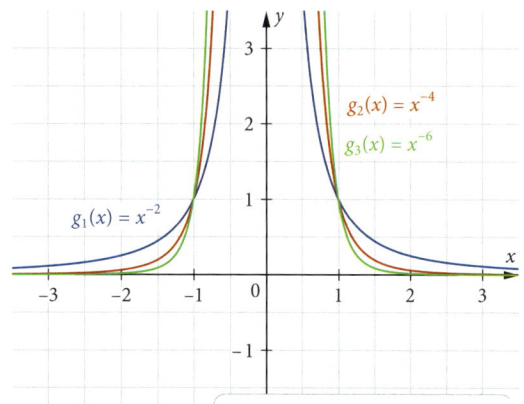

*Auch wenn es in der Zeichnung so aussicht, berühren die Graphen an **keiner** Stelle die Achsen. Sie kommen ihnen aber beliebig nah.*

- Die Graphen sind punktsymmetrisch zum Ursprung.
- Die Graphen liegen ausschließlich im I. und im III. Quadranten.
- Die Graphen gehen durch die Punkte $(-1\,|-1)$ und $(1\,|\,1)$.
- Der Definitionsbereich ist $D_f = \mathbb{R}^*$.
- Die Gerade mit der Gleichung $x = 0$ ist senkrechte Asymptote.
- Die Graphen nähern sich der waagerechten Asymptote $y = 0$ für $x > 0$ von oben und für $x < 0$ von unten an.
- Der Wertebereich ist $W_f = \mathbb{R}^*$.

- Die Graphen sind achsensymmetrisch zur y-Achse.
- Die Graphen verlaufen ausschließlich im I. und im II. Quadranten.
- Die Graphen gehen durch die Punkte $(-1\,|\,1)$ und $(1\,|\,1)$.
- Der Definitionsbereich ist $D_g = \mathbb{R}^*$.
- Die Gerade mit der Gleichung $x = 0$ ist senkrechte Asymptote.
- Die Graphen nähern sich der waagerechten Asymptote $y = 0$ nur von oben an.
- Der Wertebereich ist $W_g = \mathbb{R}_+^*$.

Graphen von **Potenzfunktionen mit ungeraden negativen Exponenten**
- sind punktsymmetrisch zum Koordinatenursprung,
- verlaufen im III. und I. Quadranten,
- nähern sich der waagerechten Asymptote $y = 0$ von oben und unten,
- haben die Gerade $x = 0$ als senkrechte Asymptote.

Graphen von **Potenzfunktionen mit geraden negativen Exponenten**
- sind achsensymmetrisch zur y-Achse,
- verlaufen im II. und I. Quadranten,
- nähern sich der waagerechten Asymptote $y = 0$ nur von oben,
- haben die Gerade $x = 0$ als senkrechte Asymptote.

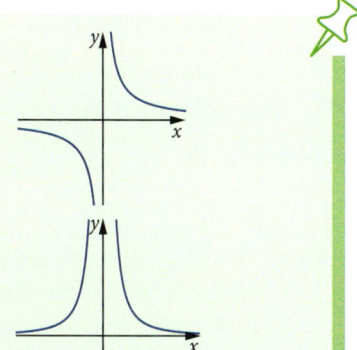

Potenzfunktionen mit positiven rationalen Exponenten

 9 Wurzelfunktion

Für verschiedene Volumen x sollen würfelförmige Verpackungen hergestellt werden. Geben Sie eine Funktionsgleichung für die Kantenlänge in Abhängigkeit des Volumens x an und zeichnen Sie den Graphen der Funktion. Dabei soll x das Volumen in dm^3 angeben.

Für das Volumen V eines Würfels mit der Kantenlänge a gilt: $V = a^3$. Für die Kantenlänge a gilt somit $a = \sqrt[3]{V}$.

Die **Wurzelfunktion** f mit $f(x) = \sqrt[3]{x}$ gibt also die Kantenlänge in Abhängigkeit des Volumens $x \geq 0$ an. Ist x in dm^3 gegeben, erhält man die Kantenlänge $f(x)$ in dm.

Eine Verpackung für $2\,dm^3$ muss beispielsweise eine Kantenlänge von ca. $1{,}26\,dm$ besitzen.

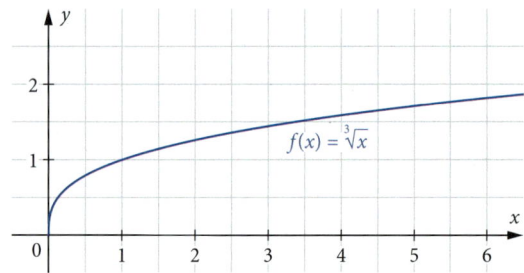

Die Gleichung $f(x) = \sqrt[3]{x}$ lässt sich auch schreiben als $f(x) = x^{\frac{1}{3}}$. Damit ist die Wurzelfunktion ein Spezialfall einer Potenzfunktion, deren Exponent ein Bruch ist. Da der Radikand – das ist der Term unter der Wurzel – nicht negativ sein darf, beschränkt sich der Definitionsbereich auf die positiven reellen Zahlen inklusive der Null.

 10 Eigenschaften von Wurzelfunktionen

Zeichnen und beschreiben Sie die Graphen der Wurzelfunktionen f_1, f_2 und f_3.

$$f_1(x) = x^{\frac{1}{2}} = \sqrt{x}, \qquad f_2(x) = x^{\frac{1}{5}} = \sqrt[5]{x}, \qquad f_3(x) = x^{\frac{1}{8}} = \sqrt[8]{x}$$

- Alle drei Graphen beginnen im Ursprung und steigen von dort an. Das heißt, sie sind nicht begrenzt und haben für immer größer werdende x-Werte auch größer werdende y-Werte.
- Einzige Nullstelle ist $x = 0$.
- Alle Graphen verlaufen durch den Punkt $P(1\,|\,1)$.
- Die Graphen sind weder symmetrisch zur y-Achse noch zum Ursprung.
- Der Definitionsbereich ist $D_f = \mathbb{R}_+$, der Wertebereich $W_f = \mathbb{R}_+$.
- Je kleiner der Exponent der Potenzfunktion ist (d. h. je größer der Wurzelexponent), desto flacher verläuft der Graph ab $P(1\,|\,1)$.

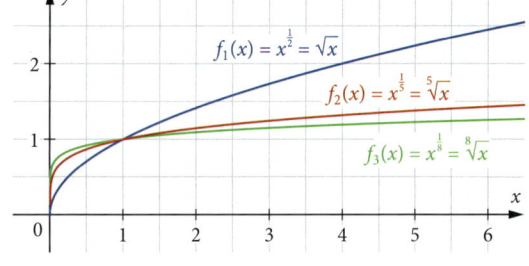

> Potenzfunktionen der Form $f(x) = x^{\frac{1}{n}}$ mit $n \in \mathbb{N} \setminus \{0;\,1\}$ sind **Wurzelfunktionen**: $f(x) = \sqrt[n]{x}$.
> Es gilt $D_f = \mathbb{R}_+$ und $W_f = \mathbb{R}_+$.

a) Überlegen Sie, wie Sie den Graphen einer „Potenzblume" zeichnen können und schreiben Sie alle von Ihnen dafür benutzten Funktionsgleichungen auf.
b) Prüfen Sie Ihre Ergebnisse aus a), indem Sie die Graphen mithilfe eines Funktionsplotters zeichnen.

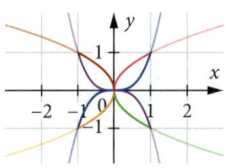

Übungen zu 2.1.2

1. Ordnen Sie den Funktionsgleichungen jeweils den passenden Graphen zu.

a) $f(x) = x^5$ e) $f(x) = x^{-2}$ i) $f(x) = x^{\frac{1}{8}}$

b) $f(x) = x^{-5}$ f) $f(x) = x^{\frac{1}{2}}$ j) $f(x) = x^9$

c) $f(x) = x^{\frac{1}{5}}$ g) $f(x) = x^8$ k) $f(x) = x^{-9}$

d) $f(x) = x^2$ h) $f(x) = x^{-8}$ l) $f(x) = x^{\frac{1}{9}}$

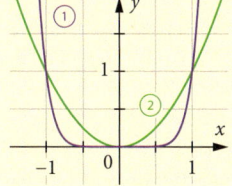
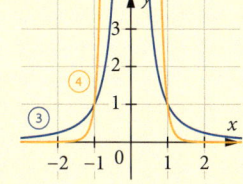
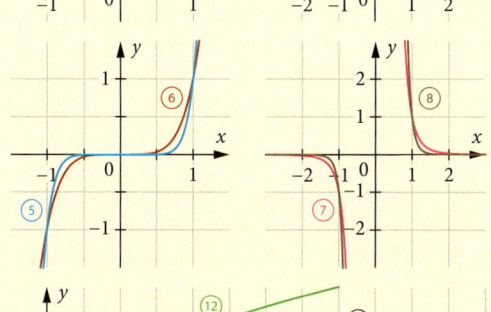
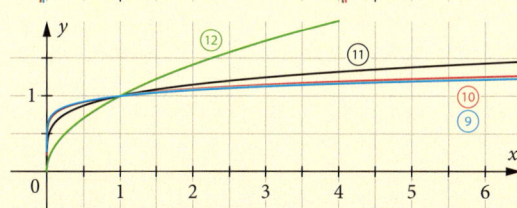

2. Gegeben ist die Funktion f mit $f(x) = x^n$; $n \in \mathbb{Z}^*$. Vervollständigen Sie die folgenden Sätze im Heft.

a) Für gerades n ist der Graph von f … zur y-Achse.

b) Der Graph hat eine Berührstelle mit der x-Achse, wenn n … ist.

c) Alle Graphen verlaufen durch den Punkt $P(\dots | \dots)$.

d) Für n … ist f eine lineare Funktion.

e) Für n … ist der Graph die Normalparabel.

3. Gegeben sind die Funktionen f und g mit den Gleichungen $f(x) = x^{-n}$ und $g(x) = x^{\frac{1}{n}}$; $n \in \mathbb{N}$. Entscheiden Sie, ob die Aussagen wahr oder falsch sind.

a) Für gerades n sind beide Graphen symmetrisch zur y-Achse.

b) Der Graph von f ist immer symmetrisch.

c) Der Graph von g verläuft nur oberhalb der x-Achse.

d) Die Funktionswerte von f sind immer positiv.

e) Der Definitionsbereich der Funktion g umfasst nur die positiven reellen Zahlen.

4. Betrachten Sie die in Aufgabe 1 gegebenen zwölf Funktionen.

a) Entscheiden Sie, ob die Graphen achsensymmetrisch zur y-Achse oder punktsymmetrisch zum Ursprung oder keines von beidem sind.

b) Beschreiben Sie den Verlauf der Graphen von g), h) und i).

5. Untersuchen Sie die Graphen der Funktionen rechnerisch auf Symmetrie.

a) $f(x) = \frac{1}{2}x$ c) $f(x) = 4$ e) $f(x) = 2x^2 - 1$

b) $f(x) = -3x + 1$ d) $f(x) = -x^3$ f) $f(x) = -4x^{-5}$

6. Geben Sie die Funktionsgleichung einer passenden Potenzfunktion an. Vervollständigen Sie vorhandene Lücken in der Wertetabelle.

a)

x	-2	-1	0	1	2
$f(x)$	-8		0		8

b)

x	0	1	8	27	64	125
$f(x)$		1	2			5

c)

x	-3	-2	-1	1	2	3
$f(x)$			1		$\frac{1}{4}$	

7. Aufgaben, bei denen die Gleichung einer anhand von Informationen gegebenen Funktion ermittelt werden soll, heißen „Steckbriefaufgaben".

a) Gesucht ist eine Potenzfunktion mit ganzzahligem Exponenten. Der Graph ist nicht achsensymmetrisch. Er kommt von „links unten" und verläuft nach „rechts oben". Der Punkt $P(2|32)$ liegt auf dem Graphen der Funktion.

b) Erstellen Sie selbst einen Steckbrief einer zu suchenden Potenzfunktion.

c) Tauschen Sie Ihre Steckbriefe in Ihrer Lerngruppe aus und finden Sie die gesuchten Potenzfunktionen Ihrer Gruppenmitglieder.

8. Skizzieren Sie die Graphen der Funktionen in ein Koordinatensystem. Vergleichen Sie die Graphen und erläutern Sie die Auswirkungen des Faktors vor der Potenz auf den Verlauf des Graphen.

a) $f(x) = x^3$ b) $g(x) = x^4$

$\quad f_1(x) = 2x^3$ $g_1(x) = 0,5x^4$

$\quad f_2(x) = 0,5x^3$ $g_2(x) = -x^4$

$\quad f_3(x) = -x^3$ $g_3(x) = -1,5x^4$

2.1.3   Transformationen

 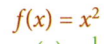 Streckung, Stauchung und Spiegelung

Untersuchen Sie den Einfluss des Faktors $a \in \mathbb{R}^*$ auf den Verlauf des Graphen zu $g(x) = a \cdot x^n$. Zeichnen Sie dazu die Graphen für verschiedene Werte von a. Vergleichen Sie mit dem Graphen zu $f(x) = x^n$ $(a = 1)$.

$a > 0$

Je größer a ist, desto steiler verläuft der Graph.

Ist $a > 0$, ist der Graph im Vergleich zu $a = 1$ gestreckt.

Ist $0 < a < 1$, ist der Graph im Vergleich zu $a = 1$ gestaucht.

$f(x) = x^2$	▸ $a = 1$
$g_1(x) = \frac{1}{2}x^2$	▸ $a = \frac{1}{2}$
$g_2(x) = 4x^2$	▸ $a = 4$

$f(x) = x^{-1} = \frac{1}{x}$	▸ $a = 1$
$g_1(x) = \frac{1}{2}x^{-1} = \frac{1}{2} \cdot \frac{1}{x}$	▸ $a = \frac{1}{2}$
$g_2(x) = 4x^{-1} = 4 \cdot \frac{1}{x}$	▸ $a = 4$

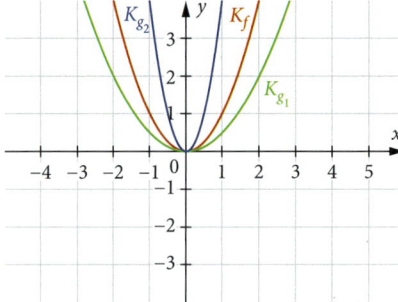 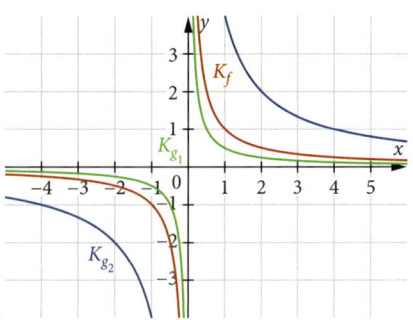

$a < 0$

Der negative Faktor bewirkt eine Spiegelung des Graphen an der x-Achse. Je größer $|a|$ ist bzw. je kleiner a ist, desto steiler verläuft der Graph.

$g_3(x) = -x^2$	▸ $a = -1$
$g_4(x) = -\frac{1}{2}x^2$	▸ $a = -\frac{1}{2}$
$g_5(x) = -4x^2$	▸ $a = -4$

$g_3(x) = -x^{-1} = -\frac{1}{x}$	▸ $a = -1$
$g_4(x) = -\frac{1}{2}x^{-1} = -\frac{1}{2} \cdot \frac{1}{x}$	▸ $a = -\frac{1}{2}$
$g_5(x) = -4x^{-1} = -4 \cdot \frac{1}{x}$	▸ $a = -4$

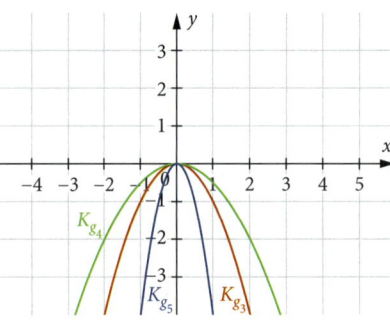 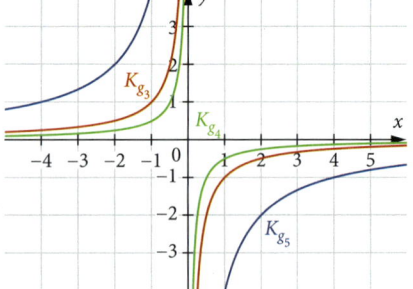

Der Faktor a bewirkt nicht nur bei Graphen zu $f(x) = x^n$ eine Streckung bzw. Stauchung oder Spiegelung, deshalb können wir den Zusammenhang allgemein für jede Funktion f(x) formulieren.

„Steiler" bedeutet nicht unbedingt, dass es aufwärts geht. Es kann auch „steiler" abwärts gehen.

Der Graph der Funktion g mit $g(x) = a \cdot f(x)$ ist im Vergleich zum Graphen zu f
- für $a > 1$ gestreckt,
- für $-1 < a$ gestreckt und an der x-Achse gespiegelt,
- für $0 < a < 1$ gestaucht,
- für $-1 < a < 0$ gestaucht und an der x-Achse gespiegelt.

a heißt **Streckfaktor**. Je größer $|a|$ ist, desto steiler verläuft der Graph. Das bedeutet, je größer $|a|$ ist, desto schneller werden die y-Werte größer oder kleiner für größer werdende x-Werte.

Skizzieren jeweils Sie die Graphen von f und g in ein gemeinsames Koordinatensystem. Vergleichen Sie den Verlauf der beiden Graphen.

a) $f(x) = x^{-1} = \frac{1}{x}$ und $g(x) = 3x^{-1} = 3 \cdot \frac{1}{x}$
b) $f(x) = x^{\frac{1}{2}} = \sqrt{x}$ und $g(x) = -x^{\frac{1}{2}} = -\sqrt{x}$

Quadratische Funktion – Streckfaktor ermitteln

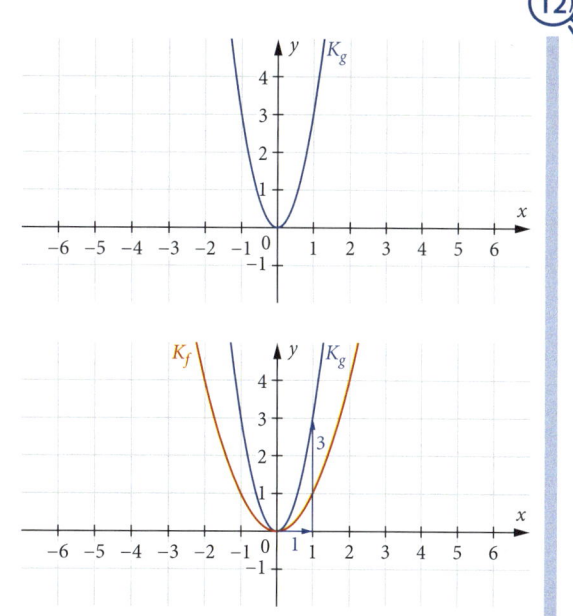

Die nebenstehende Abbildung zeigt den Graphen einer quadratischen Funktion g. Es handelt sich um eine gestreckte Normalparabel.
Geben Sie die zugehörige Funktionsgleichung an.

Die Normalparabel hat die Gleichung $f(x) = x^2$.
Für die Gleichung der gestreckten Normalparabel gilt:
$g(x) = a \cdot x^2$
Um den Streckfaktor a zu bestimmen, gehen wir vom Scheitelpunkt eine Einheit nach rechts und ermitteln, wie viele Einheiten man nach oben gehen muss, um wieder auf dem Graphen zu landen.
Hier sind es 3 Einheiten, somit ist $a = 3$.
Die gesuchte Funktionsgleichung lautet $g(x) = 3\,x^2$.

Quadratwurzelfunktion – Streckfaktor ermitteln

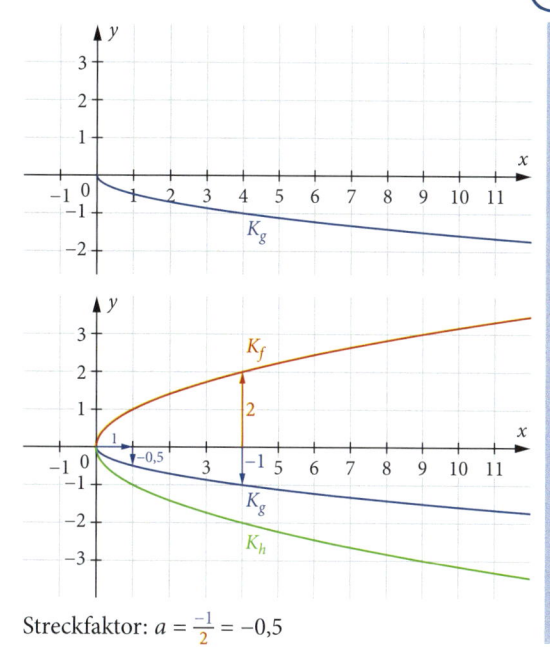

Die nebenstehende Abbildung zeigt den Graphen einer Quadratwurzelfunktion g.
Geben Sie die zugehörige Funktionsgleichung an.

Der Graph von g ist im Vergleich zum Graphen zu $f(x) = \sqrt{x}$ an der x-Achse gespiegelt und außerdem gestaucht. Zur Veranschaulichung ist auch der Graph zu $h(x) = -\sqrt{x}$ eingezeichnet. Dieser ist im Vergleich zum Graphen zu $f(x) = \sqrt{x}$ nur gespiegelt.
Es gilt $g(x) = -0{,}5\,\sqrt{x}$.
An der Stelle $x = 4$ kann man den Streckfaktor genauer ablesen: Bei K_g muss man 1 Einheit nach unten gehen, um wieder auf dem Graphen zu landen, statt 2 Einheiten nach oben, wie bei K_f.
Daher gilt $a = \frac{-1}{2} = -0{,}5$.

Streckfaktor: $a = \frac{-1}{2} = -0{,}5$

Geben Sie die zugehörige Funktionsgleichung an.
a) Eine gestreckte und an der x-Achse gespiegelte Normalparabel hat den Scheitelpunkt $S\,(0\,|\,0)$ und verläuft durch den Punkt $P\,(1\,|\,{-}3)$.
b) Eine gestauchte Normalparabel hat den Scheitelpunkt $S\,(0\,|\,0)$ und verläuft durch den Punkt $P\,(-1\,|\,0{,}25)$.
Geben Sie die zugehörige Funktionsgleichung an.

14  Verschiebung nach „oben" und „unten"

Erläutern Sie, wie die Graphen zu $g_1(x) = x^2 + 2$ und $g_2(x) = x^2 - 3$ aus dem Graphen zu $f(x) = x^2$ hervorgehen.

Wir zeichnen die Graphen mithilfe einer Wertetabelle.

x	-3	-2	-1	0	1	2	3
$f(x)$	9	4	1	0	1	4	9
$g_1(x)$	11	6	3	2	3	6	11
$g_2(x)$	6	1	-2	-3	-2	1	6

Verschiebung nach oben:
Den Graphen der Funktion mit der Gleichung $g_1(x) = x^2 + 2$ erhält man, indem man den Graphen zu $f(x) = x^2$ (die Normalparabel) aus dem Koordinatenursprung um 2 Einheiten nach oben verschiebt.
Der Scheitelpunkt der verschobenen Parabel ist $S_1(0|2)$.

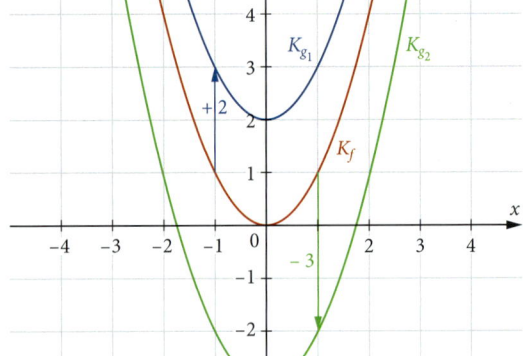

Verschiebung nach unten:
Der Graph zu $g_2(x) = x^2 - 3$ ergibt sich aus dem Graphen zu $f(x) = x^2$ durch Verschiebung um 3 Einheiten nach unten.
Der Scheitelpunkt dieser Parabel ist $S_2(0|-3)$.

Bei den verschobenen Parabeln handelt es sich streng genommen nicht mehr um Potenzfunktionen.

📌 Der Graph der Funktion g mit $g(x) = f(x) + d$ ist im Vergleich zum Graphen zu f um d Einheiten entlang der y-Achse verschoben:
- für $d > 0$ nach oben
- für $d < 0$ nach unten

15 Streckung und Verschiebung

Erläutern Sie, wie der Graph zu $g(x) = 2\sqrt{x} + 1$ aus dem Graphen zu $f(x) = \sqrt{x}$ hervorgeht.

Der Graph zu $g(x) = 2\sqrt{x} + 1$ ist im Vergleich zum Graphen zu $f(x) = \sqrt{x}$ mit dem Faktor 2 gestreckt und um 1 Einheit nach oben verschoben.

Zur Verdeutlichung ist in der Abbildung der Graph zu $h(x) = 2\sqrt{x}$ in grün eingezeichnet.
Dieser ist im Vergleich zum Graphen von f nur mit dem Faktor 2 gestreckt.
Verschiebt man den Graphen von h um 1 Einheit nach oben, erhält man den Graphen von g.

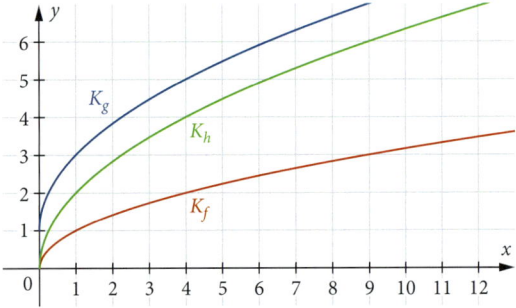

 1. Beschreiben Sie den Verlauf des Graphen zu $g(x) = 2x^2 - 1$ im Vergleich zum Graphen zu $f(x) = x^2$. Geben Sie den Scheitelpunkt der Parabel zu g an.

 2. Der Graph zu $f(x) = \frac{1}{x}$ wird mit dem Faktor 0,5 gestaucht und um 2 Einheiten nach unten verschoben. Geben Sie den Funktionsterm des entstandenen Graphen an.

⬡ Verschiebung nach „links" und „rechts"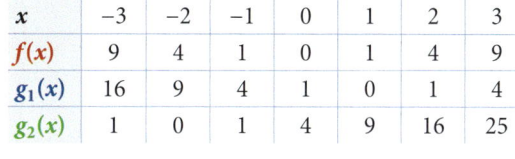

Erläutern Sie, wie die Graphen zu $g_1(x) = (x - 1)^2$ und $g_2(x) = (x + 2)^2$ aus dem Graphen zu $f(x) = x^2$ hervorgehen.

Wir zeichnen die Graphen mithilfe einer Wertetabelle.

x	–3	–2	–1	0	1	2	3
$f(x)$	9	4	1	0	1	4	9
$g_1(x)$	16	9	4	1	0	1	4
$g_2(x)$	1	0	1	4	9	16	25

Verschiebung nach rechts:
Den Graphen der Funktion mit der Gleichung $g_1(x) = (x - 1)^2$ erhält man, indem man den Graphen zu $f(x) = x^2$ aus dem Koordinatenursprung um 1 Einheit nach rechts verschiebt.
Die Parabel ist nicht mehr symmetrisch zu y-Achse, sondern zur Geraden, die senkrecht durch $x = 1$ verläuft. Der Scheitelpunkt ist $S_1(1\,|\,0)$.

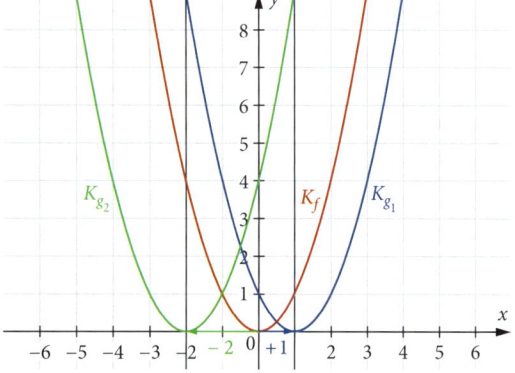

Verschiebung nach links:
Der Graph zu $g_2(x) = (x + 2)^2$ ergibt sich aus dem Graphen zu $f(x) = x^2$ durch Verschiebung um 2 Einheiten nach links.
Die Parabel ist nicht mehr symmetrisch zu y-Achse, sondern zur Geraden, die senkrecht durch $x = -2$ verläuft. Der Scheitelpunkt ist $S_2(-2\,|\,0)$.

Der Graph der Funktion g mit $g(x) = f(x - c)$ ist im Vergleich zum Graphen zu f um c Einheiten entlang der x-Achse verschoben:
- für $c > 0$ nach rechts
- für $c < 0$ nach links

Spiegelung und Verschiebung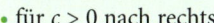

Erläutern Sie, wie der Graph zu $g(x) = -\sqrt{x - 2}$ aus dem Graphen zu $f(x) = \sqrt{x}$ hervorgeht.

Der Graph zu $g(x) = -\sqrt{x - 2}$ ist im Vergleich zum Graphen zu $f(x) = \sqrt{x}$ an der x-Achse gespiegelt und um 2 Einheiten nach rechts verschoben.

Zur Verdeutlichung ist in der Abbildung der Graph zu $h(x) = -\sqrt{x}$ in grün eingezeichnet.

Die Funktion g ist nur noch für $x \geq 2$ definiert: $D_g = [2; \infty[$, da der Radikand (Term unter der Wurzel) nicht negativ sein darf.

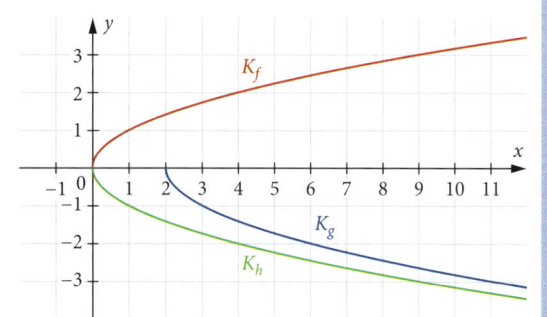

1. Der Graph zu $f(x) = \frac{1}{x}$ wird an der x-Achse gespiegelt und um 2 Einheiten nach links verschoben. Geben Sie den Funktionsterm des entstandenen Graphen sowie den Definitionsbereich der zugehörigen Funktion an.

2. Beschreiben Sie den Verlauf des Graphen zu $g(x) = 2(x + 1)^2$ im Vergleich zum Graphen zu $f(x) = x^2$. Geben Sie den Scheitelpunkt der Parabel zu g an.

18 Verschiebung entlang der *x*- und *y*-Achse

Erläutern Sie, wie der Graph zu $g(x) = \frac{1}{x-4} + 3$ aus dem Graphen zu $f(x) = \frac{1}{x}$ hervorgeht. Geben Sie die Asymptoten des Graphen von *g* an.

Der Graph zu $g(x) = \frac{1}{x-4} + 3$ ist im Vergleich zum Graphen zu $f(x) = \frac{1}{x}$ um 4 Einheiten nach rechts und 3 Einheiten nach oben verschoben.
g hat bei $x = 4$ eine Definitionslücke. Die Gerade durch $x = 4$ ist senkrechte Asymptote.
Auch die waagerechte Asymptote hat sich verschoben. Während der Graph von *f* die *x*-Achse als Asymptote hat, hat der Graph von *g* die Gerade $y = 3$ als waagerechte Asymptote.
Der Graph von *g* ist nicht punktsymmetrisch zum Koordinatenursprung, sondern zum Punkt (4|3).

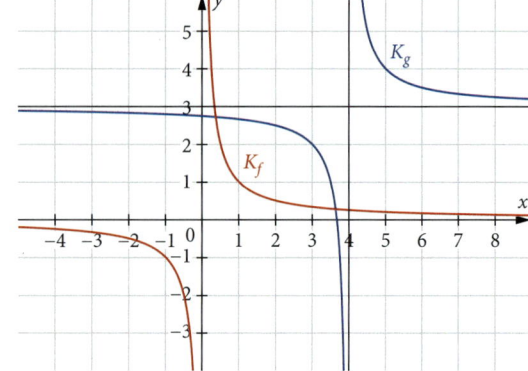

19 Funktionsterm anhand des Graphen ermitteln

In der nebenstehenden Abbildung ist der Graph einer quadratischen Funktion *g* dargestellt.
Ermitteln Sie die Funktionsgleichung sowie den Definitions- und Wertebereich von *g*.

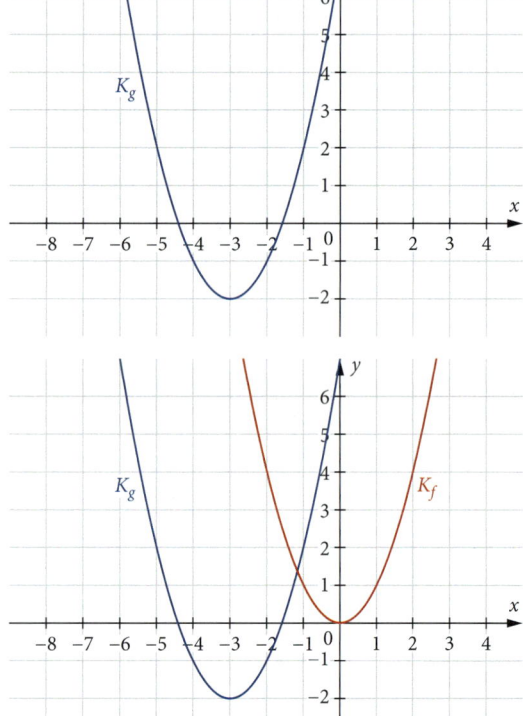

Der Graph von *g* ist aus dem Graphen von *f* mit $f(x) = x^2$ hervorgegangen, indem dieser um 2 Einheiten nach unten und 3 Einheiten nach links verschoben wurde. Dies erkennt man besonders gut anhand des Scheitelpunkts. Der Scheitelpunkt der Parabel zu *f* (Normalparabel) ist $S_f(0|0)$, der Scheitelpunkt der Parabel zu *g* ist $S_g(-3|-2)$. Die verschobene Parabel ist im Vergleich zur Normalparabel weder gestreckt, gestaucht noch gespiegelt.
Somit folgt: $g(x) = (x+3)^2 - 2$
Es gilt $D_g = \mathbb{R}$ und $W_g = [-2; \infty[$.

1. Geben Sie den Definitionsbereich und die Asymptoten des Graphen an.
   a) $f(x) = \frac{1}{x+1} - 2$
   b) $f(x) = \frac{1}{x-3} - \frac{1}{2}$
   c) $f(x) = \frac{1}{x+2}$

2. Geben Sie den Scheitelpunkt der zugehörigen Parabel an.
   a) $f(x) = (x-4)^2 - 3$
   b) $f(x) = (x+0,5)^2 - \frac{1}{4}$
   c) $f(x) = x^2 - 5$

⚙ Transformationen $g(x) = a \cdot f(x - c) + d$ ⓴

Erläutern Sie, wie der Graph zu $g(x) = 2(x + 3)^2 + 1$ aus dem Graphen zu $f(x) = x^2$ hervorgeht.

Der Graph zu $g(x) = 2(x + 3)^2 + 1$ ist im Vergleich zum Graphen zu $f(x) = x^2$ um 3 Einheiten nach links und 1 Einheit nach oben verschoben.
Der Scheitelpunkt liegt somit bei $S(-3 \mid 1)$.
Im Vergleich zur Normalparabel ist der Graph von g außerdem mit dem Faktor 2 gestreckt.
Geht man also vom Scheitelpunkt 1 Einheit nach rechts, muss man 2 Einheiten nach oben gehen, um wieder auf dem Graphen zu landen.

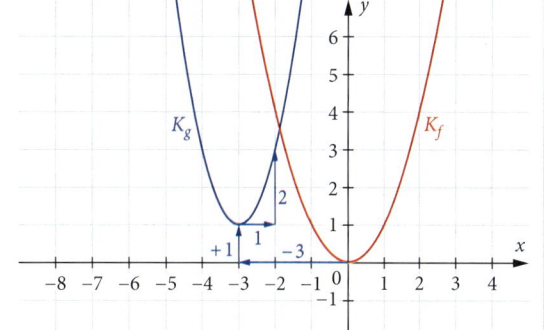

Funktionsterm anhand des Graphen ermitteln ㉑

Die Abbildung zeigt den Graphen einer quadratischen Funktion g.
Ermitteln Sie die zum Graphen K_g zugehörige Funktionsgleichung.

Es handelt sich um eine um 2 Einheiten nach rechts und um 1 Einheit nach unten verschobene Parabel.
Im Vergleich zur Normalparabel ist die Parabel außerdem gestaucht: Geht man vom Scheitelpunkt $S(2 \mid -1)$ 1 Einheit nach rechts, muss man nur $\frac{1}{2}$ Einheit nach oben gehen, um wieder auf dem Graphen zu landen.
Der Streckfaktor ist also $a = \frac{1}{2}$.
Somit gilt: $g(x) = \frac{1}{2}(x - 2)^2 - 1$

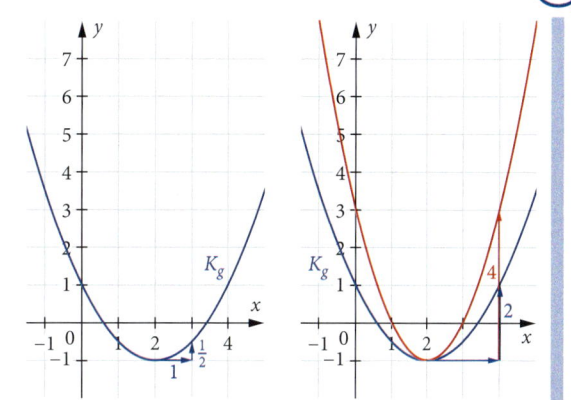

Den Streckfaktor a kann man genauer bestimmen, wenn man sich einen gut ablesbaren Graphenpunkt sucht: Geht man z. B. vom Scheitelpunkt 2 Einheiten nach rechts, muss man 2 Einheiten nach oben gehen, um auf dem Graphen zu landen. Bei der Normalparabel hätte man 4 Einheiten nach oben gehen müssen. Die Parabel zu g ist also im Vergleich mit $a = \frac{2}{4} = \frac{1}{2}$ gestaucht.

$$g(x) = a \cdot f(x - c) + d$$

Der Graph von f wird
- für $a > 1$ gestreckt,
- für $-1 < a$ gestreckt und an der x-Achse gespiegelt,
- für $0 < a < 1$ gestaucht,
- für $-1 < a < 0$ gestaucht und an der x-Achse gespiegelt.

Der Graph von f wird um c Einheiten entlang der x-Achse verschoben:
- für $c > 0$ nach rechts
- für $c < 0$ nach links

Der Graph von f wird um d Einheiten entlang der y-Achse verschoben:
- für $d > 0$ nach oben
- für $d < 0$ nach unten

Skizzieren Sie den Graphen von g und erläutern Sie, wie er aus dem Graphen der Funktion f hervorgeht.
a) $f(x) = x^2$ $g(x) = \frac{1}{2}(x + 4)^2 - 2$ b) $f(x) = \frac{1}{x}$ $g(x) = \frac{2}{(x - 1)} + 2$ c) $f(x) = \sqrt{x}$ $g(x) = -\sqrt{x + 2}$

Übungen zu 2.1.3

1. Beschreiben Sie, wie die folgenden Parabeln gegenüber der Normalparabel verändert sind. Sind sie gestreckt oder gestaucht, nach oben oder nach unten
geöffnet? Sind Sie entlang der Achsen verschoben?
Geben Sie jeweils den Scheitelpunkt der Parabeln an.

a) $f(x) = 2x^2$ d) $f(x) = -0,5(x-2)^2$
b) $f(x) = x^2 - 4$ e) $f(x) = 2(x+3)^2 - 3$
c) $f(x) = -0,25x^2$ f) $f(x) = (x+6)^2 - 1$

2. Ordnen Sie die Graphen und Gleichungen einander
zu. Begründen Sie Ihre Wahl.

a) $f(x) = x^2 + 2$ d) $f(x) = (x-2)^2$
b) $f(x) = -x^2 - 1$ e) $f(x) = (x-2)^2 - 2$
c) $f(x) = (x+2)^2$ f) $f(x) = -(x+2)^2 + 2$

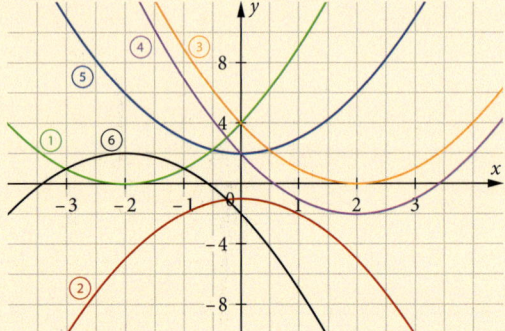

3. Erläutern Sie, wie die Parabeln aus der Normalparabel entstanden sind. Geben Sie die zugehörigen
Funktionsgleichungen an.

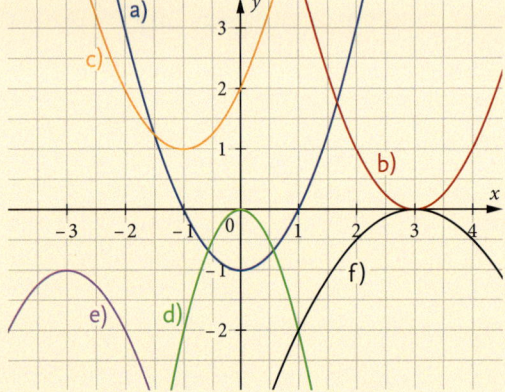

4. Geben Sie die Gleichungen der Parabeln an.
a) Die Normalparabel wird an der x-Achse gespiegelt
und hat den Scheitelpunkt $S(4|-5)$.
b) Die Normalparabel wird gestaucht, sodass sie durch
den Punkt $P(4|8)$ verläuft.

5. Verschieben Sie den Graphen zu $f(x) = x^{-1}$
a) um 2 Einheiten nach rechts.
b) um 1 Einheit nach links.
c) um 5 Einheiten nach oben.
d) um 3 Einheiten nach unten.
Geben Sie jeweils eine Funktionsgleichung, die
Asymptoten und den Definitionsbereich an.

6. Erläutern Sie, wie der Graph von g mit der Gleichung
$g(x) = \sqrt{x-5} - 2$ aus dem Graphen zu $f(x) = \sqrt{x}$
hervorgeht.

7. Zeichnen Sie den Graphen der Funktion g und
beschreiben Sie, wie er aus dem Graphen der Potenzfunktion f mit $f(x) = \frac{1}{x}$ hervorgegangen ist.
Bestimmen Sie die Gleichungen der Asymptoten
und den Definitionsbereich.

a) $g(x) = \frac{2}{x-2}$ c) $g(x) = \frac{5}{2(x-1)}$
b) $g(x) = \frac{1}{x+3}$ d) $g(x) = \frac{-1}{x+1} + 2$

8. Ermitteln Sie aus den Eigenschaften der drei Graphen K_l, K_m und K_n durch welche Streckungen und
Verschiebungen sie aus den Graphen zu $f(x) = x^2$,
$g(x) = \frac{1}{x}$ bzw. $h(x) = \sqrt{x}$ entstanden sind.
Geben Sie die Funktionsgleichungen an.

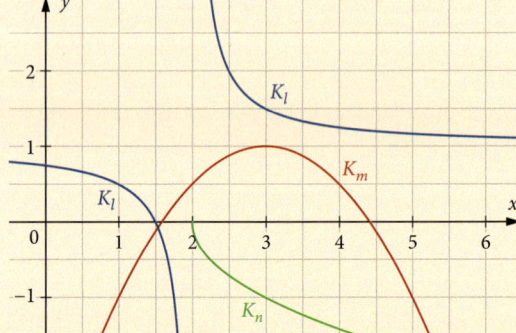

9. Überlegen Sie sich eine Gleichung für eine transfor-
mierte Potenzfunktion und zeichnen Sie den Graphen mithilfe einer Wertetabelle in ein Koordinatensystem. Überprüfen Sie ggf. Ihre Zeichnung mithilfe
eines Funktionsplotters.
Beschreiben Sie Ihrer Lerngruppe anschließend
Ihren Graphen, ohne die Darstellung zu zeigen. Ihre
Lerngruppe soll entsprechend Ihrer Beschreibung
den Graphen nun so genau wie möglich zeichnen.
Vergleichen Sie zum Schluss Ihre Graphen.

2.1.4   Potenzgleichungen

Sollen Nullstellen oder Schnittstellen von Potenzfunktionen berechnet werden, müssen Gleichungen wie z. B. $x^3 + 8 = 0$ oder $x^{-2} = 9$ gelöst werden. Solche Gleichungen, in denen die Unbekannte als Basis einer Potenz auftritt, heißen **Potenzgleichungen**.

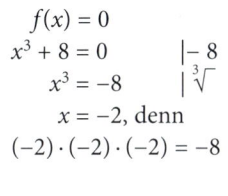

$x^1 - 3 = 6$ bzw. $x - 3 = 6$ ist der Exponent 1, handelt es sich um eine lineare Gleichung.

◇ Lösen durch Wurzelziehen

Berechnen Sie die Nullstelle der Funktion f mit $f(x) = x^3 + 8$.

Gelöst werden muss die Gleichung $f(x) = 0$.
Zunächst setzen wir für $f(x)$ den Funktionsterm ein. Nun müssen wir die Gleichung nach x auflösen, d. h. x mithilfe von Äquivalenzumformungen auf einer Seite isolieren. Deshalb subtrahieren wir zunächst auf beiden Seiten 8.
Auf der linken Seite steht nun nur noch die 3. Potenz von x. Die Umkehroperation des Potenzierens ist das Wurzelziehen. Wir ziehen also die 3. Wurzel und erhalten die Lösung $x = -2$.
Die Zeichnung des Graphen von f bestätigt, dass bei $x = -2$ eine Nullstelle vorliegt.

$$\begin{aligned} f(x) &= 0 \\ x^3 + 8 &= 0 && |-8 \\ x^3 &= -8 && |\sqrt[3]{} \\ x &= -2, \text{ denn} \\ (-2)\cdot(-2)\cdot(-2) &= -8 \end{aligned}$$

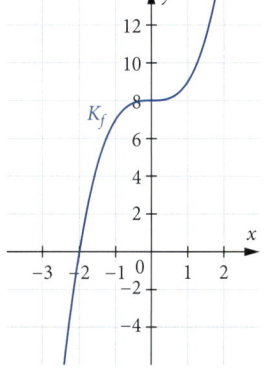

K_f

Die 3. Wurzel ziehen, bedeutet, mit $\frac{1}{3}$ zu potenzieren:
$\sqrt[3]{x^3} = (x^3)^{\frac{1}{3}} = x^{3\cdot\frac{1}{3}} = x^1 = x$
Wurzelziehen und Potenzieren heben sich auf.

◇ Mehrere Lösungen und keine Lösung

Berechnen Sie die Nullstellen der Funktion.
a) $f(x) = x^4 - 16$
b) $g(x) = x^4 + 16$

Zu a) Gelöst werden muss die Gleichung $f(x) = 0$.
Nachdem wir 16 auf beiden Seiten addiert haben, ziehen wir die 4. Wurzel.
Da sowohl $2^4 = 16$ also auch $(-2)^4 = 16$ gilt, erhalten wir hier die zwei Lösungen beziehungsweise Nullstellen $x_1 = 2$ und $x_2 = -2$.

$$\begin{aligned} f(x) &= 0 \\ x^4 - 16 &= 0 && |+16 \\ x^4 &= 16 && |\sqrt[4]{} \\ x_1 &= 2 \text{ und } x_2 = -2 \end{aligned}$$

Zu b) Gelöst werden muss die Gleichung $g(x) = 0$.
Nachdem wir 16 auf beiden Seiten subtrahiert haben, ziehen wir die 4. Wurzel.
Die Gleichung hat hier allerdings keine Lösung, da es keine Zahl gibt, die 4-mal mit sich selbst multipliziert eine negative Zahl ergibt.
Die Funktion g hat somit keine Nullstelle, wie auch die Zeichnung des Graphen bestätigt.

$$\begin{aligned} g(x) &= 0 \\ x^4 + 16 &= 0 && |-16 \\ x^4 &= -16 && |\sqrt[4]{} \end{aligned}$$
keine Lösung für $x \in \mathbb{R}$

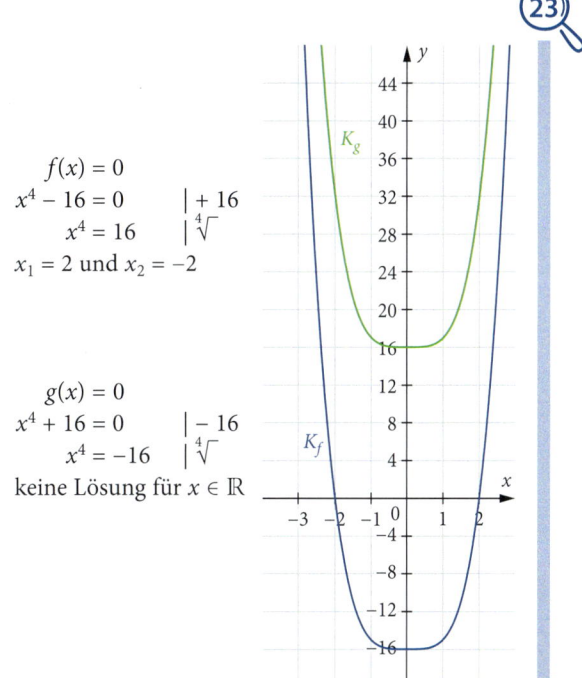

K_g
K_f

2

24 ○ Bruchgleichung

Berechnen Sie die Schnittstellen der Graphen der Funktionen f mit $f(x) = x^{-2}$ und g mit $g(x) = 9$.

Gelöst werden muss die Gleichung $f(x) = g(x)$.

Den Term x^{-2} schreiben wir als $\frac{1}{x^2}$.

Um den Bruch zu beseitigen, multiplizieren wir mit x^2. Nachdem wir durch 9 geteilt haben, ziehen wir die Wurzel.

Wir erhalten die beiden Lösungen beziehungsweise Schnittstellen $x_1 = \frac{1}{3}$ und $x_2 = -\frac{1}{3}$.

$$f(x) = g(x)$$
$$x^{-2} = 9 \qquad \blacktriangleright \; x^{-2} = \frac{1}{x^2}$$
$$\frac{1}{x^2} = 9 \qquad | \cdot x^2$$
$$1 = 9 \cdot x^2 \qquad | : 9$$
$$\frac{1}{9} = x^2 \qquad | \sqrt{}$$
$$x_1 = \frac{1}{3} \text{ und } x_2 = -\frac{1}{3}$$

Gleichungen wie im vorigen Beispiel $x^{-2} = 9$ beziehungsweise $\frac{1}{x^2} = 9$ mit ganzzahligen, negativen Exponenten heißen auch **Bruchgleichungen**, da die Unbekannte im Nenner steht.

Ein weiterer Sonderfall sind **Wurzelgleichungen** wie z.B. $\sqrt{x} - 1 = 0$ bzw. $x^{\frac{1}{2}} - 1 = 0$.

 25 ○ Wurzelgleichung

Berechnen Sie die Nullstelle der Funktion f mit $f(x) = \sqrt{x} - 1$.

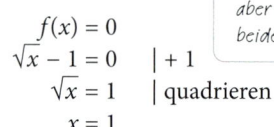

Quadrieren ist keine Äquivalenz-umformung. So hat z.B. die Gleichung x = 2 nur die Lösung 2, aber die Gleichung x² = 4 die beiden Lösungen x = -2 und x = 2.

Nachdem wir 1 auf beiden Seiten addiert haben, steht auf der linken Seite nur noch $\sqrt{x}$.

Die Wurzel beseitigen wir, indem wir beide Seiten quadrieren.

Achtung: Quadrieren ist keine Äquivalenzumformung. Deshalb muss unbedingt durch eine Probe geprüft werden, ob die gefundene Lösung auch wirklich die Ausgangsgleichung erfüllt.

Wir setzen also $x = 1$ in die Gleichung $\sqrt{x} - 1 = 0$ ein. Da wir eine wahre Aussage erhalten, ist $x = 1$ tatsächlich Lösung und somit Nullstelle von f.

$$f(x) = 0$$
$$\sqrt{x} - 1 = 0 \qquad | + 1$$
$$\sqrt{x} = 1 \qquad | \text{ quadrieren}$$
$$x = 1$$

Probe:
$$\sqrt{1} - 1 = 0$$
$$0 = 0 \;\; (w)$$

$x = 1$ ist Lösung der Gleichung $f(x) = 0$ und somit Nullstelle von f.

 26 ○ Probe notwendig!

Berechnen Sie die Schnittstellen der Graphen der Funktionen f mit $f(x) = \sqrt{x - 1}$ und g mit $g(x) = -1$.

Gelöst werden muss die Gleichung $f(x) = g(x)$.

Wie in Beispiel 4 quadrieren wir beide Seiten der Gleichung, um die Wurzel zu beseitigen.

Da Quadrieren keine Äquivalenzumformung ist, müssen wir eine Probe machen.

Diese ergibt eine falsche Aussage.

Auch die Zeichnung bestätigt: Die Graphen K_f und K_g haben keinen Schnittpunkt.

$$f(x) = g(x)$$
$$\sqrt{x - 1} = -1 \qquad | \text{ quadrieren}$$
$$x - 1 = 1 \qquad | + 1$$
$$x = 2$$

Probe:
$$\sqrt{2 - 1} = -1$$
$$1 \neq -1 \;\; (f)$$
$$x = 2 \text{ ist keine Lösung}$$

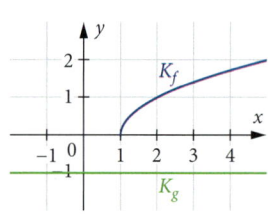

 Lösen Sie die Gleichungen.

a) $x^3 + 16 = 232$

b) $5x^3 - 8 = -633$

c) $x^3 - 4 = -4x^3$

d) $x^{-1} = -\frac{1}{7}$

e) $x^{-2} - 49 = 0$

f) $2x^{-4} + 32 = 0$

g) $\sqrt{x + 1} = 5$

h) $x^{\frac{1}{2}} = 144$

i) $(x - 1)^{\frac{1}{2}} = -3$

j) $\sqrt[3]{x} = 4$

k) $\sqrt[3]{x + 2} = 1$

l) $2x^{\frac{1}{3}} = 0$

Übungen zu 2.1.4

1. Lösen Sie die Potenzgleichungen. Machen Sie auch die Probe.

a) $x^2 = 16$ d) $x^3 = 27$ g) $x^4 = 14$

b) $2x^2 = 40$ e) $x^3 = -27$ h) $x^4 = -14$

c) $-x^2 = 64$ f) $\frac{1}{2}x^5 = 16$ i) $x^{10} = 1024$

2. Lösen Sie und machen Sie die Probe.

a) $x^{-2} = 4$ e) $x^{\frac{1}{2}} = 5$ i) $x^{\frac{1}{3}} = 3$

b) $x^{-2} = \frac{1}{4}$ f) $2\sqrt{x} = -5$ j) $\sqrt{x+4} = 1$

c) $x^{-3} = \frac{1}{125}$ g) $\sqrt[3]{x} = -3$ k) $2\sqrt{x-3} = 4$

d) $\sqrt{x} = 5$ h) $\sqrt[3]{x} = 3$ l) $-\sqrt{x-3} = -5$

3. Berechnen Sie die Nullstellen der Graphen folgender Funktionen, falls es welche gibt. Überprüfen Sie Ihr Ergebnis, indem Sie die Graphen mithilfe eines Funktionsplotters zeichnen.

a) $f(x) = \sqrt{x} - 10$ e) $f(x) = x^2 - 81$

b) $f(x) = \sqrt{x} + 10$ f) $f(x) = -x^2 - 81$

c) $f(x) = \sqrt{x+2} - 4$ g) $f(x) = x^{-2} - 81$

d) $f(x) = \sqrt{x-5} + 3$ h) $f(x) = -x^{-2} - 81$

4. Susi löst zwei Gleichungen in ihrem Heft. Stimmen ihre Ergebnisse? Begründen Sie und korrigieren Sie gegebenenfalls die Rechnung.

a)
$$x^{-2} = 9 \quad | \text{ umschreiben}$$
$$\frac{1}{x^2} = 9 \quad | : 9$$
$$\frac{x^2}{9} = 9 \quad | \cdot 9$$
$$x^2 = 81 \quad | \text{ Wurzel ziehen}$$
$$x_{1,2} = \pm 9$$

b)
$$2\sqrt{x+2} + 5 = 0 \quad | -5$$
$$2\sqrt{x+2} = -5 \quad | : 2$$
$$\sqrt{x+2} = -2{,}5 \quad | \text{ quadrieren}$$
$$x + 2 = 6{,}25 \quad | -2$$
$$x = 4{,}25$$

5. Gegeben ist die Funktion f mit $f(x) = \sqrt{x-2}$. Ermitteln Sie die Stelle, an der f den Funktionswert 7 hat.

6. Gegeben ist die Funktion g mit der Gleichung $g(x) = \frac{8}{(x-1)^2} - 2$.

a) Beschreiben Sie, wie der Graph von g aus dem Graphen der Funktion f mit $f(x) = \frac{1}{x}$ hervorgeht.

b) Geben Sie D_g und W_g an.

c) Berechnen Sie die Koordinaten der Achsenschnittpunkte.

7. Ordnen Sie den Gleichungen die passende Zeichnung zu. Bestimmen Sie die Lösungen sowohl durch Ablesen als auch rechnerisch.

a) $x^2 = \pi$ d) $-x^3 = 3$

b) $x^4 = \pi$ e) $3\sqrt{x-3} = 3$

c) $x^3 = 3$ f) $\sqrt{x-3} = 3$

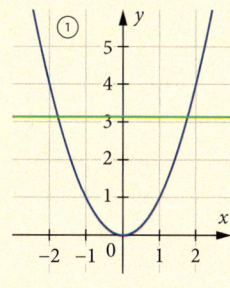
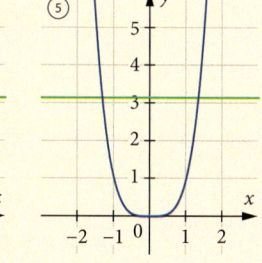
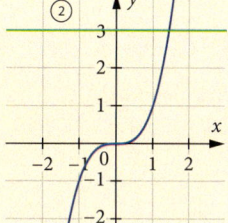
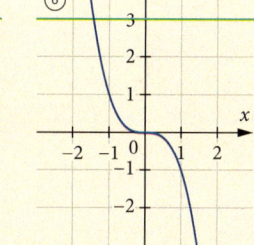
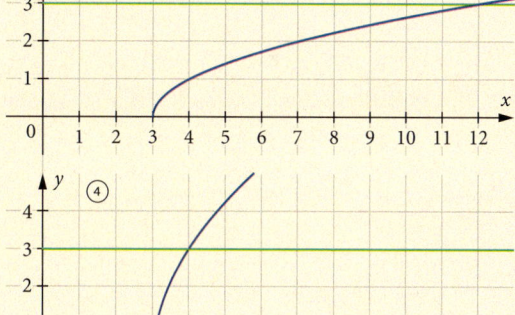

8. Berechnen Sie die Schnittstellen der Graphen der Funktionen f und g, falls es welche gibt. Überprüfen Sie Ihr Ergebnis, indem Sie die Graphen mithilfe eines Funktionsplotters zeichnen.

a) $f(x) = x^2$ $g(x) = 6$

b) $f(x) = x^{-2}$ $g(x) = 25$

c) $f(x) = 2\sqrt{x+1}$ $g(x) = -4$

d) $f(x) = -\sqrt{x+2}$ $g(x) = -2$

e) $f(x) = \sqrt[3]{x}$ $g(x) = -4$

2

Übungen zu 2.1

1. Vereinfachen Sie die Terme, wenn möglich, indem Sie die Potenz- bzw. Wurzelgesetze anwenden.

a) $-2\,b^5 \cdot b^{x-5}$

e) $\sqrt[n]{a\,b^n}$

b) $2^{x+1} + 2^x$

f) $\sqrt[3]{\sqrt{125\,x^3}}$

c) $2^n \cdot 3^n - 6^{n+1}$

g) $\left(2\,(x+y)^2\right)^3 - \left(2\,(x+y)^3\right)^2$

d) $\sqrt[3]{y^6} + \left(\sqrt{y}\right)^4$

h) $\dfrac{\sqrt[5]{a\,b}}{\sqrt{a\,b}}\left(\sqrt[5]{a\,b}\right)^{-1}$

2. Ziehen Sie partiell die Wurzel. Vereinfachen Sie gegebenenfalls vorher den Term.

a) $\sqrt{50}$

c) $\sqrt{1000\,x^3}$

e) $\left(\sqrt{2\,x}\right)^3$

b) $\sqrt[3]{32}$

d) $\sqrt{x} \cdot \sqrt{24\,x}$

f) $\sqrt[3]{3\,a} : \sqrt[3]{162\,a^4}$

3. Gegeben ist die Funktion f mit $f(x) = x^n$. Vervollständigen Sie die Aussagen in Ihrem Heft.

a) Ist n eine … Zahl, ist der Graph punktsymmetrisch zum Koordinatenursprung.

b) Alle Graphen verlaufen durch den Punkt $P(\dots \mid \dots)$.

c) Ist n eine … ganze Zahl, so hat f bei $x = 0$ eine Definitionslücke.

d) Für $n = \frac{1}{2}$ gilt $D_f = \dots$

e) Ist n eine gerade Zahl, verläuft der Graph nur im … und … Quadranten.

f) Ist $n = \dots$ handelt es sich um eine konstante Funktion, deren Graph eine Gerade ist, die parallel zur …-Achse verläuft.

4. Untersuchen Sie rechnerisch, ob die Graphen der Funktionen symmetrisch zur y-Achse, zum Koordinatenursprung oder keines von beidem sind.

a) $f(x) = 3\,x^2 - 2$

d) $f(x) = 2\,x$

b) $f(x) = -\dfrac{5}{x^2}$

e) $f(x) = -2\,x^3$

c) $f(x) = x^3 + 1$

f) $f(x) = \dfrac{1}{(x-2)^2}$

5. Gegeben sind die Wertetabellen von f, g und h. Untersuchen Sie, ob die Graphen y-achsensymmetrisch, punktsymmetrisch zum Ursprung oder keines von beidem sind. Begründen Sie Ihre Entscheidung.

x	-2	-1	1	2	3
$f(x)$	-22	-5	5	22	63

x	-3	$-0,5$	0	0,5	2
$g(x)$	136,55	$-4,161$	-5	$-4,161$	29,627

x	-2	-1	0	1	2
$h(x)$	4,5	2	0,5	0	0,5

6. Jan behauptet: „Die Graphen sind nicht achsensymmetrisch und auch nicht punktsymmetrisch." Ist seine Aussage zutreffend?

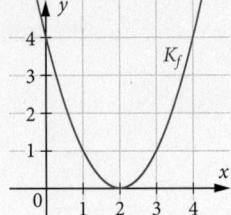
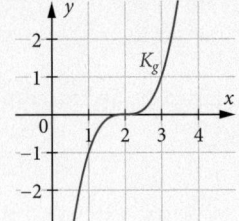

7. Die Form eines Sektglases kann durch eine Parabel mit der Gleichung $f(x) = 1{,}5\,x^2$ für $-2{,}5 \le x \le 2{,}5$ beschrieben werden (Angaben in cm). Der 5 cm lange Stiel wird dabei nicht mit beschrieben.

a) Fertigen Sie eine Skizze an.

b) Berechnen Sie die Höhe des Glases.

c) Geben Sie den maximalen Durchmesser des Glases an.

8. Für eine Studienfahrt wird ein Bus gemietet. Der Fahrpreis beträgt 1550 €. Bei der Planung wurde von 62 teilnehmenden Personen ausgegangen.

a) Ermitteln Sie den Fahrpreis pro Person.

b) Berechnen Sie, auf wie viele Euro der Fahrpreis pro Person steigt, wenn nur 50 Personen mitfahren.

c) Stellen Sie einen funktionalen Zusammenhang zwischen den teilnehmenden Personen und dem Fahrpreis pro Person her. Zeichnen Sie den Graphen dieser Funktion.

9. Susi läuft täglich 10 km auf dem Laufband. In Schritten von $0{,}1\,\frac{\text{km}}{\text{h}}$ lässt sich stufenweise die Geschwindigkeit zwischen $1\,\frac{\text{km}}{\text{h}}$ und $16\,\frac{\text{km}}{\text{h}}$ einstellen.

a) Der Fitnessplan sieht vor, dass Susi ihre Zeit von 70 Minuten auf 60 Minuten reduziert. Erläutern Sie, was dies im Sachzusammenhang bedeutet.

b) Geben Sie für die beiden Trainingszeiten $t_1 = 60$ min und $t_2 = 70$ min die jeweilige Geschwindigkeit des Laufbands in $\frac{\text{km}}{\text{h}}$ an.

c) Bestimmen Sie eine Funktion mit geeignetem Definitionsbereich, die die durchschnittliche Geschwindigkeit des Laufbands bei einem 10-km-Lauf allgemein in Abhängigkeit der Zeit t angibt.

d) Schafft Susi bei einer Geschwindigkeit von $12{,}2\,\frac{\text{km}}{\text{h}}$ in 40 min Laufzeit mindestens 8 km? Begründen Sie rechnerisch und zeichnerisch.

10. Die Gabler Sandwerke GmbH plant in der Nähe von Gronau (Leine) die Förderung von Sand im Trocken- und Nassbau. Dabei soll ein See entstehen, dessen nördliches und südliches Ufer durch die Graphen der Funktionen g und h mit $g(x) = \sqrt{x} + 50$ und $h(x) = -2\sqrt{x} + 50$ beschrieben werden können (Angaben in m). Die Länge des Sees muss auf 400 m in Ost-West-Richtung begrenzt werden, weil am östlichen Ende eine Straße genau in Nord-Süd-Richtung verläuft.

Fertigen Sie eine Planskizze an und ermitteln Sie, auf welcher Länge die Straße am Ufer vorbeiführt.

11. Ordnen Sie den Funktionsgleichungen den passenden Graphen zu.

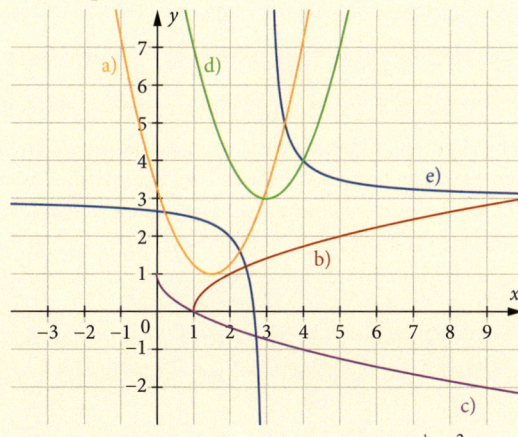

① $f(x) = (x + 1{,}5)^2 + 1$
② $f(x) = (x - 1{,}5)^2 + 1$
③ $f(x) = (x - 1)^{\frac{1}{2}}$
④ $f(x) = \sqrt{x} + 1$
⑤ $f(x) = -x^{\frac{1}{2}} + \frac{3}{3}$
⑥ $f(x) = (x - 3)^2 + 3$
⑦ $f(x) = (x - 3)^{-1} + 3$
⑧ $f(x) = \frac{1}{x - 3} + 3$

12. Verschieben Sie die Normalparabel wie beschrieben.
a) 1 Einheit entlang der positiven x-Achse
b) 3 Einheiten entlang der negativen y-Achse
c) 2 Einheiten entlang der negativen x-Achse und 4 Einheiten entlang der positiven y-Achse
Geben Sie jeweils die Gleichung der verschobenen Parabel an. Ermitteln Sie außerdem den Definitions- und Wertebereich sowie den Scheitelpunkt.
Überprüfen Sie Ihre Ergebnisse mithilfe eines Funktionsplotters, indem Sie die Graphen zu den ermittelten Gleichungen zeichnen und mit dem Graphen zu $f(x) = x^2$ vergleichen.

13. Die Normalparabel soll so verschoben werden, dass der Scheitelpunkt bei S liegt.
a) $S(0\,|\,2)$ \qquad c) $S(3\,|-1)$
b) $S(1\,|\,0)$ \qquad d) $S(-4\,|-2)$
Geben Sie jeweils die Gleichung der verschobenen Parabel an. Prüfen Sie Ihre Ergebnisse, indem Sie die Graphen zu den ermittelten Gleichungen mithilfe eines Funktionsplotters zeichnen.

14. Anna und Leo sollen Funktionsgraphen zeichnen. Erklären Sie die Fehler und zeichnen Sie die Graphen korrekt.
Anna: $f(x) = 2(x - 4)^2 - 3$

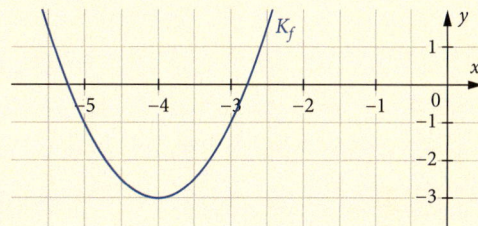

Leo: $g(x) = -\frac{2}{x}$

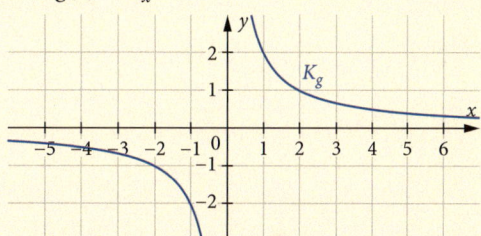

15. Beschreiben Sie jeweils, wie der Graph von g aus dem Graphen der Funktion f mit $f(x) = \frac{1}{x}$ hervorgeht. Geben Sie außerdem den Definitionsbereich von g sowie die Gleichungen der Asymptoten an.
a) $g(x) = \frac{1}{x + 1} - 3$ \qquad c) $g(x) = -\frac{1}{3(x + 1)} - 2$
b) $g(x) = \frac{2}{(x - 1)} + 1$ \qquad d) $g(x) = \frac{2}{3(x - 4)} + 2$
Zeichnen Sie mithilfe eines Funktionsplotters die Graphen und überprüfen Sie Ihre Ergebnisse.

16. Erfinden Sie zwei neue Funktionsgleichungen, indem Sie in die allgemeine Form $g(x) = a \cdot f(x - c) + d$ Zahlen für a, c und d einsetzen. Die Funktion f soll dabei entweder durch $f(x) = x^2$, $f(x) = \frac{1}{x}$ oder $f(x) = \sqrt{x}$ gegeben sein. Zeichnen Sie anschließend auf ein neues Blatt die Graphen. Tauschen Sie die Funktionsgleichungen in Ihrer Lerngruppe aus und skizzieren Sie die Graphen. Vergleichen Sie zum Schluss Ihre Lösungen.

17. Lösen Sie die Potenzgleichungen.

a) $x^2 = 81$ g) $\frac{1}{x} = -6$ m) $\sqrt{x} = 25$

b) $x^2 = 20$ h) $x^{-2} = 16$ n) $\sqrt[3]{x} = 4$

c) $x^3 = 64$ i) $\frac{5}{x^3} = 40$ o) $\sqrt{x} - 6 = -5$

d) $2x^4 = -14$ j) $2x^{-3} = \frac{1}{32}$ p) $3\sqrt[3]{x} = -3$

e) $\frac{1}{2}x^3 = -32$ k) $-\frac{2}{3x} = 5$ q) $(x+1)^{\frac{1}{3}} = 8$

f) $-3x^5 = -96$ l) $\frac{6}{2x^4} = 48$ r) $\sqrt[5]{x-3} = 5$

18. Lösen Sie die Potenzgleichungen. Vereinfachen Sie die Terme zunächst durch Anwendung der Potenz- bzw. Wurzelgesetze.

a) $\sqrt{a^8} - 2a^4 = -16$

b) $\left(\sqrt[3]{x}\right)^2 \cdot \left(\sqrt[9]{x}\right)^3 \cdot x = 49$

c) $\left(y^{\frac{2}{3}}\right)^3 : y^{-1} = 27$

d) $\sqrt[3]{\sqrt{z^{18}}} \cdot 2z^{-1} = 50$

19. Berechnen Sie die Nullstellen der Graphen der Funktionen, falls es welche gibt. Überprüfen Sie Ihr Ergebnis, indem Sie die Graphen mithilfe eines Funktionsplotters zeichnen.

a) $f(x) = \sqrt{x} - 12$ d) $f(x) = -x^2 - 169$

b) $f(x) = \frac{1}{x} - \frac{1}{4}$ e) $f(x) = x^{-2} - 225$

c) $f(x) = \sqrt{x} + \pi$ f) $f(x) = 2\sqrt{x-6} + 3$

20. Berechnen Sie die Schnittstellen der Graphen der Funktionen f und g. Überprüfen Sie Ihr Ergebnis mithilfe eines Funktionsplotters.

a) $f(x) = 3x^2$ $g(x) = 12$

b) $f(x) = \frac{1}{x^2}$ $g(x) = \frac{2}{x}$

c) $f(x) = x^3 + 4$ $g(x) = -4$

d) $f(x) = 3\sqrt{x+1}$ $g(x) = -3$

21. Gegeben ist die Funktion g mit der Gleichung $g(x) = -2\sqrt{x+1} + 4$

a) Beschreiben Sie, wie der Graph von g aus dem Graphen der Funktion f mit $f(x) = \sqrt{x}$ hervorgeht.

b) Zeichnen Sie die Graphen von f und g mithilfe einer Wertetabelle oder eines Funktionsplotters und überprüfen Sie Ihre Beschreibung.

c) Geben Sie den Definitions- und Wertebereich von g an.

d) Bestimmen Sie den Schnittpunkt des Graphen von g mit der y-Achse.

e) Berechnen Sie die Nullstelle von g.

22. Beschreiben Sie, wie der Graph zu $g(x) = -2x^2 + 3$ aus dem Graphen zu $f(x) = x^2$ hervorgeht. Berechnen Sie die Schnittstellen der beiden Graphen und geben Sie die Schnittpunkte an.

23. Der Graph zu $f(x) = \frac{1}{x}$ wird 2 Einheiten nach links und 1 Einheit nach unten verschoben. Ermitteln Sie die Achsenschnittpunkte des verschobenen Graphen.

24. Der Querschnitt eines Tunnels ist annähernd parabelförmig und kann durch den Graphen zu $f(x) = -0,5x^2$ beschrieben werden. Die Höhe des Tunnels beträgt maximal 4,5 m.

a) Fertigen Sie eine Skizze des Tunnelquerschnitts an.

b) Schränken Sie den Definitionsbereich von f so ein, dass der Graph den Tunnelquerschnitt beschreibt.

c) Berechnen Sie die Breite des Tunnels am Boden.

d) Geben Sie eine Funktion g an, deren Graph den Tunnelquerschnitt so beschreibt, dass die x-Achse dem Boden entspricht.

25. Der Body-Mass-Index (BMI) berechnet sich aus dem Körpergewicht (in kg) geteilt durch das Quadrat der Körpergröße (in m^2).

a) Erläutern Sie die Bedeutung des Parameters a und der unabhängigen Variable x in der Funktionsgleichung $f_a(x) = a \cdot x^{-2}$ im Sachkontext.

b) Legen Sie einen geeigneten Definitionsbereich und den zugehörigen Wertebereich fest. Zeichnen Sie anschließend die Graphen für verschiedene Parameterwerte von a.

c) Ermitteln Sie die Körpergröße einer Person, die 100 kg wiegt und einen BMI von 25 hat.

d) Geben Sie die Gleichung einer Funktion g an, die den BMI in Abhängigkeit des Gewichts für die Körpergröße b beschreibt.

26. Die Schwingungsdauer T eines Fadenpendels hängt nicht von der Masse des Pendelkörpers ab, sondern nur von der Länge l des Fadens: $T = 2\pi\sqrt{\frac{l}{g}}$

▶ g: Erdbeschleunigung in $\frac{m}{s^2}$

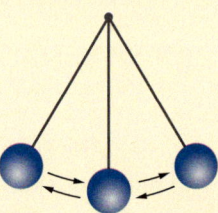

a) Die Formel gibt die Schwingungsdauer T in Sekunden an. Begründen Sie, dass die Fadenlänge l in m in die Formel eingesetzt werden muss.

b) Die Schwingungsdauer eines 30 cm langen Fadenpendels beträgt ca. 1,1 s. Berechnen Sie die Erdbeschleunigung g.

c) Die Schwingungsdauer eines Pendels beträgt 1,5 s. Berechnen Sie die Fadenlänge des Pendels. Rechnen Sie dabei mit $g \approx 9{,}8\frac{m}{s^2}$.

Ich kann ...

... beim Rechnen mit **Potenzen** und **Wurzeln** die **Potenzgesetze** und **Wurzelgesetze** anwenden.

▶ Test-Aufgaben 1, 2

$4^3 = 4 \cdot 4 \cdot 4 = 64$
$2^5 = 2 \cdot 2 \cdot 2 \cdot 2 \cdot 2 = 32$
$a \cdot a \cdot a = a^3$

Potenz:

$$\underset{\text{Basis}}{a}\!\!\overset{\text{Exponent}}{^n} = \underbrace{a \cdot a \cdot \ldots \cdot a}_{n \text{ Faktoren}}$$

$a^0 = 1$
$a^{-n} = \frac{1}{a^n}$

$x \cdot x \cdot x \cdot 3 \cdot y \cdot y \cdot x = 3x^4 y^2$
$a^5 \cdot a^2 + 2a^7 = a^{5+2} + 2a^7 = a^7 + 2a^7$
$\qquad = 3a^7$
$\frac{x^4 \cdot x}{x^3} = \frac{x^{4+1}}{x^3} = \frac{x^5}{x^3} = x^{5-3} = x^2$

$\frac{(2a)^3 + a^2}{a} = \frac{2^3 \cdot a^3 + a^2}{a} = 8a^2 + a$

Potenzgesetze:

1) $a^r \cdot a^s = a^{r+s}$
2) $a^r : a^s = a^{r-s}$
3) $a^r \cdot b^r = (a \cdot b)^r$
4) $a^r : b^r = (a : b)^r$
5) $(a^r)^s = a^{r \cdot s}$

▶ $a, b \in \mathbb{R}^*$
$n \in \mathbb{N}^*$
$r, s \in \mathbb{Z}$

$81^{\frac{1}{2}} = \sqrt[2]{81} = \sqrt{81} = 9$, denn $9 \cdot 9 = 81$
$8^{\frac{2}{3}} = 8^{2 \cdot \frac{1}{3}} = (8^2)^{\frac{1}{3}} = \sqrt[3]{8^2} = \sqrt[3]{64} = 4$

Wurzel:

$$a^{\frac{1}{n}} = \overset{\text{Wurzelexponent}}{\sqrt[n]{a}} \leftarrow \text{Radikand} \qquad a^{\frac{m}{n}} = \sqrt[n]{a^m} = \left(\sqrt[n]{a}\right)^m$$

Partielles (teilweises) Wurzelziehen:
$\sqrt{75} = \sqrt{25 \cdot 3} = \sqrt{25} \cdot \sqrt{3} = 5\sqrt{3}$
$\sqrt[3]{27 \cdot a \cdot b^3} = \sqrt[3]{27} \cdot \sqrt[3]{a} \cdot \sqrt[3]{b^3} = 3b\sqrt[3]{a}$

Wurzelgesetze:

1) $\sqrt[n]{a} \cdot \sqrt[n]{b} = \sqrt[n]{a \cdot b}$
2) $\sqrt[n]{a} : \sqrt[n]{b} = \sqrt[n]{a : b}$
3) $\left(\sqrt[n]{a}\right)^m = \sqrt[n]{a^m}$
4) $\sqrt[m]{\sqrt[n]{a}} = \sqrt[m \cdot n]{a}$
5) $\sqrt[n \cdot k]{a^{m \cdot k}} = \sqrt[n]{a^m}$

▶ $a \in \mathbb{R}_+$
$b \in \mathbb{R}_+^*$
$n, m, k \in \mathbb{N}^*$

... **Potenzfunktionen** mit positiven bzw. negativen ganzzahligen Exponenten sowie **Wurzelfunktionen** unterscheiden.

▶ Test-Aufgabe 3

• Positiver ganzzahliger Exponent: Graph ist eine Parabel. Es gilt $D_f = \mathbb{R}$.
$f(x) = x^2 \qquad\qquad f(x) = x^3$

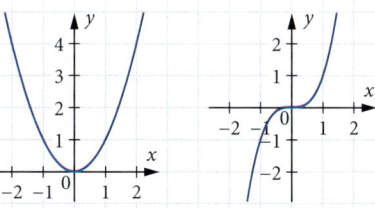

Drei Arten von Potenzfunktionen:
• $f(x) = x^n \qquad\qquad D_f = \mathbb{R}$
Exponent *gerade*:
– $W_f = \mathbb{R}_+$
– Graph achsensymmetrisch zur y-Achse
Exponent *ungerade*:
– $W_f = \mathbb{R}$
– Graph punktsymmetrisch zu $O(0\,|\,0)$

• Negativer ganzzahliger Exponent: Graph ist eine Hyperbel.
Es gilt $D_f = \mathbb{R}^*$.
$f(x) = x^{-1} = \frac{1}{x} \qquad f(x) = x^{-2} = \frac{1}{x^2}$

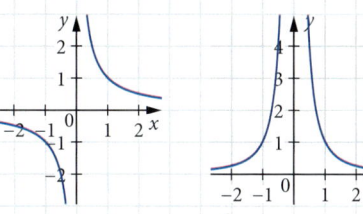

• $f(x) = x^{-n} = \frac{1}{x^n} \quad D_f = \mathbb{R}^*$
Exponent *gerade*:
– $W_f = \mathbb{R}_+^*$
– Graph achsensymmetrisch zur y-Achse
Exponent *ungerade*:
– $W_f = \mathbb{R}^*$
– Graph punktsymmetrisch zu $O(0\,|\,0)$

• Exponent der Form $\frac{1}{n}$:
$f(x) = x^{\frac{1}{2}} = \sqrt{x}$ Es gilt $D_f = \mathbb{R}_+$.

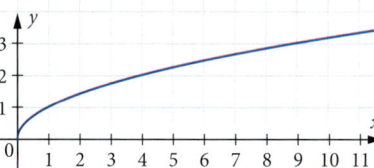

• $f(x) = x^{\frac{1}{n}} = \sqrt[n]{x}$ mit $n \in \mathbb{N} \setminus \{0; 1\}$
Spezialfall: Wurzelfunktionen
$D_f = \mathbb{R}_+$
$W_f = \mathbb{R}_+$

Alle Potenzfunktionen sind in ihrem Definitionsbereich stetig.

Ich kann ...

... *prüfen, ob ein Funktionsgraph* **achsensymmetrisch zur x-Achse** *ist.*

▶ Test-Aufgabe 4

$f(x) = 2x^2 - 4$
$f(-x) = 2(-x)^2 - 4$
$\qquad = 2x^2 - 4$
$\qquad = f(x)$

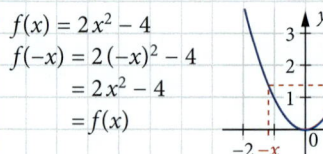

Achsensymmetrie zur y-Achse:
$f(-x) = f(x)$ für alle $x \in D_f$
Alle Exponenten von x sind gerade.

... *prüfen, ob ein Funktionsgraph* **punktsymmetrisch zum Koordinaten-ursprung** *ist.*

▶ Test-Aufgabe 4

$f(x) = -x^3$
$f(-x) = -(-x)^3$
$\qquad = x^3$
$\qquad = -f(x)$

Punktsymmetrie zu $O(0|0)$:
$f(-x) = -f(x)$ für alle $x \in D_f$
Alle Exponenten von x sind ungerade.

... *erläutern, wie der Graph der Funktion* g *mit* $g(x) = a \cdot f(x - c) + d$ *aus dem Graphen von* f *hervorgeht.*

▶ Test-Aufgaben 5, 6

$f(x) = x^2$
$g(x) = 3(x + 1)^2 + 2$

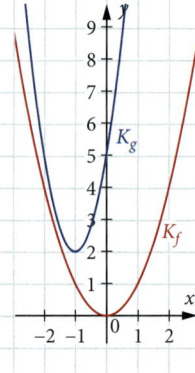

K_g ist im Vergleich zu K_f um 2 Einheiten nach oben und 1 Einheit nach links verschoben. Außerdem ist er mit dem Faktor 3 gestreckt.

$g(x) = a \cdot f(x - c) + d$
Der Graph von f wird

• für $a > 1$ sowie $-1 < a$ gestreckt und für $0 < a < 1$ sowie $-1 < a < 0$ gestaucht. Für $a < 0$ wird der Graph zusätzlich an der x-Achse gespiegelt.

• um d Einheiten entlang der y-Achse verschoben – für $d > 0$ nach oben und für $d < 0$ nach unten.

• um c Einheiten entlang der x-Achse verschoben – für $c > 0$ nach rechts und für $c < 0$ nach links.

... **Potenzgleichungen** *lösen.*

▶ Test-Aufgaben 7, 8

$x^3 = -8 \qquad\quad |\sqrt[3]{}$
$x = -2$

• Steht die Unbekannte als Basis einer Potenz mit einem natürlichen Exponenten n ($n \in \mathbb{N}$; $n > 1$), zieht man die n-te Wurzel.

$x^4 - 625 = 0 \qquad |+ 625$
$\qquad x^4 = 625 \qquad |\sqrt[4]{}$
$x_1 = -5$ und $x_2 = 5$

$x^{-3} = 6$
$\dfrac{1}{x^3} = 6 \qquad |\cdot x^3$
$1 = 6x^3 \qquad |: 6$
$\dfrac{1}{6} = x^3 \qquad |\sqrt[3]{}$
$0{,}55 \approx x$

• Ist der Exponent eine negative ganze Zahl, erhält man eine Bruchgleichung. Durch Multiplikation muss der Bruch zunächst beseitigt werden.

$\sqrt{x + 2} = 5 \qquad |$ quadrieren
$x + 2 = 25 \qquad |- 2$
$x = 23$

• Ist der Exponent ein Bruch $\frac{1}{n}$, erhält man eine Wurzelgleichung. Die Wurzel beseitigt man, indem man beide Seiten mit n potenziert.

$\sqrt[4]{x} + 3 = 0 \qquad |- 3$
$\sqrt[4]{x} = -3 \qquad |$ mit 4 potenzieren
$x = 81$ ist keine Lösung, denn:
Probe: $\sqrt[4]{81} + 3 = 0$
$6 \neq 0$

Achtung: Quadrieren ist keine Äquivalenzumformung. Deshalb muss immer eine Probe gemacht werden.

Test zu 2.1

 **1.** Vereinfachen Sie die Terme, indem Sie die Potenz- bzw. Wurzelgesetze anwenden.

a) $3\,a^{-2} \cdot 2\,a^5$

c) $(2\,a^x)^y$

e) $2\sqrt{a} + \sqrt[2]{a} + \sqrt{a^2}$

g) $(a\,b)^{\frac{1}{2}} : \sqrt{a\,b}$

b) $-4^x : 2^x + 2^x$

d) $\dfrac{a \cdot a^2}{(a\,b)^3}$

f) $\sqrt[3]{a\,b^3} \cdot \sqrt[3]{a^2}$

h) $\sqrt[3]{\sqrt{a}} - 2\sqrt[6]{a}$

 2. Ziehen Sie partiell die Wurzel.

a) $\sqrt{250}$

b) $\sqrt[3]{108}$

c) $\sqrt{64\,a^2 b^4}$

d) $\sqrt[3]{24\,x^2 y^3 z^4}$

2

3. Geben Sie jeweils die Gleichungen zweier Potenzfunktionen an, deren Grad größer als 3 ist und die die gegebene Eigenschaft haben.

a) Die Funktion ist gerade.

b) Die Funktion ist punktsymmetrisch zum Koordinatenursprung.

c) Der Graph der Funktion verläuft oberhalb der x-Achse.

d) Der Graph der Funktion verläuft nur im I. und III. Quadranten.

4. Untersuchen Sie die Graphen der Funktionen rechnerisch auf Symmetrie.

a) $f(x) = -\frac{1}{2}x$

b) $f(x) = -x^2 + 2$

c) $f(x) = \frac{4}{x^3}$

d) $f(x) = -\sqrt{x}$

5. Erläutern Sie, wie die Graphen der Funktionen g_1, g_2, g_3 aus dem Graphen der Funktion f hervorgehen. Geben Sie den Definitions- und Wertebereich aller Funktionen an.

a) $f(x) = x^2$ $g_1(x) = -x^2$ $g_2(x) = -2x^2 + 6$ $g_3(x) = (x-8)^2 - 5$

b) $f(x) = \frac{1}{x}$ $g_1(x) = \frac{3}{x}$ $g_2(x) = \frac{1}{(x+4)} - 2$ $g_3(x) = \frac{1}{2(x-1)}$

c) $f(x) = \sqrt{x}$ $g_1(x) = -\sqrt{x}$ $g_2(x) = (x+7)^{\frac{1}{2}}$ $g_3(x) = 10\sqrt{x} + 5$

6. Ermitteln Sie die Funktionsgleichungen der dargestellten quadratischen Funktionen.

a)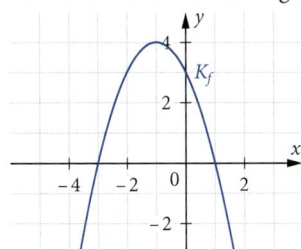

b)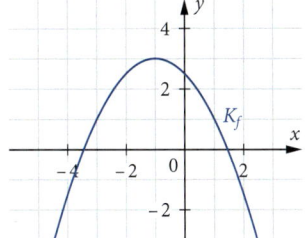

c)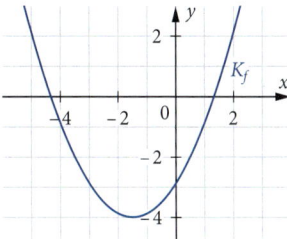

7. Gegeben sind fünf Funktionsgraphen und zehn Funktionsgleichungen. Ordnen Sie den Graphen die passende Gleichung zu.

① $f(x) = \frac{1}{x+3}$

⑥ $f(x) = -\sqrt{0,5\,x}$

② $f(x) = \frac{1}{x} - 3$

⑦ $f(x) = -0,5\sqrt{x}$

③ $f(x) = \frac{1}{x-3} - 1$

⑧ $f(x) = 0,2\,x^2 + 1$

④ $f(x) = (x-1)^2$

⑨ $f(x) = x^2 + 1$

⑤ $f(x) = (x+1)^2$

⑩ $f(x) = (x-1)^2 + 1$

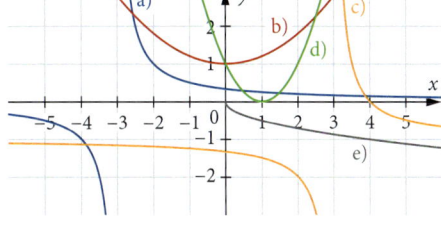

8. Lösen Sie die Potenzgleichungen.

a) $x^3 + 343 = 0$ b) $x^{-2} - 9 = 40$ c) $\frac{1}{3}x^4 = 27$ d) $\sqrt{x+5} = -11$ e) $(3-x)^{\frac{1}{2}} = 3$ f) $2\sqrt[3]{x} - 1 = 0$

9. Die Schwingungsdauer T (in s) eines Fadenpendels hängt nicht von der Masse des Pendelkörpers ab, sondern nur von der Länge l (in m) des Fadens: $T = 2\pi\sqrt{\dfrac{l}{g}}$ ▶ g: Erdbeschleunigung $g \approx 9{,}81\,\frac{m}{s^2}$

Berechnen Sie die Länge des Fadens, wenn die Schwingungsdauer 1,4 Sekunden beträgt.

2.2   Polynomfunktionen

1   Rückhaltebecken

Im Schwarzwald soll ein neues Regenrückhaltebecken erbaut werden. Es soll anfallendes Niederschlagswasser vorübergehend speichern, damit es verlangsamt in den nachfolgenden Entwässerungskanal eingeleitet werden kann. Die Funktion f mit $f(x) = \frac{1}{400}x^3 - \frac{1}{10}x^2 + x + 7$ beschreibt die Füllmenge dieses Rückhaltebeckens im Monat April, wobei x die Zeit in Tagen angibt und $f(x)$ die Füllmenge in $100\,\text{m}^3$.

a) Bestimmen Sie den maximalen Definitionsbereich der Funktion f und zeichnen Sie den Graphen.

b) Berechnen Sie die Füllmenge Anfang bzw. Ende April exakt.

c) Bestimmen Sie die maximale und minimale Füllmenge des Speicherbeckens im Monat April.

d) Bestimmen Sie die maximale Füllmenge des Speicherbeckens zwischen dem 1. und 26. April.

e) Haben Sie eine Vermutung, wann der Zulauf bzw. der Ablauf in das Speicherbecken am größten bzw. kleinsten war? Lesen Sie die Stelle ungefähr ab.

2   Freistoß

Mario und Miro wollen ihre Freistoßtechnik verbessern. Dazu filmen sie ihre Versuche im Training.
Folgender Graph der Funktion f mit $f(x) = ax^3 + bx^2$ gibt näherungsweise den Flug des Balls bei einem perfekten Freistoß aus $18\,\text{m}$ Torentfernung wieder. In der Videoanalyse können sie erkennen, dass der Freistoß bei $9\,\text{m}$ Entfernung ca. $2\,\text{m}$ $53\,\text{cm}$ hoch sein muss (Punkt P), damit der Ball über eine hochspringende Mauer fliegen kann.

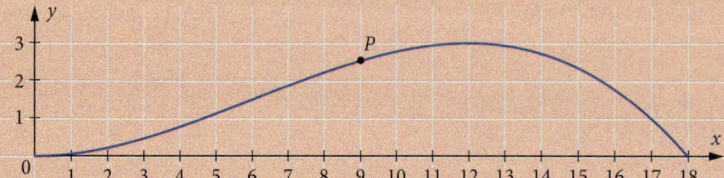

a) Bestimmen Sie eine Funktionsgleichung für f, indem Sie a und b berechnen.

b) Bestimmen Sie die maximale Höhe des Freistoßes.

3 Analyse der Firmensituation

Simon und Dustin entwickeln in einem Start-up eine Virtual-Reality-Brille „Multitalent", die plattformübergreifend eingesetzt werden kann. Das Produkt verkauft sich gut: Die produzierte Stückzahl musste von bisher 110 auf 250 in den letzten beiden Monaten erhöht werden. Der Preis der Brille beträgt 245 €.

Dennoch scheint es, als würde der Gewinn sinken. Simon und Dustin haben deshalb alle Kosten (bis auf eine Lücke), die bei der Produktion der Brille entstehen, in einer Tabelle zusammengefasst und folgende Fakten zusammengetragen:

- Die monatlichen Fixkosten, die auch bei keiner produzierten Brille für Miete, Strom usw. anfallen, belaufen sich auf 10 000 €.
- Höhere Stückzahlen sind eigentlich gut, da dadurch Mengenrabatte beim Einkauf diverser Kleinteile in Anspruch genommen werden können.
- Die erforderliche Erhöhung der Produktion auf 250 Stück führte zu höheren Kosten:

Produzierte Anzahl „Multitalent"	Gesamtkosten in €
0	???
100	20 000
200	30 000
300	94 000

  - Arbeiter leisteten Überstunden, die mit einem Zuschlag vergütet wurden.
  - Teilweise war es sogar nötig, an Samstagen zu arbeiten, was ebenfalls einen Lohnzuschlag erforderte.

Alles in allem kommen Simon und Dustin auf folgende Gleichung für die Kostenfunktion:

$K(x) = 0{,}009\,x^3 - 2{,}7\,x^2 + 280\,x + c$, wobei $K(x)$ die Gesamtkosten in € angibt und x für die Anzahl der Brillen steht.

a) Erläutern Sie, wofür c in der Gleichung steht und bestimmen Sie den Wert für c.

b) Die von der Produktionsmenge abhängigen Kosten sind die variablen Kosten K_v. Geben Sie die Gleichung für die variablen Kosten an.

c) Die variablen Stückkosten k_v sind die Kosten, die anfallen, wenn man die variablen Kosten K_v durch die produzierte Menge teilt. Geben Sie die Gleichung für die variablen Stückkosten an und zeichnen Sie den zugehörigen Graphen mithilfe einer Wertetabelle. Legen Sie vorher ein sinnvolles Intervall für die Zeichnung fest.

d) Lesen Sie ab, bei welcher Produktionsmenge die geringsten variablen Stückkosten anfallen.

e) Der Gewinn G ist die Differenz aus den Kosten K und dem Erlös E. Geben Sie die Gleichung für den Gewinn an und ermitteln Sie grafisch die Produktionsmenge, ab der kein Gewinn mehr erzielt wird.

2.2 Polynomfunktionen

2.2.1 Gleichungen und Graphen von Polynomfunktionen

 1 Gewinnfunktion

Die JoRo GmbH stellt qualitativ einzigartige Mikrochips her. Der Gewinn kann durch die Funktion G mit $G(x) = -0{,}5x^3 + 52x - 100$ beschrieben werden, wobei x die Anzahl verkaufter Mengeneinheiten (ME) Mikrochips angibt und $G(x)$ den dann erzielten Gewinn in Geldeinheiten (GE). Die Beschreibung gilt allerdings nur für 0 bis 10 ME. Analysieren Sie die Gewinnsituation.

Wir zeichnen den Graphen der Gewinnfunktion im Intervall [0; 10].
Anhand der Zeichnung erkennen wir, dass ab 2 ME Gewinn erzielt wird. Diese Menge, bei der erstmals Gewinn erzielt wird, heißt Gewinnschwelle. Ab ungefähr 9 ME wird kein Gewinn mehr erzielt. Diese Menge beim Übergang von einem positiven Gewinn zu einem negativen Gewinn (Verlust) heißt Gewinngrenze.
Die Gewinnzone liegt somit zwischen 2 ME und 9 ME.
Bei ungefähr 6 ME ist der Gewinn mit ca. 104 GE maximal.

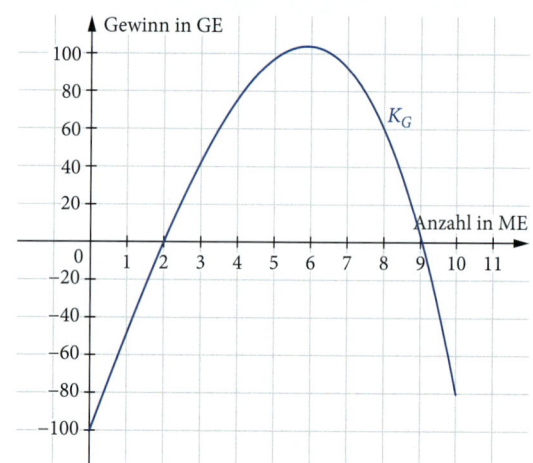

Die Gewinnfunktion G ergibt sich aus der Differenz der Erlösfunktion E und Kostenfunktion K:
$G(x) = E(x) - K(x)$. Im Beispiel ist die Kostenfunktion gegeben durch $K(x) = 0{,}5x^3 - 8x^2 + 48x + 100$. $K(x)$ gibt die Kosten für x ME in GE an.
Die Erlösfunktion E stellt den Erlös bzw. Umsatz beim Verkauf von x ME in GE dar. Der Erlös ergibt sich als Produkt der abgesetzten Menge x mit dem Preis p. Hier im Beispiel gibt die Preis-Absatzfunktion p_N mit $p_N(x) = -8x + 100$ den Preis in Abhängigkeit der Absatzmenge x an. Es gilt also für den Erlös:
$E(x) = (-8x + 100) \cdot x = -8x^2 + 100x$ und somit $G(x) = -8x^2 + 100x - (0{,}5x^3 - 8x^2 + 48x + 100) = -0{,}5x^3 + 52x - 100$.

Alle vier genannten Funktionen sind Beispiele für **Polynomfunktionen**:

$p_N(x) = -8x + 100$	ersten Grades
$E(x) = -8x^2 + 100x$	zweiten Grades
$K(x) = 0{,}5x^3 - 8x^2 + 48x + 100$	dritten Grades
$G(x) = -0{,}5x^3 + 52x - 100$	dritten Grades

Rechts sind die Graphen losgelöst von der Anwendung für $x \in \mathbb{R}$ dargestellt.

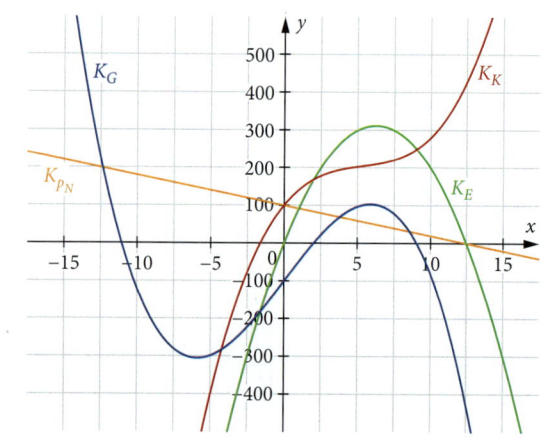

Allgemein heißen Funktionen vom Typ

$$f(x) = a_n x^n + a_{n-1} x^{n-1} + a_{n-2} x^{n-2} + \ldots + a_1 x + a_0$$

mit $\quad a_n \neq 0 \quad$ und $\quad a_0, a_1, \ldots, a_{n-2}, a_{n-1}, a_n \in \mathbb{R}$ **Polynomfunktionen** oder **ganzrationale Funktionen n-ten Grades**. Ihre Funktionsterme werden **Polynome** genannt. Die Zahlen $a_0, a_1, \ldots, a_{n-2}, a_{n-1}, a_n$ heißen **Koeffizienten** des Polynoms.

Jeder Summand ist eine Potenzfunktion für sich.

Lineare und quadratische Funktionen sind ebenfalls Polynomfunktionen:

$f(x) = a_1 x + a_0$	lineare Funktion	Polynomfunktion ersten Grades
$f(x) = a_2 x^2 + a_1 x + a_0$	quadratische Funktion	Polynomfunktion zweiten Grades
$f(x) = a_3 x^3 + a_2 x^2 + a_1 x + a_0$	kubische Funktion	Polynomfunktion dritten Grades

Grad und Koeffizienten einer Polynomfunktion

Bestimmen Sie den Grad der Funktionen f mit $f(x) = 2x^5 + 3x^4 + 2x^3 + 2x + 3$ und g mit $g(x) = x - x^4$. Geben Sie die Koeffizienten an.

Der höchste Exponent in der Funktionsgleichung bestimmt den Grad der Funktion.

f hat den Grad 5.
g hat den Grad 4.

Die Koeffizienten können wir aus den Funktionsgleichungen ablesen. Potenzen von x, die im Funktionsterm fehlen, haben den Koeffizienten 0.

Funktion f:
$a_5 = 2$; $\ a_4 = 3$; $\ a_3 = 2$; $\ a_2 = 0$; $\ a_1 = 2$; $\ a_0 = 3$
Funktion g:
$a_4 = -1$; $\ a_3 = 0$; $\ a_2 = 0$; $\ a_1 = 1$; $\ a_0 = 0$

- Eine Funktion f mit einer Gleichung der Form $f(x) = a_n x^n + a_{n-1} x^{n-1} + \ldots + a_1 x + a_0$ mit $n \in \mathbb{N}$, $a_0, a_1, \ldots, a_n \in \mathbb{R}$ und $a_n \neq 0$ heißt **Polynomfunktion n-ten Grades**.
- Der Definitionsbereich ist in der Regel $D_f = \mathbb{R}$.
- Der Funktionsterm $a_n x^n + a_{n-1} x^{n-1} + \ldots + a_1 x + a_0$ heißt **Polynom n-ten Grades**.
- Die Zahlen $a_0, a_1, \ldots, a_{n-1}, a_n$ heißen **Koeffizienten** des Polynoms.
- Der Koeffizient a_n ist der **Streckfaktor**.
- Der Koeffizient a_0 heißt **Absolutglied**. Das Absolutglied gibt den y-Achsenabschnitt der Funktion an.

Sind die folgenden Funktionsgleichungen Beispiele für Polynomfunktionen? Wenn ja, geben Sie die Koeffizienten und den Grad der Funktion an.

a) $f(x) = 7x^7 + 13x^3 + 11x$

b) $f(x) = (x + 4)^2 (x - 1)$

c) $f(x) = 5$

d) $f(x) = \frac{1}{x^4}$

e) $f(x) = x^3 + 3x^2 + \sqrt{x}$

f) $f(x) = \frac{1}{3} x^3 + 37 x^2 - 6$

Ist der Grad einer Polynomfunktion nicht so groß, werden die Koeffizienten oft nicht mit Indizes geschrieben, sondern durchbuchstabiert:

2. Grades: $f(x) = ax^2 + bx + c$	statt	$f(x) = a_2 x^2 + a_1 x + a_0$
3. Grades: $f(x) = ax^3 + bx^2 + cx + d$	statt	$f(x) = a_3 x^3 + a_2 x^2 + a_1 x + a_0$
4. Grades: $f(x) = ax^4 + bx^3 + cx^2 + dx + e$	statt	$f(x) = a_4 x^4 + a_3 x^3 + a_2 x^2 + a_1 x + a_0$

Für Funktionen 1. Grades, also für lineare Funktionen, ist die allgemeine Form $f(x) = mx + b$ gebräuchlich, da m hier die Steigung angibt.

Bei den Potenzfunktionen haben wir bereits Polynomfunktionen kennengelernt. Werden nämlich die Graphen von Potenzfunktionen entlang der x- oder y-Achse verschoben, handelt es sich nicht mehr um Potenzfunktionen, sondern man erhält Polynomfunktionen, wie z. B. $f(x) = x^2 + 1$. Auch die Graphen von Polynomfunktionen können symmetrisch sein.

Potenzfunktionen mit natürlichen Exponenten sind spezielle Polynomfunktionen, deren Gleichungen nur ein Polynom enthält, wie z. B. $f(x) = x^2$ oder $g(x) = 2x^3$.

2

(3) **Symmetrie von Graphen**

Prüfen Sie, ob die Graphen achsensymmetrisch zur y-Achse oder punktsymmetrisch zum Ursprung sind.

a) $f(x) = 2x^4 - 3x^2 + 1$ **b)** $f(x) = x^5 + 2x^3 - 3x$ **c)** $f(x) = x^4 - 2x^3 + 1$

Der Graph einer Funktion f ist symmetrisch zur y-Achse, falls $f(-x) = f(x)$ gilt.
Die Bedingung für Punktsymmetrie zum Koordinatenursprung ist $f(-x) = -f(x)$.
Wir berechnen also jeweils $f(-x)$ und vergleichen das Ergebnis mit dem Term $f(x)$ bzw. $-f(x)$.

Zu a)

$f(-x) = 2(-x)^4 - 3(-x)^2 + 1$ ▶ $(-x)^4 = x^4$ und $(-x)^2 = x^2$
$ = 2x^4 - 3x^2 + 1$
$ = f(x)$

K_f ist achsensymmetrisch zur y-Achse.

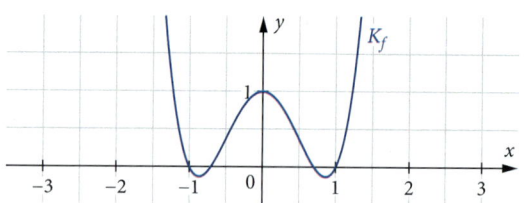

Zu b)

$f(-x) = (-x)^5 + 2(-x)^3 - 3(-x)$ ▶ $(-x)^5 = -x^5$
$ = -x^5 - 2x^3 + 3x$ und $(-x)^3 = -x^3$
$ = -(x^5 + 2x^3 - 3x)$
$ = -f(x)$

K_f ist punktsymmetrisch zum Ursprung.

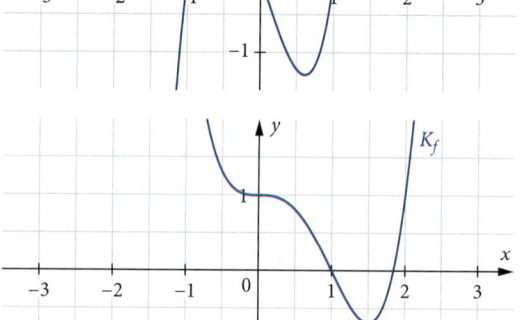

Zu c)

$f(-x) = (-x)^4 - 2(-x)^3 + 1$ ▶ $(-x)^4 = x^4$ und $(-x)^3 = -x^3$
$ = x^4 + 2x^3 + 1$
$f(-x) \neq f(x)$ und $f(-x) \neq -f(x)$ ▶ $-f(x) = -x^4 + 2x^3 - 1$
K_f ist weder symmetrisch zur y-Achse noch zum Ursprung.
Um das zu zeigen, hätte auch ein Gegenbeispiel genügt: $f(-1) = 4$ und $f(1) = 0$.

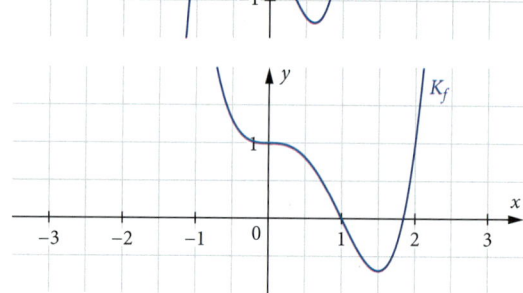

Die Funktionen im Beispiel zeigen, dass man die Symmetrie der Graphen von Polynomfunktionen an den Exponenten von x im Funktionsterm erkennen kann:

Achsensymmetrie zur y-Achse	**Punktsymmetrie zum Ursprung**
$f(-x) = f(x)$	$f(-x) = -f(x)$
Alle Exponenten von x sind gerade.	Alle Exponenten von x sind ungerade und das
Die Funktion f **ist gerade**.	Absolutglied ist null. Die Funktion f **ist ungerade**.

Untersuchen Sie den zugehörigen Graphen auf Symmetrie.

a) $f(x) = 3x^5 + \frac{1}{2}x^3 + 2x^2 + 7$ b) $f(x) = x^6 + 3x^2 - 9$ c) $f(x) = \frac{1}{100}x^7 + \frac{2}{7}x^5 + 30x$

Übungen zu 2.2.1

1. Gegeben sind jeweils die Koeffizienten einer Polynomfunktion f. Geben Sie eine passende Funktionsgleichung an.

a) $a_3 = 1$; $a_2 = -5$; $a_1 = 7$; $a_0 = -3$

b) $a_4 = 1$; $a_3 = -2{,}5$; $a_2 = 3$; $a_1 = -4{,}5$; $a_0 = 1$

c) $a_3 = 1$; $a_2 = 0$; $a_1 = 8$; $a_0 = -8$

d) $a_4 = 2$; $a_3 = a_2 = a_1 = 0$; $a_0 = 12$

e) $a_i = i$ für alle $i = 0, 1, \ldots, 5$

2. Geben Sie den Grad der Funktion an. Entscheiden Sie anhand der Exponenten, ob die Graphen achsensymmetrisch zur y-Achse oder punktsymmetrisch zum Ursprung sind oder keines von beidem.

a) $f(x) = x^4 - 4x^2 + 3$

b) $f(x) = 23x^5 - 9x^3 + x$

c) $f(x) = x^5 - x^3 - 2$

d) $f(x) = 1{,}25$

e) $f(x) = 76{,}54x$

f) $f(x) = 0{,}25x^4 - 3{,}25x^3 + 9$

g) $f(x) = -4x^3 - 2x$

h) $f(x) = x^2 - 6x^3$

i) $f(x) = 3x(x - 9)$

j) $f(x) = 3x(x^2 - 9)$

3. Entscheiden Sie anhand der Exponenten, ob die Graphen achsensymmetrisch zur y-Achse sind.
Weisen Sie die Symmetrie anhand der Bedingung $f(-x) = f(x)$ nach oder finden Sie ein Gegenbeispiel.

a) $f(x) = 2x^2 - 4x + 2$ d) $f(x) = -x^2 + x$

b) $f(x) = -x^2 + 9x - 4$ e) $f(x) = x^2 - 4$

c) $f(x) = 0{,}5x^2 + x - 8$ f) $f(x) = 2x^2 + 2$

4. Entscheiden Sie anhand der Exponenten, ob die Graphen punktsymmetrisch zum Koordinatenursprung sind.
Weisen Sie die Symmetrie anhand der Bedingung $f(-x) = -f(x)$ nach oder finden Sie ein Gegenbeispiel.

a) $f(x) = x^3 - 2$ d) $f(x) = -x^3 + 4x$

b) $f(x) = -x^3 + 2$ e) $f(x) = 4x^3 - 12x$

c) $f(x) = 4x^3 - 2$ f) $f(x) = -0{,}5x^3$

5. Die Polynomfunktion f mit der Gleichung
$$f(x) = -2x^7 + x^6 - 15x^5 + x^4 - 2x^3 + \tfrac{1}{2}x^2 - 10x + 6$$
ist weder achsensymmetrisch zur y-Achse noch punktsymmetrisch zum Ursprung. Welche Summanden müsste man streichen, um entsprechende Symmetrien zu erhalten? Begründen Sie.

6. Gegeben sind folgende Potenzfunktionen:
$$g(x) = 5x^3 \qquad i(x) = -3x^4 \qquad k(x) = -\tfrac{2}{3}x$$
$$h(x) = 8x^5 \qquad j(x) = \tfrac{1}{2}x^2$$
Bilden Sie eine Polynomfunktion f_1 durch Addition einer Auswahl der Potenzfunktionen so, dass K_{f_1} achsensymmetrisch zur y-Achse ist. Bilden Sie eine Polynomfunktion f_2 durch Addition einer Auswahl der Potenzfunktionen so, dass G_{f_2} punktsymmetrisch zum Ursprung ist.
Gibt es weitere Möglichkeiten f_1 oder f_2 zu bilden? Falls ja, wie viele und welche?

7. Peter behauptet, die Aussage „nur gerade Funktionen sind achsensymmetrisch" sei falsch, weil seine Funktion f mit $f(x) = x^2 - 4x + 4$ nicht gerade aber trotzdem achsensymmetrisch sei.
Nehmen Sie Stellung zu seiner Behauptung.

8. Gegeben sind die Graphen der Polynomfunktionen f, g und h.

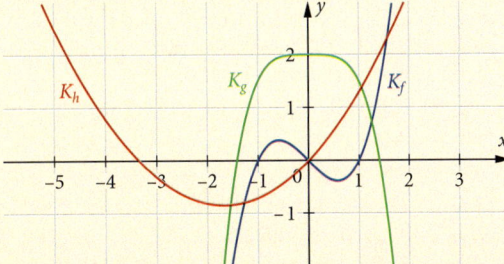

a) Geben Sie für jede Funktion an, ob der Grad n gerade oder ungerade ist und ob der Streckfaktor a_n größer oder kleiner als null ist.

b) Geben Sie für f, g und h jeweils eine mögliche Funktionsgleichung an. Zeichnen Sie die Graphen mithilfe einer Wertetabelle oder eines Funktionsplotters und vergleichen Sie Ihr Ergebnis mit den drei gegebenen Graphen.

9. Geben Sie jeweils die Gleichungen zweier Funktionen an, deren Grad größer als 4 ist und die außerdem die angegebene Eigenschaft hat.

a) Die Funktion ist gerade.

b) Die Funktion ist ungerade.

c) Die Funktion ist weder gerade noch ungerade.

d) Der Graph der Funktion verläuft nur oberhalb der x-Achse.

e) Der Graph der Funktion verläuft nur unterhalb der x-Achse.

2.2.2 Beschreibung von Graphenverläufen

 4 Globalverlauf

In Beispiel 1 (▶ S. 106) konnten wir den mit den Mikrochips erzielten Gewinn der JoRo GmbH durch eine Polynomfunktion G dritten Grades mit dem Definitionsbereich $D_G = [0; 10]$ beschreiben.

Lena möchte den Graphen mit einem Funktionsplotter zeichnen lassen. Damit der Plotter die Eingabe versteht, nennt sie die Funktion f und gibt die Funktionsgleichung $f(x) = -0{,}5x^3 + 52x - 100$ ein, ohne den Definitionsbereich anzugeben. Sie stellt fest, dass der Graph anders verläuft, als sie aufgrund der Abbildung in Beispiel 1 zunächst vermutet hat.

Der Funktionsplotter geht davon aus, dass der Definitionsbereich der Funktion f ganz $\mathbb{R}$ ist.
Während im Beispiel 1 zunächst nur ein Ausschnitt des Graphen dargestellt wurde, können wir hier erkennen, wie der gesamte Graph verläuft.
Wir verfolgen den Verlauf von links nach rechts:
Der Graph „kommt von oben" aus dem II. Quadranten, verläuft dann kurz im III. und danach im I. Quadranten und „geht" für immer größere Werte für x „nach unten" in den IV. Quadranten.
Das Verhalten des Graphen der Funktion für sehr kleine x-Werte („Woher kommt der Graph?") und sehr große x-Werte („Wohin geht der Graph?") heißt **Globalverlauf** des Graphen.
Bei der Untersuchung des Globalverlaufs beschreiben wir, wie sich die Funktionswerte $f(x)$ verhalten, wenn wir immer größere bzw. immer kleinere Werte für x einsetzen. Das haben wir bei den Potenzfunktionen bereits gemacht. ▶ S. 84
Hier wird $f(x)$ für immer größere x immer kleiner. Es gilt also: Für x gegen unendlich geht $f(x)$ gegen minus unendlich.
Für immer kleinere x wird $f(x)$ immer größer. Es gilt also: Für x gegen minus unendlich geht $f(x)$ gegen unendlich.
Der Globalverlauf des Graphen von f wird durch den Term $-0{,}5x^3$ bestimmt. Um das zu sehen, klammern wir den Summanden mit der höchsten x-Potenz aus.
Für $x \to -\infty$ und $x \to +\infty$ werden die Beträge der beiden Bruchterme immer kleiner und gehen gegen null. In der Klammer bleibt dann „fast" nur die 1 stehen und somit vom gesamten Funktionsterm nur $-0{,}5x^3 \cdot 1 = -0{,}5x^3$.

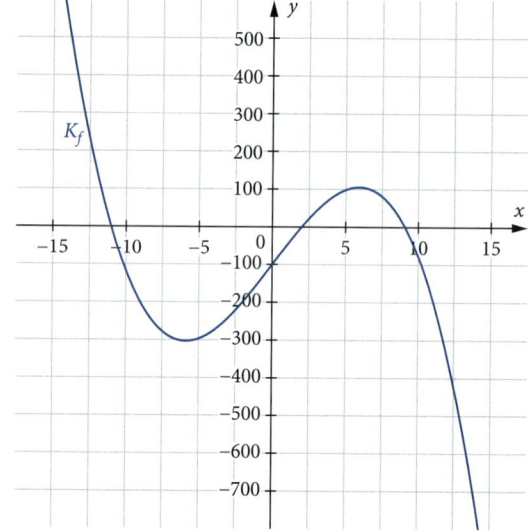

$f(x) = -0{,}5x^3 + 52x - 100$

Für $x \to \infty$ gilt $f(x) \to -\infty$.

Für $x \to -\infty$ gilt $f(x) \to \infty$.

$$f(x) = -0{,}5x^3 + 52x - 100$$
$$= -0{,}5x^3\left(1 - \frac{52x}{0{,}5x^3} + \frac{100}{0{,}5x^3}\right)$$
$$\quad\quad\quad\; \downarrow \quad\quad\; \downarrow$$
$$\quad\quad\quad\; 0 \quad\quad\; 0$$

Der Summand $a_n x^n$ bestimmt den Globalverlauf bei Polynomfunktionen. Dabei kommt es auf die folgenden zwei Eigenschaften an: **a)** Ist der Grad n gerade oder ungerade?
b) Ist der Streckfaktor a_n positiv oder negativ?

⬡ **1. n gerade und $a_n > 0$**

Der Graph verläuft vom II. in den I. Quadranten. Für $x \to \pm\infty$ gilt $f(x) \to +\infty$.

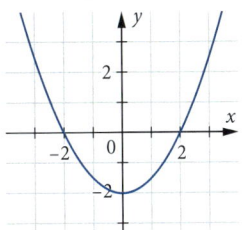 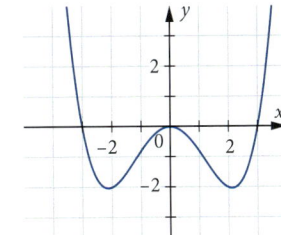 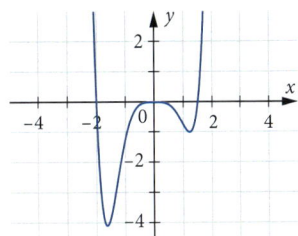

$n = 2$:
$f(x) = 0{,}5\,x^2 - 2$

$n = 4$:
$f(x) = 0{,}1\,x^4 - 0{,}9\,x^2$

$n = 6$:
$f(x) = 0{,}5\,x^6 + 0{,}25\,x^5 - 1{,}5\,x^4$

2. n gerade und $a_n < 0$

Der Graph verläuft vom III. in den IV. Quadranten. Für $x \to \pm\infty$ gilt $f(x) \to -\infty$.

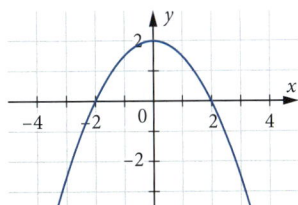 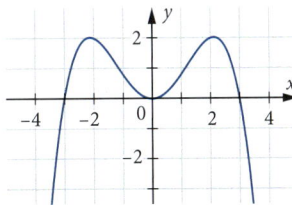 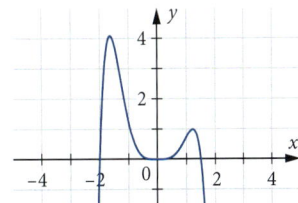

$n = 2$:
$f(x) = -0{,}5\,x^2 + 2$

$n = 4$:
$f(x) = -0{,}1\,x^4 + 0{,}9\,x^2$

$n = 6$:
$f(x) = -0{,}5\,x^6 - 0{,}25\,x^5 + 1{,}5\,x^4$

3. n ungerade und $a_n > 0$

Der Graph verläuft vom III. in den I. Quadranten.
Für $x \to +\infty$ gilt $f(x) \to +\infty$; für $x \to -\infty$ gilt $f(x) \to -\infty$

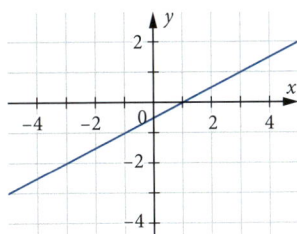 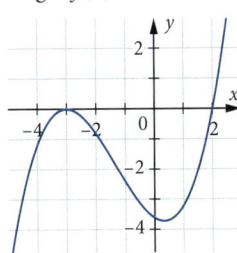 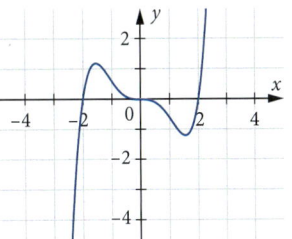

$n = 1$:
$f(x) = 0{,}5\,x - 0{,}5$

$n = 3$:
$f(x) = 0{,}2\,x^3 + 0{,}8\,x^2 - 0{,}6\,x - 3{,}6$

$n = 5$:
$f(x) = 0{,}2\,x^5 - 0{,}8\,x^3$

4. n ungerade und $a_n < 0$

Der Graph der Funktion verläuft vom II. in den IV. Quadranten.
Für $x \to +\infty$ gilt $f(x) \to -\infty$; für $x \to -\infty$ gilt $f(x) \to +\infty$.

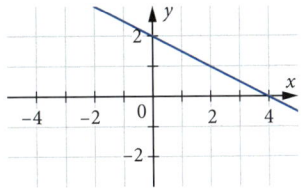 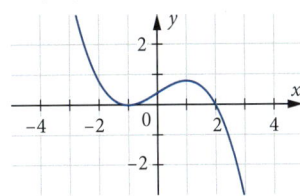 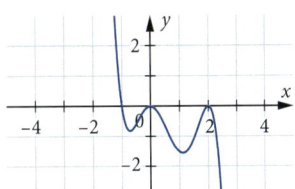

$n = 1$:
$f(x) = -0{,}5\,x + 2$

$n = 3$:
$f(x) = -0{,}2\,x^3 + 0{,}6\,x + 0{,}4$

$n = 5$:
$f(x) = -0{,}75\,x^5 + 2{,}25\,x^4 - 3\,x^2$

Der **Globalverlauf** des Graphen einer Polynomfunktion f mit $f(x) = a_n x^n + \cdots + a_1 x^1 + a_0$ $(a_n \neq 0)$ wird von dem Summanden mit dem höchsten Exponenten, also durch $a_n x^n$ bestimmt.

Man unterscheidet vier Fälle:

n gerade und a_n positiv

Für $x \to -\infty$ gilt $f(x) \to +\infty$

Für $x \to +\infty$ gilt $f(x) \to +\infty$

Der Graph verläuft vom II. in den I. Quadranten.

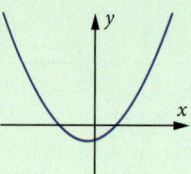

n gerade und a_n negativ

Für $x \to -\infty$ gilt $f(x) \to -\infty$
Für $x \to +\infty$ gilt $f(x) \to -\infty$

Der Graph verläuft vom III. in den IV. Quadranten.

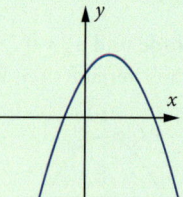

n ungerade und a_n positiv

Für $x \to -\infty$ gilt $f(x) = -\infty$

Für $x \to +\infty$ gilt $f(x) = +\infty$

Der Graph verläuft vom III. in den I. Quadranten.

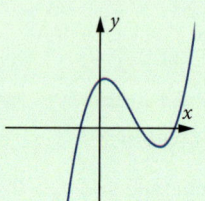

n ungerade und a_n negativ

Für $x \to -\infty$ gilt $f(x) = +\infty$

Für $x \to +\infty$ gilt $f(x) = -\infty$

Der Graph verläuft vom II. in den IV. Quadranten.

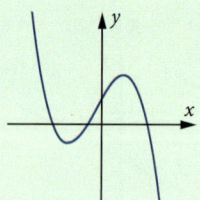

 1. Beschreiben Sie den Globalverlauf des Graphen der Funktion.

a) $f(x) = 2x^4 + 2x^2 + 4$ c) $f(x) = -0{,}5x^4 + 2x$ e) $f(x) = x^5 + x^3 + 1$

b) $f(x) = -x^6 + x^4 + 3x$ d) $f(x) = -2x^3 + x^2$ f) $f(x) = -(x-5)(x^2-3)$

2. Geben Sie jeweils zwei Gleichungen für Funktionen mit der angegebenen Eigenschaft an.

a) Der Graph einer Funktion verläuft vom III. in den I. Quadranten.

b) Der Graph einer Funktion verläuft vom II. in den I. Quadranten.

c) Der Graph einer Funktion verläuft vom II. in den IV. Quadranten.

3. Bestimmen Sie unter den folgenden Funktionen diejenigen, deren Graphen den gleichen Globalverlauf aufweisen.

a) $f(x) = x^3 + 2x - 8$ d) $f(x) = x^3 - x^4$ g) $f(x) = x^4 + x^3 + x^2$

b) $f(x) = x^7 + 5x^6 + 3$ e) $f(x) = x^2 - x^3$ h) $f(x) = -x^3 + x^2 + 1$

c) $f(x) = x^2 + 2x - 7$ f) $f(x) = x^4 + 2x^2$ i) $f(x) = 2x$

Um den Verlauf eines Graphen noch genauer zu beschreiben, betrachten wir weitere Eigenschaften sowie markante Punkte des Graphen.

Steigungsverhalten

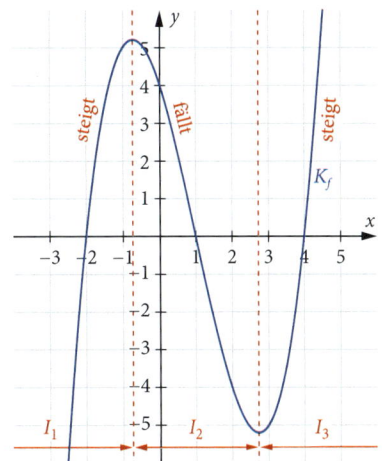

Geben Sie die Intervalle an, in denen der Graph von f steigt beziehungsweise fällt.

Im Intervall I_1 nehmen die Funktionswerte von links nach rechts zu, d.h. für $x_1 < x_2$ gilt die Aussage $f(x_1) \leq f(x_2)$.
Der Graph von f heißt dann **steigend**.

Im Intervall I_2 nehmen die Funktionswerte von links nach rechts ab, d.h. für $x_1 < x_2$ gilt die Aussage $f(x_1) \geq f(x_2)$.
Der Graph von f heißt dann **fallend**.

Im Intervall I_3 ist der Graph von f wieder steigend, da für $x_1 < x_2$ die Aussage $f(x_1) \leq f(x_2)$ gilt.

In den Punkten $(-0,7\,|\,5,2)$ und $(2,7\,|\,-5,2)$ ändert K_f sein Steigungsverhalten.

Steigungsintervalle:
$I_1 =]-\infty;\ -0,7[$: K_f steigt
$I_2 =]-0,7;\ 2,7[$: K_f fällt
$I_3 =]2,7;\ \infty[$: K_f steigt

Die Steigung ist eigentlich eine anschauliche Eigenschaft des Graphen. Ist der Graph steigend bzw. fallend, haben die Funktionswerte aber entsprechende Eigenschaften. Daher sagt man oft statt „Der Graph von f ist steigend." auch nur „Die Funktion f ist steigend."

Krümmungsverhalten

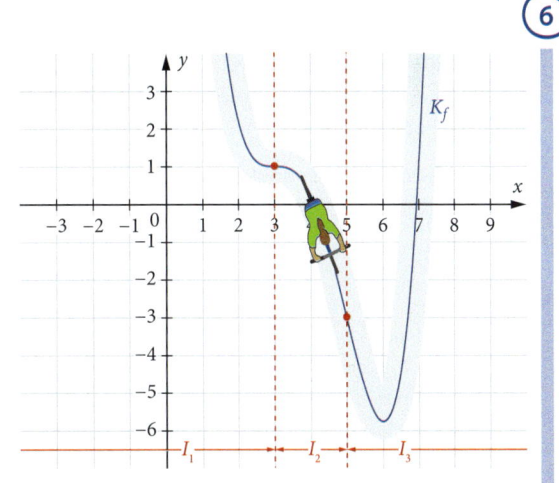

Stellen Sie sich den Graphen von f als Straße vor, die Sie von links nach rechts mit dem Fahrrad entlangfahren, wobei alles aus der Draufsicht „von oben" betrachtet wird.
Geben Sie die Intervalle an, in denen der Graph von f rechts- beziehungsweise linksgekrümmt ist.

Fahren wir K_f von links nach rechts entlang, so müssen wir bis zum Punkt $(3\,|\,1)$ den Lenker leicht nach links drehen; vom Punkt $(3\,|\,1)$ bis zum Punkt $(5\,|\,-3)$ rechtsherum steuern und anschließend wieder nach links.
Man sagt: Der Graph von f ist im Intervall $I_1 =]-\infty;\ 3[$ **linksgekrümmt**, im Intervall $I_2 =]3;\ 5[$ **rechtsgekrümmt** und im Intervall $I_3 =]5;\ \infty[$ wieder linksgekrümmt.
In den Punkten $(3\,|\,1)$ und $(5\,|\,-3)$ ändert K_f sein Krümmungsverhalten.

Krümmungsintervalle:
$I_1 =]-\infty;\ 3[$: K_f linksgekrümmt
$I_2 =]3;\ 5[$: K_f rechtsgekrümmt
$I_3 =]5;\ \infty[$: K_f linksgekrümmt

7   Hoch- und Tiefpunkte

Ein Punkt T heißt **Tiefpunkt** des Graphen einer Funktion, wenn der Graph von einem gewissen Punkt an bis zum Punkt T fällt und danach zunächst wieder steigt. Ein Punkt H heißt **Hochpunkt**, wenn der Graph von einem gewissen Punkt an bis zum Punkt H steigt und danach zunächst wieder fällt. Die Hoch- und Tiefpunkte gliedern den Graphen einer Funktion in steigende und fallende Abschnitte. Geben Sie die Hoch- und Tiefpunkte des abgebildeten Funktionsgraphen an.

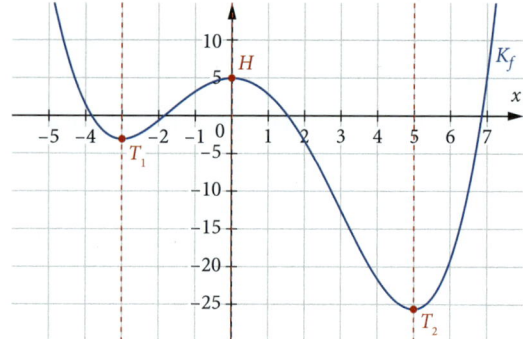

Der abgebildete Graph hat die beiden Tiefpunkte $T_1(-3|-2,8)$ und $T_2(5|-25,6)$ sowie den Hochpunkt $H(0|5)$. Die Hoch- und Tiefpunkte des Graphen einer Funktion werden unter dem Begriff **Extrempunkte** zusammengefasst. Die Koordinaten eines Extrempunkts bezeichnen wir allgemein mit x_E und y_E. x_E heißt **Extremstelle** und y_E heißt **Extremwert** oder **Extremum**.
In den Extrempunkten ändert der Graph sein Steigungsverhalten. Die Extremstellen der Funktion f bilden somit die Grenzen der Steigungsintervalle des Graphen.
Die x-Koordinate x_E eines Tiefpunkts $T(x_E|y_E)$ heißt genauer **Minimalstelle** der Funktion. Die y-Koordinate y_E von T ist ein **Minimum** der Funktion.
Die x-Koordinate x_E eines Hochpunkts $H(x_E|y_E)$ heißt entsprechend **Maximalstelle** der Funktion. Die y-Koordinate y_E von H ist ein **Maximum** der Funktion.

 8   Wende- und Sattelpunkte

Ein Punkt W heißt **Wendepunkt** einer Funktion, wenn in diesem Punkt die Krümmungsart wechselt. Die Wendepunkte gliedern den Graphen einer Funktion in linksgekrümmte und rechtsgekrümmte Abschnitte. Es gibt also zwei Arten von Wendepunkten: **Links-rechts-Wendepunkte** und **Rechts-links-Wendepunkte**.

Geben Sie die Wendepunkte des abgebildeten Graphen an.

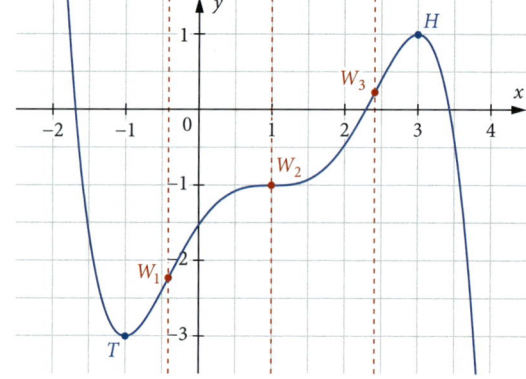

Der Wendepunkt $W_1(-0,4|-2,2)$ ist ein Links-rechts-Wendepunkt. $W_2(1|-1)$ ist ein Rechts-links-Wendepunkt und $W_3(2,4|0,2)$ wieder ein Links-rechts-Wendepunkt.
Die Koordinaten eines Wendepunkts bezeichnen wir allgemein mit x_W und y_W. x_W heißt **Wendestelle**. Die Wendestellen der Funktion bilden die Grenzen der Krümmungsintervalle des Graphen.
Der Wendepunkt W_2 ist ein Spezialfall, man nennt ihn wegen der Form des Graphen in seiner Umgebung auch **Sattelpunkt**, Terrassenpunkt oder Horizontalwendepunkt.

 In einem **Extrempunkt** (Hoch- oder Tiefpunkt) ändert der Graph einer Funktion sein Steigungsverhalten.
In einem **Wendepunkt** ändert der Graph einer Funktion sein Krümmungsverhalten.

Beschreibung des Verlaufs eines Funktionsgraphen

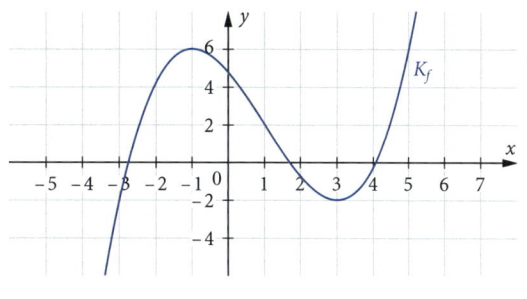

Beschreiben Sie anhand der Zeichnung den Verlauf des Graphen der Funktion f mit
$f(x) = 0{,}25\,x^3 - 0{,}75\,x^2 - 2{,}25\,x + 4{,}75;\; x \in \mathbb{R}$.
Begründen Sie das Symmetrieverhalten des Graphen und sein Verhalten im Unendlichen anhand des Funktionsterms.

Symmetrie:

Der Graph ist weder achsensymmetrisch zur y-Achse, noch punktsymmetrisch zum Ursprung, da der Funktionsterm von f sowohl gerade als auch ungerade Exponenten enthält.

Symmetrie:

$f(-x) \neq f(x)$ ▸ nicht achsensymmetrisch zur y-Achse

$f(-x) \neq -f(x)$ ▸ nicht punktsymmetrisch zum Ursprung

Achsenschnittpunkte:

$S_y(0\,|\,4{,}75)$ ist der Schnittpunkt mit der y-Achse.
An den Stellen $x_1 \approx -2{,}8$, $x_2 \approx 1{,}7$ und $x_3 \approx 4{,}1$ schneidet der Graph die x-Achse.

Achsenschnittpunkte:

y-Achsenschnittpunkt: $S_y(0\,|\,4{,}75)$
x-Achsenschnittpunkte:

$S_{x_1}(-2{,}8\,|\,0)$ ▸ Nullstelle: $x_1 \approx -2{,}8$

$S_{x_2}(1{,}7\,|\,0)$ ▸ Nullstelle: $x_2 \approx 1{,}7$

$S_{x_3}(4{,}1\,|\,0)$ ▸ Nullstelle: $x_3 \approx 4{,}1$

Extrempunkte und Steigungsverhalten:

Der Graph hat den Hochpunkt $H(-1\,|\,6)$ und den Tiefpunkt $T(3\,|\,-2)$.
Bis zum Hochpunkt H steigt der Graph; zwischen H und T fällt er; nach dem Tiefpunkt T steigt der Graph wieder.

Extrempunkte:

$H(-1\,|\,6)$ ▸ Hochpunkt
$T(3\,|\,-2)$ ▸ Tiefpunkt

Steigungsintervalle:

$I_1 = \,]-\infty;\, -1[\!: K_f$ steigt
$I_2 = \,]-1;\, 3[\!: K_f$ fällt
$I_3 = \,]3;\, \infty[\!: K_f$ steigt

Wendepunkte und Krümmungsverhalten:

Der Punkt $W(1\,|\,2)$ ist ein Wendepunkt.
Für $x < 1$ ist der Graph rechtsgekrümmt, für $x > 1$ ist er linksgekrümmt.

Wendepunkt:

$W(1\,|\,2)$

Krümmungsintervalle:

$I_1 = \,]-\infty;\, 1[\!: K_f$ rechtsgekrümmt
$I_2 = \,]1;\, \infty[\!: K_f$ linksgekrümmt

Verhalten im Unendlichen:

Der Graph verläuft vom III. in den I. Quadranten, da der Grad 3 ungerade ist und der Streckfaktor 0,25 positiv ist.

Globalverhalten:

Für $x \to -\infty$ gilt $f(x) \to -\infty$.
Für $x \to \infty$ gilt $f(x) \to \infty$.

 Beschreiben Sie den Verlauf des Graphen.

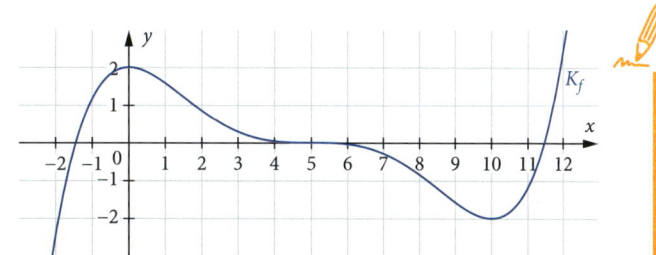

Übungen zu 2.2.2

1. Untersuchen Sie den Globalverlauf des Graphen von f.

a) $f(x) = x^4 - 4x^2 + 3$

b) $f(x) = 23x^5 - 9x^3 + x$

c) $f(x) = x^5 - x^3 - 2$

d) $f(x) = 1,25$

e) $f(x) = -4x^3 - 2x$

f) $f(x) = x^2 - 6x^3$

g) $f(x) = 3x(x-9)$

h) $f(x) = 3x(x^2 - 9)$

2. Gegeben sind zwei Funktionen f und g durch ihre Gleichungen:

$f(x) = 0,5x^3 - x$

$g(x) = 0,5x^4 - x^2$

a) Untersuchen Sie die Graphen auf ihr Symmetrieverhalten. Geben Sie den Globalverlauf an.

b) Zeichnen Sie die Graphen mithilfe eines Funktionsplotters. Überprüfen Sie Ihre Ergebnisse aus Aufgabenteil a).

c) Kennzeichnen Sie die markanten Punkte und geben Sie die Koordinaten an.

d) Geben Sie die Steigungs- und Krümmungsintervalle an.

3. Ordnen Sie Graphen und Funktionsgleichungen begründet zu.

a) $f(x) = 2x^4 - x^2 + 1$

b) $f(x) = -x^3 + 3x + 1$

c) $f(x) = -2x^4 + x^2 + 3$

d) $f(x) = -x^3 + 1$

e) $f(x) = 0,5x^2$

f) $f(x) = x^3 + 3x$

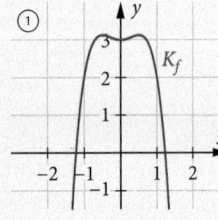

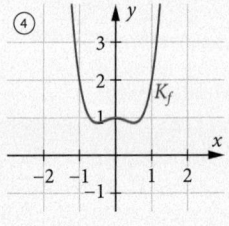

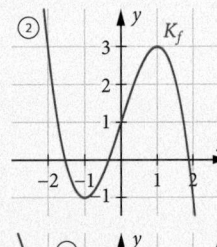

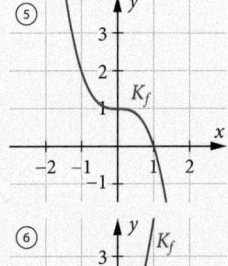

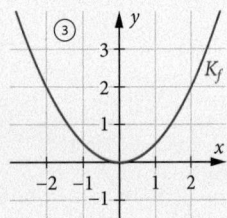

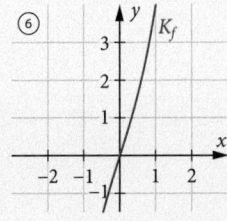

4. Gegeben sind die Graphen K_f, K_g, K_h und K_i.

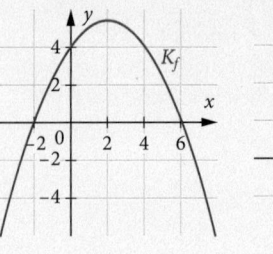

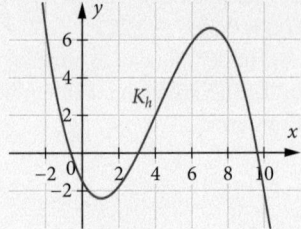

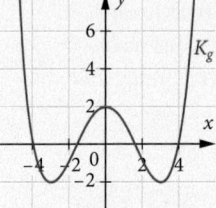

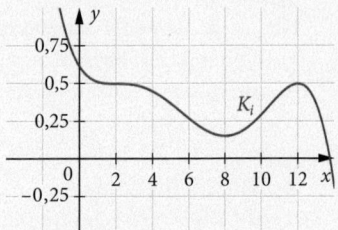

a) Geben Sie das Steigungsverhalten der Graphen an. Zeichnen Sie anschließend jeweils einen ganz anderen Graphen, der das gleiche Steigungsverhalten hat.

b) Geben Sie das Krümmungsverhalten an. Zeichnen Sie anschließend jeweils einen ganz anderen Graphen, der das gleiche Krümmungsverhalten hat.

5. Zeichnen Sie in je ein Koordinatensystem einen Graphen mit den beschriebenen Eigenschaften.

a) K_f sei steigend für $x < -3$, fallend für $-3 < x < 1$ und wieder steigend für $x > 1$.

b) f habe eine Nullstelle bei $x = 3$. K_f sei fallend für $x < 2$ und steigend für $x > 2$.

c) K_f sei auf ganz $\mathbb{R}$ steigend und nur im Intervall $I =]1; \infty[$ linksgekrümmt.

d) K_f sei im Intervall $I =]-2; 2[$ rechtsgekrümmt und ansonsten überall linksgekrümmt.

e) f habe die Nullstellen $x_1 = -2$, $x_2 = 1$ und $x_3 = 3$. K_f sei steigend für $-1 < x < 2$.

f) f habe genau zwei Nullstellen und zwar $x_1 = -2$ und $x_2 = 4$. Außerdem habe K_f genau zwei Hochpunkte.

g) f habe keine Nullstellen und K_f sei auf dem Intervall $I =]-\infty; 2[$ fallend. Außerdem habe K_f einen Sattelpunkt bei $S(1|2)$.

h) K_f habe einen Tiefpunkt auf der y-Achse sowie einen Hochpunkt im II. Quadranten und einen Hochpunkt im IV. Quadranten.

i) K_f sei im Intervall $I_1 =]-\infty; -2,5[$ rechtsgekrümmt und habe in $S(0|1)$ einen Sattelpunkt. Außerdem sei K_f punktsymmetrisch zum Punkt $P(0|1)$.

6. Beschreiben Sie den Verlauf des Graphen so, dass Ihre Lerngruppe nur anhand der Beschreibung den Graphen zeichnen kann. Achten Sie dabei besonders auf die Verwendung der neuen Fachbegriffe.

a)
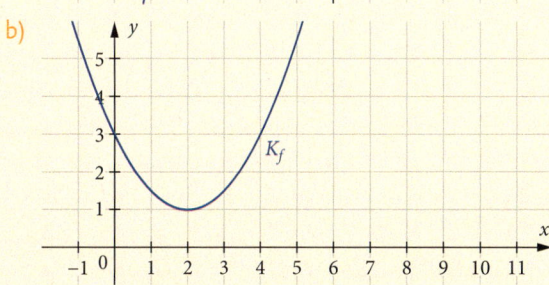

b)
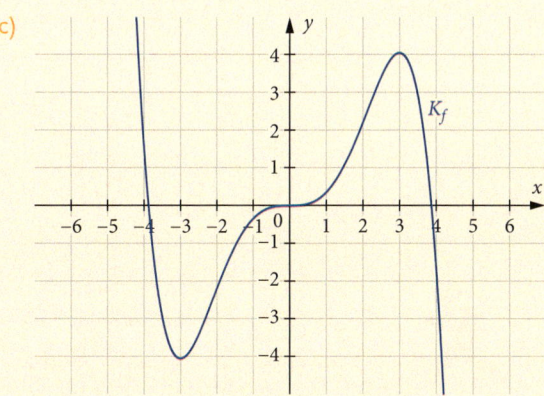

c)

7. Entscheiden Sie begründet, ob folgende Aussagen wahr oder falsch oder unentscheidbar sind. Führen Sie ggf. ein Gegenbeispiel an.

a) Der Graph einer quadratischen Funktion hat keinen Wendepunkt.

b) Der Graph einer Polynomfunktion 3. Grades hat zwei Extrempunkte oder einen Sattelpunkt.

c) Der Graph einer Polynomfunktion 4. Grades hat drei Extrempunkte.

d) Zwischen zwei Extrempunkten liegt immer ein Wendepunkt.

e) Zwischen zwei Wendepunkten liegt immer ein Extrempunkt.

8. Untersuchen Sie die Graphen auf Symmetrie, Verhalten im Unendlichen, Schnittpunkte mit den Koordinatenachsen sowie Extrem- und Wendepunkte. Geben Sie außerdem die Steigungs- und Krümmungsintervalle an.

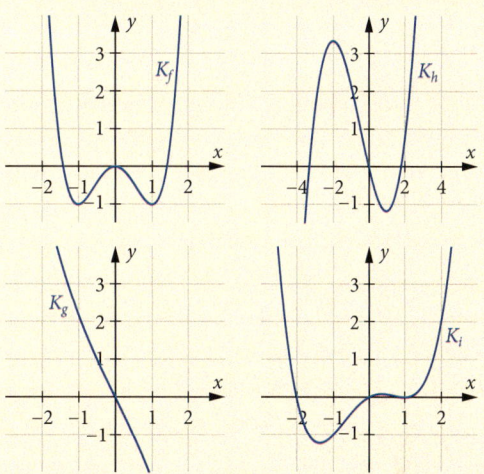

9. Ein Auto bewegt sich entsprechend der Funktion f mit $f(t) = -0,05\,t^3 + 0,75\,t^2$. Dabei steht t für die Zeit in Minuten und $f(t)$ für den zurückgelegten Weg in km.

a) Zeichnen Sie K_f im Intervall $[0;\,10]$.

b) Beschreiben Sie den innerhalb von 10 Minuten zurückgelegten Weg des Fahrzeugs.

c) Ermitteln Sie, welche Wegstrecke das Auto nach 7 Minuten zurückgelegt hat.

d) Lesen Sie aus der Zeichnung ab, nach wie vielen Minuten das Auto 12,5 km zurückgelegt hat.

e) Äußern Sie sich zur Bedeutung für die Autofahrt, dass der Graph von f zunächst linksgekrümmt und nach 5 Minuten rechtsgekrümmt verläuft.

f) Erörtern Sie das Fahrverhalten des Wagens nach 10 Minuten.

g) Bestimmen Sie einen sinnvollen Definitionsbereich für f und erklären Sie, warum eine Erweiterung des Definitionsbereichs über 10 Minuten hinaus nicht sinnvoll ist.

2.2.3   Polynomgleichungen

Sollen Nullstellen oder Schnittstellen von Polynomfunktionen berechnet werden, müssen Gleichungen wie z. B. $-x^4 + x = 0$ oder $2x^2 - 4x - 6 = 0$ gelöst werden. Solche Gleichungen, in denen verschiedene Potenzen der Unbekannten vorkommen, heißen **Polynomgleichungen**. Mit den Potenzgleichungen (▶ Seite 95) haben wir bereits einfache Polynomgleichungen kennen gelernt. So ist die Gleichung $2x^2 - 18 = 0$ z. B. eine Potenzgleichung, die man durch Wurzelziehen lösen kann.

Gleichungen 2. Grades

 10   Lösen durch Wurzelziehen

Berechnen Sie die Nullstellen der Funktion f mit $f(x) = 2x^2 - 18$. Geben Sie die x-Achsenschnittpunkte an.

An den Nullstellen schneidet oder berührt der Graph die x-Achse. Der Funktionswert $f(x)$ ist dort 0.
Gelöst werden muss also die Gleichung $f(x) = 0$.
Nachdem wir 18 auf beiden Seiten addiert haben, dividieren wir durch 2. Anschließend ziehen wir die Wurzel.
Da sowohl $3^2 = 9$ also auch $(-3)^2 = 9$ gilt, erhalten wir hier die zwei Lösungen beziehungsweise Nullstellen $x_1 = 3$ und $x_2 = -3$.
Die x-Achsenschnittpunkte sind $S_{x_1}(3\,|\,0)$ und $S_{x_2}(-3\,|\,0)$.

$$f(x) = 0$$
$$2x^2 - 18 = 0 \quad | +18$$
$$2x^2 = 18 \quad | :2$$
$$x^2 = 9 \quad | \sqrt{}$$
$$x_1 = 3 \text{ und } x_2 = -3$$

Nullstellen:
$x_1 = 3$ und $x_2 = -3$

x-Achsenschnittpunkte:
$S_{x_1}(3\,|\,0)$ und $S_{x_2}(-3\,|\,0)$

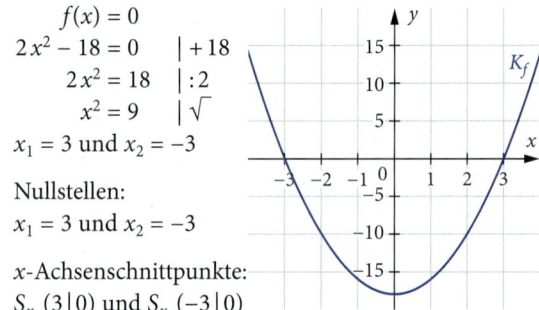

 11   Lösen durch Ausklammern mit dem Satz vom Nullprodukt

Nach einem Abstoß wird die Flugbahn des Balls durch den Graphen der Funktion f mit
$f(x) = -0{,}04x^2 + 2{,}4x$ angenähert (Angaben in m).
Der Abstoßpunkt liegt im Koordinatenursprung.
Berechnen Sie die Flugweite des Balls.

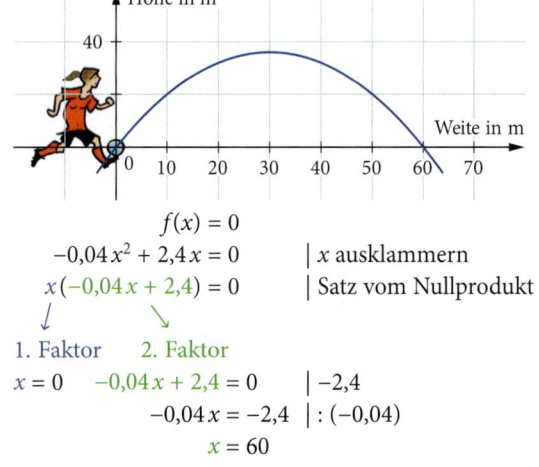

Um die Flugweite zu bestimmen, suchen wir die Stelle, an der der Ball wieder auf dem Boden aufkommt.
Diese entspricht der zweiten Nullstelle von f.
Gelöst werden muss also die Gleichung $f(x) = 0$.
Jeder Summand dieser Gleichung enthält x. Wir können also x ausklammern.
Wir verwenden den **Satz vom Nullprodukt**:
Ein Produkt ist genau dann gleich null, wenn mindestens ein Faktor gleich null ist. Für beide Faktoren bestimmen wir einzeln die Lösung.
Der Ball verlässt beim Abstoß den Boden ($x_1 = 0$) und landet wieder auf dem Boden nach 60 m ($x_2 = 60$).

$$f(x) = 0$$
$$-0{,}04x^2 + 2{,}4x = 0 \quad | x \text{ ausklammern}$$
$$x(-0{,}04x + 2{,}4) = 0 \quad | \text{ Satz vom Nullprodukt}$$

1. Faktor   2. Faktor
$x = 0 \quad -0{,}04x + 2{,}4 = 0 \quad | -2{,}4$
$$-0{,}04x = -2{,}4 \quad | : (-0{,}04)$$
$$x = 60$$

Nullstellen: $x_1 = 0$ und $x_2 = 60$

Gleichungen wie $2x^2 - 18 = 0$ oder $-0{,}04x^2 + 2{,}4x = 0$ aus den Beispielen 10 und 11, in denen die höchste Potenz der Unbekannten 2 ist, heißen Gleichungen 2. Grades oder **quadratische Gleichungen**. Kann man eine quadratische Gleichung nicht durch Wurzelziehen oder Ausklammern lösen, hilft die *abc*-Formel weiter.

Lösen mit der *abc*-Formel

Berechnen Sie die Nullstellen der Funktion f mit $f(x) = 2x^2 - 4x - 6$.

Zu lösen ist die Gleichung $f(x) = 0$.
Wir wenden die *abc*-Formel an:

$$ax^2 + bx + c = 0$$

$$x_{1/2} = \frac{-b \pm \sqrt{b^2 - 4ac}}{2a}$$

Dabei ist $a = 2$, $b = -4$ und $c = -6$.

Wir erhalten die zwei Nullstellen $x_1 = -1$ und $x_2 = 3$.

$$f(x) = 0$$
$$2x^2 + (-4)x + (-6) = 0$$
$$x_{1/2} = \frac{-(-4) \pm \sqrt{(-4)^2 - 4 \cdot 2 \cdot (-6)}}{2 \cdot 2}$$
$$= \frac{+4 \pm \sqrt{16 + 48}}{4} = \frac{4 \pm \sqrt{64}}{4} = \frac{4 \pm 8}{4}$$
$$x_1 = \frac{4 - 8}{4} = -1 \quad \text{und} \quad x_2 = \frac{4 + 8}{4} = 3$$

Nullstellen: $x_1 = -1$ und $x_2 = 3$

Lösungsmenge und Diskriminante

Berechnen Sie die Nullstellen der Funktionen.
$$f(x) = 2x^2 - 4x + 2$$
$$g(x) = -x^2 - 2x - 5$$
$$h(x) = 3x^2 + x - 1$$

Wir lösen die Gleichungen $f(x) = 0$, $g(x) = 0$ und $h(x) = 0$ jeweils mithilfe der *abc*-Formel.

Bei der Funktion f wird in der *abc*-Formel der Term unter der Wurzel null. Die Wurzel aus null ist wiederum null. Somit hat die Gleichung nur eine, allerdings doppelte Lösung. Man sagt: Die Funktion f hat eine doppelte Nullstelle.

$$f(x) = 0$$
$$2x^2 - 4x + 2 = 0$$
$$x_{1/2} = \frac{-(-4) \pm \sqrt{(-4)^2 - 4 \cdot 2 \cdot 2}}{2 \cdot 2}$$
$$= \frac{4 \pm \sqrt{0}}{4} = 1$$

doppelte Nullstelle: $x_{1/2} = 1$

Bei der Funktion g wird in der *abc*-Formel der Term unter der Wurzel negativ. Aus einer negativen Zahl können wir aber nicht die Wurzel ziehen. Also gibt es in diesem Fall keine Nullstelle.

$$g(x) = 0$$
$$-x^2 - 2x - 5 = 0$$
$$x_{1/2} = \frac{-(-2) \pm \sqrt{(-2)^2 - 4 \cdot (-1) \cdot (-5)}}{2 \cdot (-1)}$$
$$= \frac{2 \pm \sqrt{-16}}{-2}$$

keine Nullstelle

Bei der Funktion h wird in der *abc*-Formel der Term unter der Wurzel positiv. Wir erhalten zwei Lösungen bzw. Nullstellen.

$$h(x) = 0$$
$$3x^2 + x - 1 = 0$$
$$x_{1/2} = \frac{-1 \pm \sqrt{1^2 - 4 \cdot 3 \cdot (-1)}}{2 \cdot 3}$$
$$= \frac{-1 \pm \sqrt{13}}{6}$$
$$x_1 \approx 0{,}43 \quad \text{und} \quad x_2 \approx -0{,}77$$
zwei Nullstellen: $x_1 \approx 0{,}43$ und $x_2 \approx -0{,}77$

Wegen seiner Bedeutung für die Anzahl der Lösungen erhält der Term unter der Wurzel einen Namen: Er heißt **Diskriminante** und wird mit D bezeichnet.

▶ Diskriminante heißt wörtlich übersetzt: die Unterscheidende.

Quadratische Gleichungen können also keine, eine oder zwei Lösungen besitzen. Wenn wir die Lösungen mithilfe der *abc*-Formel bestimmen, können wir die Fälle leicht unterscheiden. Dazu betrachten wir die Diskriminante.

Gleichung: $a x^2 + b x + c = 0$ Lösung (*abc*-Formel): $x_{1/2} = \frac{-b \pm \sqrt{b^2 - 4 a c}}{2 a}$ Diskriminante: $D = b^2 - 4 a c$

$D > 0$	**$D = 0$**	**$D < 0$**
Beispiel:	Beispiel:	Beispiel:
$3 x^2 + x - 1 = 0$	$2 x^2 - 4 x + 2 = 0$	$-x^2 - 2 x - 5 = 0$
$D = 13$	$D = 0$	$D = -16$
zwei Lösungen:	**eine (doppelte) Lösung:**	**keine Lösung**
$x_1 \approx 0{,}43$ und $x_2 \approx -0{,}77$	$x_{1/2} = 1$	

Interpretiert man quadratische Gleichungen als Gleichungen, mit denen die Nullstellen quadratischer Funktionen berechnet werden, kann man sich die Lösungsmengen anhand der Lage der Parabeln leicht veranschaulichen:

Graphen quadratischer Funktionen heißen Parabeln.

Die Parabel schneidet die *x*-Achse in zwei Punkten.
⇒ zwei Nullstellen

Die Parabel berührt die *x*-Achse in einem Punkt.
⇒ eine Nullstelle

Die Parabel verläuft ober- oder unterhalb der *x*-Achse.
⇒ keine Nullstelle

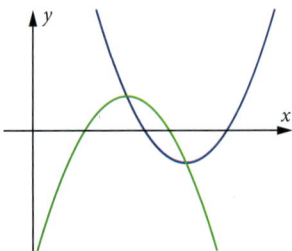

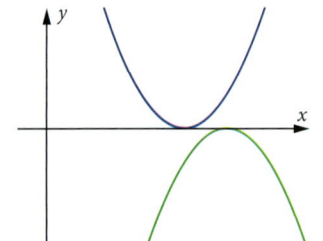

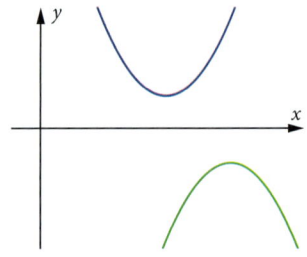

Gleichungen, in denen die höchste Potenz der Unbekannten 2 ist, heißen **quadratische Gleichungen**. Quadratische Gleichungen können gelöst werden durch:

- Wurzelziehen: $a x^2 + c = 0 \Rightarrow a x^2 = -c \Rightarrow x_{1/2} = \pm\sqrt{-\frac{c}{a}}$
- Ausklammern und Anwenden des Satzes vom Nullprodukt:
  $a x^2 + b x = 0 \Rightarrow x(a x + b) = 0 \Rightarrow x_1 = 0$ und $x_2 = -\frac{b}{a}$
- Anwenden der **abc-Formel**: $a x^2 + b x + c = 0 \Rightarrow x_{1/2} = \frac{-b \pm \sqrt{b^2 - 4 a c}}{2 a}$
  Von der **Diskriminante** $D = b^2 - 4 a c$ hängt die Anzahl der Lösungen ab:
  $D > 0$: zwei Lösungen $D = 0$: eine Lösung $D < 0$: keine Lösung

1. Berechnen Sie die Nullstellen der Funktionen.

a) $f(x) = x^2 - 6 x$
b) $f(x) = 3 x^2 - 27$
c) $f(x) = 3 x^2 - 9 x$
d) $f(x) = -x^2 + 10 x - 25$

e) $f(x) = 4 x (x + 3)$
f) $f(x) = 2 x^2 + 8 x + 10$
g) $f(x) = (x - 2)(x + 4)$
h) $f(x) = 0{,}5 (x - 1)(x - 2)$

2. Berechnen Sie die Nullstellen der Funktionen. Entscheiden Sie vorher, welches Verfahren vorteilhaft ist. Geben Sie die *x*-Achsenschnittpunkte an.

a) $f(x) = 9 x^2 + 6 x + 1$
b) $f(x) = -0{,}25 x^2 + 4 x$
c) $f(x) = \frac{2}{3} x^2 + 12$
d) $f(x) = 0{,}5 x^2 - 2 x + 2$

e) $f(x) = (x - 1)^2 - 4$
f) $f(x) = 2 (x - 6)(x + 5)$
g) $f(x) = -2 x^2 - 4 x - 8$
h) $f(x) = -2 x^2$

⬡ Schnittpunkte berechnen

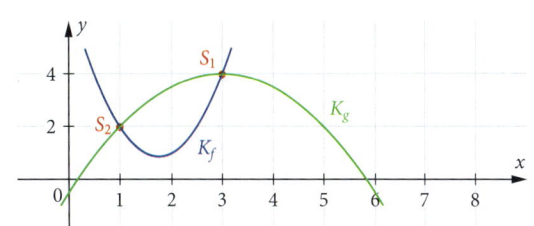

Berechnen Sie die Schnittpunkte der Graphen der Funktionen f und g.
$f(x) = 2x^2 - 7x + 7$ $g(x) = -0{,}5(x-3)^2 + 4$

In einem Schnittpunkt haben beide Funktionen zu demselben x-Wert auch denselben Funktionswert. Es gilt also an einer Schnittstelle x:
$f(x) = g(x)$

Durch Gleichsetzen der Funktionsterme von f und g erhalten wir eine quadratische Gleichung. Wir stellen so um, dass auf einer Seite null steht.

$$f(x) = g(x)$$
$$2x^2 - 7x + 7 = -0{,}5(x-3)^2 + 4$$
$$2x^2 - 7x + 7 = -0{,}5(x^2 - 6x + 9) + 4$$
$$2x^2 - 7x + 7 = -0{,}5x^2 + 3x - 4{,}5 + 4$$
$$2x^2 - 7x + 7 = -0{,}5x^2 + 3x - 0{,}5$$
$$2{,}5x^2 - 10x + 7{,}5 = 0 \quad \blacktriangleright\ a = 2{,}5;\ b = -10;\ c = 7{,}5$$

Anschließend berechnen wir die x-Werte der Schnittpunkte mit einem der Lösungsverfahren für quadratische Gleichungen, hier mit der *abc*-Formel.

$$x_{1/2} = \frac{10 \pm \sqrt{100 - 75}}{5} = 2 \pm \frac{\sqrt{25}}{5} = 2 \pm 1$$

Schnittstellen: $x_1 = 3$ und $x_2 = 1$

Zum Schluss berechnen wir die y-Koordinaten der Schnittpunkte durch Einsetzen der berechneten Werte in die Funktionsterme von f oder g. Wegen $f(x) = g(x)$ ist es beim Schnittpunkt egal, in welchen Funktionsterm wir einsetzen.

$$f(3) = 2 \cdot 3^2 - 7 \cdot 3 + 7 = 4$$
oder $g(3) = -0{,}5(3-3)^2 + 4 = 4$

$$f(1) = 2 \cdot 1^2 - 7 \cdot 1 + 7 = 2$$
oder $g(1) = -0{,}5(1-3)^2 + 4 = 2$

Die Graphen K_f und K_g schneiden sich in den Schnittpunkten $S_1\,(3\,|\,4)$ und $S_2\,(1\,|\,2)$.

1. Berechnen Sie die Schnittpunkte der Graphen von f und g.

a) $f(x) = x^2 - 5x + 9;$ $g(x) = 3$

b) $f(x) = 0{,}25x^2 + 1;$ $g(x) = -x$

c) $f(x) = x^2 - 5x + 9;$ $g(x) = 2x^2 - x + 14$

d) $f(x) = 1{,}5x^2 - 2x + 0{,}3;$ $g(x) = -x^2 + x + 1$

 2. Erläutern Sie anschaulich, wie viele Schnittpunkte

a) zwei Parabeln und

b) eine Parabel und eine Gerade haben können.

Ist in einer quadratischen Gleichung der Faktor vor x^2 gleich 1, liegt die Gleichung in Normalform vor. Eine solche Gleichung $x^2 + px + q = 0$ kann mit der **pq-Formel** gelöst werden: $x_{1/2} = -\frac{p}{2} \pm \sqrt{\left(\frac{p}{2}\right)^2 - q}$. Man kann auch nicht normierte Gleichungen der Form $ax^2 + bx + c = 0$ mit der *pq*-Formel lösen, muss dann aber die Gleichung zunächst durch a dividieren.

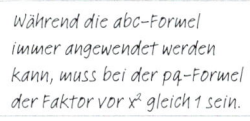 *Während die abc-Formel immer angewendet werden kann, muss bei der pq-Formel der Faktor vor x^2 gleich 1 sein.*

pq-Formel

Lösen Sie die Gleichung $2{,}5x^2 - 10x + 7{,}5 = 0$ mithilfe der *pq*-Formel.

Wir dividieren die Gleichung zunächst durch 2,5. Danach können wir die *pq*-Formel anwenden:

$x^2 + px + q = 0 \quad \Rightarrow \quad x_{1/2} = -\frac{p}{2} \pm \sqrt{\left(\frac{p}{2}\right)^2 - q}$

Dabei ist $p = -10$ und $q = 7{,}5$.

$2{,}5x^2 - 10x + 7{,}5 = 0 \qquad |:2{,}5$
$x^2 - 4x + 3 = 0 \qquad \blacktriangleright$ Gleichung in Normalform
$x_{1/2} = -\frac{-4}{2} \pm \sqrt{\left(\frac{-4}{2}\right)^2 - 3} = 2 \pm \sqrt{1}$
$x_1 = 3$ und $x_2 = 1$

Gleichungen höheren Grades

Bisher haben wir nur quadratische Gleichungen betrachtet. Die dabei angewendeten Lösungsverfahren helfen auch beim Lösen von Polynomgleichungen höheren Grades.

 16   Ausklammern und *abc*-Formel

Berechnen Sie die Nullstellen der Funktion f mit $f(x) = x^3 - 2x^2 - 3x$.

Zu lösen ist die Gleichung $f(x) = 0$.
Wir können x ausklammern und den Satz vom Nullprodukt anwenden:
Ein Produkt wird genau dann gleich null, wenn einer der Faktoren selbst gleich null ist.
Für den ersten Faktor erhalten wir schon die erste Lösung der Gleichung: $x_1 = 0$.
Der zweite Faktor ergibt eine quadratische Gleichung, die wir mithilfe der *abc*-Formel lösen. Dadurch erhalten wir zwei weitere Lösungen:
$x_2 = 3$ und $x_3 = -1$.

 *Wenn das Absolutglied a_0 gleich null ist, dann klammern wir die größtmögliche Potenz von x aus.*

$$f(x) = 0$$
$$x^3 - 2x^2 - 3x = 0$$
$$x(x^2 - 2x - 3) = 0$$
$$x = 0 \qquad x^2 - 2x - 3 = 0$$
$$x_1 = 0 \qquad x_{2/3} = \frac{-b \pm \sqrt{b^2 - 4ac}}{2a}$$
$$= \frac{-(-2) \pm \sqrt{(-2)^2 - 4 \cdot 1 \cdot (-3)}}{2 \cdot 1}$$
$$= \frac{2 \pm \sqrt{4 + 12}}{2}$$
$$= \frac{2 \pm 4}{2}$$
$$x_2 = 3 \quad \text{und} \quad x_3 = -1$$

Nullstellen: $x_1 = 0$, $x_2 = 3$ und $x_3 = -1$

 17   Substitution

Berechnen Sie die Nullstellen der Funktion f mit $f(x) = x^4 + x^2 - 2$.

Bei geraden Polynomfunktionen können die Nullstellen mithilfe des **Substitutionsverfahrens** bestimmt werden.

Ersetzen (substituieren) wir den Term x^2 durch z, so erhalten wir die quadratische Gleichung $z^2 + z - 2 = 0$.

Wir wenden die *abc*-Formel an und erhalten zwei Lösungen für z.

Ersetzen wir nun wieder z durch x^2 und lösen nach x auf, so erhalten wir die gesuchten Nullstellen.

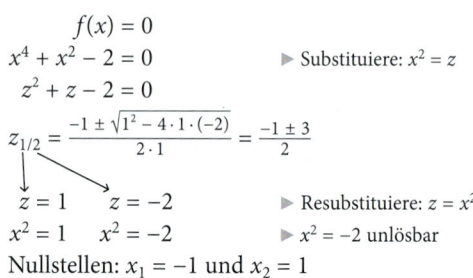

$$f(x) = 0$$
$$x^4 + x^2 - 2 = 0 \qquad \blacktriangleright \text{Substituiere: } x^2 = z$$
$$z^2 + z - 2 = 0$$
$$z_{1/2} = \frac{-1 \pm \sqrt{1^2 - 4 \cdot 1 \cdot (-2)}}{2 \cdot 1} = \frac{-1 \pm 3}{2}$$
$$z = 1 \qquad z = -2 \qquad \blacktriangleright \text{Resubstituiere: } z = x^2$$
$$x^2 = 1 \qquad x^2 = -2 \qquad \blacktriangleright x^2 = -2 \text{ unlösbar}$$

Nullstellen: $x_1 = -1$ und $x_2 = 1$

 1. Bestimmen Sie die Nullstellen der folgenden Funktionen mithilfe des Substitutionsverfahrens.

a) $f(x) = x^4 - 4x^2 + 3$ 　　b) $f(x) = 0{,}25x^4 - x^2 - 1{,}25$ 　　c) $f(x) = -x^4 + 7x^2 - 12$

2. Bestimmen Sie die Nullstellen der folgenden Funktionen mit einem geeigneten Verfahren.

a) $f(x) = x^3 - 4x$ 　　　d) $f(x) = -x^3 + x^2 - x$ 　　　g) $f(x) = -4x^3 - 2x^2 + 3x$

b) $f(x) = 4(x^2 - 16)(x^2 - 4)$ 　　e) $f(x) = 2x^3 - 6x$ 　　　h) $f(x) = x^5 - 13x^3 + 36x$

c) $f(x) = x^3 - 4x^2$ 　　　f) $f(x) = x^4 - 5x^2 + 6$ 　　　i) $f(x) = -x^4 + 4x^3 + x^2$

3. Berechnen Sie die Schnittpunkte der Graphen der Funktionen f und g.

a) $f(x) = x^3 + 3x^2 + 3x + 1$; $g(x) = x + 1$ 　　b) $f(x) = 0{,}25x^4 + 0{,}75$; $g(x) = 2x^2 - 1$

▷ Überblick: Lösen von Polynomgleichungen

Lineare Gleichungen werden durch einfache Umformungen nach x aufgelöst.

$$3x - 9 = 0 \qquad\qquad |+9\ |:3$$
$$x = 3$$

Quadratische Gleichungen können immer mithilfe der abc-Formel gelöst werden. Wir müssen dabei auf die Vorzeichen der Koeffizienten a, b und c achtgeben.

$$2x^2 - 8x - 10 = 0 \quad \blacktriangleright abc\text{-Formel}$$
$$x_{1/2} = \frac{-b \pm \sqrt{b^2 - 4ac}}{2a} = \frac{-(-8) \pm \sqrt{(-8)^2 - 4 \cdot 2 \cdot (-10)}}{2 \cdot 2}$$
$$= \frac{8 \pm \sqrt{64 + 80}}{4} = \frac{8 \pm 12}{4}$$
$$x_1 = 5;\ x_2 = -1$$

Alternativ zur abc-Formel können wir auch die pq-Formel benutzen, wenn wir zuvor die quadratische Gleichung in **Normalform** $x^2 - 4x - 5 = 0$ bringen.

$$2x^2 - 8x - 10 = 0 \qquad\qquad |:2$$
$$x^2 - 4x - 5 = 0 \qquad \blacktriangleright pq\text{-Formel}$$
$$x_{1/2} = -\frac{p}{2} \pm \sqrt{\left(\frac{p}{2}\right)^2 - q} = -\frac{-4}{2} \pm \sqrt{\left(\frac{-4}{2}\right)^2 - (-5)} = 2 \pm \sqrt{9}$$
$$= 2 \pm 3$$
$$x_1 = 5;\ x_2 = -1$$

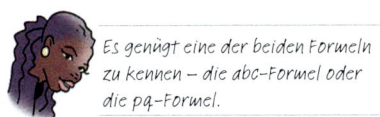
Es genügt eine der beiden Formeln zu kennen – die abc-Formel oder die pq-Formel.

Die pq-Formel darf nur angewendet werden, wenn der Faktor 1 vor x² steht ($1 \cdot x^2 = x^2$).

Quadratische Gleichungen, bei denen der lineare Summand fehlt, können durch Wurzelziehen gelöst werden.

$$3x^2 - 12 = 0 \qquad |+12$$
$$3x^2 = 12 \qquad |:3$$
$$x^2 = 4 \qquad |\sqrt{\ }$$
$$x_1 = -2;\ x_2 = 2$$

Fehlt das Absolutglied, kann x ausgeklammert und der Satz vom Nullprodukt angewendet werden.

$$5x^2 + x = 0$$
$$x(5x + 1) = 0 \qquad \blacktriangleright \text{Satz vom Nullprodukt}$$
$$x = 0 \qquad 5x + 1 = 0 \qquad |-1$$
$$5x = -1 \qquad |:5$$
$$x = -\frac{1}{5}$$
$$x_1 = 0;\ x_2 = -\frac{1}{5}$$

Für **Gleichungen höheren Grades** gibt es verschiedene Möglichkeiten:

Haben wir eine Gleichung, die nur die höchste Potenz und das Absolutglied enthält, so können wir die Gleichung durch Wurzelziehen lösen.

$$3x^3 + 24 = 0 \qquad |-24 \quad |:3$$
$$x^3 = -8 \qquad |\sqrt[3]{\ }$$
$$x = -2$$

Wenn das Absolutglied fehlt, dann können Gleichungen durch Ausklammern und Anwenden des Satzes vom Nullprodukt gelöst werden.
Dabei erhält man oft eine quadratische Gleichung, die z. B. mit der abc-Formel gelöst werden kann.

$$2x^4 - 8x^3 - 10x^2 = 0$$
$$x^2 \cdot (2x^2 - 8x - 10) = 0 \qquad \blacktriangleright \text{Satz vom Nullprodukt}$$
$$x^2 = 0 \qquad 2x^2 - 8x - 10 = 0 \ \blacktriangleright abc\text{-Formel}$$
$$x_{1/2} = 0;\ x_3 = 5;\ x_4 = -1 \qquad \blacktriangleright x_{1/2} = 0 \text{ doppelte Nullstelle}$$

Gleichungen 4. Grades lassen sich mithilfe von **Substitution** lösen, wenn die Potenz 3. Grades und das lineare Glied fehlen.

$$x^4 - 6x^2 + 5 = 0 \qquad \blacktriangleright \text{Substitution: } x^2 = z$$
$$z^2 - 6z + 5 = 0 \qquad \blacktriangleright abc\text{-Formel}$$
$$z = 1 \qquad z = 5 \qquad \blacktriangleright \text{Resubstitution: } z = x^2$$
$$x^2 = 1 \qquad x^2 = 5$$
$$x_1 = -1;\ x_2 = 1;\ x_3 = -\sqrt{5};\ x_4 = \sqrt{5}$$

⬡ Mit einem Funktionsplotter kann man die Lösungen schnell veranschaulichen und überprüfen.

18 Gleichung näherungsweise lösen

Die JoRo GmbH stellt VR-Brillen her. Die Kosten können für $0 \leq x \leq 12{,}5$ durch die Kostenfunktion K mit $K(x) = 0{,}5\,x^3 - 8\,x^2 + 48\,x + 100$ beschrieben werden, die Erlöse durch die Erlösfunktion E mit $E(x) = -8\,x^2 + 100\,x$. Dabei steht x für die Anzahl produzierter bzw. verkaufter VR-Brillen in ME und $K(x)$ bzw. $E(x)$ für die Kosten bzw. den Erlös in GE.

Bestimmen Sie die Gleichung der Gewinnfunktion G und ermitteln Sie die Gewinngrenze näherungsweise auf zwei Nachkommastellen gerundet.

Die Gewinnfunktion G ergibt sich aus der Differenz der Erlös- und der Kostenfunktion:

$$G(x) = E(x) - K(x)$$
$$= -8\,x^2 + 100\,x - (0{,}5\,x^3 - 8\,x^2 + 48\,x + 100)$$
$$= -0{,}5\,x^3 + 52\,x - 100$$

Die nebenstehende Grafik zeigt die Graphen von E, K und G.

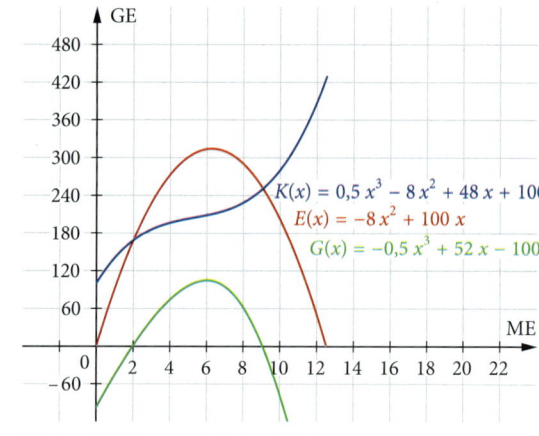

$K(x) = 0{,}5\,x^3 - 8\,x^2 + 48\,x + 100$
$E(x) = -8\,x^2 + 100\,x$
$G(x) = -0{,}5\,x^3 + 52\,x - 100$

Stimmen Erlös und Kosten überein, ist der Gewinn gleich 0. Die Schnittstellen der Graphen von E und K entsprechen also den Nullstellen von G.

Die Nullstellen von G begrenzen die Gewinnzone. Die erste Nullstelle ist die Gewinnschwelle, die zweite Nullstelle die Gewinngrenze.

Die Gewinnschwelle liegt bei $x = 2$ ME.

Die Gewinngrenze liegt zwischen 8 und 10 ME.

Wir bestimmen die Gewinngrenze näherungsweise, indem wir die Nullstelle von G immer genauer abschätzen.

Dabei gehen wir systematisch vor. In einem ersten Schritt erkennen wir, dass die Nullstelle im Intervall $[8{,}8;\ 9{,}2]$ liegen muss.

Im zweiten Schritt können wir das Intervall weiter eingrenzen. Die Nullstelle liegt zwischen 9,0 und 9,1.

In einem dritten Schritt ermitteln wir noch genauer, dass die Nullstelle zwischen 9,04 und 9,05 liegen muss.

Um herauszufinden, ob 9,04 oder 9,05 die gerundete Lösung ist, berechnen wir noch $G(9{,}045)$.

Da $G(9{,}045) > 0$ gilt, ist $x = 9{,}05$ die näherungsweise Lösung.

Die Gewinnschwelle liegt bei ca. 9,05 ME.

$E(x) = K(x) \quad \Leftrightarrow \quad E(x) - K(x) = 0$
$$G(x) = 0$$
$$-0{,}5\,x^3 + 52\,x - 100 = 0$$

$x_1 = 2$
$x_2 \in [8;\ 10]$ ▸ Vorzeichenwechsel, denn $G(8) > 0$ und $G(10) < 0$

Start: 8,0 Ende: 10,0
Schritt: 0,4

x	$G(x)$
8,0	60
8,4	40,45
8,8	16,86 ↙VZW
9,2	−10,94
9,6	−43,17
10	−80

Start: 8,8 Ende: 9,2
Schritt: 0,1

x	$G(x)$
8,8	16,86
8,9	10,32
9,0	3,5 ↙VZW
9,1	−3,59
9,2	−10,94

Start: 9,0 Ende : 9,1
Schritt: 0,01

x	$G(x)$
9,00	3,5
9,01	2,8
9,02	2,1
9,03	1,4
9,04	0,7 ↙VZW
9,05	−0,01
…	…

Schneller kann man die Nullstellen mit einem digitalen Hilfsmittel bestimmen.

$G(9{,}045) \approx 0{,}35 > 0$

Übungen zu 2.2.3

1. Berechnen Sie die Nullstellen der angegebenen Funktionen.

a) $f(x) = x^2 + 2x - 3$

b) $f(x) = \frac{3}{4}x^2 + 1$

c) $f(x) = -2x^2 - 2x + 4$

d) $f(x) = 3(x-1)^2 - 9$

e) $f(x) = -0{,}4x^2 + 1{,}6x - 2{,}6$

f) $f(x) = \frac{1}{3}(x-3)^2 - \frac{4}{3}$

g) $f(x) = 0{,}5(x+3)(x-7)$

h) $f(x) = -2x(x+1)$

2. Bestimmen Sie die Schnittpunkte des Graphen der Funktion mit den Koordinatenachsen.

a) $f(x) = 1{,}5x^2 + 6x + 6$

b) $f(x) = -0{,}5x^2 + 6x$

c) $f(x) = 0{,}25(x-4)^2$

d) $f(x) = (x-1)(x-2)$

3. Ermitteln Sie die Achsenschnittpunkte der einzelnen Parabeln.
Bestimmen Sie, sofern vorhanden, die gemeinsamen Punkte der Parabeln mit dem Graphen der linearen Funktion g mit $g(x) = x + 1$.

a) $f(x) = -x^2$

b) $f(x) = x^2 + 4x - 5$

c) $f(x) = 2x^2 - 5x + 3$

d) $f(x) = 0{,}2x^2 + x + 1{,}2$

4. Bestimmen Sie anhand der Zeichnung sowie rechnerisch die Schnittpunkte der Graphen K_f und K_g.
$f(x) = 2x^2 - 2x + 2{,}5$
$g(x) = -2x^2 - 4x + 6$

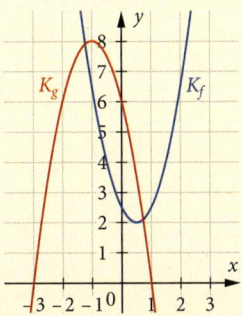

5. Gegeben ist die Funktion f mit $f(x) = 3x^2 - 6x + 3$. Zeigen Sie, dass die zu f gehörende Parabel die x-Achse berührt.

6. Bestimmen Sie die Nullstellen der Funktionen mithilfe des Satzes vom Nullprodukt bzw. durch Ausklammern und Anwendung der *abc*-Formel.

a) $f(x) = 0{,}25x^3 - 4x$

b) $f(x) = 2x^4 - 4x^3 + 2x^2$

c) $f(x) = x^3 + 2x^2 + x$

d) $f(x) = x^3 - x^2 - 2x$

e) $f(x) = -0{,}25x^3 - \frac{1}{8}x^2 + x$

f) $f(x) = 8x^4 - x$

7. Ermitteln Sie die Nullstellen der Funktionen mithilfe des Substitutionsverfahrens.

a) $f(x) = x^4 - 4x^2 + 3$

b) $f(x) = x^4 - 9x^2 + 20$

c) $f(x) = x^4 - x^2 - 2$

d) $f(x) = 0{,}25x^4 - x^2 - 1{,}25$

e) $f(x) = -0{,}5x^4 + 5x^2 - 4{,}5$

f) $f(x) = 0{,}5x^5 - 3x^3 + 2{,}5x$

8. Berechnen Sie die Nullstellen der Funktionen mithilfe eines geeigneten Verfahrens.

a) $f(x) = 2x^2 + 5x - 3$

b) $f(x) = x^3 - 2x^2 - 3x$

c) $f(x) = -x^3 + 2x^2 + 5x$

d) $f(x) = -3x^4 + 21x^2 - 36$

e) $f(x) = -x^4 + 2{,}5x^3 + 3{,}5x^2$

f) $f(x) = x^3 + 1$

g) $f(x) = -x^4 + 3x^2 + 4$

h) $f(x) = 2x^6 - 6x^3 + 4$

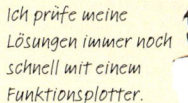

Ich prüfe meine Lösungen immer noch schnell mit einem Funktionsplotter.

9. Marvin berechnet die Nullstellen der Funktion f mit $f(x) = 3x^4 + 2x^3 - x^2$ folgendermaßen:

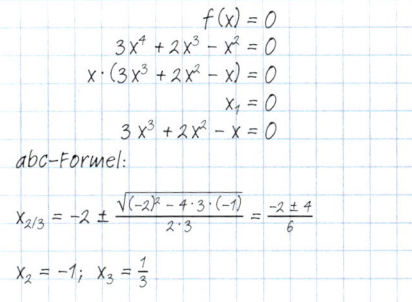

$$f(x) = 0$$
$$3x^4 + 2x^3 - x^2 = 0$$
$$x \cdot (3x^3 + 2x^2 - x) = 0$$
$$x_1 = 0$$
$$3x^3 + 2x^2 - x = 0$$

abc-Formel:

$$x_{2/3} = -2 \pm \frac{\sqrt{(-2)^2 - 4 \cdot 3 \cdot (-1)}}{2 \cdot 3} = \frac{-2 \pm 4}{6}$$

$$x_2 = -1; \quad x_3 = \frac{1}{3}$$

Erläutern Sie den Fehler, den Marvin gemacht hat und korrigieren Sie die Rechnung.

10. Berechnen Sie die drei Nullstellen von f mit $f(x) = \frac{1}{2}x^3 - 4x^2 + 7x + \frac{1}{3}$ näherungsweise. Runden Sie Ihre Ergebnisse auf zwei Nachkommastellen. Starten Sie mit folgenden Intervallen:
$x_1 \in [-1; 1]$; $x_2 \in [2; 3]$; $x_3 \in [5; 6]$

11. Die Funktion f mit $f(x) = -0{,}5x^2 + 5x - 8$ beschreibt die Flugkurve eines Balls, der über eine 3,5 m hohe Mauer geworfen wird.

a) Zeichnen Sie den Sachverhalt in ein Koordinatensystem. Die x-Achse beschreibt den Boden und die Mauer steht an der Stelle $x = 4$.

b) Berechnen Sie die Stelle, an der der Ball auf dem Boden auftrifft.

c) Bestimmen Sie den Standort des Werfers, der den Ball in 2 m Höhe loslässt.

d) Untersuchen Sie, welche Höhe die Mauer maximal haben kann, wenn der Ball noch über die Mauer fliegen soll.

e) Bestimmen Sie die maximale Wurfhöhe.

2.2.4   Gleichungsformen

 (19) Allgemeine Form, Scheitelform und Produktform

Jasmin trainiert für die Landesmeisterschaften im Speerwurf. Ihr Trainer filmt heute jeden Wurf und das Video des Wurfs wird mit einer Software untersucht. Von dem besten Wurf schickt der Trainer eine Grafik zu Jasmins Smartphone.
Die Software gibt auch eine Funktionsgleichung an, die den Wurf beschreibt, und es ist möglich, diese in verschiedenen Formen anzeigen zu lassen.

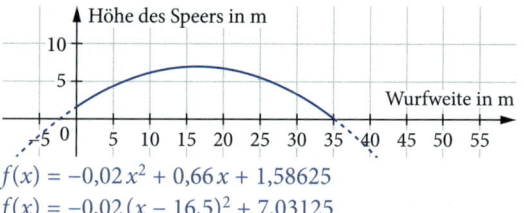

$f(x) = -0,02\,x^2 + 0,66\,x + 1,58625$
$f(x) = -0,02\,(x - 16,5)^2 + 7,03125$
$f(x) = -0,02\,(x + 2,25)\,(x - 35,25)$

Jasmin möchte den Wurf auswerten und interessiert sich dabei für **a)** die Höhe, in der sie den Speer losgelassen hat, **b)** die größte Höhe, die der Speer erreicht hat und **c)** die Wurfweite.
Bestimmen Sie die gesuchten Informationen anhand der Funktionsgleichung, die den Speerwurf beschreibt.

Zu a) Die Funktionsgleichung in der Form $f(x) = -0,02\,x^2 + 0,66\,x + 1,58625$ eignet sich zur Bestimmung der Höhe, in der Jasmin den Speer losgelassen hat. Die Form $f(x) = a\,x^2 + b\,x + c$ heißt **allgemeine Form**.

Allgemeine Form: $f(x) = -0,02\,x^2 + 0,66\,x + 1,58625$

Da wir hier wissen, welchen Grad die Funktion hat – nämlich 2 – verwenden wir der Einfachheit halber a, b und c statt a_2, a_1 und a_0.

Bei der allgemeinen Form kann man den y-Achsenabschnitt direkt ablesen. Er entspricht dem Absolutglied c. Jasmin hat den Speer also in einer Höhe von ungefähr 1,59 m losgelassen.

y-Achsenabschnitt: $c = 1,58625$

Zu b) Für die Bestimmung der größten Höhe des Speers eignet sich die Gleichung $f(x) = -0,02\,(x - 16,5)^2 + 7,03125$. Diese Form heißt **Scheitelform**.

Scheitelform: $f(x) = -0,02\,(x - 16,5)^2 + 7,03125$

An der Scheitelform $f(x) = a\,(x - x_S)^2 + y_S$ kann man den Scheitelpunkt einer Parabel ablesen. Er ist $S\,(x_S\,|\,y_S)$.
Die größte Höhe des Speers entspricht dem y-Wert des Scheitelpunkts. Der Speer fliegt also maximal etwas über 7 m hoch.

Scheitelpunkt: $S\,(16,5\,|\,7,03125)$

Zu c) Die Wurfweite kann man am schnellsten an der Gleichung $f(x) = -0,02\,(x + 2,25)\,(x - 35,25)$ ablesen. Die Form $f(x) = a\,(x - x_1)\,(x - x_2)$ nennt man **Produktform** einer quadratischen Funktionsgleichung.

Produktform: $f(x) = -0,02\,(x + 2,25)\,(x - 35,25)$

An der Produktform kann man die Nullstellen der Funktion ablesen. Dabei wendet man den Satz vom Nullprodukt an: Ein Produkt wird null, wenn einer der Faktoren null wird.
Die Wurfweite entspricht der zweiten Nullstelle der Funktion, sie beträgt also 35,25 m. Die erste Nullstelle ist hier nicht relevant.

$$f(x) = 0$$
$$-0,02\,(x + 2,25)\,(x - 35,25) = 0$$

$x + 2,25 = 0$ $\qquad$ $x - 35,25 = 0$
$x_1 = -2,25$ $\qquad$ $x_2 = 35,25$

Die Funktionsgleichung einer quadratischen Funktion f lässt sich folgendermaßen schreiben:

- **Allgemeine Form:** $f(x) = a x^2 + b x + c$
  ▶ y-Achsenabschnitt $S_y(0 \mid c)$
- **Scheitelform:** $f(x) = a(x - x_S)^2 + y_S$
  ▶ Scheitelpunkt $S(x_S \mid y_S)$
- **Produktform:** $f(x) = a(x - x_1)(x - x_2)$
  ▶ Nullstellen x_1 und x_2

Die Scheitelform wird auch Scheitelpunkt-form genannt.

2

Nur die Gleichungen quadratischer Funktionen kann man in der Scheitelform darstellen, da nur deren Graphen einen Scheitelpunkt haben. Die allgemeine Form und die Produktform gibt es jedoch für alle Polynomfunktionen:

Allgemeine Form: $f(x) = a_n x^n + a_{n-1} x^{n-1} + a_{n-2} x^{n-2} + \ldots + a_1 x + a_0$
  ▶ y-Achsenschnittpunkt $S_y(0 \mid a_0)$

Produktform: $f(x) = a_n \cdot (x - x_1) \cdot (x - x_2) \cdot \ldots \cdot (x - x_n)$
  ▶ Nullstellen $x_1, x_2, \ldots, x_n$

Ordnen Sie die folgenden Funktionsgleichungen den Graphen zu.
Begründen Sie Ihre Antwort

$f(x) = 0{,}2\,x^2 - x - 1$
$g(x) = 0{,}2\,(x + 1)^2 - 1$
$h(x) = 0{,}2\,x^2 + 1$

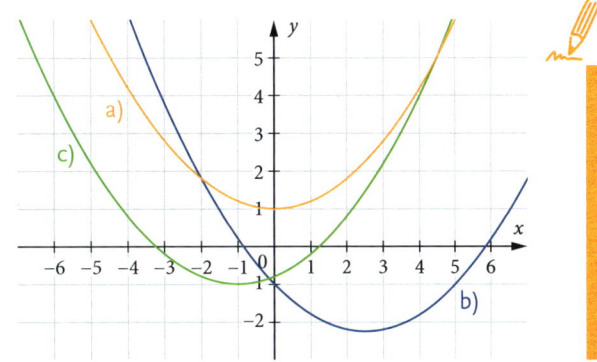

In den folgenden Beispielen zeigen wir, wie man zwischen den Gleichungsformen wechseln kann.

Von der Scheitelform zur allgemeinen Form

(20)

Zeigen Sie, dass die in Beispiel 19 gegebene Funktionsgleichung in der Scheitelform
$f(x) = -0{,}02\,(x - 16{,}5)^2 + 7{,}03125$ mit der allgemeinen Form $f(x) = -0{,}02\,x^2 + 0{,}66\,x + 1{,}58625$ übereinstimmt.

Um zu überprüfen, ob die Gleichung in der Scheitel-form tatsächlich mit der Gleichung in der allgemeinen Form übereinstimmt, lösen wir die Klammer auf.

$f(x) = -0{,}02\,(x - 16{,}5)^2 + 7{,}03125$ SF
$f(x) = -0{,}02\,(x^2 - 33\,x + 272{,}25) + 7{,}03125$
$f(x) = -0{,}02\,x^2 + 0{,}66\,x - 5{,}445 + 7{,}03125$
$f(x) = -0{,}02\,x^2 + 0{,}66\,x + 1{,}58625$ AF

Von der Produktform zur allgemeinen Form

(21)

Zeigen Sie, dass die in Beispiel 19 gegebene Funktionsgleichung in der Produktform
$f(x) = -0{,}02\,(x + 2{,}25)(x - 35{,}25)$ mit der allgemeinen Form $f(x) = -0{,}02\,x^2 + 0{,}66\,x + 1{,}58625$ übereinstimmt.

Auch bei der Überprüfung, ob die Produktform mit der allgemeinen Form übereinstimmt, multiplizieren wir die Klammern aus.

$f(x) = -0{,}02\,(x + 2{,}25)(x - 35{,}25)$ PF
$f(x) = -0{,}02\,(x^2 + 2{,}25\,x - 35{,}25\,x - 79{,}3125)$
$f(x) = -0{,}02\,(x^2 - 33\,x - 79{,}3125)$
$f(x) = -0{,}02\,x^2 + 0{,}66\,x + 1{,}58625$ AF

22 Von der allgemeinen Form zur Scheitelform

Formen Sie die folgenden Funktionsgleichungen in die Scheitelform um. Geben Sie auch den Scheitelpunkt an.

a) $f(x) = x^2 + 6x + 9$ **b)** $g(x) = x^2 + 6$

Zu a) Bei dem Funktionsterm von f lässt sich die 1. binomische Formel „von rechts nach links" anwenden. Auf diese Weise können wir die Funktionsgleichung direkt in die Scheitelform umwandeln. Aus der Scheitelform ist der Scheitelpunkt dann direkt ablesbar.

$$f(x) = ax^2 + bx + c \qquad\qquad \text{AF}$$
$$f(x) = x^2 + 6x + 9 \quad \blacktriangleright (a+b)^2 = a^2 + 2ab + b^2$$
$$f(x) = (x+3)^2 \;\Rightarrow\; \text{Scheitelpunkt } S(-3|0)$$
$$f(x) = a(x - x_S)^2 + y_S \qquad\qquad \text{SF}$$

Zu b) Im Funktionsterm von g „fehlt" der letzte Summand für die Anwendung der 1. binomischen Formel.

Ergänzen wir die Zahl 9, so können wir den Term wie bei f umformen. Wir dürfen den Wert des Funktionsterms aber nicht einfach durch die Addition einer Zahl verändern. Deswegen müssen wir die ergänzte Zahl 9 auch wieder subtrahieren. Dieses Vorgehen wird **quadratische Ergänzung** genannt. Es ermöglicht uns in diesem Beispiel, die allgemeine Form der Funktion g in die Scheitelform zu überführen.

$$g(x) = ax^2 + bx + c \qquad\qquad \text{AF}$$
$$g(x) = x^2 + 6x \quad \blacktriangleright \text{9 addieren und subtrahieren}$$
$$g(x) = x^2 + 6x + 9 - 9$$
$$g(x) = (x^2 + 6x + 9) - 9$$
$$g(x) = (x+3)^2 - 9 \;\Rightarrow\; \text{Scheitelpunkt } S(-3|-9)$$
$$g(x) = a(x - x_S)^2 + y_S \qquad\qquad \text{SF}$$

 23 Anwenden der quadratischen Ergänzung

Bestimmen Sie die Scheitelform von $f(x) = 0{,}25\,x^2 + 2x - 1{,}5$. Geben Sie den Scheitelpunkt an.

Bei f müssen wir zuerst den Faktor 0,25 ausklammern. Anschließend benutzen wir die quadratische Ergänzung.

Abschließend lösen wir die eckige Klammer wieder auf. Dazu multiplizieren wir jeden Summanden in der eckigen Klammer mit dem Faktor 0,25.

$$f(x) = 0{,}25\,x^2 + 2x - 1{,}5$$
$$= 0{,}25\,[x^2 + 8x - 6]$$
$$\blacktriangleright \text{quadratische Ergänzung mit } \left(\tfrac{8}{2}\right)^2 = 16$$
$$= 0{,}25\,[x^2 + 8x + 16 - 16 - 6]$$
$$= 0{,}25\,[(x+4)^2 - 16 - 6]$$
$$= 0{,}25\,[(x+4)^2 - 22]$$
$$= 0{,}25 \cdot (x+4)^2 + 0{,}25 \cdot (-22)$$
$$= 0{,}25\,(x+4)^2 - 5{,}5$$
$$\Rightarrow \text{Scheitelpunkt: } S(-4|-5{,}5)$$

allgemeine Form:	1. oder 2. binomische Formel, ggf. quadratische Ergänzung	Scheitelform:
$f(x) = ax^2 + bx + c$	ausmultiplizieren, vereinfachen	$f(x) = a(x - x_S)^2 + y_S$

 1. Geben Sie die Funktionsgleichungen in allgemeiner Form an.

a) $f(x) = (x-5)^2 + 5$ b) $f(x) = 2(x+2)^2 - 3$ c) $f(x) = -(x-7{,}5)^2 + 16{,}25$

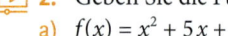 **2.** Geben Sie die Funktionsgleichungen in Scheitelform an.

a) $f(x) = x^2 + 5x + 4$ b) $f(x) = 0{,}5\,x^2 - 3x + 5$ c) $f(x) = -5x^2 - 10x - 15$

Ermittelt man mithilfe der quadratischen Ergänzung die Scheitelform allgemein für $f(x) = a x^2 + b x + c$, erhält man für die x-Koordinate des Scheitelpunkts die Formel $x_S = \frac{-b}{2a}$. Die y-Koordinate kann man dann leicht durch Einsetzen von x_S in den Funktionsterm berechnen: $y_S = f(x_S)$.

Anwenden der Formel $x_S = \frac{-b}{2a}$

Gegeben ist die Funktionsgleichung einer quadratischen Funktion in allgemeiner Form: $f(x) = -2x^2 + 4x + 6$. Bestimmen Sie die Scheitelform.

Wir berechnen die x-Koordinate des Scheitelpunkts mithilfe der Formel $x_S = \frac{-b}{2a}$:

$$f(x) = -2x^2 + 4x + 6 \qquad \blacktriangleright\ a = -2 \text{ und } b = 4$$
$$x_S = \frac{-b}{2a} = \frac{-4}{2 \cdot (-2)} = 1$$

Anschließend berechnen wir den Funktionswert an der Stelle x_S und erhalten somit die y-Koordinate des Scheitelpunkts.

$$y_S = f(x_S) = f(1) = -2 \cdot 1^2 + 4 \cdot 1 + 6 = 8$$

$$S(1|8)$$

Zum Schluss setzen wir die beiden berechneten Scheitelpunktkoordinaten x_S und y_S sowie den gegebenen Faktor a in die Scheitelform ein.

$$f(x) = a(x - x_S)^2 + y_S$$
$$f(x) = -2(x - 1)^2 + 8$$

Ist die Gleichung einer quadratischen Funktion in **allgemeiner Form** $f(x) = a x^2 + b x + c$ gegeben, gilt für die Koordinaten des Scheitelpunkts: $x_S = \frac{-b}{2a}$ und $y_S = f(x_S)$. Durch Einsetzen der Koordinaten des Scheitelpunkts in die **Scheitelform** $f(x) = a(x - x_S)^2 + y_S$, kann diese schnell angegeben werden.

Ist die Gleichung einer quadratischen Funktion in Produktform gegeben, kann man die Scheitelform leicht bestimmen, indem man ausnutzt, dass die Nullstellen symmetrisch zur senkrecht durch den Scheitelpunkt verlaufenden Geraden liegen.

Von der Produktform zur Scheitelform

Gegeben ist die Funktionsgleichung einer quadratischen Funktion in Produktform: $f(x) = 0{,}25\,(x + 1)(x - 3)$. Bestimmen Sie die Scheitelform.

Die Nullstellen können aus der gegebenen Produktform abgelesen werden: $x_1 = -1$ und $x_2 = 3$. Die x-Koordinate des Scheitelpunkts muss genau in der Mitte zwischen diesen Nullstellen liegen: $x_S = \frac{-1 + 3}{2} = 1$

Für die y-Koordinate des Scheitelpunkts gilt:
$$y_S = f(x_S) = 0{,}25\,(1 + 1)(1 - 3) = -1$$

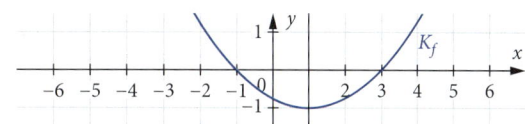

$S(1|-1)$ in Scheitelform $f(x) = a(x - x_S)^2 + y_S$:
$$f(x) = 0{,}25\,(x - 1)^2 - 1$$

Ist die Gleichung einer quadratischen Funktion in **Produktform** $f(x) = a(x - x_1)(x - x_2)$ gegeben, gilt für die Koordinaten des Scheitelpunkts: $x_S = \frac{x_1 + x_2}{2}$ und $y_S = f(x_S)$.
Durch Einsetzen der Koordinaten des Scheitelpunkts in die **Scheitelform** $f(x) = a(x - x_S)^2 + y_S$, kann diese schnell angegeben werden.

Bestimmen Sie die Scheitelform der gegebenen Funktionsgleichung.
a) $f(x) = 3x^2 - 6x - 1$
b) $f(x) = -0{,}5\,(x + 2)(x + 4)$

2

Wir haben schon in Beispiel 19 anhand einer quadratischen Funktion gesehen, dass man in der Produktform die Nullstellen direkt ablesen kann. Dies gilt auch für Funktionen höheren Grades.

 26 Vielfachheiten von Nullstellen

Bestimmen Sie die Nullstellen der Funktion f mit $f(x) = 0{,}5 \, (x + 2) \, (x + 1)^3 \, (x - 1)^2$.

Die Bedingung für Nullstellen lautet $f(x) = 0$. Mithilfe des Satzes vom Nullprodukt ermitteln wir die Nullstellen.

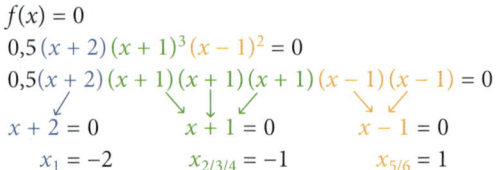

Wir erhalten die einfache Nullstelle $x = -2$, die dreifache Nullstelle $x = -1$ und die doppelte Nullstelle $x = 1$.

Allgemein gilt: x_0 ist n-fache Nullstelle, wenn in der Produktform der Faktor $(x - x_0)^n$ auftaucht. Man nennt n die **Vielfachheit** einer Nullstelle.

Vielfachheit von $x = -2$: 1 ▸ einfache Nullstelle
Vielfachheit von $x = -1$: 3 ▸ dreifache Nullstelle
Vielfachheit von $x = 1$: 2 ▸ doppelte Nullstelle

Anhand der Zeichnung können wir Zusammenhänge zwischen der Vielfachheit einer Nullstelle und dem Verlauf des Graphen an der Stelle erkennen:

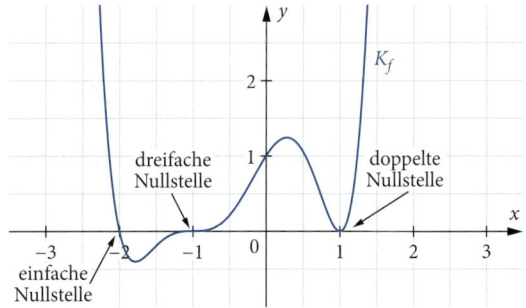

- An der einfachen Nullstelle $x = -2$ haben die Funktionswerte links und rechts der Nullstelle unterschiedliche Vorzeichen. Man spricht von einer **Nullstelle mit Vorzeichenwechsel**.

- An der doppelten Nullstelle $x = 1$ haben die Funktionswerte links und rechts der Nullstelle das gleiche Vorzeichen. Man spricht von einer **Nullstelle ohne Vorzeichenwechsel**.

- An der dreifachen Nullstelle $x = -1$ haben die Funktionswerte links und rechts der Nullstelle wieder unterschiedliche Vorzeichen. Es handelt sich wieder um eine Nullstelle mit Vorzeichenwechsel.

- An einer einfachen Nullstelle, hier $x = -2$, schneidet der Graph die x-Achse.

- An einer doppelten Nullstelle, hier $x = 1$, berührt der Graph die x-Achse. Der Graph hat hier einen Extrempunkt.

- An einer dreifachen Nullstelle, hier $x = -1$, schneidet der Graph die x-Achse. Gleichzeitig hat der Graph hier einen Sattelpunkt.

Die Produktform einer Polynomfunktion lautet allgemein $f(x) = a_n \cdot (x - x_1) \cdot (x - x_2) \cdot \ldots \cdot (x - x_n)$. Dabei heißen die Faktoren $(x - x_1)$, $(x - x_2)$, $(x - x_3)$, $\ldots$, $(x - x_n)$ **Linearfaktoren**.

Der Funktionsterm einer Polynomfunktion 2. Grades kann aus höchstens zwei Linearfaktoren bestehen:
$f(x) = a \, (x - x_1) \, (x - x_2)$.
Da jeder dieser beiden Linearfaktoren nur eine Nullstelle liefern kann, hat die Funktion also höchstens zwei Nullstellen. Diese Überlegung gilt auch allgemein: Eine Polynomfunktion n-ten Grades hat höchstens n Nullstellen.

- Eine Polynomfunktion vom Grad n hat höchstens n Nullstellen.
  In der Produktform $f(x) = a_n \cdot (x - x_1) \cdot (x - x_2) \cdot \ldots \cdot (x - x_n)$ kann man diese an den **Linearfaktoren** ablesen: die Nullstellen sind $x_1, x_2, \ldots, x_n$.
- Taucht ein Linearfaktor mehrfach auf, so spricht man von einer mehrfachen Nullstelle. Eine n-fache Nullstelle hat die **Vielfachheit** n.
- Zwischen der Vielfachheit einer Nullstelle und der Art des zugehörigen x-Achsenschnittpunkts gelten folgende Zusammenhänge:
  Einfache, dreifache, fünffache, … Nullstellen sind Nullstellen mit Vorzeichenwechsel. Der Graph schneidet dort die x-Achse.
  Doppelte, vierfache, sechsfache, … Nullstellen sind Nullstellen ohne Vorzeichenwechsel. Der Graph berührt dort die x-Achse nur.

einfache Nullstelle	zweifache Nullstelle	dreifache Nullstelle	vierfache Nullstelle
→ Schnittpunkt	→ Berührpunkt (auch Extrempunkt)	→ Schnittpunkt (auch Sattelpunkt)	→ Berührpunkt (auch Extrempunkt)

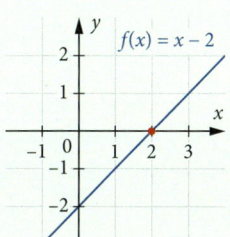
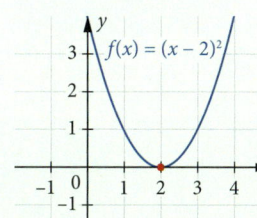
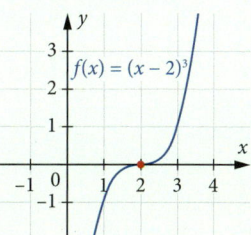
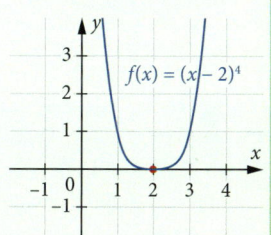

Geben Sie die Nullstellen der folgenden Funktionen einschließlich ihrer Vielfachheit an.

a) $f(x) = x(x + 3)(x - 5)$

b) $f(x) = -\frac{1}{3}x(x - 6)^2$

c) $f(x) = 1{,}5(x + 1)(x - 3)^2(x - 5)$

Graphen anhand der Gleichung erkennen

Ordnen Sie jedem Graphen die korrekte Funktionsgleichung zu.

$f(x) = (x + 1)(x - 2)^2$ $g(x) = (x + 1)^2(x - 2)$ $h(x) = (x + 1)^2(x - 2)^2$ $i(x) = (x + 1)(x - 2)$

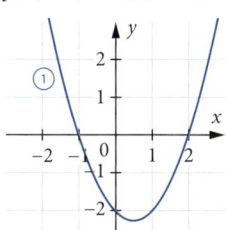
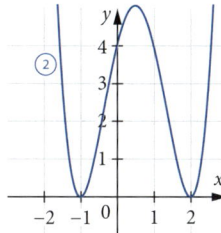
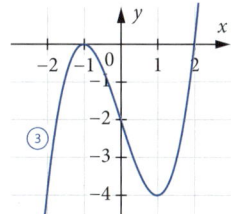
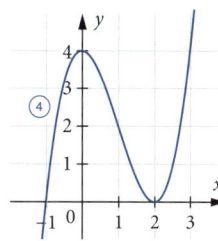

Alle Graphen haben die zwei Nullstellen $x_1 = -1$ und $x_2 = 2$. Entsprechend enthalten die Gleichungen alle die Linearfaktoren $(x + 1)$ und $(x - 2)$.

Graph ① schneidet die x-Achse in den Nullstellen nur. Deshalb handelt es sich um einfache Nullstellen. Es muss also der Graph zu i sein.

Graph ② berührt die x-Achse an beiden Nullstellen. Deshalb muss die Vielfachheit beider Nullstellen gerade sein. Es kann sich somit nur um den Graphen zu h handeln.

Graph ③ hat bei $x = 2$ eine einfache Nullstelle und bei $x = -1$ eine doppelte, gehört also zu g.

Graph ④ mit der einfachen Nullstelle bei $x = -1$ und der doppelten bei $x = 2$ gehört zu f.

28 ◯ Von der allgemeinen Form zur Produktform

Formen Sie die folgenden Funktionsgleichungen in die Produktform um.

a) $f(x) = 0,5\,x^2 - x - 1,5$ **b)** $g(x) = 2\,x^3 + 6\,x^2 - 8\,x$ **c)** $h(x) = 0,5\,x^3 - 2\,x^2 + 2\,x$

Zu a) Um die Funktionsgleichung in die Produktform umzuformen, bestimmen wir die Nullstellen der Funktion f mit der *abc*-Formel.

$$f(x) = 0$$
$$0,5\,x^2 - x - 1,5 = 0$$
$$x_{1/2} = \frac{-(-1) \pm \sqrt{(-1)^2 - 4 \cdot 0,5 \cdot (-1,5)}}{2 \cdot (0,5)}$$
$$= 1 \pm \sqrt{1 + 3} = 1 \pm 2$$

Wir erhalten die beiden Nullstellen $x_1 = -1$ und $x_2 = 3$.

$$x_1 = -1 \;\text{ und }\; x_2 = 3$$

Der Faktor a ist in der allgemeinen Form $f(x) = a\,x^2 + b\,x + c$ und der Produktform $f(x) = a\,(x - x_1)\,(x - x_2)$ gleich.

$$a = 0,5$$

Wir erhalten also die Funktionsgleichung $f(x) = 0,5\,(x + 1)\,(x - 3)$.

$$f(x) = a\,(x - x_1)\,(x - x_2)$$
$$f(x) = 0,5\,(x - (-1))\,(x - 3)$$
$$= 0,5\,(x + 1)\,(x - 3)$$

Zu b) Auch für die Umformung der Gleichung von g berechnen wir die Nullstellen. Dafür klammern wir zuerst $2\,x$ aus. Dann verwenden wir den Satz vom Nullprodukt. Der erste Faktor liefert die Nullstelle $x_1 = 0$. Beim zweiten Faktor wenden wir die *abc*-Formel an und erhalten $x_2 = -4$ und $x_3 = 1$.

$$g(x) = 0$$
$$2\,x^3 + 6\,x^2 - 8\,x = 0 \qquad |\; 2\,x\text{ ausklammern}$$
$$2\,x\,(x^2 + 3\,x - 4) = 0 \qquad |\; \text{Satz vom Nullprodukt}$$
$$2\,x = 0 \qquad x^2 + 3\,x - 4 = 0$$
$$x_1 = 0 \qquad x_{2/3} = \frac{-3 \pm \sqrt{3^2 - 4 \cdot 1 \cdot (-4)}}{2 \cdot 1}$$
$$= \frac{-3 \pm \sqrt{25}}{2} = \frac{-3 \pm 5}{2}$$
$$x_2 = -4 \;\text{ und }\; x_3 = 1$$

Der Faktor a vor der höchsten Potenz von x, hier x^3, ist in der allgemeinen und in der Produktform gleich. Da dieser Faktor 2 ist und die Funktion die Nullstellen 0, -4 und 1 hat, lautet die Produktform $g(x) = 2\,x\,(x + 4)\,(x - 1)$.

$$a = 2$$
$$g(x) = a\,(x - x_1)\,(x - x_2)\,(x - x_3)$$
$$g(x) = 2\,(x - 0)\,(x - (-4))\,(x - 1)$$
$$= 2\,x\,(x + 4)\,(x - 1)$$

Zu c) Wir bestimmen die Nullstellen der Funktion h. Zunächst klammern wir $0,5\,x$ aus.

$$h(x) = 0$$
$$0,5\,x^3 - 2\,x^2 + 2\,x = 0$$
$$0,5\,x\,(x^2 - 4\,x + 4) = 0$$

Der erste Faktor liefert die Nullstelle $x_1 = 0$. Der zweite Faktor liefert eine doppelte Nullstelle $x_{2/3} = 2$.

$$0,5\,x = 0 \qquad x^2 - 4\,x + 4 = 0$$
$$x_1 = 0 \qquad x_{2/3} = \frac{-(-4) \pm \sqrt{(-4)^2 - 4 \cdot 1 \cdot 4}}{2 \cdot 1}$$
$$= \frac{4 \pm 0}{2}$$
$$x_{2/3} = 2$$

Der Faktor a vor der höchsten Potenz von x ist 0,5.

$$a = 0,5$$

Die Produktform der Gleichung von h lautet $h(x) = 0,5\,x\,(x - 2)^2$.

$$h(x) = a\,(x - x_1)\,(x - x_2)\,(x - x_3)$$
$$h(x) = 0,5\,(x - 0)\,(x - 2)\,(x - 2)$$
$$= 0,5\,x\,(x - 2)^2$$

Allgemeine Form:
$$f(x) = a_n x^n + a_{n-1} x^{n-1} + \ldots + a_1 x + a_0$$

Nullstellen bestimmen, faktorisieren →

ausmultiplizieren, vereinfachen ←

Scheitelform:
$$f(x) = a_n \cdot (x - x_1) \cdot (x - x_2) \cdot \ldots \cdot (x - x_n)$$

Übungen zu 2.2.4

1. Geben Sie für die abgebildeten Graphen die Funktionsgleichung in allgemeiner Form, in Scheitelform und in Produktform an.

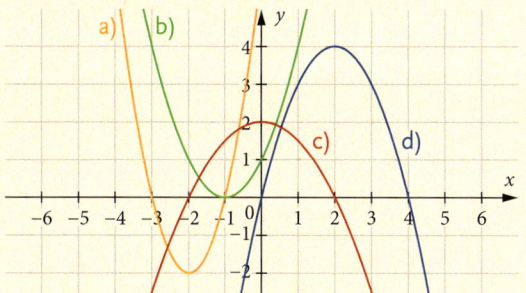

2. Formen Sie die Funktionsgleichungen in die allgemeine Form um.

a) $f(x) = (x-2)^2 - 3$ d) $f(x) = -(x-1)^2 + 1$

b) $f(x) = (x+3)^2 - 1$ e) $f(x) = -2(x+2)^2 + 5$

c) $f(x) = (x+1{,}5)^2$ f) $f(x) = -0{,}5(x-2)^2 + 4{,}5$

3. Stellen Sie die Funktionsgleichungen jeweils in Scheitelform dar. Geben Sie die Scheitelpunkte der einzelnen Parabeln an.

Zeichnen Sie die Parabeln.

a) $f(x) = x^2 + 4x + 2$ e) $f(x) = 2x^2 + 4x + 3$

b) $f(x) = x^2 - 2x - 3$ f) $f(x) = -3x^2 + 9x - 9$

c) $f(x) = x^2 - 8x + 19$ g) $f(x) = 2x^2 + 1$

d) $f(x) = -x^2 + 4x - 5$ h) $f(x) = -x^2 - 4x + 4$

4. Die Scheitelform für die Gleichung einer quadratischen Funktion ist $f(x) = a(x - x_S)^2 + y_S$.

Überprüfen Sie, ob die Aussagen wahr oder falsch sind. Begründen Sie Ihre Antwort.

a) Für jede gestreckte Parabel gilt $a > 1$.

b) Ist in der Scheitelform $x_S = 0$, dann liegt der Scheitelpunkt auf der y-Achse.

c) Ist in der Scheitelform $y_S = 0$, dann liegt der Scheitelpunkt auf der x-Achse.

5. Bestimmen Sie die Nullstellen der Funktionen mithilfe des Satzes vom Nullprodukt bzw. durch Ausklammern und Anwendung der *abc*-Formel. Zerlegen Sie den Funktionsterm jeweils in Linearfaktoren und geben Sie die Vielfachheit der Nullstellen an.

a) $f(x) = 0{,}5x^3 - 8x$ d) $f(x) = x^3 + x^2 - 6x$

b) $f(x) = x^4 - 2x^3 + x^2$ e) $f(x) = x^4 - x^2$

c) $f(x) = -x^3 - 2x^2 - x$ f) $f(x) = 1000x^4 - x$

6. Die Funktionsgleichung des abgebildeten Graphen hat die Form $f(x) = 0{,}2(x - x_1)(x - x_2)^2(x - x_3)^3$. Geben Sie die Werte für x_1, x_2 und x_3 an und begründen Sie.

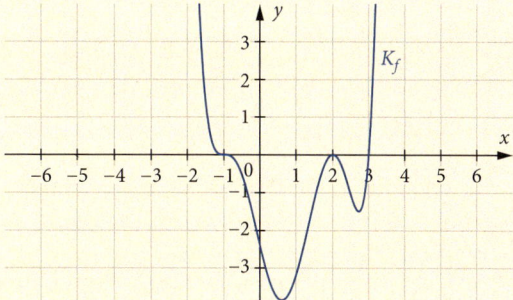

7. Ordnen Sie zunächst die Gleichungen und Graphen einander zu.

Entscheiden Sie dann, ob der Verlauf der Graphen im Wesentlichen vollständig abgebildet ist.

a) $f(x) = x(x-1)^2(x+2)(x+4)$

b) $g(x) = x(x-1)^2(x+2)^2(x+4)$

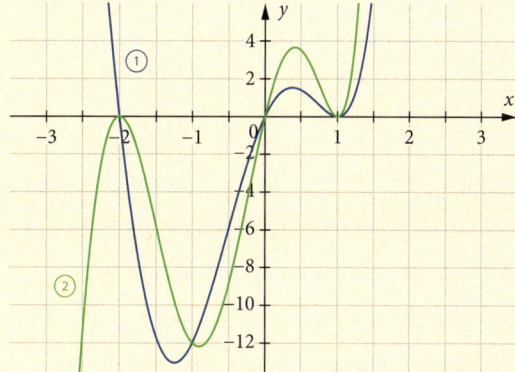

8. Der Wasserstrahl eines Springbrunnens hat Parabelform und gelangt 3 Meter hoch und 6 Meter weit.

a) Fertigen Sie eine Skizze an.

b) Bestimmen Sie die zugehörige Funktionsgleichung in Scheitelform, in Produktform und in allgemeiner Form.

c) Erläutern Sie, welche Form der Funktionsgleichung sich in diesem Kontext am einfachsten bestimmen lässt.

9. Zeigen Sie, dass man die Koordinaten des Scheitelpunkts aus der allgemeinen Form $f(x) = ax^2 + bx + c$ durch $x_S = \frac{-b}{2a}$ und $y_S = f(x_S)$ bestimmen kann.

2.2.5 Aufstellen von Funktionsgleichungen

Möchten wir reale Probleme lösen, so stehen wir oft vor dem Problem, dass wir einzelne Daten haben oder die Situation verbal beschreiben können, die passende Funktionsgleichung aber erst aufstellen müssen.

Man kann die Funktionsgleichung einer Polynomfunktion aus verschiedenen gegebenen Darstellungsformen der Funktion ermitteln. Dies nennt man auch **Rekonstruktion** von Funktionen.

 Funktionsterm aus einfachen Nullstellen und y-Achsenabschnitt

Eine Polynomfunktion 3. Grades hat die Nullstellen -2, -1 und 4. Bei 2 liegt der y-Achsenabschnitt. Ermitteln Sie die Funktionsgleichung.

Da die Nullstellen der Funktion gegeben sind, ist es sinnvoll, die Produktform der Gleichung zu verwenden: $f(x) = a(x - x_1)(x - x_2)(x - x_3)$
Da es sich um eine Funktion 3. Grades handelt und drei Nullstellen gegeben sind, müssen dies einfache Nullstellen sein.

Ansatz: $f(x) = a(x - x_1)(x - x_2)(x - x_3)$
Bedingungen:
$x_1 = -2$
$x_2 = -1$
$x_3 = 4$
$S_y(0 \mid 2) \;\Rightarrow\; f(0) = 2$

Wir setzen die drei einfachen Nullstellen in die Produktform ein.
In diese Gleichung können wir nun die Information über den y-Achsenabschnitt einsetzen und den Faktor a bestimmen.

$f(x) = a(x + 2)(x + 1)(x - 4)$

$$f(0) = a(0 + 2)(0 + 1)(0 - 4) = 2$$
$$a \cdot 2 \cdot 1 \cdot (-4) = 2$$
$$-8a = 2 \qquad \mid : (-8)$$
$$a = -0{,}25$$

Aus der Funktionsgleichung in Produktform kann mit etwas Rechenaufwand durch Ausmultiplizieren die allgemeine Form der Funktionsgleichung gewonnen werden.

$f(x) = -0{,}25(x + 2)(x + 1)(x - 4)$
$f(x) = -0{,}25x^3 + 0{,}25x^2 + 2{,}5x + 2$

 Funktionsterm aus mehrfachen Nullstellen und y-Achsenabschnitt

Abgebildet ist der Graph einer Polynomfunktion 6. Grades mit allen Nullstellen.
Ermitteln Sie die zugehörige Funktionsgleichung.

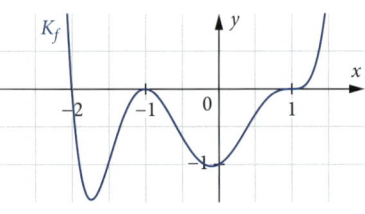

Am Graphen können wir drei Nullstellen ablesen sowie den y-Achsenschnittpunkt. Andere Punkte lassen sich nicht genau ablesen. Da alle Nullstellen gegeben sind, ist es wieder sinnvoll, die Produktform der Funktionsgleichung zu verwenden.

Ansatz: $f(x) = a \cdot (x - x_1) \cdot (x - x_2) \cdot \ldots \cdot (x - x_6)$
Bedingungen:
$x_1 = -2$ einfache Nullstelle, da Schnittpunkt
$x_{2/3} = -1$ doppelte Nullstelle, da Berührpunkt
$x_{4/5/6} = 1$ dreifache Nullstelle, da Sattelpunkt
$S_y(0 \mid -1) \;\Rightarrow\; f(0) = -1$

Wir setzen die abgelesenen Nullstellen unter Berücksichtigung ihrer Vielfachheiten in die Produktform ein. Anschließend bestimmen wir mithilfe des y-Achsenschnittpunkts den Faktor a.

$f(x) = a(x + 2)(x + 1)^2(x - 1)^3$
$f(0) = a(0 + 2)(0 + 1)^2(0 - 1)^3 = -1$
$$a \cdot 2 \cdot 1^2 \cdot (-1)^3 = -1$$
$$-2a = -1 \qquad \mid : (-2)$$
$$a = 0{,}5$$

Die Produktform kann durch Ausmultiplizieren in die allgemeine Form überführt werden.

$f(x) = 0{,}5(x + 2)(x + 1)^2(x - 1)^3$
$f(x) = 0{,}5x^6 + 0{,}5x^5 - 2x^4 - x^3 + 2{,}5x^2 + 0{,}5x - 1$

Funktionsterm aus drei Punkten

(31)

Von einer quadratischen Funktion ist die Wertetabelle gegeben. Ermitteln Sie die Funktionsgleichung.

x	-2	0	1
y	0	-4	$-4{,}5$

Durch die Tabelle sind drei Wertepaare gegeben. Diese können wir auch durch $f(x) = y$ ausdrücken.
Da wir die Gleichung einer Polynomfunktion 2. Grades suchen, kann die Gleichung in der allgemeinen Form entsprechenden Grades dargestellt werden.
Nacheinander setzen wir die Wertepaare in die allgemeine Gleichung ein und vereinfachen dann so weit wie möglich.

Ansatz: $f(x) = a x^2 + b x + c$
Bedingungen:
(I) $f(-2) = 0$
(II) $f(0) = -4$
(III) $f(1) = -4{,}5$

(I) $f(-2) = a \cdot (-2)^2 + b \cdot (-2) + c = 0$
$$4a - 2b + c = 0$$
(II) $f(0) = a \cdot 0^2 + b \cdot 0 + c = -4$
$$c = -4$$
(III) $f(1) = a \cdot 1^2 + b \cdot 1 + c = -4{,}5$
$$a + b + c = -4{,}5$$

Man erhält ein lineares Gleichungssystem (LGS) mit den drei Koeffizienten a, b und c als Unbekannte. In Gleichung (II) ergibt sich die Lösung für c bereits, sodass wir ein LGS mit zwei Gleichungen und zwei Unbekannten erhalten. Mithilfe des Additionsverfahrens kann man das lösen. Alternativ kann auch das Gleichsetzungs- oder Einsetzungsverfahren angewendet werden. ▶ Seite 17

$c = -4$ in (I) und (III) einsetzen:
(I') $4a - 2b - 4 = 0$
(III') $a + b - 4 = -4{,}5$ $| \cdot 2$
(I') $4a - 2b - 4 = 0$
(III'') $2a + 2b - 8 = -9$

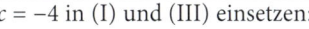

Gleichung (I) und (III) werden durch das Einsetzen verändert. Deshalb schreiben wir nun (I') und (III').

(IV) = (I') + (III'') $6a - 12 = -9$ $| + 12$
$$6a = 3 \qquad | : 6$$
$$a = 0{,}5$$

Als Lösungen des LGS erhalten wir die Koeffizienten a, b und c.
Setzen wir diese in die allgemeine Funktionsgleichung ein, so erhalten wir die Gleichung der gesuchten Funktion.

$a = 0{,}5$ in (I'): $4 \cdot 0{,}5 - 2b - 4 = 0$ $| + 2b$
$$-2 = 2b \qquad | : 2$$
$$-1 = b$$

$$f(x) = 0{,}5 x^2 - x - 4$$

Quadratischen Funktionsterm aus Scheitelpunkt und einem weiteren Punkt

(32)

Bestimmen Sie den Funktionsterm der quadratischen Funktion f, deren Graph durch die Punkte $A(4\,|\,1{,}5)$ und $S(3\,|\,1{,}75)$ verläuft. Dabei ist S der Scheitelpunkt der zugehörigen Parabel.

Da der Scheitelpunkt gegeben ist, verwenden wir die Scheitelform der quadratischen Funktion.

Ansatz: $f(x) = a(x - x_S)^2 + y_S$
Bedingungen:
$S(3\,|\,1{,}75) \;\rightarrow\; x_S = 3$ und $y_S = 1{,}75$
$A(4\,|\,1{,}5) \;\rightarrow\; f(4) = 1{,}5$

Wir ersetzen x_S und y_S durch die Koordinaten des Scheitelpunkts S.
Anschließend setzen wir die Koordinaten des Punkts A in die Funktionsgleichung ein und können so den Faktor a ermitteln.
Nun können wir den gesuchten Funktionsterm angeben – falls nötig, auch in ausmultiplizierter Form.

$$f(x) = a(x - 3)^2 + 1{,}75$$

$f(4) = a(4 - 3)^2 + 1{,}75 = 1{,}5$ $| - 1{,}75$
$$a = -0{,}25$$

$$f(x) = -0{,}25(x - 3)^2 + 1{,}75$$
$$f(x) = -0{,}25 x^2 + 1{,}5 x - 0{,}5$$

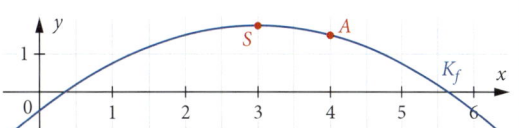

(33) Funktionsterm aus einem symmetrischen Graphen aufstellen

Die Abbildung zeigt den symmetrischen Graphen einer Polynomfunktion 4. Grades. Ermitteln Sie die Funktionsgleichung.

Die allgemeine Funktionsgleichung einer Polynomfunktion 4. Grades lautet
$f(x) = a x^4 + b x^3 + c x^2 + d x + e$.
Da der Graph symmetrisch zur y-Achse ist, wissen wir, dass nur gerade Exponenten in der Funktionsgleichung vorkommen können, also gilt $b = 0$ und $d = 0$. Die reduzierte Funktionsgleichung lautet dann $f(x) = a x^4 + c x^2 + e$.
Um ein lineares Gleichungssystem mit drei Unbekannten (hier a, c und e) lösen zu können, benötigt man mindestens drei Gleichungen. Wir müssen also aus der Abbildung mindestens drei Punkte ablesen; am besten ganzzahlige, also z. B. $P(0|-6)$, $Q(1|-8)$ und $R(2|10)$.
Nacheinander setzen wir die Wertepaare in die reduzierte allgemeine Gleichung ein und beachten dabei schon, dass $e = -6$ gilt. Das resultierende LGS lösen wir mithilfe des Additionsverfahrens.
Wir erhalten $a = 2$, $c = -4$ und $e = -6$.

Ansatz:
$f(x) = a x^4 + c x^2 + e$
Bedingungen:
(I) $f(0) = -6$
(II) $f(1) = -8$
(III) $f(2) = 10$

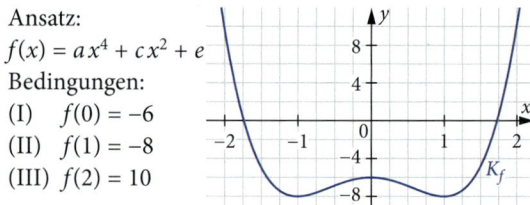

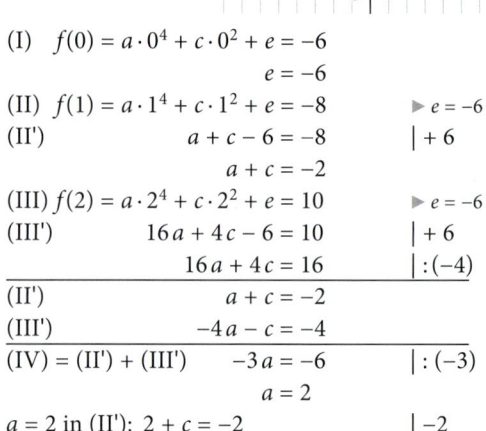

(I) $f(0) = a \cdot 0^4 + c \cdot 0^2 + e = -6$
$\quad\quad\quad\quad\quad\quad\quad e = -6$
(II) $f(1) = a \cdot 1^4 + c \cdot 1^2 + e = -8$ ▸ $e = -6$
(II') $\quad\quad\quad a + c - 6 = -8$ $| + 6$
$\quad\quad\quad\quad\quad a + c = -2$
(III) $f(2) = a \cdot 2^4 + c \cdot 2^2 + e = 10$ ▸ $e = -6$
(III') $\quad\quad 16 a + 4 c - 6 = 10$ $| + 6$
$\quad\quad\quad\quad 16 a + 4 c = 16$ $| : (-4)$

(II') $\quad\quad\quad a + c = -2$
(III') $\quad\quad -4a - c = -4$
(IV) = (II') + (III') $\quad -3a = -6$ $| : (-3)$
$\quad\quad\quad\quad\quad a = 2$

$a = 2$ in (II'): $2 + c = -2$ $| -2$
$\quad\quad\quad\quad\quad c = -4$
$f(x) = 2 x^4 - 4 x^2 - 6$

Bei der **Rekonstruktion** einer Funktion muss man zunächst entscheiden, welche Gleichungsform man am besten verwendet.
Allgemeine Form: $f(x) = a_n x^n + a_{n-1} x^{n-1} + \ldots + a_1 x + a_0$
Produktform: $f(x) = a_n \cdot (x - x_1) \cdot (x - x_2) \cdot (x - x_3) \cdot \ldots \cdot (x - x_n)$
Sonderfall Scheitelform bei quadratischen Funktionen mit Scheitelpunkt $S(x_S|y_S)$: $f(x) = a (x - x_S)^2 + y_S$

Eigenschaft der Funktion	Bedingung
Achsensymmetrie zur y-Achse	nur gerade Exponenten
Punktsymmetrie zum Koordinatenursprung	nur ungerade Exponenten
y-Achsenabschnitt y_0	$f(0) = y_0$
Punkt $P(x|y)$	$f(x) = y$
Nullstelle x	$f(x) = 0$ Gegebenenfalls Produktform verwenden! Vielfachheit berücksichtigen!

Abgebildet ist der Graph einer Polynomfunktion 3. Grades. Entscheiden Sie, welche Ansätze und Bedingungen korrekt sind.
① $f(x) = a(x - 2)(x + 4)^2$
② $f(x) = a(x + 2)(x - 4)^2$
③ $f(x) = a x^3 + b x^2 + c x + d$
④ $f(2) = 2$
⑤ $f(0) = 4$
⑥ $f(6) = 8$
⑦ $f(-2) = 4$
⑧ $f(0) = 8$

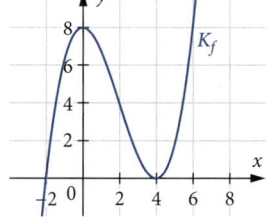

Übungen zu 2.2.5

1. Eine Polynomfunktion 4. Grades hat die Nullstellen −3, −1, 2 und 5. Bei 3 liegt der y-Achsenabschnitt. Ermitteln Sie die Funktionsgleichung.

2. Abgebildet ist der Graph einer Polynomfunktion 8. Grades mit allen Nullstellen. Ermitteln Sie die zugehörige Funktionsgleichung.

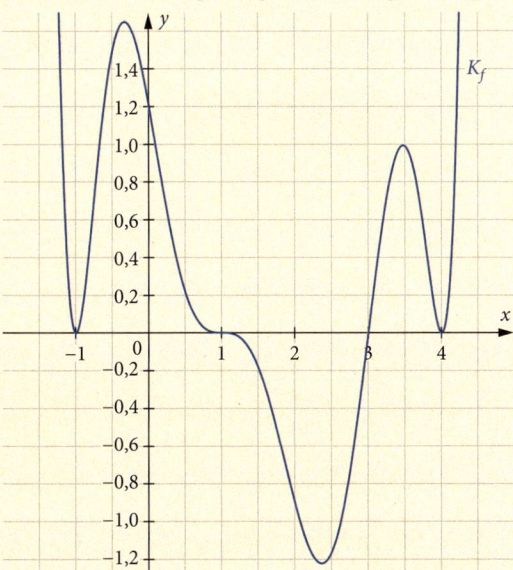

3. Gegeben ist die Wertetabelle einer quadratischen Funktion. Ermitteln Sie die Funktionsgleichung.

x	0	3	5
y	2,5	4	0

4. Bestimmen Sie den Funktionsterm der quadratischen Funktion f, deren Graph durch die Punkte $P(-3\,|\,2{,}5)$ und $S(3\,|\,-6{,}5)$ verläuft. Dabei ist S der Scheitelpunkt der zugehörigen Parabel.

5. Die Abbildung zeigt den symmetrischen Graphen einer Polynomfunktion 3. Grades. Ermitteln Sie die Funktionsgleichung. Überprüfen Sie Ihr Ergebnis mithilfe eines Funktionsplotters.

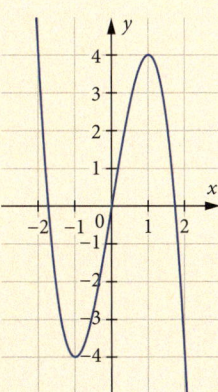

6. Erstellen Sie selbst mithilfe der Beispiele 29 bis 33 eine Aufgabe, in der ein Funktionsterm einer Polynomfunktion ermittelt werden soll. Fertigen Sie auch eine Musterlösung an. Tauschen Sie anschließend die Aufgaben innerhalb Ihrer Lerngruppe und vergleichen Sie die Lösungen.

7. Bestimmen Sie anhand des Graphen die Achsenschnittpunkte, die Vielfachheit der Nullstellen und den kleinstmöglichen Grad der Polynomfunktion. Ermitteln Sie den Funktionsterm.

a)   b)

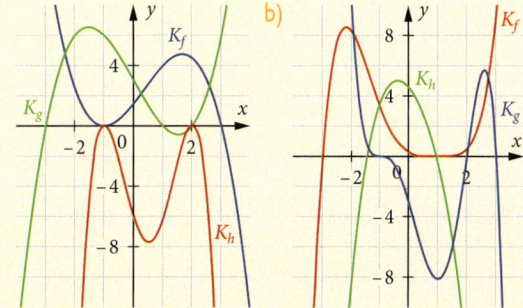

8. Von einer Polynomfunktion 3. Grades sind die Nullstellen und ein Punkt des Graphen bekannt. Ermitteln Sie die Funktionsgleichung.

a) $x_1 = -1$; $x_2 = 2$; $x_3 = 5$; $P(3\,|\,-16)$
b) $x_1 = -2$; $x_2 = -3$; $x_3 = 1$; $P(-1\,|\,-16)$
c) $x_{1/2/3} = -3$ (dreifache Nullstelle); $P(5\,|\,16)$
d) $x_{1/2} = 2$ (zweifache Nullstelle); $x_3 = 1$; $P(1\,|\,8)$

9. Bestimmen Sie aus den Angaben möglichst viele Bedingungen für die gesuchte Funktionsgleichung. Prüfen Sie mithilfe der Bedingungen, welche der sechs unten angegebenen Funktionsgleichungen passt.

a) Polynomfunktion 2. Grades; 3 Punkte sind bekannt: $P(-2\,|\,6)$, $Q(2\,|\,-2)$, $R(3\,|\,1)$
b) Polynomfunktion 3. Grades; 4 Punkte sind bekannt: $S_y(0\,|\,1)$, $P(-2\,|\,-1)$, $Q(1\,|\,1)$, $R(-1\,|\,2)$
c) Polynomfunktion 4. Grades; Graph achsensymmetrisch zur y-Achse; 4 Punkte sind bekannt: Hochpunkt $H(0\,|\,1)$, $P\!\left(\frac{1}{2}\,\middle|\,\frac{2}{5}\right)$, $Q(-1\,|\,-1)$, $R(-2\,|\,-1)$

① $f(x) = \frac{5}{6}x^3 + \frac{1}{2}x^2 - \frac{4}{3}x + 1$
② $f(x) = \frac{1}{2}x^4 - \frac{3}{2}x^2 + 1$
③ $f(x) = x^2 - 2x - 2$
④ $f(x) = \frac{1}{6}x^3 - \frac{1}{2}x^2 + \frac{1}{3}x + 1$
⑤ $f(x) = \frac{1}{2}x^4 - \frac{5}{2}x^2 + 1$
⑥ $f(x) = 2x^2 + 2x + 1$

137

2.2.6   Anwendungen

 (34)   Skater

Bei Mehmets Sprung mit dem Skateboard hat die Kamera zu Beginn drei Fotos gemacht. Da es sich bei der Sprungbahn um eine Parabel handelt, möchte Mehmet aus den Fotos die Parabelgleichung sowie die maximale Höhe und Weite des Sprungs ermitteln. Mithilfe der Länge des Skateboards ermittelt er den Maßstab der Fotos. Anschließend bestimmt er mit einem Geodreieck die jeweiligen Koordinaten der hinteren Achse des Boards. Daraus erstellt er eine Zeichnung des Sprungs in einem Koordinatensystem. Dabei ist x die Sprungweite (1 LE $\hat{=}$ 10 cm) und y die Sprunghöhe (1 LE $\hat{=}$ 10 cm).

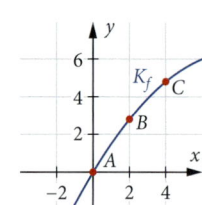

Die Punkte $A(0|0)$, $B(2|2,8)$ und $C(4|4,8)$ müssen die gesuchte Funktionsgleichung erfüllen. Da weder der Scheitelpunkt noch beide Nullstellen bekannt sind, verwenden wir zur Rekonstruktion der Funktionsgleichung die allgemeine Funktionsgleichung einer quadratischen Funktion.

Ansatz: $f(x) = ax^2 + bx + c$
Bedingungen:
(I) $A(0|0)$ $\Rightarrow f(0) = 0$
(II) $B(2|2,8)$ $\Rightarrow f(2) = 2,8$
(III) $C(4|4,8)$ $\Rightarrow f(4) = 4,8$

Um die drei Koeffizienten a, b und c bestimmen zu können, stellen wir ein lineares Gleichungssystem auf. Dieses erhalten wir, indem wir die Koordinaten der Punkte A, B und C in die allgemeine Funktionsgleichung einsetzen.
Da wir mit A den y-Achsenabschnitt gegeben haben, ergibt sich aus (I) sofort $c = 0$. Dies können wir in (II) und (III) gleich einsetzen.
Wir erhalten ein LGS mit zwei Gleichungen und den beiden Unbekannten a und b. Dieses kann man z. B. mit dem Additionsverfahren lösen.

(I)	$f(0) = a \cdot 0^2 + b \cdot 0 + c = 0$	
	$c = 0$	
(II)	$f(2) = a \cdot 2^2 + b \cdot 2 + c = 2,8$	$\blacktriangleright c = 0$
(II')	$4a + 2b = 2,8$	
(III)	$f(4) = a \cdot 4^2 + b \cdot 4 + c = 4,8$	$\blacktriangleright c = 0$
(III')	$16a + 4b = 4,8$	$|:(-2)$
(II')	$4a + 2b = 2,8$	
(III'')	$-8a - 2b = -2,4$	
(IV) = (II') + (III'')	$-4a = 0,4$	$|:(-4)$
	$a = -0,1$	

Wir setzen die ermittelten Koeffizienten in die allgemeine Funktionsgleichung ein und erhalten die Funktionsgleichung, die Mehmets Sprung mit dem Skateboard beschreibt.

$a = -0,1$ in (II') einsetzen:
$4 \cdot (-0,1) + 2b = 2,8$ $| + 0,4$
$2b = 3,2$ $|:2$
$b = 1,6$

Um die maximale Höhe des Sprungs zu ermitteln, benötigen wir den Scheitelpunkt. Daher formen wir die allgemeine Gleichung in die Scheitelform um. Die maximale Höhe des Sprungs beträgt 64 cm.

$f(x) = -0,1x^2 + 1,6x$
$f(x) = -0,1(x^2 - 16x)$
$\quad = -0,1(x^2 - 16x + 64 - 64)$
$\quad = -0,1(x - 8)^2 + 6,4 \Rightarrow S(8|6,4)$

Die Sprungweite entspricht der zweiten Nullstelle. Um diese zu berechnen, kann man die Formel $x_S = \frac{x_1 + x_2}{2}$ nach x_2 umformen und erhält:
$x_2 = 2x_S - x_1 = 2 \cdot 8 - 0 = 16$
Die Sprungweite beträgt somit 1,60 m.

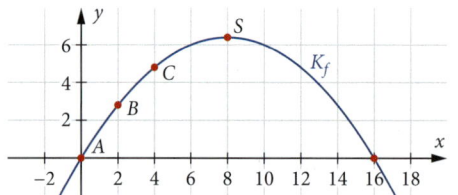

Wir haben zunächst mit dem Sprung des Skaters eine geometrische Fragestellung betrachtet. Oft sind die Probleme, die man lösen möchte, gar nicht geometrisch. Man muss dann die gegebenen Daten erst einmal so ausdrücken, dass sie gut in einer Funktionsgleichung darstellbar sind. Betrachten wir ein Beispiel, das einen Prozess im zeitlichen Verlauf beschreibt.

Warteschlange

Im Briefkasten der Schülervertretung (SV) fand sich eine Beschwerde über die langen Wartezeiten bei der Essensausgabe in der Mittagspause: Circa 10 Minuten nach dem Klingeln, also um 13:10 Uhr, sei die Schlange am längsten, heißt es. Und erst 5 Minuten vor Beginn der 7. Stunde, also um 13:25 Uhr, hätten alle ihr Essen bekommen. Patrick vom SV-Team möchte sich die Situation anschauen. Am folgenden Tag zählt er um 13:00 Uhr 15 Personen in der Schlange. Bald werden es mehr, und es ist kaum mehr möglich, die anstehenden Personen zu zählen. Daher beschließt Patrick, das Problem rechnerisch zu lösen, und zwar mit einer quadratischen Funktion, die jeder Zeit (in Minuten) die Anzahl der Personen in der Schlange zuordnet.

Stellen Sie die Funktionsgleichung auf und bestimmen Sie, wie viele Personen maximal in der Schlange stehen.

Wir geben die Gleichung einer Polynomfunktion 2. Grades in Scheitelform an.

Zu Beginn der Mittagspause, also zum Zeitpunkt 0, stehen 15 Personen in der Schlange, d. h., der y-Achsenabschnitt liegt bei 15.
Zehn Minuten später ist die Schlange am längsten. Hier liegt der Hochpunkt und somit auch der Scheitelpunkt des Graphen. Wir erhalten daraus sofort den Wert $x_S = 10$.
Nach 25 Minuten ist die Schlange leer, hier liegt also eine Nullstelle vor.
Wir lösen das LGS aus den Gleichungen (II) und (III) mit dem Additionsverfahren und erhalten $a = -0{,}12$ sowie $y_S = 27$.

Wir setzen die Werte für a, x_S und y_S in die Scheitelform ein und erhalten die gesuchte Funktionsgleichung: $f(x) = -0{,}12\,(x - 10)^2 + 27$
Der Scheitelpunkt liegt bei $S(10\,|\,27)$, also ist der höchste y-Wert 27. Es standen höchstens 27 Personen in der Schlange.
Durch Ausmultiplizieren erhalten wir die Gleichung auch in der allgemeinen Form:
$f(x) = -0{,}12\,x^2 + 2{,}4\,x + 15$
Anhand des Graphen von f können wir überprüfen, ob die ermittelte Funktion die Bedingungen (I) bis (III) tatsächlich erfüllt.

Ansatz: $f(x) = a\,(x - x_S)^2 + y_S$
Bedingungen:
(I) $S(10\,|\,y_S) \;\Rightarrow\; x_S = 10$
(II) $f(0) = 15$
(III) $f(25) = 0$
_____
(II) $f(0) = \quad a\,(0 - 10)^2 + y_S = 15$
$\;\; 100\,a + y_S = 15$
(III) $f(25) = a\,(25 - 10)^2 + y_S = 0$
$\;\; 225\,a + y_S = 0 \qquad |\cdot(-1)$
_____
(II) $\quad 100\,a + y_S = 15$
(III') $\;\; -225\,a - y_S = 0$
_____
(IV) = (II) + (III') $\;\; -125\,a = 15 \qquad |:(-125)$
$ a = -0{,}12$

$a = -0{,}12$ in (III):
$225 \cdot (-0{,}12) + y_S = 0 \qquad |+27$
$\phantom{225 \cdot (-0{,}12) +} y_S = 27$

$f(x) = -0{,}12\,(x - 10)^2 + 27 \;\Rightarrow\; S(10\,|\,27)$
$f(x) = -0{,}12\,x^2 + 2{,}4\,x + 15$

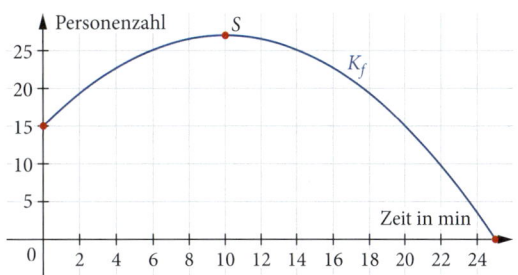

Mitunter ergeben sich in Anwendungen aus Fragestellungen keine Gleichungen, sondern Ungleichungen, die gelöst werden müssen. Dies kann man grafisch (mittels einer Skizze des Graphen) oder auch rechnerisch erledigen (mithilfe einer Vorzeichentabelle oder auch einer Fallunterscheidung).

36 Sandwichverkauf

Die 11. Klasse plant für einen karitativen Zweck den Verkauf von belegten Schinken-Käse-Sandwichs. Bei der Kalkulation hat sich die Gewinnfunktion G (als Differenz aus erwarteten Erlösen und Kosten) ergeben: $G(x) = -0,1\,x^2 + 10,5\,x - 135$ mit $D_G = [0; 120]$, wobei x die Anzahl der Sandwichs und $G(x)$ den Gewinn in € angibt.

a) Untersuchen Sie, für welche geplante Stückzahl sich ein (positiver) Gewinn ergibt, also $G(x) > 0$ gilt.

b) Geben Sie an, bei welcher Stückzahl der Gewinn maximal ist und wie hoch dieser ist.

Zu a) Wir betrachten zunächst die Gleichung $G(x) = 0$ und lösen sie mithilfe der Lösungsformel mit $a = -0,1$, $b = 10,5$ und $c = -135$.

$$x_{1/2} = \frac{-b \pm \sqrt{b - 4\,a\,c}}{2\,a}$$

Die Nullstellen der Gewinnfunktion geben die **Gewinnschwelle** und **Gewinngrenze** an.

$$G(x) = 0$$
$$-0,1\,x^2 + 10,5\,x - 135 = 0$$
$$x_{1/2} = \frac{-10,5 \pm \sqrt{(10,5)^2 - 4 \cdot (-0,1) \cdot (-135)}}{2 \cdot (-0,1)}$$
$$x_{1/2} = 52,5 \pm 37,5$$
$$x_1 = 15 \quad \text{und} \quad x_2 = 90$$

Die Ungleichung $G(x) > 0$, lässt sich auf zwei verschiedenen Wegen lösen:

Variante 1: Skizze des Graphen

Der Graph von G ist eine nach unten geöffnete Parabel. $G(x) > 0$ bedeutet, dass der zugehörige Graph oberhalb der x-Achse verlaufen muss. Es müssen also zwischen 15 und 90 Stück verkauft werden, um einen positiven Gewinn zu erzielen.

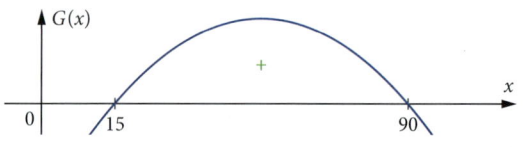

$L = \,]15; 90[$

Variante 2: Vorzeichentabelle

Mithilfe der Nullstellen faktorisieren wir den Funktionsterm $G(x)$.

Wir betrachten nun die Vorzeichen der einzelnen Faktoren und berechnen daraus das Vorzeichen des Produkts.

Aus der ersten und letzten Zeile suchen wir „nur noch" das passende Intervall zum gesuchten Vorzeichen. Für $G(x) > 0$ suchen wir also +. Die Klasse sollte eine Stückzahl zwischen 15 und 90 anstreben, um einen positiven Gewinn zu erzielen.

$$G(x) > 0$$
$$-0,1\,(x - 15)(x - 90) > 0$$

x		15		90	
$-0,1$	$-$	$-$	$-$	$-$	$-$
$x - 15$	$-$	0	$+$	$+$	$+$
$x - 90$	$-$	$-$	$-$	0	$+$
$-0,1\,(x - 15)(x - 90)$	$-$	0	$+$	0	$-$

Für $x \in \,]15; 90[$ ist also ein positiver Gewinn zu erwarten.

Beide Lösungsvarianten kann man nur dann anwenden, wenn auf einer Seite der Ungleichung null steht, gegebenenfalls muss man die Ungleichung also erst umformen. Für die drei anderen Ungleichheitszeichen ($<$, $\leq$, $\geq$) gilt die Herangehensweise analog.

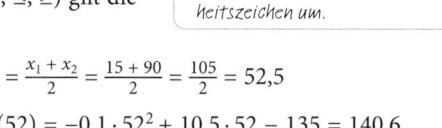

Achtung: Multipliziere oder dividiere ich mit einer negativen Zahl, dreht sich das Ungleichheitszeichen um.

Zu b) Um zu ermitteln, bei welcher Stückzahl der Gewinn maximal ist, muss der Scheitelpunkt bestimmt werden. Diesen kann man aus den beiden Nullstellen berechnen und erhält $x_S = 52,5$.

Es können aber keine halben Sandwichs verkauft werden, also ist der Gewinn für 52 und 53 Sandwichs maximal. Setzt man z. B. 52 in die Funktionsgleichung ein, so erhält man 140,60 €. Der maximale Gewinn beträgt 140,60 €.

$$x_S = \frac{x_1 + x_2}{2} = \frac{15 + 90}{2} = \frac{105}{2} = 52,5$$
$$G(52) = -0,1 \cdot 52^2 + 10,5 \cdot 52 - 135 = 140,6$$
$$G(53) = -0,1 \cdot 53^2 + 10,5 \cdot 53 - 135 = 140,6$$

Verpackungskarton

Ein Süßwarenhersteller möchte aus rechteckigen Pappen Verpackungskartons herstellen, die oben offen sind. Die Pappen sind 80 cm lang und 66 cm breit. Die Kartons sollen möglichst groß sein.
Stellen Sie einen Zusammenhang zwischen der Höhe und dem Volumen her und drücken Sie ihn in einer Formel aus. Ermitteln Sie, für welche Höhe das Volumen maximal ist.

Das Volumen des quaderförmigen Kartons ist $V = a \cdot b \cdot h$.
Da die optimale Höhe des Kartons gesucht ist, bezeichnen wir die Höhe mit x und erhalten $V = a \cdot b \cdot x$ (a, b, x in cm und V in cm³).
Betrachten wir zunächst ein Beispiel: Wählen wir als Höhe beispielsweise 10 cm und stellen uns vor, dass wir entsprechende Quadrate an den Ecken herausschneiden. Die Länge und Breite der Grundfläche verringert sich dadurch jeweils an beiden Enden um 10 cm, also insgesamt an jeder Seite um 20 cm.
Höhe: $x = 10$
Länge: $a = 80 - 2 \cdot 10 = 60$
Breite: $b = 66 - 2 \cdot 10 = 46$
Volumen: $V = a \cdot b \cdot x = 60 \cdot 46 \cdot 10 = 27\,600$

Wählen wir eine andere Höhe, ändert sich auch das Volumen. In der Tabelle sind Beispiele dargestellt.

Nun wollen wir das Volumen allgemein für beliebige Höhen x betrachten: Dafür drücken wir zunächst die Seitenlängen a und b durch x aus. Es gilt: $a = 80 - 2x$ und $b = 66 - 2x$.
Dies setzen wir dann in die Volumenformel ein.
$$V(x) = a \cdot b \cdot x$$
$$= (80 - 2x) \cdot (66 - 2x) \cdot x$$
$$= (5280 - 160x - 132x + 4x^2) \cdot x$$
$$V(x) = 4x^3 - 292x^2 + 5280x \text{ mit } D_V = {]}0;\,33{[}$$

Das Volumen hängt also jetzt nur noch von der Variablen x ab. Wir können so das Volumen als Funktion V in Abhängigkeit der Höhe x ausdrücken.

Mithilfe einer Wertetabelle oder eines Funktionsplotters können wir den Graphen zeichnen und die Lösung ablesen. Dem Graphen der Funktion entnehmen wir, dass bei einer Höhe von ungefähr 12 cm das Volumen des Kartons maximal ist.

Indem wir $x = 12$ in die Funktionsgleichung $V(x) = 4x^3 - 292x^2 + 5280x$ einsetzen, erhalten wir als größtmögliches Kartonvolumen 28 224 cm³.

Beispiel $x = 10$:

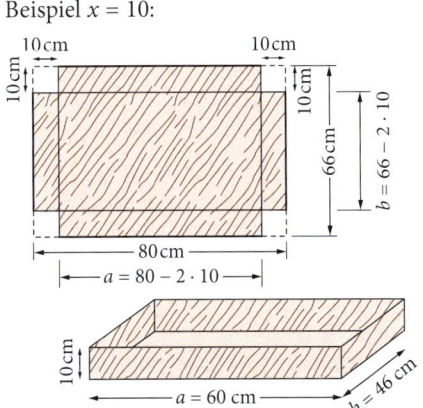

h in cm	4	6	8	10	12	14
V in cm³	16 704	22 032	25 600	27 600	28 224	27 664

Allgemein für $x \in {]}0;\,33{[}$:

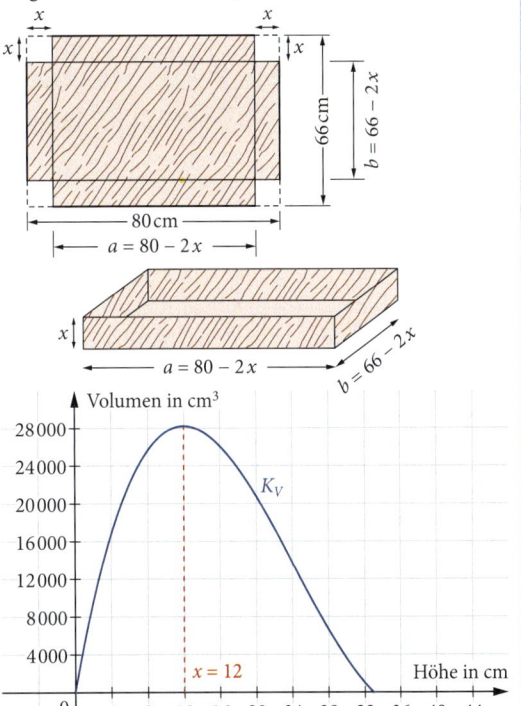

Die 11. Klasse prüft für ihren nächsten Sandwichverkauf auch die Idee, belegte Thunfisch-Sandwichs zu verkaufen. Bei der Kalkulation hat sich die Gewinnfunktion G ergeben: $G(x) = -0{,}05\,x^2 + 5\,x - 15$ mit $D_G = [0; 120]$, wobei x die Anzahl der Sandwichs und $G(x)$ den Gewinn in € angibt.

a) Untersuchen Sie, für welche geplante Stückzahl sich ein (positiver) Gewinn ergibt.

b) Geben Sie an, bei welcher Stückzahl der Gewinn maximal ist und wie hoch dieser ist.

Übungen zu 2.2.6

1. Für ein Sommerfest wird der Verkauf von Smoothies kalkuliert. Dabei hat sich die Funktion G mit $G(x) = -0{,}1\,x^2 + 12\,x - 200$ und $D_G = [0; 120]$ ergeben, wobei x die Anzahl der Smoothies und $G(x)$ den Gewinn in € angibt.

a) Untersuchen Sie, für welche geplante Stückzahl sich ein (positiver) Gewinn ergibt.

b) Geben Sie an, bei welcher Stückzahl der Gewinn maximal ist und wie hoch dieser ist.

2. Beim Kuchenverkauf in der einstündigen Mittagspause notiert die Klasse 11 die Entwicklung der Warteschlange. Zu Beginn der Pause um 12 Uhr stehen bereits 4 Personen vor dem Verkaufsstand, um 12:20 Uhr ist die Schlange am längsten und nach 12:30 Uhr zählen sie noch 10 Wartende. Um den kommenden Kuchenverkauf besser zu planen, möchte die Klasse den Ablauf mit einer quadratischen Funktion darstellen, die jeder Zeit (in Minuten) die Anzahl der Personen in der Schlange zuordnet. Stellen Sie die Funktionsgleichung auf und bestimmen Sie, wie viele Personen maximal in der Schlange standen.

3. Der Bogen eines Fensters lässt sich durch eine quadratische Gleichung beschreiben (x und y in Metern). Das Fenster soll vergittert werden. Die Gitterstäbe sollen in einem Abstand von 20 cm angebracht werden. Ermitteln Sie die Funktionsgleichung. Berechnen Sie, wie viele Meter Gitterstab benötigt werden.

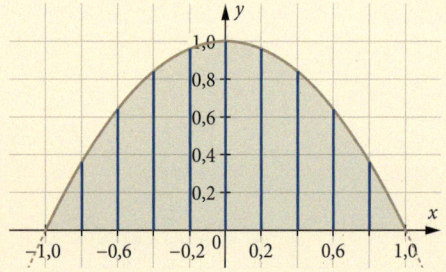

4. Aus rechteckigen Pappen sollen Kartons hergestellt werden, die oben offen sind. Die Pappen sind 50 cm lang und 80 cm breit. Die Kartons sollen möglichst groß sein.
Stellen Sie einen Zusammenhang zwischen der Höhe und dem Volumen her und drücken Sie ihn in einer Formel aus. Ermitteln Sie, für welche Höhe das Volumen maximal ist.

5. Ein Zug auf dem Weg von Stuttgart nach Karlsruhe beschleunigt nach dem Losfahren. In der Tabelle ist der Weg angegeben, den der Zug insgesamt zu einer bestimmten Zeit zurückgelegt hat.

Zeit x in s	0	5	10	15	20	25	30
Weg y in m	0	6,25	25	56,25	100	156,25	225

a) Zeichnen Sie die Punkte in ein geeignetes Koordinatensystem.

b) Ermitteln Sie die quadratische Gleichung, die den Zusammenhang zwischen Zeit und Weg darstellt.

c) Berechnen Sie den nach 60 und 180 Sekunden zurückgelegten Weg. Beurteilen Sie, wie realistisch die berechneten Werte sind.

6. Max spielt Golf. Bei einem Schlag fliegt der Ball 100 m weit. Die größte Höhe des Golfballs beträgt 7,5 m.

a) Ermitteln Sie eine quadratische Gleichung, die den Flug des Golfballs beschreibt. Überlegen sie dafür zunächst, wie man die Lage des Scheitelpunkts geschickt wählt.

b) In 80 m Entfernung von Max steht ein 4 m hoher Busch. Prüfen Sie, ob der Golfball über den Busch fliegt.

Übungen zu 2.2

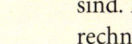 **1.** Entscheiden Sie zunächst ohne Rechnung, ob die Graphen punktsymmetrisch zum Ursprung, achsensymmetrisch zur y-Achse oder keines von beidem sind. Bestätigen Sie Ihre Entscheidung anschließend rechnerisch.

a) $f(x) = 2x^4 + x^2 - 1$ c) $f(x) = -x^6 - 3x^2 + 5$

b) $f(x) = x^3 - 5x^2$ d) $f(x) = 2x^5 - x^3 - x$

 2. Beschreiben Sie die Graphen. Berücksichtigen Sie dabei:

- Symmetrieeigenschaften
- Globalverhalten
- charakteristische Punkte (Achsenschnittpunkte, Extrem- und Wendepunkte)
- Steigungs- und Krümmungsverhalten

Äußern Sie sich zum Zusammenhang zwischen der Anzahl der Nullstellen und Extrempunkte sowie zum Zusammenhang zwischen der Anzahl der Extrem- und Wendepunkte.

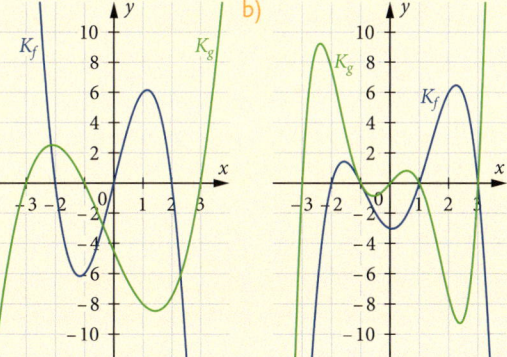

a)   b)

3. Zeichnen Sie zwei möglichst unterschiedliche Graphen anhand der Beschreibung. Notieren Sie anschließend, worin sich Ihre Graphen unterscheiden. Beurteilen Sie die Beschreibung.

a) Der Graph von f ist symmetrisch zur y-Achse. Ein Tiefpunkt liegt bei $(3\,|\,-1)$.

b) Der Graph hat einen Hochpunkt im I. Quadranten und einen Tiefpunkt im II. Quadranten.

c) Der Graph fällt im Intervall $]-\infty; 1[$ und steigt nur im Intervall $]1; 2[$. Das Minimum ist bei $y = -8$. Außerdem liegt ein Sattelpunkt bei $S(-1\,|\,0)$.

d) Der Graph hat Nullstellen bei $x = -3$ und $x = 6$ und außerdem einen Hochpunkt bei $(1\,|\,0)$.

e) Der Graph geht durch den Koordinatenursprung, hat zwei Sattelpunkte $S_1(-1\,|\,-1)$ und $S_2(1\,|\,1)$ und ist auf ganz $\mathbb{R}$ steigend.

 4. Zu drei der fünf Funktionsgleichungen sind die Graphen abgebildet.

Ordnen Sie den Graphen die passenden Gleichungen zu. Skizzieren Sie zu den verbleibenden zwei Gleichungen die Graphen.

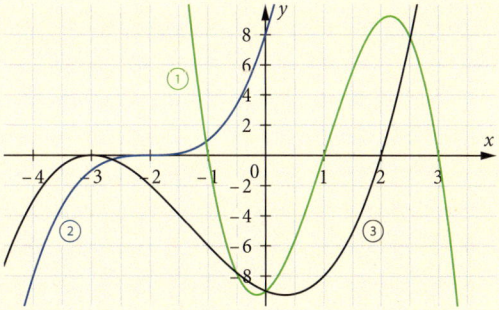

a) $f(x) = -3x^3 + 9x^2 + 3x - 9$

b) $f(x) = 0{,}125x^3 - 4x^2 + 7x$

c) $f(x) = 0{,}5x^3 + 2x^2 - 1{,}5x - 9$

d) $f(x) = x^3 + 4$

e) $f(x) = (x + 2)^3$

5. Ordnen Sie den abgebildeten Graphen die zugehörigen Funktionsgleichungen zu.

Tipp: Zu einem Graphen können mehrere Gleichungen passen.

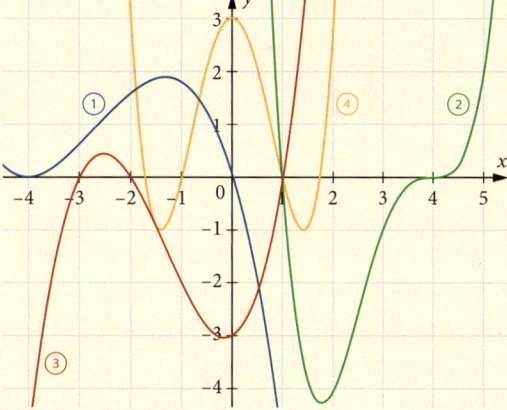

a) $f(x) = 3 + 2x^2$

b) $f(x) = 0{,}5(x - 1)(x - 4)^3$

c) $f(x) = x^4 - 4x^2 + 3$

d) $f(x) = 0{,}5x - 1$

e) $f(x) = (x - 1)(x + 3)(x + 2)$

f) $f(x) = -0{,}2x(x + 4)^2$

g) $f(x) = -\frac{1}{5}x^3 - \frac{8}{5}x^2 - \frac{16}{5}x$

h) $f(x) = 0{,}5x^3 + 2x^2 + 0{,}5x - 3$

i) $f(x) = 0{,}5(x + 3)(x + 2)(x - 1)$

6. Formen Sie die Funktionsgleichung in die allgemeine Form um.

a) $f(x) = (x - 2)^2 + 5$

b) $f(x) = -3(x + 4)^2 - 2$

c) $f(x) = 2x(x - 6)^2$

d) $f(x) = (x + 1)(x - 1)(x + 2)$

e) $f(x) = x(x - 2)(x + 1)(x + 3)$

7. Bestimmen Sie die Schnittpunkte der Graphen der Funktionen mit der x-Achse. Geben Sie die Vielfachheit der Nullstellen an.
Veranschaulichen Sie sich mit einem Funktionsplotter, wie sich die Vielfachheit am Graphen zeigt.

a) $f(x) = 2(x - 1)(x + 2)(x - 3)^2$

b) $f(x) = -0{,}5x^3(x - 3)^4(x + 1)(x - 5)$

c) $f(x) = -0{,}25x(x + 5)^5(x + 1)(x + 5)$

8. Berechnen Sie die Nullstellen der Funktionen mithilfe eines geeigneten Verfahrens und geben Sie die Funktionsgleichungen in Produktform an.

a) $f(x) = 3x^2 - 2{,}25$ e) $f(x) = -2x^4 + 6x^3 + 8x^2$

b) $f(x) = x^2 - x - 6$ f) $f(x) = x^3 + 4x^2 - 3x$

c) $f(x) = 0{,}5x^2 - 6x + 16$ g) $f(x) = -x^6 - 3x^4$

d) $f(x) = -x^3 + 3x^2 + x$ h) $f(x) = 2x^4 + 2x^2 - 12$

9. Formen Sie die Gleichung in die Scheitelform um.

a) $f(x) = x^2 + 10x + 22$ d) $f(x) = -4x^2 + 16x - 8$

b) $f(x) = 2x^2 - 4x + 10$ e) $f(x) = 2(x - 4)(x + 2)$

c) $f(x) = -x^2 - 14x - 49$ f) $f(x) = 0{,}5(x + 3)(x - 1)$

10. Ist die Gleichung einer quadratischen Funktion in Scheitelform gegeben, kann man die Nullstellen auf zwei Arten berechnen:

1) Ausmultiplizieren und Lösungsformel anwenden.

2) y-Achsenabschnitt addieren oder subtrahieren, ggf. durch den Streckfaktor dividieren und Wurzel ziehen.

Berechnen Sie die Nullstellen jeweils mithilfe beider Verfahren.

a) $f(x) = (x - 2)^2 - 25$ b) $f(x) = -3(x + 1)^2 + 27$

11. Gegeben ist die Funktion f mit der Gleichung $f(x) = 0{,}5x^2 + x - 4$.

a) Berechnen Sie den Funktionswert an der Stelle $x = -1$.

b) Ermitteln Sie die Nullstellen der Funktion.

c) Ermitteln Sie den Scheitelpunkt.

d) Geben Sie Funktionsgleichung in Scheitelform und Produktform an.

12. Gegeben ist die Funktion f mit $f(x) = x^2 + x - 1$.

a) Bestimmen Sie die Schnittpunkte des Graphen von f mit den Graphen von g, h und i.
$g(x) = 3x + 2$ $h(x) = 3x - 2$ $i(x) = 3x - 6$

b) Zeichnen Sie die Graphen von f, g, h und i. Erläutern Sie Ihr Ergebnis aus a) anschaulich.

13. Berechnen Sie die gemeinsamen Punkte.

a) $f(x) = 2x^2 + 3x - 3;$ $g(x) = -\frac{1}{3}(x - 1)^2 + 2$

b) $f(x) = \frac{3}{4}x^2 - 2x + \frac{1}{4};$ $g(x) = -x^2 + x + 5$

c) $f(x) = 0{,}2x^2 - 0{,}3x + 0{,}6;$ $g(x) = 0{,}75x - 1$

d) $f(x) = -4(x - 3)^2 + 5;$ $g(x) = x^2 - 6x + 14$

e) $f(x) = 2x^3 - 2x;$ $g(x) = -1{,}98x$

14. Bestimmen Sie den Schnittpunkt der Graphen von f und g rechnerisch.

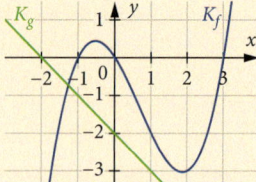

15. Bestimmen Sie jeweils das Symmetrie- und Globalverhalten des Graphen.
Berechnen Sie die Achsenschnittpunkte und schreiben Sie die Funktionsgleichung in Produktform auf.
Skizzieren Sie den Graphen und markieren Sie Extrem- und Wendepunkte.

a) $f(x) = x^3 - 8x^2 + 16x$

b) $f(x) = x^3 - 2x^2 - 5x$

c) $f(x) = -x^3 + 5x^2 - 4x$

d) $f(x) = -0{,}5x^3 + 2x^2$

e) $f(x) = x^4 - 6x^3 + 9x^2$

f) $f(x) = x^4 - 5x^2 + 4$

g) $f(x) = 0{,}5x^4 - 3{,}5x^2 + 6$

16. Eine Parabel (2. Ordnung) ist der Graph einer quadratischen Funktion. Zu den Parabeln mit den angegebenen Eigenschaften soll die Funktionsgleichung ermittelt werden. Prüfen Sie zunächst, welche Gleichungsform jeweils am besten geeignet ist.
Tipp: Häufig ist eine Skizze hilfreich.

a) Die Parabel hat die x-Achsenschnittpunkte $S_{x_1}(-4\,|\,0)$ und $S_{x_2}(3\,|\,0)$ und geht durch $P(1\,|-10)$.

b) Die Parabel hat den Scheitelpunkt $S(2\,|\,5)$ und schneidet die y-Achse bei 4.

c) Die Parabel schneidet die y-Achse bei -3 und berührt die x-Achse bei 1.

d) Die Parabel geht durch den Ursprung sowie durch die Punkte $P(-2\,|-20)$ und $Q(4\,|\,28)$.

17. Der Graph einer Polynomfunktion 3. Grades hat an der Stelle $x = 2$ eine doppelte Nullstelle und an der Stelle $x = -3$ eine einfache Nullstelle. Zusätzlich verläuft der Graph dieser Funktion durch den Punkt $P(1|5)$.
Bestimmen Sie die Funktionsgleichung von f.

18. Eine Polynomfunktion 3. Grades hat eine doppelte Nullstelle bei $x = 1$ und eine einfache Nullstelle bei $x = -2$. Außerdem verläuft ihr Graph durch den Punkt $P(-3|1)$.
a) Stellen Sie eine passende Funktionsgleichung auf.
b) Berechnen Sie den Schnittpunkt mit der y-Achse.

19. Skizzieren Sie zunächst den Graphen und ermitteln Sie dann jeweils die Funktionsgleichung.
a) Der Graph einer Polynomfunktion 3. Grades ist punktsymmetrisch zum Koordinatenursprung und verläuft durch den Punkt $P(4|-96)$. An der Stelle 8 schneidet er die x-Achse.
b) Eine Polynomfunktion 3. Grades hat die Nullstellen -2; 4 und 5 sowie den y-Achsenabschnitt 8.
c) Der Graph einer Polynomfunktion 3. Grades schneidet bei $-\sqrt{2}$; 1 und $\sqrt{2}$ die x-Achse und geht durch den Punkt $P(2|4)$.
d) Der Graph einer Polynomfunktion 4. Grades ist achsensymmetrisch zur y-Achse und geht durch den Ursprung sowie durch die Punkte $P(1|-2)$ und $Q(3|0)$.

20. Der Graph einer Polynomfunktion 3. Grades verläuft punktsymmetrisch zum Koordinatenursprung sowie durch die Punkte $A(1|-4)$ und $B(-2|5)$.
a) Ermitteln Sie den Funktionsterm dieser Funktion.
b) Berechnen Sie die Nullstellen der Funktion.
c) Berechnen Sie die Schnittpunkte des Graphen mit der Winkelhabierenden des I. und III. Quadranten.

21. Eine Polynomfunktion 5. Grades verläuft vom III. in den I. Quadranten. An den Stellen $x = -3$ und $x = 2$ liegt jeweils eine doppelte Nullstelle und an der Stelle $x = 5$ eine einfache Nullstelle.
a) Geben Sie eine passende Funktionsgleichung an. Begründen Sie, dass die Gleichung nicht eindeutig bestimmt ist.
b) Zeichnen Sie einen möglichen Graphen.
c) Beschreiben Sie den Verlauf des gezeichneten Graphen unter Berücksichtigung des Steigungs- und Krümmungsverhaltens.

22. Der Gateway Arch in St. Louis ist das Wahrzeichen der Stadt am Ufer des Mississippi.
Er ist nahezu parabelförmig, seine Höhe und Fußspannweite betragen beide 192 m.

a) Wählen Sie ein geeignetes Koordinatensystem und bestimmen Sie die Gleichung des Gateway Arch.
b) Berechnen Sie die Höhe des Bogens 50 m vom Scheitelpunkt entfernt.

23. Für die Einzäunung einer rechteckigen Lagerfläche stehen 100 m Zaun zur Verfügung.
a) Berechnen Sie den Flächeninhalt, wenn eine Seite 20 m lang ist.
b) Stellen Sie einen Funktionsterm auf, der den Flächeninhalt in Abhängigkeit der Länge einer Rechteckseite angibt.
c) Ermitteln Sie die Seitenlängen, bei denen die Lagerfläche maximal ist.

24. Durch Videoanalyse während des Fußballtrainings versuchen Luca und Isa ihre Freistoßtechnik zu verbessern. Der Graph der Funktion f mit $f(x) = -\left(\frac{1}{264}\right)x^3 + \frac{1}{16}x^2$; $x \in [0; 16{,}5]$ gibt näherungsweise die Flugbahn eines Fußballs bei einem ihrer Freistoßversuche wieder (Angaben in m).

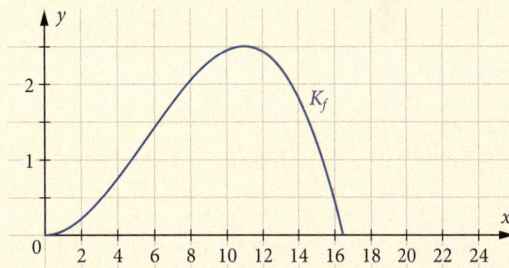

a) Überfliegt der Ball eine Mauer in 9,15 m Entfernung, wenn dort die größte Spielerin 1,95 m groß ist und 20 cm hoch springt?
b) Berechnen Sie die Höhe, in der der Ball die Torlinie überschreitet, wenn der Freistoß direkt an der Strafraumgrenze getreten wird (Abstand zum Tor 16,45 m).
c) Bestimmen Sie die Entfernung vom Freistoßpunkt, in der der Ball wieder auf dem Boden aufkommt, wenn das Tor außer Acht gelassen wird.

2

25. Der Graph von f mit $f(t) = -2t^3 + 72t^2$ beschreibt die Anzahl der Krankheitserreger im Blut während eines kurzen, aber heftigen Magen-Darm-Infekts.
Dabei gibt t die Zeit in Stunden nach der Ansteckung an.

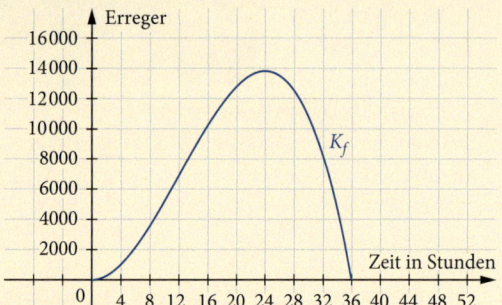

a) Geben Sie die Dauer des Infekts an.
b) Ermitteln Sie die Anzahl der Krankheitserreger nach 10, 15 bzw. 30 Stunden.
c) Bestätigen Sie, dass die Anzahl von 12 800 Krankheitserregern im Blut nach 20 Stunden gemessen wird.
d) Zum Zeitpunkt des stärksten Anstiegs der Anzahl der Krankheitserreger bekommt der Patient ein Medikament.
Begründen Sie anhand der Skizze den Zeitpunkt der Medikamenteneinnahme.
e) Beschreiben Sie den Verlauf des Graphen von f im Intervall $[0; 36]$ und äußern Sie sich zu den Extrempunkten und dem Steigungsverhalten sowie zu den Wendepunkten und dem Krümmungsverhalten des Graphen.
f) Interpretieren Sie den Verlauf des Graphen im Sachkontext.

26. Die Anzahl der Erkrankten bei einer Grippewelle kann durch die Funktion f mit $f(t) = 2{,}5t^2 - 0{,}125t^3$ modelliert werden. Dabei gibt t die Zeit in Tagen und $f(t)$ die Anzahl der Krankheitsfälle an.

a) Ermitteln Sie, wie viele Krankheitsfälle es am 8. Tag der Grippewelle gibt.
b) Bestätigen Sie, dass es am 10. Tag genau 125 Krankheitsfälle gibt.
c) Bestimmen Sie die Schnittpunkte des Graphen mit den Koordinatenachsen und interpretieren Sie diese im Sachkontext. Geben Sie einen sinnvollen Definitionsbereich für f an.
d) Zeichnen Sie den Graphen.
e) Schreiben Sie einen möglichst ausführlichen Bericht zum Verlauf der Krankheit.

27. Die reelle Funktion E mit $E(t) = -t^3 + 7t^2 + 8t$ beschreibt den Absatz von Skianzügen ab dem Monat September, wobei t für Monate und $E(t)$ für den Erlös in GE steht. ▸ 1 GE = 1000 €

a) Bestimmen Sie die Erlöszone, d.h. das Intervall, in dem der Erlös positiv ist.
b) Skizzieren Sie den Graphen von E im Bereich der Erlöszone und äußern Sie sich zum Erlösverlauf auch anhand der Extrem- und Wendepunkte des Graphen von E.

28. Bei einem (oben offenen) Aquarium mit quadratischer Grundfläche ist die Höhe 1,5-fach so groß wie die Seitenkante der Grundfläche.

a) Erstellen Sie eine Skizze des Aquariums.
b) Geben Sie eine Formel an, die das Volumen des Aquariums in Abhängigkeit von der Länge der Grundkante angibt. Bestimmen Sie das Volumen bei einer 10 dm langen Grundkante.
c) Geben Sie eine Formel an, welche die Oberfläche des Aquariums in Abhängigkeit von der Länge der Grundkante angibt. Bestimmen Sie die Oberfläche bei einer 10 dm langen Grundkante.
d) Der Materialpreis für das Aquarium beträgt 3 Euro pro dm². Füllt man das Aquarium, so sollte pro Liter Wasser ein Spezialsalz hinzugefügt werden, welches 1 Euro pro Liter kostet. ▸ 1 Liter = 1 dm³
  d₁) Vergleichen Sie die Kosten für das Material und das Spezialsalz bei einer Grundkante der Länge 10 dm.
  d₂) Weisen Sie nach, dass sich die Kosten für das Material durch den Term $21a^2$ und die Kosten für das Spezialsalz durch den Term $1{,}5a^3$ ausdrücken lassen. Bestimmen Sie rechnerisch die Seitenlänge a, ab welcher die Kosten für den Inhalt die Kosten für das Material übersteigen.

Ich kann ...

... die **allgemeine Funktions-gleichung** einer **Polynom-funktion** angeben und die Bedeutung von a_0 erklären.

$f(x) = 2x^3 - 4x^2 - 10x + 12$

▶ Funktion 3. Grades

$a_3 = 2; \; a_2 = -4; \; a_1 = -10; \; a_0 = 12$

$a_0 = 12 \;\Rightarrow\; S_y(0\,|\,12)$

Allgemeine Form:

$f(x) = a_3 x^3 + a_2 x^2 + a_1 x + a_0; \; a_3 \neq 0$

Der höchste Exponent bestimmt den Grad der Funktion. Der absolute Term a_0 ist der y-Achsenabschnitt von f.

... den **Globalverlauf** des Graphen beschreiben.

▶ Test-Aufgaben 2 a), 3 a), 5

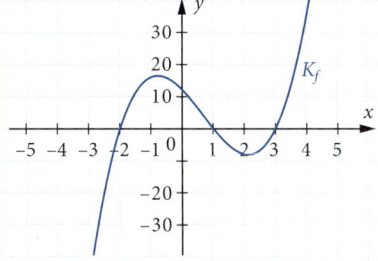

Für $x \to \infty$ gilt $f(x) \to \infty$.
Für $x \to -\infty$ gilt $f(x) \to -\infty$.

Der Globalverlauf wird durch den Grad n und den Koeffizienten a_n bestimmt.

- n ungerade, a_n positiv:
  vom III. in den I. Quadranten
- n ungerade, a_n negativ:
  vom II. in den IV. Quadranten
- n gerade, a_n positiv:
  vom II. in den I. Quadranten
- n gerade, a_n negativ:
  vom III. in den IV. Quadranten

... **Steigungs- und Krümmungs-intervalle** sowie die charak-teristischen Punkte eines Graphen ablesen.

▶ Test-Aufgaben 3 e), 3 f)

Steigungsverhalten:

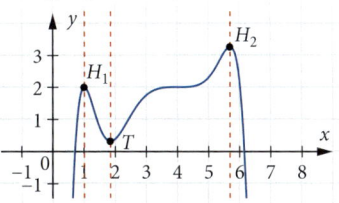

$I_1 = \,]-\infty;\,1[$ steigend
$I_2 = \,]1;\,1{,}9[$ fallend
$I_3 = \,]1{,}9;\,5{,}7[$ steigend
$I_4 = \,]5{,}7;\,\infty[$ fallend
Hochpunkte: $H_1(1\,|\,2)$; $H_2(5{,}7\,|\,3{,}3)$
Tiefpunkt: $T(1{,}9\,|\,0{,}3)$

Eine Funktion f oder der Graph von f heißt in einem Intervall $I \subseteq D_f$ genau dann

- **steigend**, wenn für alle $x_1, x_2 \in I$ gilt
  $x_1 < x_2 \;\Rightarrow\; f(x_1) \leq f(x_2)$.
- **fallend**, wenn für alle $x_1, x_2 \in I$ gilt
  $x_1 < x_2 \;\Rightarrow\; f(x_1) \geq f(x_2)$.

Ein Punkt heißt **Tiefpunkt**, wenn er in seiner näheren Umgebung der tiefste Punkt des Graphen ist.
Ein Punkt heißt **Hochpunkt**, wenn er in seiner näheren Umgebung der höchste Punkt des Graphen ist.
Tief- und Hochpunkte sind **Extrempunkte** des Graphen. In den Extrempunkten än-dert der Graph sein Steigungsverhalten.

Krümmungsverhalten:

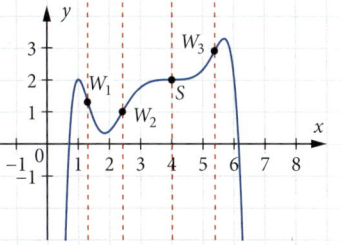

$I_1 = \,]-\infty;\,1{,}3[$ rechtsgekrümmt
$I_2 = \,]1{,}3;\,2{,}4[$ linksgekrümmt
$I_3 = \,]2{,}4;\,4[$ rechtsgekrümmt
$I_4 = \,]4;\,5{,}4[$ linksgekrümmt
$I_5 = \,]5{,}4;\,\infty[$ rechtsgekrümmt
Wendepunkte: $W_1(1{,}3\,|\,1{,}3)$;
$W_2(2{,}4\,|\,1)$; $W_3(5{,}4\,|\,2{,}9)$
Sattelpunkt: $S(4\,|\,2)$

Ein Punkt heißt **Wendepunkt** einer Funktion, wenn in diesem Punkt die Krümmungsart wechselt.
Ein Punkt heißt **Sattelpunkt**, wenn der Graph dort die Krümmungsart aber nicht die Steigungsart ändert.

2

Ich kann ...

... *Graphen* auf **Achsen-symmetrie** *zur y-Achse überprüfen.* ▸ Test-Aufgabe 2a)	$f(x) = x^4 - 3x^2 - 4$ $f(-x) = (-x)^4 - 3(-x)^2 - 4$ $\quad = x^4 - 3x^2 - 4 = f(x)$	**Achsensymmetrie** zur y-Achse: $f(-x) = f(x)$ für alle $x \in D_f$ Alle Exponenten von x sind gerade.
... *Graphen* auf **Punktsymmetrie** *zum Ursprung überprüfen.* ▸ Test-Aufgabe 3a)	$f(x) = x^3 - 16x$ $f(-x) = (-x)^3 - 16(-x)$ $\quad = -x^3 + 16x$ $\quad = -(x^3 - 16x) = -f(x)$	**Punktsymmetrie** zu $O(0\,\vert\,0)$: $f(-x) = -f(x)$ für alle $x \in D_f$ Alle Exponenten von x sind ungerade.
... **Polynomgleichungen** *lösen.* ▸ Test-Aufgaben 1, 2c), 3c), 3d)	$0 = x^3 - 16$ $0 = x^3 - 4x^2 + 3x$ $0 = x^4 - 6x^2 + 5$ $0 = x^2 + 5x + 12$ $0 = 2x^2 - 4x - 6$	• Wurzelziehen • Ausklammern • Substitution • pq-Formel • abc-Formel ▸ siehe Überblick Seite 123
... *Gleichungen quadratischer Funktionen in der* **allgemeinen Form**, *der* **Scheitelform** *und der* **Produktform** *schreiben und zwischen den Gleichungsformen wechseln.* ▸ Test-Aufgabe 4	• allgemeine Form: $f(x) = 2x^2 + 4x - 6$ $\;$ y-Achsenschnittpunkt $S_y(0\,\vert\,-6)$ • Scheitelform: $f(x) = 2(x+1)^2 - 8$ $\;$ Scheitelpunkt $S(-1\,\vert\,-8)$ • Produktform: $f(x) = 2(x+3)(x-1)$ $\;$ Nullstellen: $x_1 = -3$ und $x_2 = 1$	• allgemeine Form: $f(x) = ax^2 + bx + c$ $\;$ y-Achsenschnittpunkt: $S_y(0\,\vert\,c)$ $\;$ Scheitelpunkt $S\left(\frac{-b}{2a}\,\middle\vert\,f(x_S)\right)$ • Scheitelform: $f(x) = a(x - x_S)^2 + y_S$ $\;$ Scheitelpunkt $S(x_S\,\vert\,y_S)$ • Produktform: $f(x) = a(x - x_1)(x - x_2)$ $\;$ Nullstellen: x_1 und x_2 $\;$ Scheitelpunkt $S\left(\frac{x_1 + x_2}{2}\,\middle\vert\,f(x_S)\right)$
... *die* **Vielfachheit** *der Nullstellen einer Polynomfunktion angeben sowie grafisch interpretieren.* ▸ Test-Aufgaben 1, 2c), 3c)	$f(x) = 0{,}03\,x(x+2)^3(x-1{,}5)^4$ Nullstellen: $x_1 = 0$ mit Vielfachheit 1 (einfach) $x_2 = -2$ mit Vielfachheit 3 (dreifach) $x_3 = 1{,}5$ mit Vielfachheit 4 (vierfach) 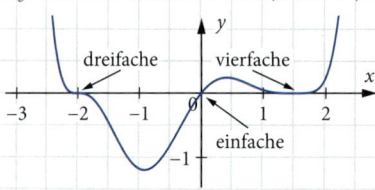	Eine Polynomfunktion vom Grad n hat höchstens n Nullstellen. Interpretation: • einfache Nullstelle: Schnittpunkt • doppelte Nullstelle: Berührpunkt (auch Extrempunkt) • dreifache Nullstelle: Schnittpunkt (auch Sattelpunkt) • vierfache Nullstelle: Berührpunkt (auch Extrempunkt)
... *den* **Funktionsterm** *einer Polynomfunktion* **bestimmen**. ▸ Test-Aufgaben 6, 7	Informationen können in den verschiedenen Darstellungsformen gegeben sein: • Graph • Wertetabelle • Text	1. Geeignete Funktionsgleichung als Ansatz wählen. 2. Bedingungen als Gleichungen formulieren. ▸ Seite 136 3. LGS lösen. 4. Funktionsgleichung notieren.
... *verschiedene* **Anwendungs-probleme** *durch Rekonstruktion eines Funktionsterms lösen.* ▸ Test-Aufgabe 8	Skater ▸ Seite 138 Warteschlange ▸ Seite 139 Verpackungskarton ▸ Seite 141	1. Gegebene Informationen als Eigenschaften einer Funktion deuten. 2. Funktionsgleichung rekonstruieren. 3. Gesuchte Informationen aus Funktionsgleichung oder daraus gewonnenen weiteren Informationen (Graph, Scheitelpunkt, ...) ermitteln.

Test zu 2.2

1. Bestimmen Sie die Nullstellen der folgenden Funktionen. Geben Sie auch ihre Vielfachheiten und die zugehörigen x-Achsenschnittpunkte an.

a) $f(x) = 0{,}5\,x^4 - 6\,x^3 + 18\,x^2$ b) $f(x) = -0{,}5\,x^3 + x$ c) $f(x) = 0{,}25\,x^4 - 1{,}25\,x^2 - 6$

2. Untersuchen Sie die Funktion f mit $f(x) = 2\,x^4 - 6\,x^2$.

a) Geben Sie die Symmetrieeigenschaft des Graphen an und weisen Sie diese nach.

b) Beschreiben Sie nachvollziehbar den Globalverlauf des Graphen der Funktion.

c) Berechnen Sie die Nullstellen und geben Sie deren Art an.

d) Berechnen Sie die Schnittpunkte des Graphen von f mit demjenigen zu $g(x) = 4\,x^2 - 8$.

e) Zeichnen Sie die Graphen von f und g in ein Koordinatensystem. Überprüfen Sie Ihre bisherigen Ergebnisse.

3. Untersuchen Sie die Funktion f mit $f(x) = \frac{1}{3}x^3 - 3\,x$.

a) Geben Sie die Symmetrieeigenschaft des Graphen an und weisen Sie diese nach.

b) Bestimmen Sie das Globalverhalten.

c) Berechnen Sie die Nullstellen und geben Sie jeweils deren Vielfachheit an.

d) Zeichnen Sie den Graphen von f in ein Koordinatensystem. Überprüfen Sie Ihre bisherigen Ergebnisse.

e) Beschreiben Sie das Steigungsverhalten von K_f. Geben Sie die Extrempunkte so genau wie möglich an.

f) Beschreiben Sie das Krümmungsverhalten von K_f. Geben Sie die Wendepunkte so genau wie möglich an.

4. Ergänzen Sie die Tabelle im Heft.

	allgemeine Form	Scheitelform	Produktform	Nullstellen	Scheitelpunkt
a)		$f(x) = -2\,(x - 2)^2 + 18$			
b)	$f(x) = x^2 + 2x + 1{,}5$				
c)	$f(x) = -3\,x^2 + 12x - 15$				
d)			$f(x) = -(x + 3)(x - 1)$		

5. Zu sechs der sieben Funktionsgleichungen sind die Graphen abgebildet. Ordnen Sie den Graphen die passenden Gleichungen zu. Skizzieren Sie zur verbleibenden Funktionsgleichung den Graphen.

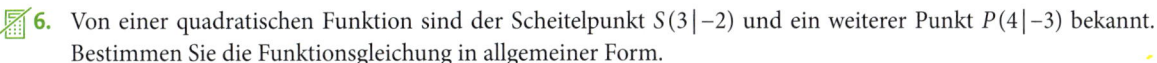

$f(x) = 0{,}25\,x^3 - 2\,x^2 + 4{,}75\,x - 3$

$g(x) = -x^4 + 4\,x^2 - 3$ $j(x) = 0{,}5\,x^2 + x - 3$

$h(x) = -\frac{1}{5}x^3 - \frac{8}{5}x^2 - \frac{16}{5}x$ $k(x) = 0{,}2\,x\,(x + 4)^2$

$i(x) = 0{,}5\,(x - 2)(x - 5)^3$ $l(x) = (x - 4)(x - 3)(x - 1)$

6. Von einer quadratischen Funktion sind der Scheitelpunkt $S(3|-2)$ und ein weiterer Punkt $P(4|-3)$ bekannt. Bestimmen Sie die Funktionsgleichung in allgemeiner Form.

7. Der Graph einer Polynomfunktion 3. Grades ist punktsymmetrisch zum Ursprung, schneidet die x-Achse an der Stelle $x = 2$ und verläuft durch den Punkt $P\left(-1\,|\,\frac{9}{2}\right)$. Bestimmen Sie den zugehörigen Funktionsterm.

8. Die Erlösfunktion E ordnet einer verkauften Menge x den erzielten Erlös $E(x)$ zu. Die Erlösfunktion des Monopolisten ist eine quadratische Funktion.
Die MakeFine-GmbH verkauft ein einzigartiges Mittel gegen Haarausfall. Bei einer Verkaufsmenge von 2000 Stück werden 80 000 € Erlös erzielt. Ab einer Menge von 10 000 kann kein Erlös mehr erzielt werden, da der Markt dann gesättigt ist. Berechnen Sie, bei welcher Menge der Erlös am größten ist.

2.3 Exponentialfunktionen

1 Pflanzenwachstum

Ein Landschaftsgärtner pflanzt in seinem Teich mitten in der Nacht zum 1. April um 0 Uhr eine besondere Lotuspflanze. Die Pflanze nimmt eine Fläche von 0,25 m^2 ein. Sie wächst innerhalb von 24 Stunden auf die doppelte Fläche an. Genau 10 Tage nach dem Einpflanzen bedeckt die Pflanze um Mitternacht den Teich vollständig.

a) Berechnen Sie die Größe der Fläche, die die Pflanze bedeckt, nach 1, 2, 3, 4 und 5 Tagen.
b) Stellen Sie eine Formel auf, mit der man die bedeckte Fläche nach n Tagen berechnen kann.
c) Berechnen Sie, wie groß der bedeckte Anteil des Teiches am 9. April um 12 Uhr mittags war.
d) Bestimmen Sie den Zeitpunkt, an dem der halbe Teich bedeckt war.

2 Weizenkornlegende

Die wohl berühmteste Legende im Zusammenhang mit der Exponentialfunktion ereignete sich vor etwa 1500 Jahren in Indien.

Zu dieser Zeit stürzte der König Shihram sein Volk durch Unterdrückung in Not und Elend. Um dem König seine Tyrannei bewusst zu machen, erschuf der Brahmane Sissa der Legende nach das Schachspiel. Es sollte dem König zeigen, dass er ohne die Hilfe anderer nicht erfolgreich sein könne.

Dankbar für die Belehrung und das Spiel bat der König den Erfinder Sissa zu sich, um ihm einen Wunsch zu erfüllen. Er könne sich wünschen, was er wolle. Daraufhin erbat sich Sissa, dass sein Schachbrett mit einem Getreidekorn auf dem ersten Feld belegt werde, mit zwei Getreidekörnern auf dem zweiten Feld, mit vier auf dem dritten, acht auf dem vierten, und so weiter bis zum letzten Feld.

Der König war verwundert und fragte noch einmal nach, ob das alles gewesen sei. Nachdem Sissa dies bestätigte, befahl der König seinen Dienern, Sissa den Wunsch zu erfüllen und ihm die Getreidekörner gleich mitzugeben. Als die Diener die Getreidemenge berechnet hatten, kamen sie aufgeregt zu König Shihram.

a) Geben Sie an, wie viele Getreidekörner jeweils auf den ersten acht Feldern liegen.
b) Bestimmen Sie einen Term, mit dem für jedes Feld die Anzahl der dort liegenden Getreidekörner berechnet werden kann.
c) Finden Sie heraus, wie viele Getreidekörner insgesamt auf dem Schachbrett liegen.
   Hinweis: Für jede natürliche Zahl n gilt: $2^0 + 2^1 + 2^2 + \ldots + 2^n = 2^{n+1} - 1$

3 Bierschaum

Eine Brauerei möchte die Rezeptur eines alkoholfreien Weizenbiers ändern. Dabei ist auch das Aussehen des eingeschenkten Biers von besonderer Wichtigkeit.

So ist für die Brauerei eine möglichst stabile Schaumkrone im Bierglas von Interesse.

a) Untersuchen Sie experimentell den Zerfall des Bierschaums eines eingeschenkten Glases alkoholfreien Weizenbiers in den ersten 10 Minuten nach dem Einschenken. Messen Sie dafür die Höhe der Schaumkrone in bestimmten Abständen und notieren Sie Ihre Ergebnisse in einer Wertetabelle.
Setzen Sie dabei t als Zeit in Minuten und $y = f(t)$ als Höhe der Schaumkrone in cm an.

b) Stellen Sie Ihre in a) ermittelten Messwerte in einem geeigneten Koordinatensystem dar und verbinden Sie die einzelnen Punkte durch eine Näherungskurve.

c) Vergleichen Sie die Kurve aus b) mit den nebenstehenden Abbildungen. Um welche Art von Abnahme handelt es sich?

d) Ermitteln Sie grafisch die Zeitspanne, bis zu der die Bierschaumhöhe auf die Hälfte des Anfangswerts zurückgegangen ist.

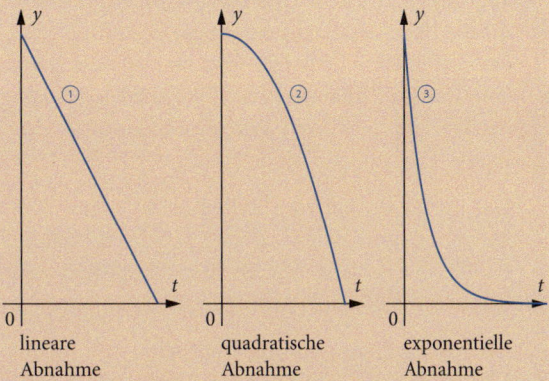

lineare Abnahme   quadratische Abnahme   exponentielle Abnahme

4 Schilddrüsenuntersuchung

Um Schilddrüsenerkrankungen zu untersuchen wird häufig eine sogenannte Szintigrafie durchgeführt. Dabei wird ein schwach radioaktiver Stoff verabreicht. Meist verwendet man ein spezielles Technetium-Isotop, das sich im Körper wie Iod verhält, also von der Schilddrüse aufgenommen wird. Die Gammastrahlen, die das Isotop aussendet, können anschließend in einem Szintigramm sichtbar gemacht werden. Am Szintigramm kann man Bereiche der Schilddrüse, die besonders viel oder besonders wenig Iod aufnehmen, erkennen.

Die Halbwertszeit des Technetium-Isotops Tc-99m beträgt 6 Stunden. Berechnen Sie, wie viel des Isotops nach 2 Tagen verglichen mit dem Anfangswert noch im Körper ist.

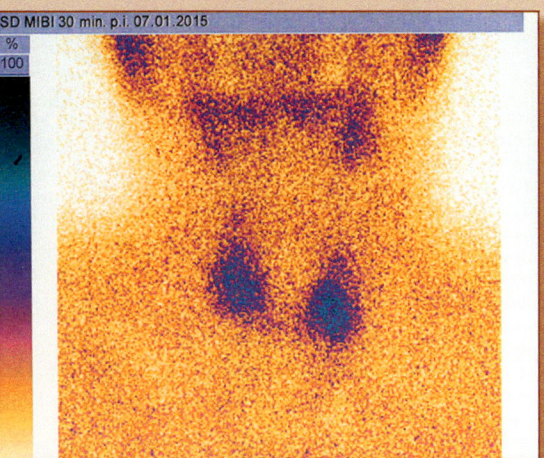

2.3 Exponentialfunktionen

2.3.1 Wachstum und Zerfall

Mithilfe von Funktionen lassen sich Zu- und Abnahmeprozesse beschreiben. Da solche Vorgänge häufig in der Natur auftreten, benutzt man zu deren Beschreibung manchmal auch Begriffe aus der Natur: Man sagt **Wachstum** statt Zunahme und **Zerfall** statt Abnahme. Da Zerfall das Gegenteil von Wachstum ist, spricht man bei Zerfallsvorgängen auch von „negativem Wachstum". So kann man beides unter den Sammelbegriff „Wachstumsvorgänge" fassen. Wenn ein Wert in gleichen Zeitspannen stets um den gleichen Wert zu- bzw. abnimmt, liegt lineares Wachstum vor.

1 Lineare Zunahme

Ein Stalagmit in einer Tropfsteinhöhle ist 82 cm hoch. Messungen haben ergeben, dass er jedes Jahr um 0,05 mm wächst. Ermitteln Sie, nach wie vielen Jahren der Tropfstein eine Höhe von einem Meter haben wird.

Wir stellen zunächst eine Funktionsgleichung auf, die die Höhe des Tropfsteins in cm in Abhängigkeit der Zeit in Jahren darstellt. Hier handelt es sich um eine **lineare Zunahme**, zur Höhe wird jedes Jahr derselbe Wert addiert. Wir verwenden also eine lineare Funktion zur Modellierung der Höhe.

Ansatz:
$$f(t) = m\,t + b$$

Der Tropfstein hat zum Zeitpunkt $t = 0$ eine Höhe von 82 cm, daher ist der y-Achsenabschnitt $b = 82$. Jedes Jahr wächst der Tropfstein um 0,05 mm = 0,005 cm. Die Steigung ist also $m = 0,005$.

$b = 82$
$m = 0,005$
$f(t) = 0,005\,t + 82$

Um zu berechnen, wann der Tropfstein 1 m = 100 cm hoch sein wird, lösen wir die Gleichung $f(t) = 100$.

$$f(t) = 100$$
$$0,005\,t + 82 = 100 \qquad | -82$$
$$0,005\,t = 18 \qquad | : 0,005$$
$$t = 3600$$

Wenn der Tropfstein mit derselben Geschwindigkeit weiterwächst, wird er nach 3600 Jahren eine Höhe von einem Meter erreicht haben.

Wir veranschaulichen das lineare Wachstum des Tropfsteins durch eine Zeichnung des Funktionsgraphen.

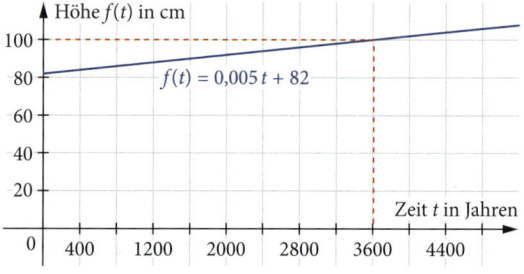

Bei einer linearen Funktion mit der Gleichung $f(x) = m\,x + b$ ist der y-Achsenabschnitt b (▶ Kapitel 1, Seite 51). Beim Betrachten von Wachstumsprozessen nennt man b auch **Anfangswert**, da er den Wert einer Größe zu Beginn einer Beobachtung angibt. Die Steigung m gibt an, um welchen Wert eine Größe pro Zeiteinheit wächst. Man nennt m auch **Änderungsrate**.

Laura hat momentan 389 € auf ihrem Konto. In den kommenden Monaten möchte sie jeden Monat 15 € von ihrem Taschengeld sparen. Berechnen Sie, wie viel € Laura nach einem Jahr auf ihrem Konto haben wird.

Lineare Abnahme

Eine Kerze ist 15 cm hoch. Sie wird angezündet und nach 10 Minuten sind 2 cm der Kerze abgebrannt. Ermitteln Sie, nach wie vielen Minuten die Kerze vollständig abgebrannt sein wird.

Wir stellen zunächst eine Funktionsgleichung auf, die die Höhe der Kerze in cm in Abhängigkeit der Zeit in Minuten darstellt. Hier handelt es sich um eine **lineare Abnahme**, die Höhe nimmt pro Minute jeweils um denselben Wert ab. Wir verwenden also eine lineare Funktion zur Modellierung der Höhe der Kerze.

Ansatz:
$$f(t) = m\,t + b$$

Die Kerze hat zum Zeitpunkt $t = 0$ eine Höhe von 15 cm, daher ist der y-Achsenabschnitt $b = 15$.

$$b = 15$$
$$f(t) = m\,t + 15$$

Zum Zeitpunkt $t = 10$ hat die Kerze eine Höhe von 13 cm. Es gilt $f(10) = 13$.
Mit dieser Information erhalten wir die Funktionsgleichung $f(t) = -\frac{1}{5}t + 15$.

$$\begin{aligned} f(10) &= 13 \\ m \cdot 10 + 15 &= 13 \qquad &|-15 \\ 10\,m &= -2 \qquad &|:10 \\ m &= -\tfrac{1}{5} \end{aligned}$$

$$f(t) = -\tfrac{1}{5}t + 15$$

Um zu berechnen, wann die Kerze vollständig abgebrannt sein wird, lösen wir die Gleichung $f(t) = 0$.

$$\begin{aligned} f(t) &= 0 \\ -\tfrac{1}{5}t + 15 &= 0 \qquad &|-15 \\ -\tfrac{1}{5}t &= -15 \qquad &|:\left(-\tfrac{1}{5}\right) \\ t &= 75 \end{aligned}$$

Die Kerze wird nach 75 Minuten vollständig abgebrannt sein.

Wir veranschaulichen die lineare Abnahme der Höhe der Kerze durch eine Zeichnung des Funktionsgraphen.

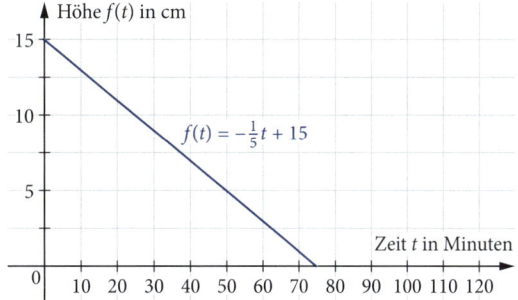

Eine Funktion f mit $f(x) = m\,x + b$, $b \in \mathbb{R}_+$ und $m \in \mathbb{R}^*$, beschreibt einen linearen Prozess.
- b ist der **Anfangswert** zum Zeitpunkt $x = 0$.
- m ist die **Änderungsrate**.
- Für $m > 0$ liegt eine **lineare Zunahme** vor.
- Für $m < 0$ liegt eine **lineare Abnahme** vor.

Bei einem neu eingelieferten Patienten in einem Krankenhaus wird ein Alkoholtest durchgeführt. Dabei wird im Blut eine Alkoholkonzentration von 0,8 ‰ festgestellt. Der Patient kann erst behandelt werden, wenn der Alkoholgehalt im Blut bei 0,01 ‰ ist. Berechnen Sie, wann der Patient behandelt werden kann, wenn davon ausgegangen wird, dass ungefähr 0,1 ‰ pro Stunde abgebaut werden.

Viele Wachstumsvorgänge in der Ökonomie, Natur oder Technik verlaufen nicht linear. Sie sind vielmehr dadurch gekennzeichnet, dass ein Wert sich in gleichen Zeitspannen beispielsweise verdoppelt oder halbiert.

 Exponentielle Zunahme

Unter geeigneten Bedingungen verdoppelt sich eine bestimmte Bakterienart in einer Petrischale stündlich.
Ermitteln Sie, wie viele Bakterien sich nach einer, nach zwei bzw. allgemein nach t Stunden in der Petrischale befinden, wenn es zu Beobachtungsbeginn acht Bakterien gab.

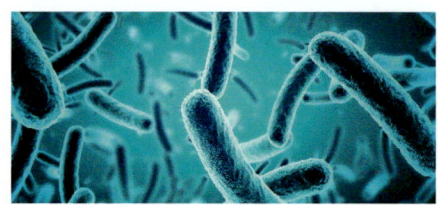

Die Bakterien vermehren sich stündlich um denselben Faktor 2. Beginnend bei $t = 0$ mit acht Bakterien befinden sich in der Petrischale nach einer Stunde 16, nach 2 Stunden 32 Bakterien usw. In Abhängigkeit von der Zeit t (in Stunden) lässt sich das Bakterienwachstum somit durch die reelle Funktion f mit $f(t) = 8 \cdot 2^t$ beschreiben.

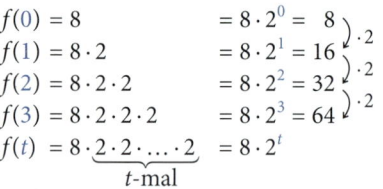

$$f(0) = 8 \qquad\qquad = 8 \cdot 2^0 = 8$$
$$f(1) = 8 \cdot 2 \qquad\qquad = 8 \cdot 2^1 = 16$$
$$f(2) = 8 \cdot 2 \cdot 2 \qquad = 8 \cdot 2^2 = 32$$
$$f(3) = 8 \cdot 2 \cdot 2 \cdot 2 = 8 \cdot 2^3 = 64$$
$$f(t) = 8 \cdot \underbrace{2 \cdot 2 \cdot \ldots \cdot 2}_{t\text{-mal}} = 8 \cdot 2^t$$

Die unabhängige Variable t steht hier im Exponenten. Eine derartige Funktion heißt deshalb auch **Exponentialfunktion**.

> *Bei einer Exponentialfunktion steht die Variable im Exponenten.*

Die Funktion f beschreibt eine **exponentielle Zunahme** bzw. **exponentielles Wachstum**.
Der Graph von f verdeutlicht das exponentielle Wachstum mit dem **Wachstumsfaktor** 2. Pro Einheit auf der Zeitachse verdoppeln sich die zugehörigen Funktionswerte. Der Graph verläuft in einer Linkskurve und steigt stark an.

Der **Anfangswert** 8 ist der y-Achsenabschnitt des Graphen.

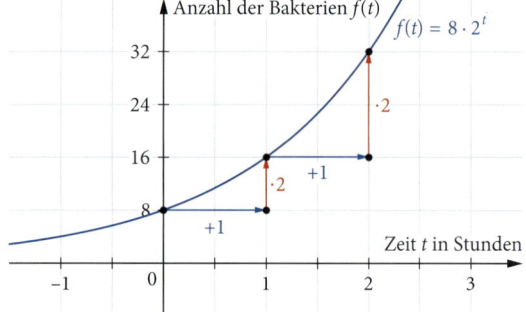

Eine Exponentialfunktion lässt sich auch für negative reelle Zahlen definieren. Hier gibt der Funktionswert $f(t)$ dann den Bestand vor dem Zeitpunkt $t = 0$ an, d. h. vor Beobachtungsbeginn. So befanden sich beispielsweise zwei Stunden vor Beobachtungsbeginn $f(-2) = 8 \cdot 2^{-2} = 2$ Bakterien in der Petrischale.

Eine Bakterienkultur besteht zu Beginn einer Beobachtung aus 1000 Bakterien. Die Anzahl der Bakterien verdoppelt sich jede Stunde.
a) Geben Sie eine Funktionsgleichung an, die den Bestand der Bakterien beschreibt.
b) Berechnen Sie die Bakterienanzahl nach 5 Stunden. Berechnen Sie außerdem, wie viele Bakterien 150 Minuten nach Beobachtungsbeginn vorhanden sind.
c) Berechnen Sie, wie viele Bakterien drei Stunden vor Beobachtungsbeginn vorhanden waren.

Exponentielle Abnahme

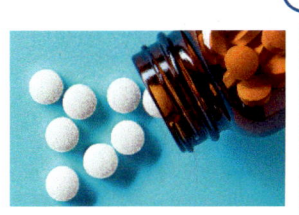

Lisa besucht während ihres Praktikums einen Vortrag zur Wirksamkeit eines neuen Schmerzmittels. Bei diesem Medikament werden pro Stunde 20 % des im Blut vorhandenen Wirkstoffs abgebaut. Der Referent gibt an, dass zu Beginn der Behandlung die Konzentration des Wirkstoffs im Blut $3{,}125\,\frac{mg}{\ell}$ beträgt. Fällt die Wirkstoffkonzentration unter $1\,\frac{mg}{\ell}$, so ist das Schmerzmittel nicht mehr wirksam. Ermitteln Sie den Zeitpunkt, an dem das Medikament nicht mehr wirkt.

Pro Stunde werden 20 % des Wirkstoffs abgebaut. Nach einer Stunde sind also noch 80 % des Wirkstoffs im Blut vorhanden, nach einer weiteren Stunde von diesen 80 % wiederum 80 % usw.

$$f(0) = 3{,}125 \qquad\qquad = 3{,}125 \cdot 0{,}8^0 = 3{,}125$$
$$f(1) = 3{,}125 \cdot 0{,}8 \qquad\quad = 3{,}125 \cdot 0{,}8^1 = 2{,}5$$
$$f(2) = 3{,}125 \cdot 0{,}8 \cdot 0{,}8 \quad = 3{,}125 \cdot 0{,}8^2 = 2{,}0$$
$$f(3) = 3{,}125 \cdot 0{,}8 \cdot 0{,}8 \cdot 0{,}8 = 3{,}125 \cdot 0{,}8^3 = 1{,}6$$
$$f(t) = 3{,}125 \cdot \underbrace{0{,}8 \cdot 0{,}8 \cdot \ldots}_{t\text{-mal}} = 3{,}125 \cdot 0{,}8^t$$

In Abhängigkeit von der Zeit t (in Stunden) lässt sich der Bestand der Wirkstoffkonzentration $f(t)$ durch die Funktionsgleichung $f(t) = 3{,}125 \cdot 0{,}8^t$ beschreiben. Diese Exponentialfunktion hat den Anfangswert 3,125 und den **Zerfallsfaktor** 0,8. Die Funktion beschreibt eine **exponentielle Abnahme**.

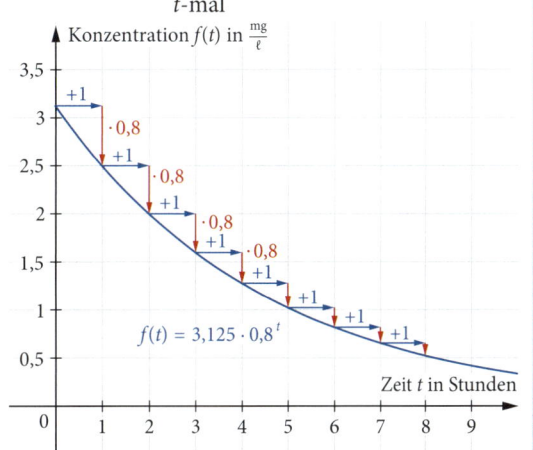

In vielen Anwendungsfällen sagt man statt exponentielle Abnahme auch **exponentieller Zerfall**.

Am Graphen erkennen wir, dass nach ca. 5 Stunden die Wirkstoffkonzentration unter $1\,\frac{mg}{\ell}$ gesunken ist und das Medikament dann nicht mehr wirkt.

Die beiden Funktionsgleichungen aus den Beispielen 3 und 4 sind von gleicher Bauart: sie haben die Form $f(t) = a \cdot q^t$.
Der Faktor $a = f(0)$ ist der Anfangswert zum Zeitpunkt $t = 0$. Im Punkt $S_y(0\,|\,a)$ schneidet der zugehörige Graph die y-Achse. Der Wachstumsfaktor bzw. Zerfallsfaktor $q \in \mathbb{R}_+^* \setminus \{1\}$ ist als Basis mit dem Exponenten t ablesbar.

Bestand zum Zeitpunkt t $\qquad$ t in Zeiteinheiten

$$f(t) = a \cdot q^t$$

Anfangswert a für $t = 0$ $\qquad$ Wachstumsfaktor/ Zerfallsfaktor q

Die Funktion $f(t) = 1^t$ ist eine konstante Funktion.

Eine Funktion f mit $f(x) = a \cdot q^x$, $a \in \mathbb{R}_+^*$ und $q \in \mathbb{R}_+^* \setminus \{1\}$, beschreibt einen exponentiellen Prozess.
- a ist der **Anfangswert** zum Zeitpunkt $x = 0$.
- q ist der **Wachstumsfaktor/Zerfallsfaktor**.
- Für $q > 1$ liegt eine **exponentielle Zunahme** vor.
- Für $0 < q < 1$ liegt eine **exponentielle Abnahme** vor.

In einer Petrischale befinden sich 1000 Bakterien. Durch die Gabe eines Antibiotikums nimmt die Anzahl um 60 % pro Tag ab. Berechnen Sie mithilfe einer passenden Funktionsgleichung, wie viele Bakterien sich nach 5 Tagen noch in der Schale befinden.

5 Vergleich von linearen und exponentiellen Prozessen

Zeichnen Sie die Graphen der Funktionen, die die folgenden Prozesse beschreiben. Erläutern Sie die Form der Zu- bzw. Abnahme.

a) Ein Swimmingpool wird mit Wasser gefüllt. Pro Minute laufen 20 Liter Wasser in den Pool.

b) In einer Badewanne sind 120 ℓ. Nachdem der Stöpsel gezogen wurde, fließen pro Minute 15 ℓ durch den Abfluss.

c) Ein Kapital von 1000 € wird mit einem Zinssatz von 2 % angelegt.

d) Die Anschaffungskosten einer Maschine in einem Betrieb betragen 150 000 €. Jedes Jahr verliert die Maschine 25 % an Wert.

Zu a) Lineare Zunahme

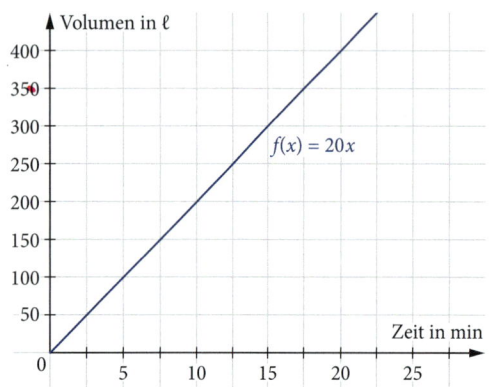

Anfangswert: $b = 0$
Änderungsrate: $m = 20$
Pro Minute kommt zum schon im Pool vorhandenen Wasser dasselbe Volumen von 20 ℓ hinzu.
Bei linearer Zunahme wird zu einer Größe pro Zeiteinheit immer der gleiche Wert addiert.

Zu c) Exponentielle Zunahme

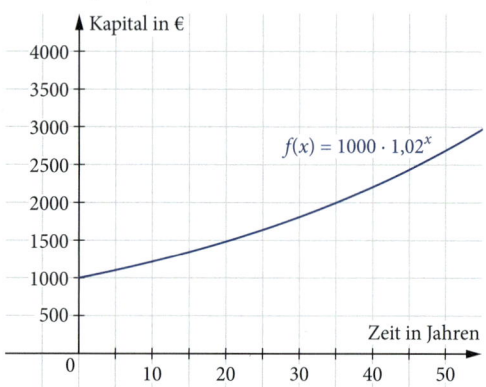

Anfangswert: $a = 1000$
Wachstumsfaktor: $q = 1 + \frac{2}{100} = 1{,}02$
Das Kapital wächst jedes Jahr mit dem Faktor 1,02.
Bei exponentieller Zunahme wächst eine Größe pro Zeiteinheit immer mit dem gleichen Faktor.

Zu b) Lineare Abnahme

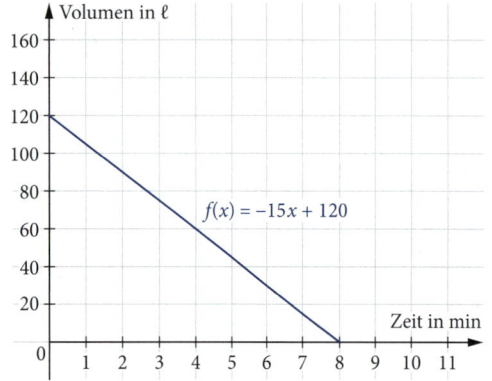

Anfangswert: $b = 120$
Änderungsrate: $m = -15$
Pro Minute sinkt das Volumen des Wassers in der Wanne um 15 ℓ.
Bei linearer Abnahme wird von einer Größe pro Zeiteinheit immer der gleiche Wert subtrahiert.

Zu d) Exponentielle Abnahme

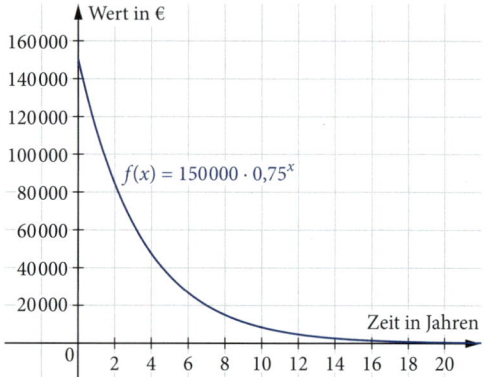

Anfangswert: $a = 150\,000$
Wachstumsfaktor: $q = 1 - \frac{25}{100} = 0{,}75$
Der Wert der Maschine wird jedes Jahr mit dem Faktor 0,75 multipliziert und nimmt dadurch ab.
Bei exponentieller Abnahme nimmt eine Größe pro Zeiteinheit immer mit dem gleichen Faktor ab.

Lineares und exponentielles Wachstum an Wertetabellen erkennen

Gegeben sind die Funktionen f und g mit $f(x) = 4x + 6$ und $f(x) = 5 \cdot 3^x$. Erstellen Sie jeweils eine Wertetabelle und erläutern Sie daran, wie man lineares bzw. exponentielles Wachstum erkennt.

Wir erstellen eine Wertetabelle für die lineare Funktion f mit der Gleichung $f(x) = 4x + 6$.

Wenn wir x-Werte im Abstand von 1 betrachten, wird für den y-Wert immer 4 addiert.

Wir erstellen eine Wertetabelle für die exponentielle Funktion $f(x) = 5 \cdot 3^x$.

Wenn wir x-Werte im Abstand von 1 betrachten, wird der y-Wert immer mit 3 multipliziert.

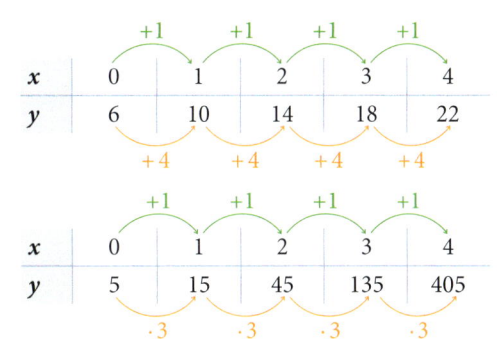

Gegeben sind die Funktionen f und g mit $f(x) = -0,5x + 6$ und $g(x) = 6 \cdot 0,5^x$. Erstellen Sie jeweils eine Wertetabelle und erläutern Sie, wie man linearen bzw. exponentiellen Zerfall erkennt. Zeichnen Sie die Funktionsgraphen.

Übungen zu 2.3.1

1. Eine Bakterienart verdoppelt sich alle 4 Tage. Zu Beobachtungsbeginn sind 200 Bakterien vorhanden.
a) Bestimmen Sie eine Funktionsgleichung, die den Bestand der Bakterien beschreibt.
b) Berechnen Sie die Anzahl der Bakterien nach 16 Tagen und nach einer Woche.

2. Geben Sie an, ob es sich um lineare oder exponentielle Zunahme bzw. lineare oder exponentielle Abnahme handelt. Zeichnen Sie den Graphen einer Funktion, die den Sachverhalt beschreibt.
a) Ein Containerschiff fährt von Hong Kong in Richtung Europa. Es legt dabei jeden Tag 600 Kilometer zurück.
b) Zunächst kennen vier Mitglieder einer Klasse ein Gerücht. Das Gerücht verbreitet sich an der ganzen Schule und jeden Tag verdreifacht sich die Anzahl der Personen, die davon wissen.
c) Ein Mensch hat eine Alkoholkonzentration im Blut von 0,6 ‰. Pro Stunde werden 0,1 ‰ abgebaut.
d) 200 Personen sind mit einer Viruserkrankung infiziert. Pro Tag steckt jede infizierte Person eine gesunde Person an.
e) Ein Gebrauchtwagen kostet 12 000 € und verliert in den folgenden Jahren jedes Jahr 5 % an Wert.

3. Ein Waldbestand mit 200 000 m³ Holz wächst gleichmäßig um 5 % pro Jahr.
a) Geben Sie die Funktionsgleichung an, die diesen Wachstumsprozess beschreibt.
b) Berechnen Sie den Wert für $t = -10$ und interpretieren Sie das Ergebnis im Sachzusammenhang.

4. Gegeben sind Funktionen durch die folgenden Wertetabellen. Entscheiden Sie, ob ein linearer oder exponentieller Wachstums- bzw. Zerfallsprozess vorliegt oder keines von beidem. Begründen Sie Ihre Antwort.

a)
x	1	2	3	4	5
y	80	40	20	10	5

b)
x	2	4	6	8	10
y	2,5	5	7,5	10	12,5

c)
x	10	20	30	40	50
y	100	85	70	55	40

d)
x	0	1	2	3	4
y	7	14	42	84	252

e)
x	5	10	15	20	25
y	4	12	36	108	324

2.3.2 Gleichungen und Graphen von Exponentialfunktionen

 7 Eigenschaften der Graphen von Exponentialfunktionen

Zeichnen Sie die Graphen der durch die folgenden Gleichungen gegebenen Funktionen in ein Koordinatensystem:
$f_1(x) = 2^x$ $f_2(x) = 3^x$ $g_1(x) = 0{,}8^x$ $g_2(x) = 0{,}5^x$

Beschreiben Sie die Lage der Achsenschnittpunkte und nennen Sie Asymptoten der Graphen.

Alle Funktionen haben den Anfangswert $a = 1$. Die Graphen haben den Schnittpunkt mit der y-Achse $S_y(0\,|\,1)$.

Alle Funktionswerte von Exponentialfunktionen mit positivem Anfangswert sind positiv. Die Graphen nähern sich der x-Achse an, berühren diese aber nie. Die x-Achse ist dann eine Asymptote.

- Für $q > 1$ nähert sich der Graph der x-Achse für $x \to -\infty$.
- Für $0 < q < 1$ nähert sich der Graph der x-Achse für $x \to +\infty$.

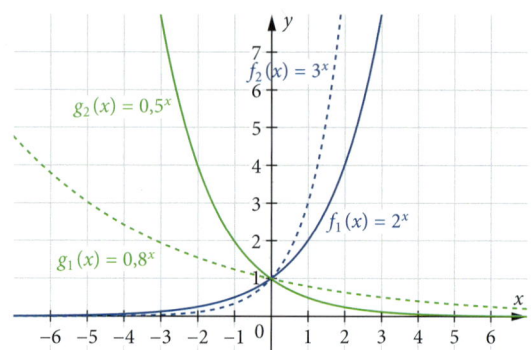

 **8** Einfluss der Basis q auf den Verlauf der Graphen

a) Betrachten Sie erneut die in Beispiel 7 dargestellten Graphen der durch die folgenden Gleichungen gegebenen Funktionen:
$f_1(x) = 2^x$ $f_2(x) = 3^x$ $g_1(x) = 0{,}8^x$ $g_2(x) = 0{,}5^x$

Beschreiben Sie den Einfluss der Basis q auf den Verlauf der Graphen.

b) Zeichnen Sie den Graphen zu $f_1(x) = 2^x$ und den Graphen zu $g_2(x) = 0{,}5^x$ in ein Koordinatensystem und stellen Sie einen Zusammenhang zwischen den beiden Gleichungen und Graphen her.

Zu a) Die Abbildung legt eine Fallunterscheidung nahe:

Fall 1: $q > 1$

Die Graphen sind steigende Kurven und zeigen positives Wachstum (Zunahme). So konnten wir z. B. die Vermehrung der Bakterien in der Nährlösung durch eine Exponentialfunktion mit der Basis 2 beschreiben (▶ Beispiel 3, Seite 154).

Unter günstigeren Bedingungen würde sich die Anzahl der Bakterien möglicherweise sogar stündlich verdreifachen. Für die Darstellung müssten wir dann eine Exponentialfunktion mit der Basis $q = 3$ wählen. Der zugehörige Graph verläuft erwartungsgemäß steiler als derjenige zur Basis $q = 2$.

- Allgemein gilt für $q > 1$ und $a > 0$:
- Je größer die Basis q ist, desto steiler steigt der
- Graph im I. Quadranten.

Fall 2: $0 < q < 1$

Die Graphen sind fallende Kurven und stellen Zerfall bzw. negatives Wachstum (Abnahme) dar. Wir haben die Abnahme der Konzentration des Wirkstoffs im Blut durch eine Exponentialfunktion mit der Basis 0,8 beschrieben (▶ Beispiel 4, Seite 155).

Bei einer stündlichen Abnahme der Konzentration um 50 % hätte eine geeignete Exponentialfunktion die Basis $q = 0{,}5$. Der zugehörige Graph fällt steiler als derjenige zur Basis $q = 0{,}8$.

Allgemein gilt für $0 < q < 1$ und $a > 0$:
Je kleiner die Basis q ist, desto steiler fällt der Graph im II. Quadranten.

Häufig spricht man nur von „Wachstumsprozessen" und meint damit sowohl Wachstumsprozesse (Zunahme, positives Wachstum) als auch Zerfallsprozesse (Abnahme, negatives Wachstum).

Zu b) Wir betrachten die Gleichungen der Funktionen f_1 und g_2: $f_1(x) = 2^x$ und $g_2(x) = 0,5^x = \left(\frac{1}{2}\right)^x$.

Die Basis von g_2 ist der Kehrbruch der Basis von f_1. Bei den zugehörigen Graphen fällt auf, dass sie zueinander spiegelbildlich bezüglich der y-Achse sind.

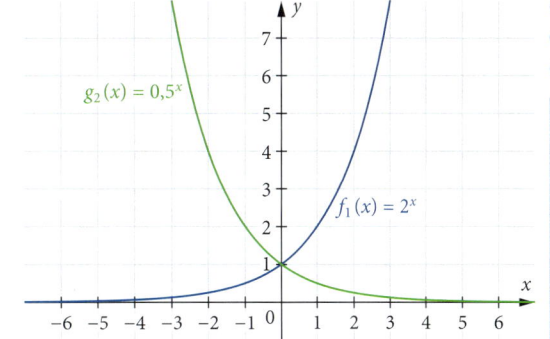

Dieser Zusammenhang lässt sich folgendermaßen verallgemeinern: Die Graphen zweier Exponentialfunktionen mit gleichem Faktor a sind zueinander spiegelbildlich bezüglich der y-Achse, wenn die Basis der einen Funktion gleich dem Kehrbruch der Basis der anderen Funktion ist.

Exponentialfunktionen mit Gleichungen der Form $f(x) = a \cdot q^x$, $a \in \mathbb{R}_+^*$ und $q \in \mathbb{R}_+^* \setminus \{1\}$, beschreiben Wachstums- und Zerfallsprozesse.
- Für den Definitionsbereich gilt in der Regel $D_f = \mathbb{R}$ und für den Wertebereich $W_f = \mathbb{R}_+$.
- Der Graph hat keinen Schnittpunkt mit der x-Achse. Die x-Achse ist Asymptote des Graphen.
- Der Graph schneidet die y-Achse bei $S_y(0\,|\,a)$.
- Für $q > 1$ beschreibt die Funktion einen exponentiellen Wachstumsprozess. Der Graph ist steigend, und zwar umso stärker, je größer q ist.
- Für $0 < q < 1$ beschreibt die Funktion einen exponentiellen Zerfallsprozess. Der Graph ist fallend, und zwar umso stärker, je kleiner q ist.

Mögliche Einschränkungen des Definitionsbereichs ergeben sich aus dem jeweiligen Sachzusammenhang.

1. Geben Sie die Schnittpunkte der Funktionsgraphen mit der y-Achse an. Geben Sie außerdem an, ob die Funktionen exponentielles Wachstum oder exponentiellen Zerfall beschreiben. Begründen Sie Ihre Antwort. Veranschaulichen Sie den Graphenverlauf mit einem digitalen Hilfsmittel.
   a) $f(x) = 5 \cdot 2^x$
   b) $f(x) = 7 \cdot \left(\frac{4}{5}\right)^x$
   c) $f(x) = 3,5 \cdot 10^x$
   d) $f(x) = \frac{3}{2} \cdot \left(\frac{2}{3}\right)^x$

2. Zeichnen Sie mithilfe eines Funktionsplotters die Graphen der Funktionen f und g mit $f(x) = 4^x$ und $g(x) = 0,25^x$. Beschreiben und vergleichen Sie die Verläufe.

3. Gegeben sind die Graphen von Funktionen mit Gleichungen der Form $f(x) = q^x$. Ordnen Sie die Graphen nach der Größe der Basis q. Begründen Sie mithilfe einer Fallunterscheidung für q.

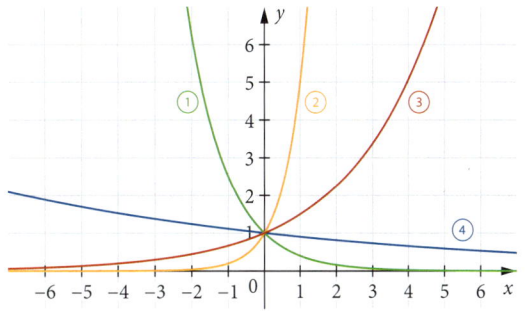

Die natürliche Exponentialfunktion

Für die mathematische Modellierung technischer, medizinischer oder sozialwissenschaftlicher Zusammenhänge mithilfe von Exponentialfunktionen wählt man in der Regel eine spezielle Basis, die der Mathematiker Leonhard Euler (1707–1783) mit dem Buchstaben e bezeichnete.

Die **Euler'sche Zahl** e ist eine irrationale Zahl, d. h. eine Zahl, die nicht als Bruch zweier ganzer Zahlen dargestellt werden kann. Euler hat die Zahl e bereits im Jahr 1748 auf 23 Nachkommastellen genau ermittelt. Ein Näherungswert ist e $\approx 2{,}718281828459$.

Wir betrachten im Folgenden ein Beispiel, bei dem die Zahl e in einem wirtschaftlichen Zusammenhang auftritt.

 9 Stetige Verzinsung

Eine Betriebswirtin legt zu Jahresbeginn ein Kapital von 10 000 € an, das zu 2 % jährlich verzinst wird.

a) Berechnen Sie das Kapital nach einem Jahr bei jährlicher Verzinsung. Berechnen Sie außerdem das Kapital, wenn vierteljährlich, monatlich oder täglich verzinst wird.

b) Geben Sie eine Formel zur Berechnung des Kapitals nach einem Jahr an, wenn in n Zeitabschnitten verzinst wird.

c) Wenn man die Anzahl der Zinsperioden pro Jahr erhöht und von unendlich vielen Zeitabschnitten ausgeht, spricht man von **stetiger Verzinsung**. Geben Sie eine Formel an, mit der man das Kapital unter dieser Annahme berechnen kann.

d) Berechnen Sie, wie viel die Betriebswirtin durch stetige statt jährliche Verzinsung gewinnt.

Zu a) Bei jährlicher Verzinsung wächst das Anfangskapital von 10 000 € mit dem Faktor 1,02.

$$K_1 = 10\,000 \cdot (1 + 0{,}02)^1$$
$$= 10\,000 \cdot 1{,}02 = 10\,200$$

Bei vierteljährlicher Verzinsung sind die Zinsen jeweils nach einem Vierteljahr fällig und es gibt vier Zinsperioden. Der Zinssatz beträgt $\frac{1}{4}$ des jährlichen Zinssatzes, also $\frac{1}{4} \cdot 0{,}02$.

$$K_4 = 10\,000 \cdot \left(1 + \tfrac{1}{4} \cdot 0{,}02\right) \cdot \left(1 + \tfrac{1}{4} \cdot 0{,}02\right) \cdot \left(1 + \tfrac{1}{4} \cdot 0{,}02\right)$$
$$\cdot \left(1 + \tfrac{1}{4} \cdot 0{,}02\right)$$
$$= 10\,000 \cdot \left(1 + \tfrac{1}{4} \cdot 0{,}02\right)^4 \approx 10\,201{,}51$$

Bei monatlicher Verzinsung gibt es zwölf Zinsperioden.
Bei täglicher Verzinsung gibt es 365 Zinsperioden.

$$K_{12} = 10\,000 \cdot \left(1 + \tfrac{1}{12} \cdot 0{,}02\right)^{12} \approx 10\,201{,}84$$
$$K_{365} = 10\,000 \cdot \left(1 + \tfrac{1}{365} \cdot 0{,}02\right)^{365} \approx 10\,202{,}01$$

Zu b) Wir können die Verzinsung bei n gleichen Zeitabschnitten innerhalb eines Jahres mit einer Formel beschreiben.

$$K_n = K_0 \cdot \left(1 + \tfrac{1}{n} \cdot p\right)^n$$

▸ K_0 Anfangskapital, p Zinssatz, n Zeitabschnitte

Zu c) Wir formen zunächst die Formel für das Kapital um.

$$K_n = K_0 \cdot \left(1 + \tfrac{1}{n} \cdot p\right)^n$$
$$K_n = K_0 \cdot \left(1 + \tfrac{1}{\frac{n}{p}}\right)^n \qquad ▸ m = \tfrac{n}{p};\ n = m \cdot p$$

$$K_m = K_0 \cdot \left(1 + \tfrac{1}{m}\right)^{m \cdot p}$$
$$K_m = K_0 \cdot \left(\left(1 + \tfrac{1}{m}\right)^m\right)^p$$

Wir betrachten dann, wie sich K_m für m gegen unendlich, also für unendlich viele Zeitabschnitte, verhält. Es gilt $\left(1 + \tfrac{1}{m}\right)^m \to$ e für $m \to \infty$.

$$K_\infty = K_0 \cdot e^p$$

Zu d) Das Kapital der Betriebswirtin wächst bei stetiger Verzinsung in einem Jahr auf 10 202,01 €. Das sind 2,01 € mehr als bei jährlicher Verzinsung.

$$K_\infty = 10\,000 \cdot e^{0{,}02} \approx 10\,202{,}01$$
▸ $K_0 = 10\,000$ €, $p = 0{,}02$
$$10\,202{,}01 - 10\,200 = 2{,}01$$

Die Exponentialfunktion f mit $f(x) = e^x$ heißt **e-Funktion**; man spricht auch von der **natürlichen Exponentialfunktion**. Auf dem Taschenrechner erlaubt die Taste $\boxed{e^x}$ eine einfache Handhabung der natürlichen Basis e.

Der Graph der e-Funktion

Zeichnen Sie den Graphen der natürlichen Exponentialfunktion f mit $f(x) = e^x$ sowie den Graphen von g mit $g(x) = e^{-x}$ in ein Koordinatensystem. Beschreiben Sie die beiden Graphen.

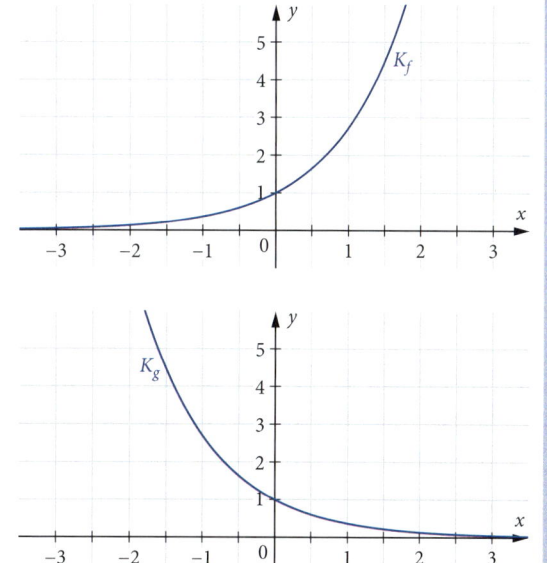

Der Graph der natürlichen Exponentialfunktion mit $f(x) = e^x$ schneidet die y-Achse im Punkt $S_y(0\,|\,1)$.
Die Funktion f hat nur positive Funktionswerte, es gilt also $f(x) > 0$ für alle x-Werte.
Der Graph der e-Funktion ist steigend. Für $x \to \infty$ gilt auch $f(x) \to \infty$.
Der Graph von f nähert sich für $x \to -\infty$ der x-Achse, schneidet diese aber nie. Die x-Achse ist also Asymptote.

Wir können die Gleichung von g auch wie folgt schreiben: $g(x) = e^{-x} = \left(\frac{1}{e}\right)^x$. ▶ Potenzgesetze, Seite 78
Die Basis von g ist also der Kehrbruch der Basis von f.
Die Graphen von f und g sind spiegelbildlich bezüglich der y-Achse. Der Graph von g schneidet die y-Achse ebenfalls im Punkt $S_y(0\,|\,1)$, es gilt $g(x) > 0$ für alle x-Werte. Die x-Achse ist Asymptote. Nur ist der Graph von g im Gegensatz zum Graphen der „normalen" e-Funktion fallend.

> Die Exponentialfunktion f mit $f(x) = e^x$ heißt **natürliche Exponentialfunktion**.
> Ihre Basis ist die Euler'sche Zahl $e \approx 2{,}71828\ldots$

Stellen Sie mithilfe eines digitalen Hilfsmittels die Graphen der Funktionen g und h mit $g(x) = -e^x$ und $h(x) = -e^{-x}$ dar. Beschreiben Sie, wie diese Graphen aus dem Graphen der Funktion f mit $f(x) = e^x$ entstehen.

Übungen zu 2.3.2

1. Gegeben ist jeweils die Funktion f. Geben Sie jeweils den Anfangswert und den Wachstumsfaktor an. Berechnen Sie die Funktionswerte an den Stellen -2; -1; 0; 1 und 2. Zeichnen Sie den Graphen.
   a) $f(x) = 2 \cdot 3^x$ c) $f(x) = 2 \cdot 0{,}5^x$
   b) $f(x) = 1{,}5^x$ d) $f(x) = 0{,}1 \cdot 3^x$

2. Ein Kapital von 6000 € wird mit einem Zinssatz von 1 % jährlich angelegt. Berechnen Sie die Höhe des Kapitals nach einem Jahr bei jährlicher und bei stetiger Verzinsung. Vergleichen Sie die Werte.

3. Erläutern Sie die Gemeinsamkeiten und Unterschiede der Graphen folgender Funktionen:
   $f(x) = 4^x$,
   $g(x) = e^x$,
   $h(x) = 3 \cdot 0{,}5^x$,
   $i(x) = 3 \cdot 2^x$
   Gehen Sie dabei auf die Schnittpunkte mit den Koordinatenachsen, die Asymptote, den Definitions- und den Wertebereich ein. Geben Sie auch an, ob die Funktionsgraphen steigen oder fallen. Nutzen Sie zur Veranschaulichung einen Funktionsplotter.

2.3.3 Transformationen

Wir untersuchen den Einfluss der Parameter a, b, c und d auf den Verlauf des Graphen der allgemeinen natürlichen Exponentialfunktion f der Form $f(x) = a \cdot e^{b(x-c)} + d$ mit $a, b, c, d \in \mathbb{R}$, $a \neq 0$, $b \neq 0$.

 11 ⬡ Einfluss des Parameters a

Untersuchen Sie den Einfluss des Parameters a auf den Verlauf des Graphen der Exponentialfunktion f mit der Gleichung $f(x) = a \cdot e^x$ mit $a \neq 0$.

Wir zeichnen die Funktionsgraphen der folgenden vier Funktionen in ein Koordinatensystem:

$f(x) = e^x \qquad\qquad a = 1$
$g_1(x) = 3\,e^x \qquad\quad a = 3$
$g_2(x) = \frac{1}{3}e^x \qquad\quad a = \frac{1}{3}$
$g_3(x) = -\frac{1}{3}e^x \qquad a = -\frac{1}{3}$

- $|a| > 1$: Der Graph wird in y-Richtung gestreckt.
- $0 < |a| < 1$: Der Graph wird in y-Richtung gestaucht.

Für $a > 0$ verläuft der Graph oberhalb, für $a < 0$ unterhalb der x-Achse, die in beiden Fällen Asymptote ist.

Da $e^0 = 1$ gilt, schneiden die Graphen die y-Achse im Punkt $S_y(0\,|\,a)$.

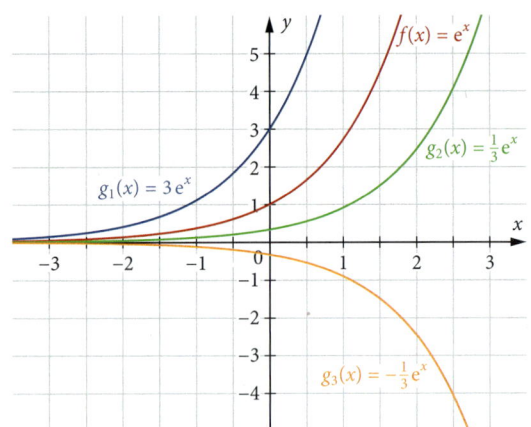

▶ Das Ändern des Vorzeichens von a bewirkt eine Spiegelung an der x-Achse.

12 ⬡ Einfluss des Parameters b

Untersuchen Sie den Einfluss des Parameters b auf den Verlauf des Graphen der Exponentialfunktion f mit der Gleichung $f(x) = e^{bx}$ mit $b \neq 0$.

Wir zeichnen die Funktionsgraphen der folgenden vier Funktionen in ein Koordinatensystem:

$f(x) = e^x \qquad\qquad b = 1$
$g_1(x) = e^{3x} \qquad\quad b = 3$
$g_2(x) = e^{\frac{1}{3}x} \qquad\quad b = \frac{1}{3}$
$g_3(x) = e^{-\frac{1}{3}x} \qquad b = -\frac{1}{3}$

- $|b| > 1$: Der Graph wird in x-Richtung gestaucht.
- $0 < |b| < 1$: Der Graph wird in x-Richtung gestreckt.

Für $b > 0$ steigt der Graph. Wir erkennen exponentielles Wachstum.

Für $b < 0$ fällt der Graph. Wir erkennen exponentiellen Zerfall.

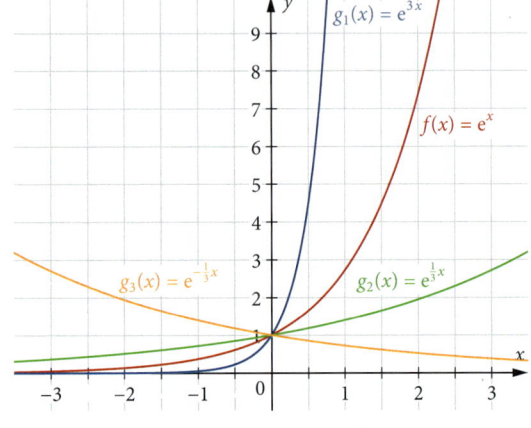

▶ Das Ändern des Vorzeichens von b bewirkt eine Spiegelung an der y-Achse.

 Vergleichen Sie den Verlauf des Graphen von g mit dem Verlauf des Graphen von f mit $f(x) = e^x$.
a) $g(x) = 4\,e^x$ 　　　　　　　　　　　b) $g(x) = e^{-0,5x}$

◎ Einfluss des Parameters c   ⑬

Untersuchen Sie den Einfluss des Parameters c für eine Funktion f mit einer Gleichung $f(x) = e^{x-c}$ mit $c \in \mathbb{R}$.

Wir zeichnen drei verschiedene Graphen:

$f(x) = e^x$ $c = 0$
$g_1(x) = e^{x-2}$ $c = 2$
$g_2(x) = e^{x+2} = e^{x-(-2)}$ $c = -2$

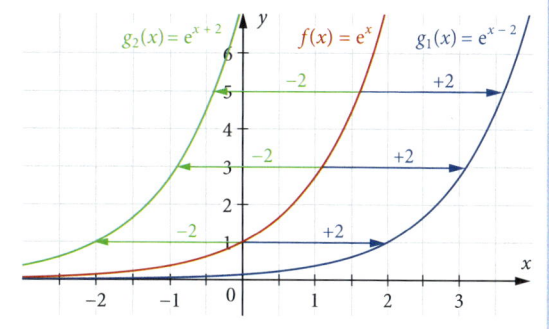

Wir erkennen, dass der Parameter c den Graphen der
e-Funktion in x-Richtung verschiebt:

• $c > 0$: Verschiebung um c Einheiten nach rechts
• $c < 0$: Verschiebung um c Einheiten nach links

▶ Beachten Sie das Minuszeichen vor dem Parameter c in der
   allgemeinen Form des Funktionsterms.

◎ Einfluss des Parameters d   ⑭

Untersuchen Sie den Einfluss des Parameters d für eine Funktion f mit der Gleichung $f(x) = e^x + d$ mit $d \in \mathbb{R}$.

Wir zeichnen drei verschiedene Funktionsgraphen:

$f(x) = e^x$ $d = 0$
$g_1(x) = e^x + 2$ $d = 2$
$g_2(x) = e^x - 2$ $d = -2$

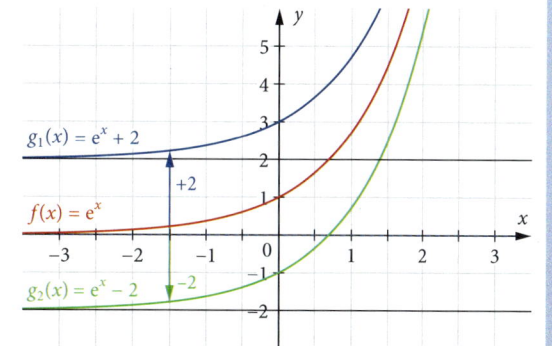

Wir erkennen, dass der Summand d den Graphen der
e-Funktion in y-Richtung verschiebt:

• $d > 0$: Verschiebung nach oben
• $d < 0$: Verschiebung nach unten

Für die Asymptote gilt die Gleichung $y = d$.

Bei einer allgemeinen natürlichen Exponentialfunktion f der Form $f(x) = a \cdot e^{b(x-c)} + d$ mit $a, b, c, d \in \mathbb{R}$,
$a \neq 0$, $b \neq 0$ beeinflussen die Parameter den Graphen wie folgt:

• Parameter a und b: Streckung/Stauchung und Spiegelung

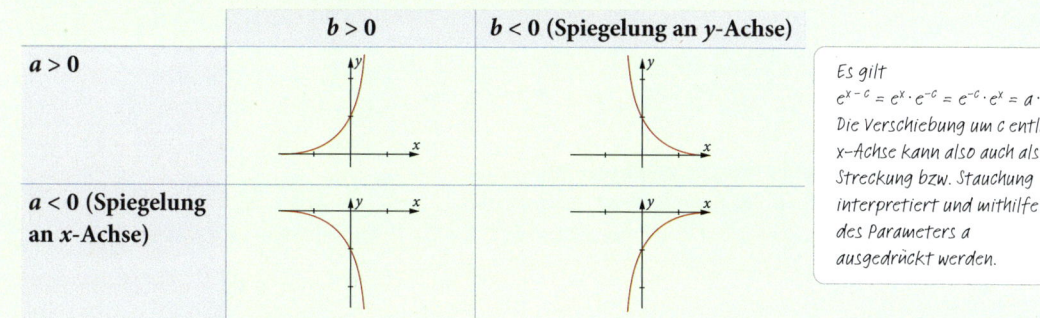

	$b > 0$	$b < 0$ (Spiegelung an y-Achse)
$a > 0$		
$a < 0$ (Spiegelung an x-Achse)		

Es gilt
$e^{x-c} = e^x \cdot e^{-c} = e^{-c} \cdot e^x = a \cdot e^x$.
Die Verschiebung um c entlang der
x-Achse kann also auch als
Streckung bzw. Stauchung
interpretiert und mithilfe
des Parameters a
ausgedrückt werden.

• Parameter c: Verschiebung entlang der x-Achse
• Parameter d: Verschiebung entlang der y-Achse mit Asymptote bei $y = d$

Die obigen Veränderungen der Funktionsgraphen gelten auch für andere Basen $q > 0$. ▶ Seite 167, Aufgabe 8

(15) Kombination der Parameter ($c = 0$)

Geben Sie die Werte für die Parameter bei den Exponentialfunktionen f und g mit $f(x) = 2\,e^{0,2x} + 1$ und $g(x) = 3\,e^{-0,5x} - 1$ an. Zeichnen Sie die Funktionsgraphen und erläutern Sie die Einflüsse der Parameter.

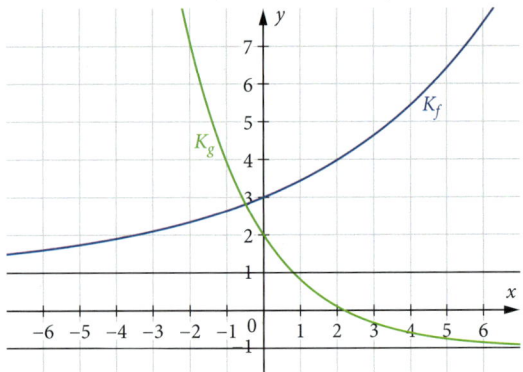

Die Parameterwerte für f sind:

$a = 2$; $b = 0,2$; $c = 0$; $d = 1$

Da a und b positiv sind, handelt es sich um eine Wachstumsfunktion: Für $x \rightarrow +\infty$ gilt $f(x) \rightarrow +\infty$. Der Graph nähert sich für $x \rightarrow -\infty$ der Asymptote $y = 1$. Der y-Achsenabschnitt ist 3.

Die Parameterwerte für g sind:

$a = 3$; $b = -0,5$; $c = 0$; $d = -1$

Der Parameter a ist positiv. Da aber b negativ ist, handelt es sich um eine Zerfallsfunktion. Der Graph nähert sich für $x \rightarrow +\infty$ der Asymptote $y = -1$. Der y-Achsenabschnitt liegt bei 2.

Wie wir anhand dieser Beispiele sehen, erhalten wir den y-Achsenabschnitt durch Addition von a und d.

y-Achsenabschnitt:

$f(0) = 2\,e^0 + 1 = 2 + 1 = 3$

$g(0) = 3\,e^0 - 1 = 3 - 1 = 2$

 (16) Kombination der Parameter ($c \neq 0$)

Zeichnen Sie den Graphen der Exponentialfunktion f mit $f(x) = -4\,e^{2x} + 5$. Verschieben Sie den Graphen anschließend um drei Einheiten nach rechts und geben Sie den dazugehörigen Funktionsterm $g(x)$ an.

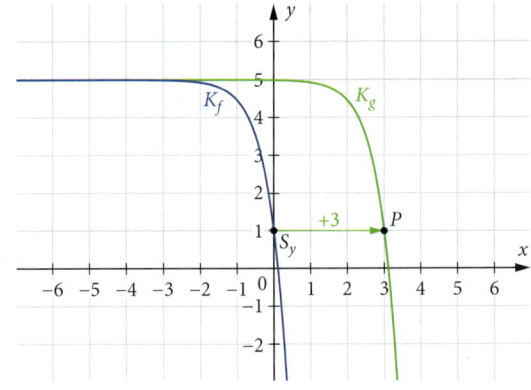

Die Parameterwerte für f sind:

$a = -4$; $b = 2$; $c = 0$; $d = 5$

Da der Parameter a negativ, b jedoch positiv ist, handelt es sich um eine Zerfallsfunktion. Der Graph nähert sich für $x \rightarrow -\infty$ der Asymptote $y = 5$. Der Schnittpunkt mit der y-Achse ist $S_y\,(0\,|\,1)$.

▶ $y = a + d = -4 + 5 = 1$

Verschiebt man den Graphen um drei Einheiten nach rechts, so verläuft der Graph durch den Punkt $P\,(3\,|\,1)$. Da $c = 3$ gelten muss, lautet der neue Funktionsterm:

$g(x) = -4\,e^{2(x-3)} + 5$

- Für $c = 0$ ist der **Schnittpunkt mit der y-Achse** $S_y\,(0\,|\,a + d)$.
- Für $c \neq 0$ verschiebt sich der obige Schnittpunkt mit der y-Achse um $|c|$ Einheiten nach rechts (für positive c) bzw. nach links (für negative c). Man erhält den Punkt $P\,(c\,|\,a + d)$, der auf dem Graphen liegt.

 1. Berechnen Sie den Schnittpunkt des Graphen der Funktion f mit der y-Achse. Überprüfen Sie.

a) $f(x) = 5\,e^{2x}$ b) $f(x) = \frac{1}{4} \cdot e^x + 2$ c) $f(x) = e^x + 1$ d) $f(x) = e^{x+1}$

2. Beschreiben Sie den Verlauf des Graphen der Funktion f mit $f(x) = -\frac{1}{4}e^{x-1} + 3$ für $x \in \mathbb{R}$. Geben Sie die waagerechte Asymptote an. Zeichnen Sie den Graphen in ein geeignetes Koordinatensystem.

Asymptoten bei Graphen von Exponentialfunktionen

Wir haben gesehen, dass sich viele Graphen von Exponentialfunktionen einer parallel zur x-Achse verlaufenden Geraden asymptotisch annähern. Betrachten wir beliebig große oder beliebig kleine x-Werte ($x \to +\infty$ bzw. $x \to -\infty$), so nähern sich die Funktionswerte der Exponentialfunktion immer mehr dem Graphen der Asymptote an, berühren diese jedoch nicht. Die Asymptote ist eine sogenannte Grenzfunktion. Diese muss nicht immer waagerecht sein.

Waagerechte Asymptote

Ermitteln Sie jeweils die Gleichung der Asymptoten des Funktionsgraphen.
a) $f(x) = 2\,e^{0,5\,x} + 1,5$
b) $g(x) = e^{-x+1} - e$

Zu a) Wir zeichnen den Graphen der Exponentialfunktion. Alle Funktionswerte der Funktion f liegen oberhalb der Geraden mit $y = 1,5$. Außerdem lässt sich erkennen, dass sich die Funktionswerte für $x \to -\infty$ immer mehr der Geraden annähern, diese jedoch nicht berühren. Die Gerade mit der Gleichung $y = 1,5$ ist also eine Asymptote für die Funktion f. Sie ist eine **waagerechte Asymptote**, da sie parallel zur x-Achse verläuft.

Zu b) Die Funktionswerte von g nähern sich für $x \to +\infty$ der Asymptoten an. Auch hier handelt es sich um eine waagerechte Asymptote, sie hat die Gleichung $y = -e$.

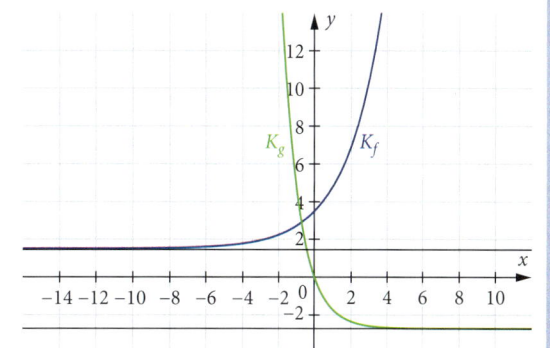

Schiefe Asymptote

Ermitteln Sie jeweils die Gleichung der Asymptoten des Funktionsgraphen.
a) $f(x) = e^{-x} - x + 1$
b) $g(x) = e^{x} - 0,5\,x - 1$

Wir ermitteln die Gleichung einer Asymptote, indem wir das Verhalten von $f(x)$ für $x \to +\infty$ und für $x \to -\infty$ untersuchen.

Zu a) Für $x \to -\infty$ werden die Terme $-x$ und e^{-x} immer größer. Die Funktionswerte von f steigen immer weiter an.
Für $x \to +\infty$ geht der Term e^{-x} gegen null. Folglich nähert sich der Funktionswert von f immer mehr dem Wert des Terms $-x + 1$ an. Wir erhalten für $x \to +\infty$ eine **schiefe Asymptote** mit der Gleichung $y = -x + 1$.

Zu b) Für $x \to -\infty$ geht der Term e^{x} gegen null. Folglich nähert sich der Funktionswert von f immer mehr dem Wert des Terms $-0,5\,x - 1$ an. Die Gerade mit der Gleichung $y = -0,5\,x - 1$ ist eine schiefe Asymptote. Für $x \to +\infty$ strebt e^{x} schneller gegen $+\infty$ als $-0,5\,x + 1$ gegen $-\infty$, insgesamt steigen die Funktionswerte immer weiter an.

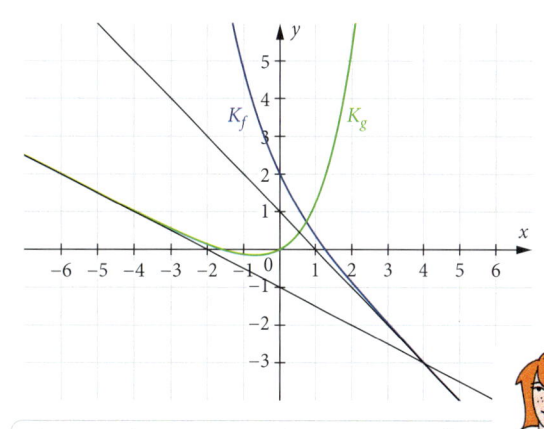

Beim Betrachten von x → +∞ oder x → −∞ „gewinnt" eine Exponentialfunktion gegenüber einer Polynomfunktion.

Eine **Asymptote** ist eine Grenzfunktion, der sich der Graph einer Funktion für x gegen plus unendlich ($x \to +\infty$) oder für x gegen minus unendlich ($x \to -\infty$) annähert.
- Graphen von Funktionen mit $f(x) = a \cdot e^{b(x-c)} + d$ mit $a, b, c, d \in \mathbb{R}$, $a \neq 0$, $b \neq 0$ besitzen eine **waagerechte Asymptote** mit der Gleichung $y = d$.
- Graphen von Funktionen mit $f(x) = a \cdot e^{b(x-c)} + mx + d$ mit $a, b, c, d, m \in \mathbb{R}$, $a \neq 0$, $b \neq 0$ besitzen eine **schiefe Asymptote** mit der Gleichung $y = mx + d$.

Entscheiden Sie für die folgenden Funktionen, ob es eine Asymptote gibt und geben Sie die Asymptote und deren Art ggf. an. Veranschaulichen Sie sich Funktionsgraph und Asymptote mit einem Funktionsplotter.

a) $f(x) = e^x + x$
b) $f(x) = 3e^x - 1$
c) $f(x) = e^x - x$
d) $f(x) = e^x + e^{-x}$
e) $f(x) = e$
f) $f(x) = e^{-x} + 5$
g) $f(x) = e^{x+1} - 2x$
h) $f(x) = e^{-x} + \frac{1}{3}x - 3$

Gleichungen und Graphen einander zuordnen

Ordnen Sie die folgenden Gleichungen den jeweiligen Graphen zu und begründen Sie die Zuordnung.
$$f(x) = 5e^{2x} - 1; \quad g(x) = -0,5e^{x-2} + 1; \quad h(x) = 1 - 4e^{-x}; \quad k(x) = e^{-2x} + x - 1$$

$f \to$ grüner Funktionsgraph
$a = 5$; $b = 2$; $c = 0$; $d = -1$
waagerechte Asymptote: $y = -1$
a und b positiv: Wachstumsfunktion
Schnittpunkt mit y-Achse: $S_y(0|4)$ ▶ $a + d = 4$

$g \to$ blauer Funktionsgraph
$a = -0,5$; $b = 1$; $c = 2$; $d = 1$
waagerechte Asymptote: $y = 1$
a negativ und b positiv: Zerfallsfunktion
Punkt auf Graph: $P(2|0,5)$ ▶ $c = 2$; $a + d = 0,5$

$h \to$ roter Funktionsgraph
$a = -4$; $b = -1$; $c = 0$; $d = 1$
waagerechte Asymptote: $y = 1$
a und b negativ: Wachstumsfunktion
Schnittpunkt mit y-Achse: $S_y(0|-3)$ ▶ $a + d = -3$

$k \to$ oranger Funktionsgraph
$a = 1$; $b = -2$; $c = 0$; $d = -1$
schiefe Asymptote: $y = x - 1$
Schnittpunkt mit y-Achse: $S_y(0|0)$ ▶ $a + d = 0$

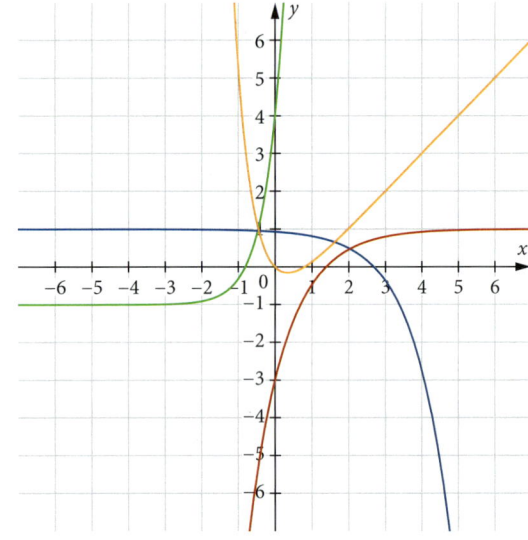

▶ *Achtung:* Sobald ein Funktionsgraph eine schiefe Asymptote hat, kann man nicht mehr von einer Wachstums- oder Zerfallsfunktion sprechen. Der Graph von k wächst sowohl für $x \to +\infty$ als auch für $x \to -\infty$.

Ordnen Sie die folgenden Gleichungen den jeweiligen Graphen zu und begründen Sie die Zuordnung. Überprüfen Sie mit einem Funktionsplotter.

a) $f(x) = e^x - 0,5x + 1$
b) $g(x) = -e^x + 1$
c) $h(x) = e^{0,5x}$
d) $i(x) = e^{x-3} + 1$

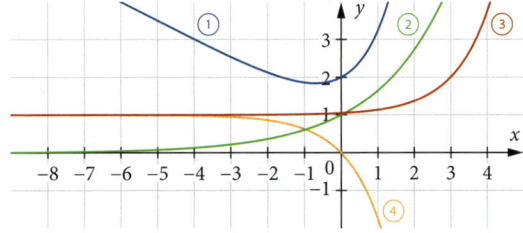

Übungen zu 2.3.3

1. Beschreiben Sie, durch welche Transformationen die Graphen der Funktionen aus dem Graphen der Funktion f mit $f(x) = e^x$ entstehen.

a) $g(x) = 5\,e^x$

b) $g(x) = e^x - 3$

c) $g(x) = e^{4x}$

d) $g(x) = e^{x-7}$

e) $g(x) = e^{0,5x} + 3$

f) $g(x) = \frac{1}{2}e^{4x}$

g) $g(x) = e^{x+4} - 6$

h) $g(x) = 3\,e^{2x} + 0,5$

2. Geben Sie den y-Achsenabschnitt und die Gleichung der Asymptoten an.

a) $f(x) = e^{3x} + 2$

b) $f(x) = -2\,e^{-4x} + 3$

c) $f(x) = -3\,e^{4x} + 5$

d) $f(x) = e^{-x} - 3x$

e) $f(x) = \frac{1}{2}e^{2x} + x - 1$

f) $f(x) = e^x - 2$

g) $f(x) = e^{-x} - 2$

h) $f(x) = e^{-x} + x$

3. Geben Sie die Gleichung einer Exponentialfunktion an, deren Graph die angegebene Asymptote hat.

a) $y = 4$

b) $y = e$

c) $y = x + 3$

d) $y = x - e$

4. Gegeben ist die Funktion f mit $f(x) = 4\,e^{0,22x} + 2$

a) Skizzieren Sie K_f in einem geeigneten Koordinatensystem. Begründen Sie anhand des Graphen und der Funktionsgleichung, ob es sich um eine Wachstums- oder eine Zerfallsfunktion handelt.

b) Berechnen Sie die Koordinaten des Schnittpunkts von K_f mit der y-Achse.

c) Geben Sie die Gleichung der Asymptoten von K_f an und beschreiben Sie, für welche x-Werte sich K_f dieser annähert.

5. Ordnen Sie die folgenden Funktionen ihren Graphen zu. Begründen Sie.

a) $f(x) = 2\,e^x - 1$

b) $g(x) = x + e^{-x}$

c) $h(x) = e^{-x} + 1$

d) $i(x) = e^x - x - 1$

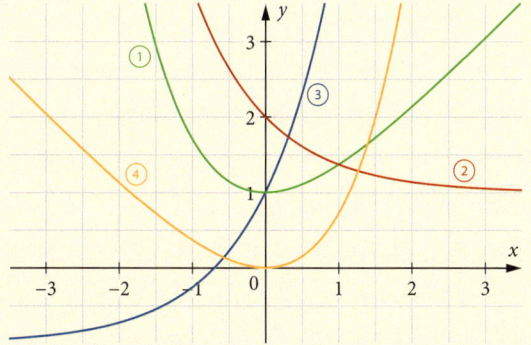

6. Gegeben ist die Funktion f mit $f(x) = e^{-x}$ sowie die Funktion g mit $g(x) = a \cdot e^{-x} + d$. Bestimmen Sie a und d so, dass der Graph von g im Vergleich zum Graphen von f …

a) an der x-Achse gespiegelt ist.

b) um 2 Einheiten nach unten verschoben ist.

c) mit dem Faktor 0,5 in y-Richtung gestreckt ist.

d) an der x-Achse gespiegelt, um 2 Einheiten nach unten und mit dem Faktor 0,5 in y-Richtung gestreckt ist.

7. Gegeben ist der unten stehende Graph einer Funktion f mit einer Gleichung der Form $f(x) = a \cdot e^{0,6x} + d$.

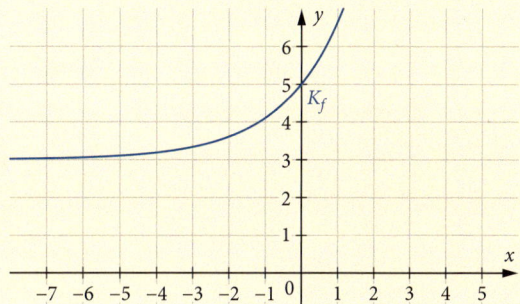

Bestimmen Sie die Werte für a und d anhand des Graphen. Begründen Sie Ihre Antworten.

8. In den Beispielen 11 bis 14 (▶ Seiten 162/163) haben wir die Einflüsse der Parameter a, b, c, d auf den Graphenverlauf von Exponentialfunktionen mit der Basis e untersucht. Wählen Sie nun eine allgemeine Exponentialfunktion der Form $f(x) = a \cdot q^{b(x-c)} + d$ mit einer Basis q, die positiv, jedoch kleiner als 1 ist ($0 < q < 1$). Untersuchen Sie ähnlich wie in den Beispielen 11 bis 14 den Einfluss verschiedener Werte für a, b, c, d auf den Verlauf des Graphen.

9. Der Holzbestand eines Waldes beträgt derzeit $30\,000\,\text{m}^3$. Das jährliche Wachstum des Bestands lässt sich näherungsweise durch die Funktion h mit $h(t) = a \cdot e^{0,0583\,t}$ (t in Jahren, $h(t)$ in m³) beschreiben.

a) Geben Sie den Wert für den Parameter a an, der der Aufgabenstellung entspricht.

b) Erstellen Sie mithilfe des Taschenrechners eine Wertetabelle, die jedem Jahr t den Holzbestand $h(t)$ in m³ zuordnet. Wählen Sie $0 \le t \le 10$ und stellen Sie den Zusammenhang in einem geeigneten Koordinatensystem dar.

2.3.4   Logarithmen und Exponentialgleichungen

 20   Von der Exponentialfunktion zum Logarithmus

Die Bakterienart aus Beispiel 3 (▶ Seite 154) verdoppelt sich stündlich. Anfangs sind acht Bakterien in der Petrischale. Ermitteln Sie anhand des Graphen den Zeitpunkt, zu dem sich 64 bzw. 100 Bakterien in der Petrischale befinden. Überprüfen Sie das Ergebnis durch eine Rechnung.

Im Unterschied zu Beispiel 3 gehen wir hier von der Anzahl der Bakterien (Funktionswerte) aus und suchen den zugehörigen Zeitpunkt t. Aus der Abbildung können wir ablesen, dass 64 Bakterien nach 3 h vorhanden sind, 100 Bakterien nach ca. 3,6 h. Um diese Zeitpunkte rechnerisch zu bestimmen, müssen wir folgende Gleichungen lösen:

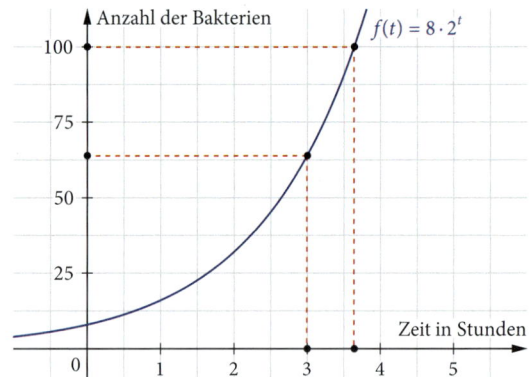

$$64 = 8 \cdot 2^t \quad | :8 \qquad \text{und} \qquad 100 = 8 \cdot 2^t \quad | :8$$
$$8 = 2^t \qquad\qquad\qquad\qquad \frac{25}{2} = 2^t$$

Solche Gleichungen mit Variablen im Exponenten heißen **Exponentialgleichungen**.

Allgemein bezeichnet man den Exponenten x in der Gleichung $q^x = y$ als **Logarithmus von y zur Basis q**. Man schreibt: $x = \log_q(y)$.

Wir können den Zeitpunkt für 64 Bakterien rechnerisch leicht bestätigen, da wir wissen, dass $2^3 = 8$ gilt.

$$8 = 2^t \quad \Rightarrow \quad t = \log_2(8) = \mathbf{3}, \text{ denn } 2^3 = 8$$
$$\frac{25}{2} = 2^t \quad \Rightarrow \quad t = \log_2\left(\frac{25}{2}\right) \approx \mathbf{3{,}644}$$

Stellen wir nun die Gleichung für 100 Bakterien auf, so kann die Gleichung $\frac{25}{2} = 2^t$ nicht mehr im Kopf gelöst werden. Wir können die Lösung jedoch mithilfe der $\boxed{\log_\blacksquare}$-Taste des Taschenrechners eindeutig bestimmen.

Vorsicht: Bei den meisten Taschenrechnern ist bei $\boxed{\log}$ *die Basis nicht frei wählbar, sondern als 10 voreingestellt.*

Den Logarithmus einer nicht negativen Zahl zu berechnen heißt also, den Exponenten einer Potenz zu bestimmen. Der Logarithmus von y zur Basis q ist diejenige reelle Zahl, mit der man q potenzieren muss, um y zu erhalten.
Es gilt $\log_q(q^n) = n$, denn der Logarithmus von q^n zur Basis q ist ja gerade die Zahl, mit der man q potenzieren muss, um q^n zu erhalten.

$$\log_2(8) = 3 \qquad \blacktriangleright\ 2^3 = 8$$
$$\log_2(32) = 5 \qquad \blacktriangleright\ 2^5 = 32$$
$$\log_{10}(100) = 2 \qquad \blacktriangleright\ 10^2 = 100$$
$$\log_{10}(100\,000) = 5 \qquad \blacktriangleright\ 10^5 = 100\,000$$

$$\log_q(1) = \log_q(q^0) = 0$$
$$\log_q(q^1) = 1$$
$$\log_q(q^2) = 2$$
$$\log_q(q^n) = n$$

> ✦ • **Exponentialgleichungen** sind Gleichungen, bei denen die Variable im Exponenten steht. Sie lassen sich durch **Logarithmieren** lösen.
> • Für $q > 0$, $q \neq 1$ und $y > 0$ bezeichnet $\log_q(y)$ diejenige Zahl x, für die $q^x = y$ gilt. Aus $x = \log_q(y)$ folgt somit $y = q^x$ und umgekehrt. Die Zahl $\log_q(y)$ wird **Logarithmus von y zur Basis q** genannt.

 ▷ Lösen Sie die Exponentialgleichung.

a) $5^x = 25$ b) $144^x = 12$ c) $4^x = \frac{1}{2}$ d) $2^x = 128$ e) $7^x = 1$ f) $6^x = 0$

Der Logarithmus von y zur Basis q kann als Umkehrung der zugehörigen Exponentialfunktion $y = q^x$ aufgefasst werden. Für die natürliche Exponentialfunktion, d.h. für $y = e^x$, stellt somit $x = \log_e(y)$ die Umkehrung dar. Dieser Logarithmus heißt **natürlicher Logarithmus** und wird mit $x = \ln(y)$ bezeichnet (logarithmus naturalis).
So können wir z.B. über die Taste $\boxed{\ln}$ des Taschenrechners den Wert für $\ln(1{,}2)$ berechnen. Als Ergebnis erhalten wir die Zahl 0,182321557. Drücken wir anschließend die Taste $\boxed{e^x}$, so erscheint im Display als Ergebnis für $e^{\ln(1{,}2)}$ wieder 1,2.

2

Rechenregeln für den Logarithmus

㉑

Aufgrund der Potenzgesetze ergeben sich die folgenden Rechenregeln für den Logarithmus, die wir hier für den natürlichen Logarithmus formulieren.

Ein Produkt wird logarithmiert, indem man die Logarithmen der Faktoren addiert.

Allgemein: $\ln(u \cdot v) = \ln(u) + \ln(v)$ $(u, v \in \mathbb{R}_+^*)$
Beispiel: $\ln(5 \cdot e) = \ln(5) + \ln(e) = \ln(5) + 1 \approx 2{,}61$

Ein Bruch wird logarithmiert, indem man vom Logarithmus des Zählers den Logarithmus des Nenners subtrahiert.

Allgemein: $\ln\left(\frac{u}{v}\right) = \ln(u) - \ln(v)$ $(u, v \in \mathbb{R}_+^*)$
Beispiel: $\ln\left(\frac{5}{e}\right) = \ln(5) - \ln(e) = \ln(5) - 1 \approx 0{,}61$

Eine Potenz wird logarithmiert, indem man den Exponenten mit dem Logarithmus der Basis multipliziert.

Allgemein: $\ln(u^r) = r \cdot \ln(u)$ $(u \in \mathbb{R}_+^*)$
Beispiel: $\ln(e^x) = x \cdot \ln(e) = x \cdot 1 = x$

- Der Exponent x in der Gleichung $e^x = y$ heißt **natürlicher Logarithmus** von y, kurz: $x = \ln(y)$.
- Rechenregeln für den Logarithmus:
  1) $\ln(u \cdot v) = \ln(u) + \ln(v)$
  2) $\ln\left(\frac{u}{v}\right) = \ln(u) - \ln(v)$
  3) $\ln(u^r) = r \cdot \ln(u)$

Die Regeln gelten für alle Logarithmen zu einer beliebigen Basis q.

Darstellung einer beliebigen Exponentialfunktion als Exponentialfunktion mit der Basis e

㉒

Wandeln Sie die Funktion f mit der Gleichung $f(x) = 2^x$ in eine äquivalente Exponentialfunktion mit der Basis e um.

Wegen $x = \ln(y)$ als Folge der Umkehrung $y = e^x$ gilt $y = e^{\ln(y)}$. Wir setzen für $y = 2^x$ ein. Wenden wir das Logarithmengesetz $\ln(u^r) = r \cdot \ln(u)$ an, erhalten wir $2^x = e^{\ln(2) \cdot x}$, also $f(x) = 2^x = e^{\ln(2) \cdot x}$.

$y = e^{\ln(y)}$ ▶ $y = 2^x$
$2^x = e^{\ln(2^x)}$ ▶ $\ln(u^r) = r \cdot \ln(u)$
$2^x = e^{\ln(2) \cdot x}$

Auf diese Weise kann jede Exponentialfunktion mit einer Basis q als Exponentialfunktion mit der Basis e geschrieben werden.

- Jede Exponentialfunktion f mit $f(x) = q^x$ $(q > 0; q \neq 1)$ kann mit der Basis e geschrieben werden:
  $f(x) = q^x = e^{\ln(q) \cdot x}$

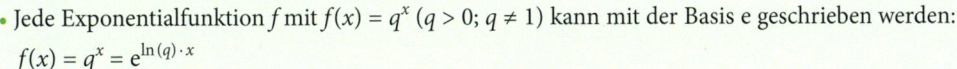 Vereinfachen Sie folgende Terme mithilfe der Rechengesetze.

a) $\log_2(2) + \log_2(4)$  b) $\frac{\log_4(256)}{4}$ c) $\log_3\left(81^{\frac{1}{2}}\right)$  d) $\log(4) - \frac{\log(4^2)}{\log(100)}$

23   Exponentialgleichung durch Logarithmieren lösen I

Lösen Sie die Gleichung $3 \cdot 4^x = 90$.

Wir teilen beide Seiten der Gleichung durch 3, sodass 4^x allein auf der linken Seite steht.

$$\begin{aligned} 3 \cdot 4^x &= 90 && |:3 \\ 4^x &= 30 && |\log_4 \\ x &= \log_4(30) \\ x &\approx 2{,}4534 \end{aligned}$$

Anschließend wenden wir den Logarithmus zur Basis 4 an und erhalten so die Lösung $x \approx 2{,}4534$.

Um das Ergebnis zu überprüfen, kann man eine Probe machen. Beim Lösen von Exponentialgleichungen zeigen sich besonders schnell Rundungsfehler, deshalb sollte am besten auf vier Nachkommastellen gerundet werden.

Probe:
$3 \cdot 4^{2,4534} \approx 89{,}9943$

Hätte man nur auf zwei Nachkommastellen gerundet, würde man das folgende Ergebnis erhalten:
$3 \cdot 4^{2,45} \approx 89{,}57$

24   Exponentialgleichung durch Logarithmieren lösen II

Lösen Sie die Gleichung $2\,e^x - 4 = 8$.

Wir formen zunächst die Gleichung so um, dass e^x allein auf einer Seite steht.

$$\begin{aligned} 2\,e^x - 4 &= 8 && |+4 \\ 2\,e^x &= 12 && |:2 \\ e^x &= 6 && |\ln \\ x &= \ln(6) \\ x &\approx 1{,}7918 \end{aligned}$$

Anschließend wenden wir den natürlichen Logarithmus an und erhalten so die Lösung $x \approx 1{,}7918$.

25   Exponentialgleichung mit dem Satz vom Nullprodukt lösen

Lösen Sie die Gleichung $4\,e^{3x} - e^x = 0$.

Wir formen die Differenz in ein Produkt um, indem wir den Term e^x ausklammern. Dann können wir den Satz vom Nullprodukt anwenden.

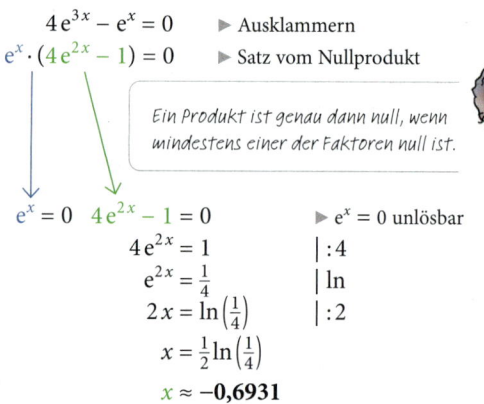

$$\begin{aligned} 4\,e^{3x} - e^x &= 0 && \blacktriangleright \text{Ausklammern} \\ e^x \cdot (4\,e^{2x} - 1) &= 0 && \blacktriangleright \text{Satz vom Nullprodukt} \end{aligned}$$

Ein Produkt ist genau dann null, wenn mindestens einer der Faktoren null ist.

Der Term e^x wird nie null, ganz egal welcher Wert für x eingesetzt wird. Somit liefert dieser Faktor keine Lösung.

▶ Die e-Funktion hat keine Nullstelle.

Die Lösung der Gleichung $4\,e^{2x} - 1 = 0$ ermitteln wir durch Logarithmieren und erhalten $x \approx -0{,}6931$.

$$\begin{aligned} e^x &= 0 \quad\quad 4\,e^{2x} - 1 = 0 && \blacktriangleright e^x = 0 \text{ unlösbar} \\ & \quad\quad\quad\quad\ \ 4\,e^{2x} = 1 && |:4 \\ & \quad\quad\quad\quad\ \ \ e^{2x} = \tfrac{1}{4} && |\ln \\ & \quad\quad\quad\quad\ \ \ 2x = \ln\!\left(\tfrac{1}{4}\right) && |:2 \\ & \quad\quad\quad\quad\ \ \ \ x = \tfrac{1}{2}\ln\!\left(\tfrac{1}{4}\right) \\ & \quad\quad\quad\quad\ \ \ \ \mathbf{x \approx -0{,}6931} \end{aligned}$$

▶ Lösen Sie die folgenden Exponentialgleichungen mithilfe des natürlichen Logarithmus. Führen Sie die Probe durch.

a) $23\,e^{0,4x} = 92$

b) $0{,}5\,e^{3x} = 10$

c) $-5\,e^{2x} = -100$

d) $e^x \cdot (0{,}5x - 4) = 0$

e) $6\,e^x - 3\,e^{2x} = 0$

f) $(x - 3) \cdot e^{4x} = 0$

g) $50\,e^{34x-6} = 27$

h) $3\,e^{-0,5x} + 2 = 0$

Exponentialgleichung durch Substitution lösen I

Lösen Sie die folgende Gleichung durch Substitution: $e^{2x} + e^x - 6 = 0$.

Mithilfe des Potenzgesetzes $a^{r \cdot s} = (a^r)^s$ formen wir den Term e^{2x} um. Substituieren wir nun in der Gleichung e^x durch u, so ergibt sich eine quadratische Gleichung, welche wir mit der *abc*-Formel lösen.

Die Lösungen der Gleichung in der Variablen x erhalten wir durch die Resubstitution.

Es gibt keine Zahl x, mit der man e potenzieren kann, sodass das Ergebnis negativ wird ($e^x > 0$ für alle $x \in \mathbb{R}$). Deshalb gibt es nur eine Lösung, und zwar $x \approx 0{,}6931$.

$$e^{2x} + e^x - 6 = 0 \qquad \blacktriangleright e^{2x} = (e^x)^2$$
$$(e^x)^2 + e^x - 6 = 0 \qquad \blacktriangleright \text{Substitution: } e^x = u$$
$$u^2 + u - 6 = 0 \qquad \blacktriangleright \textit{abc}\text{-Formel}$$
$$u = \frac{-1 + \sqrt{25}}{2} \qquad u = \frac{-1 - \sqrt{25}}{2}$$
$$u = 2 \qquad u = -3 \qquad \blacktriangleright \text{Resubstitution: } u = e^x$$
$$e^x = 2 \qquad e^x = -3 \qquad \blacktriangleright e^x = -3 \text{ unlösbar, da}$$
$$e^x > 0 \text{ für alle } x \in \mathbb{R}$$
$$e^x = 2 \quad | \ln$$
$$x = \ln(2) \approx \mathbf{0{,}6931}$$

Exponentialgleichung durch Substitution lösen II

Lösen Sie die folgende Gleichung durch Substitution: $4e^{-x} + e^x - 5 = 0$.

Bei dieser Gleichung ist der Ansatz für die Substitution nicht sofort erkennbar.
Multiplizieren wir die Gleichung mit e^x, so ergibt sich der Term e^{2x}. Zusätzlich wenden wir das Potenzgesetz $a^r \cdot a^s = a^{r+s}$ an:

$e^{-x} \cdot e^x = e^{-x+x} = e^0 = 1$ und $e^x \cdot e^x = e^{x+x} = e^{2x}$

Nun können wir die Gleichung wie in Beispiel 15 lösen.
Die Lösungen lauten $x_1 \approx 1{,}386$ und $x_2 = 0$.

$$4e^{-x} + e^x - 5 = 0 \quad | \cdot e^x \ \blacktriangleright e^x \neq 0$$
$$4e^{-x} \cdot e^x + e^x \cdot e^x - 5 \cdot e^x = 0$$
$$4 + e^{2x} - 5e^x = 0 \qquad \blacktriangleright \text{Substitution: } e^x = u$$
$$u^2 - 5u + 4 = 0 \qquad \blacktriangleright \textit{abc}\text{-Formel}$$
$$u = \frac{5 + \sqrt{9}}{2} \qquad u = \frac{5 - \sqrt{9}}{2}$$
$$u = 4 \qquad u = 1 \qquad \blacktriangleright \text{Resubstitution: } u = e^x$$
$$e^x = 4 \qquad e^x = 1 \quad | \ln$$
$$x = \ln(4) \qquad x = \ln(1)$$
$$x_1 \approx \mathbf{1{,}3863} \qquad x_2 = \mathbf{0}$$

Für das **Lösen von Exponentialgleichungen** gibt es je nach Art der Gleichung verschiedene Lösungsstrategien:

Gleichung, bei der nur ein Typ von Exponentialterm sowie Zahlenwerte vorhanden sind	Gleichung mit Summenterm, der sich als Produkt schreiben lässt und bei dem kein Zahlenwert vorhanden ist	Gleichung mit Summenterm, welcher sich nicht als Produkt schreiben lässt
Lösen durch Umformen und Logarithmieren **Beispiel:** $5e^{2x} + 2 = 2e^{2x} + 8$ $\qquad e^{2x} = 2$	Lösen durch den Satz vom Nullprodukt **Beispiel:** $3e^{2x} - 6e^x = e^{2x} - 2e^x$ $2e^x(e^x - 2) = 0$	Lösen durch Substitution **Beispiel:** $6e^{2x} + e^x = 2$ $6e^{2x} + e^x - 2 = 0$

1. Lösen Sie die Exponentialgleichung durch Substitution. *Hinweis:* $e^{-x} = \frac{1}{e^x}$

a) $e^{2x} - 4e^x - 12 = 0$ c) $\frac{1}{3}e^{2x} + \frac{7}{3}e^x = -4$ e) $36e^{-x} + 4e^x = 40$ g) $48 + 8e^x - e^{2x} = 0$

b) $2e^{2x} + 6e^x - 80 = 0$ d) $3e^x - 96e^{-x} + 12 = 0$ f) $\frac{21}{e^x} + e^x - 10 = 0$ h) $0{,}5e^x = 10{,}5 + 65e^{-x}$

2. Lösen Sie die folgenden Gleichungen mit einer geeigneten Lösungsstrategie.

a) $2e^{0{,}5x} = 4$ b) $3e^{2x} - 6e^x = e^{2x} - 2e^x$ c) $5e^{2x} + 2 = 2e^{2x} + 8$ d) $6e^{2x} + e^x = 2$

Mit dem Wissen über das Lösen von Exponentialgleichungen können wir nun auch die Schnittpunkte von Graphen von Exponentialfunktionen mit den Koordinatenachsen und die Schnittpunkte zweier Graphen berechnen.

(28) ◇ Schnittpunkte mit den Koordinatenachsen

Gegeben ist die Funktion f mit $f(x) = -2\,e^{-x} + 4$. Ermitteln Sie für die Funktion f die Schnittpunkte des Graphen mit den Koordinatenachsen. Zeichnen Sie den Graphen von f.

Der y-Achsenabschnitt entspricht dem Funktionswert an der Stelle $x = 0$.

▶ Es gilt auch $a + d = -2 + 4 = 2$, Seite 164.

$$f(0) = -2\,e^0 + 4$$
$$= -2 \cdot 1 + 4 = 2 \;\Rightarrow\; S_y(0\,|\,2)$$

Für die Nullstellenberechnung setzen wir den Funktionsterm gleich null. Die Gleichung lösen wir durch Logarithmieren.

$$\begin{aligned} f(x) &= 0 \\ -2\,e^{-x} + 4 &= 0 \qquad |-4 \quad |:(-2) \\ e^{-x} &= 2 \qquad |\ln \\ -x &= \ln(2) \quad |:(-1) \\ x &= -\ln(2) \approx 0{,}6931 \;\Rightarrow\; S_x(-0{,}6931\,|\,0) \end{aligned}$$

Wir tragen die beiden ermittelten Punkte $S_y(0\,|\,2)$ und $S_x(-0{,}6931\,|\,0)$ in ein Koordinatensystem ein. Den Graphen zeichnen wir beispielsweise mithilfe einer Wertetabelle.

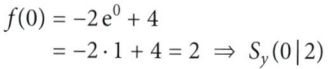

(29) ◇ Schnittpunkte zweier Graphen

Ermitteln Sie die gemeinsamen Punkte der Graphen von f mit $f(x) = e^{-x} + 1$ und g mit $g(x) = 2\,e^x + 1$. Zeichnen Sie die beiden Graphen und kennzeichnen Sie die gemeinsamen Punkte.

Zur Berechnung der Schnittstellen setzen wir die beiden Funktionsterme gleich und formen die Gleichung so um, dass auf einer Seite null steht. Nun können wir den Term e^x ausklammern und anschließend den Satz vom Nullprodukt anwenden. Durch einige Umformungen und Logarithmieren erhalten wir die x-Koordinate des Schnittpunkts.

$$\begin{aligned} f(x) &= g(x) \\ e^{-x} + 1 &= 2\,e^x + 1 \qquad |-2\,e^x \quad |-1 \\ e^{-x} - 2\,e^x &= 0 \qquad \text{▶ Ausklammern von } e^x \\ e^x(e^{-2x} - 2) &= 0 \qquad \text{▶ Satz vom Nullprodukt} \end{aligned}$$

$e^x = 0 \qquad e^{-2x} - 2 = 0 \qquad \text{▶ } e^x = 0 \text{ unlösbar}$

$$x = -\frac{\ln(2)}{2} \approx -0{,}3466$$

Die y-Koordinate berechnen wir durch Einsetzen in die Funktionsgleichung von g.

$$g(-0{,}3466) = 2\,e^{-0{,}3466} + 1 \approx 2{,}4142$$
$$\Rightarrow\; S(-0{,}3466\,|\,2{,}4142)$$

Die Graphen beider Funktionen zeichnen wir mithilfe einer Wertetabelle.
Wir markieren den Schnittpunkt und sehen, dass die Koordinaten mit den errechneten übereinstimmen.

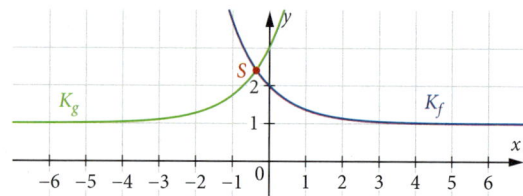

Gegeben sind die Funktionen f und g durch $f(x) = \frac{3}{5}e^{0{,}5x} - 4$ und $g(x) = -e^{0{,}5x} + 2$.

a) Berechnen Sie die Koordinaten der Schnittpunkte der Graphen mit den Koordinatenachsen.

b) Berechnen Sie die Koordinaten des Schnittpunkts der Graphen von f und g.

Übungen zu 2.3.4

1. Vereinfachen Sie, indem Sie die Rechenregeln für Logarithmen anwenden.

a) $\ln(e \cdot e)$

b) $\ln(e^4)$

c) $\ln\left(\frac{e}{2}\right)$

d) $\ln\left(\frac{1}{4}e\right)$

e) $\ln(-e)$

f) $\ln(e^{2e})$

g) $\ln(1{,}5\,e^{-4})$

h) $\ln\left(-\frac{e^2}{5}\right)$

i) $\ln(e \cdot \sqrt{e})$

j) $\ln\left((2\,e^3)^4\right)$

2. Schreiben Sie als Exponentialfunktion mit der Basis e.

a) $f(x) = 5^x$

b) $f(x) = 3 \cdot 12^{3x}$

c) $f(x) = 4^{2x}$

d) $f(x) = 6 \cdot 9^{4x}$

e) $f(x) = 0{,}14^x$

f) $f(x) = q^{b \cdot x}$

3. Lösen Sie die Exponentialgleichung.

a) $e^x = 4$

b) $e^{2x} = 2$

c) $66\,e^{4x} = 132$

d) $5 - e^{0{,}25x} = 0{,}1$

e) $5^x = 625$

f) $1{,}04^x = 1{,}3685695$

g) $0{,}123 \cdot 3^x = 269{,}001$

h) $3\,e^{2x} - 9\,e^x = 0$

i) $\frac{5}{4}e^x - e^{3x} = 0$

j) $e^{-x} - 4\,e^x = 0$

k) $2x^2 \cdot e^x - 8\,e^x = 0$

l) $(e^x + 5) \cdot (3x - 6) = 0$

4. Lösen Sie die Gleichung durch Substitution.

a) $e^{2x} - 14\,e^x + 40 = 0$

b) $\frac{1}{3}e^{2x} - 3\,e^x = 12$

c) $15\,e^{-x} + 0{,}5\,e^x + 5{,}5 = 0$

d) $9 - e^x = \frac{8}{e^x}$

e) $0{,}5\,e^{2x} - 10\,e^x + 32 = 0$

f) $e^{4x} + e^{2x} = 6$

5. Gegeben sind die Gleichung $f(x) = 0{,}3\,e^x - 2$ und der Graph der Funktion f.

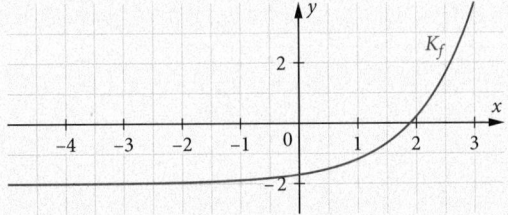

a) Berechnen Sie den Schnittpunkt des Graphen mit der y-Achse sowie die Nullstellen von f. Kontrollieren Sie Ihr Ergebnis anhand der Zeichnung.

b) Ermitteln Sie zeichnerisch und rechnerisch den zu $f(x) = 2$ gehörenden x-Wert.

c) Für $x \to -\infty$ nähert sich K_f seiner Asymptote. Geben Sie deren Funktionsgleichung an.

6. Gegeben ist die Gleichung $e^x + e - a = 0$. Für welche Werte von a ist diese Gleichung nicht lösbar?

7. Gegeben sind die beiden Funktionen f und g mit $f(x) = 8\,e^{-x} - 3$ und $g(x) = 3 - e^x$. Überprüfen Sie Ihre Lösungen mit einem Funktionsplotter.

a) Berechnen Sie jeweils die Schnittpunkte der Graphen mit den Koordinatenachsen.

b) Zeichnen Sie die beiden Graphen für $-1 \le x \le 2$ in ein gemeinsames Koordinatensystem.

c) Ermitteln Sie rechnerisch die gemeinsamen Punkte beider Graphen.

8. Gegeben sind die beiden Funktionen f und g mit $f(x) = 2 - 9\,e^{-x}$ und $g(x) = e^x - 4$. Überprüfen Sie Ihre Lösungen mit einem Funktionsplotter.

a) Berechnen Sie jeweils die Schnittpunkte der Graphen mit den Koordinatenachsen.

b) Zeichnen Sie die beiden Graphen für $0 \le x \le 2$ in ein gemeinsames Koordinatensystem.

c) Zeigen Sie, dass die beiden Graphen genau einen Punkt gemeinsam haben. Ermitteln Sie die Koordinaten dieses Punkts.

9. Die Krebszellen einer Ratte in einem Versuchslabor vermehren sich gemäß der Funktion f mit $f(t) = 2\,e^{1{,}6094\,t}$, wobei t den Zeitpunkt in Tagen und $f(t)$ den Bestand der Krebszellen zum Zeitpunkt t angibt. Sobald ca. 8500 Krebszellen entstanden sind, soll der Ratte ein Zusatzmedikament injiziert werden. Ermitteln Sie diesen Zeitpunkt.

10. Der Abbau eines Medikaments im Körper eines Menschen folgt der Funktion f mit der Gleichung $f(t) = 100\,e^{-0{,}125\,t}$. Dabei steht t für die Zeit in Tagen nach Beginn der Einnahme und $f(t)$ für die Konzentration des Medikaments im Körper in mg.

a) Beschreiben Sie, woran Sie am Funktionsterm erkennen, dass es sich um einen Zerfallsprozess handelt.

b) Berechnen Sie, wie hoch die Konzentration des Medikaments im Körper nach 10 Tagen ist.

c) Berechnen Sie, nach wie vielen Tagen die Konzentration erstmals unter 10 mg gesunken ist.

11. Jonny bekommt bei der Gleichung $2\,e^x = 1$ die Lösung $x = -\ln(2)$ heraus, Susi $x = \ln\left(\frac{1}{2}\right)$. Beurteilen Sie, wer das richtige Ergebnis gefunden hat.

2.3.5   Aufstellen von Funktionsgleichungen

(30) Eigenschaften der Parameter am Graphen ablesen

Gegeben sind die Graphen der Exponentialfunktionen g und h mit einer Gleichung der Form $g(x) = a \cdot e^{bx} + d$ und $h(x) = a \cdot e^{bx} + d$. Formulieren Sie jeweils Aussagen über die Parameter a, b und d und begründen Sie.
Hinweis: Der Graph von f mit $f(x) = e^x$ ist als Hilfestellung eingezeichnet.

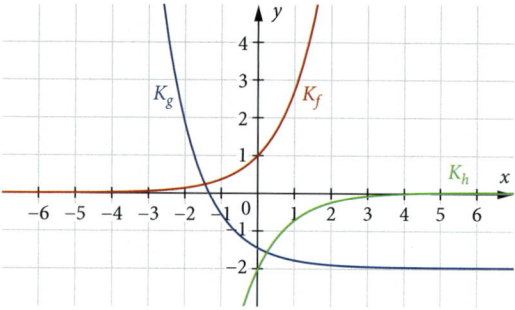

Es handelt sich bei g um eine Zerfallsfunktion, also muss einer der Parameter a und b positiv, der andere negativ sein. Wenn man die Graphen K_f und K_g vergleicht, sieht man, dass K_g an der y-Achse gespiegelt wurde. Es gilt also $b < 0$ und damit $a > 0$.

▶ siehe auch Seite 163

Außerdem wurde K_g im Vergleich zu K_f nach unten verschoben, also gilt $d < 0$.

$g(x) = a \cdot e^{bx} + d$
$a > 0$
$b < 0$
$d < 0$

Im Vergleich zu K_f wurde K_h sowohl an der x-Achse als auch an der y-Achse gespiegelt, also gilt $a < 0$ und $b < 0$.
Die x-Achse ist Asymptote, also gilt $d = 0$.

$h(x) = a \cdot e^{bx} + d$
$a < 0$
$b < 0$
$d = 0$

(31) Funktionsterm anhand des Graphen ermitteln

Gegeben ist der Graph einer Exponentialfunktion mit einer Gleichung der Form $g(x) = a \cdot e^x + d$.
Ermitteln Sie anhand des Graphen die Funktionsgleichung.

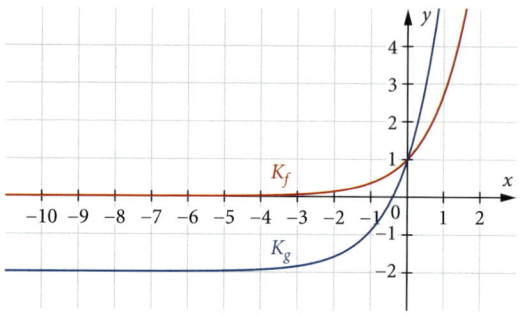

Der Graph von g ist im Vergleich zum Graphen von f mit $f(x) = e^x$ um 2 Einheiten nach unten verschoben. Die Gleichung der Asymptote lautet $y = -2$ und damit ist $d = -2$.

Asymptote $y = -2$
$d = -2$

Der y-Achsenabschnitt ergibt sich aus der Summe von a und d. Damit erhalten wir $a = 3$.

$a + d = 1$
$a - 2 = 1 \qquad | + 2$
$\qquad a = 3$

Die Funktionsgleichung von g lautet $g(x) = 3\,e^x - 2$.

Funktionsterm aus gegebenen Eigenschaften ermitteln

(32)

Bestimmen Sie die Gleichung einer Exponentialfunktion, die die folgenden Eigenschaften hat.

a) Die Funktionsgleichung hat die Form $f(x) = a \cdot 2^{bx} + d$. Der Graph hat die Asymptote mit der Gleichung $y = -4$. Die Schnittpunkte des Graphen mit den Koordinatenachsen sind $S_x(2\,|\,0)$ und $S_y(0\,|\,-3)$.

b) Der Graph von g mit $g(x) = a \cdot e^{-x} + d$ verläuft durch die Punkte $P(0\,|\,4)$ und $Q(1\,|\,2)$.

2

Zu a) Die Gleichung der Asymptote ist $y = -4$, also gilt $d = -4$.

Die Koordinaten der Achsenschnittpunkte liefern zwei weitere Bedingungen.

Wir setzen $d = -4$ in die Gleichungen (II) und (III) ein und lösen das Gleichungssystem.

Ansatz: $f(x) = a \cdot 2^{bx} + d$
Bedingungen:
(I)   Asymptote mit $y = -4$ $\rightarrow$ $d = -4$
(II) $S_x(2\,|\,0)$ $\Rightarrow$ $f(2) = 0$
(III) $S_y(0\,|\,-3)$ $\Rightarrow$ $f(0) = -3$

$d = -4$ in (II) und (III) einsetzen:
(II') $f(2) = a \cdot 2^{b \cdot 2} - 4 = 0$
(III') $f(0) = a \cdot 2^{b \cdot 0} - 4 = -3$

$$a \cdot 1 - 4 = -3 \qquad | + 4$$
$$a = 1$$

Wir erhalten aus Gleichung (III') zunächst $a = 1$. Mithilfe der Rechenregeln für den Logarithmus ergibt sich dann $b = 1$.

$a = 1$ in (II') einsetzen:
$$2^{b \cdot 2} - 4 = 0 \qquad | + 4$$
$$2^{2b} = 4 \qquad | \log_2$$
$$2b = \log_2(4)$$
$$2b = 2$$
$$b = 1$$

Die gesuchte Funktionsgleichung lautet $f(x) = 2^x - 4$.

$f(x) = 2^x - 4$

Zu b) Wir setzen die Koordinaten der Punkte in die Funktionsgleichung ein.

Ansatz: $g(x) = a \cdot e^{-x} + d$
Bedingungen:
(I) $P(0\,|\,4)$ $\Rightarrow$ $g(0) = 4$
(II) $Q(1\,|\,2)$ $\Rightarrow$ $g(1) = 2$

(I) $g(0) = a \cdot e^{-0} + d = 4$
$$a \cdot 1 + d = 4$$
$$4 - a = d$$
(II) $g(1) = a \cdot e^{-1} + d = 2$
$$a \cdot \tfrac{1}{e} + d = 2$$

Wir erhalten ein lineares Gleichungssystem für a und d, das wir zum Beispiel mit dem Einsetzungsverfahren lösen können.
Wir erhalten den Wert $a = \frac{-2e}{1 - e}$.

(I) in (II): $a \cdot \tfrac{1}{e} + 4 - a = 2$
$$a \cdot \tfrac{1}{e} - a = -2$$
$$a\left(\tfrac{1}{e} - 1\right) = -2$$
$$a = \frac{-2}{\tfrac{1}{e} - 1} = \frac{-2}{\tfrac{1 - e}{e}} = \frac{-2e}{1 - e}$$

Durch Einsetzen in Gleichung (I) ermitteln wir $d = \frac{4 - 2e}{1 - e}$.

$a = \frac{-2e}{1-e}$ in (I) einsetzen: $\frac{-2e}{1-e} + d = 4$
$$d = 4 - \frac{-2e}{1 - e} = \frac{4(1 - e) + 2e}{1 - e} = \frac{4 - 4e + 2e}{1 - e} = \frac{4 - 2e}{1 - e}$$

Die gesuchte Funktionsgleichung lautet $g(x) = \frac{-2e}{1-e} e^{-x} + \frac{4-2e}{1-e}$.

$g(x) = \frac{-2e}{1-e} e^{-x} + \frac{4-2e}{1-e}$

Der Graph der Funktion f mit $f(x) = a \cdot e^{bx}$ verläuft durch die Punkte $P(0\,|\,e)$ und $Q(-2\,|\,1)$.
Bestimmen Sie die Funktionsgleichung.

33 Funktionsterm aus Wertetabelle ermitteln

Gegeben sind Werte einer Exponentialfunktion mit einer Gleichung der Form $f(x) = a \cdot q^x$ durch eine Tabelle. Ermitteln Sie die Funktionsgleichung.

a)

x	0	1	2	3	4
y	2	6	18	54	162

b)

x	0	1	2	3	4
y	360	180	90	45	22,5

Zu a) Der Anfangswert ist $a = 2$. In jedem Schritt wird der Funktionswert verdreifacht.

Damit ergibt sich die Funktionsgleichung
$f(x) = 2 \cdot 3^x$.

Zu b) Der Anfangswert ist $a = 360$. In jedem Schritt wird der Funktionswert halbiert.

Die gesuchte Funktionsgleichung lautet
$f(x) = 360 \cdot \left(\frac{1}{2}\right)^x$.

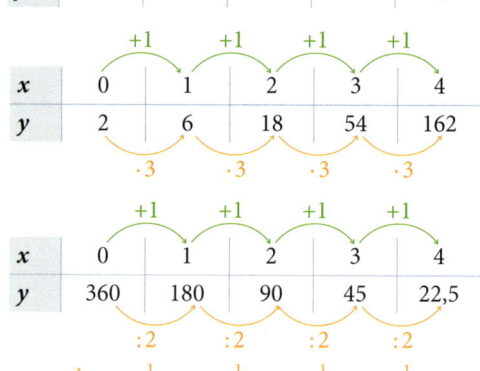

34 Exponentielles Wachstum an einer Wertetabelle erkennen

Eine wachsende Kultur von Bakterien wird beobachtet. Die Anzahl der Bakterien wird stündlich gemessen.

Zeit in Stunden	0	1	2	3	4	5
Anzahl der Bakterien	500	670	900	1200	1600	2150

Begründen Sie die Annahme, dass die Anzahl der Bakterien ungefähr exponentiell wächst. Geben Sie eine Funktionsgleichung an, die das Bakterienwachstum beschreibt.

Wenn exponentielles Wachstum vorliegt, dann nimmt die Anzahl der Bakterien pro Zeiteinheit mit dem gleichen Faktor zu. Wir können dies prüfen, indem wir die Quotienten der aufeinanderfolgenden Werte bilden.
Wenn f die Funktion ist, die das Bakterienwachstum beschreibt, dann können wir den Quotienten allgemein mithilfe eines Funktionswerts $f(t)$ und des darauffolgenden Funktionswertes $f(t+1)$ ausdrücken.

Da der Anfangswert $a = 500$ ist, lautet die gesuchte Funktionsgleichung $f(t) = 500 \cdot 1,34^t$.

$$\frac{670}{500} = 1,34 \qquad \frac{1600}{1200} \approx 1,333$$

$$\frac{900}{670} \approx 1,343 \qquad \frac{2150}{1600} \approx 1,344$$

$$\frac{1200}{900} \approx 1,333$$

$$\frac{f(t+1)}{f(t)} \approx 1,34$$

$$f(t) = 500 \cdot 1,34^t$$

Eine Funktion f beschreibt einen exponentiellen Vorgang, wenn für zwei aufeinanderfolgende Funktionswerte $f(t)$ und $f(t+1)$ der Quotient $\frac{f(t+1)}{f(t)}$ immer denselben Wert q ergibt.
Für $q > 1$ liegt exponentielles Wachstum vor, für $0 < q < 1$ exponentieller Zerfall.

Zeigen Sie, dass die Werte in der Tabelle ungefähr exponentiell wachsen.

x	0	1	2	3	4	5
y	25	60	150	370	900	2200

Übungen zu 2.3.5

1. Gegeben sind die Graphen von Exponentialfunktionen mit einer Gleichung der Form $f(x) = a \cdot e^{bx} + d$. Formulieren Sie Aussagen über die Parameter a, b und d und begründen Sie.

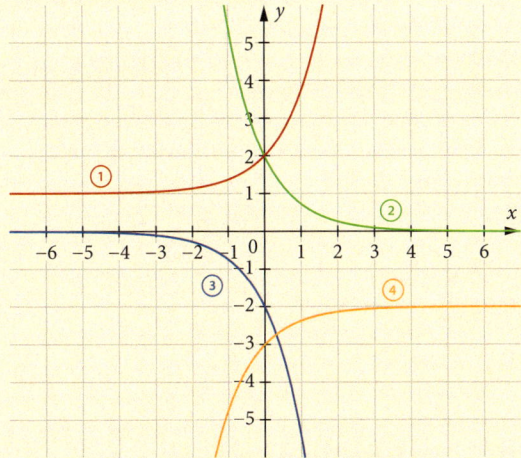

2. Gegeben sind vier Funktionsgraphen mit Gleichungen der Form $y = a \cdot e^{2x} + d$. Bestimmen Sie die Werte für a und d anhand der Funktionsgraphen.

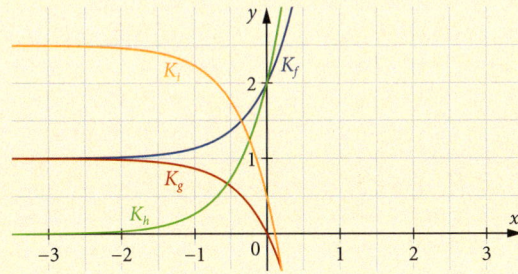

3. Die Funktionsgleichung zu dem abgebildeten Graphen hat die Form $f(x) = a \cdot e^{-x} + mx + d$. Bestimmen Sie a, m und d.

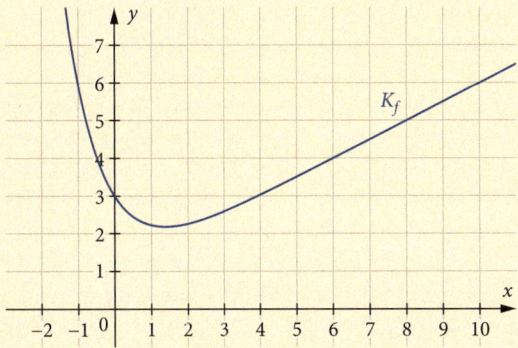

4. Bestimmen Sie die Funktionsgleichung.
a) Der Graph einer Funktion f mit $f(x) = a \cdot 2^x + d$ verläuft durch die Punkte $P(0|-1)$ und $Q(1|1)$.
b) Der Graph einer Funktion f mit $f(x) = a \cdot 4^{bx}$ verläuft durch die Punkte $P(-0,5|0,25)$ und $Q(0|2)$.
c) Der Graph einer Funktion f mit $f(x) = 0,5^{bx} + d$ verläuft durch die Punkte $P(-1|14)$ und $Q(0|-1)$.

5. Bestimmen Sie die Funktionsgleichung.
a) Der Graph einer Funktion f mit einer Gleichung der Form $f(x) = a \cdot e^x + d$ verläuft durch die Punkte $P(0|5)$ und $Q(1|8)$.
b) Der Graph einer Funktion f mit einer Gleichung der Form $f(x) = a \cdot e^x + d$ verläuft durch die Punkte $P(0|2)$ und $Q(1|3)$.
c) Der Graph einer Funktion f mit einer Gleichung der Form $f(x) = a \cdot e^{-x} + d$ verläuft durch die Punkte $P(0|6)$ und $Q(1|3)$.
d) Der Graph einer Funktion f mit einer Gleichung der Form $f(x) = a \cdot e^{-x} + d$ verläuft durch die Punkte $P(0|7)$ und $Q(1|4)$.

6. Der Graph einer Funktion verläuft durch die Punkte P und Q. Bestimmen Sie die Funktionsgleichung der Form $f(x) = a \cdot q^x$.
a) $P(0|2)$ und $Q(1|8)$
b) $P(1|2)$ und $Q(3|8)$
c) $P(1|1)$ und $Q(2|0,25)$
d) $P(-1|6)$ und $Q(1|1,5)$

7. Gegeben sind Funktionen durch eine Wertetabelle. Ermitteln Sie, ob die Funktionen einen exponentiellen Vorgang beschreiben. Geben Sie zu den Funktionen, die einen exponentiellen Vorgang beschreiben, eine Funktionsgleichung an.

a)

x	0	1	2	3	4
y	0,25	0,75	2,25	6,75	20,25

b)

x	0	1	2	3	4
y	3	3,9	5,46	8,19	4,55

c)

x	0	1	2	3	4
y	900	360	144	57,6	23,04

d)

x	0	2	4	6	8
y	0,5	2	8	32	128

2.3.6   Modellierung von Wachstums- und Zerfallsprozessen

Möchten wir reale Wachstums- und Zerfallsprozesse modellieren, so stehen wir oft vor dem Problem, dass wir eine Situation verbal beschreiben können, die passende Funktionsgleichung aber erst aufstellen müssen.

 (35) Exponentielles Wachstum

Das statistische Bundesamt hat die Bevölkerungszahlen einer Metropolregion in der Bundesrepublik Deutschland ermittelt. Im Jahr 2005 betrug die Bevölkerung 5 Millionen Menschen, im Jahr 2020 lebten in derselben Region 6 Millionen Menschen.

a) Bestimmen Sie ausgehend vom Jahr 2005 die Funktionsgleichung einer Funktion f mit der Form $f(t) = a \cdot e^{bt}$. Dabei soll t die Zeit in Jahren ab dem Jahr 2005 und $f(t)$ die Bevölkerungszahl in der Region in Millionen Menschen zu einem bestimmten Zeitpunkt t sein.

b) Berechnen Sie mithilfe der Funktionsgleichung, wie viele Menschen nach diesem Modell im Jahr 2025 in der Metropolregion leben werden.

Zu a) Zunächst stellen wir die Funktionsgleichung in allgemeiner Form auf. Gesucht sind die Werte für die Parameter a und b.

Ansatz: $f(t) = a \cdot e^{bt}$
Bedingungen:
(I)   2005: 5 Millionen $\Rightarrow f(0) = 5$
(II) 2020: 6 Millionen $\Rightarrow f(15) = 6$

Im Jahr 2005 leben in der Region 5 Millionen Menschen. Da wir vom Jahr 2005 ausgehen, ist für $t = 0$ der Funktionswert 5.

(I) $f(0) = a \cdot e^{b \cdot 0} = 5$
$$a \cdot 1 = 5 \Rightarrow \boldsymbol{a = 5}$$

Das Jahr 2020 ist 15 Jahre nach Beginn der Beobachtung. Zu diesem Zeitpunkt leben 6 Millionen Menschen in der Region. Der Funktionswert für $t = 15$ ist also 6.

$a = 5$ in (II) einsetzen:
$$f(15) = 5\,e^{b \cdot 15} = 6 \qquad |:5$$
$$e^{15b} = 1{,}2 \qquad |\ln$$
$$15\,b = \ln(1{,}2) \qquad |:15$$

Mithilfe der ersten Gleichung berechnen wir den Wert für a. Diesen setzen wir in die zweite Gleichung ein.

$$b = \frac{\ln(1{,}2)}{15} \approx \boldsymbol{0{,}0122}$$

Durch Logarithmieren und Umstellen erhalten wir den Wert für b und können damit die Funktionsgleichung angeben.

$$f(t) = 5\,e^{0{,}0122\,t}$$

Zu b) Der Wert $t = 0$ steht für das Jahr 2005. 2025 ist 20 Jahre nach Beobachtungsbeginn. Wir setzen also $t = 20$ in die Funktionsgleichung ein.

$$f(20) = 5\,e^{0{,}0122 \cdot 20} \approx 6{,}3817$$

Im Jahr 2025 werden nach diesem Modell voraussichtlich etwa 6,38 Millionen Menschen in der Metropolregion leben.

Ein Anfangskapital von 5000 € hat mit Zins und Zinseszins bei jährlicher Zinsausschüttung nach 10 Jahren einen Kapitalbestand von 7000 €.

a)   Bestimmen Sie die Gleichung der Funktion f mit der Form $f(t) = a \cdot e^{bt}$, die die Kapitalzunahme nach t Jahren beschreibt.

b)   Berechnen Sie das Kapital nach 15 Jahren.

c)   Berechnen Sie, nach wie vielen Jahren sich das Kapital verdoppelt hat.

Exponentieller Zerfall

Heißer Kaffee kühlt von anfänglich 70 °C in der Tasse innerhalb von 3 Minuten auf eine Temperatur von 60 °C ab.
a) Beschreiben Sie ein passendes Abkühlungsgesetz durch eine Exponentialfunktion mit $f(t) = a \cdot e^{bt}$. Dabei soll t die Zeit in Minuten nach Beginn der Abkühlung und $f(t)$ die Temperatur des Kaffees angeben.
b) Berechnen Sie, wann der Kaffee die Trinktemperatur von 50 °C erreicht hat.

Zu a) Wir gehen vor wie im Beispiel auf der vorigen Seite und stellen die Gleichung der gesuchten Exponentialfunktion auf.

Zu Beobachtungsbeginn, also für $t = 0$, beträgt die Temperatur 70 °C. Da die Temperatur nach 3 Minuten 60 °C beträgt, ist für $t = 3$ der Funktionswert 60.

Die erste Gleichung liefert direkt den Anfangswert a. Mithilfe des Werts für a und durch Logarithmieren können wir die zweite Gleichung nach b auflösen.

Wir geben die Funktionsgleichung an.

Zu b) Jetzt können wir berechnen, wann der Kaffee 50 °C heiß ist. Dafür berechnen wir den Wert für t, für den f den Funktionswert 50 hat.
Wir erhalten eine Exponentialgleichung, die wir durch Logarithmieren auflösen.

Der Kaffee erreicht nach etwa sechseinhalb Minuten seine Trinktemperatur von 50 °C.

Ansatz: $f(t) = a \cdot e^{bt}$
Bedingungen:
(I) $f(0) = 70$
(II) $f(3) = 60$

(I) $f(0) = a \cdot e^{b \cdot 0} = 70$
$$a = 70$$

$a = 70$ in (II) einsetzen:
(II') $f(3) = 70\,e^{b \cdot 3} = 60$ $\quad | :70$
$e^{3b} = \frac{6}{7}$ $\quad | \ln$
$3b = \ln\left(\frac{6}{7}\right)$ $\quad | :3$
$b = \frac{\ln\left(\frac{6}{7}\right)}{3} \approx -0{,}0514$
$f(t) = 70\,e^{-0{,}0514\,t}$

$f(t) = 50$
$70\,e^{-0{,}0514\,t} = 50$ $\quad | :70$
$e^{-0{,}0514\,t} = \frac{5}{7}$ $\quad | \ln$
$-0{,}0514\,t = \ln\left(\frac{5}{7}\right)$ $\quad | :(-0{,}0514)$
$t = -\frac{\ln\left(\frac{5}{7}\right)}{0{,}0514} \approx 6{,}55$

1. Der Luftdruck in hPa (Hektopascal) in der Höhe in Metern über dem Meeresspiegel lässt sich annähernd durch eine Funktion f mit einer Gleichung der Form $f(x) = a \cdot e^{bx}$ beschreiben. Der Luftdruck beträgt auf Höhe des Meeresspiegels ungefähr 1013 hPa und auf der Spitze des Mont Blanc ungefähr 547 hPa. Der Mont Blanc ist 4808 m hoch.
a) Ermitteln Sie die Funktionsgleichung.
b) Berechnen Sie mithilfe der Funktionsgleichung aus Teilaufgabe a) den Luftdruck auf dem Mount Everest, der 8849 m hoch ist.

2. Licht wird im Wasser gebrochen. Je tiefer man sich im Wasser befindet, desto dunkler ist es dort.
a) Geben Sie die Gleichung der Funktion I an, welche die Lichtstärke I in Abhängigkeit von der Tiefe x (in m) beschreibt, wenn von einer anfänglichen Lichtstärke von 100 % in einer Tiefe von 0,42 Metern nur noch 37 % übrig ist.
b) Berechnen Sie, bei welcher Tiefe sich die Lichtstärke halbiert hat.

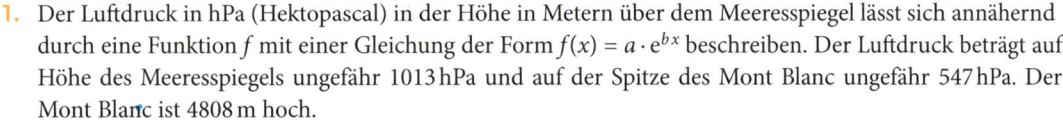

37 Halbwertszeit

Radioaktive Elemente zerfallen unter Aussendung von geladenen Teilchen und wandeln sich dabei in neue Atome um. Die Geschwindigkeit, mit der der Zerfall eines radioaktiven Elements stattfindet, wird durch die **Halbwertszeit** gemessen.

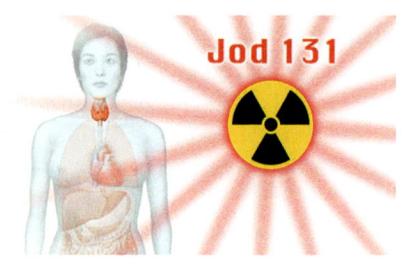

Bei der Kernspaltung im Atomreaktor entsteht das radioaktive Jod-Isotop I-131, welches bei Aufnahme durch den menschlichen Körper zu Schilddrüsenkrebs führen kann.
Die Ausgangsradioaktivität des Jod-Isotops I-131 beträgt 100 MBq (Megabecquerel). Die Radioaktivität klingt entsprechend der Funktion f mit $f(t) = 100\,e^{-0,08665\,t}$ ab (t in Tagen).
Berechnen Sie, nach welcher Zeit die Radioaktivität von I-131 auf die Hälfte des Anfangswerts gesunken ist.

Wir suchen die Halbwertszeit T_H, also den Zeitpunkt, zu dem nur noch die Hälfte des Anfangswerts $a = f(0) = 100$ vorhanden ist.

Wir erkennen, dass die Halbwertszeit unabhängig vom Anfangswert ist, da sich dieser durch Division auf beiden Seiten aufhebt. Durch Logarithmieren ermitteln wir als Halbwertszeit ungefähr 8 Tage.

$$f(T_H) = 0,5 \cdot a$$
$$100\,e^{-0,08665\,T_H} = 0,5 \cdot 100 \quad | :100$$
$$e^{-0,08665\,T_H} = 0,5 \quad | \ln$$
$$-0,08665\,T_H = \ln(0,5) \quad | :(-0,08665)$$
$$T_H = \frac{\ln(0,5)}{-0,08665}$$
$$T_H \approx \mathbf{8}$$

38 Verdopplungszeit

Im Jahr 2006 betrug die Einwohnerzahl der Vereinigten Staaten ca. 300 Millionen. Die jährliche Wachstumsrate lag bei 1 %. Durch die Funktion f mit $f(t) = 300\,e^{0,00995\,t}$ wird die Bevölkerungszahl (in Millionen) beschrieben. Berechnen Sie, in wie vielen Jahren sich die Einwohnerzahl der USA verdoppelt haben wird.

Um die **Verdopplungszeit** T_V zu berechnen, verwenden wir den Ansatz $f(T_V) = 2 \cdot a$, wobei a für den Anfangswert 300 steht. Lösen wir die Gleichung nach T_V auf, so erhalten wir die gesuchte Verdopplungszeit von ungefähr 69,66 Jahren. Die Bevölkerung der USA wird gemäß diesem Modell also im Jahr 2076 doppelt so groß sein wie 2006.

$$f(T_V) = 2 \cdot a$$
$$300\,e^{0,00995\,T_V} = 2 \cdot 300 \quad | :300$$
$$e^{0,00995\,T_V} = 2 \quad | \ln$$
$$0,00995\,T_V = \ln(2) \quad | :0,00995$$
$$T_V = \frac{\ln(2)}{0,00995}$$
$$T_V \approx \mathbf{69,66}$$

- Die **Halbwertszeit** eines exponentiellen Zerfallsprozesses $f(t) = a \cdot e^{bt}$ ($b < 0$) ist: $T_H = \dfrac{\ln(0,5)}{b}$
- Die **Verdopplungszeit** eines exponentiellen Wachstumsprozesses $f(t) = a \cdot e^{bt}$ ($b > 0$) ist: $T_V = \dfrac{\ln(2)}{b}$

1. Ein unbekannter Sachverhalt kann durch die Gleichung $f(x) = 1,2\,e^{3x}$ beschrieben werden. Entscheiden Sie, ob es sich um Wachstum oder Zerfall handelt und berechnen Sie die Halbwerts- oder Verdopplungszeit.

2. Vergleichen Sie den Wert der Funktion f aus Beispiel 38 für das Jahr 2018 mit dem tatsächlichen Wert von 327 Millionen Einwohnern.

3. Von Caesium-137 zerfallen jährlich 2,3 % seiner Masse. Ermitteln Sie die Zerfallsfunktion und die zugehörige Halbwertszeit.

Beschränktes Wachstum einer Fischpopulation

Der Praktikant Robin richtet für die Kinder der Hortgruppe ein Aquarium mit den Maßen $60\,\text{cm} \times 30\,\text{cm} \times 40\,\text{cm}$ ein. Er kauft zwei Guppys: ein Männchen und ein Weibchen. Nach zwei Monaten zählen die Hortkinder bereits 20 Fische.

a) Nehmen Sie Stellung zu der Aussage, dass nicht mehr als 1000 Guppys im Aquarium leben können.

b) Entwickeln Sie eine Funktion f zur Beschreibung der Fischpopulation im Aquarium zum Zeitpunkt t. ▷ t in Monaten

Zu a) Teilen wir das Aquarium in der Breite, der Tiefe und der Höhe jeweils in zehn gleich große Abschnitte, so ergibt sich eine Aufteilung in $10 \cdot 10 \cdot 10 = 1000$ Quader. Jeder dieser Quader hat die Maße $6\,\text{cm} \times 3\,\text{cm} \times 4\,\text{cm}$. Gehen wir davon aus, dass jeder Guppy *mindestens* den Raum eines solchen Quaders benötigt, so stimmt die Aussage, dass nicht mehr als 1000 Fische ins Aquarium passen. Diese theoretische Anzahl ist eine **obere Schranke** für die Anzahl der Fische im Aquarium.

Natürlich lassen sich die Guppys nicht wie Quader stapeln. Die Fische müssen sich frei schwimmend bewegen können. Krankheiten und Stress begrenzen das Populationswachstum ebenso wie die Wassertemperatur und die Beleuchtung. Realistischer sind also andere, kleinere obere Schranken. Für die gegebene Aquariumsgröße können wir davon ausgehen, dass maximal 40 Fische zeitgleich im Becken leben können. Die Zahl $S = 40$ nennt man **Sättigungsgrenze**. Diese ist die Asymptote, der sich die Funktionswerte für große Werte für t annähern.

Zu b) Der Funktionswert $f(t)$ gibt die Anzahl der Fische am Ende des Monats t an. Da höchstens S Fische im Aquarium Platz haben, steht die Differenz $S - f(t)$ für die Anzahl der Fische, die am Ende des Monats t höchstens noch dazukommen können.

Die Anzahl $f(t)$ der Fische wächst exponentiell. Daraus folgt, dass die Differenz $S - f(t)$ exponentiell fällt.

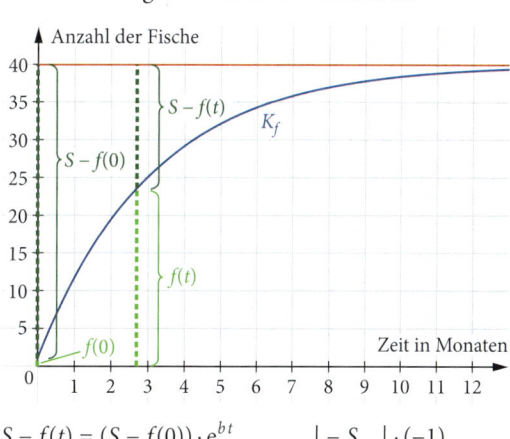

Die Funktion $S - f(t)$ ist also ein exponentieller Zerfallsprozess mit dem Anfangswert $S - f(0)$ und einer negativen Zerfallskonstanten b. Wir stellen die Gleichung nach $f(t)$ um und setzen die gegebenen Werte $S = 40$ und $f(0) = 2$ ein.

$$S - f(t) = (S - f(0)) \cdot e^{bt} \qquad | -S \quad | \cdot (-1)$$
$$f(t) = S - (S - f(0)) \cdot e^{bt}$$

$$f(t) = 40 - (40 - 2) \cdot e^{bt}$$
$$f(t) = 40 - 38\,e^{bt}$$

Um die Zerfallskonstante zu ermitteln, nutzen wir die Information $f(2) = 20$.

Durch Logarithmieren lösen wir die Gleichung nach b auf und können die Funktionsgleichung von f angeben, die das nach oben **beschränkte Wachstum** der Fische beschreibt: $f(t) = 40 - 38\,e^{-0,3209\,t}$

$$f(2) = 20$$
$$40 - 38\,e^{b \cdot 2} = 20 \qquad | -40 \quad | : (-38)$$
$$e^{b \cdot 2} = \frac{20}{38} \qquad | \ln$$
$$b \cdot 2 = \ln\!\left(\frac{20}{38}\right) \qquad | : 2$$
$$b \approx -0,3209$$

Für drei weitere Aquariumsgrößen liegt die Sättigungsgrenze bei 10 Fischen, 20 Fischen und 30 Fischen. Zu Beginn sind nur ein Männchen und ein Weibchen im Aquarium. Die Vermehrung der Fische kann durch die Gleichung $f(t) = S - (S - f(0)) \cdot e^{-0,4\,t}$ beschrieben werden. Berechnen Sie, nach wie vielen Monaten jeweils nur noch ein Fisch im Aquarium Platz hätte.

40 Beschränkter Abkühlungsprozess

Helene bereitet einen Tee zu, für den sie ca. 80 °C heißes Wasser benötigt. Zu Beobachtungsbeginn hat das Wasser eine Temperatur von 100 °C, nach 5 Minuten ist es noch 88 °C heiß. Die Raumtemperatur beträgt 21 °C.

a) Modellieren Sie den beschriebenen Zerfallsprozess mit dem beschränkten Wachstumsmodell.

b) Ermitteln Sie den Zeitpunkt des Teeaufgusses.

a) Die Temperatur des abkühlenden Wassers kann nicht unter die Raumtemperatur sinken. Deshalb ist die Raumtemperatur von 21 °C eine **untere Schranke**.

Da sich die Wassertemperatur der Raumtemperatur immer mehr annähert, ist die untere Schranke $S = 21$ auch die Sättigungsgrenze.

Der Abbildung können wir entnehmen, dass die Differenz $f(t) - S$ exponentiell zerfällt und den Anfangswert $f(0) - S$ hat.

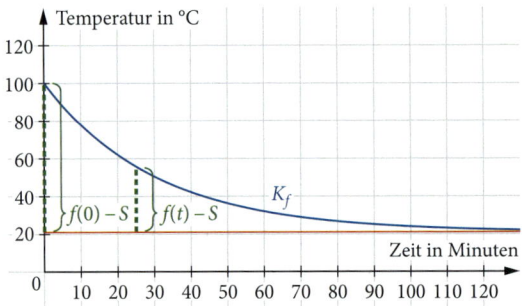

Wir schreiben $f(t) - S$ also als Term einer Exponentialfunktion mit Anfangswert $f(0) - S$ und Zerfallskonstante b.

Umstellen nach $f(t)$ und Einsetzen von $S = 21$ und $f(0) = 100$ liefert $f(t) = 21 + 79\,e^{bt}$.

Die Gleichung $f(5) = 88$ lösen wir nach b auf.

Die Funktionsgleichung, die den Abkühlungsprozess des Wassers beschreibt, lautet:

$$f(t) = 21 + 79\,e^{-0{,}0330\,t}$$

$$f(t) - S = (f(0) - S) \cdot e^{bt} \qquad | + S$$
$$f(t) = S + (f(0) - S) \cdot e^{bt}$$

$$f(t) = 21 + (100 - 21) \cdot e^{bt}$$
$$f(t) = 21 + 79\,e^{bt}$$

$$f(5) = 88$$
$$21 + 79\,e^{b \cdot 5} = 88 \qquad | -21 \quad | :79$$
$$e^{b \cdot 5} = \tfrac{67}{79} \qquad | \ln$$
$$b \cdot 5 = \ln\!\left(\tfrac{67}{79}\right) \qquad | :5$$
$$b \approx -0{,}0330$$

b) Der Teeaufguss soll mit 80 °C heißem Wasser erfolgen. Wir suchen also den Zeitpunkt t, zu dem $f(t) = 80$ gilt.

Nach 8 Minuten und ca. 51 Sekunden kann der Teeaufguss mit 80 °C heißem Wasser erfolgen.

$$f(t) = 80$$
$$21 + 79\,e^{-0{,}0330\,t} = 80 \qquad | -21 \quad | :79$$
$$e^{-0{,}0330\,t} = \tfrac{59}{79} \qquad | \ln$$
$$-0{,}0330\,t = \ln\!\left(\tfrac{59}{79}\right) \qquad | :(-0{,}0330)$$
$$t \approx \mathbf{8{,}8458}$$

- Als **beschränktes Wachstum** wird ein Wachstum bezeichnet, das eine **Sättigungsgrenze S** besitzt.
- Die Funktionsgleichung $f(t) = S - k \cdot e^{bt}$ mit $S, k, b \in \mathbb{R}$, $k \neq 0$, $b < 0$ beschreibt einen exponentiellen Wachstums- oder Zerfallsprozess mit der **Sättigungsgrenze S**. Dabei gilt:
  $k > 0$: beschränktes (positives) Wachstum; $k < 0$: beschränkter Zerfall

Vergleicht man die Funktionen aus Beispiel 39 (▶ Seite 181) und Beispiel 40, so erkennt man:
Beim beschränkten (positiven) **Wachstum** (▶ $f(t) = 40 - 38\,e^{-0{,}3209\,t}$) werden von der oberen Schranke immer kleiner werdende Werte subtrahiert. Beim beschränkten **Zerfall** (▶ $f(t) = 21 + 79\,e^{-0{,}0330\,t}$) werden zur unteren Schranke immer kleiner werdende Werte addiert.

Ermitteln Sie die beschränkte Exponentialfunktion für die Datenpaare $f(0) = 5$ und $f(10) = 7$ sowie die Sättigungsgrenze $S = 14$.

Übungen zu 2.3.6

1. In einem Gebiet werden 500 Tiere einer Art gezählt. Es wird davon ausgegangen, dass der Bestand der Tiere exponentiell wächst gemäß der Funktion f mit $f(t) = 500\,e^{0,2\,t}$. Dabei ist t die Zeit in Jahren.

a) Berechnen Sie den Bestand nach 2 Jahren und nach 4 Monaten.

b) Bestimmen Sie den Zeitpunkt, zu dem der Bestand 3000 beträgt.

c) Berechnen Sie die Verdopplungszeit.

2. Ein Kapital wird zu 4 % verzinst.

a) Bestimmen Sie die Verdopplungszeit.

b) Ermitteln Sie das Anfangskapital, um nach zehn Jahren eine Auszahlung von 20 000 € zu erhalten.

3. Die nigerianische Bevölkerung betrug 2020 ca. 206 Mio. Menschen. Man rechnet mit einem jährlichen Bevölkerungswachstum von 2,6 %.

a) Bestimmen Sie den Funktionsterm einer Exponentialfunktion, die die Gesamtbevölkerung in Abhängigkeit der Jahre beschreibt, sowohl in der Form $f(t) = a \cdot q^t$ als auch zur Basis e mit $f(t) = a \cdot e^{bt}$.

b) Berechnen Sie die voraussichtlichen Einwohnerzahlen in den Jahren 2025, 2030 und 2040.

c) In welchem Jahr wird sich bei gleicher Wachstumsrate die nigerianische Bevölkerung im Vergleich zu 2020 verdoppelt haben?

4. Bei einem lebenden Organismus werden 15 radioaktive Zerfälle pro Gramm Kohlenstoff-14 in der Minute gezählt, weil der zerfallene Kohlenstoff ständig aus der Nahrung ersetzt wird. Erst mit dem Absterben des Organismus hört die Nahrungsaufnahme auf, der Zerfall geht jedoch weiter.

Am 19.09.1991 fand ein Ehepaar auf dem Schnalstaler Gletscher die Leiche eines Mannes, der unter dem Namen Ötzi weltberühmt wurde. Bei der wissenschaftlichen Untersuchung des Leichnams stellte man fest, dass von der Menge an radioaktivem Kohlenstoff-14, die am Tag seines Todes in seinem Gewebe vorhanden sein musste, nur noch 53 % vorhanden waren.

Die Halbwertszeit von Kohlenstoff-14 beträgt 5730 Jahre. Daraus konnte man auf die Anzahl der Jahre schließen, die der Leichnam im Gletscher gelegen haben musste.

Berechnen Sie diese Zeit.

5. In einer 19 °C warmen Wohnung findet eine Party statt. Unter der Annahme, dass sich die Temperatur einer Flüssigkeit der Umgebungstemperatur nach einer gewissen Zeit anpasst, wird der Temperaturverlauf eines gekühlten Getränks durch die Funktion f mit $f(t) = 19 - k \cdot e^{bt}$ ($t > 0$ in Minuten) beschrieben.

a) Erklären Sie, warum für die Beschreibung dieses Prozesses $k > 0$ gelten muss.

b) Die Temperatur eines Getränks, das dem Kühlschrank entnommen wurde, beträgt nach 7 Minuten ca. 12 °C und 13 Minuten später bereits ca. 17 °C. Bestimmen Sie k und b.

c) Bestimmen Sie die Kühlschranktemperatur.

d) Zeichnen Sie den Graphen der in b) ermittelten Funktion und geben Sie die Asymptote an.

e) Ermitteln Sie die Temperatur, die das Getränk nach einer halben Stunde hat.

6. Laut einer Umfrage leben in einer Kleinstadt etwa 5000 Katzen als Haustiere, von denen 300 das Halsband „Track the Cat" tragen, das die Ortung der Tiere via GPS ermöglicht. Der Hersteller des Halsbands startet eine groß angelegte Werbeaktion, um die Verbreitung der Halsbänder zu erhöhen. Bereits eine Woche nach Beginn der Werbeaktion konnte das Halsband in der Stadt weitere 350-mal verkauft werden.

a) Modellieren Sie den Sachverhalt mit einer Funktion für beschränktes Wachstum. Dabei soll t die Anzahl der Wochen angeben, die seit Beginn der Werbeaktion vergangen sind, und $f(t)$ die Anzahl der Katzen in der Kleinstadt, die zu diesem Zeitpunkt ein Halsband „Track the Cat" tragen.

b) Wie viele Katzen sind drei Wochen nach Beginn der Werbeaktion mit „Track the Cat" versehen?

c) Ermitteln Sie den Zeitpunkt, zu dem die Hälfte aller Katzen dieser Stadt „Track the Cat" trägt.

Übungen zu 2.3

1. Ordnen Sie die folgenden Funktionsgleichungen den zugehörigen Graphen zu.

a) $f(x) = -2\,e^{2x}$

b) $g(x) = 3\,e^x + 1$

c) $h(x) = e^{-0,5x} + x - 1$

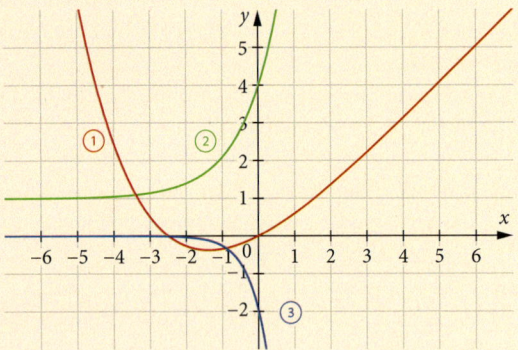

2. Bestimmen Sie zu den Graphen der folgenden Exponentialfunktionen jeweils die zugehörige Funktionsgleichung der Form $f(x) = a \cdot e^x + d$.

a)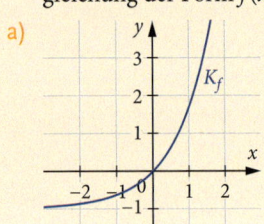

b)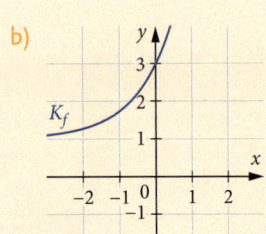

c)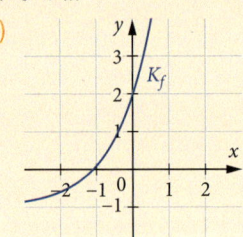

d)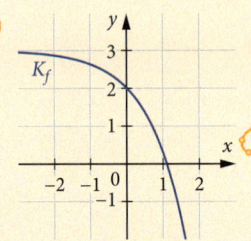

3. Untersuchen Sie die Graphen der folgenden Funktionen auf Asymptoten und geben Sie ggf. Art und Geradengleichung der Asymptote an.

a) $f(x) = e^x - e^2$

b) $f(x) = e^{-x} + x$

c) $f(x) = e^{2x} + 2$

d) $f(x) = e^{-x} - x$

4. Lösen Sie die folgenden Exponentialgleichungen.

a) $5\,e^x + 3\,e^{4x} = 0$

b) $x^2\,e^{-2x} - 4\,e^{-2x} = 3x\,e^{-2x}$

c) $(x^2 - 4)\,(e^{3x+9} - 0,5) = 0$

5. Gegeben sind die Funktionen f und g mit $f(x) = 3\,e^{-0,5x}$ und $g(x) = 0,5\,e^x$.
Der Graph von f sei K_f, der Graph von g sei K_g.

a) Skizzieren Sie K_f und K_g in einem gemeinsamen Koordinatensystem.

b) Berechnen Sie die Koordinaten des Schnittpunkts von K_f und K_g.

c) Überprüfen Sie mit einem Funktionsplotter.

6. Gegeben ist die Funktion f mit $f(x) = 0,5\,e^x - 2x + 1$. Ihr Graph sei K_f.

a) Berechnen Sie die Koordinaten des Schnittpunkts von K_f mit der y-Achse.

b) Bestimmen Sie die Gleichung der Asymptote von K_f.

c) Zeichnen Sie K_f für $-6 \leq x \leq 4$.

7. Gegeben ist die Funktion $f(x) = \frac{1}{4}\,e^{-0,5x} + 3$. Ihr Graph ist K_f.

a) Zeichnen Sie K_f. Begründen Sie sowohl am Graphen als auch anhand der Funktionsgleichung, ob es sich um eine Wachstums- oder eine Zerfallsfunktion handelt.

b) Berechnen Sie die Koordinaten des Schnittpunkts von K_f mit der y-Achse.

c) Geben Sie die Gleichung der Asymptote von K_f an und beschreiben Sie, für welche x-Werte sich K_f dieser annähert.

8. Gegeben sind die Funktionen f und g mit $f(x) = 6\,e^{-x}$ und $g(x) = e^x - 1$. Der Graph von f sei K_f, der Graph von g sei K_g.

a) Geben Sie die Gleichungen der Asymptoten an.

b) Berechnen Sie die Koordinaten des Schnittpunkts von K_f und K_g.

9. Bestimmen Sie die Funktionsgleichung der Exponentialfunktion f mit $f(x) = a \cdot q^x$ und $q > 0$, deren Graph durch die beiden Punkte P und Q verläuft. Wandeln Sie die Gleichung in die folgende Form um: $f(x) = a \cdot e^{bx}$.

a) $P(0|5)$; $Q(2|8)$

b) $P(1|12)$; $Q(2|6)$

c) $P(6|29)$; $Q(10|40)$

d) $P(-19|100)$; $Q(21|250)$

10. Der Graph einer Exponentialfunktion f mit $f(x) = a \cdot e^{bx}$ verläuft durch die Punkte P und Q. Bestimmen Sie die Funktionsgleichung.

a) $P(0|3)$; $Q(4|9)$

b) $P(-4|32)$; $Q(7|15)$

11. Geben Sie für die folgenden Gleichungen jeweils die Werte von a an, für die die Gleichung keine Lösung hat.

a) $e^x + a = 0$

b) $a \cdot e^{-0,5x} + 1 = 0$

c) $a \cdot e^x - e^x = 0$

d) $a \cdot e^x = 3$

12. Bestimmen Sie a so, dass die Gleichung die Lösung $x = \ln 2$ hat.

a) $e^x - 0,5\,e + a = 0$

b) $a \cdot e^x - 4 = 0$

c) $e^{-x}(2 + a) + 1 = 1$

d) $e^{-2x} + 0,75 = a$

13. Gegeben ist eine Funktion f mit $f(x) = e^{2x} - a \cdot e^x$ für $a > 0$. Bestimmen Sie jeweils die Gleichung der Funktion, deren Graph

a) die y-Achse bei $y = -2$ schneidet.

b) die x-Achse bei $x = 1$ schneidet.

14. Von fünf Kilogramm eines radioaktiven Isotops zerfallen stündlich 3,1 %.

a) Ermitteln Sie die Zerfallsfunktion.

b) Geben Sie das Gewicht in Kilogramm nach sechs Stunden an.

15. Ein elastischer Ball fällt aus zwei Metern Höhe auf eine feste Unterlage und springt nach jedem Aufprall jeweils drei Viertel der letzten Höhe nach oben.

Erstellen Sie die Funktionsgleichung, die die Höhe des Balls nach dem n-ten Aufprall angibt. Welcher Definitionsbereich ist sinnvoll? Ermitteln Sie, wie hoch der Ball nach dem vierten Aufprall springt.

16. Eine Viruserkrankung breitet sich aus. Zu Beobachtungsbeginn sind 8890 erkrankte Personen gemeldet. 30 Tage später sind es schon 16 533.

a) Modellieren Sie die Anzahl der erkrankten Personen, indem Sie lineares Wachstum annehmen, also mit einer Funktionsgleichung der Form $f(x) = m\,x + b$.

b) Nehmen Sie nun exponentielles Wachstum an und stellen Sie eine Funktionsgleichung der Form $f(x) = a \cdot e^{bx}$ auf.

c) 60 Tage nach Beobachtungsbeginn werden die Modellierungen evaluiert. Vergleichen Sie Ihre Ergebnisse aus a) und b) mit der nach 60 Tagen gemeldeten Zahl der Erkrankten von 37 472.

17. Am hessischen Edersee wurden 1934 zwei Waschbärenpärchen zu Studienzwecken ausgesetzt. Waschbären haben in Deutschland kaum Feinde. Sie vermehrten sich deshalb stark – ausgehend von Hessen auch in Baden-Württemberg. Im nördlichen Teil Baden-Württembergs lässt sich die Waschbärenpopulation mit der Funktion f mit $f(t) = 4 \cdot 1,25^t$ beschrieben (t als Zeit in Jahren ab 1934).

a) Berechnen Sie, wie viele Waschbären 1944, 1954 bzw. 1964 in dieser Region lebten.

b) Ermitteln Sie das Jahr, in dem 1100 Waschbären dort lebten.

c) Diskutieren Sie, inwieweit das Modell die Realität gut abbildet.

18. Bei einer Operation wird für die Narkose ein Medikament verwendet, das exponentiell abgebaut wird. Dabei halbiert sich die Menge des Wirkstoffs im Blut alle 40 Minuten.

a) Berechnen Sie den Zerfallsfaktor q.

b) Berechnen Sie, wie viel Prozent des Medikaments pro Minute zerfallen.

c) Wie viel Prozent der ursprünglichen Menge sind nach 10 Minuten noch übrig?

d) Eine Patientin erhält zuerst 2 mg des Medikaments, danach zweimal in Abständen von einer Stunde je 1 mg. Berechnen Sie die Gesamtmenge des Medikaments im Körper der Patientin nach der letzten Infusion.

19. Flechten wachsen an Bäumen und sind gute Indikatoren für die Luftqualität. Steht ein Baum in einer Region mit wenig Umweltverschmutzung, so haben Flechten gute Wachstumsbedingungen. Die Höhe einer Flechte kann in den ersten zwölf Tagen nach Beobachtungsbeginn durch die Funktion H mit $H(t) = 0,25\,e^{0,15\,t - 0,35}$ beschrieben werden (Höhe H in Millimetern, Zeit t in Tagen).

a) Ermitteln Sie die Höhe der Flechte zu Beobachtungsbeginn.

b) Bestimmen Sie den Zeitpunkt, zu dem die Flechte eine Höhe von 0,75 mm erreicht hat.

20. Die Inflationsrate wird im wirklichen Leben häufig aus den beobachteten Teuerungen ermittelt.

a) Berechnen Sie den Wertverlust des Geldes nach 10 Jahren unter der Annahme, dass die durchschnittliche jährliche Inflationsrate in den nächsten Jahren 1,8 % beträgt.

b) Wie lange dauert es, bis sich der Geldwert halbiert hat?

c) Berechnen Sie den Wertverlust des Geldes nach 10 Jahren unter der Annahme, dass die durchschnittliche jährliche Inflationsrate in den nächsten Jahren 3,6 % beträgt.
Nach wie vielen Jahren halbiert sich der Geldwert in diesem Fall?

21. Die Ladestromstärke eines Kondensators kann in Abhängigkeit von der Zeit t durch die folgende Funktion I beschrieben werden:

$$I(t) = \frac{U_0}{R} \cdot e^{-\frac{t}{\tau}}; \; D_I = [0; \infty[$$

Die sogenannte Zeitkonstante τ lässt sich mithilfe der Formel $\tau = C \cdot R$ berechnen.

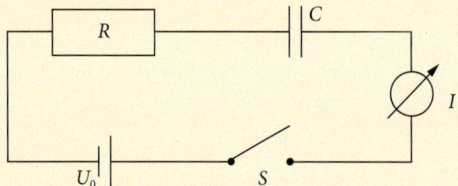

Ein Kondensator mit der Kapazität $C = 60 \, \mu F$ wird über einem Ohm'schen Widerstand $R = 18 \, k\Omega$ mithilfe einer Gleichspannungsquelle ($U_0 = 100 \, V$) aufgeladen.

a) Bestimmen Sie einen Funktionsterm, der die Ladestromstärke des Kondensators in Abhängigkeit von der Zeit beschreibt.

b) Zeichnen Sie den Graphen der ermittelten Funktion im Intervall [0 s; 4 s] in ein Koordinatensystem.

c) Für den zeitlichen Verlauf der Kondensatorspannung gilt: $U(t) = U_0 \cdot \left(1 - e^{-\frac{t}{\tau}}\right)$; $D_U = [0; \infty[$. Geben Sie den Funktionsterm an, der die Spannung in Abhängigkeit von der Zeit angibt. Zeichnen Sie den zugehörigen Graphen in ein Koordinatensystem.

22. Bestimmen Sie die fehlenden Parameter bei der Funktion f mit $f(x) = S - k \cdot e^{bx}$.
Zeichnen Sie zur Kontrolle den Graphen mit einem Funktionsplotter.

a) $f(4) = 20$; $f(8) = 24$; $S = 30$

b) $k = 10$; $f(1) = 42$; $S = 50$

c) $S = 6$; $f(1) = 2$; $f(4) = 4$

23. Ein Stück radioaktives Thorium hat am Anfang eines Versuches eine Masse von 500 mg. Jede halbe Minute wird die nichtzerfallene Masse gemessen.

Zeit in s	0	30	60	90
Masse in mg	500	341	233	159

a) Prüfen Sie, ob es sich um einen exponentiellen Zerfall handelt, indem Sie die Quotienten jeweils aufeinanderfolgender Zeitpunkte bilden.

b) Bestimmen Sie die Funktionsgleichung.

c) Nach welcher Zeit ist nur noch 1 % der ursprünglichen Masse vorhanden? Wann die Hälfte?

24. Ein Glas Wasser wird mit einer Temperatur von 4 °C aus dem Kühlschrank genommen. Nach 20 Minuten hat es sich auf 18 °C erwärmt. Die Zimmertemperatur beträgt 22 °C.

a) Ermitteln Sie die Funktionsgleichung für das beschränkte Wachstum in der Form $f(t) = S - k \cdot q^t$. Dabei ist t die Zeit in Minuten.

b) Formen Sie die Gleichung aus Teilaufgabe a) in die Form $f(t) = S - k \cdot e^{bt}$ um.

c) Berechnen Sie, wie warm das Wasser nach 5 Minuten ist.

d) Ermitteln Sie den Zeitpunkt, zu dem sich das Wasser auf 15 °C erwärmt hat.

e) Ermitteln Sie das Zeitintervall, in dem die Temperatur über 9 °C liegt.

25. Das Wachstum der Wasserlilie Nymphaea lotus „rot" ist als sehr schnell einzustufen. In einer Kleingartenanlage wird sie in einen 400 m² großen Teich

gesetzt. Die Wasseroberfläche ist anfangs mit 1 m² der Schwimmblätter bedeckt.

a) Begründen Sie, dass dieses Wachstum mit einer beschränkten Funktion modelliert werden sollte.

b) In der fünften Woche nach Beobachtungsbeginn sind ca. 40 m² der Wasseroberfläche mit Schwimmblättern bedeckt. Ermitteln Sie die Funktionsgleichung $f(t) = S - k \cdot e^{bt}$, wobei $f(t)$ die bedeckte Fläche in m² am Ende der Woche t angibt.

c) Sobald die Wasserlilie mehr als 40 % der Wasseroberfläche bedeckt, sollen die Schwimmblätter im Uferbereich zurückgeschnitten werden. Ermitteln Sie den entsprechenden Zeitpunkt im beschränkten Modell b).

Ich kann ...

2

... zwischen **linearen** und **exponentiellen Prozessen** unterscheiden. ▶ Test-Aufgabe 1 b)	Lineares Wachstum: z. B. Wasser läuft in einen Pool Exponentielles Wachstum: z. B. Kapital wird verzinst	Bei linearem Wachstum wird zu einer Größe pro Zeiteinheit immer der gleiche Wert addiert. Bei exponentiellem Wachstum wächst eine Größe pro Zeiteinheit immer mit dem gleichen Faktor.
... Wachstums- und Zerfallsprozesse mithilfe einer allgemeinen **Exponentialfunktion** beschreiben. ▶ Test-Aufgaben 1 a), 5 a)	Eine Bakterienkolonie wächst gemäß der Funktion f mit $f(t) = 8 \cdot 2^t$ ▶ Zu Beginn 8 Bakterien vorhanden ▶ Verdopplung pro Zeiteinheit t	$f(x) = a \cdot q^x$ mit $a \in \mathbb{R}_+^*$ und $q \in \mathbb{R}_+^* \setminus \{1\}$ x: Variable (bei Angabe der Zeit häufig: t) a: Anfangswert zu Beginn der Beobachtung q: Wachstums-/Zerfallsfaktor
... Wachstums- und Zerfallsprozesse mithilfe einer **natürlichen Exponentialfunktion** beschreiben. ▶ Test-Aufgabe 6 a)	Für das Kapital bei stetiger Verzinsung gilt: $K_\infty = K_0 \cdot e^p$ ▶ K_0 Anfangskapital, p Zinssatz	$f(x) = e^x$ für $x \in \mathbb{R}$ Euler'sche Zahl e $\approx 2{,}71828\ldots$
... den Einfluss des **Parameters a** auf den Graphen der Funktion f mit $f(x) = a \cdot e^x$ beschreiben. ▶ Test-Aufgabe 4 b)	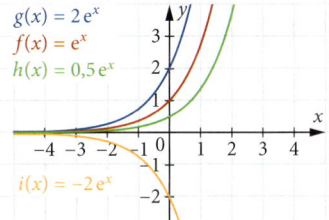	$f(x) = a \cdot e^x,\ a \neq 0$ $\lvert a \rvert > 1$: Der Graph wird in y-Richtung gestreckt. $0 < \lvert a \rvert < 1$: Der Graph wird in y-Richtung gestaucht. $a < 0$: Spiegelung an x-Achse
... den Einfluss des **Parameters b** auf den Graphen der Funktion f mit $f(x) = e^{bx}$ beschreiben. ▶ Test-Aufgabe 4 b)	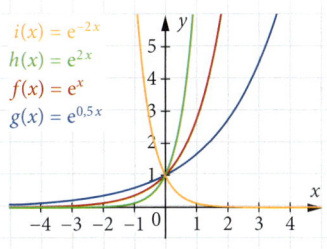	$f(x) = e^{bx},\ b \neq 0$ $\lvert b \rvert > 1$: Der Graph wird in x-Richtung gestaucht. $0 < \lvert b \rvert < 1$: Der Graph wird in x-Richtung gestreckt. $b < 0$: Spiegelung an der y-Achse
... den Einfluss des **Parameters c** auf den Graphen der Funktion f mit $f(x) = e^{x-c}$ beschreiben. ▶ Test-Aufgabe 4 b)	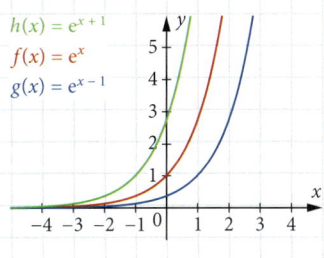	$f(x) = e^{x-c}$ Verschiebung entlang der x-Achse: $c > 0$: Verschiebung um c Einheiten nach rechts $c < 0$: Verschiebung um c Einheiten nach links

Ich kann ...

... die Gleichung einer **Asymptote** des Graphen einer Exponentialfunktion angeben.

▶ Test-Aufgaben 4 c), 4 e)

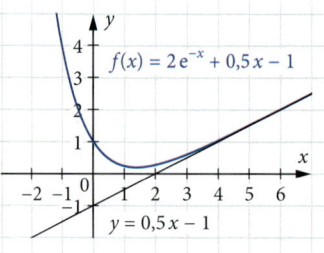

$f(x) = a \cdot e^{b(x-c)} + d$:
eine **waagerechte Asymptote** mit der Gleichung $y = d$
$f(x) = a \cdot e^{b(x-c)} + m x + d$:
eine **schiefe Asymptote** mit der Gleichung $y = m x + d$

... erklären, was man unter dem **Logarithmus** von y zur Basis q versteht und wie man den **natürlichen Logarithmus** anwendet.

$\log_2 8 = 3$, denn $2^3 = 8$

Der Logarithmus von y zur Basis q ist diejenige reelle Zahl x, mit der man q potenzieren muss, um y zu erhalten:
$x = \log_q y \Leftrightarrow q^x = y$

$e^x = 23 \Rightarrow x = \ln(23) \approx 3{,}1355$

Natürlicher Logarithmus:
$\ln(x) = \log_e(x)$

$\ln\left(e^{-34}\right) = -34$; $e^{\ln(100)} = 100$

Zusammenhänge:
$\ln(e^u) = u$; $e^{\ln(u)} = u$; $\ln(e) = 1$

... die **Logarithmusgesetze** anwenden.

▶ Test-Aufgaben 2, 3 a), 4 d), 4 e), 5 b), 6 c)

$\ln(3 x) = \ln(3) + \ln(x)$
$\ln\left(\frac{3}{x}\right) = \ln(3) - \ln(x)$
$\ln(x^3) = 3 \ln(x)$

$\ln(u \cdot v) = \ln(u) + \ln(v)$
$\ln\left(\frac{u}{v}\right) = \ln(u) - \ln(v)$
$\ln(u^r) = r \cdot \ln(u)$

▶ Die Gesetze gelten für Logarithmen zu beliebigen Basen.

... **Exponentialfunktionen** der Form $f(x) = q^x$ **zur Basis e umschreiben**.

$f(x) = 17^x = e^{\ln(17) \cdot x} \approx e^{2{,}8332 x}$

$f(x) = q^x = e^{\ln(q) \cdot x}$

... **Exponentialgleichungen** lösen.

▶ Test-Aufgaben 2, 3 a), 4 d), 4 e), 5 b), 6 c)

$-8 e^x + 2 e^{2x} = 0$
$e^x(-8 + 2 e^x) = 0$
Da $e^x = 0$ unlösbar, folgt:
$-8 + 2 e^x = 0$
$2 e^x = 8$
$e^x = 4$
$x = \ln(4) \approx 1{,}39$

Drei Lösungsverfahren:
• Lösen durch Logarithmieren
• Lösen durch Ausklammern und Satz vom Nullprodukt
  Hinweis: $e^x \leq 0$ ist nicht lösbar.
• Lösen durch Substitution

... die **Verdopplungs-** und **Halbwertszeit** für exponentielle Prozesse ermitteln.

▶ Test-Aufgabe 7

Halbwertszeit bei Zerfall mit Zerfallsfaktor $b = -0{,}13$
$T_{0,5} = \frac{\ln(0,5)}{-0,13} \approx 5{,}33$

Halbwertszeit: $T_{0,5} = \frac{\ln(0,5)}{b}$

Verdopplungszeit: $T_2 = \frac{\ln(2)}{b}$

... die Funktionsgleichung für **beschränktes exponentielles Wachstum** aufstellen.

▶ Test-Aufgabe 6 a)

$f(t) = 40 - 38 e^{-0,3209 t}$

$f(t) = S - k \cdot e^{b t}$
$k > 0$: beschränktes Wachstum
$k < 0$: beschränkter Zerfall
S: Sättigungsgrenze
$S - k$: Anfangswert

Test zu 2.3

1. Ein Ortsteil hat zu Beginn einer Beobachtung 1000 Einwohner.

a) Erstellen Sie für die beiden folgenden Annahmen je eine Funktionsgleichung, die die Bevölkerungsentwicklung beschreibt.
(1) Die Bevölkerung wächst um 50 Personen jedes Jahr.
(2) Die Bevölkerung wächst jährlich um 5 %.

b) Ordnen Sie die Graphen in der nebenstehenden Abbildung den beiden Fällen aus a) zu.

c) Erläutern Sie, weshalb beide Modelle keine gute Modellierung der tatsächlichen Bevölkerungszahl vor dem Beobachtungsbeginn darstellen.

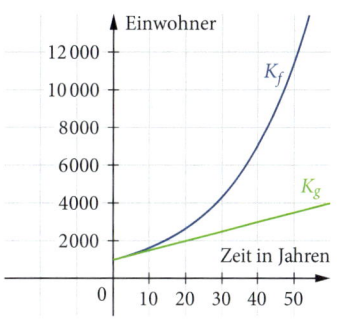

2. Lösen Sie die Exponentialgleichung.

a) $34 - 4\,e^{-0,34x} = 10$ b) $e^x \cdot (x^2 - 9) = 0$ c) $e^{2x} - 11\,e^x = -28$

3. Gegeben ist die Funktion f mit $f(x) = \frac{1}{2}e^{2x} - 2$.

a) Berechnen Sie die Koordinaten der Schnittpunkte von K_f mit den Koordinatenachsen.

b) Stellen Sie K_f in einem geeigneten Koordinatensystem dar.

4. Gegeben sind die Funktionen f und g mit $f(x) = e^x$ und $g(x) = -e^{-x} + 2$.

a) Stellen Sie die Funktionsgraphen K_f und K_g in einem geeigneten Koordinatensystem dar.

b) Beschreiben Sie, wie K_g aus K_f hervorgeht.

c) Geben Sie die Gleichungen der Asymptoten von K_f und von K_g an.

d) Berechnen Sie die Koordinaten des Schnittpunkts von K_f und K_g.
Welche Besonderheit weist dieser Schnittpunkt auf? Begründen Sie anhand Ihrer Rechnung.

e) Betrachten Sie nun die Funktion h mit $h(x) = f(x) \cdot g(x)$.
Berechnen Sie die Koordinaten der Achsenschnittpunkte von K_h und geben Sie die Gleichung der Asymptoten von K_h an.

5. Ein fiebersenkendes Mittel bewirkt, dass die Körpertemperatur eines Kindes pro Stunde um 5 % fällt. Ein krankes Kind, dass mit 41 °C fiebert, erhält dieses Mittel.

a) Stellen Sie die Fieberkurve des Kindes nach Einnahme des Mittels grafisch dar und beschreiben Sie deren Verlauf.

b) Ermitteln Sie den Zeitpunkt, zu dem die Körpertemperatur (aufgrund der Medikation) auf den Normalwert von 37 °C zurückgegangen ist.

6. Eine kreisförmige Petrischale mit dem Radius $r = 3,6$ cm ist bei Beobachtungsbeginn zu einem Drittel mit einer Pilzkultur bedeckt. Nach 7 Tagen sind 30 cm² der Petrischale von der Pilzkultur überdeckt.

a) Ermitteln Sie die beschränkte Funktion f mit $f(t) = S - k \cdot e^{bt}$. Dabei ist $f(t)$ die nach t Tagen bedeckte Fläche der Petrischale in cm².

b) Berechnen Sie die Fläche in cm², die nach 14 Tagen in der Petrischale von der Pilzkultur bedeckt ist.

c) Bestimmen Sie den Zeitpunkt, zu dem 60 % der Petrischale mit der Pilzkultur bedeckt sind.

7. Bestimmen Sie, wie viele Jahre es dauert, bis die radioaktive Strahlung eines mit Radium-226 verseuchten Gegenstands auf $\frac{1}{8}$ ihres ursprünglichen Wertes gesunken ist.

▶ Die Halbwertszeit für Radium-226 beträgt 1600 Jahre.

2.4 Modellieren mit Funktionen

1 Schuhgröße

Greta und Lasse untersuchen, ob es einen Zusammenhang zwischen der Körpergröße und der Schuhgröße gibt und notieren die Daten von zehn Mitschülern.

Körper-größe in cm	165	168	170	173	175
Schuhgröße	36	37	37	38	39
Körper-größe in cm	176	178	179	180	183
Schuhgröße	40	41	40	42	43

a) Stellen Sie die Daten in einem Koordinatensystem dar.
b) Zeichnen Sie eine Gerade in das Diagramm ein, die den eingezeichneten Punkten möglichst nahe kommt, und geben Sie die Gleichung der Geraden an.
c) Vergleichen Sie Ihre Lösung mit Ihrer Lerngruppe.

2 Kohlendioxid-Emissionen

Eines der Klimaschutzziele Deutschlands war 2019: Die Bundesregierung will die Treibhausgas-Emissionen bis 2020 um mindestens 40 % gegenüber 1990 senken.
Den größten Anteil an den Kohlendioxid-Emissionen hatte in Deutschland bislang die Energiewirtschaft. Vor allem weil die Stromerzeugung durch Verbrennung von Steinkohle in den letzten Jahren abgenommen hat, gingen die Kohlendioxid-Emissionen zurück.

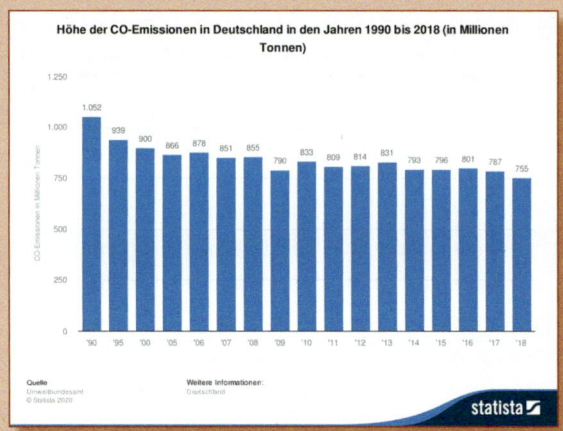

Die Grafik zeigt die Kohlendioxid-Emissionen in Deutschland in den Jahren 1990 bis 2018.
a) Zeichnen Sie eine Gerade, die den Daten möglichst nahe kommt, und geben Sie die Gleichung dieser Gerade an.
b) Bestimmen Sie mithilfe dieser Gerade die Kohlendioxid-Emission im Jahr 2030.
c) Berechnen Sie, ob das Klimaschutzziel in Bezug auf Kohlendioxid erreicht werden kann.

3 Verkauf von Lebkuchen

Ein Geschäft nimmt eine neue Lebkuchensorte ins Sortiment auf. Jede Woche wird notiert, wie viele Packungen verkauft wurden. Man erhält folgende Verkaufszahlen.

Verkaufswoche	1	2	4	6	8
verkaufte Packungen in dieser Woche	50	110	200	260	290

a) Stellen Sie die Verkaufszahlen in einem Koordinatensystem dar.
b) Ein Mitarbeiter des Geschäfts hat zwei Funktionen f und g für die Anzahl der verkauften Packungen in der Woche t bestimmt: $f(t) = 34{,}4\,t + 37{,}5$ und $g(t) = -3{,}9\,t^2 + 69{,}3\,t - 14{,}5$.
Begründen Sie, welche der beiden Funktionen f und g die bessere mathematische Beschreibung der Werte liefert.
c) Zeichnen Sie den Graphen der Funktion, für die Sie sich entschieden haben, in das Koordinatensystem ein.
d) Berechnen Sie mithilfe der Funktion, wie viele Packungen in der 26. Verkaufswoche verkauft werden. Beurteilen Sie Ihr Ergebnis.

4 Entladen eines Kondensators

Im Physikunterricht machen zwei Schülerinnen ein Experiment. Sie laden einen Kondensator mit einer Spannung von 10 Volt (V) auf und entladen diesen Kondensator dann über einen Widerstand. Sie messen folgende Spannungswerte in Abhängigkeit von der Zeit.

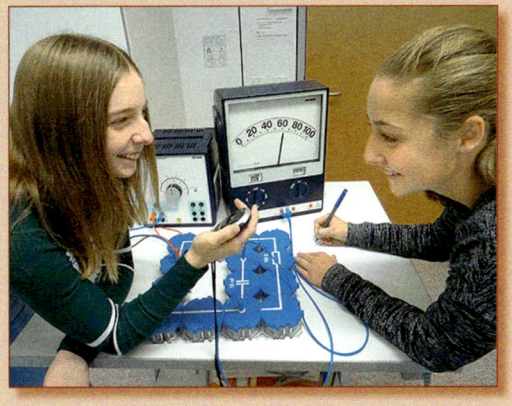

Zeit t in s	0	1	2	5	7	9
Spannung U in V	1,0	0,8	0,7	0,6	0,5	0,4
Zeit t in s	13	17	21	26	30	33
Spannung U in V	0,3	0,2	0,16	0,1	■	0,05

a) Stellen Sie die Messwerte in einem Koordinatensystem dar.
b) Die Schülerinnen stellen verschiedene Funktionen als mathematisches Modell auf:
$f(t) = -0{,}03\,t + 0{,}76$
$g(t) = 0{,}001\,t^2 - 0{,}06\,t + 0{,}88$
$h(t) = 0{,}9\,e^{-0{,}09\,t}$
Welche der drei Funktionen beschreibt die Messwerte am besten? Zeichnen Sie diese Funktion in das Koordinatensystem ein.
c) Berechnen Sie mit dieser Funktion die Spannung nach 30 s.

2.4   Modellieren mit Funktionen

2.4.1   Modellierungskreislauf

Bei Anwendungsproblemen haben wir häufig Daten in Form einer Tabelle oder die Informationen müssen aus einer **realen Situation** ermittelt werden. Oft müssen wir diese reale Situation vereinfachen, wir erhalten damit ein **reales Modell**. Dann wählen wir einen mathematischen Ansatz, um das Problem lösen zu können, d. h., wir mathematisieren dieses reale Modell und erhalten ein **mathematisches Modell**. Mit diesem mathematischen Modell lösen wir das Problem. Beispielsweise stellen wir eine Funktion

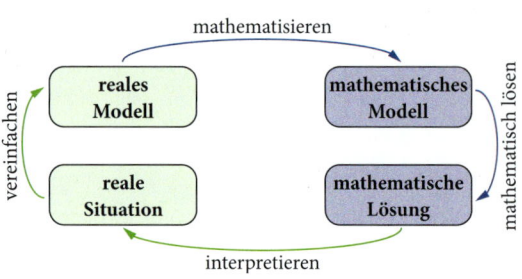

auf oder passen Parameter an. Wir erhalten eine **mathematische Lösung**. Diese mathematische Lösung müssen wir dann in der realen Situation interpretieren und bewerten. Eventuell müssen wir Veränderungen am Modell vornehmen und diesen **Modellierungskreislauf** erneut durchlaufen.

(1)   Mittlere Temperatur im Juli

Um über die Klimaveränderung Informationen zu erhalten, betrachten wir die Temperaturen im Monat Juli. Schätzen Sie aufgrund der Daten in der Tabelle die Temperaturen im Juli 2028 und im Juli 2100 in Stuttgart.

	Juli 1993	Juli 2013
mittlere Temperatur in Stuttgart	17,4 °C	20,9 °C

Reale Situation: Die mittleren Temperaturen im Juli 1993 und im Juli 2013 sind gegeben.

Juli 1993: 17,4 °C
Juli 2013: 20,9 °C

Reales Modell: In den 20 Jahren zwischen 1993 und 2013 ist die mittlere Temperatur um 3,5 Grad gestiegen. Wir nehmen an, dass die Zunahme linear ist.

Temperaturanstieg in 20 Jahren: 3,5 Grad
Annahme: lineare Zunahme

Wir **mathematisieren** das Problem.
Mathematisches Modell: Wir beschreiben das Problem durch eine lineare Funktion. Das Jahr 1993 legen wir als Zeitpunkt $t = 0$ fest. Mithilfe der Werte für die Jahre 1993 und 2013 bestimmen wir die Steigung m und den y-Achsenabschnitt b.

Ansatz:
$f(t) = m\,t + b$

Bedingungen:
(I)   1993 $\triangleq t = 0$ $\Rightarrow f(0) = 17{,}4$
(II) 2013 $\triangleq t = 20$ $\Rightarrow f(20) = 20{,}9$
(I) $f(0) = m \cdot 0 + b = 17{,}4 \Rightarrow b = 17{,}4$
(II) $f(20) = m \cdot 20 + b = 20{,}9$
$b = 17{,}4$ in (II) einsetzen:
(II') $20\,m + 17{,}4 = 20{,}9 \Rightarrow m \approx 0{,}18$

$f(t) = 0{,}18\,t + 17{,}4$

Mathematische Lösung: Wir berechnen mit der linearen Funktion die gesuchten Temperaturen.

$2028 \triangleq t = 35$
$f(35) = 0{,}18 \cdot 35 + 17{,}4 = 23{,}7$

Die erhaltenen Werte **interpretieren** wir als mittlere Temperaturen. Nun **bewerten** wir unser Modell. Der Wert von 23,7 °C für Juli 2028 ist plausibel, die mittlere Julitemperatur von 36,66 °C für 2100 ist dagegen zu hoch.

$2100 \triangleq t = 107$
$f(107) = 0{,}18 \cdot 107 + 17{,}4 = 36{,}66$

mittlere Temperatur im Juli 2028: 23,7 °C
mittlere Temperatur im Juli 2100: 36,66 °C

Es kann sein, dass die Funktion in einem mathematischen Modell nur für einen eingeschränkten Definitionsbereich sinnvoll ist. Unser Modell ist brauchbar für die Jahre 1993 bis 2028. Der Definitionsbereich der Funktion f ist $D_f = [0; 35]$. Um eine Änderung des Modells vorzunehmen, fehlen uns weitere Daten.

Wachstum eines Baumes

Eine ausgewachsene Buche wird bis zu 30 m hoch. 20 Jahre nach der Pflanzung ist sie 15 m hoch. Eine Buche wurde im Jahr 1920 gepflanzt. Bestimmen Sie, wie hoch die Buche im Jahr 2020 ist.

Wir wenden den **Modellierungskreislauf** an.

Reale Situation: Bei der Pflanzung hat die Buche die Höhe 0.

Höhe der Buche bei Pflanzung: 0 m

Reales Modell: Wir nehmen an, dass die Buche exponentiell wächst.

Annahme: exponentielles Wachstum

Mathematisches Modell: Das Wachstum der Buche können wir durch eine Funktion f in Abhängigkeit von der Zeit t beschreiben. Da die ausgewachsene Buche maximal 30 m hoch wird, hat die gesuchte Funktion die Asymptote $S = 30$.

Ansatz:
$$f(t) = S - k \cdot e^{bt}$$

Bedingungen:
(I) $S = 30$
(II) $f(0) = 0$
(III) $f(20) = 15$

$S = 30$ in (II) und (III) einsetzen:

Wir setzen für den Zeitpunkt der Pflanzung $t = 0$ und geben t in Jahren an. Nach 20 Jahren ist die Buche 15 m hoch, damit erhalten wir drei Bedingungen. $S = 30$ setzen wir direkt ein und lösen das Gleichungssystem mit den verbleibenden zwei Gleichungen.

(II') $f(0) = 30 - k \cdot e^{b \cdot 0} = 0 \Rightarrow k = 30$
(III') $f(20) = 30 - k \cdot e^{b \cdot 20} = 15$

$k = 30$ in (III') einsetzen:

Wir erhalten $k = 30$ und $b \approx -0{,}035$ und können die gesuchte Funktion angeben.

(III'') $30 - 30\,e^{20b} = 15 \qquad | - 30$
$$-30\,e^{20b} = -15 \qquad | : (-30)$$
$$e^{20b} = 0{,}5$$
$$20b = \ln(0{,}5) \Rightarrow b \approx -0{,}035$$

Mathematische Lösung: Für das Jahr 2020 ist $t = 100$, der zugehörige Funktionswert lautet $f(100) \approx 29{,}09$. Wir **interpretieren** diesen Wert in der realen Situation. Im Jahr 2020 ist die Buche laut des Modells 29,09 m hoch. Dass die Buche nach 100 Jahren fast ausgewachsen ist, ist ein sinnvolles Ergebnis.

$$f(t) = 30 - 30\,e^{-0{,}035\,t}$$

$$f(100) \approx 29{,}09$$

Höhe der Buche im Jahr 2020: 29,09 m

Zum Lösen eines realen Anwendungsproblems verwendet man ein mathematisches Modell. Das Vereinfachen der realen Situation, das Mathematisieren des realen Modells, das Lösen des Problems mithilfe des mathematischen Modells und das Interpretieren der mathematischen Lösung heißt **Modellierungskreislauf**.

Übungen zu 2.4.1

1. Ein Kino hat bei einem Eintrittspreis von 8 € durchschnittlich 240 Besucher. Wenn man den Eintrittspreis um 0,50 €, 1 € usw. erhöht, so geht die Besucherzahl um 10, 20, usw. zurück. Schätzen Sie mithilfe eines mathematischen Modells ab, bei welchem Eintrittspreis die Einnahmen am größten sind.

2. Eine Brückendurchfahrt hat die Form einer Parabel. Sie ist 6 m hoch und 4 m breit. Ein Bus ist 2,5 m breit und 4 m hoch. Berechnen Sie, ob dieser Bus unter der Brücke hindurchfahren kann.

2.4.2 Lineare Regression

In den meisten statistischen Untersuchungen werden verschiedene Merkmale gleichzeitig erhoben. Wir können mithilfe von Funktionen einen möglichen Zusammenhang zwischen diesen Merkmalen beschreiben, z. B. den Zusammenhang zwischen Alter und Körpergröße oder zwischen Alter und Gewicht. Dabei beschränken wir uns zunächst auf Geraden, die einen linearen Zusammenhang zwischen den erhobenen Daten aufzeigen.

3 Körpergröße und Gewicht im Streudiagramm

Auf Station 7 C1 des städtischen Klinikums wurden Gewicht und Körpergröße von neun Patienten erhoben.

Größe in cm	151	155	159	165	170	173	182	185	190
Gewicht in kg	45	43	50	58	65	60	70	83	92

Die Praktikantin Jana bekommt die Aufgabe, diese Datenpaare in einem Diagramm zu erfassen. Sie trägt die Datenpaare als Punkte in ein Koordinatensystem ein.

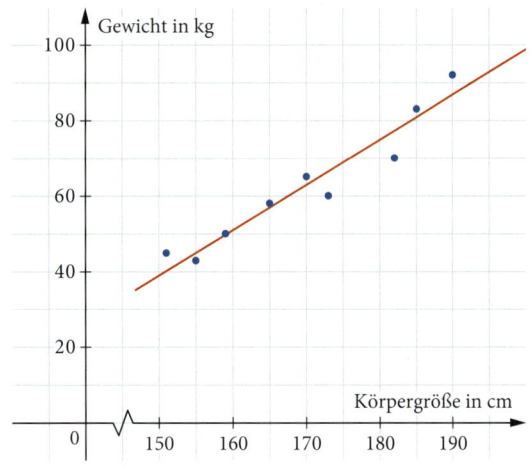

Diese Darstellung von Datenpaaren als Punkte in einem Koordinatensystem heißt **Punktwolke**. Das entstehende Diagramm heißt **Streudiagramm**.

Die Punkte liegen annähernd auf einer Geraden. Das Streudiagramm zeigt also, dass eine Gerade den Zusammenhang zwischen Körpergröße und Gewicht näherungsweise beschreiben kann.

Eine Gerade, die den Zusammenhang einzelner Punkte im Streudiagramm optimal beschreibt, heißt **Regressionsgerade** (oder **Ausgleichsgerade** oder **Trendgerade**).

4 Zeichnen einer Regressionsgeraden nach Augenmaß

Jana möchte die Regressionsgerade in ihr Streudiagramm selbstständig einzeichnen.
Sie ist sich unsicher, wie sie diese Gerade einzeichnen soll. Es scheinen ihr verschiedene Geraden möglich.

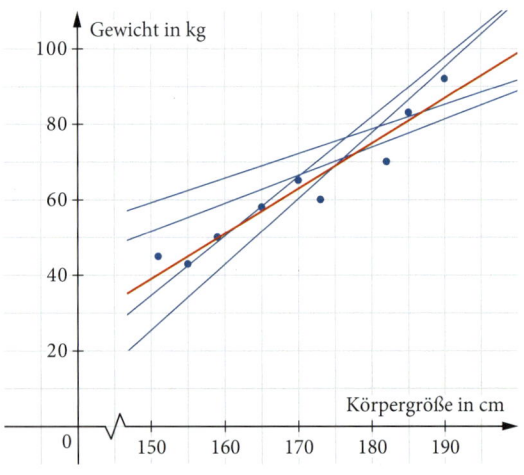

Jana probiert einige Varianten aus und entscheidet sich dann für die Gerade, die in ihren Augen den meisten Werten so nahe wie möglich kommt.

Die Regressionsgerade kann nach Augenmaß bestimmt werden. Dabei müssen wir darauf achten, dass die „Ausreißer", also stark abweichende Datenpaare, nicht beachtet werden. Zudem sollten sich die Abweichungen nach oben und unten in etwa aufheben.

Rechnerische Bestimmung einer Regressionsgeraden

Ermitteln Sie die Gleichung der Regressionsgeraden aus Beispiel 3.

Wir haben eine Punktwolke aus neun Punkten. Die Regressionsgerade geht durch den Mittelpunkt dieser Punktwolke. Der x-Wert des Mittelpunkts ist der Mittelwert aller x-Koordinaten der Punktwolke, der y-Wert ist der Mittelwert aller y-Koordinaten der Punktwolke.

Um die beste lineare Funktion mit $f(x) = m\,x + b$ zu berechnen, gehen wir wie folgt vor.
Wir berechnen für jede Körpergröße die Differenz Gewicht minus Funktionswert $f(x)$. Diese Differenz wird quadriert. Wir können die quadrierten Differenzen als **Fehlerquadrate** in den Graphen einzeichnen. Diese neun Fehlerquadrate addieren wir. Für die beste lineare Funktion muss die **Summe der Fehlerquadrate** minimal sein.

Die Berechnung der Steigung m und des y-Achsenabschnitts b von Hand ist mühsam, deshalb verwenden wir dafür den Taschenrechner, eine Tabellenkalkulation oder ein digitales Hilfsmittel.

Diese **Methode der kleinsten Fehlerquadrate** heißt **Regression**.

Der Zusammenhang zwischen Körpergröße und Gewicht kann also durch die Funktion f mit der Gleichung $f(x) = 1{,}17\,x - 135{,}82$ beschrieben werden.

x-Wert:

$$\frac{151+155+159+165+170+173+182+185+190}{9} = \frac{1530}{9} = 170$$

y-Wert: $\dfrac{45+43+50+58+65+60+70+83+92}{9} = \dfrac{566}{9} \approx 62{,}89$

Mittelpunkt $M\,(170\,|\,62{,}89)$

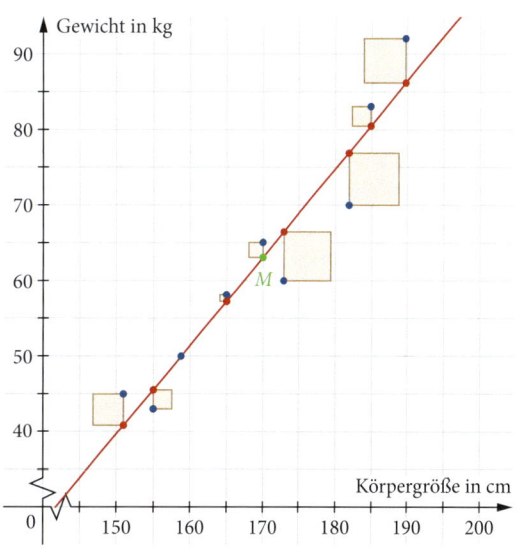

Regressionsgerade: $f(x) = 1{,}17\,x - 135{,}82$

Die Darstellung von Datenpaaren als Punkte in einem Koordinatensystem heißt **Punktwolke**. Das entstehende Diagramm heißt **Streudiagramm**. Vermutet man anhand eines Streudiagramms einen linearen Zusammenhang, so kann man diesen durch eine **Regressionsgerade** beschreiben. Die Regressionsgerade bestimmt man mit dem Taschenrechner oder einem digitalen Hilfsmittel.

 1. Gegeben sind die Datenpaare $(1\,|\,2)$, $(1{,}5\,|\,3)$, $(2\,|\,4)$ und $(4\,|\,5)$.
a) Zeichnen Sie die Datenpunkte in ein Koordinatensystem ein.
b) Zeichnen Sie die Regressionsgerade nach Augenmaß ein.
c) Bestimmen Sie die Regressionsgerade mit dem Taschenrechner und zeichnen Sie diese ebenfalls ein.

2. Von sechs Kindern einer Spielgruppe werden die Körpergröße und das Alter ermittelt.

Alter in Jahren	3	4	4,5	5	5,5	6
Größe in cm	100	108	113	117	120	126

a) Zeichnen Sie die Datenpaare in ein Koordinatensystem ein.
b) Zeichnen Sie die Regressionsgerade nach Augenmaß ein.
c) Bestimmen Sie die Regressionsgerade mit dem Taschenrechner.

Übungen zu 2.4.2

1. In einem landwirtschaftlichen Betrieb wurde die Milchleistung von 15 Kühen untersucht. Es wurden die durchschnittliche Milchleistung der Kühe pro Tag sowie der Fettgehalt der Milch festgehalten.

Milchleistung in ℓ	Fettgehalt in %
26,3	3,9
23,0	4,1
23,8	4,0
22,0	4,2
22,6	4,1
28,0	3,6
25,1	4,1
21,4	4,3
19,8	4,2
20,9	4,5
19,4	4,7
20,5	4,3
20,0	4,5
24,5	3,6
27,5	3,7

a) Zeichnen Sie ein Milchleistung-Fettgehalt-Diagramm.
b) Zeichnen Sie die Regressionsgerade nach Augenmaß ein.
c) Bestimmen Sie die Gleichung der Regressionsgeraden mit dem Taschenrechner und zeichnen Sie diese ein.

2. Die Untersuchung der Entwicklung der Storchenpopulation in einer deutschen Region in sieben aufeinanderfolgenden Jahren ergab die folgende Zahlenreihe:

Anzahl der Störche	132	142	166	188	240	250	252

In einem kleinen Ort dieser Region wurden in denselben Jahren die folgenden Bevölkerungszahlen ermittelt:

Bevölkerungszahl	554	554	650	677	698	723	760

a) Stellen Sie die Datenpaare in einem Streudiagramm dar.
b) Bestimmen Sie die Gleichung der Regressionsgeraden mit dem Taschenrechner und zeichnen Sie diese ein.
c) Nehmen Sie Stellung zu Ihren Ergebnissen.

3. Von 20 Personen wurde das Körpergewicht, der Blutdruck und der Blutzuckerspiegel gemessen. Die Messwerte sind in der folgenden Tabelle aufgelistet.

Körpergewicht in kg	systolischer Blutdruck in mmHg	Blutzuckerspiegel in mg/dℓ
54	128	105
77	154	85
48	96	110
90	142	78
56	122	102
61	130	100
66	118	99
54	98	104
80	149	84
81	150	82
68	170	95
50	109	108
71	140	87
55	150	102
79	139	85
95	157	70
68	121	92
97	160	71
53	91	106
84	161	78

a) Zeichnen Sie ein Körpergewicht-Blutdruck-Diagramm, bestimmen Sie die Gleichung der Regressionsgeraden und zeichnen Sie diese ein.
b) Zeichnen Sie ein Körpergewicht-Blutzuckerspiegel-Diagramm, bestimmen Sie die Gleichung der Regressionsgeraden und zeichnen Sie diese ein.
c) Beurteilen Sie, wie realistisch der in den Teilaufgaben a) und b) ermittelte Zusammenhang ist.

4. Jan zeichnet die Datenpaare $(-1,5\,|\,-1)$, $(1\,|\,1)$, $(2,5\,|\,1)$, $(4\,|\,2,5)$ und $(5\,|\,2)$ in ein Koordinatensystem ein und bestimmt mit dem Taschenrechner die Regressionsgerade. Dann bemerkt er, dass er das Datenpaar $(0\,|\,8)$ vergessen hat. Er ergänzt es und berechnet die Regressionsgerade neu.
Bestimmen Sie die beiden Regressionsgeraden und erläutern Sie das Ergebnis.

2.4.3   Korrelationskoeffizient

Wenn wir die Gleichung einer Regressionsgeraden aufstellen, so wissen wir, dass die Datenpunkte „nah" an der Geraden liegen. Es ist aber nicht erkennbar, wie „nah". Oder anders gesagt: Es ist noch nicht klar, wie stark der Zusammenhang ist. Als Maß für die Stärke eines linearen Zusammenhangs zwischen zwei Merkmalen wird der **Korrelationskoeffizient** verwendet. Der Zusammenhang selbst heißt **Korrelation**.

Der Taschenrechner gibt für eine lineare Regression automatisch den Korrelationskoeffizienten r an. Für den Zusammenhang zwischen der Körpergröße und dem Gewicht der Patienten auf Janas Station erhalten wir $r = 0{,}964$. Wir wissen nicht, wie wir dieses Ergebnis interpretieren sollen. Ist $r = 0{,}964$ ein guter Wert?

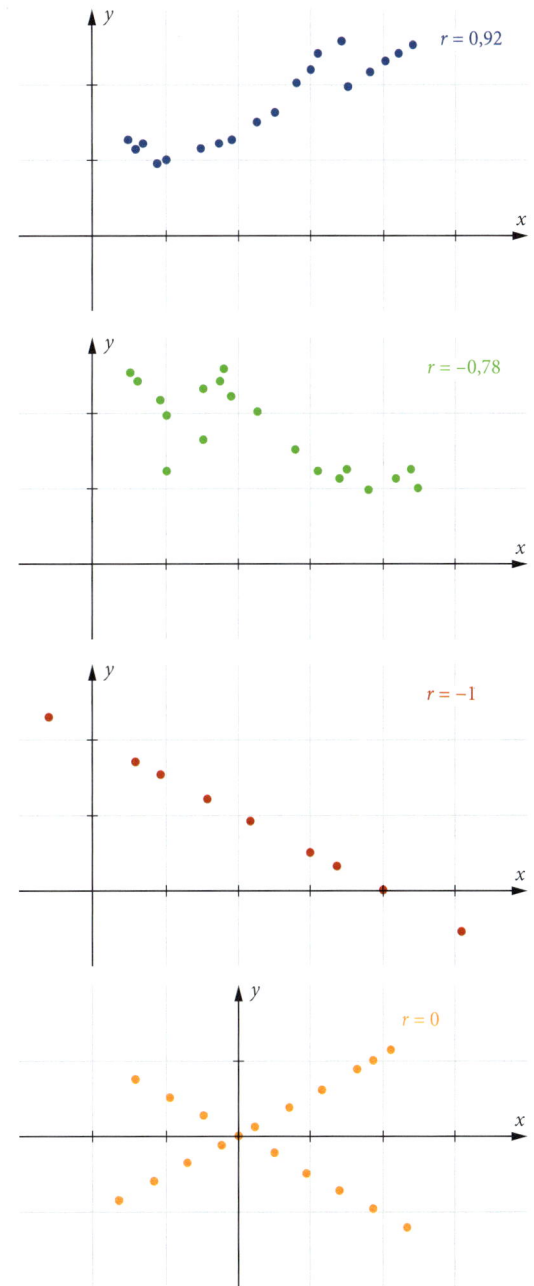

Der Korrelationskoeffizient r nimmt stets Werte zwischen -1 und $+1$ an. Liegen alle Datenpaare auf der Regressionsgeraden, dann ist $r = -1$ oder $r = +1$.

Der lineare Zusammenhang bzw. die Korrelation ist umso stärker, je näher r bei -1 oder $+1$ liegt. Man sagt auch:

- Die Korrelation ist umso stärker, je näher $|r|$, also der Betrag von r, bei 1 liegt.
- Ist $|r|$ klein, liegt r also nahe bei 0, so lässt sich der Zusammenhang zwischen zwei Merkmalen schlecht bzw. gar nicht durch eine lineare Funktion beschreiben.

$|r|$	Stärke der Korrelation
bis 0,2	schwach
0,2 bis 0,4	niedrig
0,4 bis 0,7	mäßig
0,7 bis 0,9	hoch
über 0,9	sehr hoch

Das Vorzeichen von r gibt die „Richtung" der Korrelation an.

Ist **r nahe bei $+1$**, so liegt eine starke **positive Korrelation** vor: Zu großen x-Werten gehören große y-Werte. Die zu den Datenpaaren gehörenden Punkte liegen annähernd auf einer steigenden Geraden.

Ist **r nahe bei -1**, so liegt eine starke **negative Korrelation** vor: Zu großen x-Werten gehören kleine y-Werte. Die zu den Datenpaaren gehörenden Punkte liegen annähernd auf einer fallenden Geraden.

Ein Korrelationskoeffizient von $r = 0{,}964$ bedeutet also, dass der Zusammenhang zwischen der Körpergröße und dem Gewicht der Patienten auf Janas Station sehr hoch ist.

Achtung:
Eine starke Korrelation heißt zwar, dass ein linearer Zusammenhang besteht. Dieser darf allerdings nicht unbedingt als ein Zusammenhang zwischen den Daten verstanden werden. Beispielsweise lässt sich eine starke Korrelation zwischen der Anzahl der Störche in Europa und der europäischen Geburtenrate zeigen. Allein aus diesem Zusammenhang lässt sich aber nicht folgern, dass die Störche Kinder bringen.

Die Bestimmung einer Regressionsgeraden und des Korrelationskoeffizienten kann immer erfolgen, auch dann, wenn kein sinnvoller linearer Zusammenhang zwischen den Daten vorhanden ist. Deshalb sollte immer zunächst an einem Streudiagramm geprüft werden, ob ein linearer Zusammenhang zwischen den Daten vermutet werden kann.

> Der **Korrelationskoeffizient** r gibt die Güte der **linearen Regression** an. Er nimmt immer Werte zwischen -1 und 1 an. Je näher r bei 1 oder -1 liegt, desto stärker ist der Zusammenhang zwischen den gegebenen Daten.

6 ⬡ Mittlere Temperatur im Juli

Um das Modell von Beispiel 1 besser an die reale Situation anzupassen, nehmen wir weitere Daten aus der folgenden Tabelle hinzu.

	Juli 1993	Juli 1998	Juli 2003	Juli 2008	Juli 2013	Juli 2018
mittlere Temperatur in Stuttgart	17,4 °C	18,0 °C	19,9 °C	18,6 °C	20,9 °C	21,3 °C

Schätzen Sie aufgrund der Daten in der Tabelle die Temperaturen im Juli 2028 und im Juli 2100 in Stuttgart.

Um eine bessere Übersicht zu erhalten, stellen wir die Daten in einem Graphen dar.

Wir legen das Jahr 1993 als Zeitpunkt $t = 0$ fest und erhalten damit die nebenstehende Wertetabelle.

t in Jahren	0	5	10	15	20	25
Temperatur in °C	17,4	18,0	19,9	18,6	20,9	21,3

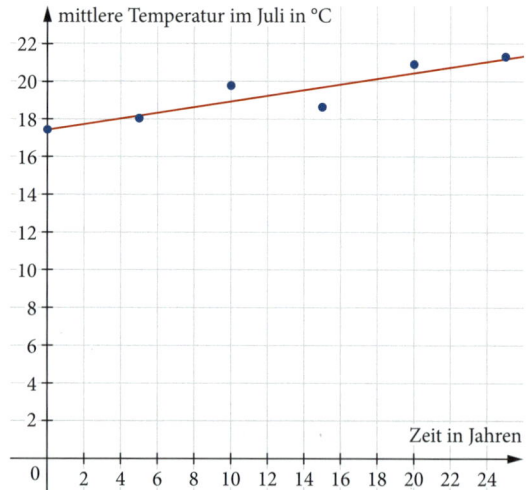

Wir bleiben bei der Annahme, dass ein linearer Zusammenhang vorliegt und erstellen eine lineare Regression.

Der Korrelationskoeffizient von $r = 0,902$ gibt an, dass die Stärke der Korrelation sehr hoch ist. Dies bestätigt unsere Annahme, dass ein linearer Zusammenhang besteht.

Regressionsgerade: $f(t) = 0,15\,t + 17,43$
Korrelationskoeffizient: $r = 0,902$ ▶ digitales Hilfsmittel

Mit diesem mathematischen Modell berechnen wir wie in Beispiel 1 die Werte für $t = 35$ und für $t = 103$ und erhalten damit die mittleren Temperaturen für Juli 2028 und Juli 2100.

$f(35) = 0,15 \cdot 35 + 17,43 = 22,68$
$f(107) = 0,15 \cdot 107 + 17,43 = 33,48$

Im Juli 2028 beträgt die mittlere Temperatur in Stuttgart 22,28 °C und im Juli 2100 ist sie 33,48 °C, wenn wir von linearer Zunahme ausgehen.

mittlere Temperatur im Juli 2028: 22,68 °C
mittlere Temperatur im Juli 2100: 33,48 °C

Wir bewerten diese Ergebnisse wie in Beispiel 1: Der Wert von 22,68 °C für Juli 2028 ist plausibel, die mittlere Julitemperatur von 33,48 °C ist dagegen zu hoch. Unser Modell ist brauchbar für die Jahre 1993 bis 2028. Für ein Modell, das bis 2100 brauchbar ist, müssen wir unsere Annahme ändern. Eine lineare Funktion scheint nicht geeignet für die Modellierung über einen so langen Zeitraum.

$D_f = [0; 35]$

Übungen zu 2.4.3

1. In der folgenden Tabelle ist die Lernzeit in Stunden außerhalb des Unterrichts und der Klausurerfolg in Punkten von mehreren Schülerinnen und Schülern angegeben.

Lernzeit in h	2	6	10	3	5	6	1	4
Klausur-erfolg in Punkten	7	10	14	10	8	12	5	14

a) Fertigen Sie ein Streudiagramm an.
b) Bestimmen Sie die Regressionsgerade und zeichnen Sie sie in das Diagramm ein.
c) Bestimmen Sie den Korrelationskoeffizienten.
d) Erläutern Sie das Ergebnis aus Teilaufgabe c) und beurteilen Sie, wie realistisch der ermittelte Zusammenhang ist.

2. Bestimmen Sie bei dem Milchleistung-Fettgehalt-Diagramm aus Aufgabe 1 von Kapitel 2.4.2 (▶ Seite 196) den Korrelationskoeffizienten. Besteht zwischen den beiden Werten ein linearer Zusammenhang? Begründen Sie Ihre Antwort.

3. Bestimmen Sie bei dem Körpergewicht-Blutdruck-Diagramm aus Aufgabe 3 von Kapitel 2.4.2 (▶ Seite 196) den Korrelationskoeffizienten. Geben Sie die Güte der linearen Regression an und bewerten Sie, ob ein linearer Zusammenhang zwischen den beiden Werten besteht.

4. Bestimmen Sie bei dem Körpergewicht-Blutzucker-spiegel-Diagramm aus Aufgabe 3 von Kapitel 2.4.2 (▶ Seite 196) den Korrelationskoeffizienten. Geben Sie die Güte der linearen Regression an und bewerten Sie, ob ein linearer Zusammenhang zwischen den beiden Werten besteht.

5. Gegeben sind die folgenden Diagramme.

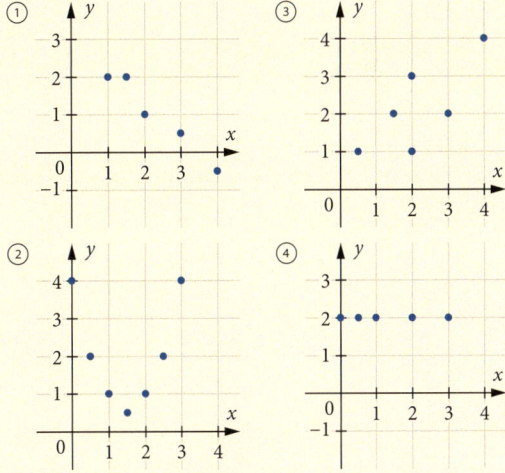

a) Übertragen Sie die Diagramme in Ihr Heft und zeichnen Sie nach Augenmaß die Regressionsgerade ein.
b) Bestimmen Sie jeweils die Regressionsgerade und den Korrelationskoeffizienten mit dem Taschenrechner oder einem digitalen Hilfsmittel.
c) Geben Sie die Güte der linearen Regression an.

2.4.4   Nichtlineare Regression

Mithilfe des Taschenrechners oder mit einem digitalen Hilfsmittel können wir nicht nur eine lineare Regression durchführen. Wir können beispielsweise auch eine quadratische Funktion, eine Potenzfunktion oder eine Exponentialfunktion bei der Regressionsrechnung verwenden.

 (7)   Karl-Theodor-Brücke

Die Karl-Theodor-Brücke überspannt in Heidelberg den Neckar. Der abgebildete Brückenbogen hat eine Spannweite von ca. 16 m.
Modellieren Sie den Brückenbogen im Foto durch eine quadratische Funktion.

Wir legen zunächst ein Koordinatensystem fest. Dieses wählen wir so, dass die x-Achse parallel zur Wasseroberfläche liegt. Der Koordinatenursprung liegt links unten im Beginn der Wölbung des Brückenpfeilers.

Nun erstellen wir mithilfe des Fotos eine Wertetabelle (Angaben in m).

x	0	2	4	6	8	10	12	14	16
y	0	3,0	4,7	5,8	6,0	5,8	5,0	3,5	0

Mit dem Taschenrechner oder einem digitalen Hilfsmittel führen wir eine **quadratische Regression** durch.

$$f(x) = -0,09\,x^2 + 1,53\,x + 0,09$$

Unsere abgelesenen Werte liegen sehr nahe bei der Parabel, also haben wir eine geeignete Funktion zur Beschreibung des Brückenbogens erhalten.

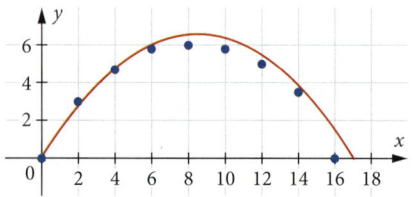

1. Zeichnen Sie die folgenden Datenpaare in ein Koordinatensystem ein: $(0,5\,|\,0,5)$, $(1\,|\,1)$, $(2\,|\,1,5)$, $(3\,|\,2)$, $(4\,|\,1,5)$, $(5\,|\,1)$. Bestimmen Sie mit Ihrem Taschenrechner die quadratische Regression und zeichnen Sie diese in das Koordinatensystem ein.

2. Eine Messe hat von 8:00 Uhr bis 20:00 Uhr geöffnet. Stellen Sie die Besucherzahlen mithilfe eines digitalen Hilfsmittels dar und führen Sie eine quadratische Regression durch.

Uhrzeit	9:00	10:00	15:00	17:30	19:00
Anzahl der Besucher	2040	3500	5780	6380	6240

Wachstum einer Pflanze

Das Wachstum einer Pflanze wurde 5 Jahre lang beobachtet und die Wachstumsgeschwindigkeit in Abhängigkeit von der Zeit t notiert.

Zeit t in Jahren	1	2	3	4	5
Wachstumsgeschwindigkeit v in $\frac{m}{Jahr}$	0,80	0,54	0,36	0,24	0,16

Das Wachstum ist beendet, wenn die Wachstumsgeschwindigkeit kleiner als $0,01\,\frac{m}{Jahr}$ ist.

Führen Sie eine geeignete Regression durch. Berechnen Sie mithilfe Ihrer Funktion, wann das Wachstum der Pflanze beendet ist.

Wir tragen die Messwerte in ein Diagramm ein. Wir nehmen an, dass wir die Wachstumsgeschwindigkeit durch eine Exponentialfunktion beschreiben können. Mit dem Taschenrechner oder einem digitalen Hilfsmittel führen wir eine **exponentielle Regression** durch und zeichnen den Graphen in das Diagramm ein.

Die Punkte liegen sehr nahe an dem Graphen und wir erhalten $r = -0,99998$, also besteht ein sehr hoher exponentieller Zusammenhang. Unser Modell ist sehr gut geeignet.

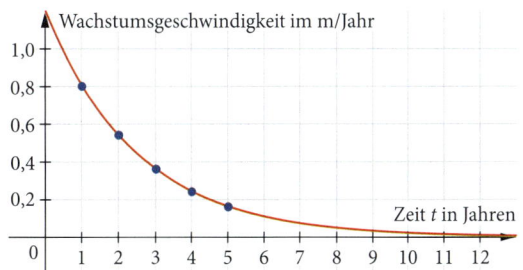

$$v(t) = 1,2\,e^{-0,4\,t}$$

Um zu berechnen, wann das Wachstum beendet ist, müssen wir die Ungleichung $v(t) < 0,01$ lösen. Bei der Division durch die negative Zahl $-0,4$ müssen wir beachten, dass sich das Ungleichheitszeichen umdreht. Das Wachstum ist nach ca. 12 Jahren beendet.

$$
\begin{aligned}
v(t) &< 0,01 \\
1,2\,e^{-0,4\,t} &< 0,01 \qquad &|:1,2 \\
e^{-0,4\,t} &< \tfrac{1}{120} \\
-0,4\,t &< \ln\left(\tfrac{1}{120}\right) \qquad &|:(-0,4) \\
t &> 11,97
\end{aligned}
$$

Übungen zu 2.4.4

1. Von einer Bakterienkultur sind zu Beginn des Aufgusses um 8:00 Uhr 2200 Bakterien vorhanden. Stündlich wird insgesamt viermal der Bakterienstand kontrolliert.

Zeit	8:00	9:00	10:00	11:00	12:00
Anzahl der Bakterien	2200	3970	7160	12 920	23 310

a) Begründen Sie, dass sich der Vorgang näherungsweise durch eine exponentielle Wachstumsfunktion beschreiben lässt.

b) Stellen Sie durch Regression den Term einer Funktion f auf, die den Vorgang beschreibt. Dabei soll $t = 0$ dem Zeitpunkt 8:00 Uhr entsprechen.

c) Berechnen Sie, nach welcher Zeit der Bakterienstand auf das 16-Fache angewachsen ist.

d) Bestimmen Sie, um welche Uhrzeit die Marke von 100 000 Bakterien erreicht wird.

2. Ein Wassertank hat ein Leck und verliert Wasser. Stündlich wird gemessen, wie viel Wasser der Tank verliert.

Zeit t in h	0	1	2	3	4
ausgeflossenes Wasser in $\frac{\ell}{h}$	40	34,8	30,7	28	26,4

a) Tragen Sie die Messwerte in ein geeignetes Koordinatensystem ein.
Bestimmen Sie mithilfe der gemessenen Werte den Term einer Funktion f, die die Menge des ausgelaufenen Wassers beschreibt.

b) Berechnen Sie mithilfe Ihrer Funktion, nach wie vielen Stunden weniger als $10\,\frac{\ell}{h}$ ausfließen.

c) Berechnen Sie wie viele $\frac{\ell}{h}$ Wasser nach 24 Stunden ausfließen.

⌕ Übungen zu 2.4

1. Mira hat für ihre GFS das Alter und den Blutdruck (Systole in mmHg) von zwölf Frauen dokumentiert. Sie will herausfinden, ob ein (linearer) Zusammenhang besteht.

Alter	60	68	42	38	49	55	47	63	36	72	42	56
Blutdruck	155	152	140	115	145	150	128	149	118	160	125	147

a) Fertigen Sie ein Streudiagramm an.
b) Bestimmen Sie die Gleichung der Regressionsgeraden.
c) Berechnen Sie den Korrelationskoeffizienten und beurteilen Sie das Ergebnis.
d) Schätzen Sie den Blutdruck einer Frau von 45 Jahren und bewerten Sie Ihre Schätzung kritisch.

2. In einer Messwerttabelle sind vier Datenpaare gegeben.
a) Bestimmen Sie die Gleichung der Regressionsgeraden und den Korrelationskoeffizienten.

x	1	2	3	4
y	4	6	8	7

b) Erstellen Sie aus den Datenpaaren ein Streudiagramm.
c) Zeichnen Sie die Regressionsgerade ein. Beschreiben Sie die Stärke des linearen Zusammenhangs in Worten.
d) Für $x = 5$ wird eine weitere Messung durchgeführt mit dem Ergebnis $y = 1$. Ermitteln Sie nun für die fünf Datenpaare die Gleichung der Regressionsgeraden sowie den zugehörigen Korrelationskoeffizienten.
e) Zeichnen Sie die neuen Daten und die in d) bestimmte Regressionsgerade in das Koordinatensystem. Erläutern Sie die Unterschiede und bewerten Sie die Aussagekraft der beiden Koeffizienten.

3. Gegeben sind Datenpaare sowie die zugehörige Regressionsgerade.
Ordnen Sie die Korrelationskoeffizienten zu.
① $r \approx 0,954$
② $r \approx -0,859$
③ $r \approx 0,641$
④ $r \approx -0,079$

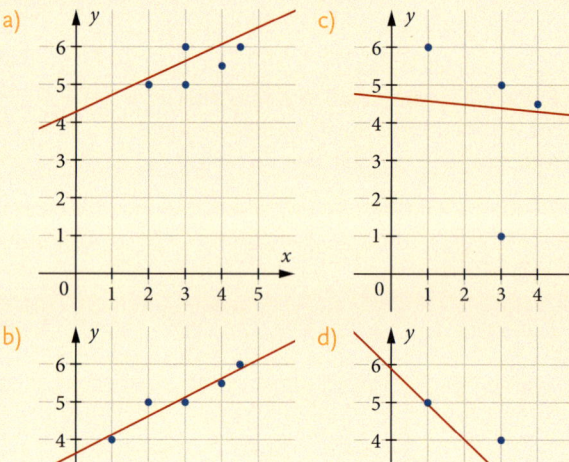

4. Im Physikunterricht führen Sina und Ulf ein Schülerexperiment zur gleichmäßig beschleunigten Bewegung durch. Sie starten den Experimentierwagen aus der Ruhe und messen jeweils nach 30 cm die Zeit.

Zeit t in s	0	1,74	2,64	3,36	3,96
Weg s in m	0	0,3	0,6	0,9	1,2

Bestimmen Sie mithilfe der Messwerte das Weg-Zeit-Gesetz der Bewegung, d. h., stellen Sie eine Funktion auf, die den Weg in Abhängigkeit von der Zeit angibt.

5. Für ihre GFS über den Body-Mass-Index hat Lisa im Sankt-Antonius-Kindergarten das Gewicht und die Körpergröße von fünfzehn Kindern erhoben und in einer Tabelle erfasst.

Kind	Ali	Berta	Cindy	Dana	Elif	Finn	Greta
Gewicht in kg	20	20,8	17,5	16	18,9	21	16,8
Größe in cm	104	101	92	95	102	110	86

Kind	Hanna	Ida	Jan	Karo	Luis	Milan	Noah	Otto
Gewicht in kg	21,2	22,2	19,8	21,6	18,3	17,3	17,3	18,8
Größe in cm	102	86	110	100	103	85	102	118

a) Zeichnen Sie die Datenpaare in ein Diagramm ein.
b) Modellieren Sie mithilfe des Modellierungskreislaufs diesen Sachzusammenhang mit einer linearen Funktion.
c) Interpretieren Sie Ihr Ergebnis.

6. Eine Kindergruppe zieht an Halloween von Haus zu Haus. Sie singen kein, ein, zwei oder drei Lieder und zählen danach jeweils, wie viele Bonbons sie bekommen haben.

Zahl der gesungenen Lieder	0	1	2	2	3	3	1
Zahl der Bonbons	3	7	11	6	14	16	5

a) Stellen Sie die Datenpunkte in einem Streudiagramm dar. Welche Abhängigkeit zwischen der Liederanzahl und der Bonbonzahl erwarten Sie aufgrund des Diagramms?
b) Bestimmen Sie aus den gegebenen Daten die Gleichung der Regressionsgeraden. Zeichnen Sie die Gerade in das Streudiagramm ein.
c) Bestimmen Sie den Korrelationskoeffizienten. Interpretieren Sie diesen.
d) Die Kindergruppe möchte beim nächsten Haus 22 Bonbons bekommen. Berechnen Sie, wie viele Lieder sie dort singen sollten.

7. Ein Geschäft nimmt eine neue Kekssorte ins Sortiment auf. Jede Woche wird notiert, wie viele Packungen verkauft wurden. Man erhält folgende Verkaufszahlen.

Verkaufswoche	1	2	3	4	5
verkaufte Packungen in dieser Woche	23	43	61	76	90

a) Stellen Sie die Verkaufszahlen in einem Koordinatensystem dar. Modellieren Sie mithilfe des Modellierungskreislaufs diesen Sachzusammenhang mit einer quadratischen Funktion und zeichnen Sie diese in das Diagramm ein.
b) Es werden auf lange Sicht 184 Kekspackungen pro Woche verkauft. Modellieren Sie den Keksverkauf mit einer Exponentialfunktion.
c) Vergleichen Sie die beiden Modelle.

8. Um den Zusammenhang zwischen dem Kaffeekonsum und der Konzentration zu untersuchen, führt Andrea einen Konzentrationstest durch. Bei diesem Test können Testergebnisse zwischen 0 und 90 erreicht werden. Sie erreicht ohne Kaffee getrunken zu haben, den Testwert 45. Dann trinkt sie Kaffee und führt nach jeder Tasse Kaffee einen weiteren Test durch. Sie erreicht folgende Ergebnisse.

Zahl der Tassen Kaffee	1	2	3	4	5	6	7	8	9	10
Testergebnis	55	60	72	80	87	84	75	60	50	45

a) Stellen Sie die Testergebnisse in einem Koordinatensystem dar. Modellieren Sie diesen Sachzusammenhang mit einer geeigneten Funktion.
b) Bewerten Sie, ob Ihre gewählte Funktion für den Sachzusammenhang geeignet ist.
c) Geben Sie den Definitionsbereich Ihrer Funktion an.

Ich kann ...

*... den **Modellierungskreislauf** erläutern und Anwendungsprobleme durch Modellieren lösen.*

▶ Test-Aufgaben 1, 3

Reale Situation:
Ina schießt den Ball aus 50 m Entfernung auf das 2,44 m hohe Tor. Der Ball erreicht die maximale Höhe von 36 m. Geht der Ball ins Tor?

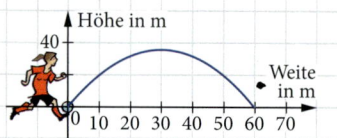

Modellierungskreislauf:

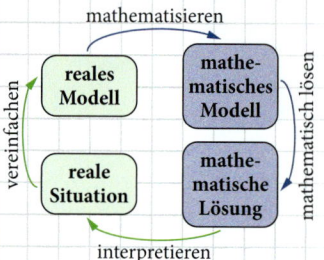

Reales Modell:
Wir nehmen an, dass der Ball einen schiefen Wurf ausübt.
Mathematisches Modell:
Quadratische Funktion f mit
$$f(x) = a\,x\,(x - 60)$$
$$f(30) = 36$$
$$a \cdot 30\,(30 - 60) = 36$$
$$a = -0{,}04$$
Mathematische Lösung:
$$f(x) = -0{,}04\,x^2 + 2{,}4\,x$$
$$f(50) = 20$$
Interpretation:
Der Ball geht nicht ins Tor, er geht fast 20 m über dem Tor vorbei.

*... die **Regressionsgerade** per **Augenmaß** einzeichnen sowie die Gleichung der Regressionskurve und den **Korrelationskoeffizienten** r mithilfe des Taschenrechners oder eines digitalen Hilfsmittels bestimmen.*

▶ Test-Aufgaben 2, 3 b), 4

Wertepaare: $(157\,|\,45)$, $(157\,|\,47)$, $(159\,|\,45)$, $(163\,|\,55)$, $(165\,|\,56)$, $(167\,|\,55)$, $(169\,|\,56)$, $(174\,|\,61)$, $(180\,|\,65)$, $(182\,|\,63)$

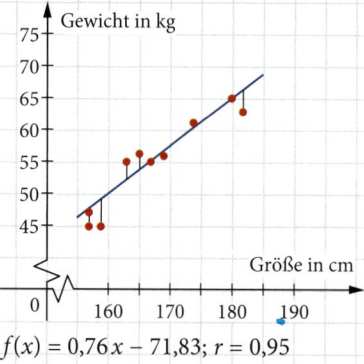

$$f(x) = 0{,}76\,x - 71{,}83; \quad r = 0{,}95$$

Die Regressionsgerade stellt den linearen Zusammenhang zwischen Datenpaaren optisch dar.

Abweichungen nach oben sollten sich in etwa mit den Abweichungen nach unten aufheben. „Ausreißer" müssen nicht beachtet werden.

*... die **Stärke des linearen Zusammenhangs** (Korrelation) am Korrelationskoeffizienten ablesen.*

▶ Test-Aufgaben 2 c), 4

Die Korrelation zwischen der Körpergröße und dem Gewicht der betrachteten Personen ist sehr hoch $(|r| > 0{,}9)$.

$|r|$	Stärke der Korrelation
bis 0,2	schwach
0,2 bis 0,4	niedrig
0,4 bis 0,7	mäßig
0,7 bis 0,9	hoch
über 0,9	sehr hoch

Test zu 2.4

1. Aus einem Gefrierschrank wird ein tiefgefrorenes Brot entnommen. Mia will die Temperatur T des Brots (in Grad Celsius °C) in Abhängigkeit von der Zeit t (in Stunden h) durch eine Funktion modellieren. Sie verwendet die Funktionsgleichung $T(t) = 23 - k \cdot e^{bt}$; $t \geq 0$, mit $k > 0$ und $b < 0$.

a) Erläutern Sie, ob Mia einen sinnvollen Lösungsansatz gewählt hat.

b) Geben Sie die Gleichung der Asymptoten des Graphen von T an und erläutern Sie deren Bedeutung im Sachzusammenhang.

c) Bei der Entnahme hat das Brot eine Temperatur von $-18\,°C$. Nach drei Stunden ist die Temperatur des Brots auf $12\,°C$ angestiegen.
Berechnen Sie die Werte von k und b.

2. Die Tabelle zeigt die schriftlichen Leistungen und die Zeugnisnoten (im Punktesystem) von sieben Schülerinnen und Schülern.

a) Veranschaulichen Sie die Daten in einem Streudiagramm und zeichnen Sie die Regressionsgerade per Augenmaß ein.

b) Bestimmen Sie die Gleichung der Regressionsgeraden mithilfe des Taschenrechners. Zeichnen Sie die Gerade in das Streudiagramm ein.

c) Ermitteln Sie den Korrelationskoeffizienten und bewerten Sie Ihr Ergebnis.

Schüler	Punkte „schriftlich"	Punkte Zeugnis
Vivia	11	12
Christopher	11	11
Yannic	10	11
Maria	9	9
Alicja	6	7
Simon	4	7
Michelle	5	6

3. 15 Personen nehmen an einem Gedächtnistest teil. Sie müssen sich 30 Ortsnamen aus Nigeria merken. 10 Tage lang wird an jedem Nachmittag überprüft, wie viele Ortsnamen noch im Gedächtnis geblieben sind. Nach t Tagen hatten die Testpersonen sich durchschnittlich noch y Ortsnamen gemerkt.

t in Tagen	1	2	3	4	5	6	7	8	9	10
Anzahl y	25,3	19,9	17,2	13,3	11,0	8,7	7,9	5,7	5,2	5,0

a) Stellen Sie die Testergebnisse in einem Koordinatensystem dar. Modellieren Sie diesen Sachzusammenhang mit einer geeigneten Funktion.

b) Bewerten Sie, ob Ihre gewählte Funktion für den Sachzusammenhang geeignet ist.

c) Geben Sie den Definitionsbereich Ihrer Funktion an.

4. Geben Sie zu den folgenden Datenpaaren die Stärke des linearen Zusammenhangs an. Beurteilen Sie jeweils die Aussagekraft des Korrelationskoeffizienten.

Kopfumfang in cm	36	39	42	44	46	47	48	50
Alter in Monaten	0	2	4	6	9	12	18	24

Länge des Mittelfingers in cm	8	6,3	5	7,6	9	4,8	8,2	6,9
Intelligenzquotient	120	100	88	83	97	117	78	104

Gewicht eines Apfels in g	305	355	250	406	280	297	333	246
Vitamin-C-Gehalt des Apfels in mg	36,6	53,25	37,5	81,2	47,6	47,52	39,96	31,98

3.1 Änderungsfunktion

1 Vier-Pässe-Tour

Die Fly Bike Werke GmbH vermittelt Radtouren. Eine der Radtouren beinhaltet die Vier-Pässe-Tour um die Sellagruppe in Südtirol. Die Teilnehmer werden exklusiv mit Mountainbikes der Fly Bike Werke ausgestattet und können so einige Pässe der Sellagruppe fahrend erklimmen. Die Karte zeigt den Fahrtverlauf beginnend in Corvara.

Ein Teilnehmer fertigt diese Zeichnung der Tour an, um sie später auf seinem Urlaubsblog zu veröffentlichen. In einem Erfahrungsbericht möchte er die Anstrengungen beim Auf- und Abstieg der verschiedenen Pässe schildern.

Schreiben Sie den Erfahrungsbericht unter Berücksichtigung der folgenden Aspekte.

a) Beschreiben Sie die Anstrengungen beim Auf- und Abstieg der verschiedenen Pässe um die Sellagruppe.
b) Ermitteln Sie eine Stelle mit besonders steilem Anstieg und eine Stelle mit besonders steilem Abstieg.
c) Beschreiben Sie einen Streckenabschnitt, der sich relativ entspannt fährt.

2 Neuerkrankungen

Auf einer Insel hat sich eine Infektion sehr schnell verbreitet. Die Anzahl der Neuinfektionen pro Tag wurde im Nachhinein durch den dargestellten Graphen modelliert.

a) Beschreiben Sie den Verlauf des Graphen.

b) Erläutern Sie, was Sie aus dem Graphen über den Verlauf der Neuerkrankungen ablesen können.

c) Berechnen Sie, wie viele Menschen insgesamt bis zum dritten Tag erkrankt waren.

d) Berechnen Sie, wie viele Neuerkrankungen es durchschnittlich täglich in der ersten Woche gab.

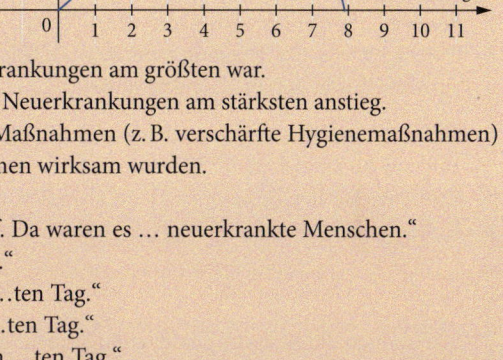

e) Bestimmen Sie, zu welchem Zeitpunkt die Anzahl der Neuerkrankungen am größten war.

a) Lesen Sie außerdem ab, zu welchem Zeitpunkt die Anzahl der Neuerkrankungen am stärksten anstieg.

f) Um den Anstieg der Neuerkrankungen zu bremsen, wurden Maßnahmen (z. B. verschärfte Hygienemaßnahmen) ergriffen. Ermitteln Sie den Zeitpunkt, zu dem diese Maßnahmen wirksam wurden.

g) Ergänzen Sie folgende Aussagen in Ihrem Heft:

„Die größte Zahl der Neuerkrankungen trat am …ten Tag auf. Da waren es … neuerkrankte Menschen."

„Bis zum fünften Tag waren insgesamt … Menschen erkrankt."

„Die Anzahl der Neuerkrankungen stieg vom …ten bis zum …ten Tag."

„Die Anzahl der Neuerkrankungen verringerte sich ab dem …ten Tag."

„Der Anstieg der Neuerkrankungen verlangsamte sich ab dem …ten Tag."

„Obwohl die ergriffenen Maßnahmen ab dem …ten Tag wirkten, stieg die Anzahl der Neuerkrankungen weiter an und es dauerte … Tage, bis die Anzahl der Neuerkrankungen wieder sank."

3 Rennstrecke

Im Parcours wurde die Strecke gekennzeichnet, die ein Teilnehmer beim Probetraining fuhr.

a) Vermuten Sie, in welchem Streckenabschnitt am meisten beschleunigt bzw. am stärksten gebremst wurde.

b) Die Grafik gibt die Geschwindigkeit des Teilnehmers in Abhängigkeit von der Zeit wieder.

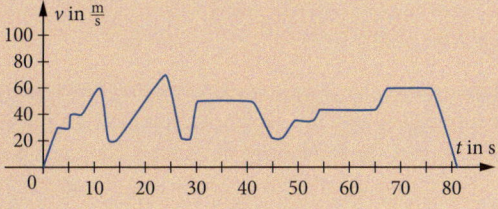

Überprüfen Sie Ihre Vermutung aus a) anhand des Graphen.

3.1 Änderungsfunktion

3.1.1 Die Änderungsfunktion – Skizzieren mit Steigungsintervallen

 Steigungsverhalten

Ein Landschaftsprofil bzw. Höhenprofil ist ein senkrechter Schnitt durch die Landschaft. Es zeigt die Höhe in Abhängigkeit von der (horizontalen) Entfernung.
Stellen Sie sich vor, Sie fahren auf dem rechts abgebildeten Landschaftsprofil mit dem Fahrrad von links kommend.
Wo wird das sehr anstrengend sein, wo weniger? Das hängt von der Steigung bzw. dem Gefälle ab, also davon, wie sich die Höhe verändert.

Die untere Abbildung zeigt diese Änderung der Höhe in Abhängigkeit der Entfernung.
Erläutern Sie die Zusammenhänge zwischen dem Höhenprofil und dessen Änderungsverhalten.

Höhenprofil

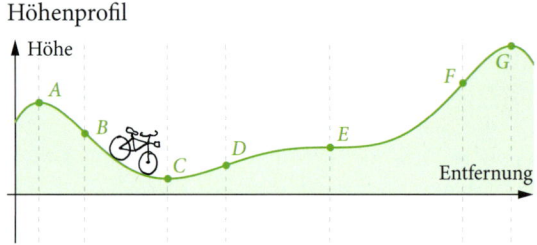

Änderung der Höhe

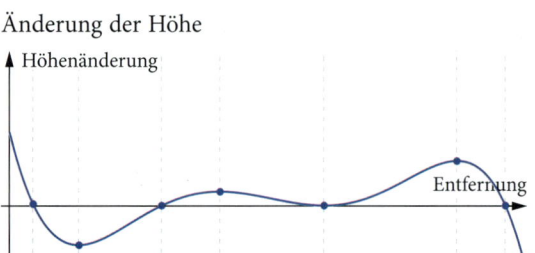

Wir können die Bereiche der Steigung und des Gefälles des Höhenprofils mithilfe der Steigungsintervalle sehr gut veranschaulichen. Die Grenzen der Steigungsintervalle sind die Extrempunkte A, C und G. Bis zum Punkt A nimmt die Höhe zu, die Steigung bzw. Änderung ist positiv. Im Punkt A ist die Steigung und somit die Änderung null.
Von Punkt A bis Punkt C ist ein Gefälle, die Höhe nimmt ab, d.h. die Steigung bzw. Änderung ist negativ. Im Punkt B ist das Gefälle am steilsten (die Steigung ist sozusagen am negativsten), deshalb ist die Änderung an dieser Stelle in diesem Intervall auch am negativsten. Anschließend ist die Steigung noch negativ, aber das Gefälle wird flacher.
Im Punkt C ist die Steigung und somit die Änderung wieder null.
Vom Punkt C zum Punkt E nimmt die Höhe wieder zu, die Steigung bzw. Änderung ist positiv. Im Punkt D ist dabei die Steigung am stärksten, deshalb ist die Änderung an dieser Stelle in diesem Intervall am positivsten.
Genau im Punkt E ist die Änderung wieder null.
Vom Punkt E zum Punkt G nimmt die Höhe wiederum zu, die Steigung bzw. Änderung ist positiv. Im Punkt F ist dabei die Steigung am stärksten, deshalb ist die Änderung an dieser Stelle in diesem Intervall am positivsten.
Im Punkt G ist die Änderung wieder null.
Es folgt ein Gefälle, die Steigung und somit Änderung wird wieder negativ.

Der blaue Graph beschreibt die Änderung des grünen Graphen. Nicht nur bei einem Höhenprofil beschreibt die Steigung des Graphen das Änderungsverhalten, sondern auch bei allen anderen Graphen. Hält man die Steigung eines Graphen in einem weiteren Graphen fest, so beschreibt dieser die Änderung des ersten Graphen. Somit gelangt man zu folgender Definition:

Die Funktion, die jedem Wert x die Steigung des Graphen der Funktion f im Punkt $P(x|f(x))$ zuordnet, heißt **Änderungsfunktion** der Funktion f. Man bezeichnet sie mit f'. (gelesen: f Strich).
Die Änderungsfunktion f' beschreibt das Ausmaß der Veränderung der Funktion f in jedem Punkt.
Auch die Begriffe **Anstiegsfunktion** oder **Steigungsfunktion** oder **Ableitungsfunktion** sind gebräuchlich.

Zusammenhänge zwischen Funktion und Änderungsfunktion

Erklären Sie die Zusammenhänge zwischen den Steigungs- und Krümmungsintervallen und den charakteristischen Punkten der Funktion f und ihrer Änderungsfunktion f' anhand der dargestellten Graphen.

In den Intervallen, in denen f steigt, ist die Änderungsfunktion f' positiv.
In dem Intervall, in dem f fällt, ist f' negativ.
Überall dort, wo der Graph von f rechtsgekrümmt ist, d.h. wo die Steigung von f kleiner wird, ist die Änderungsfunktion f' fallend.
In den Intervallen, in denen der Graph von f linksgekrümmt ist, d.h. die Steigung von f immer größer wird, ist die Änderungsfunktion f' steigend.

In den Extrempunkten H und T und dem Sattelpunkt S des Graphen von f ist die Steigung genau null. Deshalb hat die Änderungsfunktion f' dort Nullstellen.

Bis zum Sattelpunkt S ist die Steigung von f zwar positiv und anschließend auch, sie wird aber bis S immer kleiner und nach S wieder größer. Deshalb hat der Graph der Änderungsfunktion f' hier einen Tiefpunkt. Zwischen S und H ist die Steigung positiv, wird aber bis W_1 immer größer und anschließend wieder kleiner. Deshalb hat der Graph von f' hier einen Hochpunkt. Zwischen H und T fällt f. Diese negative Steigung wird bis W_2 immer kleiner (K_f steiler), und nach W_2 wieder größer (K_f flacher). Der Graph der Änderungsfunktion f' hat deshalb dort einen Tiefpunkt.

Graph der Funktion f:

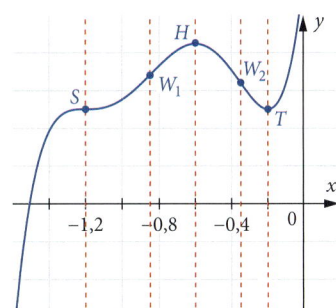

steigend:
$I_1 =]-\infty; -1,2[$
$I_2 =]-1,2; -0,6[$
$I_4 =]-0,2; \infty[$
fallend:
$I_3 =]-0,6; -0,2[$
rechtsgekrümmt:
$I_5 =]-\infty; -1,2[$
$I_7 =]-0,85; -0,35[$
linksgekrümmt:
$I_6 =]-1,2; -0,85[$
$I_8 =]-0,35; \infty[$

Graph der Änderungsfunktion f':

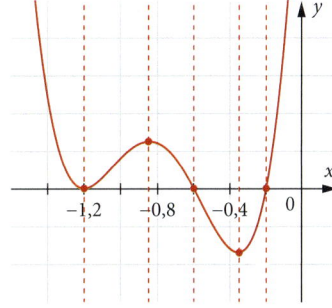

positiv:
$I_1 =]-\infty; -1,2[$
$I_2 =]-1,2; -0,6[$
$I_4 =]-0,2; \infty[$
negativ:
$I_3 =]-0,6; -0,2[$
fallend:
$I_5 =]-\infty; -1,2[$
$I_7 =]-0,85; -0,35[$
steigend:
$I_6 =]-1,2; -0,85[$
$I_8 =]-0,35; \infty[$

Die Eigenschaften der Funktion f und der Änderungsfunktion f' hängen direkt zusammen:
- In jedem Intervall, in dem f steigt, ist die Änderungsfunktion positiv ($K_{f'}$ verläuft über der x-Achse).
- In jedem Intervall, in dem f fällt, ist die Änderungsfunktion negativ ($K_{f'}$ verläuft unter der x-Achse).
- An jeder Extremstelle von f hat die Änderungsfunktion eine Nullstelle.
- An jeder Wendestelle von f hat die Änderungsfunktion eine Extremstelle.
- An jeder Stelle, an der der Graph von f einen Sattelpunkt besitzt, hat der Graph der Änderungsfunktion einen Hoch- oder Tiefpunkt auf der x-Achse.
- In jedem Intervall, in dem der Graph von f rechtgekrümmt ist, ist die Änderungsfunktion fallend.
- In jedem Intervall, in dem der Graph von f linksgekrümmt ist, ist die Änderungsfunktion steigend.

Ergänzen Sie die Aussagen mithilfe der Abbildung.
a) In jedem Intervall, in dem f fällt, verläuft der Graph der Änderungsfunktion … der x-Achse.
b) Ist die Änderungsfunktion negativ, so … der Graph von f.
c) An jeder Extremstelle von f hat die Änderungsfunktion eine … .
d) An der Wendestelle von f hat f' eine … .
e) An der Stelle, wo K_f einen Sattelpunkt hat, besitzt der Graph von f' einen …, der auf der … liegt.

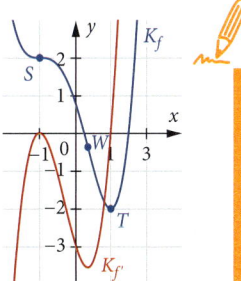

3

Indem wir die Steigungs- und Krümmungsintervalle einer Funktion f bzw. ihres Graphen betrachten, können wir Aussagen über den Verlauf des Graphen der Änderungsfunktion f' treffen und den Graphen skizzieren.
Das Vorgehen, den Graphen der Änderungsfunktion f' zeichnerisch zu bestimmen und darzustellen, nennt man auch grafisches Differenzieren oder grafisches Ableiten.

 3 Skizzieren des Graphen der Änderungsfunktion mit Steigungsintervallen

Skizzieren Sie den Graphen der Änderungsfunktion f' der abgebildeten Funktion f mithilfe der Steigungsintervalle.

Wir bestimmen zunächst die Steigungsintervalle:
I_1: $]-\infty; -4[$ K_f fallend
I_2: $]-4; -1[$ K_f steigend
I_3: $]-1; 3[$ K_f fallend
I_4: $]3; \infty[$ K_f steigend
Die Intervallgrenzen -4, -1 und 3 entsprechen den Extremstellen. Die Steigung ist dort null.
Für $x = -4$, $x = -1$ und $x = 3$ gilt also $f'(x) = 0$.

Graph der Funktion:

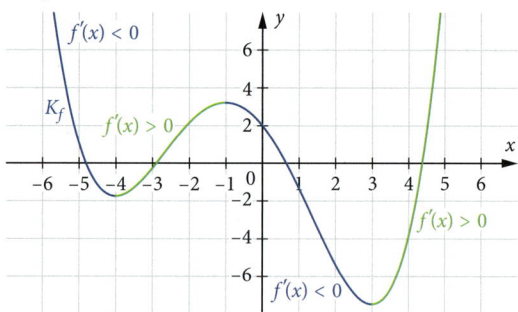

Um den Graphen der Änderungsfunktion f' zu skizzieren, markieren wir zunächst diese Nullstellen von f'. Die rot markierten Punkte sind also schon Punkte des gesuchten Graphen von f'.

Nun überlegen wir, wie der Graph von f' zwischen den markierten Punkten aussieht. Im Intervall I_1 ist der Graph von f fallend. Die Änderungsfunktion ist dort also negativ, es gilt: $f'(x) < 0$. Deshalb verläuft der Graph der Änderungsfunktion f' in diesem Abschnitt unterhalb der x-Achse.
Im Intervall I_2 steigt K_f. Die Änderungsfunktion ist also positiv, es gilt $f'(x) > 0$. Folglich verläuft der Graph von f' zwischen -4 und -1 oberhalb der x-Achse.
Zwischen -1 und 3 verläuft der Graph von f' wieder unterhalb der x-Achse und im Intervall I_4 oberhalb der x-Achse.
Nun wissen wir, wo der Graph von f' unterhalb bzw. oberhalb der x-Achse liegt und an welchen Stellen er die x-Achse schneidet. So können wir den Graphen der Änderungsfunktion recht treffend skizzieren.

Graph der Änderungsfunktion:

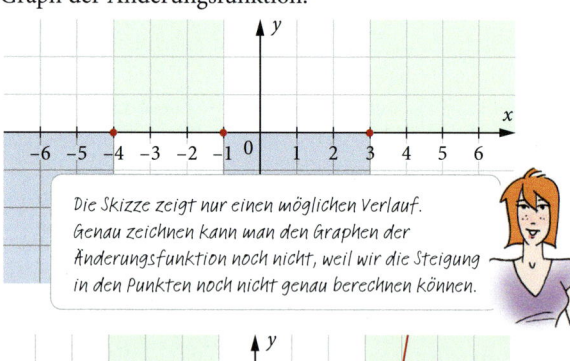

Die Skizze zeigt nur einen möglichen Verlauf. Genau zeichnen kann man den Graphen der Änderungsfunktion noch nicht, weil wir die Steigung in den Punkten noch nicht genau berechnen können.

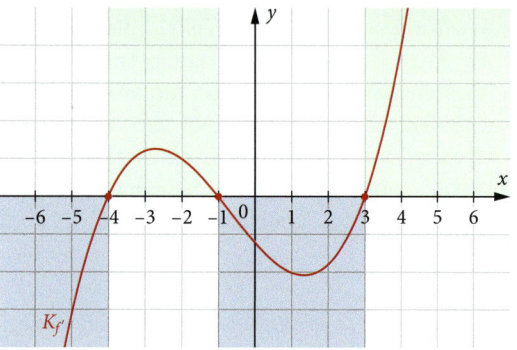

 Die Abbildung zeigt den Graphen der Funktion f.
Skizzieren Sie unter Verwendung der Steigungsintervalle den Graphen der Änderungsfunktion f'.

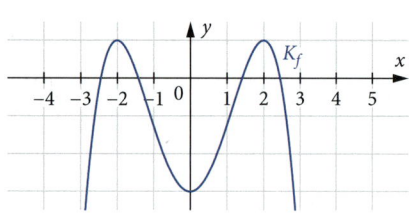

Übungen zu 3.1.1

1. Der blaue Graph ist der Funktionsgraph einer Funktion f.
Entscheiden und begründen Sie, welcher der daneben stehenden roten Graphen das Steigungsverhalten von f richtig darstellt. Begründen Sie, warum die jeweils anderen beiden Graphen falsch sind.

a)
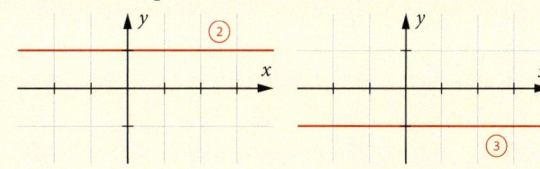

b)
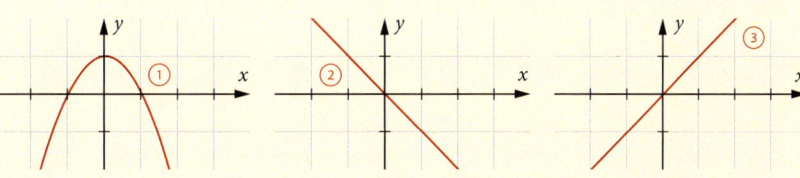

c)
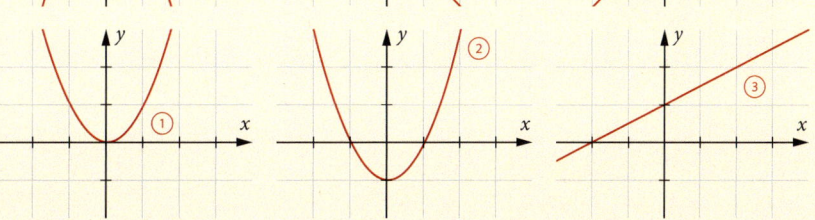

2. Skizzieren Sie zu dem gegebenen Graphen den Graphen der Änderungsfunktion.

a)
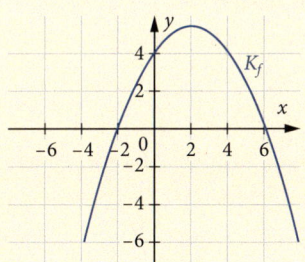

b)
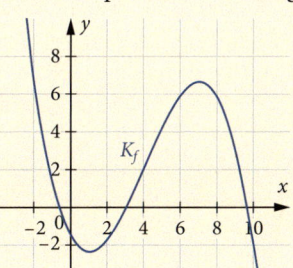

c)
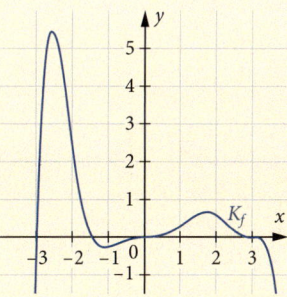

3. Ergänzen Sie die Aussagen.
a) Dort, wo der Graph der Funktion steigt, ist die Änderungsfunktion … .
b) An jeder Maximalstelle der Funktion hat die Änderungsfunktion … .
c) In jedem Intervall, in dem die Änderungsfunktion positiv ist, … der Graph der Funktion.
d) Dort, wo die Änderungsfunktion eine Nullstelle hat, hat der Graph von f einen … oder einen … oder einen … .

4. Gegeben ist der Graph der Änderungsfunktion $K_{f'}$.
Entscheiden Sie begründet, ob folgende Aussagen wahr, falsch oder unentscheidbar sind.
a) Der Graph von f hat zwei Wendepunkte.
b) Der Graph von f hat zwei Extrempunkte.
c) Die Funktion f hat eine Nullstelle.
d) Der Graph von f hat einen Hochpunkt.

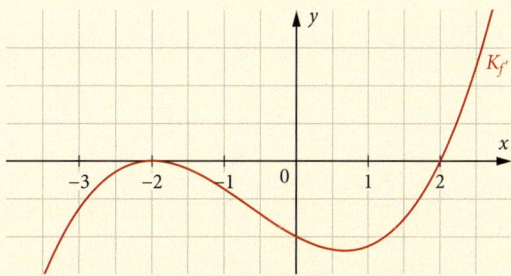

3.1.2   Interpretation in Anwendungen

4   Geschwindigkeit und Beschleunigung

Die Abbildung zeigt die Geschwindigkeit eines Autos in Abhängigkeit von der Zeit. Die Momentangeschwindigkeit des Autos zu einem beliebigen Zeitpunkt kann man direkt ablesen, z. B. beträgt die Geschwindigkeit nach vier Minuten etwa $95 \frac{km}{h}$. Es ist aber auch interessant, in welchem Ausmaß sich diese Geschwindigkeit ändert, also wie stark die Beschleunigung des Autos zum jeweiligen Zeitpunkt ist.

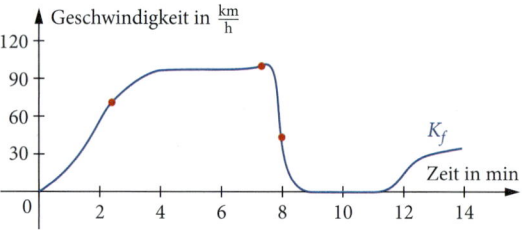

a) Erläutern Sie unter Bezug auf die charakteristischen Punkte, was Sie anhand des Graphen der Geschwindigkeitsfunktion f über die Bewegung des Autos ablesen können.
b) Skizzieren Sie anschließend den Graphen der Beschleunigungsfunktion f'.

Zu a) Zu Beginn ist die Geschwindigkeit des Autos null. Sie nimmt dann bis zur 4. Minute immer weiter zu. Ab der 2,5ten Minute wird die Zunahme allerdings immer schwächer, d. h. die Geschwindigkeit nimmt zwar weiter zu, aber die Beschleunigung wird geringer.
Von der 4. bis zur 7. Minute beträgt die Geschwindigkeit fast konstant etwa $95 \frac{km}{h}$, das Auto beschleunigt

nicht. In der 7. Minute nimmt die Geschwindigkeit kurz zu; das Auto beschleunigt. Dann bremst das Auto stark ab bis zur 9. Minute. Die Bremsung wird bis zur 8. Minute immer stärker und danach wieder schwächer.
Zwischen der 9. und der 11. Minute steht das Auto, die Geschwindigkeit und die Beschleunigung sind null. Von der 11. Minute bis zum Ende der Beobachtung steigt die Geschwindigkeit wieder an. Allerdings nimmt die Beschleunigung nur bis zur 12. Minute zu, danach steigt zwar die Geschwindigkeit noch, aber das Auto beschleunigt immer weniger.
Betrachtet man nur die Beschleunigung – also die Änderung der Geschwindigkeit – so stellt man fest, dass diese genau bis zum ersten Wendepunkt von K_f zunimmt, deshalb hat $K_{f'}$ hier einen Hochpunkt. Anschließend nimmt die Beschleunigung ab. Im folgenden Zeitintervall, in dem die Geschwindigkeit konstant ist, muss die Beschleunigung null sein. Danach wird kurz beschleunigt, aber dann bis zur 8. Minute immer stärker abgebremst. Der Bremsvorgang entspricht einer negativen Beschleunigung, die genau zur 8. Minute am stärksten ist. Deshalb hat $K_{f'}$ hier einen Tiefpunkt. Anschließend wird bis zur 9. Minute weiterhin gebremst, aber nicht mehr so stark. Die Beschleunigung bleibt also negativ, nimmt aber wieder zu. Der Bremsvorgang endet mit der 9. Minute, f' ist hier null. In der 11. Minute wird wieder beschleunigt. Die Beschleunigung ist zur 12. Minute am stärksten, hier hat K_f einen Wendepunkt und $K_{f'}$ einen Hochpunkt. Anschließend nimmt die Geschwindigkeit zwar weiter zu, aber die Zunahme wird immer weniger stark, also fällt $K_{f'}$.

Zu b) Die Grafik oben zeigt die Geschwindigkeit in Abhängigkeit von der Zeit.
Mithilfe der Ergebnisse aus a) können wir den Graphen der Änderungsfunktion skizzieren. Dabei wird die Beschleunigung in Abhängigkeit von der Zeit dargestellt. Da wir keine Zahlenwerte dafür haben, wie groß die Beschleunigung jeweils genau ist, können wir die y-Achse nicht mit Zahlen beschriften. Trotzdem kann man an diesem Graphen sehr viel über das Beschleunigungs- bzw. Bremsverhalten ablesen.

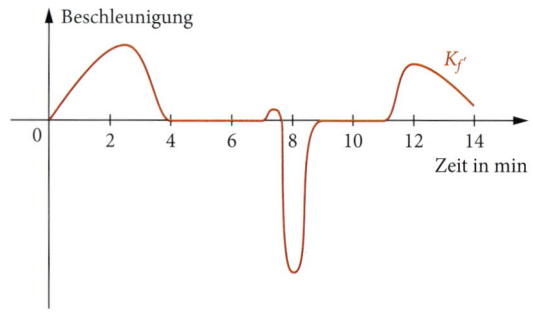

Ertragsgesetzliche Produktionsfunktion

Auf einem landwirtschaftlichen Gut soll erforscht werden, wie sich die Veränderung der Düngermenge auf den mengenmäßigen Ertrag auswirkt.

Dafür wird auf mehreren Äckern von gleicher Größe und Bodenqualität unter denselben Bedingungen und mit derselben Arbeitsintensität Weizen angebaut. Der einzige Unterschied besteht in der eingesetzten Menge an Dünger. Die Düngermenge wird daher variabler Einsatzfaktor genannt – im Unterschied zu den konstanten Einsatzfaktoren Anbaufläche, Bodenqualität und Arbeitsintensität. Der Versuch hat ergeben, dass die Abhängigkeit des Ertrags $E(u)$ von der eingesetzten Düngermenge u für $u \in [0; 400]$ gut durch den rechts dargestellten Graphen beschrieben wird.

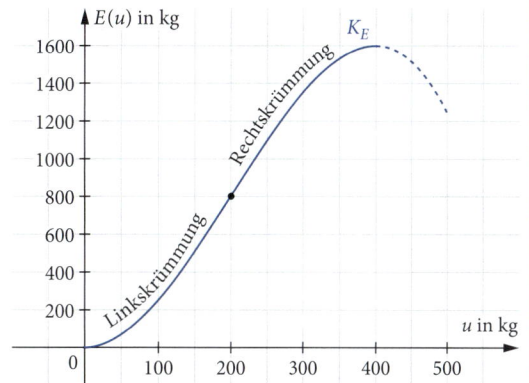

Beschreiben Sie den Verlauf der Ertragsfunktion E anhand der Abbildung. Skizzieren Sie anschließend einen Graphen, der das Änderungsverhalten der Ertragsfunktion beschreibt.

Der Graph der Ertragsfunktion E steigt bis zu einem Hochpunkt. Das bedeutet, dass der Ertrag mit zunehmendem Düngereinsatz bis zu einem Punkt steigt, von dem aus er wegen Überdüngung des Ackers fällt. Die Steigung des Graphen der Ertragsfunktion erfolgt zuerst überproportional; das heißt, dass eine konstante Steigerung der Düngermenge zu einer immer größeren Zunahme des Ertrags führt. Der Graph ist in diesem Bereich linksgekrümmt. Dieser **progressive** Verlauf der Ertragskurve und damit ihre Linkskrümmung endet im Wendepunkt: ab hier ist der Graph rechtsgekrümmt. Ökonomisch bedeutet die Rechtskrümmung, dass der Ertrag bei gleichmäßig steigendem Düngereinsatz immer weniger zunimmt; der Ertrag steigt unterproportional oder **degressiv**.

Aus der Grafik oben können wir ablesen, dass der Wendepunkt die Koordinaten $(200\,|\,800)$ hat. Das bedeutet, dass ab einem Einsatz von 200 kg Dünger der Ertrag bei Steigerung der Düngermenge zwar noch steigt, aber im Verhältnis immer weniger. Der Graph der Änderungsfunktion muss also bei $x = 200$ ein Maximum haben.

Da vorher das Wachstum progressiv ist, muss der Änderungsgraph steigend sein. Anschließend ist der Änderungsgraph fallend, weil das Wachstum degressiv ist.

Graph der Änderungsfunktion:

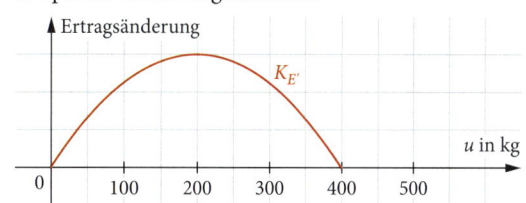

Die sogenannten Grenzkosten sind die Kosten, die durch die Produktion einer zusätzlichen Mengeneinheit eines Produktes entstehen. Dabei ist interessant, um wie viel sich die Kosten erhöhen, wenn man etwas mehr produziert. Die Frage ist also, ob eine zusätzlich produzierte Einheit mehr oder weniger Zusatzkosten verursacht als die zuvor produzierte Einheit.

Interpretieren Sie die dargestellten Graphen vor dem Hintergrund der Frage, welche Produktionsmenge erzielt werden sollte.

Grenzkostenentwicklung bei verschiedenen Herstellungsarten:

213

Übungen zu 3.1.2

1. Die Ausdehnung und Dicke des Meereises in der Antarktis verändert sich täglich. Mit Satelliten kann man diese messen und Karten von der Meereisfläche erstellen. Die nebenstehende Abbildung zeigt die vom Eis bedeckte Fläche im Verlauf eines Jahres.

a) Bestimmen Sie, wann die Eisfläche am größten ist und wie groß die vom Eis bedeckte Fläche dann ist.

b) Lesen Sie ab, in welchem Zeitraum die Eisfläche wächst und in welchem sie schmilzt.

c) Finden Sie anhand des Graphen heraus, wann die Eisdecke am schnellsten wächst und wann sie am stärksten schmilzt.

d) Bestimmen Sie, in welchem Zeitraum die Schmelzgeschwindigkeit abnimmt.

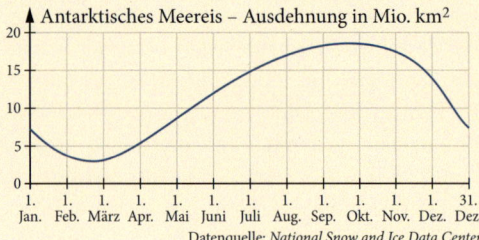

Datenquelle: *National Snow and Ice Data Center*

2. Die Funktion f beschreibt die folgende Anwendungssituation. Interpretieren Sie, was die Änderungsfunktion dann beschreibt. Erklären Sie auch, was Steigung und Krümmung in diesem Zusammenhang bedeuten.

a) f beschreibt die Strecke, die ein Fahrradfahrer nach x Minuten zurückgelegt hat.

b) f beschreibt die ertragsgesetzlichen Produktionskosten bei x produzierten Stück.

c) f beschreibt die Anzahl der bis zum x-ten Tag insgesamt getätigten Installationen einer neuen App.

d) f beschreibt die Konzentration eines Medikaments im Blut x Stunden nach der intravenösen Infusion.

e) f beschreibt den Wasserstand eines Flusses am x-ten Tag des Hochwassers.

f) f beschreibt die Geschwindigkeit eines GoKarts in der x-ten Minute während des Rennens.

3. Als Gesamtverschuldung eines Staates bezeichnet man die Summe der in den vergangenen Jahrzehnten insgesamt angehäuften Schulden. Damit man diese gut mit anderen Ländern vergleichen kann, werden sie oft pro Einwohner angegeben. Als Neuverschuldung bezeichnet man den Betrag, der in einem Haushaltsjahr an neuen Schulden aufgenommen wird. Um diesen Betrag erhöht sich also die Gesamtverschuldung dann.

a) Lesen Sie am Graphen ab, in welchem Jahr die Verschuldung je Einwohner erstmalig sank.

b) Bestimmen Sie jeweils die Zeiträume, in denen die Schulden anstiegen und abnahmen.

c) Benennen Sie die Jahre, in denen die Schulden am geringsten beziehungsweise am stärksten stiegen.

d) Im Jahr 2007 liegt ein Wendepunkt vor. Erklären Sie die Bedeutung für die Entwicklung der Staatsverschuldung.

e) Erklären Sie die Aussage: „Im Jahr 2011 sinkt die Neuverschuldung pro Einwohner im Vergleich zu 2010. Das heißt aber nicht, dass die Schulden sinken."

f) Skizzieren Sie einen Graphen, der die Neuverschuldung darstellt.
Tipp: Die Änderungsfunktion gibt die Neuverschuldung an.

g) Ergänzen Sie zu einer korrekten Aussage.
„Im Zeitraum von … bis … stieg die Schuldenlast ständig an".
„Sowohl im Zeitraum von … bis … als auch im Zeitraum von … bis … stieg die Neuverschuldung ständig an."
„Etwa seit Beginn des Jahres … sinkt die Neuverschuldung." „Seit Anfang … sinken die Schulden."

h) Entscheiden und begründen Sie, welche der Aussagen zutreffend sind.
„Solange die Schulden zunehmen, nimmt auch die Neuverschuldung zu."
„Solange die Neuverschuldung zunimmt, nimmt auch die Verschuldung zu."
„Sobald die Neuverschuldung abnimmt, haben wir weniger Schulden."

Schulden des öffentlichen Gesamthaushalts je Einwohner
(Schuldenstand jeweils zum 31. Dezember)

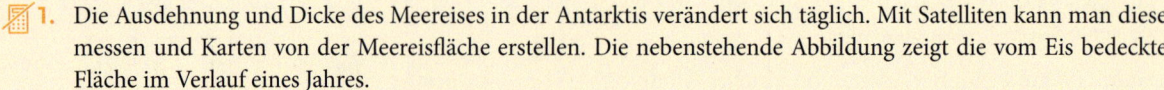

Datenquelle: *Statista 2020/Statistisches Bundesamt*

🖳 Übungen zu 3.1

🗒 **1.** Welcher der roten Graphen ist der Graph der Änderungsfunktion f'? Begründen Sie.

a)
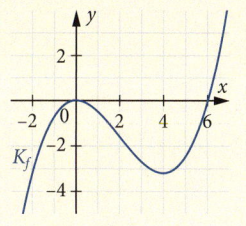
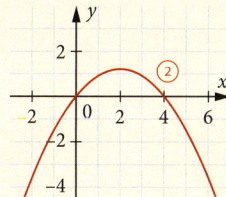

b)
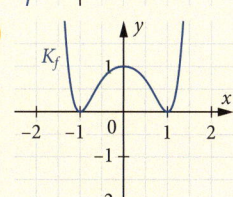
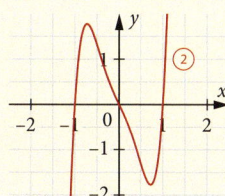
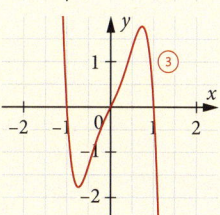

🗒 **2.** Prüfen Sie, welche der angegebenen Gleichungen zu den beiden Graphen, nur zu einem der Graphen oder zu keinem passt. Begründen Sie jeweils Ihre Entscheidung.

a) $f(4) = 0$
b) $f'(1) < 0$
c) $f(0) = 0$
d) $f'(2) = 0$
e) $f'(3) = 0$
f) $f'(0) = 0$
g) $f(3) = 0$

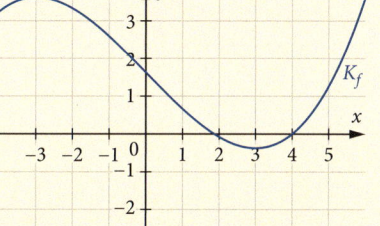
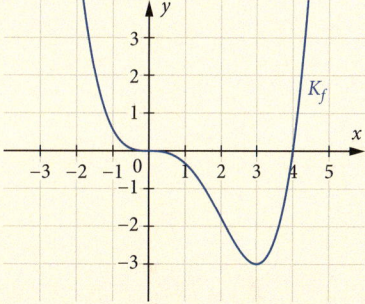

🗒 **3.** Entscheiden Sie begründet, ob die Aussagen wahr sind. Korrigieren Sie falsche Aussagen in Ihrem Heft.

a) In jedem Intervall, in dem der Graph der Funktion fällt, ist die Änderungsfunktion negativ.
b) In jedem Intervall, in dem der Graph der Funktion größer als null ist, steigt die Änderungsfunktion.
c) An jeder Minimalstelle des Graphen der Funktion hat die Änderungsfunktion eine Nullstelle.
d) An jeder Nullstelle der Änderungsfunktion f' hat die Funktion f eine Minimalstelle.
e) In jedem Intervall, in dem die Änderungsfunktion f' positiv ist, sind die Funktionswerte von f größer als null.
f) In jedem Intervall, in dem der Graph von f steigt und f' eine Nullstelle hat, muss K_f einen Sattelpunkt haben.
g) In jedem Intervall, in dem der Graph von f linksgekrümmt ist, ist die Änderungsfunktion f' positiv.
h) In jedem Intervall, in dem der Graph von f rechtsgekrümmt ist, steigt die Änderungsfunktion f'.

🗒 **4.** Skizzieren Sie zu den gegebenen Graphen die Graphen der Änderungsfunktionen.

▷ a)
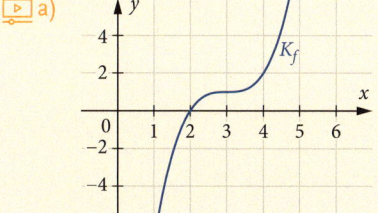

b)
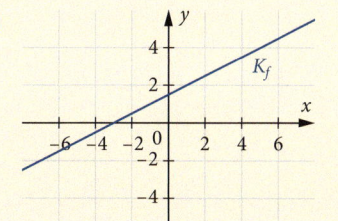

c)
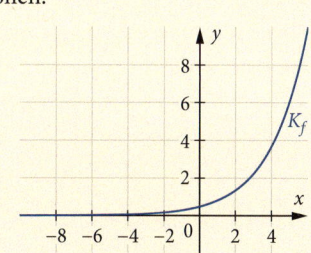

5. Die Abbildungen zeigen die Graphen der Funktionen f und g.

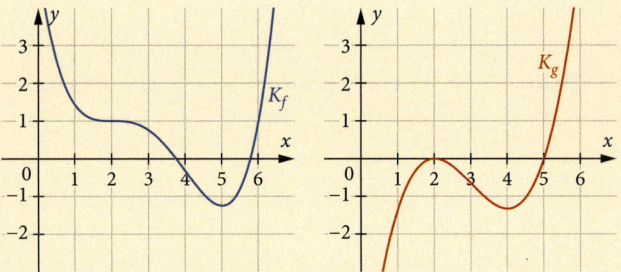

a) Begründen Sie mithilfe von mindestens drei Eigenschaften, dass K_g der Graph der Änderungsfunktion von f ist.

b) Geben Sie die Stelle im Intervall $I =]2; 5[$ an, an der K_f am stärksten fällt. An welchem Graphen kann man diese Stelle am besten ablesen? Begründen Sie. Betrachten Sie die gesamten Graphen und geben Sie ein Intervall an, in dem K_f noch stärker fällt.

c) Der Graph K_f hat in $(2\,|\,1)$ einen besonderen Punkt. Erklären Sie, wie man anhand des Graphen von g schlussfolgern kann, dass K_f an der Stelle $x = 2$ diesen Punkt haben muss.

d) Der Graph von g schneidet bei $x = 5$ die x-Achse. Welche Schlussfolgerungen kann man daraus für den Graphen von f ziehen? Begründen Sie.

e) Die Funktion f hat Nullstellen bei $x_1 = 3{,}75$ und $x_2 = 5{,}78$. Erklären Sie, warum der Graph von g an diesen Stellen keine charakteristischen Punkte besitzt.

6. Die Abbildungen ①, ② und ③ zeigen die Graphen einer Funktion f, ihrer Änderungsfunktion f' und einer weiteren Funktion g.

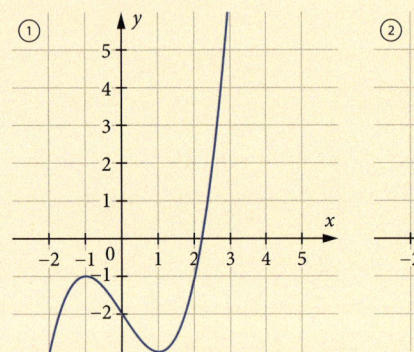
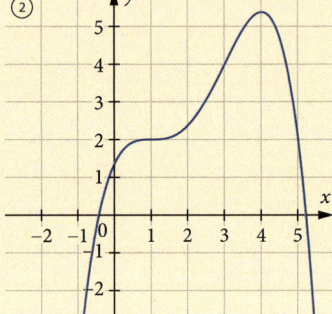
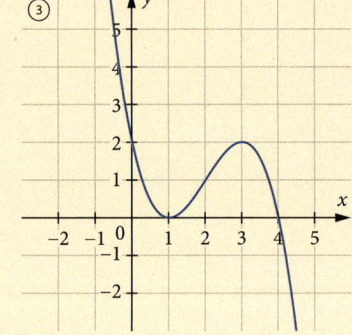

a) Entscheiden Sie begründet, welche Abbildung zum Graphen von f, f' und g gehört.

b) Skizzieren Sie den Graphen der Änderungsfunktion von g.

c) Skizzieren Sie den Graphen einer Funktion h, deren Änderungsfunktion g sein kann.

7. Die Funktion f beschreibt im Intervall $[0; 10]$ die Gewinnsituation eines Unternehmens, wobei x für Mengeneinheiten (ME) und y für den Gewinn in Geldeinheiten (GE) steht.

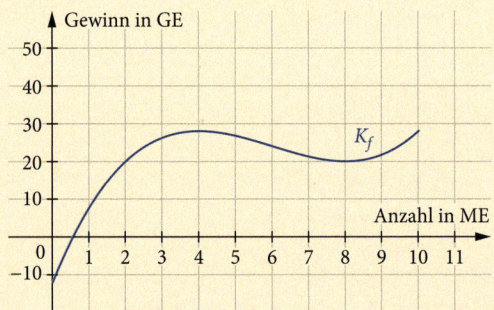

a) Beschreiben Sie die Gewinnsituation anhand des Graphenverlaufs. Bestimmen Sie dazu die Gewinnmaxima und -minima sowie die Stellen des größten Gewinnzuwachses und des größten Gewinnrückgangs.

b) Skizzieren Sie die Änderungsfunktion, die den Gewinnzuwachs bzw. -rückgang beschreibt.

c) Erklären Sie, welche Sachverhalte sich gut am Funktionsgraphen und welche sich gut am Graphen der Änderungsfunktion zeigen lassen.

Ich kann ...

... Zusammenhänge zwischen dem Graphen der Funktion und dem Graphen der **Änderungsfunktion** nennen und erklären.
▶ Test-Aufgabe 1

... den **Graphen der Änderungsfunktion** zu einem gegebenen Funktionsgraphen **skizzieren**.
▶ Test-Aufgabe 1

Die Funktion, die jedem Wert x die Steigung des Graphen der Funktion f im Punkt $P(x|f(x))$ zuordnet, heißt **Änderungsfunktion** f' der Funktion f.

Es gelten folgende Zusammenhänge:
f steigt $\Rightarrow$ f' ist positiv
f fällt $\Rightarrow$ f' ist negativ
Extremstelle bei f $\Rightarrow$ Nullstelle bei f'
f rechtsgekrümmt $\Rightarrow$ f' fallend
f linksgekrümmt $\Rightarrow$ f' steigend
Wendestelle bei f $\Rightarrow$ Extremstelle bei f'

... **Realsituationen** mathematisch mithilfe der Änderungsfunktion **beschreiben**.
▶ Test-Aufgabe 2

Funktion f	Änderungsfunktion f'
Strecke	Geschwindigkeit
Geschwindigkeit	Beschleunigung
Gesamtverschuldung	Neuverschuldung
Gesamtkosten	Grenzkosten

Die Änderungsfunktion f' beschreibt das Ausmaß der Veränderung der Funktion f in jedem Punkt.

3

Test zu 3.1

1. Übertragen Sie den Graphen in Ihr Heft. Skizzieren Sie den Graphen der Änderungsfunktion. Begründen Sie jeweils für wichtige Stellen und Intervalle Zusammenhänge zwischen dem Graphen der Funktion und dem Graphen der Änderungsfunktion.

a)
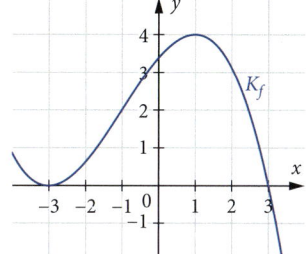

b)
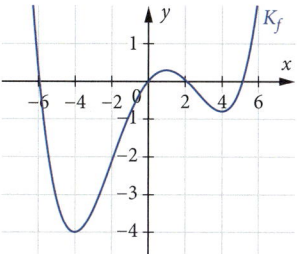

c)
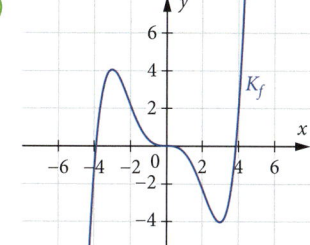

2. Der Graph zeigt die Anzahl der Viren in einem Milliliter Blut während einer Infektion in Abhängigkeit von den Tagen nach Infektionsbeginn.

a) Beschreiben Sie den Verlauf des Graphen innermathematisch.

b) Bestimmen Sie anhand des Graphen sowohl den Zeitpunkt, an dem die Anzahl der Viren am größten ist als auch den Zeitpunkt, an dem die Anzahl der Viren am schnellsten wächst.

c) Erklären Sie, in welchem Zeitraum das Immunsystem auf die Infektion reagiert und in der Lage ist, die Zuwachsrate zu verringern.

d) Skizzieren Sie den Verlauf der Änderungsfunktion, die den Zuwachs der Virenanzahl beschreibt.

e) Beschreiben Sie den Verlauf der Infektion mithilfe Ihrer Ergebnisse.

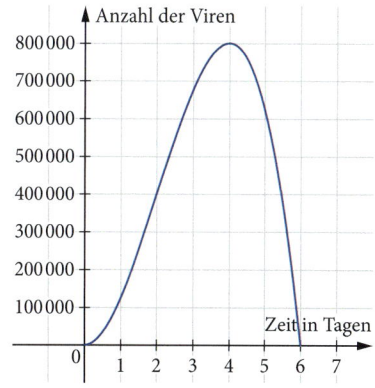

3.2 Änderungsraten

1 Umgehungsstraße

Durch hügeliges Land wird eine neue Umgehungsstraße geplant. Es soll darauf geachtet werden, dass die Straße an keiner Stelle einen stärkeren Anstieg als 12 % hat.

Der Straßenverlauf lässt sich im Intervall [0; 1,2] durch die Funktion f beschreiben. Der zugehörige Graph ist in der Abbildung unten dargestellt. Dabei ist x die horizontale Strecke entlang der geplanten Straße und $f(x)$ die Höhe über „Normalnull" (alle Angaben in km).

Die auftraggebende Kommune möchte eine Möglichkeit haben, für jede Position der Straße die entsprechende Steigung direkt berechnen zu können. Für die beauftragte Firma ist es hilfreich, Regeln anwenden zu können, mit denen auch die Steigungen bei anderen Straßenverläufen berechnet werden kann.

a) Beschreiben Sie den Höhenverlauf der Strecke.

b) Geben Sie an, wo die Strecke den steilsten Anstieg hat.

c) Geben Sie den Abschnitt an, in dem der Anstieg der Strecke immer geringer wird.

d) Wählen Sie zwei Punkte auf dem Graphen aus. Berechnen Sie die Steigung für eine Gerade durch diese beiden Punkte.

e) Beurteilen Sie, ob Ihr Ergebnis aus Aufgabenteil d) den Verlauf der Straße in Ihrem gewählten Abschnitt optimal widerspiegelt.
Falls nicht – wie können Sie Ihr Ergebnis aus d) optimieren?

f) Versuchen Sie das Verfahren aus Aufgabenteil e) so zu beschreiben, dass Sie es auch auf andere Stellen des Graphen und auf andere Funktionen anwenden können.
Erproben Sie Ihr Verfahren.

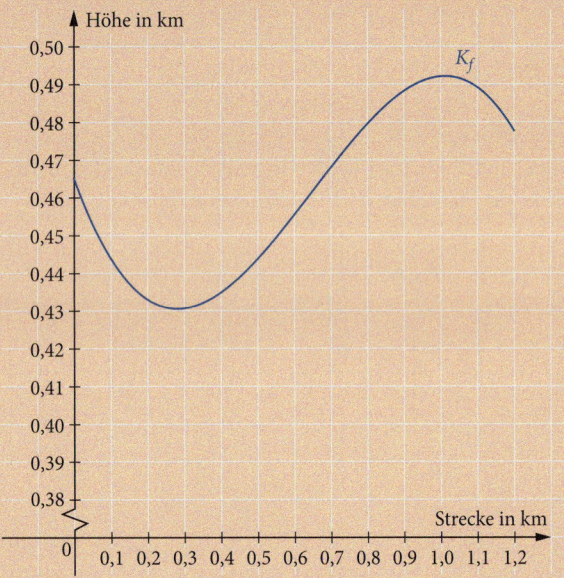

2 Benzinverbrauch

Herr Söst macht einen Wochenendausflug von Heidelberg nach Sigmaringen. Er möchte benzinsparend fahren und im Durchschnitt nicht mehr als 9 ℓ pro 100 km verbrauchen. Der Bordcomputer erstellt eine Grafik zum Benzinstand während der Fahrt. Herr Söst wundert sich über den hohen durchschnittlichen Verbrauch auf den ersten 150 km. Als er zwischen 20 km und 80 km den Verbrauch überprüfte, lag dieser doch unter 9 ℓ pro 100 km.

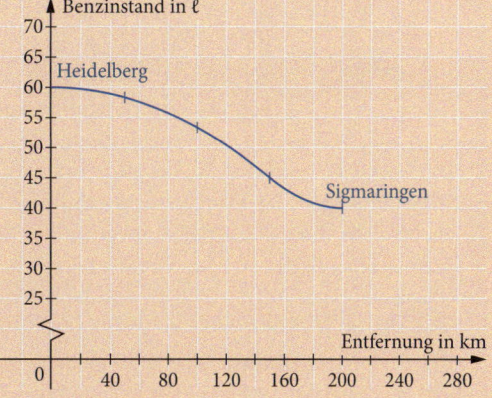

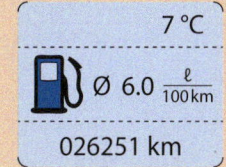

a) Die Abbildung gibt den Benzinstand in Abhängigkeit von der zurückgelegten Entfernung wieder. Zeichnen Sie eine Abbildung, die das verbrauchte Benzin in ℓ in Abhängigkeit von der zurückgelegten Entfernung in km für die 200 km darstellt.
b) Berechnen Sie den durchschnittlichen Benzinverbrauch im Streckenabschnitt 0 km bis 150 km.
c) An welcher Stelle ist der Benzinverbrauch am höchsten? Schätzen Sie den Benzinverbrauch an dieser Stelle ab.
d) Erklären Sie den unterschiedlichen Benzinverbrauch. Beraten Sie Herrn Söst bezüglich seiner Fahrweise.

3 Hochwasserwelle

Eine Hochwasserwelle des Flusses Neckar bei Heidelberg kann durch die Funktion f beschrieben werden. Dabei gibt t die Zeit in Stunden und $f(t)$ die Höhe der Welle in cm über Pegelnull an. Zur Planung von Sicherungsmaßnahmen ist es erforderlich, den zeitlichen Anstieg des Hochwassers genauer zu untersuchen.

a) Bestimmen Sie die durchschnittliche Steigung des Hochwasserpegels alle vier Stunden zwischen 0 und 16 Uhr mithilfe der Steigungsformel.
b) Ermitteln Sie das Zeitintervall, in dem das Wasser am schnellsten steigt.
c) Die durchschnittliche Steigung spiegelt oftmals nicht die tatsächliche Steigung an den einzelnen Messpunkten wider. Im nebenstehenden Graphen lässt sich erkennen, dass die Hochwasserwelle im Intervall [12; 16] bis 13 Uhr steigt und erst nach diesem Zeitpunkt abnimmt. Die berechnete durchschnittliche Steigung ist jedoch negativ und stellt den Verlauf der Welle damit nicht optimal dar. Entwickeln Sie ein Vorgehen, wie man dieses Problem lösen könnte.

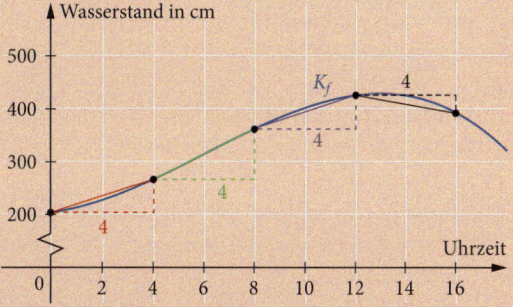

3.2.1 Die durchschnittliche Änderungsrate

Höhenunterschiede im Straßenverkehr

In der Fahrschule lernen wir bei diesem Verkehrszeichen: Auf 100 m horizontaler Entfernung beträgt der Höhenunterschied 12 m. Doch Straßen sind niemals so gerade: Wir fahren immer über kleine Hügel.

Das Verkehrsschild gibt also den durchschnittlichen Höhenunterschied entlang einer bestimmten Strecke an. Die durchschnittliche Steigung der Straße können wir mit der Steigungsformel berechnen:

$$m = \frac{\Delta y}{\Delta x} = \frac{y_2 - y_1}{x_2 - x_1}$$

Da die durchschnittliche oder mittlere Steigung angibt, wie groß die Änderung des Höhenunterschieds im Durchschnitt bzw. im Mittel ist, heißt sie auch **durchschnittliche Änderungsrate** oder **mittlere Änderungsrate**.

Die durchschnittliche Änderungsrate weicht oftmals von der tatsächlichen Änderungsrate an den einzelnen Punkten ab.

Die Steigung der Straße ist keinesfalls überall gleich steil, sondern verändert sich ständig. So ergeben sich zum Beispiel für verschiedene Intervalle $I_1 = [0; 30]$, $I_2 = [30; 50]$ und $I_3 = [80; 100]$ unterschiedliche mittlere bzw. durchschnittliche Änderungsraten.

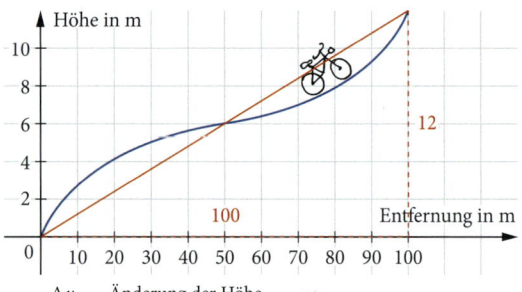

$$m = \frac{\Delta y}{\Delta x} = \frac{\text{Änderung der Höhe}}{\text{Änderung der Strecke}} = \frac{12\,\text{m}}{100\,\text{m}} = 0{,}12 = 12\,\%$$

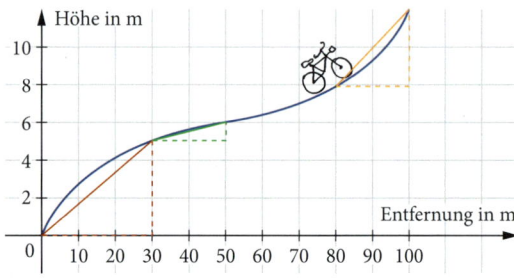

$$m_1 = \frac{\Delta y}{\Delta x} = \frac{5\,\text{m} - 0\,\text{m}}{30\,\text{m} - 0\,\text{m}} = \frac{5\,\text{m}}{30\,\text{m}} \approx 0{,}17 = 17\,\%$$

$$m_2 = \frac{\Delta y}{\Delta x} = \frac{6\,\text{m} - 5\,\text{m}}{50\,\text{m} - 30\,\text{m}} = \frac{1\,\text{m}}{20\,\text{m}} = 0{,}05 = 5\,\%$$

$$m_3 = \frac{\Delta y}{\Delta x} = \frac{12\,\text{m} - 8\,\text{m}}{100\,\text{m} - 80\,\text{m}} = \frac{4\,\text{m}}{20\,\text{m}} = 0{,}2 = 20\,\%$$

Temperaturänderungen in der Meteorologie

Der Wetterdienst hat die Temperaturen eines Herbsttages gemessen und in einem Diagramm dargestellt.

Wir können die mittlere Änderungsrate der Temperatur für unterschiedliche Zeitintervalle bestimmen:

Intervall I: 0 bis 2 Uhr

$$\frac{\text{Änderung der Temperatur}}{\text{Änderung der Zeit}} = \frac{-1\,°\text{C}}{2\,\text{h}} = -0{,}5\,\frac{°\text{C}}{\text{h}}$$

Intervall II: 2 bis 6 Uhr

$$\frac{\text{Änderung der Temperatur}}{\text{Änderung der Zeit}} = \frac{3\,°\text{C}}{4\,\text{h}} = 0{,}75\,\frac{°\text{C}}{\text{h}}$$

Intervall III: 6 bis 14 Uhr

$$\frac{\text{Änderung der Temperatur}}{\text{Änderung der Zeit}} = \frac{4\,°\text{C}}{8\,\text{h}} = 0{,}5\,\frac{°\text{C}}{\text{h}}$$

Allgemein bestimmen wir die Änderungsrate in dem Zeitintervall $[x_1; x_2]$, indem wir die Differenz der Temperaturwerte $T(x_2) - T(x_1)$ durch die Differenz der Zeiten $x_2 - x_1$ teilen. Dieser Quotient wird auch **Differenzenquotient** genannt.

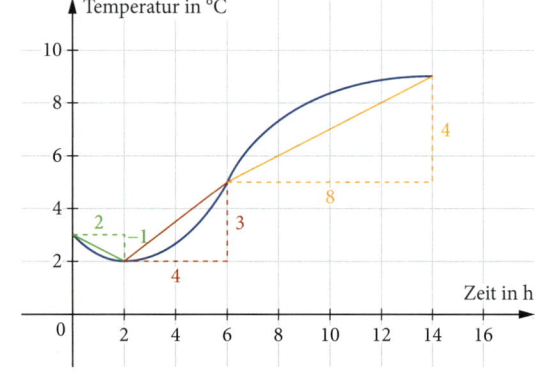

$$m = \frac{\Delta y}{\Delta x} = \frac{\text{Änderung der Temperatur}}{\text{Änderung der Zeit}} = \frac{T(x_2) - T(x_1)}{x_2 - x_1}$$

Die **durchschnittliche** oder **mittlere Änderungsrate** beschreibt das Ausmaß der Veränderung über einem bestimmten Intervall $[x_1; x_2]$. Man berechnet sie mit dem **Differenzenquotienten**:

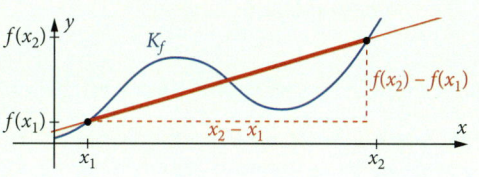

$$m = \frac{\Delta y}{\Delta x} = \frac{y_2 - y_1}{x_2 - x_1} = \frac{f(x_2) - f(x_1)}{x_2 - x_1}$$

Anschaulich entspricht sie der Steigung der **Sekante** durch die zwei Endpunkte des betrachteten Intervalls.

3

⬡ Änderungsraten bei gegebener Funktionsgleichung

Gegeben ist die Funktion f mit $f(x) = 2x^3 - 3x^2 + 2$.
Bestimmen Sie die mittlere Änderungsrate in den Intervallen $I_1 = [0; 1]$, $I_2 = [1; 2]$ und $I_3 = [0; 2]$.

Wir können die mittlere Änderungsrate direkt mithilfe des Differenzenquotienten bestimmen:

$$m = \frac{\Delta y}{\Delta x} = \frac{f(x_2) - f(x_1)}{x_2 - x_1}$$

$$m_1 = \frac{(2 \cdot 1^3 - 3 \cdot 1^2 + 2) - (2 \cdot 0^3 - 3 \cdot 0^2 + 2)}{1 - 0} = \frac{1 - 2}{1 - 0} = -1$$

$$m_2 = \frac{(2 \cdot 2^3 - 3 \cdot 2^2 + 2) - (2 \cdot 1^3 - 3 \cdot 1^2 + 2)}{2 - 1} = \frac{6 - 1}{2 - 1} = 5$$

$$m_3 = \frac{(2 \cdot 2^3 - 3 \cdot 2^2 + 2) - (2 \cdot 0^3 - 3 \cdot 0^2 + 2)}{2 - 0} = \frac{6 - 2}{2 - 0} = 2$$

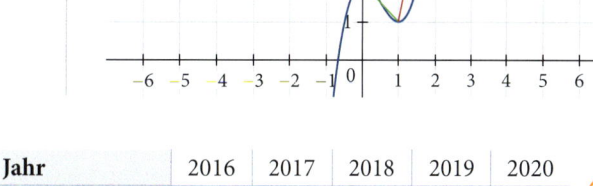

Die Tabelle gibt die Einwohnerzahlen der Stadt Ludwigsburg an. Berechnen Sie die mittleren Änderungsraten in den vier Zeitintervallen. Geben Sie das Zeitintervall an, in dem sich die Einwohnerzahl am stärksten verändert hat.

Jahr	2016	2017	2018	2019	2020
Einwohnerzahl	93 105	93 536	93 482	93 571	93 140

Quelle: *Einwohnerwesen Stadt Ludwigsburg*

Übungen zu 3.2.1

1. Berechnen Sie für die folgenden Funktionen die mittlere Änderungsrate im Intervall I.

a) $f(x) = 3x^2$ $I = [0; 4]$
b) $f(x) = -2x^3 + 2$ $I = [1; 5]$
c) $f(x) = 4x^2 - 3x$ $I = [-8; 6]$
d) $f(x) = 4x^3 - 2x^2$ $I = [-2; 3]$

b) $f(x) = 3x^3 - 4x + 5$; $I = [-2; 1]$

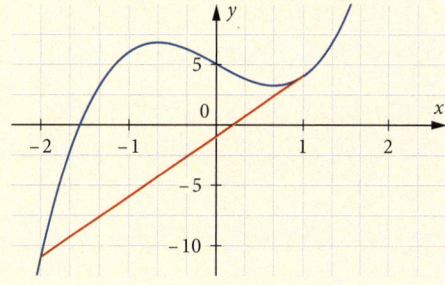

2. Berechnen Sie für die Funktion f jeweils die durchschnittliche Steigung im angegebenen Intervall. Bewerten Sie die Aussagekraft Ihrer Ergebnisse mithilfe der Abbildungen.

a) $f(x) = 0{,}5x^2$; $I = [-2; 1]$

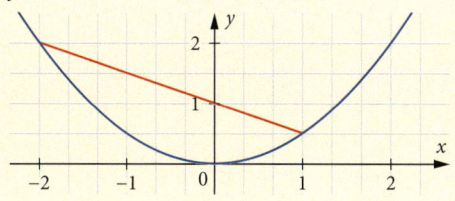

c) $f(x) = \frac{3}{x}$; $I = [0{,}5; 2]$

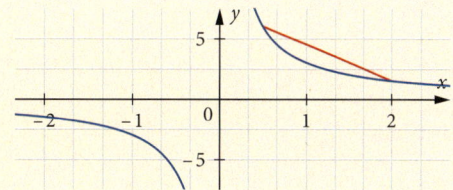

3.2.2 Die momentane Änderungsrate

 4 Durchschnittliche und momentane Geschwindigkeit

Auf dem Weg zur Arbeit wird Herr Keller von der Polizei angehalten. Er ist mit einer Geschwindigkeit von $55\,\frac{km}{h}$ „geblitzt" worden. Dabei hat er extra auf die Uhr geschaut: Um 7:29 Uhr passierte er das Ortsschild und um 7:32 Uhr die 2,5 km davon entfernte Ampel.

Bestimmen Sie die Durchschnittsgeschwindigkeit von Herrn Keller und diskutieren Sie, ob die Geschwindigkeitsmessung korrekt sein kann.

In 3 Minuten hatte Herr Keller 2,5 km zurückgelegt. Die durchschnittliche Geschwindigkeit betrug also

$$\frac{\text{Änderung der Strecke}}{\text{Änderung der Zeit}} = \frac{2,5\,km}{0,05\,h} = 50\,\frac{km}{h}. \quad \blacktriangleright \text{ 3 Minuten entsprechen } \tfrac{3}{60} = 0,05 \text{ Stunden.}$$

Im Durchschnitt ist Herr Keller also nicht zu schnell gefahren.

Bei einer Radarkontrolle wird aber die Geschwindigkeit zu einem bestimmten Zeitpunkt gemessen. Der Zeitraum, in dem die Messgeräte der Polizei die Änderung der Wegstrecke wahrnehmen, ist quasi unendlich klein. Solch eine Änderung an einer bestimmten Stelle wird durch die **momentane** oder **lokale Änderungsrate** beschrieben. Im Beispiel stellt sie die Momentangeschwindigkeit dar.

Die durchschnittliche Änderungsrate im Intervall $[A; B]$ – hier die Durchschnittsgeschwindigkeit – entspricht der Steigung der Sekante durch die Punkte A und B.

Die momentane Änderungsrate im Punkt P – hier die Momentangeschwindigkeit – entspricht der Steigung der Funktion im Punkt P.
Die Steigung im Punkt P ist aber stärker, d. h. steiler als die Steigung der Sekante. Also ist die Momentangeschwindigkeit hier höher als die Durchschnittsgeschwindigkeit.
Herrn Keller wird zurecht vorgeworfen, zu schnell gefahren zu sein.

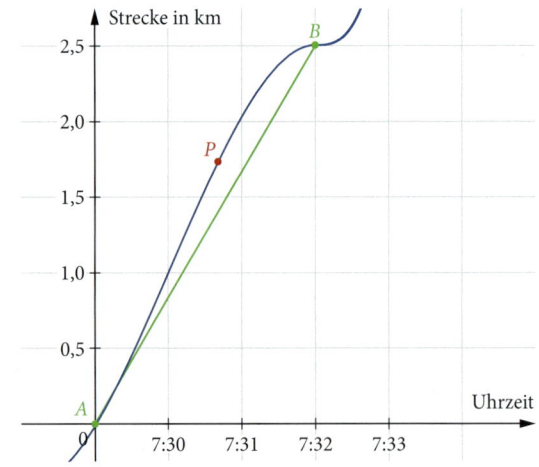

Die **momentane** oder **lokale Änderungsrate** beschreibt das Ausmaß der Veränderung in einem bestimmten Punkt $P(x\,|\,y)$. Sie entspricht der **Steigung der Funktion im Punkt P**. Die momentane Änderungsrate entspricht also dem Wert der Änderungsfunktion an der Stelle x: $m = f'(x)$.

 Erläutern Sie den Unterschied zwischen der durchschnittlichen Änderungsrate und der momentanen Änderungsrate am Beispiel einer Funktion f, die die Geschwindigkeit eines Fahrzeuges in Abhängigkeit von der Fahrtzeit wiedergibt.

Wir haben bereits gesehen, wie man die durchschnittliche Änderungsrate als Steigung der Sekante in einem Intervall berechnet. Nun wollen wir überlegen, wie man die momentane Änderungsrate als Steigung in einem einzelnen Punkt berechnen kann.

Achterbahn – Steigung an einer bestimmten Stelle

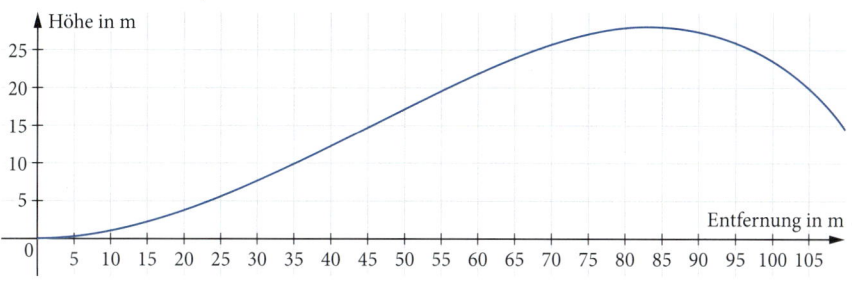

Die Grafik zeigt den Beginn einer Achterbahn im Profil. Die Steigung wird bis zu einer Entfernung von 30 m immer steiler und dann wieder flacher. Bestimmen Sie, welche maximale Steigung ein Achterbahnwagen bewältigen muss.

Da die Achterbahn nur bis 30 m steiler und dann wieder flacher wird, muss an dieser Stelle die Steigung bestimmt werden.
Bislang haben wir nur die Steigung von Geraden bestimmt. Wie können wir hier verfahren?

Wir betrachten einen Ausschnitt des Graphen um P stark vergrößert. Dabei sehen wir, dass der Graph annähernd gerade verläuft. Legen wir eine Tangente an P und zoomen stark genug, verlaufen Graph und Tangente in P gleich.

Eine Tangente ist eine Gerade, die einen Graphen in einem Punkt berührt.

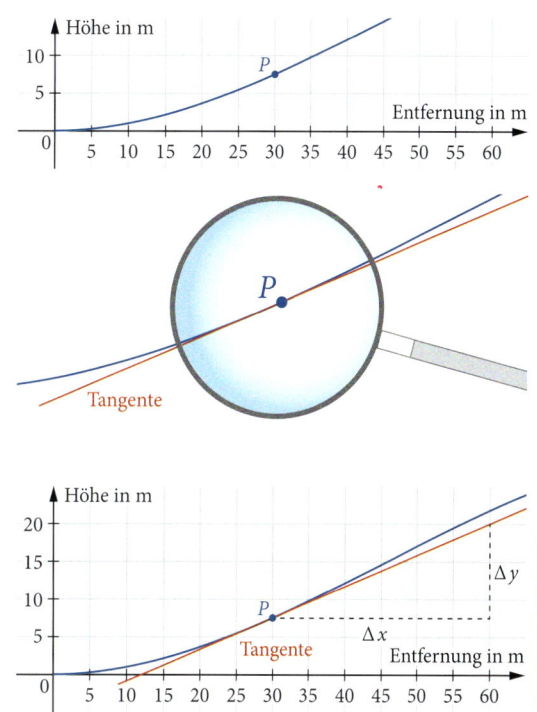

Die Steigung der Tangente bestimmen wir mithilfe eines Steigungsdreiecks und der Steigungsformel:
$m = \frac{\Delta y}{\Delta x} = \frac{20\,\text{m} - 8\,\text{m}}{60\,\text{m} - 30\,\text{m}} = \frac{12\,\text{m}}{30\,\text{m}} = 0{,}4$
Den Wert für die Steigung der Tangente können wir nun für die Steigung des Graphen im Punkt P übernehmen. Die Steigung im Punkt P beträgt also 0,4.
Der Achterbahnwagen muss eine Steigung von etwa 40 % bewältigen.

Die **Steigung des Graphen** einer Funktion f im Punkt $P(x_0 \mid f(x_0))$ entspricht der Steigung der Tangente an den Graphen der Funktion f im Punkt P.

Theoretisch ist die Tangente an einem Graphen in einem Punkt eindeutig definiert. In der Praxis ist es aber mitunter schwierig, die Tangente exakt anzulegen. Je nachdem, wie gut einem das gelingt, beschreibt deren Steigung die tatsächliche Steigung des Graphen oder weicht mehr oder weniger davon ab.

Wir können nun also die Steigung m des Graphen einer Funktion f im Punkt $P(x_0 \mid f(x_0))$ ermitteln, indem wir die Tangente an den Punkt P legen und die Steigung der Tangente mithilfe der Steigungsformel bestimmen.
Damit erhalten wir den Wert der Änderungsfunktion f' an der Stelle x_0: $m = f'(x_0)$ bzw. die momentane oder lokale Änderungsrate im Punkt P. Die folgende Übersicht stellt die momentane/lokale und durchschnittliche/mittlere Änderungsrate noch einmal gegenüber.

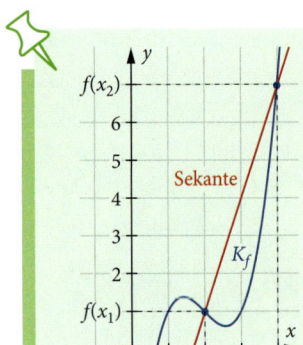

Die **durchschnittliche/ mittlere Änderungsrate** beschreibt das Ausmaß der Veränderung über einem bestimmten Intervall $[x_1; x_2]$. Anschaulich entspricht sie der Steigung der **Sekante durch die zwei Endpunkte** des betrachteten Intervalls.

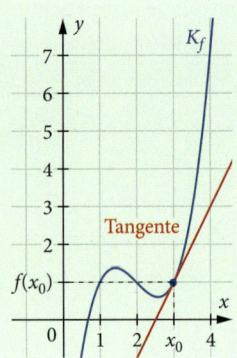

Die **momentane/lokale Änderungsrate** beschreibt das Ausmaß der Veränderung in einem bestimmten Punkt x_0. Anschaulich entspricht sie der Steigung der **Tangente in diesem Punkt**.

Betrachten Sie den Graphen der in den beiden Abbildungen oben dargestellten Funktion.

a) Berechnen Sie die durchschnittliche Änderungsrate im Intervall $I = [2; 4]$.

b) Bestimmen Sie die momentane Änderungsrate an den Stellen $x_1 = 2$; $x_2 = 4$ und $x_3 = 3$.

c) Erklären Sie daran den Unterschied zwischen der durchschnittlichen und momentanen Änderungsrate.

Übungen 3.2.2

1. Berechnen Sie die momentane Änderungsrate an den Stellen $x_1 = -3$, $x_2 = 0$, $x_3 = 3$ und $x_4 = 6$.

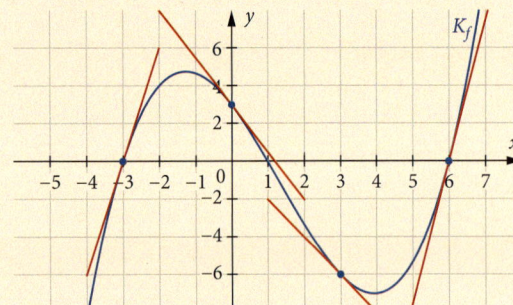

2. Auf einer Wanderung steht Fr. Prof. K. an einer 45 m hohen Klippe und ihr Handy fällt aus ihrer Tasche hinab in den Ozean. Durch den abgebildeten Graphen kann die Fallstrecke in Meter in Abhängigkeit von der Zeit in Sekunden modelliert werden.

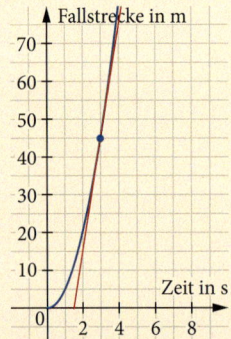

a) Lesen Sie ab, wie lange der Fall des Handys dauert.

b) Berechnen Sie, mit welcher Geschwindigkeit das Handy auf der Wasseroberfläche aufprallt.

3. Untersuchen Sie die Geschwindigkeit eines Autos während des Anfahrvorgangs. Es handelt sich um eine gleichmäßig beschleunigte Bewegung. Die zurückgelegte Strecke kann durch den dargestellten Graphen beschrieben werden.

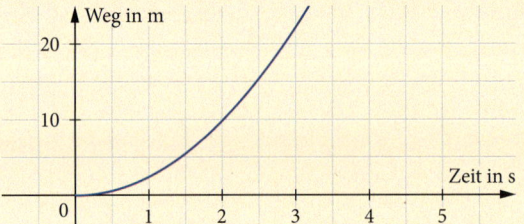

a) Lesen Sie am Graphen ab, wie weit das Auto nach einer, zwei und drei Sekunden gefahren ist.

b) Berechnen Sie die Durchschnittsgeschwindigkeit des Fahrzeugs innerhalb der ersten drei Sekunden. Erklären Sie, inwiefern dieser Wert aussagekräftig für die Beschreibung des Anfahrvorgangs ist.

c) Berechnen Sie die Geschwindigkeit des Autos nach einer Sekunde und nach drei Sekunden.

d) Begründen Sie mithilfe Ihrer Kenntnisse aus der Physik über das Weg-Zeit-Gesetz, dass der Graph eine Parabel sein muss. Ermitteln Sie die Gleichung der zugehörigen quadratischen Funktion. Berechnen Sie daraus und mithilfe des Weg-Zeit-Gesetzes die Beschleunigung des Fahrzeugs.

3.2.3 Die Änderungsfunktion – Zeichnen mit Tangentensteigungen

Die Änderungsfunktion f' ordnet jedem $x \in D_f$ die Steigung des Graphen von f im Punkt $P(x|f(x))$ zu. Bei krummlinigen Graphen entspricht die Steigung im Punkt $P(x|f(x))$ der Steigung der Tangente an P. Mithilfe der Tangentensteigung an mehreren Punkten kann man den Graphen von f' somit noch genauer skizzieren als nur mithilfe der Steigungsintervalle.

Zeichnen des Graphen der Änderungsfunktion mithilfe der exakten Tangentensteigungen

Zeichnen Sie den Graphen der Änderungsfunktion $K_{f'}$ mithilfe der Tangentensteigungen möglichst exakt.

a) $f(x) = \frac{1}{4}x^2 + x - 3$ **b)** $f(x) = \frac{1}{30}x^3 - 0{,}1\,x^2 - 0{,}8\,x + 3{,}25$

Zu a) Am Graphen erkennen wir, dass f für $x \in\ ]-\infty; -2[$ fallend ist und für $x \in\ ]-2; \infty[$ steigend. Also schneidet der Graph der Änderungsfunktion f' die x-Achse bei -2. Er liegt für $x < -2$ unterhalb und für $x > -2$ oberhalb der x-Achse. Um den genauen Verlauf grafisch zu bestimmen, zeichnen wir an ausgewählten Stellen die Tangente nach Augenmaß ein. Die Steigungen m der einzelnen Tangenten bzw. $f'(x)$ lassen sich mit Steigungsdreiecken ermitteln.

x	-6	-4	-2	0	2
$f'(x)$	-2	-1	0	1	2

Wir zeichnen diese Wertepaare in ein Koordinatensystem ein und erhalten den Graphen der Änderungsfunktion f'. Ihre Funktionswerte geben die Steigung der Funktion f an der jeweiligen Stelle an. Der Graph von f' ist hier eine Gerade, wir können die Gleichung sogar aus der Zeichnung ablesen: $f'(x) = \frac{1}{2}x + 1$.

Zu b) An den Stellen -2 und 4 ist die Steigung des Graphen von f null. Deshalb gilt $f'(-2) = 0$ und $f'(4) = 0$.
In weiteren Punkten des Graphen zeichnen wir nach Augenmaß Tangenten und lesen die Steigungen ab.

x	-3	$-0{,}5$	1	3	6
$f'(x)$	$0{,}7$	$-0{,}7$	$-0{,}9$	$-0{,}5$	$1{,}6$

Als Graph der Änderungsfunktion ergibt sich eine Parabel, deren Scheitelpunkt bei $(1|-0{,}9)$ liegt. Mithilfe der ermittelten Punkte kann man die Gleichung der Änderungsfunktion bestimmen:
$f'(x) = 0{,}1\,(x-1)^2 - 0{,}9$ bzw. $f'(x) = 0{,}1\,x^2 - 0{,}2\,x - 0{,}8$.

Graph der Funktion:

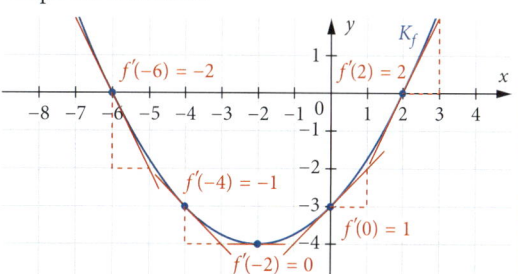

Graph der Änderungsfunktion:

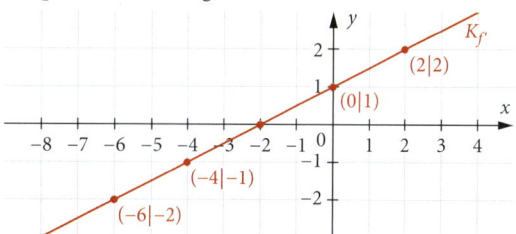

Graph der Funktion:

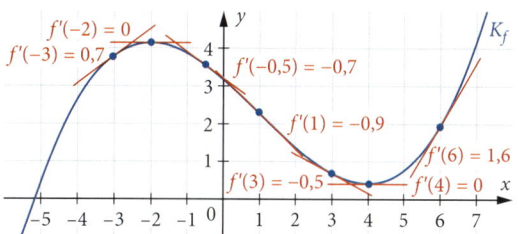

Graph der Änderungsfunktion:

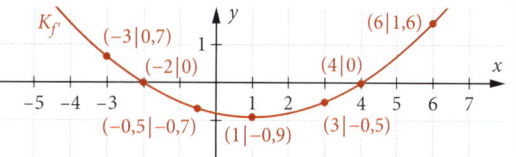

Zeichnen Sie den Graphen der Funktion $f(x) = -\frac{1}{4}x^2 + 2{,}5\,x - 2{,}25$ im Intervall $I = [-1; 11]$ mithilfe einer Wertetabelle und den Graphen der Änderungsfunktion f' mithilfe der Tangentensteigungen möglichst exakt.

7 ⬡ Zusammenhang zwischen der Gleichung der Funktion und Gleichung der Änderungsfunktion

Wir wollen anhand einiger Beispiele den Zusammenhang zwischen den Gleichungen der Funktion f und der Änderungsfunktion f' untersuchen. Dazu zeichnen wir für verschiedene Polynomfunktionen mithilfe von exakten Tangentensteigungen die Graphen der Änderungsfunktionen und ermitteln deren Gleichungen.

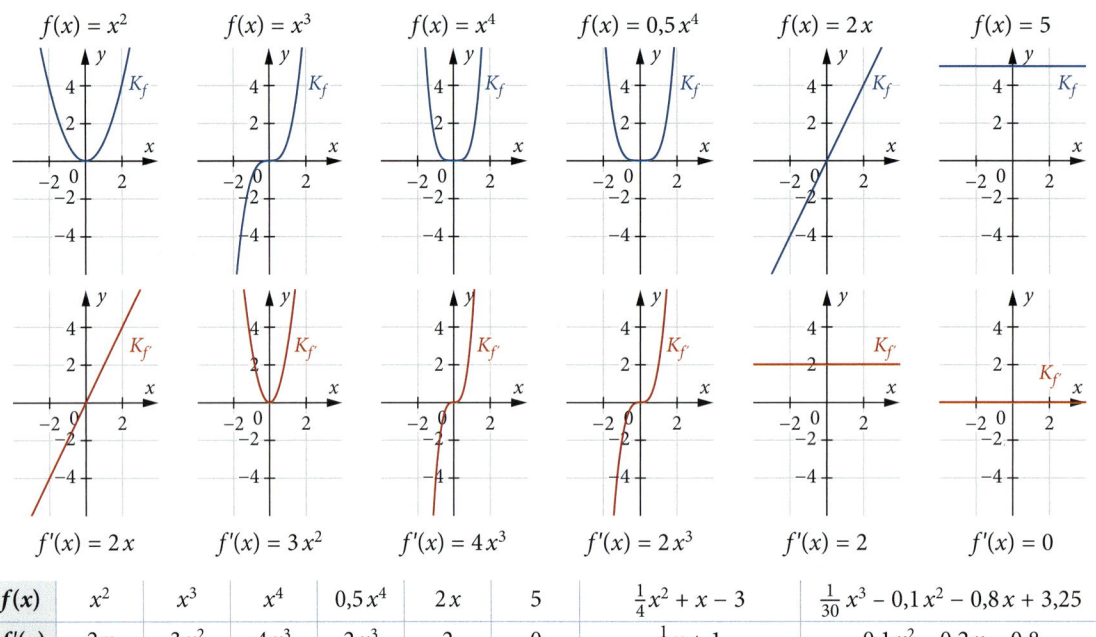

$f(x)$	x^2	x^3	x^4	$0{,}5\,x^4$	$2x$	5	$\frac{1}{4}x^2 + x - 3$	$\frac{1}{30}x^3 - 0{,}1x^2 - 0{,}8x + 3{,}25$
$f'(x)$	$2x$	$3x^2$	$4x^3$	$2x^3$	2	0	$\frac{1}{2}x + 1$	$0{,}1x^2 - 0{,}2x - 0{,}8$

Analysieren Sie die Einträge der Tabelle und halten Sie fest, was Sie beobachten.

- Die Exponenten der Funktionen treten als Koeffizienten im Term der Änderungsfunktion f auf.

$$f(x) = x^{\overset{Exponent}{2}}\;{}_{Koeffizient}$$
$$\Rightarrow f'(x) = \textcolor{orange}{2}\,x$$

$$f(x) = 0{,}5\,x^{\overset{Exponent}{4}}\;{}_{Koeffizient}$$
$$\Rightarrow f'(x) = 0{,}5 \cdot \textcolor{orange}{4} \cdot x^3 = 2x^3$$

- Der Exponent in der Änderungsfunktion ist um 1 geringer als derjenige in der Ausgangsfunktion.

$$f(x) = x^4$$
$$\Rightarrow f'(x) = 4x^3 = 4x^{4-1}$$

$$f(x) = 2x = 2x^1$$
$$\Rightarrow f'(x) = 2 = 2x^0$$

- Die Änderungsfunktion einer konstanten Funktion ist immer 0.

$$f(x) = 5$$
$$\Rightarrow f'(x) = 0$$

- Bei Summen werden die Summanden einzeln betrachtet.

$$f(x) = \tfrac{1}{4}x^2 + x - 3$$
$$\Rightarrow f'(x) = \tfrac{1}{2}x + 1$$
$$f(x) = \tfrac{1}{30}x^3 - 0{,}1x^2 - 0{,}8x + 3{,}25$$
$$\Rightarrow f'(x) = 0{,}1x^2 - 0{,}2x - 0{,}8$$

Wir können diese Zusammenhänge zwischen der Gleichung der Funktion und der Gleichung der Änderungsfunktion allgemein für Polynomfunktionen formulieren:

Potenzregel:	$f(x) = x^n$	$\Rightarrow f'(x) = n \cdot x^{n-1}$ $(n \in \mathbb{N})$
Faktorregel:	$f(x) = a \cdot u(x)$	$\Rightarrow f'(x) = a \cdot u'(x)$ $(a \in \mathbb{R})$
Konstantenregel:	$f(x) = c$	$\Rightarrow f'(x) = 0$ $(c \in \mathbb{R})$
Summenregel:	$f(x) = u(x) + v(x)$	$\Rightarrow f'(x) = u'(x) + v'(x)$

Zeichnen Sie den Graphen zu $f(x) = 0{,}25\,x^2 + x$ mithilfe einer Wertetabelle im Intervall $I = [-7; 3]$ in ein Koordinatensystem ($1\,\text{LE} \,\hat{=}\, 1\,\text{cm}$). Erstellen Sie durch Berechnung der exakten Tangentensteigungen eine Wertetabelle der Änderungsfunktion f' und zeichnen Sie den Graphen. Lesen Sie die Gleichung der Änderungsfunktion ab. Überprüfen Sie daran die aufgestellten Vermutungen.

Übungen zu 3.2.3

1. Zeichnen Sie den Graphen der Änderungsfunktion f' zum abgebildeten Graphen K_f in Ihr Heft. Lesen Sie dazu die Extremstellen von f ab und berechnen Sie an mindestens sechs anderen Stellen die Steigung der Tangente.

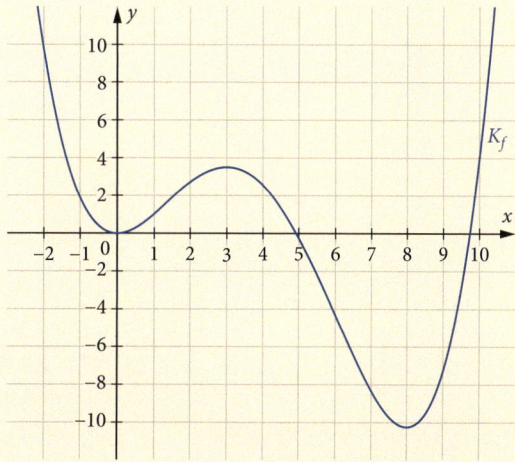

2. Zeichnen Sie den Graphen der Funktion f mithilfe einer Wertetabelle für $-4 \le x \le 4$ in Ihr Heft in ein Koordinatensystem ($1\,\text{LE} \,\hat{=}\, 1\,\text{cm}$). Erstellen Sie durch Berechnung der exakten Tangentensteigungen eine Wertetabelle der Änderungsfunktion f' und zeichnen Sie den Graphen. Lesen Sie die Gleichung der Änderungsfunktion f' ab. Überprüfen Sie Ihre Lösungen mit einem digitalen Hilfsmittel.

a) $f(x) = 0{,}25\,x^2$ c) $f(x) = -x^2 + 4$ e) $f(x) = \frac{1}{9}x^3$

b) $f(x) = x^2 - 3$ d) $f(x) = 0{,}5\,x^2 - x$ f) $f(x) = 4x$

3. Dargestellt sind jeweils der Graph einer Exponentialfunktion f, die Wertetabelle für f und f' sowie der Graph der Änderungsfunktion f'. Stellen Sie eine Vermutung auf, wie die Gleichungen der Funktion und der Änderungsfunktion f' zusammenhängen. Formulieren Sie diese Vermutung als Formel. Erläutern Sie dann, worin die Besonderheit der Euler'schen Zahl e als Basis einer Exponentialfunktion besteht.

$f(x) = 2^x$

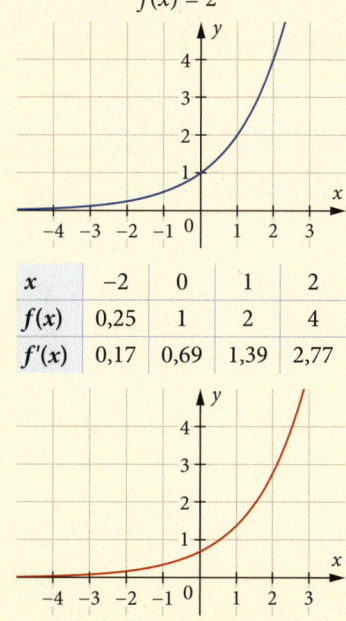

x	-2	0	1	2
$f(x)$	0,25	1	2	4
$f'(x)$	0,17	0,69	1,39	2,77

$f'(x) = 0{,}69 \cdot 2^x = \ln(2) \cdot 2^x$

$f'(x) = e^x$

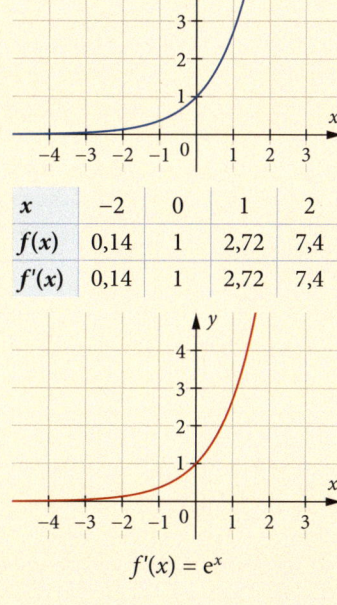

x	-2	0	1	2
$f(x)$	0,14	1	2,72	7,4
$f'(x)$	0,14	1	2,72	7,4

$f'(x) = e^x$

$f(x) = 4^x$

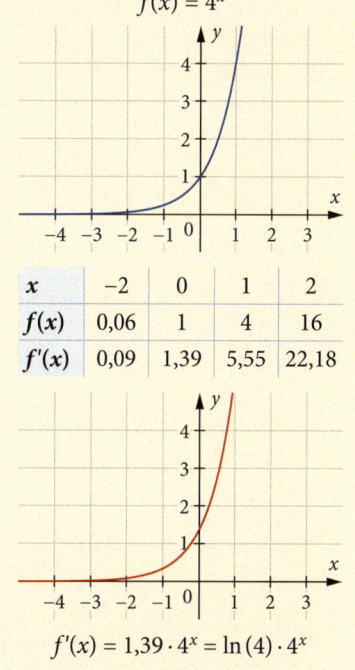

x	-2	0	1	2
$f(x)$	0,06	1	4	16
$f'(x)$	0,09	1,39	5,55	22,18

$f'(x) = 1{,}39 \cdot 4^x = \ln(4) \cdot 4^x$

3

🔖 Übungen zu 3.2

1. Berechnen Sie die mittlere Änderungsrate der Funktion f im angegebenen Intervall I. Überprüfen Sie Ihre Lösung mit einem digitalen Hilfsmittel.
   a) $f(x) = 3x^2$ $I = [-1; 2]$
   b) $f(x) = 3x^2 - 2x + 5$ $I = [2; 6]$
   c) $f(x) = 2^x$ $I = [-1; 4]$
   d) $f(x) = \frac{1}{x}$ $I = [0,5; 2]$
   e) $f(x) = x^3$ $I = [-1; 1,5]$
   f) $f(x) = 0,5x^3 - 0,5x^2 - 2x + 4$ $I = [-2; 0]$

2. Maria untersucht das Höhenwachstum ihrer Sonnenblume innerhalb von 60 Tagen. Sie hält die Wachstumsentwicklung in einer Tabelle fest:

Zeit t in Tagen	0	7	20	30	46	60
Höhe h in cm	0	4	28	54	93	108

   a) Bestimmen Sie den Beobachtungszeitraum, in dem die Sonnenblume am schnellsten bzw. am langsamsten wuchs.
   b) Der abgebildete Funktionsgraph beschreibt das Wachstum der Sonnenblume bis zum 60. Tag. Ermitteln Sie anhand der Abbildung, wie schnell die Sonnenblume am 20. und am 50. Tag wuchs.

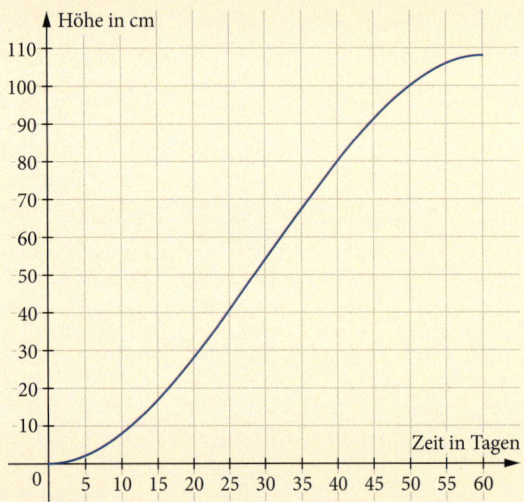

   c) Beschreiben sie das Wachstum der Pflanze unter Bezug auf Ihre Ergebnisse aus a) und b).

3. Auf einer Messe darf die Besucherzahl aus Sicherheitsgründen 600 Personen nicht überschreiten und muss daher gezählt werden. Die Funktion f beschreibt die Anzahl der Besucher zur jeweiligen Uhrzeit t ab einer Stunde nach Beginn bis eine Stunde vor Ende der Öffnungszeiten.

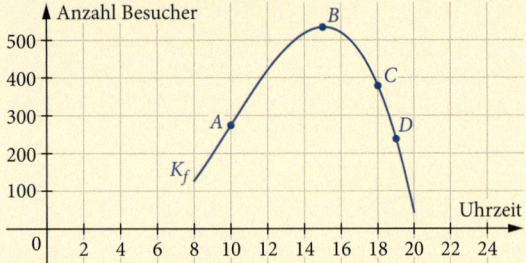

   a) Erklären Sie die Bedeutung des charakteristischen Punkts B und interpretieren Sie sie inhaltlich.
   b) Berechnen Sie die Entwicklung der Besucherzahlen zwischen 10 und 15 Uhr sowie zwischen 18 und 19 Uhr. Interpretieren Sie Ihre Ergebnisse.
   c) Erläutern Sie, welche inhaltliche Bedeutung der charakteristische Punkt A für die Entwicklung der Besucherzahlen hat. Berechnen Sie, wie groß der Besucherandrang um 10 Uhr war.

4. Die Füllkurve vom Gefäß ① ist in ein Koordinatensystem eingezeichnet worden.
   a) Übertragen Sie diese Zeichnung in Ihr Heft. Skizzieren Sie in ähnlicher Weise die Graphen für die Gefäße ②, ③ und ④.
   b) Erstellen Sie ein weiteres Koordinatensystem. Zeichnen Sie zu jedem der vier Gefäße den Graphen der Geschwindigkeit, mit der sich die Höhe verändert.
   c) Interpretieren Sie die Bedeutung des Graphen aus Aufgabenteil b) im Hinblick auf den Begriff der Änderungsrate.

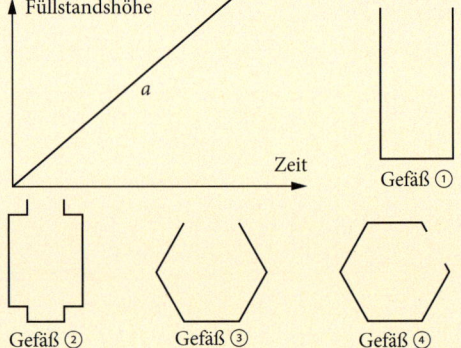

5. Die Funktion f mit $f(x) = x^3 - 18x^2 + 129x + 572$ stellt die Gesamtkosten eines Unternehmens in Abhängigkeit von der produzierten Menge dar.

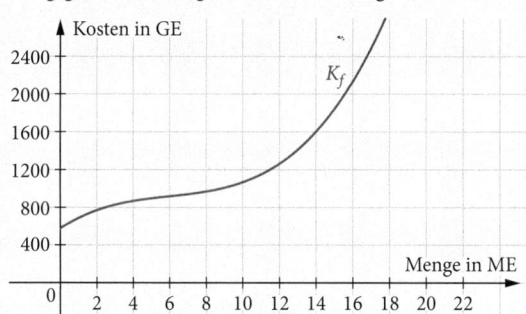

a) Berechnen Sie die mittleren Änderungsraten für die Intervalle $[0; 6]$, $[6; 16]$ und $[0; 16]$.

b) Erläutern Sie die Bedeutung der mittleren Änderungsraten im Sachzusammenhang.

c) Ermitteln Sie ein Intervall, in dem die mittlere Änderungsrate gleich der im Intervall $[0; 6]$ ist. Prüfen Sie durch Rechnung.

d) Benennen Sie im Intervall $[6; 16]$ zwei Punkte, in denen die momentane Änderungsrate deutlich von der mittleren Änderungsrate abweicht.

e) Erläutern Sie die Bedeutung der momentanen Änderungsrate im Sachzusammenhang.

6. Gegeben ist die Funktion f mit $f(x) = -\frac{1}{6}x(x^2 - 12)$.

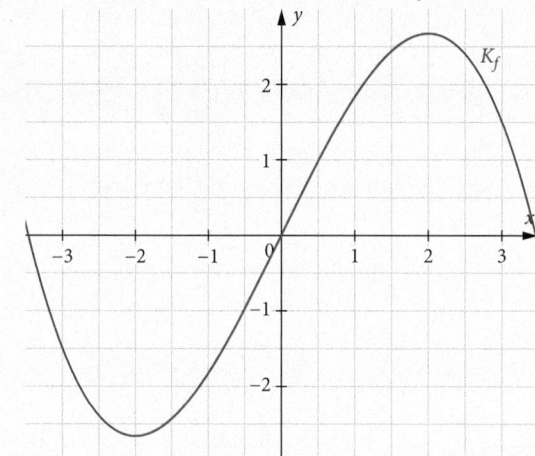

a) Benennen Sie die vorliegende Symmetrieeigenschaft.

b) Übertragen Sie den Graphen in Ihr Heft. Zeichnen Sie die Änderungsfunktion im Intervall $I = [-3; 3]$.

c) Lesen Sie die Gleichung der Änderungsfunktion ab.

d) Überprüfen Sie am Ergebnis aus c) die Vermutungen über die Zusammenhänge zwischen den Gleichungen der Funktion und der Änderungsfunktion.

7. Ein Auto beschleunigt von 0 auf 100 in 10 Sekunden. Die Abbildung zeigt das Weg-Zeit-Diagramm des Beschleunigungsvorgangs, der durch die Gleichung $f(t) = 1{,}389\,t^2$ beschrieben wird. Dabei gibt $f(t)$ den Weg in m und t die Zeit in s an.

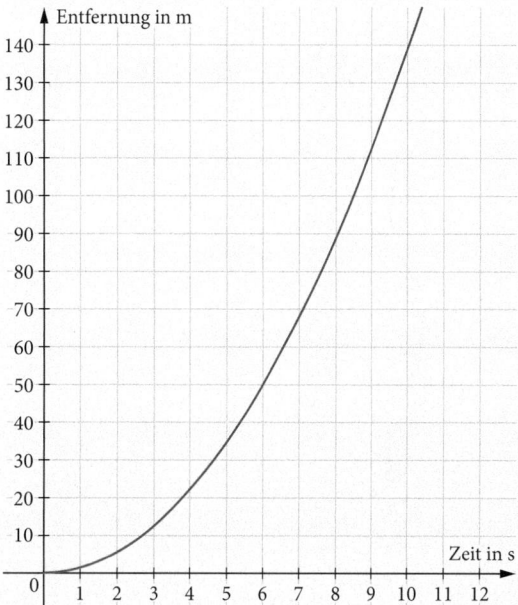

a) Nach 10 Sekunden hat das Auto eine Geschwindigkeit von $100\,\frac{km}{h}$. Geben Sie diesen Wert in $\frac{m}{s}$ an.

b) Geben Sie an, zu welchem Zeitpunkt das Auto am langsamsten und am schnellsten war. Berechnen Sie die Durchschnittsgeschwindigkeit im Intervall $[0; 10]$ und geben Sie sie in $\frac{km}{h}$ an.
Beurteilen Sie die Aussagekraft der Durchschnittsgeschwindigkeit.

c) Bestimmen Sie die Momentangeschwindigkeiten nach 2, 5 sowie 7 Sekunden und geben Sie sie in $\frac{km}{h}$ an. Ergänzen Sie die Wertetabelle der Momentangeschwindigkeiten im Heft.

t	0	2	5	7	10
v in $\frac{m}{s}$					

d) Zeichnen Sie das Geschwindigkeit-Zeit-Diagramm und lesen Sie die Funktionsgleichung ab.

e) Erläutern Sie den Zusammenhang zwischen der Weg-Zeit-Funktion und Geschwindigkeit-Zeit-Funktion. Berechnen Sie die Gleichung der Geschwindigkeit-Zeit-Funktion mithilfe der Potenz- und Faktorregel. Vergleichen Sie mit Ihrem Ergebnis aus d).

f) Begründen Sie, warum dieser Vorgang als gleichmäßig beschleunigte Bewegung bezeichnet wird.

Ich kann ...

... die **durchschnittliche** bzw. **mittlere Änderungsrate** als Steigung der Sekante deuten und diese aus einem Funktionsgraphen, einem Funktionsterm oder einer Wertetabelle bestimmen.

▶ Test-Aufgaben 1 c), 3 a)

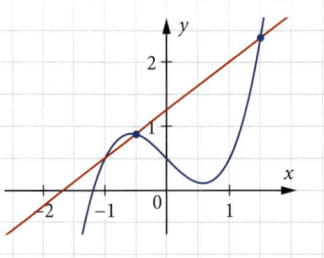

$$f(x) = x^3 - x + 0,5$$
$$m = \frac{f(1,5) - f(-0,5)}{1,5 - (-0,5)} = \frac{2,375 - 0,875}{2}$$
$$= \frac{1,5}{2} = 0,75$$

Die **durchschnittliche Änderungsrate** in einem Intervall $[x_1; x_2]$ entspricht der **Steigung der Sekante** durch die Randpunkte des Intervalls. Diese kann mithilfe des **Differenzenquotienten** bestimmt werden.

$$m = \frac{\Delta y}{\Delta x} = \frac{y_2 - y_1}{x_2 - x_1} = \frac{f(x_2) - f(x_1)}{x_2 - x_1}$$

... die **momentane** bzw. **lokale Änderungsrate** als Steigung der Tangente in einem Punkt grafisch bestimmen.

▶ Test-Aufgaben 1 d), 2, 3 b)

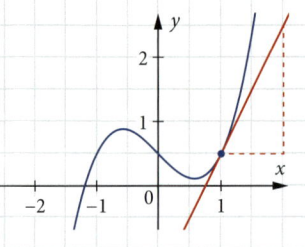

$$m = f'(1) = \frac{2}{1} = 2$$

Die **momentane Änderungsrate** in einem bestimmten Punkt entspricht der **Steigung der Tangente** an den Graphen in diesem Punkt. Diese kann mithilfe des Steigungsdreiecks und der Steigungsformel bestimmt werden. Die Steigung der Tangente gibt die **Steigung des Graphen** in diesem Punkt an.

Die **Änderungsfunktion** f' ordnet jedem $x \in D_f$ die Steigung des Graphen von f im Punkt $P(x|f(x))$ zu.

... den **Unterschied** zwischen durchschnittlicher und momentaner Änderungsrate erläutern und im Anwendungskontext deuten.

▶ Test-Aufgaben 1, 3

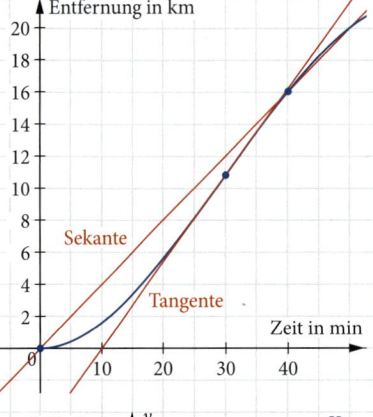

Während die durchschnittliche Änderungsrate (Steigung der Sekante) die Änderung in einem Intervall beschreibt, erfasst die momentane Änderungsrate (Steigung der Tangente) die Änderung an einer bestimmten Stelle. Hier wird z. B. die Geschwindigkeit eines Rennradfahrers betrachtet – die Durchschnittsgeschwindigkeit zwischen der 0. und der 40. Minute beträgt $24 \frac{km}{h}$; die Momentangeschwindigkeit zur 30. Minute beträgt $32 \frac{km}{h}$.

... den **Graphen der Änderungsfunktion** f' mithilfe von Tangentensteigungen zeichnen.

▶ Test-Aufgaben 1 e), 2, 3 e)

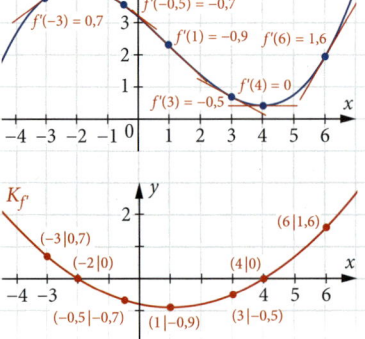

Graph der Änderungsfunktion f' grafisch bestimmen:

1) An ausgewählten Stellen des Graphen von f Tangenten einzeichnen.
2) Steigungen der Tangenten mithilfe von Steigungsdreiecken bestimmen.
3) Steigungen $m = f'(x)$ in Koordinatensystem eintragen.

Test zu 3.2

1. Das Höhenprofil einer Wanderung lässt sich annähernd durch den dargestellten Graphen K_f beschreiben.

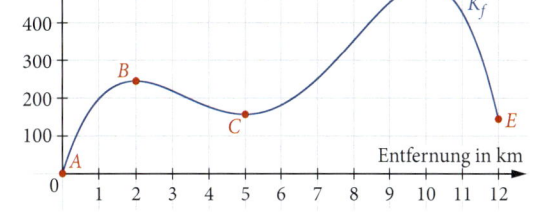

a) Lesen Sie ab, wie hoch der höchste Gipfel liegt.

b) Ermitteln Sie mit Augenmaß, in welchen Punkten der Anstieg bzw. der Abstieg am steilsten ist.

c) Berechnen Sie die durchschnittliche Steigung der Streckenabschnitte AB, AD, AE und BE. Geben Sie die Ergebnisse in % an.

d) Lesen Sie die Stellen ab, an denen die lokale Steigung 0 % beträgt.

e) Berechnen Sie die lokale Steigung für 1 km, 4 km, 7 km und 11 km.

f) Zeichnen Sie den Graphen der Funktion, die angibt, wie stark die Steigungen der Wanderung sind.

2. Übertragen Sie die Graphen in Ihr Heft und zeichnen Sie jeweils den Graphen der Änderungsfunktion.

a)

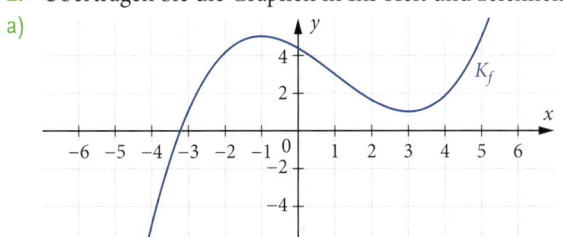

b)

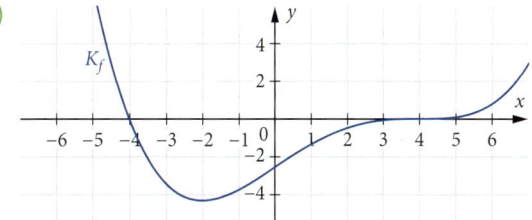

3. Die Kita „Sternenzelt" wurde erneut von Kopfläusen heimgesucht. Sofort wurden alle Eltern informiert und aufgefordert, ihre Kinder auf Kopfläuse zu untersuchen und gegebenenfalls den Befall zu melden und dagegen zu behandeln. Die Zahl der gemeldeten Fälle pro Tag wurde über einen Zeitraum von zwölf Tagen notiert und in einem Diagramm festgehalten.

Die Entwicklung der Zahlen entspricht annähernd dem Graphen der Funktion f mit der Gleichung

$f(x) = -\frac{1}{16}x^3 + \frac{3}{4}x^2$.

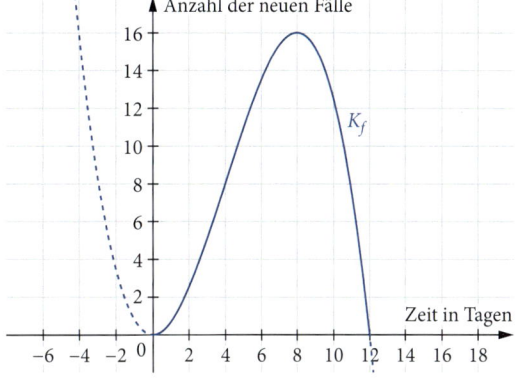

a) Berechnen Sie die durchschnittliche Zunahme an gemeldeten Fällen im Intervall $[0; 8]$ sowie die durchschnittliche Abnahme im Intervall $[8; 12]$.

b) Berechnen Sie die momentane Zunahme an gemeldeten Fällen am vierten Tag sowie die momentane Abnahme am zehnten Tag.

c) Der Graph K_f ist symmetrisch zum Punkt $P(4|8)$. Belegen Sie dies mithilfe von vier weiteren Punkten. Schlussfolgern Sie daraus, welcher charakteristische Punkt P ist.

d) Erläutern Sie, welche besondere Bedeutung der Punkt P für die Entwicklung der Fallzahlen hat.

e) Die Funktion f ist eine Polynomfunktion dritten Grades. Entscheiden und begründen Sie, welchen Grad die Änderungsfunktion f' haben muss. Zeichnen Sie den Graphen der Funktion, die die Zuwachsrate der Fallzahlen beschreibt, mithilfe Ihrer bisherigen Ergebnisse.

f) Beschreiben Sie die Entwicklung der Fallzahlen unter Bezug auf beide Graphen.

4.1   Punkte und Vektoren

1   Koordinaten im Raum

Ein dreidimensionales Koordinatensystem kann man sich als Haus mit acht Räumen vorstellen. Vier Räume liegen im Erdgeschoss (blau) und vier Räume liegen im Keller (rot). Die einzelnen „Räume" werden Oktanten genannt. Jeder Oktant besteht aus unendlich vielen Punkten.
Die Punkte des I. Oktanten besitzen nur positive Koordinaten.

a) Erläutern Sie die möglichen Vorzeichen der Punkte in den weiteren sieben Oktanten.

b) Ordnen Sie die Punkte den einzelnen Oktanten zu:

$P_1(3\,|\,2\,|\,9)$
$P_2(-4\,|\,2\,|\,-8)$
$P_3(3\,|\,-2\,|\,-8)$
$P_4(-5\,|\,-12\,|\,6)$
$P_5(-7\,|\,-2\,|\,-11)$
$P_6(8\,|\,1\,|\,-4)$
$P_7(-3\,|\,5\,|\,1)$
$P_8(6\,|\,-2\,|\,-3)$

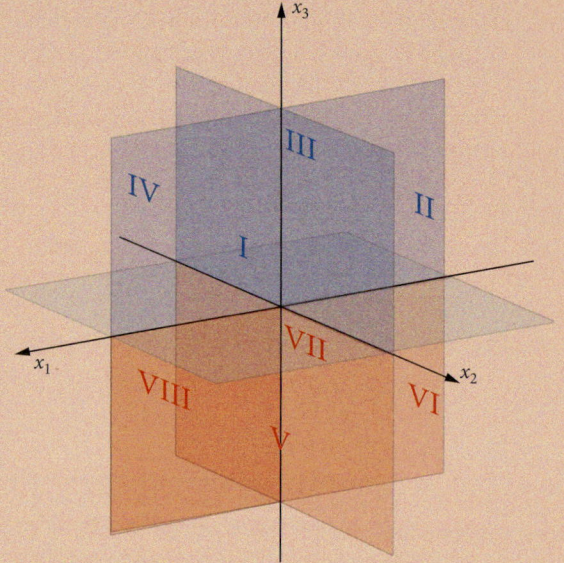

2   Klettergerüst

Zur Konstruktion eines Klettergerüstturms dienen Punkte eines dreidimensionalen Koordinatensystems. An den Punkten $K(0\,|\,0\,|\,-1)$, $L(2\,|\,0\,|\,-1)$, $M(2\,|\,2\,|\,-1)$ und $N(0\,|\,2\,|\,-1)$ sind die senkrechten Stangen des Turms in der Erde verankert. Sie liegen 1 m tief in der Erde und ragen 3 m hoch über den Sand. Das Dach des Turms hat die Form einer quadratischen Pyramide. Die Spitze S des Dachs liegt mittig der Punkte K, L, M und N und 1 m über dem Ende der Stangen.

a) Bei Punkten eines dreidimensionalen Koordinatensystems sind immer drei Koordinaten gegeben: die x_1-Koordinate, die x_2-Koordinate und die x_3-Koordinate. Lesen Sie sich den Aufgabentext noch einmal genau durch und überlegen Sie, welche Koordinate sich ändern würde, wenn die Stangen des Turms 2 m tief in der Erde verankert werden sollen.

b) Zeichnen Sie die Punkte K, L, M und N in ein dreidimensionales Koordinatensystem. ▸ Seite 234 1 LE auf der x_2- und x_3-Achse soll dabei 2 cm betragen.

c) Die Säulen durchstechen in den Punkten A, B, C und D die Sandebene. Die Sandebene hat die Höhe 0. Geben Sie die Koordinaten von A, B, C und D an, wobei A über K liegt.

d) Die oberen Enden der Säulen sind die Punkte E, F, G und H, wobei E über A liegt. Zeichnen Sie die Punkte A bis H und die Spitze S in Ihr Koordinatensystem aus Aufgabenteil b) ein.

3 Kunstobjekt

Auf dem Marktplatz in Karlsruhe steht eine 1825 erbaute Pyramide aus Sandstein. Sie bedeckt das Grabmal von Karl Wilhelm von Baden-Durlach, dem Begründer von Karlsruhe. In einem dreidimensionalen Koordinatensystem bilden die Punkte A, B, C und D die Eckpunkte der Grundfläche auf der Marktplatzebene. Gegeben sind die Punkte $A(-3|-3|0)$, $B(3|-3|0)$ und $C(3|3|0)$. Die Spitze der Pyramide wird mit S bezeichnet.

a) Erstellen Sie ein dreidimensionales Koordinatensystem (▶ Seite 234). Die x_1-Achse soll von -3 bis 3; die x_2-Achse von $-4{,}5$ bis $4{,}5$ und die x_3-Achse von -1 bis 8 gezeichnet werden. 1 LE auf der x_2- und x_3-Achse soll dabei 2 cm betragen.

b) Zeichnen Sie die quadratische Grundfläche $ABCD$ der Pyramide in Ihr Koordinatensystem aus Aufgabenteil a). Geben Sie die Koordinaten von D an.

c) Der Abstand zweier Punkte $A(a_1|a_2)$ und $B(b_1|b_2)$ lässt sich in der Ebene mithilfe der Formel

$$d(A,B) = \sqrt{(b_1 - a_1)^2 + (b_2 - a_2)^2}$$ berechnen.

Überlegen Sie gemeinsam mit Ihrer Lerngruppe, wie eine Formel für den Abstand zweier Punkte A und B im Raum aussehen könnte. Tipp: $A(a_1|a_2|a_3)$, $B(b_1|b_2|b_3)$.

d) In einer Broschüre über Karlsruhe ist zu lesen, dass die Länge jeder Seitenkante der Pyramide ca. 8 m beträgt. Überprüfen Sie diese Aussage. Gehen Sie dabei davon aus, dass die Spitze der Pyramide in $S(0|0|6{,}8)$ liegt.

e) Am Punkt $L(0|-2|8)$ ist eine Lichtquelle. Zeichnen Sie die Lichtquelle und die vollständige Pyramide in Ihr Koordinatensystem ein. Die Lichtquelle leuchtet in folgende Richtung: 0 Einheiten in x_1-Richtung, 1 Einheit in x_2-Richtung und $-0{,}5$ Einheiten in x_3-Richtung. Trifft der Lichtstrahl auf die Pyramide? Falls ja, wo?

4 Pizzalieferung per Drohne

Ein Pizzalieferservice hat eine Drohne zur Auslieferung von Pizzen in ländliche Gebiete. So kann sichergestellt werden, dass auch abgelegene Höfe schnell beliefert werden können. Die Position der Drohne wird in einem räumlichen Koordinatensystem durch die drei Koordinaten x_1, x_2 und x_3 festgelegt. Die Ebene, die sich zwischen der x_1- und der x_2-Achse bildet, stellt die Erdoberfläche dar. Eine Einheit entspricht 1 km. Die Drohne startet an der Pizzeria im Punkt $P_1(2|-2|0)$ zur Belieferung des Huber-Hofes. Der Flug der Drohne ändert sich in den Punkten $P_2(1|3|0{,}08)$ und $P_3(3|7|0{,}08)$. Auf dem Hof der Hubers landet die Drohne im Punkt $P_4(8|12|0)$. Zwischen diesen vier Punkten fliegt die Drohne geradlinig.

a) Berechnen Sie, wie weit das Ziel vom Startplatz entfernt ist. ▶ Seite 240

b) Berechnen Sie die Gesamtstrecke, die die Drohne bei ihrem Flug in der Luft zurücklegt. ▶ Seite 240

c) Finden Sie durch geeignete Mittel heraus (digitales mathematisches Werkzeug, Versuchsanordnung mit Objekten im Raum o. Ä.), ob die Drohne beim Flug von Punkt P_2 zu P_3 einen Augenzeugen des Fluges im Punkt $Q(3|7|0)$ am Boden überquert.

4.1   Punkte und Vektoren

4.1.1   Punkte

Um Objekte im dreidimensionalen Raum zu untersuchen, wird zunächst unser normales Koordinatensystem um eine dritte Achse, die in den Raum ragt, zu einem **dreidimensionalen Koordinatensystem** ergänzt. Die Achsen werden in der Regel als x_1-Achse, x_2-Achse und x_3-Achse bezeichnet.

 ⬡ Punkte im dreidimensionalen Koordinatensystem

Erstellen Sie ein dreidimensionales Koordinatensystem und zeichnen Sie den Punkt $P(2|2|3)$ ein.

Die x_1-Achse bildet *in der Zeichnung* einen Winkel von 135° zur x_2-Achse.

Wenn auf kariertem Papier die Einheit auf der x_2-Achse und der x_3-Achse jeweils 1 cm ist, wird häufig als Einheit auf der x_1-Achse eine Kästchendiagonale gewählt, also $\sqrt{2} \cdot \frac{1}{2} \approx 0{,}71$ cm.

Die Lage eines Punkts $P(p_1|p_2|p_3)$ wird durch seine Koordinaten p_1, p_2, p_3 genau beschrieben.

Um den Punkt im Koordinatensystem zu zeichnen, zählen wir die Koordinaten entlang der Achsen ab: 2 Einheiten in x_1-Richtung, 2 Einheiten in x_2-Richtung und 3 Einheiten in x_3-Richtung. Der Punkt P bildet somit den Eckpunkt eines Quaders mit den Seitenlängen 2, 2 und 3.

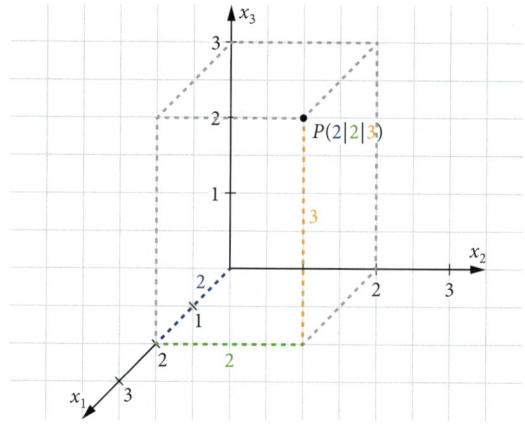

Bei dem beschriebenen Vorgehen zur Erstellung eines dreidimensionalen Koordinatensystems handelt es sich um die Standarddarstellung. Abweichende Skalierungen sind möglich. Ebenso sind beispielsweise bei der Veranschaulichung durch das Drehen von Objekten andere Winkel und Ausrichtungen des Koordinatensystems vorstellbar. Auch die Achsenbezeichnungen x-, y- und z-Achse sind gebräuchlich.

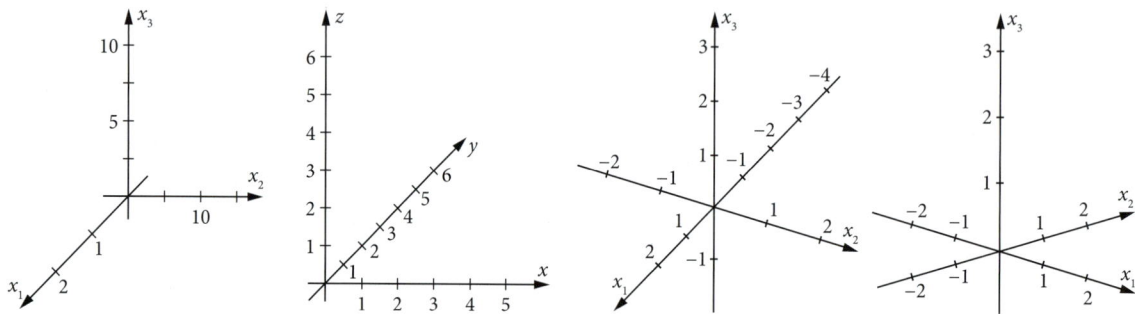

⬦ Im **dreidimensionalen Koordinatensystem** zeichnet man in der Regel die x_2-Achse als Horizontale und die x_3-Achse als Vertikale ein. Die x_1-Achse bildet in der Zeichnung einen Winkel von 135° zur x_2-Achse.

Gegeben sind die Punkte $A(3|4|6)$, $B(2|8|3)$, $C(2|1|-5)$, $D(0|0|0)$ und $E(0|8|25)$.
a) Zeichnen Sie das Dreieck ABC sowie das Viereck $ABCD$ in ein dreidimensionales Koordinatensystem.
b) Zeichnen Sie das Dreieck CDE in ein weiteres Koordinatensystem mit sinnvoller Achsenskalierung.

Die $x_1 x_2$-Ebene wird durch die x_1-Achse und die x_2-Achse aufgespannt. Punkte in der $x_1 x_2$-Ebene können sowohl in x_1-Richtung als auch in x_2-Richtung beliebige Koordinaten annehmen. Eine x_3-Koordinate ungleich null würde den Punkt aus der Ebene heben, somit muss die x_3-Koordinate null sein. Die übrigen Werte sind beliebig. Analoges gilt für die $x_2 x_3$-Ebene sowie für die $x_1 x_3$-Ebene.

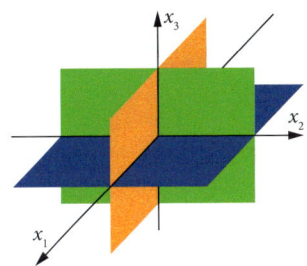

P liegt in der $x_1 x_2$-Ebene: $P(p_1 | p_2 | 0)$
Q liegt in der $x_2 x_3$-Ebene: $Q(0 | q_2 | q_3)$
R liegt in der $x_1 x_3$-Ebene: $R(r_1 | 0 | r_3)$

Ein Punkt, der auf einer Koordinatenachse liegt, hat die zu ihr gehörende Koordinate, während die anderen beiden Koordinaten null sind. Zum Beispiel liegt $S(0 | s_2 | 0)$ auf der x_2-Achse.

4

Besondere Lage von Punkten auf Koordinatenebenen und -achsen

2

Beschreiben Sie die besondere Lage der Punkte $A(3 | 1 | 0)$ und $B(0 | 0 | -2)$.

Die x_3-Koordinate von A ist 0.

A liegt in der $x_1 x_2$-Ebene.

Die x_1-Koordinate von B ist 0 und die x_2-Koordinate von B ist 0.

B liegt auf der x_3-Achse, in der $x_2 x_3$-Ebene und in der $x_1 x_3$-Ebene.

Senkrechte Projektion

3

Die rechteckige Platte $OABC$ mit $A(1 | 0 | 0)$, $B(1 | 2 | 3)$ und $C(0 | 2 | 3)$ wird von oben mit Licht bestrahlt. Ihr Schatten wird senkrecht auf den Boden ($x_1 x_2$-Ebene) projiziert. Geben Sie die Koordinaten des projizierten Rechtecks an.

Der Ursprung O und der Punkt A befinden sich bereits in der $x_1 x_2$-Ebene.

$O = O'(0 | 0 | 0)$
$A = A'(1 | 0 | 0)$

Durch die senkrechte Projektion parallel zur x_3-Achse verändern sich bei B und C lediglich die jeweiligen x_3-Koordinaten zu null.

$B(1 | 2 | 3) \rightarrow B'(1 | 2 | 0)$
$C(0 | 2 | 3) \rightarrow C'(0 | 2 | 0)$

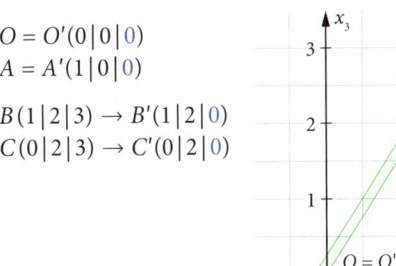

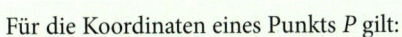

Für die Koordinaten eines Punkts P gilt:

$P(x \mid y \mid z)$ …	$x_1 x_2$-Ebene	$x_1 x_3$-Ebene	$x_2 x_3$-Ebene
… liegt in der Ebene:	$P(x \mid y \mid 0)$	$P(x \mid 0 \mid z)$	$P(0 \mid y \mid z)$
… wird in die Ebene projiziert:	$P'(x \mid y \mid 0)$	$P'(x \mid 0 \mid z)$	$P'(0 \mid y \mid z)$

$P(x \mid 0 \mid 0)$ liegt auf der x_1-Achse. $P(0 \mid y \mid 0)$ liegt auf der x_2-Achse. $P(0 \mid 0 \mid z)$ liegt auf der x_3-Achse.

Gegeben sind die Punkte $A(5 | 0 | 5)$, $B(5 | 0 | 0)$, $C(0 | 0 | 0)$, $D(0 | 0 | 5)$, $E(0 | 5 | 5)$, $F(0 | 5 | 0)$, $G(5 | 5 | 5)$ und $H(5 | 5 | 0)$.

a) Geben Sie an, auf welchen Koordinatenachsen die Punkte liegen.
b) Geben Sie an, in welchen Koordinatenebenen die Punkte liegen.

4 Spiegelung eines Punkts an einer Koordinatenebene

Geben Sie die Koordinaten des Bildpunkts A' nach der Spiegelung des Punkts $A(1\,|\,1{,}5\,|\,2)$ an der x_1x_3-Ebene an.

Durch die Spiegelung an der x_1x_3-Ebene wird lediglich die Position entlang der x_2-Achse verändert. Das Vorzeichen der x_2-Koordinate wird umgekehrt, die übrigen Koordinaten bleiben unverändert.

$A(1\,|\,1{,}5\,|\,2) \;\rightarrow\; A'(1\,|\,{-}1{,}5\,|\,2)$

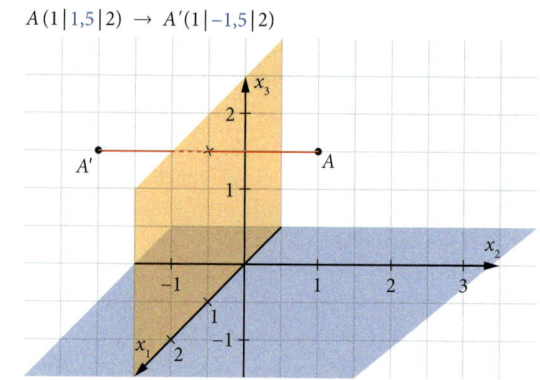

Wird ein Punkt $P(x\,|\,y\,|\,z)$ an einer Koordinatenebene gespiegelt, so gilt für die Koordinaten des Bildpunkts P':

Spiegelebene	x_1x_2-Ebene	x_1x_3-Ebene	x_2x_3-Ebene
Bildpunktkoordinaten	$P'(x\,|\,y\,|\,{-}z)$	$P'(x\,|\,{-}y\,|\,z)$	$P'({-}x\,|\,y\,|\,z)$

Zeichnen Sie $P(3\,|\,2\,|\,1)$ in ein dreidimensionales Koordinatensystem.
a) Projizieren Sie P in die x_2x_3-Ebene und geben Sie die Koordinaten des projizierten Punkts Q an.
b) Spiegeln Sie P an der x_2x_3-Ebene und geben Sie die Koordinaten des gespiegelten Punkts R an.

Übungen zu 4.1.1

 1. Zeichnen Sie ein dreidimensionales Koordinatensystem.
a) Tragen Sie die Punkte $A(2\,|\,3\,|\,6)$ und $B(-4\,|\,0\,|\,3)$ ein und erklären Sie die dabei auftretende Besonderheit.
b) Geben Sie die Koordinaten eines weiteren Punkts C an, der in der Zeichnung ebenfalls scheinbar mit den Punkten A und B zusammenfällt.

2. Übertragen Sie die Tabelle in Ihr Heft und kreuzen Sie zutreffende Lagen an.

Der Punkt liegt …	… auf der x_1-Achse.	… auf der x_2-Achse.	… auf der x_3-Achse.	… in der x_1x_2-Ebene.	… in der x_1x_3-Ebene.	… in der x_2x_3-Ebene.
$A(2\,|\,0\,|\,{-}3)$						
$B(-4\,|\,{-}7\,|\,0)$						
$C(0\,|\,15\,|\,0)$						
$D(0\,|\,0\,|\,{-}13)$						
$E(6\,|\,0\,|\,0)$						
$F(0\,|\,1\,|\,{-}7)$						

3. Der Punkt $P(4\,|\,3\,|\,6)$ wird in jede der drei Koordinatenebenen projiziert. Dabei entstehen die Punkte A, B und C.
a) Geben Sie die Koordinaten von A, B und C an.
b) Zeichnen Sie das Dreieck ABC in ein dreidimensionales Koordinatensystem.

4. Entscheiden Sie, ob folgende Aussagen wahr oder falsch sind. Begründen Sie jeweils Ihre Entscheidung, ggf. durch ein Gegenbeispiel.

a) Es gibt genau einen Punkt P, dessen Bild P' bei der Projektion in die x_1x_2-Ebene die Koordinaten $(3|-1|0)$ hat.

b) Es gibt genau einen Punkt P, dessen Bild P' bei der Spiegelung an der x_1x_2-Ebene die Koordinaten $(3|-1|9)$ hat.

c) Alle Punkte, die sowohl in der x_1x_3-Ebene als auch in der x_2x_3-Ebene liegen, befinden sich auf der x_3-Achse.

d) Wenn ein rechtwinkliges Dreieck in einer Koordinatenebene liegt, dann kann man auch in der Zeichnung den rechten Winkel sehen.

5. Gegeben sind die Punkte $A(2|3|1)$, $B(-2|3|-1)$, $C(2|-3|-1)$ und $D(-2|-3|1)$. Punkt $P(2|-3|1)$ wird an den Koordinatenebenen gespiegelt.

a) Geben Sie an, welcher Punkt das Bild bei der Spiegelung von P an welcher Koordinatenebene ist.

b) Geben Sie den Punkt an, der entsteht, wenn P nacheinander an den drei Koordinatenebenen gespiegelt wird.

6. Dreieck ABC wurde senkrecht in die x_2x_3-Ebene projiziert. Beschreiben Sie, wie Sie die Koordinaten von A ermitteln. Geben Sie die Koordinaten von A, B und C an.

a)

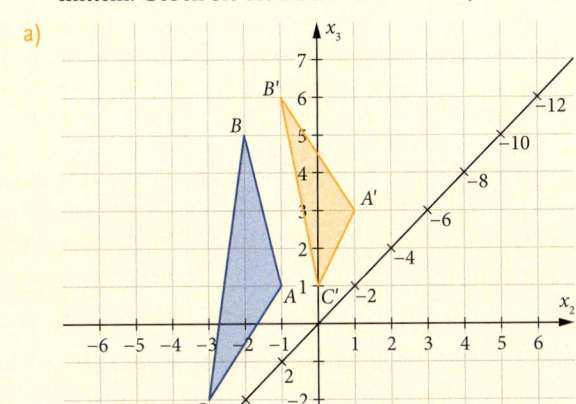

b)

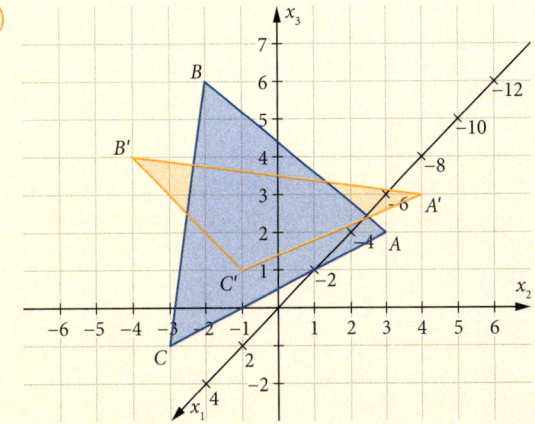

7. Dreieck ABC liegt in der x_1x_3-Ebene. Dreieck DEF liegt in der x_1x_2-Ebene. Alle Punkte des Dreiecks GHI liegen auf den Koordinatenachsen.

Geben Sie an, ob die Dreiecke rechtwinklig, gleichschenklig oder gleichseitig sind.

Begründen Sie Ihre Antworten.

> Im dreidimensionalen Koordinatensystem erscheinen Winkelgrößen und Seitenlängen oft verzerrt.

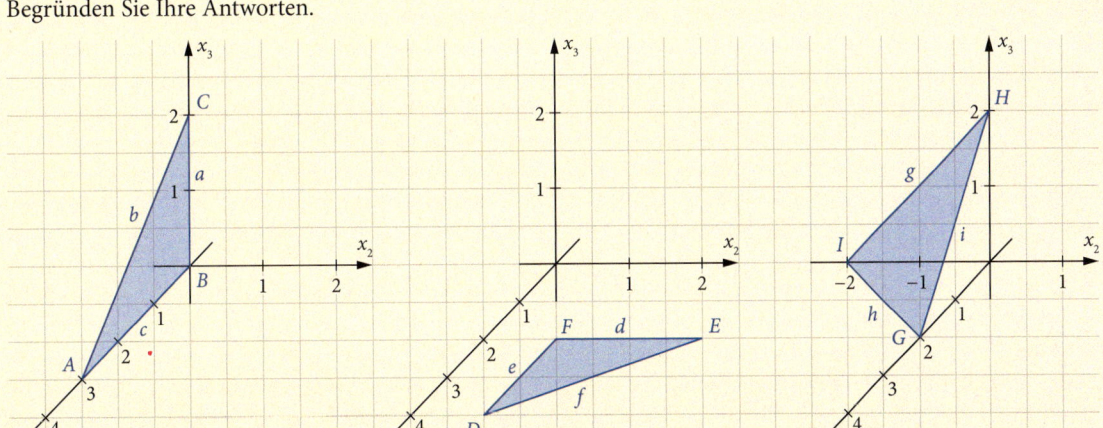

4.1.2 Vektoren

Richtungen und Längen können im Koordinatensystem durch einen Pfeil dargestellt werden. Dieser Pfeil ist die Veranschaulichung eines **Vektors**.

 5 Vektoren im zweidimensionalen Koordinatensystem

Zeichnen Sie einen Repräsentanten des Vektors $\vec{a} = \begin{pmatrix} 4 \\ 3 \end{pmatrix}$ in ein Koordinatensystem. Deuten Sie den Vektorpfeil als Verschiebung und wenden Sie diese auf den Punkt $P\,(1\,|\,4)$ an.

Ein einfacher **Repräsentant** des Vektors $\vec{a}$ kann ausgehend vom Ursprung gezeichnet werden.
Die **Vektorkoordinaten** $a_1 = 4$ und $a_2 = 3$ werden in x_1- bzw. x_2-Richtung abgezählt. Der Vektor ist nun der Pfeil vom Ursprung O zum Punkt $O'(4\,|\,3)$. Er beschreibt die Verschiebung eines Punkts um 4 Einheiten in x_1-Richtung und 3 Einheiten in x_2-Richtung. Wenden wir die Verschiebung auf den Punkt P an, erhalten wir den Bildpunkt $P'(5\,|\,7)$. Der Pfeil von Punkt P zum Punkt P' ist ebenfalls ein Repräsentant des Vektors $\vec{a}$.

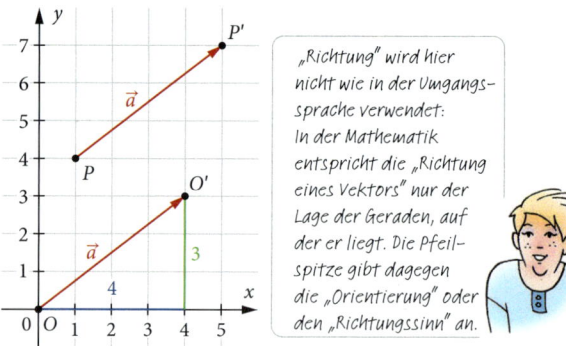

„Richtung" wird hier nicht wie in der Umgangssprache verwendet: In der Mathematik entspricht die „Richtung eines Vektors" nur der Lage der Geraden, auf der er liegt. Die Pfeilspitze gibt dagegen die „Orientierung" oder den „Richtungssinn" an.

Die beiden gezeichneten Pfeile sind Vertreter des Vektors $\vec{a}$. Die Menge aller Pfeile gleicher Länge, gleicher Richtung und gleicher Orientierung bezeichnet man als **Vektor**, jeder Vektor bildet eine sogenannte **Pfeilklasse**.

- Ein **Vektor** $\vec{a}$ ist die Menge aller Pfeile mit gleicher Länge, gleicher Orientierung und gleicher Richtung.
- Jeder Vektor $\vec{a}$ kann durch einen frei verschiebbaren Pfeil repräsentiert werden. Für einen Pfeil vom Punkt A zum Punkt B wird die Schreibweise $\overrightarrow{AB}$ verwendet.

 6 Vektoren im dreidimensionalen Koordinatensystem

Das Dreieck ABC mit $A\,(3\,|\,0\,|\,3)$, $B\,(0\,|\,-1\,|\,3)$ und $C\,(-3\,|\,-2\,|\,-0{,}5)$ wird parallel verschoben. $A'(4\,|\,3\,|\,1)$ ist der Bildpunkt von A. Beschreiben Sie die Verschiebung mithilfe eines Vektors und bestimmen Sie B' und C'.

Der Vektor $\overrightarrow{AA'}$ beschreibt die Verschiebung von Punkt A um 1 Einheit in x_1-Richtung, 3 Einheiten in x_2-Richtung und -2 Einheiten in x_3-Richtung. Die **Koordinaten** des Verbindungsvektors $\overrightarrow{AA'}$ von A nach A' erhalten wir, indem wir jeweils die Koordinaten von A von den entsprechenden Koordinaten von A' subtrahieren. Die Koordinaten der Punkte B' und C' erhalten wir durch Addition der entsprechenden Koordinaten des Vektors $\overrightarrow{AA'}$.

$$A\,(\quad 3 \quad | \quad 0 \quad | \quad 3 \quad)$$
$$\downarrow\, +1 \qquad \downarrow\, +3 \qquad \downarrow\, -2$$
$$A'(\quad 4 \quad | \quad 3 \quad | \quad 1 \quad)$$

$$\overrightarrow{AA'} = \begin{pmatrix} 4-3 \\ 3-0 \\ 1-3 \end{pmatrix} = \begin{pmatrix} 1 \\ 3 \\ -2 \end{pmatrix}$$

$$B'(\;0+1\,|\,-1+3\,|\quad 3 \quad -2) = B'(1\,|\,2\,|\,1)$$
$$C'(-3+1\,|\,-2+3\,|\,-0{,}5-2) = C'(-2\,|\,1\,|\,-2{,}5)$$

Koordinaten des Vektors $\overrightarrow{AB}$ mit $A\,(a_1\,|\,a_2\,|\,a_3)$ und $B\,(b_1\,|\,b_2\,|\,b_3)$: $\overrightarrow{AB} = \begin{pmatrix} b_1 - a_1 \\ b_2 - a_2 \\ b_3 - a_3 \end{pmatrix}$

Stellen Sie die Verschiebung des Dreiecks aus Beispiel 6 grafisch dar.

Gegenvektor

Bestimmen Sie den Gegenvektor zu $\overrightarrow{AB}$ mit $A\,(2\,|-4\,|\,3)$ und $B\,(-1\,|\,1\,|\,7)$.

Der **Gegenvektor** zu $\overrightarrow{AB}$ ist der Vektor, der in die Gegenrichtung zeigt, also Vektor $\overrightarrow{BA}$.
Der Gegenvektor kann somit auch durch Umkehren aller Vorzeichen ermittelt werden.

$$\overrightarrow{AB} = \begin{pmatrix} -1 - 2 \\ 1 - (-4) \\ 7 - 3 \end{pmatrix} = \begin{pmatrix} -3 \\ 5 \\ 4 \end{pmatrix}$$

$$\overrightarrow{BA} = \begin{pmatrix} 2 - (-1) \\ -4 - 1 \\ 3 - 7 \end{pmatrix} = \begin{pmatrix} 3 \\ -5 \\ -4 \end{pmatrix}$$

> Der Vektor und sein zugehöriger **Gegenvektor** haben dieselbe Länge und verlaufen zueinander parallel.
> Sie haben dieselbe Richtung, aber entgegengesetzte Orientierung.
> Die Koordinaten des Gegenvektors erhält man durch das Umkehren aller Vorzeichen der Koordinaten des Vektors.

1. Geben Sie unter den angegebenen Vektoren die Gegenvektoren von $\vec{a} = \begin{pmatrix} -5 \\ 2 \\ -3 \end{pmatrix}$ und von $\vec{b} = \begin{pmatrix} 5 \\ -2 \\ -3 \end{pmatrix}$ an.

$$\vec{c} = \begin{pmatrix} 5 \\ -2 \\ -3 \end{pmatrix} \qquad \vec{d} = \begin{pmatrix} -5 \\ 2 \\ 3 \end{pmatrix} \qquad \vec{e} = \begin{pmatrix} -5 \\ -2 \\ 3 \end{pmatrix} \qquad \vec{f} = \begin{pmatrix} 5 \\ -2 \\ 3 \end{pmatrix} \qquad \vec{g} = \begin{pmatrix} -5 \\ -2 \\ -3 \end{pmatrix}$$

2. Geben Sie den Gegenvektor des Vektors $\overrightarrow{PQ}$ an.

	a)	b)	c)	d)	e)
P	$(-5\,|-7\,|\,7)$	$(2\,|\,0\,|\,2)$	$(-3\,|-6\,|-5)$	$(-1\,|\,2\,|\,6)$	$(2\,|-7\,|\,0)$
Q	$(-3\,|\,1\,|-7)$	$(-2\,|\,0\,|-9)$	$(8\,|-9\,|-6)$	$(-2\,|-2\,|-5)$	$(1\,|\,2\,|-9)$

◯ Ortsvektor

Bestimmen Sie den Vektor, der durch den Pfeil vom Ursprung zum Punkt $P\,(2\,|\,5\,|\,3)$ gegeben ist.

Wir wählen als Repräsentanten des gesuchten Vektors den Pfeil, der vom Koordinatenursprung aus zum Punkt P geht. Ein solcher Vektor heißt **Ortsvektor** $\vec{p}$ **zum Punkt** P.

Wir bestimmen die Koordinaten des Vektors $\vec{p}$:

$$\vec{p} = \overrightarrow{OP} = \begin{pmatrix} 2-0 \\ 5-0 \\ 3-0 \end{pmatrix} = \begin{pmatrix} 2 \\ 5 \\ 3 \end{pmatrix}$$

Die Koordinaten des Ortsvektors $\vec{p}$ entsprechen den Koordinaten des Punkts P.

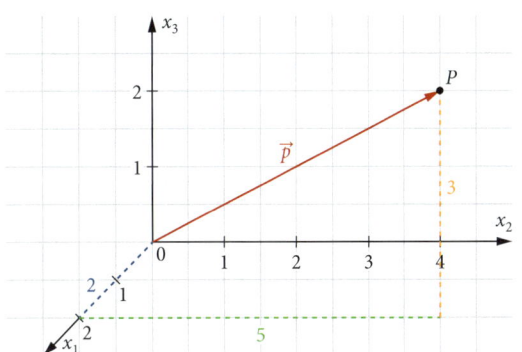

> *Mithilfe des Ortsvektors können wir mit Punkten und Vektoren gemeinsam rechnen.*

> Ein Vektor $\vec{a}$, der repräsentiert wird durch einen Pfeil vom Ursprung O des Koordinatensystems zum Punkt A, heißt **Ortsvektor** von A. Er hat dieselben Koordinaten wie der Punkt A.

9 Länge eines Vektors

Die Länge des Vektors $\vec{p}$ nennt man auch den **Betrag** von $\vec{p}$ und schreibt dafür $|\vec{p}|$.
Wir zeichnen die Hilfslinie d in die Zeichnung ein und markieren die rechten Winkel.
Nach dem Satz des Pythagoras gelten:

$|\vec{p}|^2 = d^2 + 3^2$ und $d^2 = 2^2 + 5^2$

Daraus ergibt sich für die Länge des Vektors $\vec{p}$:

$|\vec{p}| = \sqrt{d^2 + 3^2}$
$= \sqrt{2^2 + 5^2 + 3^2} = \sqrt{38} \approx 6{,}16$

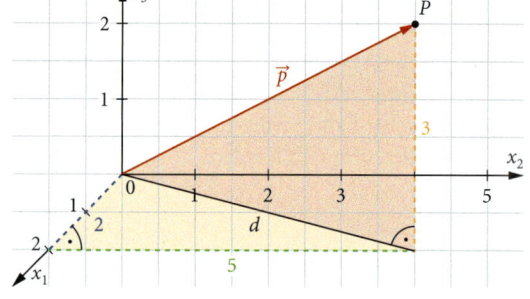

> Der **Betrag** $|\vec{a}|$ eines Vektors gibt die Länge der zugehörigen Pfeile an.
>
> $$|\vec{a}| = \left| \begin{pmatrix} a_1 \\ a_2 \\ a_3 \end{pmatrix} \right| = \sqrt{a_1{}^2 + a_2{}^2 + a_3{}^2}$$

 10 Abstand zwischen zwei Punkten

In einem Quader liegen die Eckpunkte $A\,(1\,|-3\,|\,0)$ und $G\,(-2\,|\,2\,|\,1)$ einander gegenüber. Berechnen Sie ihren Abstand, also die Länge der Raumdiagonale des Quaders.

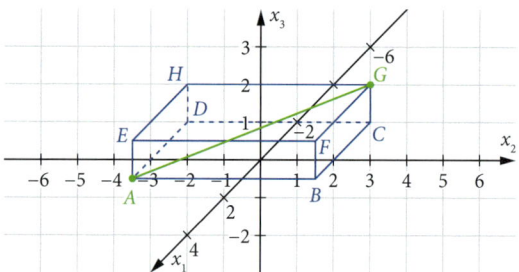

Der Abstand der Punkte A und G entspricht der Länge des Vektors $\overrightarrow{AG}$.

$\overrightarrow{AG} = \begin{pmatrix} 1 - (-2) \\ -3 - 2 \\ 0 - 1 \end{pmatrix} = \begin{pmatrix} 3 \\ -5 \\ -1 \end{pmatrix}$

Man berechnet sie mithilfe des Betrags des Vektors $\overrightarrow{AG}$.

Punkt A und Punkt G liegen ca. 5,92 Längeneinheiten (LE) voneinander entfernt.

$|\overrightarrow{AG}| = \sqrt{(3)^2 + (-5)^2 + (-1)^2}$
$= \sqrt{35}$
$\approx 5{,}92$

Durch die Anwendung der Formel für den Vektor $\overrightarrow{AB}$ und anschließende Anwendung der Formel für den Betrag des Vektors ergibt sich folgende Formel für die Länge der Strecke $\overline{AB}$:

> **Abstand zweier Punkte** $A\,(a_1\,|\,a_2\,|\,a_3)$ und $B\,(b_1\,|\,b_2\,|\,b_3)$:
>
> Der Betrag des Vektors $\overrightarrow{AB}$ gibt die Länge der Strecke $\overline{AB}$ an:
>
> $$|\overrightarrow{AB}| = \sqrt{(b_1 - a_1)^2 + (b_2 - a_2)^2 + (b_3 - a_3)^2}$$

  1. Berechnen Sie den Betrag des Vektors $\overrightarrow{EG}$ aus Beispiel 10.

2. Berechnen Sie die Seitenlängen des Dreiecks ABC mit $A\,(0\,|\,1\,|-4)$, $B\,(4\,|\,2\,|-2)$ und $C\,(-2\,|\,5\,|\,0)$.

Orthogonalität mithilfe des Satzes des Pythagoras überprüfen

Weisen Sie nach, dass das Dreieck ABC mit $A(4|4|7)$, $B(5|7|9)$ und $C(0|4|9)$ ein rechtwinkliges Dreieck ist. Geben Sie die Lage des rechten Winkels an.

Im rechtwinkligen Dreieck muss der Satz des Pythagoras erfüllt sein. Wir überprüfen, ob die Längen der Seiten $\overline{AB}$, $\overline{BC}$ und $\overline{AC}$ diesen erfüllen.

$$|\overrightarrow{AB}| = \sqrt{(5-4)^2 + (7-4)^2 + (9-7)^2} = \sqrt{14}$$
$$|\overrightarrow{AC}| = \sqrt{(0-4)^2 + (4-4)^2 + (9-7)^2} = \sqrt{20}$$
$$|\overrightarrow{BC}| = \sqrt{(0-5)^2 + (4-7)^2 + (9-9)^2} = \sqrt{34}$$

Der Satz des Pythagoras ist erfüllt, somit liegt ein rechtwinkliges Dreieck vor. Der rechte Winkel liegt der Hypotenuse, also der längsten Seite, gegenüber. Der rechte Winkel liegt an A.

Es gilt: $\sqrt{14}^2 + \sqrt{20}^2 = \sqrt{34}^2$
$\sphericalangle BAC = 90°$

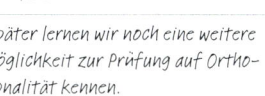

Später lernen wir noch eine weitere Möglichkeit zur Prüfung auf Orthogonalität kennen.

Gegeben ist das Dreieck ABC mit $A(0|1|0)$, $B(-2|3|0)$ und $C(0|0|0)$.
a) Zeigen Sie, dass das Dreieck ABC nicht rechtwinklig ist.
b) Geben Sie einen Punkt an, der mit A und C ein rechtwinkliges Dreieck bildet.

Übungen zu 4.1.2

1. Geben Sie die Pfeile mit
a) gleicher Länge,
b) gleicher Orientierung,
c) gleicher Richtung an.

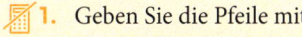
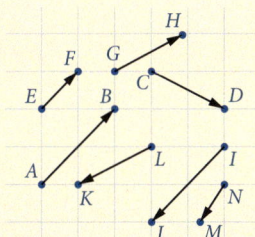

2. Gegeben sind folgende Punkte. Geben Sie die zugehörigen Ortsvektoren an.
$P(5|7|1)$ $Q(-3|4|2)$ $R(0|-3|3)$

3. Die Pfeile $\overrightarrow{AB}$ und $\overrightarrow{CD}$ sollen zum gleichen Vektor gehören. Bestimmen Sie die Koordinaten des jeweils fehlenden Punkts.
a) $A(-3|4)$, $B(5|-7)$, $D(8|11)$
b) $A(1|8|7)$, $B(0|0|0)$, $D(3|3|7)$

4. Bestimmen Sie den Vektor $\overrightarrow{AB}$ sowie seinen Gegenvektor.
a) $A(1|4|5)$ $B(2|0,5|-1)$
b) $A(-5|1,2|3,1)$ $B(0|0|-1)$
c) $A(-4|1|2)$ $B(-1|-2|2)$

5. Zeichnen Sie folgende Vektoren in ein Koordinatensystem. Bestimmen Sie die Länge der Vektoren.

$$\vec{a} = \begin{pmatrix} 5 \\ 4 \\ 6 \end{pmatrix} \qquad \vec{b} = \begin{pmatrix} -2 \\ 4 \\ -5 \end{pmatrix} \qquad \vec{c} = \begin{pmatrix} -1 \\ -5 \\ -3 \end{pmatrix}$$

6. Gegeben ist das Dreieck ABC mit $A(4|-2|2)$, $B(0|2|2)$ und $C(2|-1|4)$. Stellen Sie die Seiten des Dreiecks als Vektoren dar. Berechnen Sie den Umfang des Dreiecks.

7. Prüfen Sie, ob das Viereck $ABCD$ mit $A(2|1)$, $B(4|-1)$, $C(7|2)$, $D(1|4)$ ein Parallelogramm ist.

8. Berechnen Sie, wie a gewählt werden muss, damit $A(2|1|2)$ und $B(3|a|10)$ den Abstand 9 besitzen.

9. Das rechtwinklige Dreieck ABC mit $A(2|3|6)$, $B(2|7|2)$ und $C(4|3|6)$ wird entlang des Vektors

$$\vec{a} = \begin{pmatrix} -3 \\ 3 \\ -4 \end{pmatrix}$$ verschoben. Geben Sie die Koordinaten der

Bildpunkte an und überprüfen Sie, ob das Bilddreieck auch rechtwinklig ist.

10. Die Pyramide ist regelmäßig und 5 LE hoch. Geben Sie die eingezeichneten Pfeile als Vektoren an.

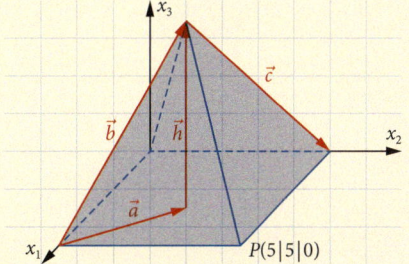

4.1.3   Rechnen mit Vektoren

 (12)   ⬡ Addition von Vektoren

Stellen Sie die Summe der Vektoren $\vec{a} = \begin{pmatrix} 1 \\ 2 \end{pmatrix}$ und $\vec{b} = \begin{pmatrix} 4 \\ 1 \end{pmatrix}$ grafisch dar.

Wir addieren die beiden Vektoren, indem wir ihre Koordinaten addieren: $\begin{pmatrix} 1 \\ 2 \end{pmatrix} + \begin{pmatrix} 4 \\ 1 \end{pmatrix} = \begin{pmatrix} 1+4 \\ 2+1 \end{pmatrix} = \begin{pmatrix} 5 \\ 3 \end{pmatrix}$

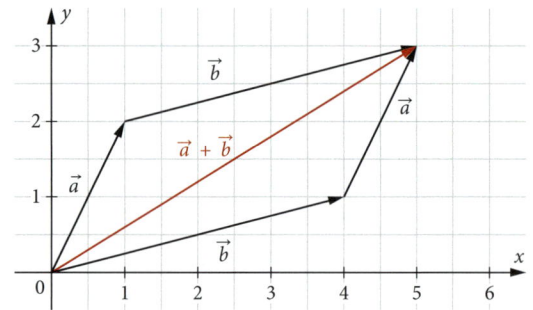

Vektor $\vec{a}$ bewirkt zunächst eine Verschiebung um 4 Einheiten in x-Richtung, später erfolgt durch Vektor $\vec{b}$ eine Verschiebung um 1 Einheit in x-Richtung, somit wird mit $\vec{a} + \vec{b}$ um 5 Einheiten in x-Richtung verschoben.
Entsprechendes gilt in y-Richtung:
Verschiebung um 2 Einheiten in y-Richtung, danach eine Verschiebung um 1 Einheit in y-Richtung, somit wird insgesamt um 3 Einheiten in y-Richtung verschoben.

Die Addition zweier Vektoren entspricht der Hintereinanderausführung der Verschiebungen entlang der beiden Vektoren.

(13)   Subtraktion von Vektoren

Stellen Sie die Differenz der Vektoren $\vec{a} = \begin{pmatrix} 1 \\ 2 \end{pmatrix}$ und $\vec{b} = \begin{pmatrix} 4 \\ 1 \end{pmatrix}$ grafisch dar.

Wir subtrahieren die beiden Vektoren, indem wir ihre Koordinaten subtrahieren:

$$\vec{a} - \vec{b} = \begin{pmatrix} 1-4 \\ 2-1 \end{pmatrix} = \begin{pmatrix} -3 \\ 1 \end{pmatrix}$$

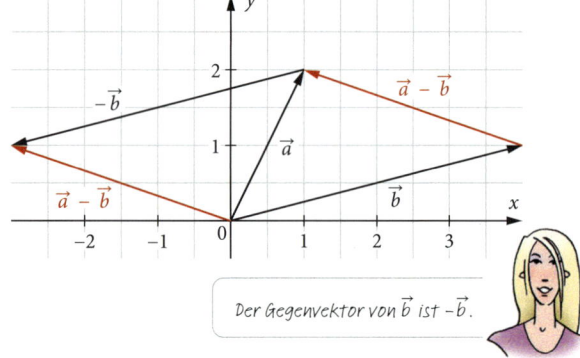

Wir erhalten den Ortsvektor der Subtraktion. Diesen kann man so verschieben, dass er zwischen den Pfeilspitzen der Vektoren $\vec{a}$ und $\vec{b}$ liegt.
Die Subtraktion eines Vektors $\vec{b}$ kann als Addition des Gegenvektors von b aufgefasst werden.

Der Gegenvektor von $\vec{b}$ ist $-\vec{b}$.

Addition und **Subtraktion** entsprechen der Hintereinanderausführung von Verschiebungen entlang von Vektoren. Vektoren werden koordinatenweise addiert bzw. subtrahiert.

$$\vec{a} + \vec{b} = \begin{pmatrix} a_1 \\ a_2 \\ a_3 \end{pmatrix} + \begin{pmatrix} b_1 \\ b_2 \\ b_3 \end{pmatrix} = \begin{pmatrix} a_1 + b_1 \\ a_2 + b_2 \\ a_3 + b_3 \end{pmatrix} \qquad \vec{a} - \vec{b} = \begin{pmatrix} a_1 \\ a_2 \\ a_3 \end{pmatrix} - \begin{pmatrix} b_1 \\ b_2 \\ b_3 \end{pmatrix} = \begin{pmatrix} a_1 - b_1 \\ a_2 - b_2 \\ a_3 - b_3 \end{pmatrix}$$

 ⬡ Gegeben sind die Vektoren $\vec{a} = \begin{pmatrix} 2 \\ -2 \\ 1 \end{pmatrix}$ und $\vec{b} = \begin{pmatrix} 1 \\ 0 \\ 1 \end{pmatrix}$.

a)   Berechnen Sie die Summe und die Differenz der beiden Vektoren.

b)   Untersuchen Sie, ob auch die Längen der Vektoren addiert bzw. subtrahiert werden.

Addition von mehreren Vektoren

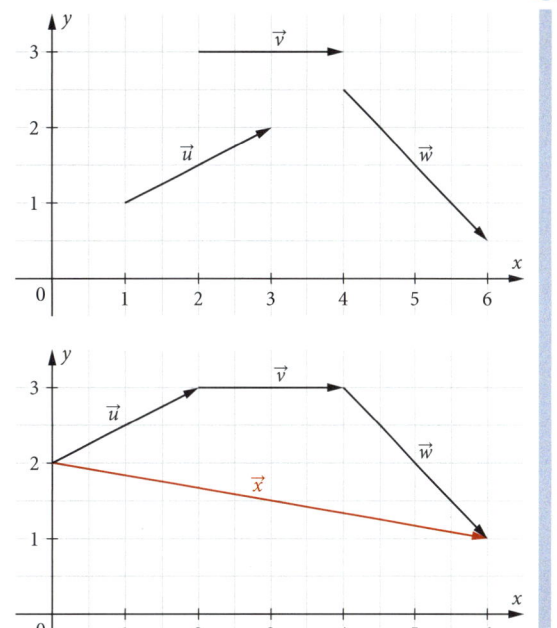

Gegeben sind die dargestellten Vektoren $\vec{u}$, $\vec{v}$, $\vec{w}$. Bestimmen Sie rechnerisch und zeichnerisch den Vektor $\vec{x} = \vec{u} + \vec{v} + \vec{w}$.

Die Vektoren liegen in der Ebene, haben also jeweils zwei Koordinaten, die wir ablesen:

$\vec{u} = \begin{pmatrix} 2 \\ 1 \end{pmatrix}$, $\vec{v} = \begin{pmatrix} 2 \\ 0 \end{pmatrix}$, $\vec{w} = \begin{pmatrix} 2 \\ -2 \end{pmatrix}$

Wir berechnen den Vektor $\vec{x}$:

$\vec{x} = \begin{pmatrix} 2 \\ 1 \end{pmatrix} + \begin{pmatrix} 2 \\ 0 \end{pmatrix} + \begin{pmatrix} 2 \\ -2 \end{pmatrix} = \begin{pmatrix} 6 \\ -1 \end{pmatrix}$

Zeichnerisch lösen wir die Aufgabe, indem wir die Vektoren $\vec{u}$, $\vec{v}$ und $\vec{w}$ aneinandersetzen. Der gesuchte Vektor $\vec{x}$ führt vom Anfangspunkt des ersten Pfeils zur Spitze des letzten.
Er bewirkt die gleiche Verschiebung wie die Nacheinanderausführung der Verschiebungen der drei Vektoren $\vec{u}$, $\vec{v}$ und $\vec{w}$.

Nullvektor

Gegeben sind die drei Vektoren $\vec{a} = \begin{pmatrix} 1 \\ 1 \\ 2 \end{pmatrix}$, $\vec{b} = \begin{pmatrix} -1 \\ -2 \\ -1 \end{pmatrix}$ und $\vec{c} = \begin{pmatrix} 0 \\ 1 \\ -1 \end{pmatrix}$. Stellen Sie den Vektor $\vec{a} + \vec{b} + \vec{c}$ grafisch dar und berechnen Sie seine Koordinaten.

Wir zeichnen die Vektoren in ein Koordinatensystem. Anschließend setzen wir die drei Vektoren aneinander. Das Ende von Vektor $\vec{c}$ zeigt dann auf den Anfang von Vektor $\vec{a}$. Die Verschiebung erzeugt keine Veränderung.

Die Berechnung liefert den **Nullvektor**.

$$\vec{a} + \vec{b} + \vec{c} = \begin{pmatrix} 1 - 1 + 0 \\ 1 - 2 + 1 \\ 2 - 1 - 1 \end{pmatrix} = \begin{pmatrix} 0 \\ 0 \\ 0 \end{pmatrix}$$

> Bei der Addition von mehreren Vektoren kann ein **Nullvektor** entstehen. Sämtliche Koordinaten eines Nullvektors sind Nullen.

1. Bestimmen Sie die Koordinaten des Vektors $\vec{b}$ so, dass sich bei der Addition der Vektoren $\vec{a} = \begin{pmatrix} -2 \\ 1 \\ 7 \end{pmatrix}$, $\vec{b}$ und $\vec{c} = \begin{pmatrix} -6 \\ 6 \\ -10 \end{pmatrix}$ der Nullvektor ergibt.

2. Ergänzen Sie im Heft den Satz:
   Wenn man zu einem Vektor seinen Gegenvektor addiert, erhält man …

16 ⬡ Skalarmultiplikation

Stellen Sie die Multiplikation des Vektors $\vec{a} = \begin{pmatrix} 1 \\ 2{,}5 \\ 1{,}5 \end{pmatrix}$ mit dem Faktor 2 bzw. dem Faktor −0,5 grafisch dar.

Multiplizieren wir den Vektor $\vec{a}$ mit dem Faktor 2, so ist das Ergebnis ein Vektor doppelter Länge:

$$2 \cdot \vec{a} = 2 \cdot \begin{pmatrix} 1 \\ 2{,}5 \\ 1{,}5 \end{pmatrix} = \begin{pmatrix} 2 \cdot 1 \\ 2 \cdot 2{,}5 \\ 2 \cdot 1{,}5 \end{pmatrix} = \begin{pmatrix} 2 \\ 5 \\ 3 \end{pmatrix}$$

Multiplizieren wir den Vektor $\vec{a}$ mit dem Faktor −0,5, so ist das Ergebnis ein Vektor halber Länge:

$$-0{,}5 \cdot \vec{a} = -0{,}5 \cdot \begin{pmatrix} 1 \\ 2{,}5 \\ 1{,}5 \end{pmatrix} = \begin{pmatrix} -0{,}5 \cdot 1 \\ -0{,}5 \cdot 2{,}5 \\ -0{,}5 \cdot 1{,}5 \end{pmatrix} = \begin{pmatrix} -0{,}5 \\ -1{,}25 \\ -0{,}75 \end{pmatrix}$$

Durch die **Skalarmultiplikation** mit einer reellen Zahl mit $|r| \neq 1$ ändert sich die Länge des Vektors. Ist r negativ, so ändert sich zusätzlich die Orientierung des Vektors.

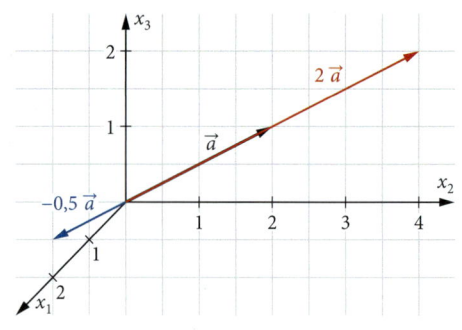

$\vec{a}$, $2\vec{a}$ und $-0{,}5\vec{a}$ haben alle die gleiche Richtung, aber $-0{,}5\vec{a}$ hat eine andere Orientierung als $\vec{a}$ und $2\vec{a}$.

Die **skalare Multiplikation** ist die Multiplikation eines Vektors mit einer reellen Zahl r (**Skalar**).

Die Multiplikation erfolgt koordinatenweise: $r \cdot \vec{a} = r \cdot \begin{pmatrix} a_1 \\ a_2 \\ a_3 \end{pmatrix} = \begin{pmatrix} r \cdot a_1 \\ r \cdot a_2 \\ r \cdot a_3 \end{pmatrix}$

Für $|r| \neq 1$ ändert sich die Länge des Vektors. Für positive Zahlen bleibt die Orientierung gleich, für negative Zahlen kehrt sie sich um.

17 Einheitsvektor

Geben Sie zu $\vec{v} = \begin{pmatrix} 4 \\ 3 \\ 0 \end{pmatrix}$ einen Vektor $\vec{v_0}$ gleicher Richtung und Orientierung an mit einer Länge von 1 LE.

Die Länge des Vektors $\vec{v}$ wird durch seinen Betrag bestimmt.

$$|\vec{v}| = \sqrt{4^2 + 3^2 + 0^2} = \sqrt{25} = 5$$

Wenn jede Koordinate mit $\frac{1}{5}$ multipliziert bzw. durch 5 dividiert wird, hat der neue Vektor $\vec{v_0}$ eine Länge von 1 LE. Ein solcher Vektor, der eine Länge von 1 LE hat, heißt **Einheitsvektor**.

$$\vec{v_0} = \frac{1}{|\vec{v}|} \cdot \vec{v} = \frac{\vec{v}}{|\vec{v}|} = \begin{pmatrix} 4 : 5 \\ 3 : 5 \\ 0 : 5 \end{pmatrix} = \begin{pmatrix} 0{,}8 \\ 0{,}6 \\ 0 \end{pmatrix}$$

Die Länge eines **Einheitsvektors** $\vec{v_0}$ von $\vec{v}$ mit $\vec{v_0} = \frac{\vec{v}}{|\vec{v}|}$ beträgt 1 LE.

1. Die Vektoren $\vec{a} = \begin{pmatrix} 0 \\ -1 \\ 1 \end{pmatrix}$, $\vec{b} = \begin{pmatrix} -2 \\ \frac{1}{2} \\ 1 \end{pmatrix}$, $\vec{c} = \begin{pmatrix} 4 \\ 1 \\ -\frac{1}{2} \end{pmatrix}$

sind gegeben.

a) Berechnen Sie $\vec{a} - 2\vec{b} + \vec{c}$. Stellen Sie die Summe $\vec{a} - 2\vec{b} + \vec{c}$ auch grafisch dar und vergleichen Sie das Ergebnis.

b) Bestimmen Sie die Einheitsvektoren von $\vec{a}$, $\vec{b}$ und $\vec{c}$.

2. Geben Sie alle Einheitsvektoren aus untenstehender Zeichnung an.

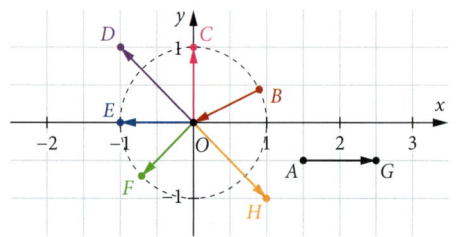

Parallelität und Kollinearität von Vektoren

Prüfen Sie, ob die Vektoren $\vec{a} = \begin{pmatrix} -6 \\ 0 \\ -3 \end{pmatrix}$ und $\vec{b} = \begin{pmatrix} 2 \\ 0 \\ 1 \end{pmatrix}$ zueinander parallel liegen.

Wenn Vektoren zueinander parallel sind, sind die Vektoren Vielfache voneinander.

$$\begin{pmatrix} -6 \\ 0 \\ -3 \end{pmatrix} = r \cdot \begin{pmatrix} 2 \\ 0 \\ 1 \end{pmatrix} = \begin{pmatrix} r \cdot 2 \\ r \cdot 0 \\ r \cdot 1 \end{pmatrix}$$

Wir müssen also mithilfe der Skalarmultiplikation prüfen, ob es eine Zahl r gibt, sodass $\vec{a} = r \cdot \vec{b}$ gilt.

1. Zeile: $-6 = \;\; r \cdot 2 \quad \rightarrow r = -3$
2. Zeile: $\;\;\; 0 = -3 \cdot 0 \quad$ (wahr)
3. Zeile: $-3 = -3 \cdot 1 \quad$ (wahr)

Die Vektoren $\vec{a}$ und $\vec{b}$ sind zueinander parallel bzw. **kollinear**.

$$\vec{a} = -3 \cdot \vec{b}$$

> Vektoren, die durch Skalarmultiplikation auseinander hervorgehen, sind zueinander **parallel** bzw. **kollinear**. Sie haben die gleiche Richtung, können aber unterschiedlich lang oder entgegengesetzt orientiert sein.

4

Kollinearität von Punkten

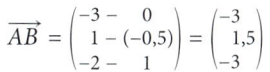

Prüfen Sie rechnerisch und zeichnerisch, ob die Punkte $A\,(0\,|-0,5\,|\,1)$, $B\,(-3\,|\,1\,|-2)$ und $C\,(1\,|-1\,|\,2)$ auf derselben Geraden liegen.

Wenn der Vektor $\overrightarrow{AB}$ und der Vektor $\overrightarrow{AC}$ dieselbe Richtung haben, liegen A, B und C auf derselben Geraden.
Wir berechnen die Vektoren $\overrightarrow{AB}$ und $\overrightarrow{AC}$ und prüfen auf Parallelität.

$$\overrightarrow{AB} = \begin{pmatrix} -3 - 0 \\ 1 - (-0,5) \\ -2 - 1 \end{pmatrix} = \begin{pmatrix} -3 \\ 1,5 \\ -3 \end{pmatrix}$$

$$\overrightarrow{AC} = \begin{pmatrix} 1 - 0 \\ -1 - (-0,5) \\ 2 - 1 \end{pmatrix} = \begin{pmatrix} 1 \\ -0,5 \\ 1 \end{pmatrix}$$

Es gilt:
$$\overrightarrow{AB} = -3\, \overrightarrow{AC}$$

Die Punkte liegen auf derselben Geraden, sie sind **kollinear**.

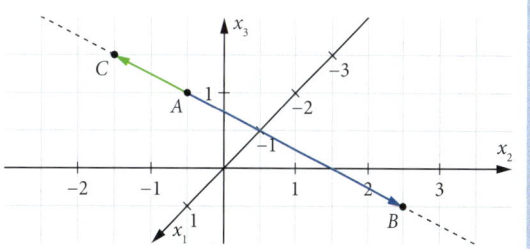

> Drei Punkte sind **kollinear**, wenn zwei ihrer Verbindungsvektoren zueinander parallel sind.

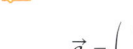 **1.** Geben Sie die Vektoren an, die zueinander parallel sind:

$\vec{a} = \begin{pmatrix} 0 \\ -1 \\ 1 \end{pmatrix}$ $\quad \vec{b} = \begin{pmatrix} -2 \\ 0,5 \\ 1 \end{pmatrix}$ $\quad \vec{c} = \begin{pmatrix} 4 \\ 1 \\ -0,5 \end{pmatrix}$ $\quad \vec{d} = \begin{pmatrix} 2 \\ 3 \\ -4 \end{pmatrix}$ $\quad \vec{e} = \begin{pmatrix} 4 \\ -1 \\ -2 \end{pmatrix}$ $\quad \vec{f} = \begin{pmatrix} -1 \\ -1,5 \\ 2 \end{pmatrix}$ $\quad \vec{g} = \begin{pmatrix} -6 \\ 1,5 \\ 3 \end{pmatrix}$ $\quad \vec{h} = \begin{pmatrix} -16 \\ -4 \\ 2 \end{pmatrix}$

2. Bestimmen Sie die reelle Zahl r so, dass die Punkte $R\,(-20\,|\,r\,|-4)$, $S\,(-11\,|-9\,|-2)$ und $T\,(7\,|-6\,|\,2)$ auf derselben Geraden liegen.

3. Überprüfen Sie die scheinbar auf derselben Geraden liegenden vier Punkte $A\,(0\,|-4\,|-1)$, $B\,(2\,|-1\,|\,1)$, $C\,(2\,|\,1\,|\,2)$, $D\,(6\,|\,5\,|\,5)$ und $E\,(2\,|\,5\,|\,4)$ auf Kollinearität.

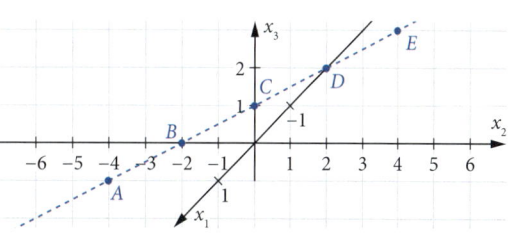

20   Mittelpunkt einer Strecke

Bestimmen Sie den Mittelpunkt M der Strecke $\overline{AB}$ mit $A(-4|7|1)$ und $B(6|6|2)$.

Wir bestimmen zunächst Vektor $\overrightarrow{AB}$.

Genau die Hälfte des Vektors $\overrightarrow{AB}$ führt von Punkt A zu Punkt M.

Somit erhalten wir den Ortsvektor von M, indem wir zum Ortsvektor von A die Hälfte von $\overrightarrow{AB}$ addieren.

Der Mittelpunkt der Strecke $\overline{AB}$ ist $M(1|6{,}5|1{,}5)$.

$$\overrightarrow{AB} = \begin{pmatrix} 6-(-4) \\ 6-7 \\ 2-1 \end{pmatrix} = \begin{pmatrix} 10 \\ -1 \\ 1 \end{pmatrix}$$

$$\overrightarrow{OM} = \overrightarrow{OA} + \tfrac{1}{2}\,\overrightarrow{AB}$$

$$= \begin{pmatrix} -4 \\ 7 \\ 1 \end{pmatrix} + \tfrac{1}{2} \begin{pmatrix} 10 \\ -1 \\ 1 \end{pmatrix}$$

$$= \begin{pmatrix} 1 \\ 6{,}5 \\ 1{,}5 \end{pmatrix}$$

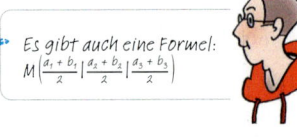

Es gibt auch eine Formel: $M\left(\frac{a_1+b_1}{2} \mid \frac{a_2+b_2}{2} \mid \frac{a_3+b_3}{2}\right)$

$$\vec{m} = \overrightarrow{OM} = \overrightarrow{OA} + \tfrac{1}{2}\overrightarrow{AB} = \overrightarrow{OA} + \tfrac{1}{2}\left(\overrightarrow{OB} - \overrightarrow{OA}\right) = \overrightarrow{OA} + \tfrac{1}{2}\overrightarrow{OB} - \tfrac{1}{2}\overrightarrow{OA} = \tfrac{1}{2}\overrightarrow{OA} + \tfrac{1}{2}\overrightarrow{OB} = \tfrac{1}{2}\left(\overrightarrow{OA} + \overrightarrow{OB}\right)$$

> Für den **Mittelpunkt** M einer Strecke $\overline{AB}$ gilt $\overrightarrow{OM} = \overrightarrow{OA} + \tfrac{1}{2}\overrightarrow{AB}$ bzw. $\overrightarrow{OM} = \tfrac{1}{2}\left(\overrightarrow{OA} + \overrightarrow{OB}\right)$.

Berechnen Sie die Mittelpunkte aller drei Seiten des Dreiecks ABC mit $A(-3|8|14)$, $B(7|-2|-4)$ und $C(-3|-4|6)$.

21   Teilung einer Strecke

Gegeben ist die Strecke $\overline{AB}$ mit den Endpunkten $A(1|6)$ und $B(9|2)$. Der Punkt P teilt die Strecke im Verhältnis $3:1$.
Bestimmen Sie die Koordinaten des Punkts P.

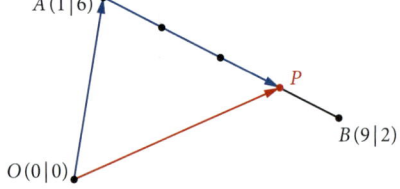

Der Ortsvektor des Punkts P ergibt sich aus der Addition des Ortsvektors von A und dem Vektor $\overrightarrow{AP}$.
Bei einem Teilungsverhältnis von $3:1$ wird die Strecke $\overline{AB}$ in vier gleiche Teile geteilt, von denen 3 Teile auf die Strecke $\overline{AP}$ entfallen.
Somit können wir $\overrightarrow{AP}$ durch $\tfrac{3}{4}\overrightarrow{AB}$ ersetzen.
Wir erhalten als Ergebnis $P(7|3)$.

$$\overrightarrow{OP} = \overrightarrow{OA} + \overrightarrow{AP}$$

$$= \overrightarrow{OA} + \tfrac{3}{4}\overrightarrow{AB}$$

$$= \begin{pmatrix} 1 \\ 6 \end{pmatrix} + \tfrac{3}{4} \cdot \begin{pmatrix} 9-1 \\ 2-6 \end{pmatrix}$$

$$= \begin{pmatrix} 1 \\ 6 \end{pmatrix} + \tfrac{3}{4} \cdot \begin{pmatrix} 8 \\ -4 \end{pmatrix}$$

$$= \begin{pmatrix} 1 \\ 6 \end{pmatrix} + \begin{pmatrix} 6 \\ -3 \end{pmatrix}$$

$$= \begin{pmatrix} 7 \\ 3 \end{pmatrix}$$

> Wird eine Strecke $\overline{AB}$ vom Punkt P im Verhältnis $m:n$ geteilt wird, dann gilt:
> $\overrightarrow{OP} = \overrightarrow{OA} + \frac{m}{m+n}\overrightarrow{AB}$

Eine Gerade verläuft durch die Punkte $A(-3|8|14)$ und $B(7|-2|-1)$. Berechnen Sie die Koordinaten des Punkts P, der die Strecke $\overline{AB}$ im Verhältnis $2:3$ teilt. Kontrollieren Sie Ihr Ergebnis, indem Sie die Längen der Teilstrecken ins Verhältnis setzen.

Übungen zu 4.1.3

1. Bestimmen Sie rechnerisch und zeichnerisch.

a) $\vec{a} + \vec{b}$

b) $\vec{a} + \vec{b} + \vec{c}$

c) $\vec{a} - \vec{c}$

d) $\vec{a} - \vec{b} - \vec{c}$

e) $-\vec{b} + \vec{c} + \vec{a}$

f) $2\vec{a} + \vec{b}$

g) $\vec{a} - 0,5\vec{b} + 3\vec{c}$

h) $2\vec{a} - 3\vec{b} + 0,5\vec{c}$

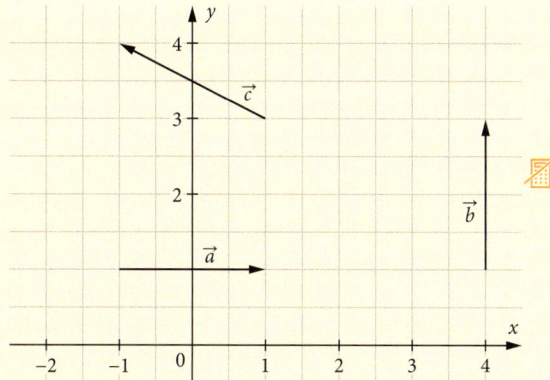

2. Gegeben sind die Vektoren

$$\vec{a} = \begin{pmatrix} -1 \\ 0,5 \\ 6 \end{pmatrix}, \vec{b} = \begin{pmatrix} 0,75 \\ 10 \\ 0 \end{pmatrix} \text{ und } \vec{c} = \begin{pmatrix} -2 \\ -4 \\ -1 \end{pmatrix}.$$

Berechnen Sie die Koordinaten des Vektors.

a) $\vec{a} + \vec{b}$

b) $\vec{a} - \vec{c}$

c) $-4\vec{a}$

d) $\vec{a} + 3\vec{b}$

e) $-0,5\vec{a} + \vec{c}$

f) $-\vec{b} + \frac{2}{3}\vec{c}$

g) $\vec{a} + 2\vec{b} - \vec{c}$

h) $-3\vec{a} + 2\vec{b} + 4\vec{c}$

3. Berechnen Sie die Koordinaten des Mittelpunkts M der Strecke $\overline{PQ}$ mit $P(3|6|7)$ und $Q(7|2|5)$ mithilfe der Ortsvektoren von P und Q.

4. Die vier Eckpunkte eines Würfels sind $O(0|0|0)$, $A(4|0|0)$, $B(0|4|0)$ und $C(0|0|4)$.

a) Zeichnen Sie den Würfel in ein Koordinatensystem.

b) Ergänzen Sie die Diagonalen der Seitenflächen. Geben Sie jeweils die Koordinaten der Schnittpunkte der Diagonalen an.

5. Überprüfen Sie, ob die Punkte A, B und C Eckpunkte eines Dreiecks sind. Begründen Sie Ihre Antwort.

a) $A(5|13|-4)$ $B(-16|-5|23)$ $C(-2|7|5)$

b) $A(5|13|-4)$ $B(13|14|24)$ $C(-11|-2|5)$

6. Bestimmen Sie a und b so, dass die Vektoren $\overrightarrow{PQ}$ und $\overrightarrow{RS}$ mit $P(8|12|a)$, $Q(a|-4|12)$, $R(-6|b|1,5)$ und $S(1,5|3|b)$ zueinander kollinear sind.

7. Berechnen Sie den Einheitsvektor zu $\overrightarrow{AB}$.

a) $A(-2|8|1)$ $B(6|2|1)$

b) $A(-9|6|8)$ $B(11|-6|-1)$

c) $A(-7|6|12)$ $B(-3|4|8)$

d) $A(-9|6|8)$ $B(11|-6|-1)$

8. Die Strecke $\overline{AB}$ mit $A(2|3|-4)$ und $B(-10|15|23)$ wird gedrittelt. Berechnen Sie die Koordinaten der Teilungspunkte P und Q.

9. Die Brüder Dirk und Jörg wollen mit ihren Freunden Sven und Christian ihre Kräfte messen und haben sich folgendes Spiel überlegt: An einer Kugel sind vier Seile befestigt, jeder von ihnen zieht an einem der Seile. Die Zugkräfte sind maßstäblich eingezeichnet. Ein Team hat gewonnen, wenn sich die Kugel auf dessen Seite befindet.

a) Geben Sie an, welches Team bei folgender Aufstellung gewinnt.

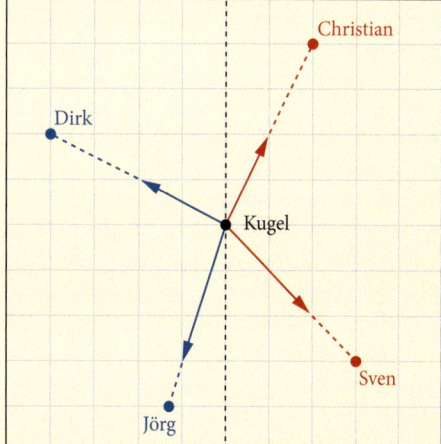

b) Beurteilen Sie, welches Team das vermeintlich schwächere ist.

Hat dieses Team eine Chance zu gewinnen, wenn das andere Team seine Position beibehält?

10. Gegeben ist ein Viereck $ABCD$ mit $A(1|1,5)$, $B(4,5|-2)$, $C(7|0,5)$ und $D(3,5|4)$. P teilt $\overline{AB}$ im Verhältnis $9:5$, Q teilt $\overline{BC}$ im Verhältnis $1:4$, R teilt $\overline{CD}$ im Verhältnis $2:5$ und S teilt $\overline{DA}$ im Verhältnis $2:3$.

a) Berechnen Sie die Koordinaten der Punkte P, Q, R und S.

b) Ermitteln Sie rechnerisch, um was für ein Viereck es sich bei dem Viereck $PQRS$ handelt.

⌖ Übungen zu 4.1

1. Bilden Sie zutreffende Paare.

$\vec{a} = \begin{pmatrix} 2 \\ -2 \\ 2 \end{pmatrix}$ $A\,(4\,|\,0\,|\,{-4})$ $\vec{b} = \begin{pmatrix} 3 \\ 0 \\ 0 \end{pmatrix}$

$B\,(13\,|\,0\,|\,0)$ $\vec{c} = \begin{pmatrix} 0,\overline{6} \\ 0,\overline{3} \\ 0,\overline{6} \end{pmatrix}$ $C\,(7\,|\,{-2}\,|\,2)$

$\vec{d} = \begin{pmatrix} 4 \\ -15 \\ 10 \end{pmatrix}$ $D\,(4\,|\,4\,|\,{-4})$ $\vec{e} = \begin{pmatrix} 0 \\ -2 \\ 2 \end{pmatrix}$

$E\,(0\,|\,4\,|\,0)$ $\vec{f} = \begin{pmatrix} 1 \\ 0 \\ 0 \end{pmatrix}$ $F\,(7\,|\,{-2}\,|\,{-2})$

$\vec{g} = \begin{pmatrix} 1,\overline{3} \\ 0,\overline{6} \\ 1,\overline{3} \end{pmatrix}$ $G\,({-7}\,|\,{-2}\,|\,2)$ $\vec{h} = \begin{pmatrix} -4 \\ 15 \\ -10 \end{pmatrix}$

a) Vektor und sein Gegenvektor.

b) Vektor und sein Einheitsvektor.

c) Punkt und seine Projektion in die x_1x_3-Ebene.

d) Punkt und sein Spiegelbild bei der Spiegelung an der x_1x_2-Ebene.

e) Ortsvektor eines Punkts und der Ortsvektor dieses Punkts bei der Projektion in die x_2x_3-Ebene.

f) Punkt auf der x_1-Achse und Einheitsvektor auf dieser Achse.

2. Gegeben ist der Vektor $\vec{a} = \begin{pmatrix} -4 \\ -3 \\ 1 \end{pmatrix}$.

a) Zeichnen Sie einen Repräsentanten des Vektors $\vec{a}$ in ein Koordinatensystem.

b) Verschieben Sie $P(-4\,|\,0\,|\,{-4})$ entlang des Vektors $\vec{a}$ und berechnen Sie die Koordinaten von P'.

3. In einem Quader sind die Vektoren $\vec{a} = \overrightarrow{AB}$, $\vec{b} = \overrightarrow{BC}$ und $\vec{c} = \overrightarrow{CG}$ gegeben. S ist der Schnittpunkt der Diagonalen im Rechteck $DCGH$. M ist der Mittelpunkt von $\overline{BC}$.

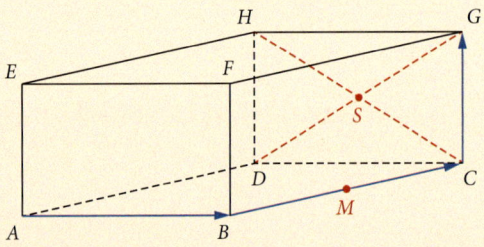

a) Geben Sie mithilfe von $\vec{a}$, $\vec{b}$ und $\vec{c}$ die Vektoren $\overrightarrow{AC}$, $\overrightarrow{AG}$, $\overrightarrow{AH}$, $\overrightarrow{HA}$ und $\overrightarrow{DF}$ an.

b) Stellen Sie $\overrightarrow{AM}$, $\overrightarrow{AS}$ und $\overrightarrow{SE}$ mit den gegebenen Vektoren dar.

c) Geben Sie den Vektor $\overrightarrow{MS}$ mithilfe der Vektoren $\vec{a}$, $\vec{b}$ und $\vec{c}$ an.

4. Wählen Sie die richtige Antwort.

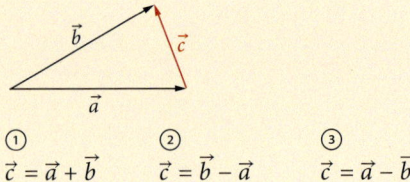

① $\vec{c} = \vec{a} + \vec{b}$ ② $\vec{c} = \vec{b} - \vec{a}$ ③ $\vec{c} = \vec{a} - \vec{b}$

5. Gegeben sind die Punkte $P(2\,|\,2\,|\,1)$, $Q(5\,|\,10\,|\,25)$, $R(3\,|\,a\,|\,0)$ und $S(4\,|\,6\,|\,5)$.
Bestimmen Sie a so, dass die Differenz der Vektoren $\overrightarrow{PQ}$ und $\overrightarrow{RS}$ den Betrag 11 besitzt.

6. Berechnen Sie die Koordinaten des Mittelpunkts M der Strecke $\overline{PQ}$ mit $P(3\,|\,6\,|\,7)$ und $Q(7\,|\,2\,|\,5)$ mithilfe der Ortsvektoren von P und Q.

7. Zeigen Sie, dass die vektorielle Summe der Seitenhalbierenden $\vec{s_a}$, $\vec{s_b}$ und $\vec{s_c}$ eines Dreiecks null ergibt.

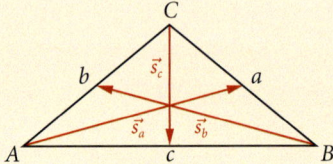

8. Entscheiden Sie, ob folgende Aussagen wahr oder falsch sind. Begründen Sie jeweils Ihre Entscheidung, ggf. durch ein Gegenbeispiel.

a) Die Summe der Beträge zweier Einheitsvektoren ist gleich dem Betrag der Summe dieser Vektoren.

b) Wenn mehrere Punkte die x_3-Koordinate 7 haben, dann sind sie kollinear.

c) Wenn ein Punkt eine Strecke halbiert, dann teilt er die Strecke im Verhältnis $1:2$.

9. Gegeben sind die Punkte $A(5\,|\,5\,|\,1)$, $B(-2\,|\,4\,|\,0)$, $C(0\,|\,0\,|\,{-2})$ und $D(5\,|\,5\,|\,5)$. Das Dreieck ABC bildet die Grundfläche eines geraden Prismas.
D ist ein Eckpunkt der Deckfläche. Geben Sie die Koordinaten der weiteren Eckpunkte an.

10. Gegeben ist das Dreieck ABC mit $A(0\,|\,2\,|\,2)$, $B(1\,|\,1\,|\,{-1})$ und $C(4\,|\,{-2}\,|\,0)$.

a) Fertigen Sie eine Skizze an.

b) Begründen Sie, dass es drei Möglichkeiten gibt, das Dreieck zu einem Parallelogramm zu ergänzen.

c) Bestimmen Sie die Koordinaten der Punkte, die mit ABC ein Parallelogramm ergeben.

11. Gegeben ist eine Pyramide mit rechteckiger Grundfläche durch folgende Punkte.
    Grundfläche:
    $P_1(2|1|1)$, $P_2(7|1|1)$, $P_3(7|5|1)$, $P_4(2|5|1)$
    Spitze:
    $P_5(4,5|3|6)$
    a) Zeichnen Sie die Pyramide in ein Koordinatensystem.
    b) Berechnen Sie die Koordinaten der Vektoren $\overrightarrow{P_1P_2}$, $\overrightarrow{P_2P_3}$, $\overrightarrow{P_3P_4}$, $\overrightarrow{P_4P_5}$, $\overrightarrow{P_1P_3}$ und $\overrightarrow{P_4P_2}$.
    c) Beschreiben Sie die geometrische Bedeutung von $\overrightarrow{P_1P_3}$, $\overrightarrow{P_4P_5}$ und $\overrightarrow{P_2P_5}$.
    Ergänzen Sie diese drei Vektoren in der schon angefertigten Zeichnung.
    d) Berechnen Sie $|\overrightarrow{P_2P_5}|$.
    Beschreiben Sie die Bedeutung dieser Zahl.
    e) Berechnen Sie Koordinaten des Vektors $\overrightarrow{OM}$ vom Ursprung zum Mittelpunkt der Grundfläche. Zeichnen Sie den Vektor ein.
    f) Geben Sie die Höhe der Pyramide an.
    g) Berechnen Sie den Flächeninhalt der Grundfläche der Pyramide.

12. In einer Computeranimation ist der Buchstabe E gegeben. Er wird durch folgende Angaben beschrieben: $P(4|1|2)$, $Q(4|2|1)$, $R(2,5|1|2)$. Weiterhin ist festgelegt, dass $\overline{RS}$ halb so lang ist wie $\overline{PQ}$. Alle Punkte liegen in derselben Ebene. Die Punkte T und U liegen symmetrisch zu den Punkten P und Q bezüglich der Symmetrieachse RS.

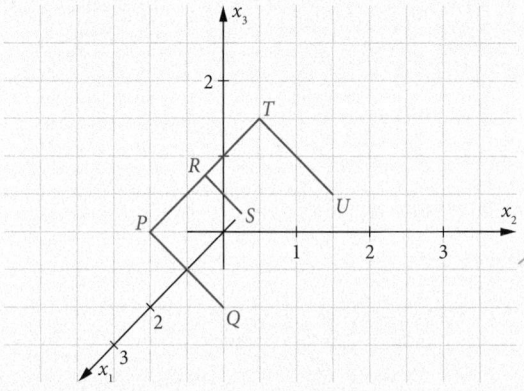

Der Buchstabe E soll nun um den Faktor 3 vergrößert werden.
Überlegen Sie, welche Informationen und Methoden Sie zur Lösung dieser Aufgabe benötigen. Wie können die Eckpunkte des Ausgangssymbols und des vergrößerten Symbols beschrieben werden, wie die Kantenvektoren? Beschreiben Sie Ihre Lösungsideen und die Lösung.

13. Auf einem Kinderspielplatz soll ein Sandkasten aufgebaut werden, welcher laut Plan exakt die Form eines Parallelogramms hat. Nach dem Aufbau des Sandkastens werden die Eckpunkte vermessen und die folgenden Koordinaten notiert: $A(0|0|0{,}3)$, $B(2|10|0{,}3)$, $C(21|5|0{,}3)$, $D(20|0|0{,}3)$. Alle Einheiten sind in Metern.
    a) Erstellen Sie eine Skizze des Sandkastens.
    b) Untersuchen Sie, ob die gegenüberliegenden Seiten zueinander parallel sind.
    c) Begründen Sie anhand Ihrer Berechnungen, dass der Sandkasten nicht den Vorgaben entspricht.
    d) Die Baufirma meint, dass ihr beim Aufbau nur in einem Eckpunkt ein Fehler unterlaufen sei. Bestätigen Sie diese Behauptung und geben Sie die richtigen Koordinaten dieses Punkts an.
    e) Ein zusätzlicher Wunsch war, dass die lange Seite des Parallelogramms doppelt so lang wie die kurze Seite sein sollte. Überprüfen Sie unter Verwendung der in Aufgabe d) berechneten Koordinaten, ob nun auch dieser Wunsch erfüllt werden kann.

14. Gegeben ist eine quadratische Pyramide.

    a) Bestimmen Sie die Koordinaten der fünf Eckpunkte.
    b) Berechnen Sie die Länge aller Kanten.
    c) Berechnen Sie das Volumen der Pyramide.

15. Berechnen Sie die Koordinaten des Punkts P, der die Strecke zwischen $A(-4|-3|4)$ und $B(4|-11|-36)$ im Verhältnis $3:5$ teilt.

16. Entscheiden Sie, ob die Punkte A, B und C kollinear sind. Untersuchen Sie dazu geeignete Verbindungsvektoren der drei Punkte. Bestimmen Sie im Fall der Kollinearität das Teilungsverhältnis, mit dem der innere Punkt die Strecke zwischen den beiden Randpunkten teilt.
    a) $A(2|-2|5)$, $B(3|-1|4)$, $C(5|1|2)$
    b) $A(8|-4|-3)$, $B(3|-2|1)$, $C(1|2|3)$
    c) $A(7|-4|-3)$, $B(3|-2|1)$, $C(13|-7|-9)$

Ich kann ...

... beschreiben, wie **Punkte im Raum** dargestellt werden.

▶ Test-Aufgaben 1 b), 2 a)

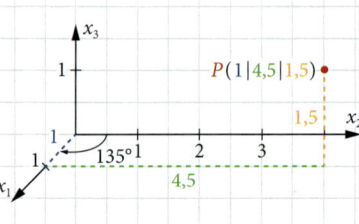

x_1-Koordinate „nach vorn/hinten"
x_2-Koordinate „nach rechts/links"
x_3-Koordinate „nach oben/unten"

... die **Koordinaten eines Vektors** zwischen zwei Punkten berechnen.

▶ Test-Aufgaben 1 a), 3 a)

$A\,(2\,|\,3\,|\,4)$, $E\,(5\,|\,{-2}\,|\,1)$

$$\vec{v} = \overrightarrow{AE} = \begin{pmatrix} 5-2 \\ -2-3 \\ 1-4 \end{pmatrix} = \begin{pmatrix} 3 \\ -5 \\ -3 \end{pmatrix}$$

Koordinaten des Endpunkts „minus" Koordinaten des Anfangspunkts „Spitze minus Fuß"

... die **Länge eines Vektors** berechnen.

▶ Test-Aufgaben 1 e), 3 b)

$$|\vec{v}| = \sqrt{3^2 + (-5)^2 + (-3)^2} \approx 6{,}56$$

$$\vec{v_0} = \frac{\vec{v}}{|\vec{v}|} \approx \begin{pmatrix} 3:6{,}56 \\ -5:6{,}56 \\ -3:6{,}56 \end{pmatrix} \approx \begin{pmatrix} 0{,}46 \\ -0{,}76 \\ -0{,}46 \end{pmatrix}$$

$$|\vec{a}| = \left| \begin{pmatrix} a_1 \\ a_2 \\ a_3 \end{pmatrix} \right| = \sqrt{a_1{}^2 + a_2{}^2 + a_3{}^2}$$

Einheitsvektor: $\vec{a_0} = \dfrac{\vec{a}}{|\vec{a}|}$

... den **Abstand** zweier Punkte im Raum bestimmen.

▶ Test-Aufgaben 1 e), 3 b)

$A\,(1\,|\,{-1}\,|\,2)$, $B\,(5\,|\,7\,|\,10)$
$$|\overrightarrow{AB}|$$
$$= \sqrt{(5-1)^2 + (7-(-1))^2 + (10-2)^2}$$
$$= 12$$

$$|\overrightarrow{AB}| = \sqrt{(b_1-a_1)^2 + (b_2-a_2)^2 + (b_3-a_3)^2}$$
Der Abstand der zwei Punkte A und B entspricht der Länge des Vektors $\overrightarrow{AB}$.

... Vektoren **addieren** und **subtrahieren**.

▶ Test-Aufgabe 2 b)

$$\vec{a} + \vec{b} = \begin{pmatrix} 2 \\ 3 \\ -1 \end{pmatrix} + \begin{pmatrix} 1 \\ -2 \\ 2 \end{pmatrix} = \begin{pmatrix} 2+1 \\ 3+(-2) \\ -1+2 \end{pmatrix} = \begin{pmatrix} 3 \\ 1 \\ 1 \end{pmatrix}$$

$$\vec{a} - \vec{b} = \begin{pmatrix} 2 \\ 3 \\ -1 \end{pmatrix} - \begin{pmatrix} 1 \\ -2 \\ 2 \end{pmatrix} = \begin{pmatrix} 2-1 \\ 3-(-2) \\ -1-2 \end{pmatrix} = \begin{pmatrix} 1 \\ 5 \\ -3 \end{pmatrix}$$

Vektoren werden addiert bzw. subtrahiert, indem die einzelnen Koordinaten der Vektoren addiert bzw. subtrahiert werden. Die Subtraktion eines Vektors $\vec{b}$ entspricht der Addition des Gegenvektors $-\vec{b}$.
Die Addition entspricht anschaulich der Hintereinanderausführung der Verschiebungen entlang der Vektoren.

... Vektoren mit einem **Skalar** multiplizieren.

▶ Test-Aufgabe 2 b)

$$\vec{a} = \begin{pmatrix} 2 \\ 3 \\ -1 \end{pmatrix}, \vec{b} = \begin{pmatrix} 1 \\ -2 \\ 2 \end{pmatrix}, r = 3$$

$$r \cdot \vec{a} = \begin{pmatrix} 6 \\ 9 \\ -3 \end{pmatrix}, r \cdot \vec{b} = \begin{pmatrix} 3 \\ -6 \\ 6 \end{pmatrix}$$

Vektoren werden mit einem Skalar (einer reellen Zahl r) multipliziert, indem jede Koordinate des Vektors mit r multipliziert wird. Die Richtung des Vektors bleibt gleich. Für $|r| \neq 1$ ändert sich die Länge, für $r < 0$ kehrt sich zusätzlich die Orientierung um.

... zwei Vektoren auf **Kollinearität** prüfen.

▶ Test-Aufgabe 4

$$\vec{a} = \begin{pmatrix} 1 \\ -2 \\ 4 \end{pmatrix}, \vec{b} = \begin{pmatrix} -2 \\ 4 \\ -8 \end{pmatrix}$$

$$\vec{a} = r \cdot \vec{b}$$

$$\Rightarrow r = -\tfrac{1}{2}$$

$$\Rightarrow \vec{a} \text{ und } \vec{b} \text{ sind kollinear (parallel).}$$

Gilt $\vec{a} = r \cdot \vec{b}$ mit $r \in \mathbb{R}$, so sind $\vec{a}$ und $\vec{b}$ kollinear.
Die Vektoren verlaufen dann zueinander **parallel**. Sie haben also die gleiche Richtung, können aber entgegengesetzt orientiert und unterschiedlich lang sein.

... die **Koordinaten des Teilungspunkts** einer Strecke berechnen.

▶ Test-Aufgabe 5

P teilt die Strecke $\overline{AB}$ mit $A\,(2\,|\,1\,|\,1)$ und $B\,(6\,|\,9\,|\,5)$ im Verhältnis $1:3$.
$$\overrightarrow{OP} = \overrightarrow{OA} + \frac{m}{m+n}\overrightarrow{AB}$$
$$= \begin{pmatrix} 2 \\ 1 \\ 1 \end{pmatrix} + \frac{1}{4}\begin{pmatrix} 4 \\ 8 \\ 4 \end{pmatrix} = \begin{pmatrix} 3 \\ 3 \\ 2 \end{pmatrix} \Rightarrow P\,(3\,|\,3\,|\,2)$$

Wird eine Strecke $\overline{AB}$ vom Punkt P im Verhältnis $m:n$ geteilt, dann gilt:
$$\overrightarrow{OP} = \overrightarrow{OA} + \frac{m}{m+n}\overrightarrow{AB}$$
Für den Mittelpunkt M einer Strecke $\overline{AB}$ gilt: $\overrightarrow{OM} = \vec{m} = \frac{1}{2}(\overrightarrow{OA} + \overrightarrow{OB})$

Test zu 4.1

1. Gegeben ist eine Pyramide mit dem Rechteck $ABCD$ als Grundfläche und S als Spitze. Hierbei ist $A\,(2\,|\,2\,|\,-1)$, $B\,(2\,|\,6\,|\,-1)$, $C\,(0\,|\,6\,|\,-1)$ und $S\,(1\,|\,4\,|\,2)$.

a) Bestimmen Sie die Koordinaten von D.

b) Zeichnen Sie die Pyramide in ein dreidimensionales Koordinatensystem.

c) Berechnen Sie den Umfang der Grundfläche.

d) Berechnen Sie die Koordinaten des Höhenfußpunkts F der Pyramide.

e) Berechnen Sie die Höhe der Pyramide.

 2. Gegeben sind die Vektoren $\vec{a} = \begin{pmatrix} 4 \\ 6 \\ 3 \end{pmatrix}$, $\vec{b} = \begin{pmatrix} -3 \\ 1 \\ -2 \end{pmatrix}$ und $\vec{c} = \begin{pmatrix} 2 \\ 6 \\ 8 \end{pmatrix}$.

a) Zeichnen Sie die Vektoren als Ortsvektoren in ein Koordinatensystem.

b) Zeichnen und berechnen Sie $\vec{u} = 2\,\vec{a} - 3\,\vec{b} - \frac{1}{2}\,\vec{c}$.

3. Die rechts abgebildete Skizze zeigt die Grundkonstruktion eines Klettergerüsts mit der Grundform eines Quaders. Der Spielplatz ist abschüssig und das Klettergerüst soll in einen Hang hineingebaut werden. Die Punkte A, B, C und D liegen in der Hangebene. Alle Einheiten sind in Metern gegeben. Das Klettergerüst kann durch die folgenden Punkte beschrieben werden: $A\,(2\,|\,0\,|\,-1)$, $B\,(2\,|\,10\,|\,-1)$, $D\,(0\,|\,0\,|\,0)$, $E\,(2\,|\,0\,|\,3)$.

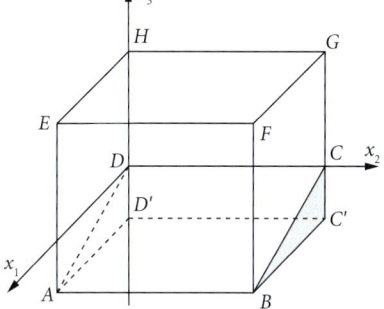

a) Geben Sie die Koordinaten der Punkte C, F, G und H an.

b) Berechnen Sie das Volumen des notwendigen Erdaushubs für den Bau der Grundkonstruktion des Klettergerüsts.
Hinweis: Das Klettergerüst soll auf den Punkten A, B, C' und D' stehen.

4. Für ein Element eines Klettergartens müssen zwei exakt parallele Tragseile gespannt werden. Das erste Seil verläuft entlang des Vektors $\vec{v_1} = \begin{pmatrix} 6{,}6 \\ 4{,}2 \\ -0{,}1 \end{pmatrix}$, das zweite Seil entlang des Vektors $\vec{v_2} = \begin{pmatrix} 6{,}27 \\ 4 \\ -0{,}09 \end{pmatrix}$.

a) Bestätigen Sie, dass die beiden Seile nicht zueinander parallel verlaufen.

b) Beim zweiten Seil können die x_2- und x_3-Koordinate noch angepasst werden. Bestimmen Sie den korrigierten Vektor $\vec{v_2}$, der kollinear zu $\vec{v_1}$ ist.

5. In jedem Dreieck teilt der Schnittpunkt der Seitenhalbierenden (Strecke zwischen Eckpunkt und Mittelpunkt der gegenüberliegenden Seite) jede Seitenhalbierende im Verhältnis $1:2$.
Prüfen Sie, ob der Punkt $P\,(3{,}3\,|\,0{,}7\,|\,4{,}3)$ der Schnittpunkt der Seitenhalbierenden des Dreiecks ABC mit $A\,(8\,|\,0\,|\,6)$, $B\,(9\,|\,7\,|\,6)$ und $C\,(-7\,|\,-5\,|\,1)$ ist.

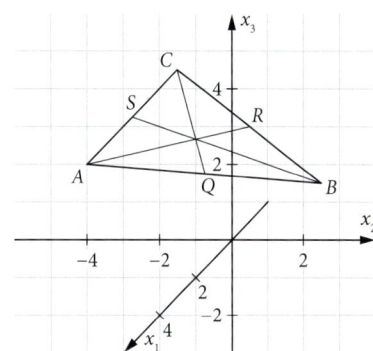

4.2 Skalarprodukt und Orthogonalität

1 Schiefe Ebene

Auf einer schiefen Ebene mit dem Neigungswinkel $\alpha = 25°$ liegt eine Kiste mit der Gewichtskraft von 200 N. Diese Kraft kann man in zwei Komponenten zerlegen; einerseits in die Hangabtriebskraft, die parallel zum Hang verläuft, und andererseits in die Normalkraft, die senkrecht zur schiefen Ebene wirkt.

a) Berechnen Sie die Größen der Normalkraft und der Hangabtriebskraft.

b) Die Kiste kommt ins Rutschen, wenn die Hangabtriebskraft mehr als 0,23-mal so groß ist wie die Normalkraft. Prüfen Sie, ob dies hier der Fall ist.

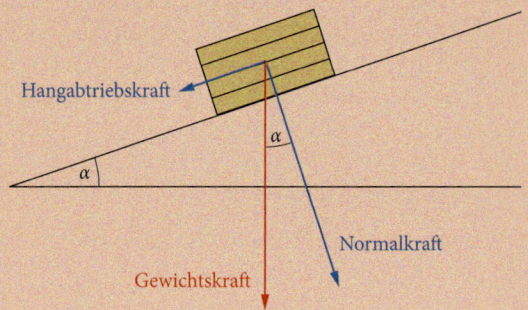

2 Walmdach

Eine Reinigungsfirma braucht mehr Platz für die Verwaltung. Dazu wurde bereits ein benachbartes Haus gekauft, welches nun für die Nutzung als Bürogebäude umgebaut wird. Dabei soll die Grundfläche rechteckig sein und mindestens $100\,m^2$ betragen.

Für die Form des Daches schlägt der beauftragte Architekt ein Walmdach vor. Da der Dachboden aber genutzt werden soll, darf die Dachneigung (Winkel zwischen Dachboden und Dachfläche) nicht geringer als 30° sein.

Die beauftragte Firma zeigt der Geschäftsinhaberin der Reinigungsfirma die nebenstehende Skizze.

Für die Einheiten auf den drei Koordinatenachsen gilt jeweils: 1 LE entspricht 1 m. Die Maße des Hauses sind durch die Koordinaten folgender Punkte gegeben:

$A(8|0|0)$, $B(8|10|0)$, $D(0|0|0)$, $E(8|0|5)$, $I(4|2|8)$ und $K(4|8|8)$ sowie die Punkte M, N, O und P als Mittelpunkte der entsprechenden Strecken.

a) Geben Sie die Koordinaten der Punkte C, F, G, H, L, M, N, O und P an und zeichnen Sie die Figur in ein dreidimensionales Koordinatensystem.

b) Prüfen Sie, ob die Grundfläche des Hauses rechteckig ist und mindestens $100\,m^2$ beträgt.

c) Prüfen Sie, ob die Dachneigungen mindestens 30° betragen. Fertigen Sie dazu zunächst Skizzen der Dreiecke LMN und KOP an und ermitteln Sie notwendige Seitenlängen.

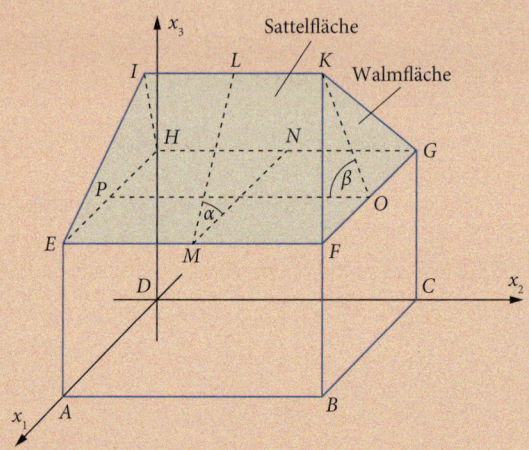

3 Treppengeländer

Bei einer rechtwinklig um die Ecke verlaufenden Treppe ist jede Stufe 40 cm tief und 13 cm hoch.

a) Berechnen Sie die Größe des Winkels, unter dem der von oben kommende Handlauf auf die senkrecht stehende Eckstange trifft.

b) Berechnen Sie die Größe des Winkels, unter dem der von unten kommende Handlauf auf die senkrecht stehende Eckstange trifft.

c) Überlegen Sie, wie groß der Winkel sein könnte, unter dem die beiden Stangen des Handlaufs aufeinandertreffen.

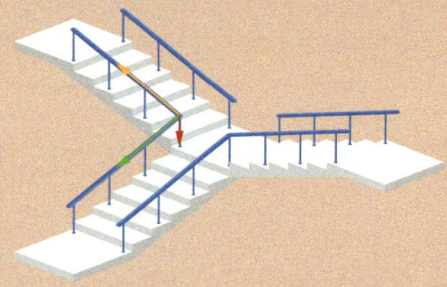

4 Tangram

Ein Tangram ist ein altes chinesisches Legespiel, das aus sieben Plättchen besteht. Die Plättchen entstehen durch „Zerschneiden" eines Quadrats in zwei große Dreiecke, ein mittelgroßes Dreieck, zwei kleine Dreiecke, ein Quadrat und ein Parallelogramm. Aus den Plättchen können zahlreiche Formen gelegt werden.

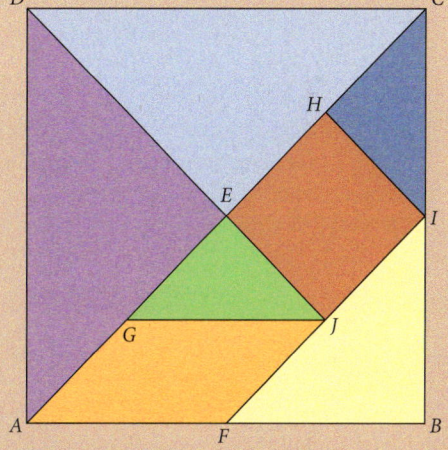

a) Begründen Sie, dass der spitze Winkel im Parallelogramm $AFJG$ eine Größe von 45° hat.

b) Zeichnen Sie das Tangram-Legespiel mit $A(1|1)$ und $B(9|1)$ in ein zweidimensionales Koordinatensystem.

c) Zeichnen Sie die Vektoren

$$\overrightarrow{AF} = \vec{a} = \begin{pmatrix} a_1 \\ a_2 \end{pmatrix}, \overrightarrow{AD} = \vec{b} = \begin{pmatrix} b_1 \\ b_2 \end{pmatrix}, \overrightarrow{DE} = \vec{c} = \begin{pmatrix} c_1 \\ c_2 \end{pmatrix},$$

$$\overrightarrow{JI} = \vec{d} = \begin{pmatrix} d_1 \\ d_2 \end{pmatrix} \text{ und } \overrightarrow{EC} = \vec{e} = \begin{pmatrix} e_1 \\ e_2 \end{pmatrix} \text{ ein.}$$

d) Übertragen Sie die Tabelle in Ihr Heft und füllen Sie die fehlenden Angaben aus.

			Größe des Winkels zwischen beiden Vektoren
$\vec{a} = \begin{pmatrix} \blacksquare \\ \blacksquare \end{pmatrix}$	$\vec{b} = \begin{pmatrix} \blacksquare \\ \blacksquare \end{pmatrix}$	$a_1 \cdot b_1 + a_2 \cdot b_2 = \blacksquare$	$\blacksquare$
$\vec{a} = \begin{pmatrix} \blacksquare \\ \blacksquare \end{pmatrix}$	$\vec{c} = \begin{pmatrix} \blacksquare \\ \blacksquare \end{pmatrix}$	$a_1 \cdot c_1 + a_2 \cdot c_2 = \blacksquare$	$\blacksquare$
$\vec{a} = \begin{pmatrix} \blacksquare \\ \blacksquare \end{pmatrix}$	$\vec{d} = \begin{pmatrix} \blacksquare \\ \blacksquare \end{pmatrix}$	$a_1 \cdot d_1 + a_2 \cdot d_2 = \blacksquare$	$\blacksquare$
$\vec{a} = \begin{pmatrix} \blacksquare \\ \blacksquare \end{pmatrix}$	$\vec{e} = \begin{pmatrix} \blacksquare \\ \blacksquare \end{pmatrix}$	$a_1 \cdot e_1 + a_2 \cdot e_2 = \blacksquare$	$\blacksquare$
$\vec{b} = \begin{pmatrix} \blacksquare \\ \blacksquare \end{pmatrix}$	$\vec{d} = \begin{pmatrix} \blacksquare \\ \blacksquare \end{pmatrix}$	$b_1 \cdot d_1 + b_2 \cdot d_2 = \blacksquare$	$\blacksquare$
$\vec{b} = \begin{pmatrix} \blacksquare \\ \blacksquare \end{pmatrix}$	$\vec{e} = \begin{pmatrix} \blacksquare \\ \blacksquare \end{pmatrix}$	$b_1 \cdot e_1 + b_2 \cdot e_2 = \blacksquare$	$\blacksquare$
$\vec{c} = \begin{pmatrix} \blacksquare \\ \blacksquare \end{pmatrix}$	$\vec{d} = \begin{pmatrix} \blacksquare \\ \blacksquare \end{pmatrix}$	$c_1 \cdot d_1 + c_2 \cdot d_2 = \blacksquare$	$\blacksquare$
$\vec{c} = \begin{pmatrix} \blacksquare \\ \blacksquare \end{pmatrix}$	$\vec{e} = \begin{pmatrix} \blacksquare \\ \blacksquare \end{pmatrix}$	$c_1 \cdot e_1 + c_2 \cdot e_2 = \blacksquare$	$\blacksquare$
$\vec{d} = \begin{pmatrix} \blacksquare \\ \blacksquare \end{pmatrix}$	$\vec{e} = \begin{pmatrix} \blacksquare \\ \blacksquare \end{pmatrix}$	$d_1 \cdot e_1 + d_2 \cdot e_2 = \blacksquare$	$\blacksquare$

e) Formulieren Sie eine Vermutung über einen Zusammenhang zwischen dem Ergebnis der Rechnung und der Lage der Vektoren.

4.2   Skalarprodukt und Orthogonalität

4.2.1   Definition des Skalarprodukts und Rechenregeln

Kosinusform des Skalarprodukts

In der Physik spielt der eingeschlossene Winkel zwischen vektoriellen Größen oft eine zentrale Rolle.

Verrichtete Arbeit als Skalarprodukt

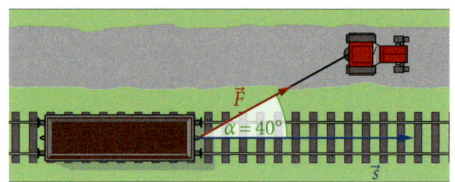

Ein Waggon wird gleichmäßig von einem Traktor gezogen. Dabei wird eine Kraft in Richtung des Traktors aufgebracht, die sich durch den Kraftvektor $\vec{F}$ darstellen lässt. Der zurückgelegte Weg lässt sich vektoriell durch den Wegvektor $\vec{s}$ darstellen. Der von beiden Vektoren eingeschlossene Winkel sei α. Berechnen Sie für $|\vec{F}| = 200\,\text{N}$, $|\vec{s}| = 30\,\text{m}$ und $\alpha = 40°$ die verrichtete Arbeit W.

Wenn $\vec{F}$ mit dem Weg gleichgerichtet wäre, wäre die am Waggon verrichtete Arbeit W das Produkt aus den Beträgen von $\vec{F}$ und $\vec{s}$. Hier wirkt die Kraft $\vec{F}$ allerdings unter dem Winkel α längs des Weges. Daher ist nur die in Wegrichtung wirkende Kraft $\vec{F_s}$ bedeutsam für die Arbeit W.

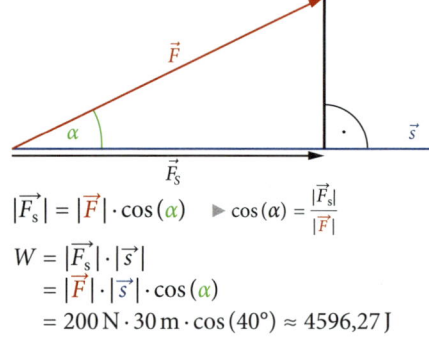

Anhand der Abbildung erkennen wir, dass wir $|\vec{F_s}|$ im rechtwinkligen Dreieck mithilfe des Kosinus darstellen können. Wir erhalten für die Arbeit:
$W = |\vec{F}| \cdot |\vec{s}| \cdot \cos(\alpha)$

$|\vec{F_s}| = |\vec{F}| \cdot \cos(\alpha)$ ▶ $\cos(\alpha) = \dfrac{|\vec{F_s}|}{|\vec{F}|}$

$$\begin{aligned}W &= |\vec{F_s}| \cdot |\vec{s}| \\ &= |\vec{F}| \cdot |\vec{s}| \cdot \cos(\alpha) \\ &= 200\,\text{N} \cdot 30\,\text{m} \cdot \cos(40°) \approx 4596{,}27\,\text{J}\end{aligned}$$

Einsetzen der Werte ergibt: $W \approx 4596{,}27\,\text{J}$

Den Ausdruck $|\vec{F}| \cdot |\vec{s}| \cdot \cos(\alpha)$ bezeichnet man allgemein als das **Skalarprodukt** der Vektoren $\vec{F}$ und $\vec{s}$, da das Ergebnis kein Vektor, sondern ein Skalar ist, also eine reelle Zahl. Für das Skalarprodukt $|\vec{F}| \cdot |\vec{s}| \cdot \cos(\alpha)$ schreibt man kurz: $\vec{F} \cdot \vec{s}$

Skalarprodukt der Vektoren $\vec{F}$ und $\vec{s}$:
$\vec{F} \cdot \vec{s} = |\vec{F}| \cdot |\vec{s}| \cdot \cos(\alpha)$

Sind $\vec{a}$ und $\vec{b}$ zwei Vektoren, die den Winkel α einschließen ($0° \leq \alpha \leq 180°$), dann heißt
$\vec{a} \cdot \vec{b} = |\vec{a}| \cdot |\vec{b}| \cdot \cos(\alpha)$ **Skalarprodukt** von $\vec{a}$ und $\vec{b}$.

---

1. Berechnen Sie das Skalarprodukt $\vec{u} \cdot \vec{v}$ für $|\vec{u}| = 15$, $|\vec{v}| = 13$ und $\alpha = 27°$.

2. Bestimmen Sie das Skalarprodukt der Vektoren $\vec{a}$ und $\vec{b}$. Messen Sie die benötigten Längen und Winkel.

a)

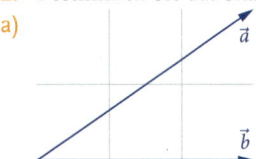

b)

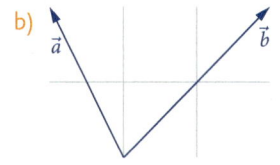

▶ Die Kantenlänge eines Kästchens entspricht 1 LE.

Koordinatenform des Skalarprodukts

Oft ist der Winkel zwischen zwei Vektoren nicht bekannt und es ist trotzdem das Skalarprodukt gesucht. Selbst wenn der Winkel und zwei Vektoren gegeben sind, müssten in einem ersten Schritt die Beträge der Vektoren berechnet werden, bevor man das Skalarprodukt berechnen kann. Daher nutzt man oft eine weitere Möglichkeit, das Skalarprodukt zweier gegebener Vektoren zu berechnen: die Koordinatenform des Skalarprodukts.

Herleitung der Koordinatenform

Leiten Sie mithilfe des Kosinussatzes eine vektor- und winkelfreie Darstellung des Skalarprodukts her.

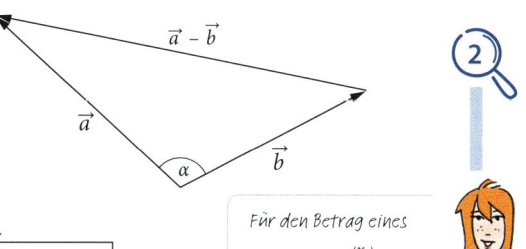

Für den Betrag eines Vektors $\vec{x} = \binom{x_1}{x_2}$ gilt:
$$|\vec{x}| = \sqrt{x_1^2 + x_2^2}$$

Für das abgebildete Dreieck gilt nach dem Kosinussatz:
$$|\vec{a} - \vec{b}|^2 = |\vec{a}|^2 + |\vec{b}|^2 - 2|\vec{a}||\vec{b}|\cos(\alpha) = |\vec{a}|^2 + |\vec{b}|^2 - 2\,\vec{a}\cdot\vec{b}$$

Andererseits gilt $\vec{a} - \vec{b} = \binom{a_1 - b_1}{a_2 - b_2}$, also:

$$
\begin{aligned}
|\vec{a} - \vec{b}|^2 &= (a_1 - b_1)^2 + (a_2 - b_2)^2 \\
&= (a_1^2 - 2a_1 b_1 + b_1^2) + (a_2^2 - 2a_2 b_2 + b_2^2) \\
&= \underbrace{(a_1^2 + a_2^2)} + \underbrace{(b_1^2 + b_2^2)} - 2\cdot(a_1 b_1 + a_2 b_2) \\
&= \quad |\vec{a}|^2 \quad + \quad |\vec{b}|^2 \quad - 2\cdot(a_1 b_1 + a_2 b_2)
\end{aligned}
$$

Vergleichen wir die letzte Zeile mit dem Ergebnis aus dem Kosinussatz, dann sehen wir:
$$\vec{a} \cdot \vec{b} = a_1 b_1 + a_2 b_2$$

Damit haben wir eine einfache Formel für die Berechnung des Skalarprodukts erhalten, für den Fall, dass die Koordinaten der beiden Vektoren gegeben sind.

Analog kann eine Formel für das Skalarprodukt von Vektoren im dreidimensionalen Raum hergeleitet werden:
$$\vec{a} \cdot \vec{b} = a_1 b_1 + a_2 b_2 + a_3 b_3$$

⚙ Skalarprodukt mithilfe der Koordinatenform berechnen

Berechnen Sie die Skalarprodukte $\vec{a} \cdot \vec{b}$ und $\vec{c} \cdot \vec{d}$.

Gegeben sind $\vec{a} = \binom{1}{2}$ und $\vec{b} = \binom{3}{4}$ sowie $\vec{c} = \begin{pmatrix} 2 \\ -1 \\ 3 \end{pmatrix}$ und $\vec{d} = \begin{pmatrix} 1 \\ 0 \\ -1 \end{pmatrix}$.

Man bildet das Skalarprodukt, indem die entsprechenden Koordinaten der beiden Vektoren multipliziert und diese Produkte dann addiert werden. Dies gilt sowohl in der Ebene als auch im Raum.

Die beiden gesuchten Skalarprodukte sind $\vec{a} \cdot \vec{b} = 11$ und $\vec{c} \cdot \vec{d} = -1$.

$$\vec{a} \cdot \vec{b} = \binom{1}{2} \cdot \binom{3}{4} = 1 \cdot 3 + 2 \cdot 4 = 11$$

$$\vec{c} \cdot \vec{d} = \begin{pmatrix} 2 \\ -1 \\ 3 \end{pmatrix} \cdot \begin{pmatrix} 1 \\ 0 \\ -1 \end{pmatrix} = 2 \cdot 1 + (-1) \cdot 0 + 3 \cdot (-1) = -1$$

Skalarprodukt zweier Vektoren · Multiplikation zweier Zahlen

Skalarprodukt: Im zweidimensionalen Koordinatensystem: $\vec{a} \cdot \vec{b} = \binom{a_1}{a_2} \cdot \binom{b_1}{b_2} = a_1 \cdot b_1 + a_2 \cdot b_2$

Im dreidimensionalen Koordinatensystem: $\vec{a} \cdot \vec{b} = \begin{pmatrix} a_1 \\ a_2 \\ a_3 \end{pmatrix} \cdot \begin{pmatrix} b_1 \\ b_2 \\ b_3 \end{pmatrix} = a_1 \cdot b_1 + a_2 \cdot b_2 + a_3 \cdot b_3$

Berechnen Sie das Skalarprodukt der Vektoren $\vec{a} = \begin{pmatrix} 3 \\ -2 \\ 1 \end{pmatrix}$ und $\vec{b} = \begin{pmatrix} 1 \\ 1 \\ -2 \end{pmatrix}$.

4 Bestellvektor und Preisvektor

Eine kleine Firma bestellt 15 Pakete Druckerpapier zum Einzelpreis von 3,50 €, 2 Tonerkartuschen à 89 € und 200 Kugelschreiber zum Preis von je 43 Cent. Ermitteln Sie den Rechnungsbetrag.

Die Bestellmengen (in Stück) können als **Bestellvektor** $\vec{b}$ dargestellt werden und die Preise (in Euro) als **Preisvektor** $\vec{v}$.

Mithilfe der Koordinatenform des Skalarprodukts können wir nun den Rechnungsbetrag in Höhe von 316,50 € berechnen.

$$\vec{b} = \begin{pmatrix} 15 \\ 2 \\ 200 \end{pmatrix} \qquad \vec{v} = \begin{pmatrix} 3,50 \\ 89,00 \\ 0,43 \end{pmatrix}$$

$$\vec{b} \cdot \vec{v} = \begin{pmatrix} 15 \\ 2 \\ 200 \end{pmatrix} \cdot \begin{pmatrix} 3,50 \\ 89,00 \\ 0,43 \end{pmatrix}$$
$$= 15 \cdot 3,5 + 2 \cdot 89 + 200 \cdot 0,43$$
$$= 316,5$$

Übungen zu 4.2.1

1. Gegeben sind die Vektoren $\vec{r} = \begin{pmatrix} 2 \\ 4 \\ 5 \end{pmatrix}$, $\vec{s} = \begin{pmatrix} 1 \\ -6 \\ 2 \end{pmatrix}$ und $\vec{u} = \begin{pmatrix} -6 \\ -9 \\ 2 \end{pmatrix}$. Berechnen Sie:

a) $\vec{r} \cdot \vec{s}$ b) $\vec{r} \cdot \vec{u}$ c) $\vec{r} \cdot \vec{u} + \vec{s} \cdot \vec{u}$

2. Linus ermittelt das Skalarprodukt der Vektoren $\vec{a} = \begin{pmatrix} 6 \\ 0 \\ -8 \end{pmatrix}$ und $\vec{b} = \begin{pmatrix} 12 \\ 3 \\ 4 \end{pmatrix}$, die einen Winkel von 72,08° einschließen. Er berechnet die Beträge der beiden Vektoren $|\vec{a}| = 10$ und $|\vec{b}| = 13$ und anschließend $\vec{a} \cdot \vec{b} = 10 \cdot 13 \cdot \cos(72,08°) \approx 40$.
Sarah merkt an, dass das viel leichter zu rechnen ist, weil …
Vervollständigen Sie den Satz.

3. Übertragen Sie die Tabelle in Ihr Heft und vervollständigen Sie sie.

	$\vec{a}$	$\vec{b}$	$\vec{a} \cdot \vec{b}$
a)	$\begin{pmatrix} 6 \\ 8 \\ -7 \end{pmatrix}$	$\begin{pmatrix} -9 \\ 0 \\ -8 \end{pmatrix}$	
b)	$\begin{pmatrix} 2 \\ 9 \\ 9 \end{pmatrix}$	$\begin{pmatrix} -3 \\ -7 \\ -6 \end{pmatrix}$	
c)	$\begin{pmatrix} \blacksquare \\ -1 \\ -3 \end{pmatrix}$	$\begin{pmatrix} 7 \\ 8 \\ 2 \end{pmatrix}$	14
d)	$\begin{pmatrix} -3 \\ \blacksquare \\ 2 \end{pmatrix}$	$\begin{pmatrix} 6 \\ 3 \\ \blacksquare \end{pmatrix}$	−48

4. Leiten Sie die Berechnung des Skalarprodukts von Vektoren im dreidimensionalen Raum mithilfe der Koordinaten der Vektoren her:
$$\vec{a} \cdot \vec{b} = a_1 b_1 + a_2 b_2 + a_3 b_3$$

5. Ein Traktor fährt parallel zum Schienenverlauf und zieht über eine Strecke von 50 m gleichmäßig einen Waggon, wobei der Winkel zwischen Abschleppseil und Schienenstrang 30° beträgt. Berechnen Sie, mit welcher Kraft der Traktor den Waggon zieht, wenn die verrichtete Arbeit 5000 J beträgt.

6. Rechenregeln

a) Kommutativgesetz für das Skalarprodukt zweier Vektoren $\vec{a}$ und $\vec{b}$:
$$\vec{a} \cdot \vec{b} = |\vec{a}| \cdot |\vec{b}| \cdot \cos(\alpha) = |\vec{b}| \cdot |\vec{a}| \cdot \cos(\alpha) = \vec{b} \cdot \vec{a}$$
Zeigen Sie die Gültigkeit des Kommutativgesetzes für das Skalarprodukt mithilfe der Koordinatenform.

b) Zeigen Sie an einem Gegenbeispiel, dass das Assoziativgesetz für das Skalarprodukt nicht gilt, also:
$$\vec{a} \cdot (\vec{b} \cdot \vec{c}) \neq (\vec{a} \cdot \vec{b}) \cdot \vec{c}$$

c) Zeigen Sie, dass für $r \in \mathbb{R}$ gilt:
$$(r \cdot \vec{a}) \cdot \vec{b} = r \cdot (\vec{a} \cdot \vec{b})$$

d) Distributivgesetz für das Skalarprodukt:
$$(\vec{u} + \vec{v}) \cdot \vec{w} = \vec{u} \cdot \vec{w} + \vec{v} \cdot \vec{w}$$
Zeigen Sie die Gültigkeit des Distributivgesetzes für das Skalarprodukt am Beispiel der Vektoren $\vec{u} = \begin{pmatrix} 4 \\ 5 \\ 10 \end{pmatrix}$, $\vec{v} = \begin{pmatrix} -5 \\ 0 \\ -3 \end{pmatrix}$ und $\vec{w} = \begin{pmatrix} 11 \\ 1 \\ 1 \end{pmatrix}$.

7. Verwenden Sie die Beziehung zwischen Bestellvektor, Preisvektor und Gesamtbetrag, um den Einzelpreis für Produkt B zu ermitteln.

Produkt	Anzahl	Einzelpreis
A	3	15,50 €
B	5	
C	2	4,22 €
Gesamtbetrag:		67,44 €

4.2.2   Winkel zwischen zwei Vektoren

⬡ Winkelberechnungen

Eine Gartenbaufirma bietet Sonnensegel in individuellen Formen und Größen an. Sie erhält den Auftrag, ein dreieckiges Segel herzustellen. Die genauen Winkel zwischen den Seiten des Segels werden durch die Lage der Befestigungspunkte bestimmt, denn über sie werden die Zugkräfte auf die Segelfläche übertragen und das Segel kann faltenfrei gespannt werden. Nach Absprache mit dem Kunden wurden folgende Befestigungspunkte festgelegt: $A(2|1|1)$, $B(3|7|3)$ und $C(5|-1|5)$.

Berechnen Sie die Größe des Winkels α, der von den Seitenkanten $\overline{AB}$ und $\overline{AC}$ eingeschlossen wird.

Wir stellen zunächst die Seitenkanten $\overline{AB}$ und $\overline{AC}$ durch Vektoren dar.

$$\overrightarrow{AB} = \begin{pmatrix} 1 \\ 6 \\ 2 \end{pmatrix}; \; \overrightarrow{AC} = \begin{pmatrix} 3 \\ -2 \\ 4 \end{pmatrix}$$

Um die Größe des Winkels bei A zu berechnen, müssen die Vektoren $\overrightarrow{AB}$ und $\overrightarrow{AC}$ verwendet werden, und nicht etwa $\overrightarrow{BA}$ oder $\overrightarrow{CA}$.

Wegen $|\overrightarrow{AB}| \neq 0$ und $|\overrightarrow{AC}| \neq 0$ können wir die Gleichung $\overrightarrow{AB} \cdot \overrightarrow{AC} = |\overrightarrow{AB}| \cdot |\overrightarrow{AC}| \cdot \cos(\alpha)$ nach $\cos(\alpha)$ auflösen.

Mithilfe der Vektoren $\overrightarrow{AB}$ und $\overrightarrow{AC}$ lassen sich sowohl das Skalarprodukt $\overrightarrow{AB} \cdot \overrightarrow{AC}$ als auch die Beträge $|\overrightarrow{AB}|$ und $|\overrightarrow{AC}|$ berechnen.

$$\overrightarrow{AB} \cdot \overrightarrow{AC} = |\overrightarrow{AB}| \cdot |\overrightarrow{AC}| \cdot \cos(\alpha)$$

$$\cos(\alpha) = \frac{\overrightarrow{AB} \cdot \overrightarrow{AC}}{|\overrightarrow{AB}| \cdot |\overrightarrow{AC}|}$$

$$\cos(\alpha) = \frac{1 \cdot 3 - 6 \cdot 2 + 2 \cdot 4}{\sqrt{1^2 + 6^2 + 2^2} \cdot \sqrt{3^2 + (-2)^2 + 4^2}}$$

$$= \frac{-1}{\sqrt{41} \cdot \sqrt{29}}$$

$$\alpha \approx 91{,}66°$$

Um die Größe von α zu berechnen, nutzen wir die Tasten des Taschenrechners zur Berechnung der Umkehrfunktion des Kosinus.
Wir erhalten das Ergebnis $\alpha \approx 92°$.

Sind $\vec{a}$ und $\vec{b}$ zwei vom Nullvektor verschiedene Vektoren, dann gilt für den zwischen ihnen eingeschlossenen Winkel α:

$$\cos(\alpha) = \frac{\vec{a} \cdot \vec{b}}{|\vec{a}| \cdot |\vec{b}|}$$

---

1. Berechnen Sie die Größe der Innenwinkel des Dreiecks ABC mit $A(2|1|0)$, $B(1|4|1)$ und $C(0|3|6)$.

2. Das Gas Methan ist eine chemische Verbindung aus Kohlenstoff C und Wasserstoff H mit der Summenformel CH_4. Das Molekül hat die Form eines regulären Tetraeders, in dessen Ecken sich die H-Atome befinden.
   In einem einfachen Modell soll die Lage der H-Atome durch die Punkte $H_1(1|1|-1)$, $H_2(-1|1|1)$, $H_3(-1|-1|-1)$, $H_4(1|-1|1)$ und die des C-Atoms durch den Punkt $C(0|0|0)$ beschrieben werden.
   Bestimmen Sie die Größe des Winkel φ zwischen zwei C-H-Bindungen, also z. B. $\sphericalangle H_1 C H_2$.

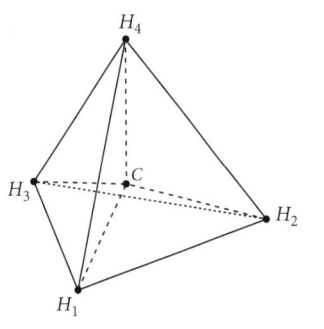

Orthogonalität

6 Senkrechte Vektoren

Erinnern Sie sich an die Situation aus Beispiel 1: Ein Waggon wurde gleichmäßig von einem Traktor gezogen. Dabei wurde eine Kraft in Richtung des Traktors aufgebracht, deren Betrag 200 N betrug. Der Winkel zwischen der wirkenden Kraft und dem Weg betrug $\alpha = 40°$. Für einen zurückgelegten Weg von 30 m betrug die verrichtete Arbeit ca. 4596 J:

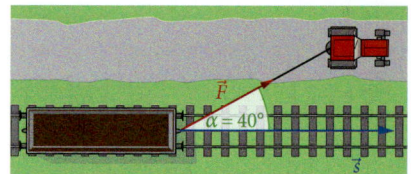

$$W = \vec{F} \cdot \vec{s} = |\vec{F}| \cdot |\vec{s}| \cdot \cos(\alpha) = 200\,\text{N} \cdot 30\,\text{m} \cdot \cos(40°) \approx 4596\,\text{J}$$

Berechnen Sie nun die verrichtete Arbeit, wenn die Zugrichtung des Traktors im 90°-Winkel zum Weg des Waggons steht.

Setzen wir die Werte $|\vec{F}| = 200\,\text{N}$, $|\vec{s}| = 30\,\text{m}$ und $\alpha = 90°$ in die Definition des Skalarprodukts ein, so erhalten wir $\vec{F} \cdot \vec{s} = 0$, denn der Kosinus von 90° ist null.

Anschaulich wird dies klar, da durch den 90°-Winkel die Zugkraft des Traktors keine Auswirkung auf den Weg des Waggons hat.

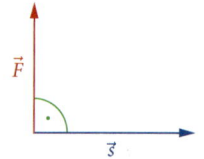

$$\begin{aligned}
\vec{F} \cdot \vec{s} &= |\vec{F}| \cdot |\vec{s}| \cdot \cos(\alpha) \\
&= 200\,\text{N} \cdot 30\,\text{m} \cdot \cos(90°) \\
&= 200\,\text{N} \cdot 30\,\text{m} \cdot 0 \\
&= 0\,\text{J}
\end{aligned}$$

Allgemein gilt, dass das Skalarprodukt zweier senkrecht aufeinander stehender Vektoren stets null ist. Man bezeichnet senkrecht aufeinander stehende Vektoren auch als zueinander **orthogonale Vektoren**.

Umgekehrt gilt: Ist das Skalarprodukt zweier Vektoren 0, dann sind diese Vektoren zueinander orthogonal.

Zwei Vektoren $\vec{a}$ und $\vec{b}$ sind genau dann zueinander orthogonal, wenn $\vec{a} \cdot \vec{b} = 0$ gilt.

1. Zeigen Sie rechnerisch, dass die Vektoren $\vec{a} = \begin{pmatrix} -5 \\ 2 \\ -1 \end{pmatrix}$ und $\vec{b} = \begin{pmatrix} -1 \\ -2 \\ 1 \end{pmatrix}$ orthogonal zueinander sind.

2. Finden Sie im abgebildeten zweidimensionalen Koordinatensystem vier Paare von zueinander orthogonalen Vektoren und überprüfen Sie die Orthogonalität mithilfe der Koordinatenform des Skalarprodukts.

   ▶ Im zweidimensionalen Koordinatensystem können Koordinaten oder auch Längen und Winkelgrößen direkt abgelesen bzw. gemessen werden, im dreidimensionalen Koordinatensystem dagegen nicht.

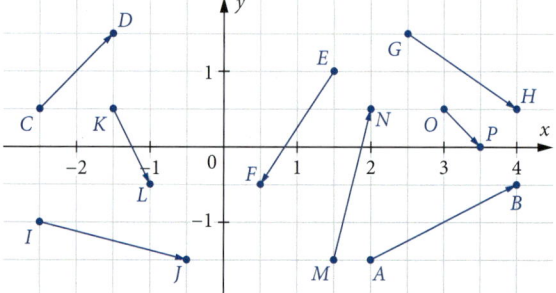

3. Zum Vektor $\begin{pmatrix} 2 \\ 3 \\ 4 \end{pmatrix}$ sind u. a. folgende Vektoren orthogonal: $\begin{pmatrix} 0 \\ 4 \\ -3 \end{pmatrix}$, $\begin{pmatrix} 0 \\ -4 \\ 3 \end{pmatrix}$, $\begin{pmatrix} 4 \\ 0 \\ -2 \end{pmatrix}$, $\begin{pmatrix} -4 \\ 0 \\ 2 \end{pmatrix}$, $\begin{pmatrix} 3 \\ -2 \\ 0 \end{pmatrix}$, $\begin{pmatrix} -3 \\ 2 \\ 0 \end{pmatrix}$.

   Folgern Sie daraus eine passende Handlungsanleitung, wie man zu einem gegebenen Vektor orthogonale Vektoren erhält.

Flächeninhalt eines Dreiecks

In ein dreidimensionales Koordinatensystem wurde das Dreieck ABC und die Strecke $\overline{HC}$ gezeichnet mit $A(4|1|3)$, $B(-5|-8|-3)$, $C(-3|6|-5)$ und $H(1|-2|1)$.

a) Weisen Sie nach, dass $\overline{HC}$ eine Höhe im Dreieck ABC ist.

b) Berechnen Sie den Flächeninhalt von Dreieck ABC.

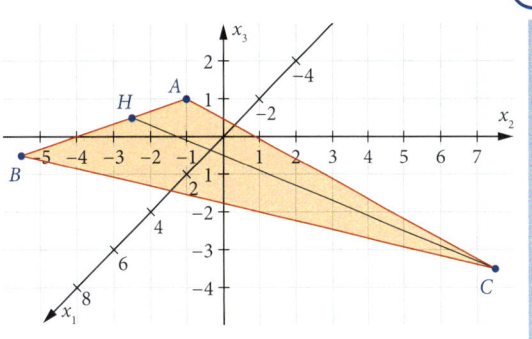

Zu a) Wir müssen zunächst überprüfen, ob H auf $\overline{AB}$ liegt oder ob es in der Zeichnung nur so scheint. Dazu bilden wir zum Beispiel die Vektoren $\overrightarrow{AH}$ und $\overrightarrow{HB}$. Wegen $\overrightarrow{HB} = 2 \cdot \overrightarrow{AH}$ sind beide Vektoren zueinander kollinear und damit liegt H auf $\overline{AB}$.

Um zu prüfen, ob $\overline{HC}$ Höhe auf $\overline{AB}$ ist, also senkrecht zu $\overline{AB}$ liegt, müssen wir das Skalarprodukt der Vektoren $\overrightarrow{AB}$ und $\overrightarrow{HC}$ berechnen. $\overrightarrow{AB} \cdot \overrightarrow{HC} = 0$, also ist $\overline{HC}$ die Höhe auf der Grundseite $\overline{AB}$ des Dreiecks ABC.

Zu b) Den Flächeninhalt des Dreiecks ABC berechnen wir, indem wir die Länge der Grundseite $\overline{AB}$ mit der Länge der Höhe $\overline{HC}$ multiplizieren und das Ergebnis halbieren.
Der Flächeninhalt des Dreiecks beträgt ca. 76 FE.

$$\overrightarrow{AH} = \begin{pmatrix} -3 \\ -3 \\ -2 \end{pmatrix} \qquad \overrightarrow{HB} = \begin{pmatrix} -6 \\ -6 \\ -4 \end{pmatrix}$$

$$\overrightarrow{HB} = 2 \cdot \overrightarrow{AH} \ \rightarrow \ \overrightarrow{HB} \parallel \overrightarrow{AH}$$

$$\overrightarrow{AB} \cdot \overrightarrow{HC} = \begin{pmatrix} -9 \\ -9 \\ -6 \end{pmatrix} \cdot \begin{pmatrix} -4 \\ 8 \\ -6 \end{pmatrix}$$
$$= -9 \cdot (-4) - 9 \cdot 8 - 6 \cdot (-6)$$
$$= 0$$

$$A = \frac{|\overrightarrow{AB}| \cdot |\overrightarrow{HC}|}{2}$$
$$= \frac{\sqrt{9^2 + 9^2 + 6^2} \cdot \sqrt{4^2 + 8^2 + 6^2}}{2}$$
$$= \frac{\sqrt{198} \cdot \sqrt{116}}{2}$$
$$\approx 75{,}78$$

Nachweis, ob ein Viereck ein Rechteck ist

Weisen Sie nach, dass die vier in derselben Ebene liegenden Punkte $A(-7|-2|6)$, $B(8|1|-10)$, $C(19|10|2)$ und $D(4|7|18)$ Eckpunkte eines Rechtecks sind.

Die gegenüberliegenden Seiten eines Rechtecks sind gleich lang und zueinander parallel. Wir vergleichen die sechs möglichen Verbindungsvektoren und ihre Beträge.

	$\overrightarrow{AB}$	$\overrightarrow{AC}$	$\overrightarrow{AD}$	$\overrightarrow{BC}$	$\overrightarrow{BD}$	$\overrightarrow{CD}$
	$\begin{pmatrix} 15 \\ 3 \\ -16 \end{pmatrix}$	$\begin{pmatrix} 26 \\ 12 \\ -4 \end{pmatrix}$	$\begin{pmatrix} 11 \\ 9 \\ 12 \end{pmatrix}$	$\begin{pmatrix} 11 \\ 9 \\ 12 \end{pmatrix}$	$\begin{pmatrix} -4 \\ 6 \\ 28 \end{pmatrix}$	$\begin{pmatrix} -15 \\ -3 \\ 16 \end{pmatrix}$
Betrag	$\sqrt{490}$	$\sqrt{836}$	$\sqrt{346}$	$\sqrt{346}$	$\sqrt{836}$	$\sqrt{490}$

Die Vektoren $\overrightarrow{AB}$ und $\overrightarrow{CD}$ sind zueinander kollinear und damit sind die Seiten $\overline{AB}$ und $\overline{CD}$ zueinander parallel. Außerdem sind ihre Beträge gleich. Entsprechendes gilt für $\overline{AD}$ und $\overline{BC}$.

$$\overrightarrow{AB} = -1 \cdot \overrightarrow{CD} \ \rightarrow \ \overrightarrow{AB} \parallel \overrightarrow{CD}$$
$$|\overrightarrow{AB}| = |\overrightarrow{CD}| = \sqrt{490}$$
$$\overrightarrow{AD} = 1 \cdot \overrightarrow{BC} \ \rightarrow \ \overrightarrow{AD} \parallel \overrightarrow{BC}$$
$$|\overrightarrow{AD}| = |\overrightarrow{BC}| = \sqrt{346}$$

Außerdem muss das Viereck $ABCD$ noch einen rechten Innenwinkel besitzen. Wir bilden das Skalarprodukt zweier Vektoren mit einem gemeinsamen Anfangspunkt, zum Beispiel $\overrightarrow{AB}$ und $\overrightarrow{AD}$. Es ergibt 0 und somit ist der Innenwinkel bei A ein rechter Winkel.

$$\overrightarrow{AB} \cdot \overrightarrow{AD} = \begin{pmatrix} 15 \\ 3 \\ -16 \end{pmatrix} \cdot \begin{pmatrix} 11 \\ 9 \\ 12 \end{pmatrix}$$
$$= 15 \cdot 11 + 3 \cdot 9 - 16 \cdot 12$$
$$= 0$$
$$\Rightarrow \overrightarrow{AB} \perp \overrightarrow{AD}$$

Übungen zu 4.2.2

1. Berechnen Sie die Größe des Winkels zwischen den Vektoren $\vec{r}$ und $\vec{s}$.

a) $\vec{r} = \begin{pmatrix} -2 \\ 3 \end{pmatrix}$, $\vec{s} = \begin{pmatrix} 5 \\ -7 \end{pmatrix}$ 　　　 b) $\vec{r} = \begin{pmatrix} 4 \\ 1 \\ 5 \end{pmatrix}$, $\vec{s} = \begin{pmatrix} 6 \\ -2 \\ 9 \end{pmatrix}$

2. Bestimmen Sie die Größen aller Innenwinkel des Dreiecks, das durch die Vektoren $\vec{r}$ und $\vec{s}$ aufgespannt wird.

a) $\vec{r} = \begin{pmatrix} 4 \\ 2 \end{pmatrix}$, $\vec{s} = \begin{pmatrix} -1 \\ 3 \end{pmatrix}$ 　　　 b) $\vec{r} = \begin{pmatrix} 4 \\ 3 \\ -5 \end{pmatrix}$, $\vec{s} = \begin{pmatrix} -5 \\ 0 \\ 2 \end{pmatrix}$

3. Berechnen Sie die Größe des Winkels, unter dem die beiden Stangen des Handlaufs aufeinandertreffen.
▶ S. 251, Aufgabe 3 c)

4. In der Figur gibt es Seiten oder Diagonalen, die zueinander orthogonal sind. Zeigen Sie diese Orthogonalität mithilfe des Skalarprodukts.

a)
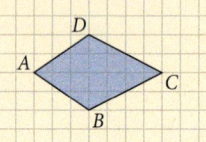

c)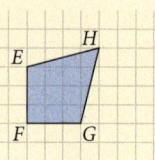

b)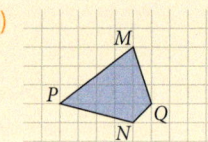

d)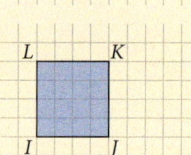

5. Untersuchen Sie rechnerisch, ob die Vektoren orthogonal zueinander sind.

a) $\begin{pmatrix} 4 \\ 3 \\ 2 \end{pmatrix}$, $\begin{pmatrix} -2 \\ 4 \\ 2 \end{pmatrix}$ 　 c) $\begin{pmatrix} 2 \\ 4 \\ 3 \end{pmatrix}$, $\begin{pmatrix} 4 \\ -2 \\ 0 \end{pmatrix}$ 　 e) $\begin{pmatrix} 1 \\ 0 \\ 0 \end{pmatrix}$, $\begin{pmatrix} 0 \\ 1 \\ 0 \end{pmatrix}$

b) $\begin{pmatrix} -3 \\ 5 \\ 3 \end{pmatrix}$, $\begin{pmatrix} 6 \\ 3 \\ 1 \end{pmatrix}$ 　 d) $\begin{pmatrix} 2 \\ 4 \\ 3 \end{pmatrix}$, $\begin{pmatrix} 4 \\ -2 \\ 1 \end{pmatrix}$

6. Gegeben sind die Punkte $A(-2|5|7)$, $B(4|8|1)$ und $D(-3|13|3)$.

a) Berechnen Sie die Koordinaten des Punkts C, sodass das Viereck $ABCD$ eine Raute ist.

b) Kontrollieren Sie, ob gegenüberliegende Winkel gleich groß sind und ob die Diagonalen senkrecht aufeinander stehen.

7. Zeigen Sie, dass das Dreieck mit den Eckpunkten $A(1|0|4)$, $B(3|2|2)$, $C(1|3|1)$ rechtwinklig ist.

8. Überprüfen Sie rechnerisch, welche der Dreiecke rechtwinklig sind.

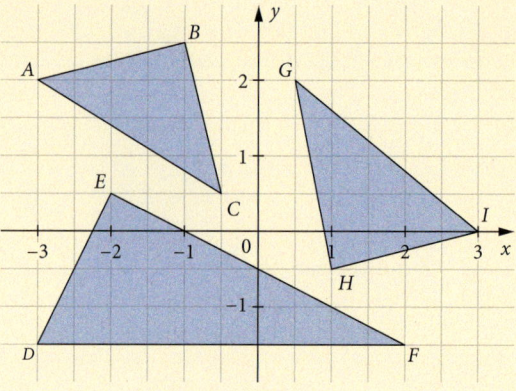

9. Bestimmen Sie einen Vektor $\vec{b}$, der mit dem Vektor $\vec{a} = \begin{pmatrix} 1 \\ 1 \\ 0 \end{pmatrix}$ einen Winkel von 45° einschließt.

Hinweis: Es gibt mehrere Lösungen.

10. Berechnen Sie die Größe des Winkels φ zwischen einer Raumdiagonalen und einer Kante eines Würfels.

▶ Der Punkt O soll den Ursprung des Koordinatensystems bilden.

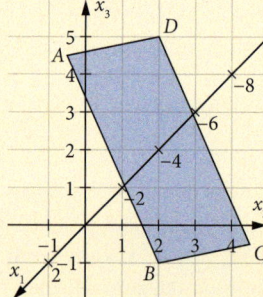

11. Gegeben sei die Strecke $\overline{AB}$ mit $A(1|2)$ und $B(5|0)$ als Basis eines gleichschenkligen Dreiecks ABC, das im ersten Quadranten liegt. Berechnen Sie die Koordinaten von C, wenn …

a) … der Winkel γ bei C ein rechter Winkel ist.

b) … das Dreieck ABC gleichseitig ist.

12. Abgebildet ist das Viereck $ABCD$ mit $A(-5|-3|2)$, $B(0|2|-1)$, $C(5|7|2)$ und $D(0|2|5)$.

a) Überprüfen Sie, ob das Viereck $ABCD$ ein Parallelogramm, ein Rechteck, eine Raute oder ein Quadrat ist.

b) Berechnen Sie den Flächeninhalt des Vierecks $ABCD$.

Übungen zu 4.2

1. Berechnen Sie das Skalarprodukt der Vektoren $\vec{a}$ und $\vec{b}$ sowie die Größe des von ihnen eingeschlossenen Winkels.

a) $\vec{a} = \begin{pmatrix} 4 \\ 3 \\ -2 \end{pmatrix}$, $\vec{b} = \begin{pmatrix} 2 \\ 0 \\ 1 \end{pmatrix}$ c) $\vec{a} = \begin{pmatrix} 6 \\ 2 \\ -3 \end{pmatrix}$, $\vec{b} = \begin{pmatrix} -4 \\ 3 \\ 1 \end{pmatrix}$

b) $\vec{a} = \begin{pmatrix} 0 \\ 4 \\ 3 \end{pmatrix}$, $\vec{b} = \begin{pmatrix} -3 \\ 8 \\ 11 \end{pmatrix}$ d) $\vec{a} = \begin{pmatrix} -1 \\ 4 \\ 3 \end{pmatrix}$, $\vec{b} = \begin{pmatrix} 0 \\ 2 \\ 4 \end{pmatrix}$

2. Entscheiden Sie begründet, ob das Skalarprodukt der Vektoren $\vec{a}$ und $\vec{b}$ positiv, negativ oder gleich null ist.

a)

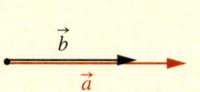

d)

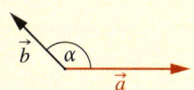

b)

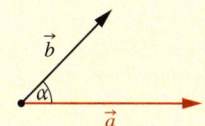

e)

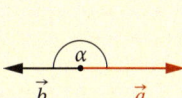

c)

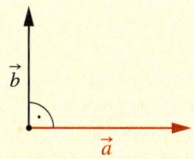

3. Eine Person zieht einen Schlitten mit der Kraft $|\vec{F}| = 50\,\text{N}$. Die Zugstange hat eine Neigung von $\alpha = 25°$.

a) Berechnen Sie die Koordinaten der Vektoren für die Kräfte $\vec{F_1}$ und $\vec{F_2}$.

b) Berechnen Sie die Arbeit, die die Person aufbringen muss, um den Schlitten 100 m weit zu ziehen.

4. Prüfen Sie die Dreiecke *ABC*, *DEF* und *GHI* jeweils auf Rechtwinkligkeit, Gleichschenkligkeit und Gleichseitigkeit.

$A(-2\,|\,5\,|\,7)$ $B(4\,|\,8\,|\,1)$ $C(-3\,|\,13\,|\,3)$
$D(6\,|\,-1\,|\,6)$ $E(6\,|\,5\,|\,6)$ $F(3\,|\,5\,|\,9)$
$G(2\,|\,-7\,|\,9)$ $H(6\,|\,-7\,|\,6)$ $I(2\,|\,-2\,|\,9)$

5. Die abgebildeten Punkte sind Eckpunkte eines Drachens und eines gleichschenkligen Trapezes.

a) Geben Sie an, welche Punkte zu welcher Figur gehören. Als Hilfe ist zu jeder Figur bereits eine Seite eingezeichnet.

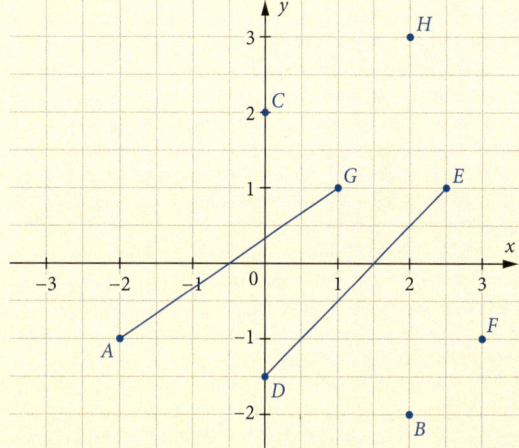

b) Weisen Sie nach, dass es sich tatsächlich um die angegebenen Figuren handelt.

c) Berechnen Sie den Flächeninhalt und die Größen der Innenwinkel des Drachens.

6. Dargestellt ist eine regelmäßige Pyramide. Sie ist 5 LE hoch. Berechnen Sie die Größen aller Winkel, die von den Kanten der Pyramide eingeschlossen werden, sowie die Größe des Neigungswinkels der Seitenfläche gegenüber der Grundfläche.

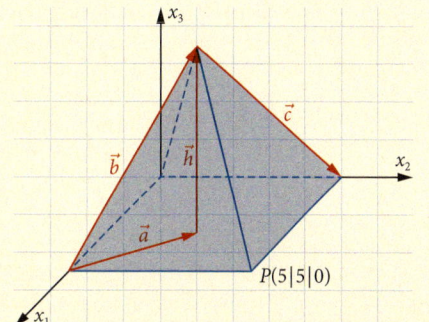

Ich kann ...

... das **Skalarprodukt** berechnen ...

$\vec{a} = \begin{pmatrix} 4 \\ 0 \end{pmatrix}$, $\vec{b} = \begin{pmatrix} 3 \\ 4 \end{pmatrix}$

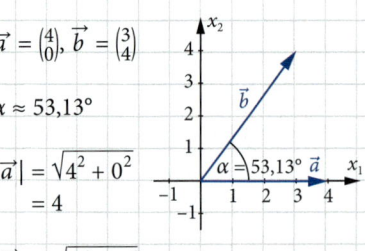

$\alpha \approx 53,13°$

$|\vec{a}| = \sqrt{4^2 + 0^2}$
$= 4$

$|\vec{b}| = \sqrt{3^2 + 4^2}$
$= 5$

... mit der **Kosinusform**.
▶ Test-Aufgabe 1 a)

$\vec{a} \cdot \vec{b}$
$\approx 4 \cdot 5 \cdot \cos(53,13°) \approx 12$

Kosinusform in Ebene und Raum:
$\vec{a} \cdot \vec{b} = |\vec{a}| \cdot |\vec{b}| \cdot \cos(\alpha)$
$(0° \leq \alpha \leq 180°)$

... mit der **Koordinatenform**.
▶ Test-Aufgaben 2, 3 b), 4 a)

$\vec{a} \cdot \vec{b}$
$= 4 \cdot 3 + 0 \cdot 4 = 12$

$\vec{a} = \begin{pmatrix} 2 \\ 3 \\ 4 \end{pmatrix}$; $\vec{b} = \begin{pmatrix} 3 \\ 4 \\ -1 \end{pmatrix}$

$\vec{a} \cdot \vec{b} = 2 \cdot 3 + 3 \cdot 4 - 4 \cdot 1 = 14$

Koordinatenform in der Ebene:
$\vec{a} \cdot \vec{b} = \begin{pmatrix} a_1 \\ a_2 \end{pmatrix} \cdot \begin{pmatrix} b_1 \\ b_2 \end{pmatrix} = a_1 \cdot b_1 + a_2 \cdot b_2$

Koordinatenform im Raum:
$\vec{a} \cdot \vec{b} = \begin{pmatrix} a_1 \\ a_2 \\ a_3 \end{pmatrix} \cdot \begin{pmatrix} b_1 \\ b_2 \\ b_3 \end{pmatrix}$
$= a_1 \cdot b_1 + a_2 \cdot b_2 + a_3 \cdot b_3$

... den **Winkel** zwischen zwei Vektoren bestimmen.
▶ Test-Aufgaben 1 b), 3 d)

$\vec{a} = \begin{pmatrix} 2 \\ 3 \\ 4 \end{pmatrix}$; $\vec{b} = \begin{pmatrix} 3 \\ 4 \\ -1 \end{pmatrix}$

$\cos(\alpha) = \dfrac{\vec{a} \cdot \vec{b}}{|\vec{a}| \cdot |\vec{b}|} = \dfrac{14}{\sqrt{29} \cdot \sqrt{26}} \approx 0,5098$

$\Rightarrow \alpha \approx 59,3°$

- mit Skalarprodukt und Beträgen der Vektoren $\cos(\alpha)$ berechnen:
  $\cos(\alpha) = \dfrac{\vec{a} \cdot \vec{b}}{|\vec{a}| \cdot |\vec{b}|}$

- mit dem Taschenrechner α bestimmen

... prüfen, ob zwei Vektoren **orthogonal** zueinander sind.
▶ Test-Aufgaben 3 b), 4 a)

$\vec{a} = \begin{pmatrix} 2 \\ 3 \\ 4 \end{pmatrix}$, $\vec{b} = \begin{pmatrix} 3 \\ -2 \\ 0 \end{pmatrix}$

$\vec{a} \cdot \vec{b} = 2 \cdot 3 - 3 \cdot 2 + 4 \cdot 0 = 0$
$\Rightarrow \vec{a}$ und $\vec{b}$ sind zueinander orthogonal.

Zwei Vektoren sind orthogonal zueinander, wenn deren Skalarprodukt null ist.
Ist das Skalarprodukt zweier Vektoren null, dann sind sie zueinander orthogonal.

Test zu 4.2

1. Gegeben sind drei Vektoren in der Ebene. Deshalb können die benötigten Längen in der Zeichnung (in cm) gemessen werden.

a) Berechnen Sie das Skalarprodukt der Vektoren $\vec{a}$ und $\vec{b}$.

b) Vektor $\vec{c}$ ergibt skalar multipliziert mit Vektor $\vec{a}$ den Wert -5. Berechnen Sie die Größe des Winkels zwischen beiden Vektoren.

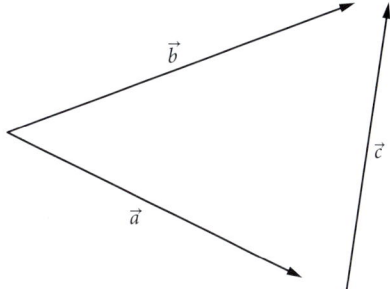

2. Bestimmen Sie, für welche reellen Werte von a und b die beiden Vektoren $\begin{pmatrix} a \\ b \\ 1 \end{pmatrix}$ und $\begin{pmatrix} b \\ a-1 \\ 0 \end{pmatrix}$ orthogonal zueinander sind.

3. Gegeben ist ein Dreieck mit den Eckpunkten $A\,(2\,|\,3\,|\,{-}2)$, $B\,(3\,|\,4\,|\,5)$ und $C\,({-}3\,|\,1\,|\,{-}1)$.

a) Geben Sie die Vektoren $\overrightarrow{AB}$, $\overrightarrow{BC}$ und $\overrightarrow{AC}$ an.

b) Zeigen Sie, dass das Dreieck ABC rechtwinklig ist.

c) Bestimmen Sie die Koordinaten des Punkts D so, dass ein Rechteck $ABDC$ entsteht.

d) Berechnen Sie die Größe des Schnittwinkels der Diagonalen des Rechtecks $ABDC$.

4. Gegeben sind die vier Punkte $A\,(3\,|\,1\,|\,{-}2)$, $B\,(3\,|\,3\,|\,{-}2)$, $C\,(3\,|\,3\,|\,0)$ und $D\,(3\,|\,1\,|\,0)$.

a) Weisen Sie nach, dass die vier Punkte ein Quadrat $ABCD$ bilden, und geben Sie den Flächeninhalt des Quadrats an.

b) Bestimmen Sie einen Vektor $\vec{n}$, der orthogonal zur Fläche des Quadrats $ABCD$ ist und die Länge 1 hat.

5. Zeigen Sie: Wenn in einem Viereck ein Paar Gegenseiten gleich lang und parallel sind, dann handelt es sich um ein Parallelogramm.

Lösungen der Grundlagen-Aufgaben

Seite 9
1.

a) wahre Aussage
b) wahre Aussage
c) keine Aussage

2.

	A	B	$A \wedge B$	$A \vee B$	$A \Rightarrow B$	$A \Leftrightarrow B$
a)	falsch	falsch	falsch	falsch	wahr	falsch
b)	wahr	wahr	wahr	wahr	wahr	wahr
	wahr	falsch	falsch	wahr	falsch	falsch
	falsch	wahr	falsch	wahr	wahr	falsch
	falsch	falsch	falsch	falsch	wahr	wahr

3.

a) $B \Rightarrow A$
b) $A \Leftrightarrow B$

Seite 10
1.

a) $A \cap B = \{3; 4; 6\}$

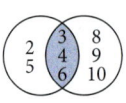

$A \cap B$

$A \cup B = \{2; 3; 4; 5; 6; 8; 9; 10\}$

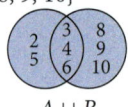

$A \cup B$

$A \backslash B = \{2; 5\}$

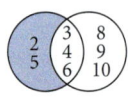

$A \backslash B$

b) $A \cap B = \{l; m\}$

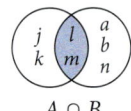

$A \cap B$

$A \cup B = \{a; b; j; k; l; m; n\}$

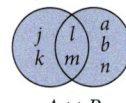

$A \cup B$

$A \backslash B = \{j; k\}$

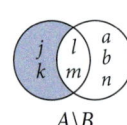

$A \backslash B$

2.

a) $B \cup C = \{d; e; f; g; h; i; j; k\}$
b) $A \cap C = \{d; e\}$
c) $A \cap B = \{ \}$
d) $A \cup B \cup C = \{a; b; c; d; e; f; g; h; i; j; k\}$
e) $C \cap (A \cup B) = \{d; e; h\}$
f) $(A \cup B) \backslash C = \{a; b; c; f; g\}$

Seite 11
1.

a) Term
b) kein Term, Korrektur z. B.: $8 + 2$ oder $8 \cdot 2$
c) Term
d) Term
e) Term
f) kein Term, Korrektur: $16(8x - 22)$
g) kein Term, Korrektur z. B.: $[x + 5]$ oder $|x + 5|$
h) kein Term, Korrektur z. B.: $1 + 2$ oder $1 \cdot 2$
i) kein Term, Korrektur z. B.: $x + 3$ oder $x - 3$
j) Term

2.

a) $(-12 + 6 + 26) : 2 + 1 = 20 : 2 + 1 = 11$
b) $50 - 20 \cdot 0 - 15 = 35$
c) $2 - 3 \cdot (101) = -301$
d) $-4 + 3 \cdot 5 = 11$
e) $4 - (-125) = 129$
f) $(21 + 2 \cdot (-12)) + 24 = 21$
g) $|3 \cdot (-8)| : 6 + 16 = 24 : 6 + 16 = 20$

Seite 12
1.

a) $5 + 3x - 6 - 7x = -1 - 4x$
b) $10 - 15x$
c) $(-2x + 1) \cdot 19 + 32x = -38x + 19 + 32x = -6x + 19$
d) $2(3(-2x + 10) + 15) = 2(-6x + 30 + 15) = -12x + 90$
e) $xb - xa + ax - bx = 0$
f) $3^2 - (5y)^2 = 9 - 25y^2$

2.

a) $x^2 + 2 \cdot 7 \cdot x + 7^2 = x^2 + 14x + 49$
b) $5^2 - 2 \cdot 5 \cdot x + x^2 = 25 - 10x + x^2$
c) $(2x)^2 - 5^2 = 4x^2 - 25$
d) $(4x)^2 + 2(4x)(6y) + (6y)^2 = 16x^2 + 48xy + 36y^2$

3.

a) $3(x + y)(x - y) = 3(x^2 - y^2) = 3x^2 - 3y^2$
b) $x \cdot 2(x + 4)(x - 4) = 2x(x^2 - 16) = 2x^3 - 32x$

4.

a) $(1-4)(1+1)(3 \cdot 1 - 6) = 18$
$(4-4)(4+1)(3 \cdot 4 - 6) = 0$

b) Das Produkt ergibt 0 für $x = 4$, $x = -1$ und $x = 2$ (Satz vom Nullprodukt).

Seite 13

1.

a) $2(a+2b)$ d) $4ab(b+4+8a)$

b) $3a(c+2b)$ e) $5x(y-2+3x)$

c) $7ab(ab+7)$

2.

a) $(3+1{,}5)(3-1{,}5) = 9 - 2{,}25$

b) $(5b+9a)^2 = 25b^2 + 90ab + 81a^2$

3.

a) $(x+5)^2$ d) $(3x-4)^2$

b) $(x-3)^2$ e) $(2x+5)^2$

c) $(x-6)(x+6)$

4.

a) $2(4x-y)$ f) $(6a-5b)^2$

b) $5(2a+3b-2)$ g) $(1+2a)(1-2a)$

c) $0{,}5(x+y+z)$ h) $(6x+10)(6x-10)$

d) $(a+b)^2$ i) $12(x+y)(x-y)$

e) $(z-1)^2$ j) $(a+b)(a-b)$

5.

a) $3(x^2-4) = 3(x-2)(x+2)$ wird 0 für $x = 2$ und $x = -2$ (Satz vom Nullprodukt)
$3(1-2)(1+2) = -9$

b) $2(-(x+2) + 2 \cdot 2x(x+2)) = 2(x+2)(-1+2x)$ wird 0 für $x = -2$ und $x = 0{,}5$ (Satz vom Nullprodukt)
$2(1+2)(-1+2 \cdot 1) = 6$

Seite 14

a) $\frac{5}{6} + \frac{14}{6} = \frac{19}{6}$

b) $-\frac{4}{8} + \frac{20}{8} - \frac{3}{8} = \frac{13}{8}$

c) $\frac{4}{3}$

d) $-\frac{1}{12}$

e) Hauptnenner: $2^2 \cdot 3^2 \cdot 5^2 = 900$
$\frac{675}{900} + \frac{500}{900} + \frac{648}{900} - \frac{48}{900} = \frac{1775}{900} = \frac{355}{180} = \frac{71}{36}$

f) $2 \cdot 3 \cdot 7^2 = 294$
$\frac{216}{294} - \frac{39}{294} + \frac{238}{294} - \frac{49}{294} = \frac{366}{294} = \frac{183}{147} = \frac{61}{49}$

g) $2^3 \cdot 3^2 \cdot 5 = 360$
$\frac{270}{360} + \frac{225}{360} + \frac{144}{360} - \frac{40}{360} + \frac{120}{360} = \frac{719}{360}$

h) kgV $(3; 6; 18; 9) = 18$
$\frac{48}{18} - \frac{3}{18} + \frac{5}{18} - \frac{8}{18} = \frac{42}{18} = \frac{7}{3}$

i) Hauptnenner: $2^3 \cdot 7 = 56$
$\frac{98}{56} - \frac{10}{56} - \frac{64}{56} + \frac{63}{56} = \frac{87}{56}$

j) $\frac{37y}{30}$

k) $\frac{5z}{8}$

l) $\frac{1}{x(x-1)} - \frac{x^2}{x+1} = \frac{x+1}{x(x-1)(x+1)} - \frac{x^3(x-1)}{x(x-1)(x+1)}$
$= \frac{x+1-x^4+x^3}{x(x-1)(x+1)} = \frac{-x^4+x^3+x+1}{x(x^2-1)}$

Seite 15

1.

a) $\frac{1}{3}$ c) $\frac{7}{10}$ e) $\frac{4}{11}$ g) $\frac{174}{5}$

b) $\frac{5}{14}$ d) 6 f) $\frac{1}{10}$ h) 5

2.

a) $\frac{4}{3}$ c) $\frac{35}{18}$ e) $\frac{51}{2}$ g) $\frac{28}{11}$

b) $\frac{5}{3}$ d) 12 f) $\frac{4}{7}$ h) $\frac{15}{14}$

3.

a) $\frac{50}{9}$ b) $\frac{50}{9}$ c) $\frac{625}{18}$ d) $\frac{25}{2}$

4.

a) $\frac{1}{5}$ d) $\frac{6}{5}$ g) $\frac{7}{50}$ j) $-\frac{13}{4}$

b) $\frac{2}{5}$ e) $\frac{13}{10}$ h) $\frac{1}{1000}$ k) $\frac{5}{2}$

c) $\frac{1}{10}$ f) $\frac{22}{5}$ i) $\frac{617}{500}$ l) $\frac{1}{2}$

5.

a) $\frac{6+2b}{b-2}$ b) a c) $\frac{3a+b}{6a-8b}$ d) -1

Seite 16

1.

a) $x = 3$; bei Grundmenge $\mathbb{R}_-$ keine Lösung

b) $z = -18$

c) $x_1 = 5$; $x_2 = 3$; bei Grundmenge $\mathbb{R}_-$ keine Lösung

d) $x_1 = 5$; $x_2 = -3$; bei Grundmenge $\mathbb{R}_-$ nur eine Lösung $x = -3$

2.

a) $L = \{4\}$ e) $28y + 28 = 28$; $L = \{0\}$

b) $L = \left\{-\frac{1}{3}\right\}$ f) $L = \{12\}$

c) $L = \{\}$ g) $\frac{3}{4} - \frac{11}{2}a = a - 2{,}5$; $L = \left\{\frac{1}{2}\right\}$

d) $7x - 14 = 21$; $L = \{5\}$ h) $5b - 2 = 5b - 2$; $L = \mathbb{R}$

L

Seite 18

1.

a) z. B. Additionsverfahren
   (I) · 3: $45\,a - 3\,b = 7{,}8$
   (II) $5\,a + 3\,b = 2{,}2$
           $50\,a = 10$
   $a = 0{,}2;\ b = 0{,}4$
   $L = \{(0{,}2;\ 0{,}4)\}$

b) z. B. Einsetzungs-verfahren
   $3\,x + (-6\,x + 5) = 3{,}5$
   $x = 0{,}5;\ y = -2$
   $L = \{(0{,}5;\ -2)\}$

c) z. B. Additionsverfahren
   (I) · (3): $15\,x - 6\,y = 0$
   (II) · (−2): $-14\,x + 6\,y = -2$
   $x = -2;\ y = -5;\ L = \{(-2;\ -5)\}$

d) z. B. Einsetzungsverfahren
   $x + (4 - x) = 4$
   $0 = 0$ (w) $L = \{(x;\ y)\,|\,x + y = 4\}$

e) z. B. Einsetzungsverfahren
   (I) $x = 2\left(6 - \dfrac{y}{3}\right)$

f) z. B. Einsetzungs-verfahren
   (II') $\left(2\left(6 - \dfrac{y}{3}\right)\right) + 2\,y = 20$
   $y = 6;\ x = 8;\ L = \{(8;\ 6)\}$
   $3\,x + 6\,(2 - 0{,}5\,x) = 8$
   $12 = 8$ (f) $L = \{\ \}$

2.

a) (I) bedeutet: $x = 1$ (nach x umgestellt).
   (II) bedeutet: die Summe der Koordinaten beträgt 4.
   $(1\,|\,2)$ ist keine Lösung (die Summe beträgt 3).
   $(1\,|\,3)$ ist Lösung, da beide Bedingungen erfüllt sind.
   $(3\,|\,1)$ und $(3\,|\,5)$ sind keine Lösungen (Bedingung (I) nicht erfüllt).

b) $2 = 2 \cdot 1 + 1$ (f) $(1\,|\,2)$ ist keine Lösung.
   $3 = 2 \cdot 1 + 1$ (w)
   $4 \cdot 1 = 2 \cdot 3 - 1$ (f) $(1\,|\,3)$ ist keine Lösung.
   $1 = 2 \cdot 3 + 1$ (f) $(3\,|\,1)$ ist keine Lösung.
   $5 = 2 \cdot 3 + 1$ (f) $(3\,|\,5)$ ist keine Lösung.

c) Die Gleichungen (I) und (II) sind äquivalent. (I) bedeutet, dass y 2 mehr als x beträgt.
   $(1\,|\,3)$ und $(3\,|\,5)$ sind Lösungen, $(1\,|\,2)$ und $(3\,|\,1)$ sind keine Lösungen.

Seite 19

1.

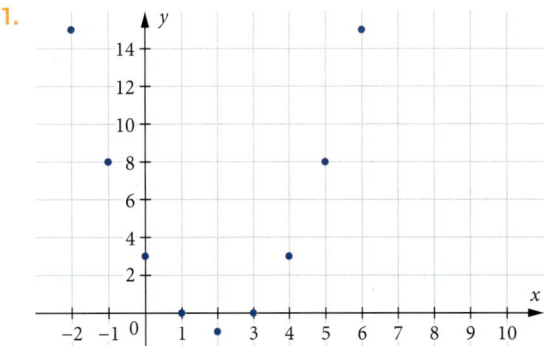

2.

x	−4	−3	−2,5	−1	0	1
y	0	2	1	−1	−1,5	2,25

Seite 20

a) $86{,}21\,\text{MW} = 86\,210\,\text{kW}$
b) $250\,\text{c}\ell = 2{,}5\,\ell$
c) $0{,}023\,\text{kg} = 23\,000\,\text{mg}$
d) $18\,310\,\text{km}^2 = 18\,310\,000\,000\,\text{m}^2$
e) $577{,}3\,\text{dm}^2 = 5{,}773\,\text{m}^2$
f) $2700\,\text{m}^2 = 0{,}0027\,\text{km}^2$
g) $33\,\text{m}\ell = 33\,000\,\text{mm}^3$
h) $52\,\text{dm}^3 = 0{,}052\,\text{m}^3$

Seite 21

Damit ein Vergleich einfacher ist, berechnen wir die Fläche für jede Pizza:

Pizza Classic   7,50 €   30 cm Durchmesser 706,86 cm²
Pizza Family   11,50 €   33 cm × 48 cm   1584 cm²
Pizza Party   19 €   40 cm × 60 cm   2400 cm²

Thomas muss erst sehen, wie viel Geld zustande kommt: 15 – 20 €

1. Wenn Thomas 15 € hat, kann er Folgendes bestellen:
   2 × Classic; Restgeld 0 €; etwa 283 cm²/Person; 1,06 Cent/cm²
   1 × Family; Restgeld 3,50 €; etwa 317 cm²/Person; 0,73 Cent/ cm²
   Die zweite Variante wäre interessanter (Rückgeld und mehr Pizza pro Person).

2. Wenn Thomas 20 € hat, kann er Folgendes bestellen:
   1 × Family; Restgeld 8,50 €; etwa 317 cm²/Person; 0,73 Cent/cm²
   1 × Classic, 1 × Family; Restgeld 1 €; etwa 458 cm²/Person; 0,83 Cent/cm²
   1 × Party; Restgeld 1 €; etwa 480 cm²/Person; 0,79 Cent/cm²
   Geht man nur vom Preis aus, wäre auch die erste Variante die beste (0,73 Cent/cm²). Allerdings wollen alle sicher eine größere Portion, wenn sie bereit waren, 4 € statt nur 3 € auszugeben. Die dritte Variante wäre interessanter als die zweite (am meisten zu essen für dieselbe Summe – auch wenn der Unterschied nicht groß ist: 480 cm² statt 458 cm² pro Person).

Lösungen der „Alles klar?"-Aufgaben

Seite 24

1.
a) $\mathbb{N}; \mathbb{Z}; \mathbb{Q}; \mathbb{R}$
b) $\mathbb{Z}; \mathbb{Q}; \mathbb{R}$
c) $\mathbb{Q}; \mathbb{R}$
d) $\mathbb{Z}; \mathbb{Q}; \mathbb{R}$
e) $\mathbb{R}$
f) $\mathbb{Q}; \mathbb{R}$
g) $\mathbb{N}; \mathbb{Z}; \mathbb{Q}; \mathbb{R}$

Seite 28
a) Zwei Sporttreibende wiegen 57 kg (bei zwei Punkten beträgt der y-Wert 57).
b) 181 cm
c) Bei ähnlicher Größe ist das Gewicht auch ähnlich (in diesem Beispiel).

Seite 29
a) Ja, denn jedem x-Wert wird genau ein y-Wert zugeordnet.
b) Ja, denn jedem x-Wert wird genau ein y-Wert zugeordnet (wenn auch immer derselbe).
c) Nein, denn dem x-Wert 1 wird sowohl die Zahl 2 als auch die Zahl 3 zugeordnet.

Seite 31
a) Funktion, jedem x-Wert ist genau ein y-Wert zugeordnet (alle y-Werte hier gleich).
b) Funktion (abschnittsweise definiert), jedem x-Wert ist genau ein y-Wert zugeordnet.
c) Keine Funktion, z. B. wird dem x-Wert 0 je ein negativer und ein positiver Wert zugeordnet.

Seite 33

1.
a) $f(-1) = -6; f(0) = -5; f(3,5) = -1,5$
   $f(20) = 15 \Rightarrow P$ liegt auf K_f
b) $f(-1) = 2; f(0) = 0; f(3,5) = 40,25$
   $f(20) = 1220 \neq 15 \Rightarrow P$ liegt nicht auf K_f
c) $f(-1) = f(0) = f(3,5) = f(20) = 15 \Rightarrow P$ liegt auf K_f
d) $f(-1) = 2; f$ ist für $x = 0$ nicht definiert; $f(3,5) = \frac{23}{7}$
   $f(20) = \frac{61}{20} \neq 15 \Rightarrow P$ liegt nicht auf K_f

2.
a) $D_f = \mathbb{R}; W_f = [1; +\infty[; f(0) = 2$
b) $D_f = [-2; 1]; W_f = [-1; 5]; f(0) = 3$
c) $D_f =]-\infty; 2]; W_f = [0; +\infty[; f(0) = 0$

Seite 35
Bei einem Bruch darf der Nenner nicht 0 werden.
a) $D_f = \mathbb{R}\backslash\{0\}$; 0 ist Definitionslücke
b) $D_f = \mathbb{R}\backslash\{2\}$; 2 ist Definitionslücke
c) $D_f = \mathbb{R}\backslash\{-0,5\}$; $-0,5$ ist Definitionslücke
d) $D_f = \mathbb{R}\backslash\{0; \frac{1}{4}\}$; 0 und $\frac{1}{4}$ sind Definitionslücken

Seite 37
a) f ist stetig auf $D_f = \mathbb{R}\backslash\{3\}$
b) g ist stetig auf $D_f =]-\infty; 3] \cup [4; +\infty[$
c) h ist nicht stetig, da K_h eine Sprungstelle bei $x = 3$ hat

Seite 39
1. $S_x(1,32\,|\,0); S_y(0\,|-1)$

2.
a) $S_y(0\,|\,2)$
b) $f(-2,7) = 0,11 \neq 0; f(3) = -13 \neq 0;$
   $-2,7$ und 3 sind keine Nullstellen
c) $f(0) = 2 > 0; f(1) = -1 < 0;$
   VZW $\Rightarrow$ Nullstelle im Bereich [0; 1]
d) $S_{x_1}(-2,73\,|\,0); S_{x_2}(0,73\,|\,0)$
e) Funktionsplotter in der App nutzen

Seite 40
$f(1) = -1 < 0$
„$f(1) > 0$" ist eine falsche Aussage.
1. Lösungsweg: Funktionsgleichung umformen
$$f(x) = 3$$
$$-x^2 - 2x + 2 = 3$$
$$x^2 + 2x + 1 = 0 \quad \blacktriangleright \text{ 1. binomische Formel}$$
$$(x + 1)^2 = 0$$
-1 ist die einzige Lösung der Gleichung.
2. Lösungsweg: K_f und $y = 3$ zeichnen und die einzige Schnittstelle markieren
„Es gibt 2 Werte mit $f(x) = 3$" ist eine falsche Aussage.

Seite 51
a) $m = 5 > 0 \Rightarrow$ steigend; $S_y(0\,|\,2)$
b) $m = -0,5 < 0 \Rightarrow$ fallend; $S_y(0\,|\,0)$
c) $m = -3 < 0 \Rightarrow$ fallend; $S_y(0\,|-6)$
d) $m = 0 \Rightarrow$ parallel zur x-Achse; $S_y(0\,|-11)$
e) $m = \sqrt{2} > 0 \Rightarrow$ steigend; $S_y(0\,|\,5)$

Seite 52
a) $m = \frac{8-4}{5-2} = \frac{4}{3}$
b) $m = \frac{0-4}{0,5-(-2)} = -\frac{8}{5}$
c) $m = \frac{5-5}{4-(-2)} = 0$
d) $m = \frac{2,5-(-1,25)}{-2-(-0,75)} = -3$

Seite 53

1.

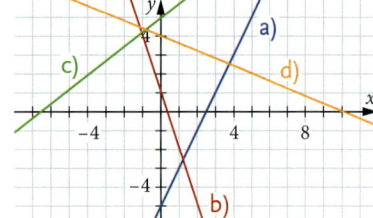

2.

a) $f(-1) = -2$; $P(-1\,|\,-2)$
$f(1) = 6$; $Q(1\,|\,6)$

b) $f(2) = -1$; $P(2\,|\,-1)$
$f(6) = 5$; $Q(6\,|\,5)$

c) $f(0) = 3,5$; $P(0\,|\,3,5)$
$f(3) = 2$; $Q(3\,|\,2)$

d) $f(1) = 1$; $P(1\,|\,1)$
$f(4) = -3$; $Q(4\,|\,-3)$

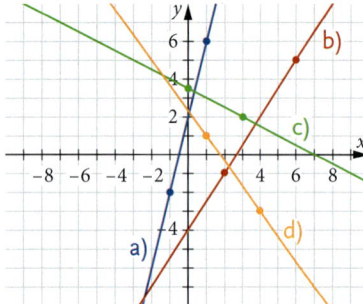

Seite 55

1.

a) $f(x) = 0,8\,x - 4,2$

b) $f(x) = 7$

c) $f(x) = -3\,x - 1$

d) $f(x) = x - 3$

2.

a) $f(x) = -2\,x + 8$

b) $f(x) = x + 7$

c) Es gibt keine solche lineare Funktion (die Punkte liegen auf der Geraden mit $x = 2$, die parallel zur y-Achse verläuft).

d) $f(x) = 6$

Seite 56

1. $f(x) = \frac{1}{4}x + 3$ $k: x = -4$ (keine Funktion)
$g(x) = -x + 5$ $p(x) = -2,5\,x + 1$
$h(x) = -1$

2.

Gerade mit $y = 5$ parallel zur x-Achse
Gerade mit $x = -3$ parallel zur y-Achse

Seite 57

1.

a) $\tan(\alpha) = -\frac{3}{5}$ $\Rightarrow$ $\alpha = \tan^{-1}\left(-\frac{3}{5}\right) \approx -30,96°$
$\Rightarrow$ $\alpha = 180° - 30,96° = 149,04°$

b) $\tan(\alpha) = 5$ $\Rightarrow$ $\alpha = \tan^{-1}(5) \approx 78,69°$

c) $\tan(\alpha) = 0$ $\Rightarrow$ $\alpha = \tan^{-1}(0) = 0°$;
die Gerade verläuft parallel zur x-Achse.

2. $\tan(20°) = m \approx 0,36$
$P(1\,|\,0): 0 = 0,36 \cdot 1 + b$ $\Rightarrow$ $b = -0,36$
$y = 0,36\,x - 0,36$

Seite 61

a) $S(-0,5\,|\,8,5)$; $\gamma = 45°$

b) $S\left(\frac{4}{3}\,\middle|\,-\frac{4}{3}\right)$; $\gamma \approx 40,6°$

Seite 63

1.

a) $S(2\,|\,12)$

b) $S(4\,|\,6)$
(Die Parallele zur y-Achse durch P hat die Gleichung $x = 4$, also 4 in die Gleichung von f einsetzen.)

c) $S(0\,|\,8)$

d) $S(30\,|\,3)$

2. $K_a \,\|\, K_c$; $K_b \,\|\, K_f$
$K_a \perp K_e$; $K_c \perp K_e$; $K_b \perp K_d$; $K_f \perp K_d$; $K_g \perp K_h$
Die Gerade mit $y = -0,75$ ist parallel zur x-Achse.
Orthogonale Geraden dazu z. B.: $x = -1$ oder $x = 1$.

Seite 64

1. $d(A, B) = \sqrt{(-0,75 - 1)^2 + (2 + 0,5)^2} \approx 3,05$

2. z. B. $A(1\,|\,2)$; $B(6\,|\,2)$ liegen auf Gerade mit $y = 2$
$d(A, B) = |x_B - x_A| = 5$ (denn die andere Differenz ist 0)
z. B. $A(1\,|\,3)$; $B(1\,|\,-4)$ liegen auf Gerade mit $x = 1$
$d(A, B) = |y_B - y_A| = 7$ (denn die andere Differenz ist 0)

Seite 67

1. Preis maximal $60\,€$ bei K_{f_1} ablesen
$\Rightarrow$ maximal 6 Tage

2. Preis maximal $100\,€$ bei K_{f_2} ablesen
$\Rightarrow$ maximal 10 Tage

L

Seite 69

a) $x + 0,5 \geq -2x - 2$
$ 3x \geq -2,5$
$ x \geq -\frac{5}{6}$

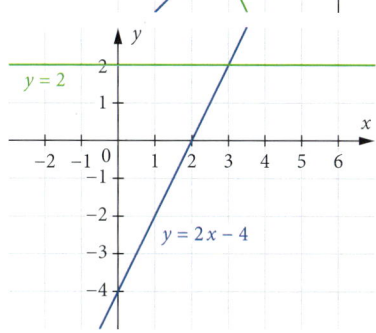

b) $2x - 4 \leq 2$
$ 2x \leq 6$
$ x \leq 3$

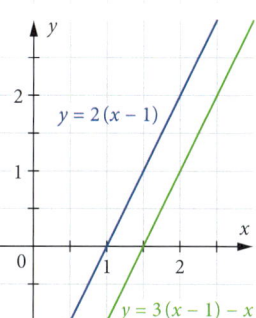

c) $2(x - 1) \leq 3(x - 1) - x$
$ 2x - 2 \leq 3x - 3 - x$
$ -2 \leq -3 \text{ (f)}$
Es gibt keine Lösung,
da die Geraden parallel
zueinander sind.

d) $-3x + 2 > -0,5x - 1$
$ -2,5x > -3$
$ x < \frac{6}{5}$

e) $1,5x < 2,5$
$ x < \frac{5}{3}$

f) $2 - x \leq 4x$
$ 2 \leq 5x$
$ \frac{2}{5} \leq x$

Seite 78

$a^0 = 1$:
$\frac{4^5}{4^5} = 4^5 : 4^5 = 4^{5-5} = 4^0 = 1$
und $\frac{4^5}{4^5} = \frac{4 \cdot 4 \cdot 4 \cdot 4 \cdot 4}{4 \cdot 4 \cdot 4 \cdot 4 \cdot 4} = 1$, also $4^0 = 1$
$a^{-n} = \frac{1}{a^n}$:
$\frac{5^3}{5^7} = 5^3 : 5^7 = 5^{3-7} = 5^{-4}$
und $\frac{5^3}{5^7} = \frac{5 \cdot 5 \cdot 5}{5 \cdot 5 \cdot 5 \cdot 5 \cdot 5 \cdot 5 \cdot 5} = \frac{1}{5^4}$, also $5^{-4} = \frac{1}{5^4}$

Seite 79

1.

a) 1. Wurzelgesetz: $\sqrt[3]{10} \cdot \sqrt[3]{4} = \sqrt[3]{10 \cdot 4} = \sqrt[3]{40}$
3. Potenzgesetz:
$\sqrt[3]{10} \cdot \sqrt[3]{4} = 10^{\frac{1}{3}} \cdot 4^{\frac{1}{3}} = (10 \cdot 4)^{\frac{1}{3}} = 40^{\frac{1}{3}} = \sqrt[3]{40}$

b) 2. Wurzelgesetz: $\sqrt[3]{24} : \sqrt[3]{3} = \sqrt[3]{24 : 3} = \sqrt[3]{8}$
4. Potenzgesetz:
$\sqrt[3]{24} : \sqrt[3]{3} = 24^{\frac{1}{3}} : 3^{\frac{1}{3}} = (24 : 3)^{\frac{1}{3}} = 8^{\frac{1}{3}} = \sqrt[3]{8}$

c) 4. Wurzelgesetz: $\sqrt[4]{\sqrt{5}} = \sqrt[4 \cdot 2]{5} = \sqrt[8]{5}$
5. Potenzgesetz: $\sqrt[4]{\sqrt{5}} = \left(5^{\frac{1}{2}}\right)^{\frac{1}{4}} = 5^{\frac{1}{2} \cdot \frac{1}{4}} = 5^{\frac{1}{8}} = \sqrt[8]{5}$

2. $\left(\sqrt[n]{a}\right)^m = \left(a^{\frac{1}{n}}\right)^m = a^{\frac{1}{n} \cdot m} = a^{\frac{m}{n}}$

Seite 81

a) Grad 3:

-2	-1	$-0,5$	0	$0,5$	1	2
-8	-1	$-0,125$	0	$0,125$	1	8

b) Grad 4:

-2	-1	$-0,5$	0	$0,5$	1	2
16	1	$0,0625$	0	$0,0625$	1	16

c) Grad 5:

-2	-1	$-0,5$	0	$0,5$	1	2
-32	-1	$-0,03125$	0	$0,03125$	1	32

d) Grad 6:

-2	-1	$-0,5$	0	$0,5$	1	2
64	1	$0,015625$	0	$0,015625$	1	64

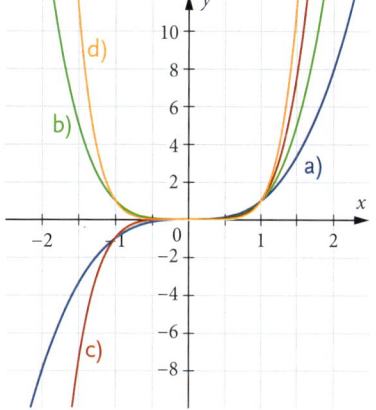

Seite 83

a) $f(-x) = 2(-x) = -2x = -f(x)$
$\Rightarrow$ Graph ist punktsymmetrisch zum Ursprung

b) $f(-x) = 4(-x) - 6 = -4x - 6 \Rightarrow$ keine Symmetrie,
da $f(-x) \neq f(x)$ und $f(-x) \neq -f(x)$

c) $f(-x) = (-x)^2 + 4 = x^2 + 4 = f(x) \Rightarrow$ Graph ist
achsensymmetrisch zur y-Achse

d) $f(-x) = (-x)^3 - 1 = -x^3 - 1 \Rightarrow$ keine Symmetrie,
da $f(-x) \neq f(x)$ und $f(-x) \neq -f(x)$

L

Seite 86

a) individuelle Schülerlösung, z. B.

$f(x) = x^2$ $\quad$ $i(x) = \sqrt{x}$

$g(x) = -x^2$ $\quad$ $j(x) = -\sqrt{-x}$

$h(x) = -\sqrt{x}$ $\quad$ $k(x) = \sqrt{-x}$

b)

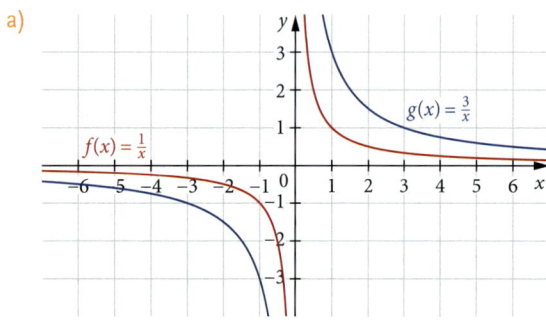

Seite 88

a)

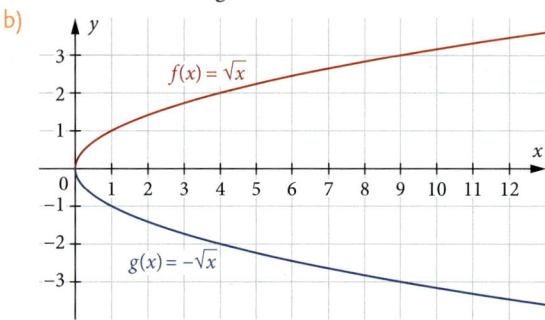

Der Graph von g ist im Vergleich zum Graphen von f mit dem Faktor 3 gestreckt worden.

b)

Der Graph von g ist der an der x-Achse gespiegelte Graph von f.

Seite 89

a) $f(x) = -3x^2$

b) $f(x) = 0{,}25\,x^2$

Seite 90

1. Der Graph von g ist vergleichsweise mit dem Faktor 2 gestreckt und um 1 Einheit nach unten verschoben. Der Scheitelpunkt liegt bei $S(0\,|-1)$.

2. $g(x) = 0{,}5 \cdot \frac{1}{x} - 2 = \frac{1}{2x} - 2$

Seite 91

1. $g(x) = -\frac{1}{x+2}$ mit $D_g = \mathbb{R}\backslash\{-2\}$

2. Der Graph von g ist vergleichsweise mit dem Faktor 2 gestreckt und um 1 Einheit nach links verschoben. Der Scheitelpunkt liegt bei $S(-1\,|\,0)$.

Seite 92

1.

a) $D_f = \mathbb{R}\backslash\{-1\}$

senkrechte Asymptote: $x = -1$

waagerechte Asymptote: $y = -2$

b) $D_f = \mathbb{R}\backslash\{3\}$

senkrechte Asymptote: $x = 3$

waagerechte Asymptote: $y = -\frac{1}{2}$

c) $D_f = \mathbb{R}\backslash\{-2\}$

senkrechte Asymptote: $x = -2$

waagerechte Asymptote: $y = 0$

2.

a) $S(4\,|-3)$ $\qquad$ c) $S(0\,|-5)$

b) $S(-0{,}5\,|-0{,}25)$

Seite 93

a) Der Graph von g wurde mit dem Faktor 0,5 gestaucht, um 4 Einheiten nach links und um 2 Einheiten nach unten verschoben.

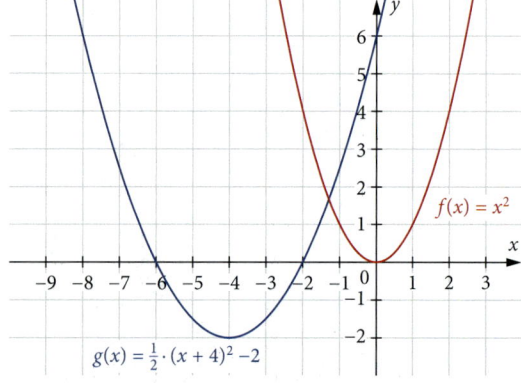

b) Der Graph von g wurde mit dem Faktor 2 gestreckt, um 1 Einheit nach rechts und um 2 Einheiten nach oben verschoben.

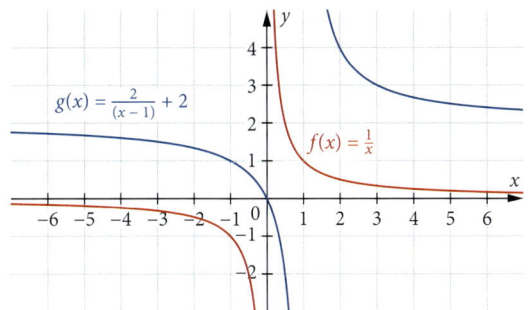

c) Der Graph von g wurde an der x-Achse gespiegelt und um 2 Einheiten nach links verschoben.

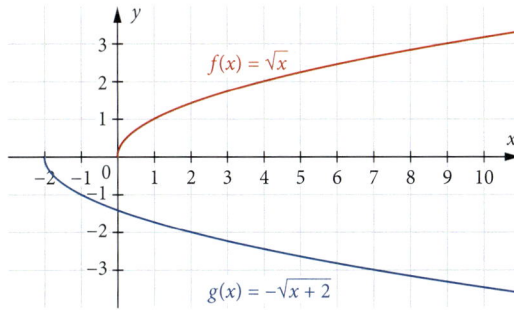

Seite 96

a) $x = 6$

b) $x = -5$

c) $x \approx 0{,}93$

d) $x = -7$

e) $x_1 = \frac{1}{7}$ und $x_2 = -\frac{1}{7}$

f) nicht lösbar

g) $x = 24$

h) $x = 20\,736$

i) nicht lösbar

j) $x = 64$

k) $x = -1$

l) $x = 0$

Seite 107

a) $n = 7; a_7 = 7; a_3 = 13; a_1 = 11$
$a_0 = a_2 = a_4 = a_5 = a_6 = 0$

b) $n = 3; a_3 = 1; a_2 = 7; a_1 = 8; a_0 = -16$

c) $n = 0; a_0 = 5$

d) Keine ganzrationale Funktion, weil eine Potenz von x im Nenner auftritt.

e) Keine ganzrationale Funktion, weil eine Potenz von x ein Bruch ist ($\sqrt{x} = x^{\frac{1}{2}}$).

f) $n = 3; a_3 = \frac{1}{3}; a_2 = 37; a_1 = 0; a_0 = -6$

Seite 108

a) Weder Achsensymmetrie zur y-Achse noch Punktsymmetrie zum Ursprung, da gerade und ungerade Exponenten

b) Achsensymmetrie zur y-Achse, da nur gerade Exponenten

c) Punktsymmetrie zum Ursprung, da nur ungerade Exponenten

Seite 112

1.

a) $\lim\limits_{x \to -\infty} f(x) = +\infty$; $\lim\limits_{x \to +\infty} f(x) = +\infty$
Graph verläuft vom II. in den I. Quadranten.

b) $\lim\limits_{x \to -\infty} f(x) = -\infty$; $\lim\limits_{x \to +\infty} f(x) = -\infty$
Graph verläuft vom III. in den IV. Quadranten.

c) $\lim\limits_{x \to -\infty} f(x) = -\infty$; $\lim\limits_{x \to +\infty} f(x) = -\infty$
Graph verläuft vom III. in den IV. Quadranten.

d) $\lim\limits_{x \to -\infty} f(x) = +\infty$; $\lim\limits_{x \to +\infty} f(x) = -\infty$
Graph verläuft vom II. in den IV. Quadranten.

e) $\lim\limits_{x \to -\infty} f(x) = -\infty$; $\lim\limits_{x \to +\infty} f(x) = +\infty$
Graph verläuft vom III. in den I. Quadranten.

f) $\lim\limits_{x \to -\infty} f(x) = +\infty$; $\lim\limits_{x \to +\infty} f(x) = -\infty$
Graph verläuft vom II. in den IV. Quadranten.

2.

a) z.B. $f(x) = x$ und $g(x) = x^3$

b) z.B. $f(x) = x^2$ und $g(x) = 2$

c) z.B. $f(x) = -x$ und $g(x) = -x^3$

3. Die Graphen von a), b) und i) verlaufen vom III. in den I. Quadranten.
Die Graphen von c), f) und g) verlaufen vom II. in den I. Quadranten.
Die Graphen von e) und h) verlaufen vom II. in den IV. Quadranten.
Der Graph von d) verläuft vom III. in den IV. Quadranten.

Seite 115

keine Symmetrie
$S_y(0 \,|\, 2)$
$x_1 \approx -1{,}5; x_2 \approx 5; x_3 \approx 11{,}5$
$S_{x_1}(-1{,}5 \,|\, 0); S_{x_2}(5 \,|\, 0); S_{x_3}(11{,}5 \,|\, 0)$
$T(10 \,|\, -2); H(0 \,|\, 2)$
Wendepunkte $W_1(2 \,|\, 1); W_2(5 \,|\, 0); W_3(8 \,|\, -1)$,
insbesondere ist W_2 Sattelpunkt
Steigungsintervalle:
$I_1 = \,]-\infty; 0[: K_f$ steigt.
$I_2 = \,]0; 10[: K_f$ fällt.
$I_3 = \,]10; \infty[: K_f$ steigt.
Krümmungsintervalle:
$I_1 = \,]-\infty; 2[: K_f$ ist rechtsgekrümmt.
$I_2 = \,]2; 5[: K_f$ ist linksgekrümmt.
$I_3 = \,]5; 8[: K_f$ ist rechtsgekrümmt.
$I_4 = \,]8; \infty[: K_f$ ist linksgekrümmt.
Für $x \to -\infty$ gilt $f(x) \to -\infty$.
Für $x \to \infty$ gilt $f(x) \to \infty$.

L

Seite 120

1.

a) $x_1 = 0; x_2 = 6$

b) $x_1 = -3; x_2 = 3$

c) $x_1 = 0; x_2 = 3$

d) $x_{1/2} = 5$

e) $x_1 = 0; x_2 = -3$

f) keine Nullstellen

g) $x_1 = 2; x_2 = -4$

h) $x_1 = 1; x_2 = 2$

2.

a) *abc*-Formel: $x_{1/2} = -\frac{1}{3}$; $S_x\left(-\frac{1}{3}\,\middle|\,0\right)$

b) Ausklammern, Satz vom Nullprodukt:
$x_1 = 0; x_2 = 16$; $S_{x_1}(0\,|\,0)$; $S_{x_2}(16\,|\,0)$

c) Wurzelziehen: keine Nullstellen vorhanden

d) *abc*-Formel: $x_1 = 2$; $S_x(2\,|\,0)$

e) Wurzelziehen: $x_1 = -1$; $x_2 = 3$; $S_{x_1}(-1\,|\,0)$; $S_{x_2}(3\,|\,0)$

f) Satz vom Nullprodukt: $x_1 = -5$; $x_2 = 6$; $S_{x_1}(-5\,|\,0)$; $S_{x_2}(6\,|\,0)$

g) *abc*-Formel: keine Nullstellen vorhanden

h) Wurzelziehen: $x_1 = 0$; $S_x(0\,|\,0)$

Seite 121

1.

a) $S_1(2\,|\,3)$; $S_2(3\,|\,3)$

b) $S_{1/2}(-2\,|\,2)$ (Berührpunkt)

c) kein Schnittpunkt vorhanden

d) $S_1(-0{,}2\,|\,0{,}76)$; $S_2(1{,}4\,|\,0{,}44)$

2.

a) Zwei Parabeln können …

– null Schnittpunkte haben,
z.B. K_f und K_g mit
$f(x) = 3x^2 + 3x - 1$
und
$g(x) = -x^2 + 2x - 2$

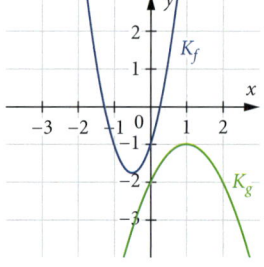

– oder einen Schnittpunkt haben,
z.B. K_f und K_h mit
$f(x) = 3x^2 + 3x - 1$
und
$h(x) = x^2 + x - 1{,}5$

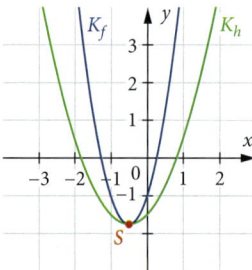

– oder zwei Schnittpunkte haben, z.B. K_f und K_i mit
$f(x) = 3x^2 + 3x - 1$ und
$i(x) = x^2 + x + 1$

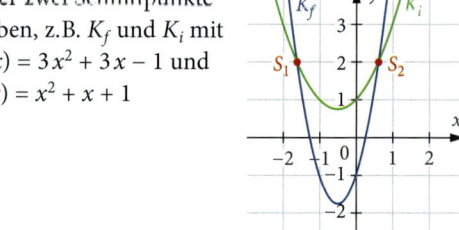

– oder unendlich viele Schnittpunkte haben,
z.B. K_f und K_j mit
$f(x) = 3x^2 + 3x - 1$ und
$j(x) = 3(x + 0{,}5)^2 - 1{,}75$

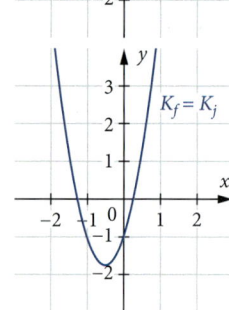

b) Eine Parabel und eine Gerade können…

– null Schnittpunkte haben,
z.B. K_f und K_g mit
$f(x) = 3x^2 + 3x - 1$
und $g(x) = 0{,}5x - 2$

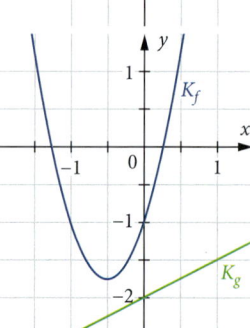

– oder einen Schnittpunkt haben,
z.B. K_f und K_h mit
$f(x) = 3x^2 + 3x - 1$
und $h(x) = 3x - 1$

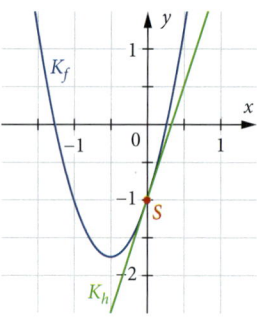

– oder zwei Schnittpunkte haben,
z.B. K_f und K_i mit
$f(x) = 3x^2 + 3x - 1$
und $i(x) = x$

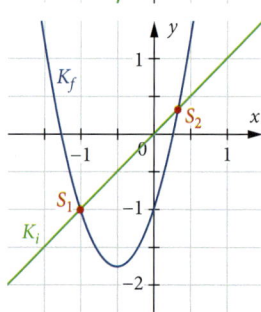

Seite 122

1.

a) $x_1 = -\sqrt{3};\ x_2 = -1;\ x_3 = 1;\ x_4 = \sqrt{3}$

b) $x_1 = -\sqrt{5};\ x_2 = \sqrt{5}$

c) $x_1 = -2;\ x_2 = -\sqrt{3};\ x_3 = \sqrt{3};\ x_4 = 2$

2.

a) Nullstellen: $-2;\ 0;\ 2$
(Ausklammern; Faktorisieren mit 3. binomischer Formel)

b) Nullstellen: $-4;\ -2;\ 2;\ 4$
(Satz vom Nullprodukt; Faktorisieren mit 3. binomischer Formel)

c) Nullstellen: 0 (doppelt); 4
(Ausklammern)

d) Nullstelle: 0 (einfach)
(Ausklammern; abc-Formel)

e) Nullstellen: $-\sqrt{3};\ 0;\ \sqrt{3}$
(Ausklammern; Wurzelziehen)

f) Nullstellen: $-\sqrt{3};\ -\sqrt{2};\ \sqrt{2};\ \sqrt{3}$
(Substitution)

g) Nullstellen: $0;\ -\frac{1}{4} - \frac{\sqrt{13}}{4};\ -\frac{1}{4} + \frac{\sqrt{13}}{4}$
(Ausklammern; abc-Formel)

h) Nullstellen: $-3;\ -2;\ 0;\ 2;\ 3$
(Ausklammern; Substitution)

i) Nullstellen: 0 (doppelt); $2 - \sqrt{5};\ 2 + \sqrt{5}$
(Ausklammern; abc-Formel)

3.

a)
$$f(x) = g(x)$$
$$x^3 + 3x^2 + 3x + 1 = x + 1$$
$$x^3 + 3x^2 + 2x = 0$$
$$x(x^2 + 3x + 2) = 0$$
$x_1 = 0;\ x_2 = -2;\ x_3 = -1$
$S_1(0\,|\,1);\ S_2(-2\,|\,-1);\ S_3(-1\,|\,0)$

b)
$$f(x) = g(x)$$
$$0{,}25x^4 + 0{,}75 = 2x^2 - 1$$
$$0{,}25x^4 - 2x^2 + 1{,}75 = 0$$
Substitution $x^2 = z$ und abc-Formel: $z_1 = 1;\ z_2 = 7$
Resubstitution $z = x^2$: $x_1 = -1;\ x_2 = 1;\ x_3 \approx -2{,}65;$
$x_4 \approx 2{,}65$
$S_1(-1\,|\,1);\ S_2(1\,|\,1);\ S_3(-2{,}65\,|\,13);\ S_4(2{,}65\,|\,13)$

Seite 127

a) ist $h(x)$ (y-Achsenschnittpunkt $S_y(0\,|\,1)$)

b) ist $f(x)$ (y-Achsenschnittpunkt $S_y(0\,|\,-1)$)

c) ist $g(x)$ (Scheitelpunkt $S(-1\,|\,-1)$)

Seite 128

1.

a) $f(x) = x^2 - 10x + 30$

b) $f(x) = 2x^2 + 8x + 5$

c) $f(x) = -x^2 + 15x - 40$

2.

a) $f(x) = (x + 2{,}5)^2 - 2{,}25$

b) $f(x) = 0{,}5(x - 3)^2 + 0{,}5$

c) $f(x) = -5(x + 1)^2 - 10$

Seite 129

a) $f(x) = 3(x - 1)^2 - 4$

b) $f(x) = -0{,}5(x + 3)^2 + 0{,}5$

Seite 131

a) einfache Nullstellen bei 0; -3 und 5

b) einfache Nullstelle bei 0, doppelte Nullstelle bei 6

c) doppelte Nullstelle bei 3, einfache Nullstellen bei -1 und 5

Seite 136

②, ③, ⑥ und ⑧ sind korrekt.

Seite 142

a) $G(x) = 0$
$$-0{,}05x^2 + 5x - 15 = 0$$
$$x_{1/2} = \frac{-5 \pm \sqrt{(-5)^2 - 4 \cdot (-0{,}05) \cdot (-15)}}{2 \cdot (-0{,}05)} = \frac{-5 \pm \sqrt{22}}{-0{,}1}$$
$x_1 \approx 3{,}1$ und $x_2 \approx 96{,}9$

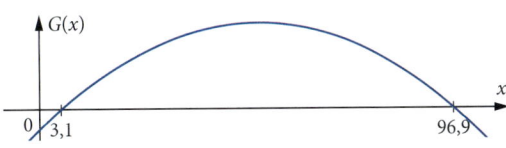

$L = [4;\ 96]$

b) optimale Stückzahl: $\frac{x_1 + x_2}{2} = \frac{3{,}1 + 96{,}9}{2} = 50$
maximaler Gewinn: $G(50) = 110\,€$

Seite 152

$389\,€ + 12 \cdot 15\,€ = 569\,€$

Seite 153

$0{,}8 - 0{,}1 \cdot t = 0{,}01$, also $t = 7{,}9\,\text{h}$

Seite 154

a) $f(t) = 1000 \cdot 2^t$ (t: die Zeit in Stunden nach Beobachtungsbeginn; $f(t)$: Anzahl der Bakterien)

b) $f(5) = 1000 \cdot 2^5 = 32\,000$ Bakterien
$150\,\text{min} \,\widehat{=}\, 2{,}5\,\text{h}$
$f(2{,}5) = 1000 \cdot 2^{2{,}5} \approx 5656{,}9 \,\widehat{=}\, 5656$ Bakterien

c) $f(-3) = 1000 \cdot 2^{-3} = 125$ Bakterien

Seite 155

$f(t) = 1000 \cdot 0{,}4^t$ (Dabei ist t die Zeit in Tagen nach Beobachtungsbeginn und $f(t)$ ist die Anzahl der Bakterien zum Zeitpunkt t.)

$f(5) = 1000 \cdot 0{,}4^5 = 10{,}24 \approx 10$ Bakterien

Seite 157

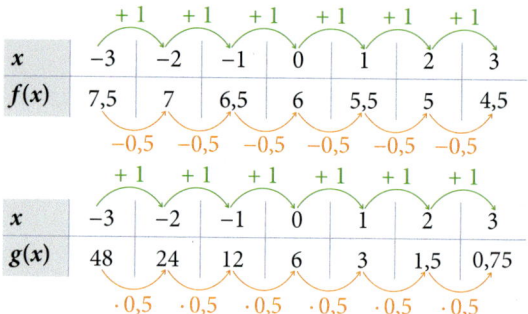

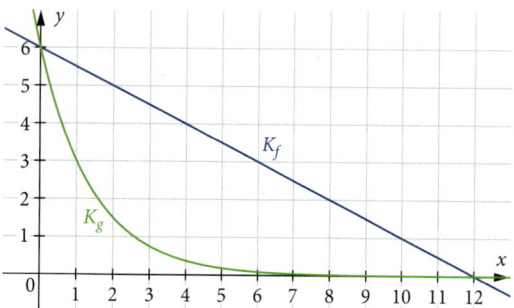

Seite 159

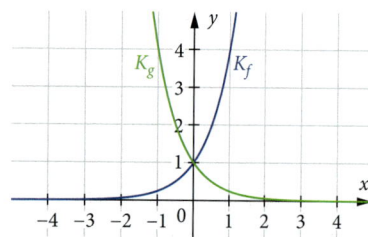

1.

a) $f(x) = 5 \cdot 2^x$: $S_y(0\,|\,5)$; Wachstum, da $q = 2 > 1$

b) $f(x) = 7 \cdot \left(\frac{4}{5}\right)^x$: $S_y(0\,|\,7)$; Zerfall, da $q = \frac{4}{5} < 1$

c) $f(x) = 3{,}5 \cdot 10^x$: $S_y(0\,|\,3{,}5)$; Wachstum, da $q = 10 > 1$

d) $f(x) = \frac{3}{2} \cdot \left(\frac{2}{3}\right)^x$: $S_y\left(0\,\big|\,\frac{3}{2}\right)$; Zerfall, da $q = \frac{2}{3} < 1$

2. $f(x) = 4^x$ und $g(x) = 0{,}25^x$

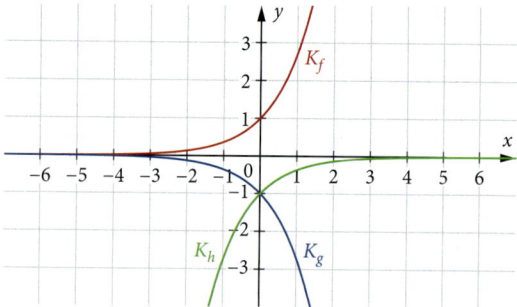

Die beiden Graphen sind spiegelbildlich bezüglich der y-Achse zueinander. Dies kann man begründen durch Umformung von $g(x)$:

$g(x) = 0{,}25^x = \left(\frac{1}{4}\right)^x = \frac{1}{4^x} = 4^{-x}$

3. Für den blauen und den grünen Graphen gilt $0 < q < 1$, da sie zu Zerfallsfunktionen gehören.
Der grüne Graph fällt stärker als der blaue.
Für den gelben und den roten Graphen gilt $q > 1$, da sie zu Wachstumsfunktionen gehören.
Der gelbe Graph wächst stärker als der rote. Also gilt für die Reihenfolge (von klein nach groß):
grün → blau → rot → gelb

Seite 161

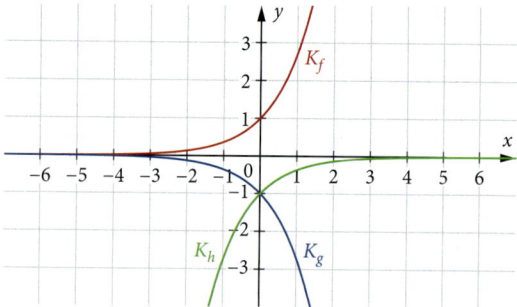

Der Graph von g geht aus dem Graphen der e-Funktion durch Spiegelung an der x-Achse hervor. Der Graph von h geht aus dem Graphen der e-Funktion durch Spiegelung an der x-Achse und anschließender Spiegelung an der y-Achse hervor (oder auch: Punktspiegelung des Graphen der e-Funktion am Ursprung).

Seite 164

1.

a) $a + d = 5 + 0 = 5$, also $S_y(0\,|\,5)$

b) $a + d = \frac{1}{4} + 2 = \frac{9}{4}$, also $S_y\left(0\,\big|\,\frac{9}{4}\right)$

c) $a + d = 1 + 1 = 2$, also $S_y(0\,|\,2)$

d) $f(x) = e^x + 1 = e^1 \cdot e^x$
$a + d = e^1 + 0 = e$, also $S_y(0\,|\,e)$

2. Man erhält den Funktionsgraphen K_f, indem man den Graphen von $g(x) = \frac{1}{4}e^x$ an der x-Achse spiegelt (a ist negativ) sowie um $1\,$LE nach rechts ($c = 1$) und $3\,$LE nach oben ($d = 3$) verschiebt. Der Graph K_f ist fallend. Der Schnittpunkt mit der y-Achse liegt bei $S_y(0\,|\,2{,}91)$. Zudem liegt der Punkt $P(1\,|\,2{,}75)$ auf dem Funktionsgraphen, der sich für $x \to -\infty$ der Asymptote mit der Gleichung $y = 3$ annähert.

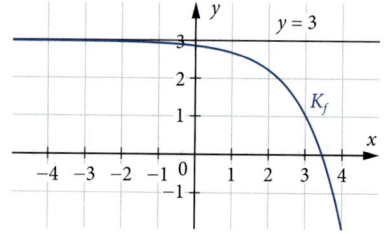

Seite 166 (OBEN)

a) schiefe Asymptote $y = x$

b) waagerechte Asymptote $y = -1$

c) schiefe Asymptote $y = -x$

d) keine Asymptote

e) keine Asymptote (f ist eine lineare Funktion)

f) waagerechte Asymptote $y = 5$

g) schiefe Asymptote $y = -2x$

h) schiefe Asymptote $y = \frac{1}{3}x - 3$

Seite 166 (UNTEN)

a) $f(x) = e^x - 0{,}5\,x + 1 \;\rightarrow\;$ blau
(Asymptote $y = -0{,}5\,x + 1$)

b) $g(x) = -e^x + 1 \;\rightarrow\;$ gelb (Asymptote $y = 1$; $a = -1$)

c) $h(x) = e^{0{,}5x} \;\rightarrow\;$ grün (Asymptote $y = 0$)

d) $i(x) = e^{x-3} + 1 \;\rightarrow\;$ rot
(Asymptote $y = 1$; Verschiebung nach rechts)

Seite 168

Aus $q^x = y$ folgt $x = \log_q(y)$ und umgekehrt.

a) $x = \log_5(25) = 2$

b) $x = \log_{144}(12) = 0{,}5$

c) $x = \log_4\left(\frac{1}{2}\right) = -0{,}5$

d) $x = \log_2(128) = 7$

e) $x = \log_7(1) = 0$

f) $x = \log_6(0)$
nicht lösbar

Seite 169

a) $\log_2(2) + \log_2(4) = \log_2(2 \cdot 4) = \log_2(8) = \log_2(2^3) = 3$

b) $\dfrac{\log_4(256)}{4} = \dfrac{\log_4(4^4)}{4} = \dfrac{4}{4} = 1$

c) $\log_3\left(81^{\frac{1}{2}}\right) = \frac{1}{2}\log_3(3^4) = \frac{1}{2} \cdot 4 = 2$

d) $\log(4) - \dfrac{\log(4^2)}{\log(100)} = \log(4) - \dfrac{2\log(4)}{\log(10^2)} = \log(4) - \dfrac{2\log(4)}{2}$
$= \log(4) - \log(4) = 0$

Seite 170

a) $23\,e^{0{,}4x} = 92 \qquad |:23$
$\quad e^{0{,}4x} = 4 \qquad |\ln$
$\quad 0{,}4x = \ln(4) \qquad |:0{,}4$
$\qquad x = \frac{\ln(4)}{0{,}4} \approx 3{,}4657$ Probe: $23\,e^{0{,}4 \cdot \frac{\ln(4)}{0{,}4}} = 92$

b) $x = \frac{\ln(20)}{3} \approx 0{,}9986$ Probe: $0{,}5\,e^{3 \cdot \frac{\ln(20)}{3}} = 10$

c) $x = \frac{\ln(20)}{2} \approx 1{,}4979$ Probe: $-5\,e^{2 \cdot \frac{\ln(20)}{2}} = -100$

d) $x = 8$ Probe: $e^8(0{,}5 \cdot 8 - 4) = 0$

e) $x = \ln(2) \approx 0{,}6931$ Probe: $e^{2 \cdot \ln(2)} = 0$

f) $x = 3$ Probe: $(3-3) \cdot e^{4 \cdot 3} = 0$

g) $x = \frac{\ln(0{,}54) + 6}{34} \approx 0{,}1583$
Probe: $50\,e^{34 \cdot \frac{\ln(0{,}54) + 6}{34} - 6} = 27$

h) nicht lösbar

Seite 171

1. In allen Teilaufgaben substituieren wir $e^x = u$.

a) $u_1 = 6 \;\Rightarrow\; x_1 = \ln(6) \approx 1{,}7918$
$u_2 = -2$ liefert keine weitere Lösung

b) $u_1 = 5 \;\Rightarrow\; x_1 = \ln(5) \approx 1{,}6094$
$u_2 = -8$ liefert keine weitere Lösung

c) $u_1 = -3$ und $u_2 = -4$ liefern keine Lösung

d) $u_1 = 4 \;\Rightarrow\; x_1 = \ln(4) \approx 1{,}3863$
$u_2 = -8$ liefert keine weitere Lösung

e) $u_1 = 1 \;\Rightarrow\; x_1 = \ln(1) = 0$
$u_2 = 9 \;\Rightarrow\; x_2 = \ln(9) \approx 2{,}1972$

f) $u_1 = 7 \;\Rightarrow\; x_1 = \ln(7) \approx 1{,}9459$
$u_2 = 3 \;\Rightarrow\; x_2 = \ln(3) \approx 1{,}0986$

g) $u_1 = 12 \;\Rightarrow\; x_1 = \ln(12) \approx 2{,}4849$
$u_2 = -4$ liefert keine weitere Lösung

h) $u_1 = 26 \;\Rightarrow\; x_1 = \ln(26) \approx 3{,}2581$
$u_2 = -5$ liefert keine weitere Lösung

2.

a) $x = \frac{\ln(2)}{0{,}5} \approx 1{,}3863$ (Umformen und Logarithmieren)

b) $x = \ln(2) \approx 0{,}6931$ (Satz vom Nullprodukt)

c) $x = \frac{\ln(2)}{2} \approx 0{,}3466$ (Umformen und Logarithmieren)

d) $x = \ln\left(\frac{1}{2}\right) \approx -0{,}6931$ (Substitution)

Seite 172

a) y-Achsenschnittpunkte:
$$f(0) = \frac{3}{5}e^0 - 4 = -\frac{17}{5}$$
$$g(0) = -e^0 + 2 = 1$$
x-Achsenschnittpunkte:
$$f(x) = 0$$
$$\frac{3}{5}e^{0{,}5x} - 4 = 0$$
$$x = 2\ln\left(\frac{20}{3}\right) \approx 3{,}7942$$
$$g(x) = 0$$
$$-e^{0{,}5x} + 2 = 0$$
$$x = 2\ln(2) \approx 1{,}3863$$

b) Schnittpunkt der Graphen:
$$f(x) = g(x)$$
$\frac{3}{5}e^{0{,}5x} - 4 = -e^{0{,}5x} + 2 \qquad \left| +4 \quad \right| + \frac{5}{5}e^{0{,}5x}$
$\qquad \frac{8}{5}e^{0{,}5x} = 6 \qquad\qquad \left| :\frac{8}{5} \quad \right| \ln \quad \left| \cdot 2 \right.$
$\qquad\qquad x = 2\ln\left(\frac{15}{4}\right) \approx 2{,}6435$

An der Stelle $x = 2\ln\left(\frac{15}{4}\right)$ schneiden sich die beiden Graphen. Wir berechnen den zugehörigen Funktionswert: $f\left(2\ln\left(\frac{15}{4}\right)\right) = -1{,}75$

Der Schnittpunkt liegt bei $S(2{,}6435\,|\,-1{,}75)$.

Seite 175

$f(x) = a \cdot e^{bx}$

(I) $P(0|e) \Rightarrow a \cdot e^{b \cdot 0} = e$

$a = e$

(II) $Q(-2|1) \Rightarrow a \cdot e^{-2b} = 1$

$a = e$ in (II) einsetzen: $b = \frac{1}{2}$

Funktionsgleichung: $f(x) = e \cdot e^{\frac{1}{2}x} = e^{\frac{1}{2}x+1}$

Seite 176

x	0	1	2	3	4	5
y	25	60	150	370	900	2200
$\frac{f(x+1)}{f(x)}$	$\frac{60}{25}$ $= 2,4$	$\frac{150}{60}$ $= 2,5$	$\frac{370}{150}$ $\approx 2,47$	$\frac{900}{370}$ $\approx 2,43$	$\frac{2200}{900}$ $\approx 2,44$	nicht ermittelbar

Der Quotient $\frac{f(x+1)}{f(x)}$ liegt immer bei ungefähr 2,45, damit ist gezeigt, dass die Werte ungefähr exponentiell wachsen.

Seite 178

a) Ansatz: $f(t) = a \cdot e^{bt}$

Bedingungen: $f(0) = 5000$ und $f(10) = 7000$

$7000 = 5000 e^{10b}$

$b = \frac{\ln\left(\frac{7}{5}\right)}{10} \approx 0,0336$

$f(t) = 5000 e^{0,0336 t}$

b) $f(15) = 5000 e^{0,0336 \cdot 15} \approx 8276,65$

c) $2 \cdot 5000 = 5000 e^{0,0336 t} \Rightarrow t \approx 20,6$

Nach ungefähr 20,6 Jahren hat sich das Kapital verdoppelt.

Seite 179

1.

a) Ansatz: $f(x) = a \cdot e^{bx}$

Bedingungen: $f(0) = 1013$ und $f(4808) = 547$

somit: $f(x) = 1013 \, e^{-0,000128 x}$

b) $f(8849) = 1013 \, e^{-0,000128 \cdot 8849} \approx 326,36$

Der Luftdruck auf dem Mount Everest beträgt etwa 326,36 hPa.

2.

a) Ansatz: $I(x) = a \cdot e^{bx}$

Bedingungen: $I(0) = a$ und $I(0,42) = 0,37 \cdot a$

somit: $I(x) = a \cdot e^{-2,3673 x}$

b) Halbierung der Lichtstärke:

$I(x) = 0,5 \cdot a \Rightarrow x \approx 0,293$

In einer Tiefe von etwa 0,29 Metern hat sich die Lichtstärke halbiert.

Seite 180

1. Wachstum, da $a = 1,2 > 0$ und $b = 3 > 0$; $T_V \approx 0,23$

2. Da $t = 0$ dem Jahr 2006 entspricht, bedeutet 2018, dass $t = 12$ ist: $f(12) = 300 \, e^{0,00995 \cdot 12} \approx 338,05$ Mio. Damit übersteigt die Funktion den tatsächlichen Wert vom 327 Millionen Einwohnern.

3. a: die zu Beginn vorhandene Menge an Caesium-137

$f(t) = a \cdot 0,977^t = a \cdot e^{\ln(0,977)t} \approx a \cdot e^{-0,0233 t}$

Halbwertszeit: $t \approx 29,7$ Jahre

Seite 181

Jeweils nur noch ein Fisch hat Platz:

– bei 10 Fischen: $9 = 10 - 8 \, e^{-0,4t} \Rightarrow t = \frac{\ln\left(\frac{1}{8}\right)}{-0,4} \approx 5,2$, also nach ca. 5,2 Monaten

– bei 20 Fischen: $19 = 20 - 18 \, e^{-0,4t} \Rightarrow t = \frac{\ln\left(\frac{1}{18}\right)}{-0,4} \approx 7,2$, also nach ca. 7,2 Monaten

– bei 30 Fischen: $29 = 30 - 28 \, e^{-0,4t} \Rightarrow t = \frac{\ln\left(\frac{1}{28}\right)}{-0,4} \approx 8,3$, also nach ca. 8,3 Monaten

Seite 182

$f(t) = S - k \cdot e^{bt}$

$S = 14$

$f(0) = 5 \qquad S - k = 5 \qquad \Rightarrow k = 9$

$f(10) = 7 \qquad S - k \cdot e^{10b} = 7 \qquad \Rightarrow b \approx -0,0251$

$f(t) = 14 - 9 \cdot e^{-0,0251 t}$

Seite 195

1. a) b) c)

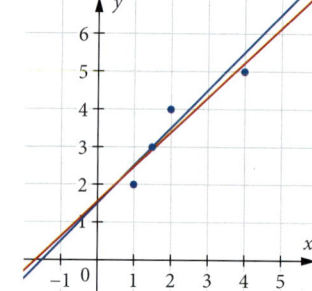

Regressionsgerade nach Augenmaß z.B.: $f(x) = x + 1,5$

Regressionsgerade mit dem Taschenrechner bestimmt:

$f(x) = 0,92 x + 1,55$

2. a) b)

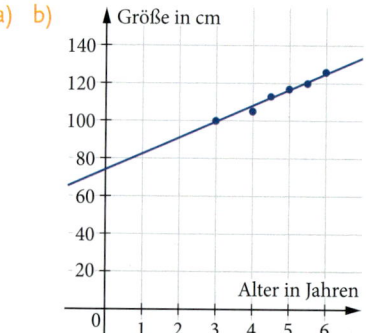

c) Regressionsgerade: $f(x) = 8,49 x + 74,4$

Seite 200

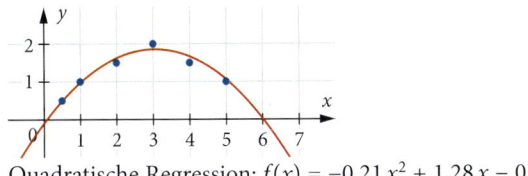

Quadratische Regression: $f(x) = -0,21 x^2 + 1,28 x - 0,09$

Seite 209

a) In jedem Intervall, in dem f fällt, verläuft der Graph der Änderungsfunktion **unter/unterhalb** der x-Achse.

b) Ist die Änderungsfunktion negativ, so **fällt** der Graph von f.

c) An jeder Extremstelle von f hat die Änderungsfunktion eine **Nullstelle**.

d) An der Wendestelle von f hat f' eine **Extremstelle**.

e) An der Stelle, wo K_f einen Sattelpunkt hat, besitzt der Graph von f' einen **Extrempunkt/(hier Hochpunkt)**, der auf der x-**Achse** liegt.

Seite 210

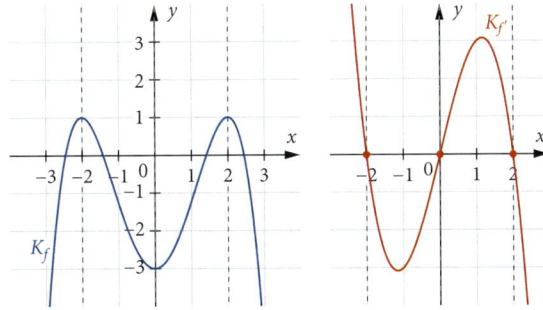

Seite 213

Die optimale Produktionsmenge ist die, bei der die Grenzkosten minimal sind – dort entstehen für eine zusätzliche Mengeneinheit die wenigsten Kosten.

Handarbeit: Die Gesamtkosten sind linear. Jede produzierte Mengeneinheit verursacht dieselben Kosten. Die Kosten, die durch die Produktion einer zusätzlichen Mengeneinheit entstehen, sind also ebenso hoch wie die jeder anderen Mengeneinheit. Es ist also egal, welche Produktionsmenge erzielt wird, da die Grenzkostenfunktion konstant ist und deshalb keine Minima aufweist.

Serienproduktion: Jede produzierte Mengeneinheit verursacht unterschiedlich hohe Kosten. Bei geringen Mengeneinheiten sind die Kosten pro zusätzlicher Mengeneinheit noch hoch, werden aber immer geringer. Die Gesamtkostenfunktion hat einen Sattelpunkt und das bedeutet, dass dort die Gesamtkosten pro Mengeneinheit nur noch langsam steigen. Die Kosten, die durch die Produktion einer zusätzlichen Mengeneinheit entstehen, sind dort geringer als sonst. Es sollten also so viele Mengeneinheiten produziert werden, dass genau das Minimum der Grenzkostenfunktion erreicht wird bzw. der Sattelpunkt der Gesamtkostenfunktion. Würde man mehr produzieren, würde jede zusätzlich produzierte Einheit wieder höhere Zusatzkosten verursachen.

Seite 221

$$m = \frac{y_{2017} - y_{2016}}{x_{2017} - x_{2016}} = \frac{93\,536 - 93\,105}{2017 - 2016} = 431$$

$$m = \frac{y_{2018} - y_{2017}}{x_{2018} - x_{2017}} = \frac{93\,482 - 93\,536}{2018 - 2017} = -54$$

$$m = \frac{y_{2019} - y_{2018}}{x_{2019} - x_{2018}} = \frac{93\,571 - 93\,482}{2019 - 2018} = 89$$

$$m = \frac{y_{2020} - y_{2019}}{x_{2020} - x_{2019}} = \frac{93\,140 - 93\,571}{2020 - 2019} = -431$$

Zwischen den Jahren 2016 und 2017 sowie 2019 und 2020 hat sich die Einwohnerzahl am stärksten verändert (431 Einwohner mehr bzw. weniger pro Jahr).

Seite 222

Wenn die Funktion f die Geschwindigkeit eines Fahrzeugs in Abhängigkeit von der Fahrtzeit wiedergibt, dann ist die Veränderung dieser Geschwindigkeit die Beschleunigung des Autos.

Die durchschnittliche Änderungsrate beschreibt das Ausmaß der Veränderung in einem Intervall, also entspricht diese hier der durchschnittlichen Beschleunigung in einem betrachteten Zeitintervall. Das ist für das Fahrverhalten eines Autos meistens keine besonders aussagekräftige Angabe, da sich die Beschleunigung durch Bremsen oder Gas geben ständig ändert.

Die momentane Änderungsrate beschreibt das Ausmaß der Veränderung in einem einzigen, bestimmten Punkt. Dies entspricht hier also der Beschleunigung des Autos zu einem betrachteten Zeitpunkt. Diese Momentanbeschleunigung des Autos gibt also wieder, ob und wie stark in diesem Moment gebremst oder Gas gegeben wird.

Scite 224

a) $m = \frac{\Delta y}{\Delta x} = \frac{f(x_2) - f(x_1)}{x_2 - x_1} = \frac{7-1}{4-2} = \frac{6}{2} = 3$

b) Man legt nach Augenmaß die Tangenten an (z.B. mit einem Lineal) und bestimmt mithilfe eines Steigungsdreiecks deren Steigung. Eine Zeichnung ist nicht erforderlich.

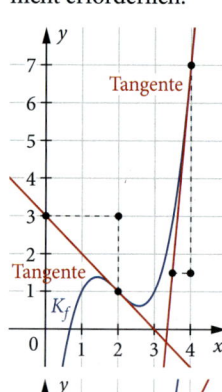

an der Stelle $x = 2$:

$m = \frac{\Delta y}{\Delta x} = \frac{-2}{2} = -1$

an der Stelle $x = 4$:

$m = \frac{\Delta y}{\Delta x} = \frac{5,5}{0,5} = 11$

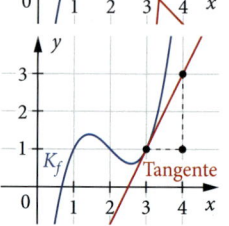

an der Stelle $x = 3$:

$m = \frac{\Delta y}{\Delta x} = \frac{2}{1} = 2$

c) Die durchschnittliche Änderungsrate beschreibt das Ausmaß der Veränderung im gesamten betrachteten Intervall $I = [2; 4]$. Sie entspricht der Steigung der Sekante durch die Endpunkte des Intervalls und ist in diesem Beispiel gleich 3.

Im Unterschied dazu beschreibt die momentane Änderungsrate das Ausmaß der Veränderung in jeweils einem einzelnen Punkt des Graphen. Sie entspricht der Steigung der Tangente in diesem Punkt. Da die drei betrachteten Punkte verschiedene Tangenten mit unterschiedlichen Steigungen haben, ist auch die Steigung des Graphen in den jeweiligen Punkten unterschiedlich. Die momentane Änderungsrate drückt aus, ob der Graph in dem Punkt steigt oder fällt und wie stark er dies tut.

Man sieht man sehr gut, dass die Werte der momentanen Änderungsraten in den jeweiligen Endpunkten $x = 2$ mit $m = -1$ und $x = 4$ mit $m = 11$ nichts mit dem Wert der durchschnittlichen Änderungsrate im gesamten Intervall mit $m = 3$ zu tun haben. Auch der Wert der Steigung in der Mitte des Intervalls bei $x = 3$ mit $m = 2$ sagt nichts über den Wert der durchschnittlichen Änderung des gesamten Intervalls mit $m = 3$ aus. Man kann also die durchschnittliche Änderungsrate im Intervall nicht aus den momentanen Änderungsraten der drei Punkte bestimmen.

Seite 225

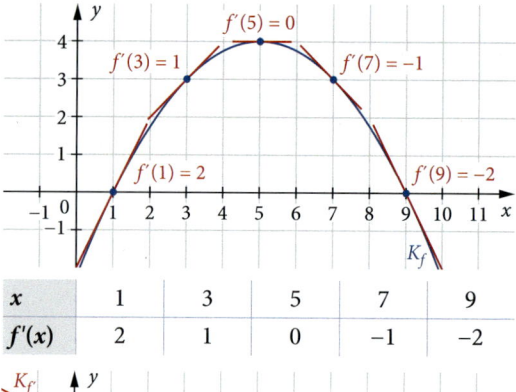

x	1	3	5	7	9
$f'(x)$	2	1	0	−1	−2

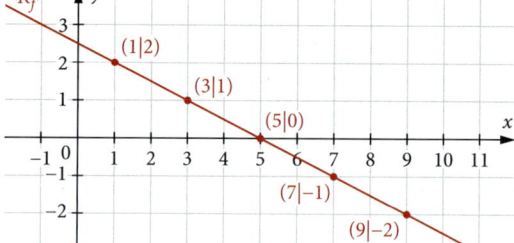

Seite 227

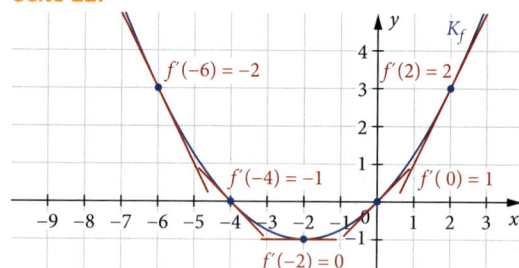

$f(x) = 0,25\,x^2 + x$

x	−6	−4	−2	0	2
$f'(x)$	−2	−1	0	1	2

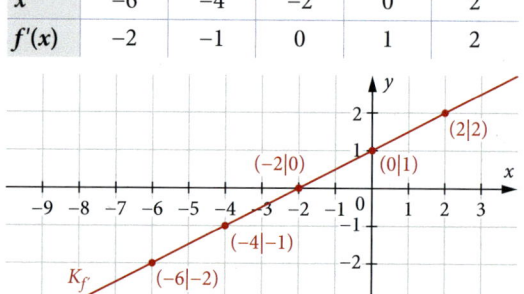

$f'(x) = 0,5\,x + 1$

Wendet man die vermutete Summen-, Faktor- und Potenzregel an, so erhält man:

$f'(x) = 0,25 \cdot 2 \cdot x^{2-1} + 1 \cdot x^{1-1} = 0,5 \cdot x^1 + 1 \cdot x^0 = 0,5\,x + 1$

Die Regeln scheinen also zu stimmen.

Seite 234

a)

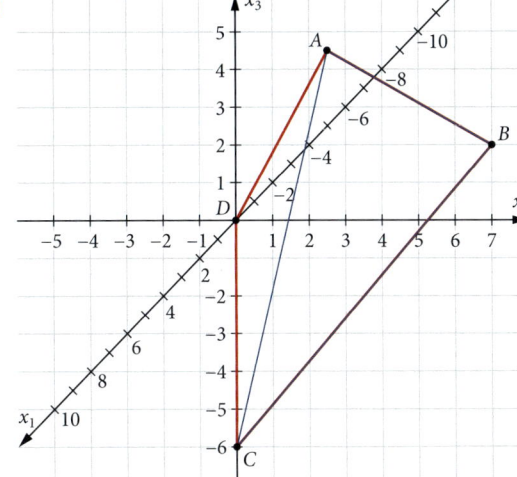

b)

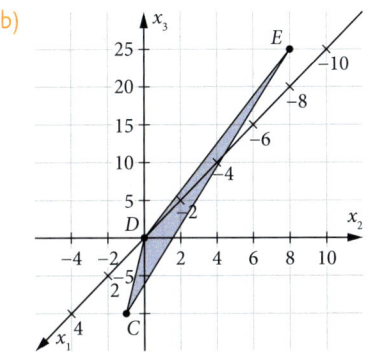

$C(2|1|-5)$
$D(0|0|0)$
$E(0|8|25)$

Seite 235

	A	B	C	D
a)	liegt auf keiner Koordinatenachse	x_1-Achse	x_1-Achse x_2-Achse x_3-Achse	x_3-Achse
b)	x_1x_3-Ebene	x_1x_2-Ebene und x_1x_3-Ebene	x_1x_2-Ebene und x_1x_3-Ebene und x_2x_3-Ebene	x_1x_3-Ebene und x_2x_3-Ebene

	E	F	G	H
a)	liegt auf keiner Koordinatenachse	x_2-Achse	liegt auf keiner Koordinatenachse	liegt auf keiner Koordinatenachse
b)	x_2x_3-Ebene	x_1x_2-Ebene und x_2x_3-Ebene	liegt auf keiner Koordinatenebene	x_1x_2-Ebene

Seite 236

a) $Q(0|2|1)$ b) $R(-3|2|1)$

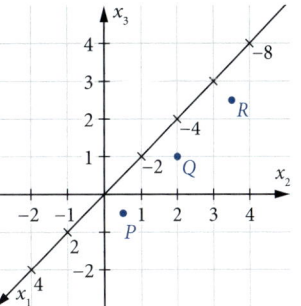

Seite 238

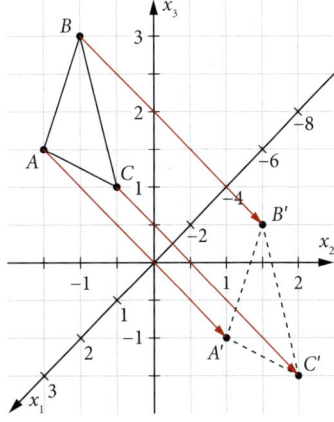

Seite 239

1. $\vec{f}$ ist der Gegenvektor von $\vec{a}$. $\vec{d}$ ist der Gegenvektor von $\vec{b}$.

2.
a) $\overrightarrow{QP} = \begin{pmatrix} -2 \\ -8 \\ 14 \end{pmatrix}$ d) $\overrightarrow{QP} = \begin{pmatrix} 1 \\ 4 \\ 11 \end{pmatrix}$

b) $\overrightarrow{QP} = \begin{pmatrix} 4 \\ 0 \\ 11 \end{pmatrix}$ e) $\overrightarrow{QP} = \begin{pmatrix} 1 \\ -9 \\ 9 \end{pmatrix}$

c) $\overrightarrow{QP} = \begin{pmatrix} -11 \\ 3 \\ 1 \end{pmatrix}$

Seite 240

1. E liegt 1 LE höher als A, also: $E(1|-3|1)$
$$\left|\overrightarrow{EG}\right| = \sqrt{(-2-1)^2 + (2-(-3))^2 + (1-1)^2}$$
$$= \sqrt{34} \approx 5{,}83$$

2. $\left|\overrightarrow{AB}\right| = \sqrt{4^2 + 1^2 + 2^2} = \sqrt{21} \approx 4{,}58$
$\left|\overrightarrow{AC}\right| = \sqrt{(-2)^2 + 4^2 + 4^2} = \sqrt{36} = 6$
$\left|\overrightarrow{BC}\right| = \sqrt{(-6)^2 + 3^2 + 2^2} = \sqrt{49} = 7$

279

Seite 241

a) $\overrightarrow{AB} = \begin{pmatrix} -2 \\ 2 \\ 0 \end{pmatrix}$ $\overrightarrow{AC} = \begin{pmatrix} 0 \\ -1 \\ 0 \end{pmatrix}$ $\overrightarrow{BC} = \begin{pmatrix} 2 \\ -3 \\ 0 \end{pmatrix}$

$|\overrightarrow{AB}| = \sqrt{8}$ $|\overrightarrow{AC}| = \sqrt{1} = 1$ $|\overrightarrow{BC}| = \sqrt{13}$

Mit dem Satz des Pythagoras müsste gelten:
$$(\sqrt{8})^2 + (1)^2 = (\sqrt{13})^2$$
$$9 = 13 \text{ (falsche Aussage)}$$
Das Dreieck ABC ist nicht rechtwinklig.

b) individuelle Schülerlösung, z.B. $D(0|0|1)$

Seite 242

a) $\vec{a} + \vec{b} = \begin{pmatrix} 3 \\ -2 \\ 2 \end{pmatrix}$ $\vec{a} - \vec{b} = \begin{pmatrix} 1 \\ -2 \\ 0 \end{pmatrix}$

b) $|\vec{a}| = 3$
$|\vec{b}| = \sqrt{2}$
$|\vec{a} + \vec{b}| = \sqrt{17} \neq |\vec{a}| + |\vec{b}|$
$|\vec{a} - \vec{b}| = \sqrt{5} \neq |\vec{a}| - |\vec{b}|$
Die Längen werden nicht addiert bzw. subtrahiert.

Seite 243

c) $\vec{b} = \begin{pmatrix} 8 \\ -7 \\ 3 \end{pmatrix}$, denn $\vec{a} + \vec{b} + \vec{c} = \begin{pmatrix} -2 + 8 - 6 \\ 1 - 7 + 6 \\ 7 + 3 - 10 \end{pmatrix} = \begin{pmatrix} 0 \\ 0 \\ 0 \end{pmatrix}$.

d) Wenn man zu einem Vektor seinen Gegenvektor addiert, erhält man **den Nullvektor**.

Seite 244

1.

a)

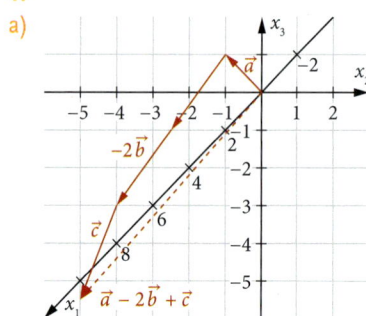

$\vec{a} - 2\vec{b} + \vec{c} = \begin{pmatrix} 0 - 2 \cdot (-2) + 4 \\ -1 - 2 \cdot \frac{1}{2} + 1 \\ 1 - 2 \cdot 1 - \frac{1}{2} \end{pmatrix} = \begin{pmatrix} 8 \\ -1 \\ -\frac{3}{2} \end{pmatrix}$

b) $\overrightarrow{a_0} = \frac{1}{\sqrt{2}} \begin{pmatrix} 0 \\ -1 \\ 1 \end{pmatrix} \approx \begin{pmatrix} 0 \\ -0{,}71 \\ 0{,}71 \end{pmatrix}$

$\overrightarrow{b_0} = \frac{1}{\sqrt{5{,}25}} \begin{pmatrix} -2 \\ 0{,}5 \\ 1 \end{pmatrix} \approx \begin{pmatrix} -0{,}87 \\ 0{,}22 \\ 0{,}44 \end{pmatrix}$

$\overrightarrow{c_0} = \frac{1}{\sqrt{17{,}25}} \begin{pmatrix} 4 \\ 1 \\ -0{,}5 \end{pmatrix} \approx \begin{pmatrix} 0{,}96 \\ 0{,}24 \\ -0{,}12 \end{pmatrix}$

2. Bei den Vektoren $\overrightarrow{BO}, \overrightarrow{OF}, \overrightarrow{OE}, \overrightarrow{OC}$ und $\overrightarrow{AG}$ handelt es sich um Einheitsvektoren.

Seite 245

1. $\vec{b} \parallel \vec{e} \parallel \vec{g}$
$\vec{c} \parallel \vec{h}$
$\vec{d} \parallel \vec{f}$

2. $r = -10{,}5$

3. $\overrightarrow{AB} = \begin{pmatrix} 2 \\ 3 \\ 2 \end{pmatrix}$ $\overrightarrow{AC} = \begin{pmatrix} 2 \\ 5 \\ 3 \end{pmatrix}$ $\overrightarrow{AD} = \begin{pmatrix} 6 \\ 9 \\ 6 \end{pmatrix}$ $\overrightarrow{AE} = \begin{pmatrix} 2 \\ 9 \\ 5 \end{pmatrix}$

$\overrightarrow{BC} = \begin{pmatrix} 0 \\ 2 \\ 1 \end{pmatrix}$ $\overrightarrow{BD} = \begin{pmatrix} 4 \\ 6 \\ 4 \end{pmatrix}$ $\overrightarrow{BE} = \begin{pmatrix} 0 \\ 6 \\ 3 \end{pmatrix}$ $\overrightarrow{CD} = \begin{pmatrix} 4 \\ 4 \\ 3 \end{pmatrix}$

$\overrightarrow{CE} = \begin{pmatrix} 0 \\ 4 \\ 2 \end{pmatrix}$ $\overrightarrow{DE} = \begin{pmatrix} -4 \\ 0 \\ -1 \end{pmatrix}$

$\overrightarrow{AD} = 3\,\overrightarrow{AB}$
$\overrightarrow{BD} = 2\,\overrightarrow{AB}$
$\Rightarrow$ A, B und D sind kollinear.

$\overrightarrow{BE} = 3\,\overrightarrow{BC}$
$\overrightarrow{CE} = 2\,\overrightarrow{BC}$
$\Rightarrow$ B, C und E sind kollinear.

Seite 246 (OBEN)

$M_{AB}(2|3|5)$
$M_{BC}(2|-3|1)$
$M_{AC}(-3|2|10)$

Seite 246 (UNTEN)

$P(1|4|8)$

$\dfrac{|\overrightarrow{AP}|}{|\overrightarrow{PB}|} = \dfrac{\sqrt{(1+3)^2 + (4-8)^2 + (8-14)^2}}{\sqrt{(7-1)^2 + (-2-4)^2 + (-1-8)^2}}$

$= \sqrt{\dfrac{68}{153}} = \sqrt{\dfrac{4}{9}} = \dfrac{2}{3}$

Seite 254

1. $\vec{u} \cdot \vec{v} = 15 \cdot 13 \cdot \cos(27°) \approx 173{,}75$

2.

a) $|\vec{a}| \approx 3{,}6$; $|\vec{b}| \approx 3$; $\alpha \approx 33{,}7°$
$\Rightarrow \vec{a} \cdot \vec{b} = 3{,}6 \cdot 3 \cdot \cos(33{,}7°) \approx 9$

b) $|\vec{a}| \approx 2{,}2$; $|\vec{b}| \approx 2{,}8$; $\alpha \approx 71{,}1°$
$\Rightarrow \vec{a} \cdot \vec{b} = 2{,}2 \cdot 2{,}8 \cdot \cos(71{,}1°) \approx 2$

Seite 255

$\vec{a} \cdot \vec{b} = 3 \cdot 1 + (-2) \cdot 1 + 1 \cdot (-2) = -1$

Seite 257

1. $\cos(\alpha) = \dfrac{\overrightarrow{AB} \cdot \overrightarrow{AC}}{|\overrightarrow{AB}| \cdot |\overrightarrow{AC}|} = \dfrac{14}{\sqrt{11} \cdot \sqrt{44}} \approx 0{,}64 \ \Rightarrow \ \alpha \approx 50{,}48°$

$\cos(\beta) = \dfrac{\overrightarrow{BA} \cdot \overrightarrow{BC}}{|\overrightarrow{BA}| \cdot |\overrightarrow{BC}|} = \dfrac{-3}{\sqrt{11} \cdot \sqrt{27}} \approx -0{,}17 \ \Rightarrow \ \beta \approx 100{,}02°$

$\cos(\gamma) = \dfrac{\overrightarrow{CB} \cdot \overrightarrow{CA}}{|\overrightarrow{CB}| \cdot |\overrightarrow{CA}|} = \dfrac{30}{\sqrt{27} \cdot \sqrt{44}} \approx 0{,}87 \ \Rightarrow \ \gamma \approx 29{,}50°$

2. $\overrightarrow{CH_1} = \begin{pmatrix} 1 \\ 1 \\ -1 \end{pmatrix}; \ \overrightarrow{CH_2} = \begin{pmatrix} -1 \\ 1 \\ 1 \end{pmatrix}$

$\cos(\varphi) = \dfrac{\overrightarrow{CH_1} \cdot \overrightarrow{CH_2}}{|\overrightarrow{CH_1}| \cdot |\overrightarrow{CH_2}|} = -\dfrac{1}{3} \ \Rightarrow \ \varphi \approx 109{,}5°$

Seite 258

1. $\vec{a} \cdot \vec{b} = (-5) \cdot (-1) + 2 \cdot (-2) + (-1) \cdot 1 = 0$

$\vec{a}$ und $\vec{b}$ sind orthogonal zueinander.

2. $\overrightarrow{AB} = \begin{pmatrix} 2 \\ 1 \end{pmatrix} \qquad \overrightarrow{KL} = \begin{pmatrix} 0{,}5 \\ -1 \end{pmatrix}$

$\overrightarrow{AB} \perp \overrightarrow{KL}$, denn $0{,}2 \cdot 0{,}5 + 1 \cdot (-1) = 0$

$\overrightarrow{CD} = \begin{pmatrix} 1 \\ 1 \end{pmatrix} \qquad \overrightarrow{OP} = \begin{pmatrix} 0{,}5 \\ -0{,}5 \end{pmatrix}$

$\overrightarrow{CD} \perp \overrightarrow{OP}$, denn $1 \cdot 0{,}5 + 1 \cdot (-0{,}5) = 0$

$\overrightarrow{EF} = \begin{pmatrix} -1 \\ -1{,}5 \end{pmatrix} \qquad \overrightarrow{GH} = \begin{pmatrix} 1{,}5 \\ -1 \end{pmatrix}$

$\overrightarrow{EF} \perp \overrightarrow{GH}$, denn $-1 \cdot 1{,}5 - 1{,}5 \cdot (-1) = 0$

$\overrightarrow{IJ} = \begin{pmatrix} 2 \\ -0{,}5 \end{pmatrix} \qquad \overrightarrow{MN} = \begin{pmatrix} 0{,}5 \\ 2 \end{pmatrix}$

$\overrightarrow{IJ} \perp \overrightarrow{MN}$, denn $2 \cdot 0{,}5 - 0{,}5 \cdot 2 = 0$

3. Um einen orthogonalen Vektor zu erhalten, setzt man eine Komponente gleich 0, vertauscht die anderen beiden miteinander und ändert das Vorzeichen einer dieser beiden.

Lösungen der Tests

Test zu 1.1 Seite 47

1.

a) $\dfrac{12}{4} = 3 \in \mathbb{N}$

b) $-\dfrac{\sqrt{2}}{\sqrt{8}} = -\dfrac{1}{\sqrt{4}} = -\dfrac{1}{2} \in \mathbb{Q}$

c) $x + 3 = \sqrt{3}$ ist lösbar in $\mathbb{R}$ (Lösung: $-3 + \sqrt{3}$)

d) $x^2 - 9 = 0$ ist lösbar in $\mathbb{Z}$ (Lösungen: -3 und 3)

2.

a) $\{(1 \mid 5{,}5), (1{,}5 \mid 5{,}5), (17 \mid 3), (17 \mid 4)\}$

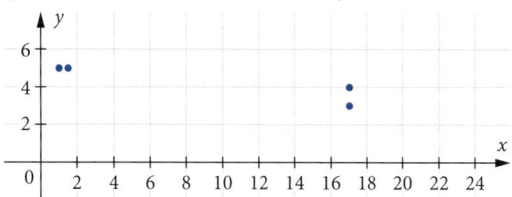

b) Keine Funktion, da:
- 3 aus der Ausgangsmenge kein Element aus der Zielmenge zugeordnet wird.
- 17 aus der Ausgangsmenge zwei Elemente aus der Zielmenge zugeordnet werden.

3.

a)

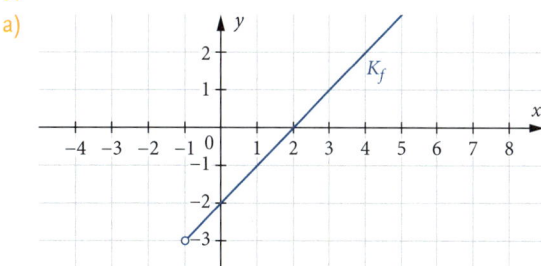

b) $D_f = \,]{-1}; +\infty[; \ W_f = \,]{-3}; \infty[; \ S_x(2 \mid 0); \ S_y(0 \mid -2)$

c)

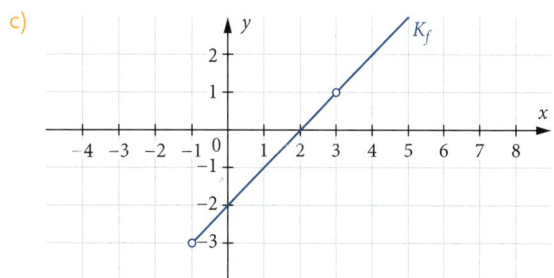

3 ist als x-Wert nicht zulässig (kein Einsetzen in die Gleichung von f);

$D_f = \,]{-1}; +\infty[\setminus \{3\} = \,]{-1}; 3[\,\cup\,]3; +\infty[$

L

4.

a) $D_f = [1; +\infty[;\ W_f =]-\infty; 2]$

b) $f(1) = 2 - \sqrt{1-1} = 2 \neq 1{,}9$
$(1\,|\,1{,}9)$ liegt nicht auf K_f.

c) K_f scheint die x-Achse bei 5 zu schneiden.
Rechnerisch: $f(5) = 2 - \sqrt{5-1} = 2 - \sqrt{4} = 0$; 5 ist Nullstelle von f.

5.

a) Falsch, zum Beispiel hat die Funktion f mit $f(x) = x^2 - 1$ die Nullstellen -1 und 1.

b) Wahr, da sonst der 0 mehrere y-Werte zugeordnet wären.

c) Falsch, zum Beispiel hat die Funktion f mit $f(x) = -x^2 - 2$ nur negative Funktionswerte.

d) Falsch, zum Beispiel kann man für die Funktion f mit $f(x) = x - 2$ festlegen, dass der Definitionsbereich $D_f = [3; \infty[$ ist.

e) Wahr, da dieser Stelle sonst mehrere y-Werte zugeordnet wären.

f) Falsch, zum Beispiel schneidet die Parallele zur x-Achse mit der Gleichung $y = 2$ den Graphen der Funktion f mit $f(x) = x^2 - 0{,}25$ zweimal.

g) Falsch. Wir betrachten zum Beispiel die Funktion f mit $f(x) = x^2 - 0{,}25$. Die Funktionswerte $f(-1)$ und $f(1)$ sind beide positiv, jedoch schneidet der Funktionsgraph die x-Achse im Bereich $[-1; 1]$ zweimal.

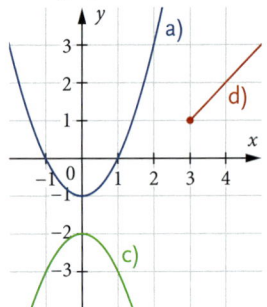

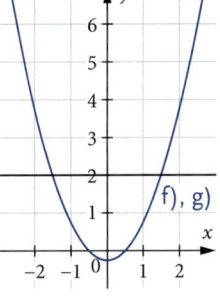

6. $f(x) = x^3 + x^2 - 3$
zum Beispiel:
Taschenrechner-Wertetabelle in 1er-Schritten:
$f(1) = -1 < 0;\ f(2) = 9 > 0$
VZW $\Rightarrow$ Nullstelle in $[1; 2]$
Taschenrechner-Wertetabelle in 0,1er-Schritten:
$f(1{,}1) \approx -0{,}459 < 0;\ f(1{,}2) \approx 0{,}168 > 0$
VZW $\Rightarrow$ Nullstelle in $[1{,}1; 1{,}2]$
Taschenrechner-Wertetabelle in 0,01er-Schritten:
$f(1{,}17) \approx -0{,}029 < 0;\ f(1{,}18) \approx 0{,}035 > 0$
VZW $\Rightarrow$ Nullstelle in $[1{,}17; 1{,}18]$
$f(1{,}175) \approx 0{,}00286 > 0 \Rightarrow$ Nullstelle in $[1{,}17; 1{,}175]$
Gerundete Nullstelle: 1,17

7.

a) f_1: richtig, da keine Sprungstellen;
f_2: falsch, da Sprung an der Stelle $x = -4$

b) f_1: falsch, da $f_1(1) = 2 > 1$;
f_2: richtig, da $f_2(1) = -2 < 1$

c) f_1: falsch, da der Graph ab $x > 2$ nur unterhalb der x-Achse verläuft;
f_2: richtig, da der Graph ab $x > 2$ nur oberhalb der x-Achse verläuft

d) f_1: falsch, da $f_1(-2) = -1 < 1{,}5 = f_1(0)$;
f_2: richtig, da $f_2(-2) = -2 > -3 = f_2(0)$

e) f_1 und f_2: richtig, da beide Graphen die x-Achse bei -3 und 2 schneiden (-3 und 2 sind Nullstellen)

f) f_1: falsch, da der Graph in $]-1; 2[$ oberhalb der x-Achse verläuft (-1 und 2 sind Nullstellen);
f_2: richtig, da der Graph in $[-1; 2[$ unterhalb der x-Achse verläuft (2 ist Nullstelle)

g) f_1: richtig, $y = 3$ für $x \approx -3{,}8$;
f_2: richtig, $y = 3$ für $x = 3$

Test zu 1.2 Seite 75

1.

a)

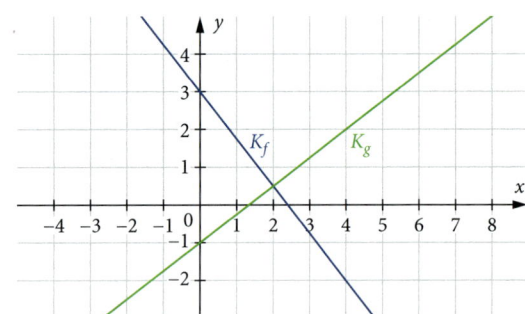

b) $\quad f(x) = g(x)$
$-1{,}25x + 3 = 0{,}75x - 1$
$\qquad\quad 2x = 4$
$\qquad\quad\ \ x = 2 \quad f(2) = -1{,}25 \cdot 2 + 3 = 0{,}5$
$S(2\,|\,0{,}5)$

2. $f(x) = -\frac{1}{2}x + 2$

a) $f(4) = -\frac{1}{2} \cdot 4 + 2 = -2 + 2 = 0$; R liegt auf der Geraden.

b) $g(x) = -0{,}5x$

c) $m_h = \frac{-1}{\left(-\frac{1}{2}\right)} = 2$ und $R(4\,|\,0)$
in Punkt-Steigungsform einsetzen:
$h(x) = 2(x-4) + 0 = 2x - 8$

d) z. B. $(4\,|\,1)$

3.

a) $\Delta x(A, D) = 1;\ \Delta y(A, D) = 2{,}5$

$x_C = x_B + \Delta x(A, D) = 4 + 1 = 5$
$y_C = y_B + \Delta y(A, D) = 1 + 2,5 = 3,5$
$C(5 \mid 3,5)$

b) Die Gleichung entspricht der Punkt-Steigungsform der Geraden durch $B(4 \mid 1)$.

c) $m_{f_2} = \frac{5,5 - 3}{0 - (-1)} = 2,5; \; y = 2,5(x - 0) + 5,5 = 2,5x + 5,5$

d) $m_{f_1} = -\frac{2}{5} = \tan(\gamma_{\text{neg}}) \; \Rightarrow \; \gamma_{\text{neg}} \approx -21,8°$
$\Rightarrow \gamma \approx 180° - 21,8° = 158,2°$
$\beta = 158,2° - 131,6° = 26,6°$

e) $m_{f_1} \cdot m_{f_2} = -1;$
$A = d(A, B) \cdot d(A, D) = \sqrt{29} \cdot \frac{\sqrt{29}}{2} = 14,5 \text{ FE}$

4.

a) $g_1: S_y(0 \mid 2) \quad m = -\frac{1}{3} \quad g_1(x) = -\frac{1}{3}x + 2$
$g_2: S_y(0 \mid -2) \quad m = 1 \quad g_2(x) = x - 2$
$g_3: x = -2$

b) K_{g_1} schneidet die y-Achse bei 2. g_1 hat die Nullstelle 6.

$c_1)$ $g_1(x) \geq 0$
K_{g_1} liegt oberhalb oder auf der x-Achse für $x \leq 6$.
$-\frac{1}{3}x + 2 \geq 0$
$2 \geq \frac{1}{3}x$
$6 \geq x$

$c_2)$ $g_2(x) \leq 3$
K_{g_2} liegt unterhalb der Geraden mit $y = 3$ für $x \leq 5$.
$x - 2 \leq 3$
$x \leq 5$

$c_3)$ $g_1(x) > g_2(x)$
K_{g_1} liegt oberhalb von K_{g_2} für $x < 3$.
$-\frac{1}{3}x + 2 > x - 2$
$4 > \frac{4}{3}x$
$3 > x$

d) Flächeninhalt Dreieck: $A = \frac{1}{2} \cdot g \cdot h$

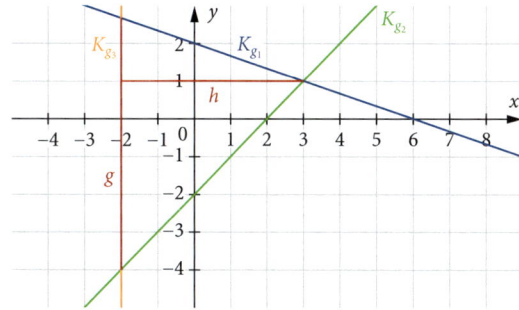

Schnittpunkt K_{g_1} und K_{g_3}: -2 in Gleichung von g_1 einsetzen
$g_1(-2) = -\frac{1}{3} \cdot (-2) + 2 = \frac{8}{3} \; \Rightarrow \; S\left(-2 \mid \frac{8}{3}\right)$
$g = 4 + \frac{8}{3} = \frac{20}{3} \qquad h = 5$
$A = \frac{1}{2} \cdot \frac{20}{3} \cdot 5 = \frac{50}{3} \approx 16,67 \text{ FE}$

5.

a) $A(3 \mid 9); B(8 \mid 14)$
Geschwindigkeit:
$m = \frac{14 - 9}{8 - 3} = 1 \frac{m}{s}$

b) Gerade durch A und B: $f(x) = x + 6$
nach 5 s: $f(5) = 5 + 6$
$= 11$ m Entfernung

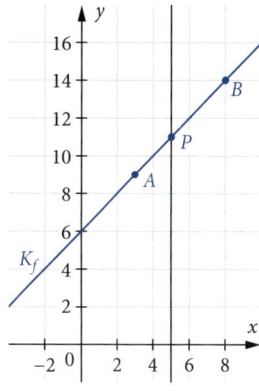

6. $f(2016) - f(1991) = 50$, da einem Unterschied der x-Werte von $10 = 2016 - 2006$ ein Unterschied der y-Werte von 20 entspricht. Ein Unterschied der x-Werte von $2016 - 1991 = 25$ entspricht dann dem 2,5-Fachen, also $1,5 \cdot 20 = 50$.

7. $m = \tan(60°) = \sqrt{3}$
$m_{AB_a} = \frac{a - 2,5}{2 - 1} = a - 2,5 = \sqrt{3}$
$a = \sqrt{3} + 2,5 \approx 4,23$

Test zu 2.1 Seite 103

1.

a) $6a^3$

b) 0

c) $2^y \cdot a^{xy}$

d) $\frac{1}{b^3}$

e) $3\sqrt{a} + a$

f) $a b$

g) 1

h) $-\sqrt[6]{a}$

2.

a) $5 \cdot \sqrt{10}$

b) $3 \cdot \sqrt[3]{4}$

c) $8ab^2$

d) $2yz \cdot \sqrt[3]{3x^2z}$

3. Individuelle Schülerlösung, zum Beispiel:

a) $f(x) = x^4 \qquad g(x) = x^4 + x^2 + 1$

b) $f(x) = x^5 \qquad g(x) = x^5 + x^3 + x$

c) $f(x) = x^4 + 1 \qquad g(x) = x^6 + 1$

d) $f(x) = x^5 \qquad g(x) = x^7$

4.

a) Punktsymmetrie zum Ursprung

b) Achsensymmetrie zur y–Achse

c) Punktsymmetrie zum Ursprung

d) keine Symmetrie

5.

a) $D_f = \mathbb{R}$ und $W_f = \mathbb{R}_+$

g_1: K_f an der x-Achse gespiegelt
$D_{g_1} = \mathbb{R}$ und $W_{g_1} =]-\infty; 0]$

g_2: K_f an der x-Achse gespiegelt, mit dem Faktor 2 gestreckt und um 6 Einheiten nach oben verschoben
$D_{g_2} = \mathbb{R}$ und $W_{g_2} =]-\infty; 6]$

g_3: K_f um 8 Einheiten nach rechts und um 5 Einheiten nach unten verschoben
$D_{g_3} = \mathbb{R}$ und $W_{g_3} = [-5; \infty[$

b) $D_f = \mathbb{R}^*$ und $W_f = \mathbb{R}^*$

g_1: K_f mit dem Faktor 3 gestreckt
$D_{g_1} = \mathbb{R}^*$ und $W_{g_1} = \mathbb{R}^*$

g_2: K_f um 4 Einheiten nach links und um 2 Einheiten nach unten verschoben
$D_{g_2} = \mathbb{R}\backslash\{-4\}$ und $W_{g_2} = \mathbb{R}\backslash\{-2\}$

g_3: K_f gestaucht um den Faktor 0,5 und um 1 Einheit nach rechts verschoben.
$D_{g_3} = \mathbb{R}\backslash\{1\}$ und $W_{g_3} = \mathbb{R}^*$

c) $D_f = \mathbb{R}_+$ und $W_f = \mathbb{R}_+$

g_1: K_f an der x-Achse gespiegelt
$D_{g_1} = \mathbb{R}_+$ und $W_{g_1} =]-\infty; 0]$

g_2: K_f um 7 Einheiten nach links verschoben
$D_{g_2} = [-7; \infty[$ und $W_{g_2} = \mathbb{R}_+$

g_3: K_f mit dem Faktor 10 gestreckt und um 5 Einheiten nach oben verschoben
$D_{g_3} = \mathbb{R}_+$ und $W_{g_3} = [5; \infty[$

6.

a) $f(x) = -(x + 1)^2 + 4$

b) $f(x) = -0,5\,(x + 1)^2 + 3$

c) $f(x) = 0,5\,(x + 1,5)^2 - 4$

7.

a) ① $f(x) = \dfrac{1}{x + 3}$

b) ⑧ $f(x) = 0,2\,x^2 + 1$

c) ③ $f(x) = \dfrac{1}{x - 3} - 1$

d) ④ $f(x) = (x - 1)^2$

e) ⑦ $f(x) = -0,5\sqrt{x}$

8.

a) $x = -7$

b) $x_1 = -\frac{1}{7}$ und $x_2 = \frac{1}{7}$

c) $x_1 = -3$ und $x_2 = 3$

d) nicht lösbar

e) $x = -6$

f) $x = 0,125$

9. $l \approx 0,487\,\text{m}$

Die Länge des Fadens beträgt ca. 48,7 cm.

Test zu 2.2 Seite 149

1.

a) $0,5\,x^2 \cdot (x^2 - 12x + 36) = 0$
$\Rightarrow x_{1/2} = 0$ (doppelt) $x_{3/4} = 6$ (doppelt)
$S_{x_1}(0\,|\,0),\ S_{x_2}(6\,|\,0)$

b) $x(-0,5\,x^2 + 1) = 0$
$\Rightarrow x_1 = 0,\ x_2 = \sqrt{2},\ x_3 = -\sqrt{2}$
$S_{x_1}(0\,|\,0),\ S_{x_2}(\sqrt{2}\,|\,0),\ S_{x_3}(-\sqrt{2}\,|\,0)$

c) $0,25 \cdot (z^2 - 5z - 24) = 0$
$\Rightarrow z_1 = 8,\ z_2 = -3 \ \Rightarrow\ x_1 = -\sqrt{8},\ x_2 = \sqrt{8}$
$S_{x_1}(\sqrt{8}\,|\,0),\ S_{x_2}(-\sqrt{8}\,|\,0)$

2.

a) Die Funktion ist achsensymmetrisch zur y-Achse, aber nicht punktsymmetrisch.

b) $x \to +\infty;\ f(x) \to +\infty;$
$x \to -\infty;\ f(x) \to +\infty$

c) Einfache Nullstellen; $S_{x_1}(\sqrt{3}\,|\,0),\ S_{x_2}(-\sqrt{3}\,|\,0)$
Berührpunkt: $S_{x_3}(0\,|\,0)$

d) $S_1(-2\,|\,8);\ S_2(2\,|\,8),\ S_3(1\,|\,-4),\ S_4(-1\,|\,-4)$

e)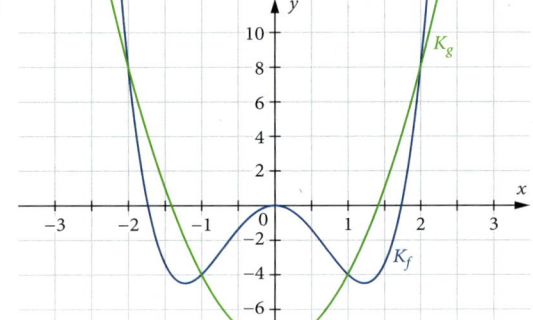

3.

a) Punktsymmetrie zum Ursprung
$f(x) = -f(x)$, denn $\frac{1}{3}x^3 - 3x = -\left(\frac{1}{3}(-x)^3 + 3x\right)$
$\frac{1}{3}x^3 - 3x = -\left(-\frac{1}{3}x^3 + 3x\right)$

b) Der Graph verläuft vom III. in den I. Quadranten.

c) $0 = x(x - 3)(x + 3);\ x_1 = 0;\ x_2 = 3;\ x_3 = -3$ einfache Nullstellen

d)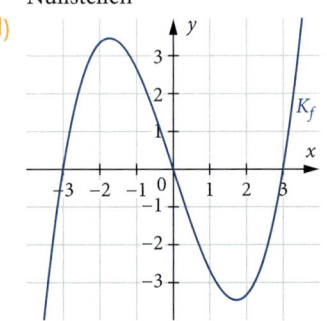

e) Bis zum Hochpunkt $H(-1,7 \mid 3,5)$ steigt der Graph. Anschließend fällt er bis zum Tiefpunkt $T(1,7 \mid -3,5)$ und steigt dann wieder.

f) Der Graph ist rechtsgekrümmt bis zum Wendepunkt $W(0 \mid 0)$ und anschließend linksgekrümmt.

4.

a) allgemeine Form: $f(x) = -2x^2 + 8x + 10$
Scheitelform: $f(x) = -2(x-2)^2 + 18$
Produktform: $-2(x+1)(x-5)$
Nullstellen: $x_1 = -1; x_2 = 5$
Scheitelpunkt: $S(2 \mid 18)$

b) allgemeine Form: $f(x) = x^2 + 2x + 1,5$
Scheitelform: $f(x) = (x+1)^2 + 0,5$
Produktform: nicht möglich
Nullstellen: keine
Scheitelpunkt: $S(-1 \mid 0,5)$

c) allgemeine Form: $f(x) = -3x^2 + 12x - 15$
Scheitelform: $f(x) = -3(x-2)^2 - 3$
Produktform: nicht möglich
Nullstellen: keine
Scheitelpunkt: $S(2 \mid -3)$

d) allgemeine Form: $f(x) = -x^2 - 2x + 3$
Scheitelform: $f(x) = -(x+1)^2 + 4$
Produktform: $f(x) = -(x+3)(x-1)$
Nullstellen: $x_1 = -3; x_2 = 1$
Scheitelpunkt: $S(-1 \mid 4)$

5. ① – i, ② – g, ③ – l, ④ – k, ⑤ – h, ⑥ – f

▶ Der Graph von Funktion j ist nicht abgebildet.
$j(x) = 0,5x^2 + x - 3$

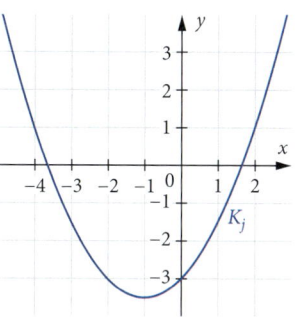

6. Ansatz: $f(x) = a(x - x_S)^2 + y_S$
Bedingungen:
$S(3 \mid -2) \Rightarrow x_S = 3; y_S = -2$
$P(4 \mid -3) \Rightarrow f(4) = -3$
$f(x) = a(x-3)^2 - 2$
$f(4) = a(4-3)^2 - 2 = -3$
$\qquad\qquad -3 = a - 2$
$\qquad\qquad\quad a = -1$
$f(x) = -(x-3)^2 - 2$
$f(x) = -x^2 + 6x - 11$

7. Ansatz: $f(x) = ax^3 + cx$ (Funktion 3. Grades, die punktsymmetrisch zum Koordinatenursprung ist)
Bedingungen:
(I) $f(2) = 0$
(II) $f(-1) = \frac{9}{2}$

(I) $8a + 2c = 0$
(II) $-a - c = \frac{9}{2}$

(I) + 2 · (II):
(III) $6a = 9$
$\qquad a = 1,5$
$a = 1,5$ in (I): $8 \cdot 1,5 + 2c = 0$
$\qquad\qquad\qquad\qquad c = -6$

$f(x) = 1,5x^3 - 6x$

8. Der Scheitelpunkt der quadratischen Erlösfunktion markiert den Punkt des höchsten Erlöses.

1. Lösungsweg:
Ansatz: $E(x) = a(x - x_1)(x - x_2)$
Die Nullstellen der Erlösfunktion sind $x_1 = 0$ und $x_2 = 10\,000$.
Mit $E(2000) = 80\,000$ erhält man:
$E(x) = -0,005x(x - 1000)$
$E(x) = -0,005(x - 5000)^2 + 125\,000$
$\Rightarrow S(5000 \mid 125\,000)$

2. Lösungsweg:
Die Nullstellen der Erlösfunktion sind $x_1 = 0$ und $x_2 = 10\,000$.
Für den x-Wert des Scheitelpunkts gilt:
$x_S = \frac{x_1 + x_2}{2}$
$x_S = \frac{0 + 10\,000}{2} = 5000$
Bei einer Menge von 5000 Stück ist der Erlös am größten.

3. Lösungsweg:
Ansatz: $E(x) = ax^2 + bx + c$
Bedingungen:
(I) $E(0) = 0$
(II) $E(2000) = 80\,000$
(III) $E(10\,000) = 0$
Gleichungssystem lösen:
$E(x) = -0,005x^2 + 50x$
$E(x) = -0,005(x - 5000)^2 + 125\,000$
$\Rightarrow S(5000 \mid 125\,000)$

285

Test zu 2.3 Seite 189

1. t: Zeit in Jahren nach Beginn der Beobachtung

a) (1) Lineares Wachstum: $g(t) = 1000 + 50\,t$

(2) Exponentielles Wachstum: $f(t) = 1000 \cdot 1{,}05\,t$

b) Grün → Funktion (1) (Gerade, also lineares Wachstum) Blau → Funktion (2) (Exponentialfunktion, also exponentielles Wachstum)

c) Modell (1) ist keine gute Modellierung für die Zeit vor Beobachtungsbeginn, weil nach diesem Modell die Bevölkerungszahl vor 20 Jahren null gewesen wäre. Modell (2) ist keine gute Modellierung für die Zeit vor Beobachtungsbeginn, weil nach diesem Modell die Bevölkerungszahl vor Beobachtungsbeginn asymptotisch gegen Null gehen würde.

2.

a) $x = -\frac{50}{17} \ln(6) \approx -5{,}2699$

b) $x_1 = 3;\ x_2 = -3$

c) $x_1 = \ln(7) \approx 1{,}9459;\ x_2 = \ln(4) \approx 1{,}3863$

3.

a) $f(x) = \frac{1}{2}e^{2x} - 2$

$f(0) = -\frac{3}{2} \Rightarrow S_y\left(0\,\middle|\,\frac{3}{2}\right)$

$f(x) = 0$

$\frac{1}{2}e^{2x} - 2 = 0$

$e^{2x} = 4$

$x = \frac{\ln(4)}{2} \approx 0{,}6931 \Rightarrow S_x(0{,}6931\,|\,0)$

b)

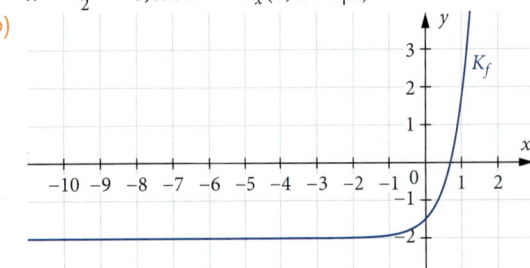

4. $f(x) = e^x$ und $g(x) = -e^{-x} + 2$

a)

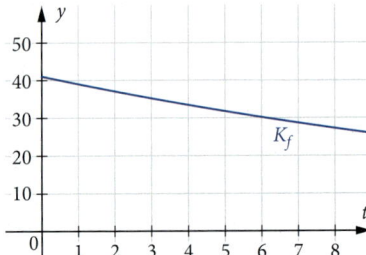

b) K_g geht aus K_f hervor durch:

1) Spiegelung an der x-Achse ($a = -1$)

2) Spiegelung an der y-Achse ($b = -1$)

3) Verschiebung um 2 LE nach oben ($d = 2$)

c) Asymptote von K_f: $y = 0$ (für $x \to -\infty$)

Asymptote von K_g: $y = 2$ (für $x \to \infty$)

d) Schnittpunkt:

$f(x) = g(x) \Rightarrow e^x = -e^{-x} + 2 \Rightarrow e^{2x} + 1 - 2\,e^x = 0;$

$u = e^x \Rightarrow u^2 - 2u + 1 = 0$

$(u - 1)^2 = 0 \Rightarrow u_{1/2} = 1$

$\Rightarrow x_{1/2} = \ln(u_{1/2}) = \ln(1) = 0$ doppelte Lösung

$f(0) = g(0) = 1 \Rightarrow S(0\,|\,1)$; es handelt sich um einen Berührpunkt (da doppelte Lösung).

e) $h(x) = f(x) \cdot g(x) = e^x \cdot (-e^{-x} + 2) = -1 + 2\,e^x$

Asymptote von K_h: $y = -1$ (für $x \to -\infty$)

Achsenschnittpunkte: $S_y(0\,|\,1)$ und $S_x(-\ln(2)\,|\,0)$

5.

a) t: Zeit in Stunden seit Beobachtungsbeginn;

$f(t)$: Körpertemperatur zum Zeitpunkt t

$f(t) = 41 \cdot 0{,}95^t$

Der Graph schneidet die y-Achse im Punkt $S_y(0\,|\,41)$ und ist fallend.

b) Normalwert 37 °C

$f(t) = 37$

$41 \cdot 0{,}95^t = 37 \Rightarrow t = \frac{\ln\left(\frac{37}{41}\right)}{\ln(0{,}95)} \approx 2{,}001$

Nach rund 2 Stunden ist die Körpertemperatur auf den Normalwert gesunken.

6.

a) $f(t) = S - k \cdot e^{b\,t}$

Der Flächeninhalt der Schale ist obere Schranke von f.

$A_{\text{Schale}} = r^2 \cdot \pi = (3{,}6\,\text{cm})^2 \cdot \pi \approx 40{,}72\,\text{cm}^2$

$S = 40{,}72$

Zu Beobachtungsbeginn ist die Petrischale zu einem Drittel gefüllt.

$f(0) = \frac{1}{3} \cdot A_{\text{Schale}} = \frac{1}{3} \cdot 40{,}72 \approx 13{,}57$

$f(0) = 13{,}57 = S - k$

$S = 40{,}72$ einsetzen: $k = 27{,}15$

$f(7) = 30$

$40{,}72 - 27{,}15 \cdot e^{b \cdot 7} = 30$

$b \approx -0{,}1328$

Wachstumsfunktion: $f(t) = 40{,}72 - 27{,}15 \cdot e^{-0{,}1328\,t}$

b) $f(14) = 40{,}72 - 27{,}15 \cdot e^{-0{,}1328 \cdot 14} \approx 36{,}49$

Nach 14 Tagen sind etwa 36,49 cm² bedeckt.

c) $0,6 \cdot A_{\text{Schale}} = 0,6 \cdot 40,72\,\text{cm}^2 = 24,43\,\text{cm}^2$

$f(t) = 24,43$

$40,72 - 27,15 \cdot e^{-0,1328\,t} = 24,43$

$t = \frac{\ln(0,6)}{-0,1328} \approx 3,85$ Tage

Nach ca. 3 Tagen und 20 Stunden sind 60 % der Petrischale bedeckt.

7. Halbwertszeit 1600 Jahre; Anfangswert a; t: Zeit in Jahren

Ansatz: $f(t) = a \cdot e^{b\,t}$

$f(1600) = \frac{1}{2}\,a$

$a \cdot e^{b \cdot 1600} = \frac{1}{2}\,a$

$b = \frac{\ln(0,5)}{1600} \approx -0,000\,433$

$f(t) = a \cdot e^{-0,000\,433\,t}$

Noch ein Achtel des Anfangswerts übrig:

$f(t) = \frac{1}{8}\,a$

$a \cdot e^{-0,000433\,t} = \frac{1}{8}\,a$

$t = \frac{\ln\left(\frac{1}{8}\right)}{-0,000433} = \frac{-\ln(8)}{-0,000433} \approx 4802,41$ Jahre

Man könnte diese Aufgabe auch ohne Zerfallsfunktion lösen: $\frac{1}{8} = \frac{1}{2} \cdot \frac{1}{2} \cdot \frac{1}{2} = \left(\frac{1}{2}\right)^3$, also muss die Zeit die dreifache Halbwertszeit betragen:

$t = 1600\ \text{Jahre} \cdot 3 = 4800\ \text{Jahre}$

Test zu 2.4   Seite 205

1.

a) Mia hat einen sinnvollen Lösungsansatz gewählt. Da von 23 für alle t ein positiver Wert subtrahiert wird, ist die maximale Temperatur des Brots 23 °C. Für kleine Werte von t ist der Wert, der subtrahiert wird, größer, d. h. zu Beginn erwärmt sich das Brot schneller, nach längerer Zeitdauer langsamer.

b) $y = 23$ für $t \to +\infty$

Die Umgebungstemperatur beträgt 23 °C.

c) $\quad T(0) = -18$

$23 - k \cdot e^{b \cdot 0} = -18$

$\qquad k = 41$

$k = 41$ in die Funktionsgleichung einsetzen:

$T(t) = 23 - 41\,e^{b\,t}$

$\quad T(3) = 12$

$23 - 41\,e^{b \cdot 3} = 12$

$\quad -41\,e^{3b} = -11$

$\qquad e^{3b} = \frac{11}{41}$

$\qquad 3b = \ln\left(\frac{11}{41}\right)$

$\qquad b = \frac{\ln\left(\frac{11}{41}\right)}{3} \approx -0,4386$

$T(t) = 23 - 41\,e^{-0,4386\,t}$

2.

a), b)

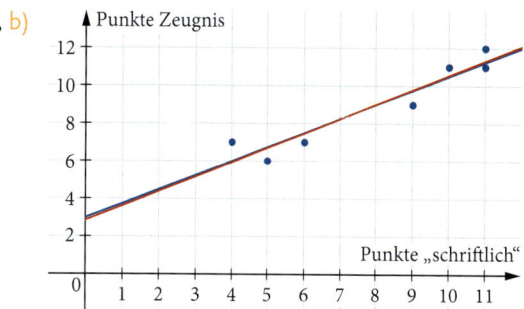

Regressionsgerade nach Augenmaß z. B.:

$f(x) = 0,75\,x + 3$

Regressionsgerade mit dem Taschenrechner bestimmt: $f(x) = 0,77\,x + 2,85$

c) $r = 0,95$

Die Korrelation zwischen den Punkten „schriftlich" und den Punkten im Zeugnis ist sehr hoch.

3.

a) Die Werte werden mit einer Exponentialfunktion modelliert.

Ansatz: $f(t) = a \cdot e^{b\,t}$

Annahmen: $f(0) = 30$

$\qquad\qquad f(10) = 5$

$\quad f(0) = 30$

$a \cdot e^{b \cdot 0} = 30$

$\qquad a = 30$

$a = 30$ in die Funktionsgleichung eingesetzt:

$f(t) = 30\,e^{b\,t}$

$\quad f(10) = 5$

$30\,e^{10\,b} = 5$

$\quad e^{10\,b} = \frac{1}{6}$

$\quad 10\,b = \ln\left(\frac{1}{6}\right)$

$\qquad b = \frac{\ln\left(\frac{1}{6}\right)}{10} \approx -0,1792$

$f(t) = 30\,e^{-0,1792\,t}$

b) Regression mit dem Taschenrechner:

$f(t) = 29,13\,e^{-0,19\,t}$; $r = -0,99$

Die gewählte Funktion ist für den Sachzusammenhang geeignet. Je mehr Zeit vergeht, umso weniger Ortsnamen werden erinnert. Die Regression ergibt eine Funktion, die fast die gleichen Werte hat. Die Korrelation ist sehr hoch.

c) $D_f = [0;\infty]$

4. Kopfumfang/Alter: $r = 0{,}92$; sehr hohe Korrelation
Hohe Aussagekraft, Kopfumfang und Alter des Kindes stehen in einem linearen Zusammenhang
Länge des Mittelfingers/Intelligenzquotient:
$r = -0{,}23$; niedrige Korrelation
Keine Aussagekraft
Gewicht eines Apfels/Vitamin-C-Gehalt des Apfels:
$r = 0{,}84$; hohe Korrelation
Mäßige Aussagekraft, da sich der Vitamin-C-Gehalt der Äpfel je nach Sorte und/oder Herkunft stark unterscheiden kann.

Test zu 3.1 Seite 217

1.

a) **Steigungsintervalle von f:** Im Intervall $I = \,]-\infty; -3[$ ist der Graph von f fallend, deshalb muss die Änderungsfunktion f' negativ sein, $K_{f'}$ also unterhalb der x-Achse verlaufen. Im Intervall $I = \,]-3; 1[$ ist der Graph von f steigend, deshalb muss f' positiv sein, $K_{f'}$ also oberhalb der x-Achse verlaufen. Im Intervall $I = \,]1; \infty[$ ist der Graph von f wieder fallend, deshalb muss f' negativ sein, $K_{f'}$ also unterhalb der x-Achse verlaufen.

Krümmungsintervalle von f:
Im Intervall $I = \,]-\infty; -1[$ ist der Graph von f linksgekrümmt, deshalb muss f' steigend sein. Im Intervall $I = \,]-1; \infty[$ ist der Graph von f rechtsgekrümmt, deshalb muss f' fallend sein.

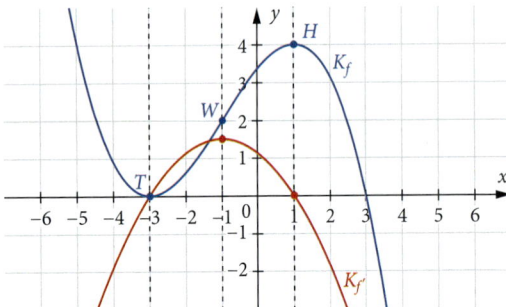

Als charakteristische Punkte des Graphen von f kann man den Tiefpunkt $T(-3\,|\,0)$, den Wendepunkt $W(-1\,|\,2)$ und den Hochpunkt $H(1\,|\,4)$ ablesen. Da f also Extremstellen bei $x = -3$ und $x = 1$ hat, muss die Änderungsfunktion genau dort Nullstellen haben. An der Wendestelle $x = -1$ des Graphen von f muss die Änderungsfunktion eine Extremstelle haben. Da f' vorher wächst und hinterher fällt, muss es sich dabei um eine Maximalstelle handeln. Der Schnittpunkt von K_f mit der x-Achse hat keine Bedeutung für den Graphen der Änderungsfunktion.

b) Bei diesem Graphen müssen einige Punkte nach Augenmaß abgelesen werden, weil sie nicht genau auf dem Koordinatengitter liegen. Die Schülerlösung kann daher dort etwas von der Musterlösung abweichen.

Steigungsintervalle von f: Im Intervall $I = \,]-\infty; -4[$ ist der Graph von f fallend, deshalb muss die Änderungsfunktion f' negativ sein, $K_{f'}$ also unterhalb der x-Achse verlaufen. Im Intervall $I = \,]-4; 1[$ ist der Graph von f steigend, deshalb muss f' positiv sein, $K_{f'}$ also oberhalb der x-Achse verlaufen. Im Intervall $I = \,]1; 4[$ ist der Graph von f wieder fallend, deshalb muss f' negativ sein, $K_{f'}$ also unterhalb der x-Achse verlaufen. Im Intervall $I = \,]4; \infty[$ ist der Graph von f steigend, deshalb muss f' positiv sein, $K_{f'}$ also oberhalb der x-Achse verlaufen.

Krümmungsintervalle von f: Die erste Wendestelle bei $x = -2$ lässt sich gut ablesen. Die zweite Wendestelle kann man nur ungefähr ablesen mit $x = 2{,}7$. Im Intervall $I = \,]-\infty; -2[$ ist der Graph von f linksgekrümmt, deshalb muss f' steigend sein. Im Intervall $I = \,]-2; 2{,}7[$ ist der Graph von f rechtsgekrümmt, deshalb muss f' fallend sein. Im Intervall $I = \,]2{,}7; \infty[$ ist der Graph von f linksgekrümmt, deshalb muss f' steigend sein.

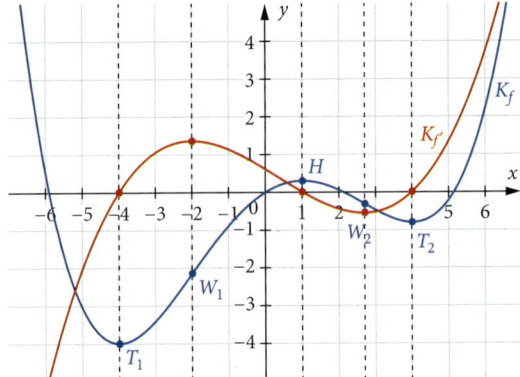

Als charakteristische Punkte des Graphen von f kann man den Tiefpunkt $T_1(-4\,|\,-4)$, den Wendepunkt $W_1(-2\,|\,-2{,}2)$, den Hochpunkt $H(1\,|\,0{,}3)$, den zweiten Wendepunkt $W_2(2{,}7\,|\,-0{,}3)$ und den zweiten Tiefpunkt $T_2(4\,|\,-0{,}8)$ ablesen. Da f also Extremstellen bei $x = -4$, $x = 1$ und $x = 4$ hat, muss die Änderungsfunktion genau dort Nullstellen haben. An den Wendestellen $x = -2$ und $x = 2{,}7$ des Graphen von f muss die Änderungsfunktion Extremstellen haben. Der Schnittpunkt von K_f mit der x-Achse hat keine Bedeutung für den Graphen der Änderungsfunktion.

c) Mit bloßem Auge lässt sich bei diesem Graphen nicht ganz genau feststellen, an welcher Stelle die Krümmung wechselt. Eine korrekte Schülerlösung bzgl. der Wendepunkte kann daher auch stärker von der Musterlösung abweichen.

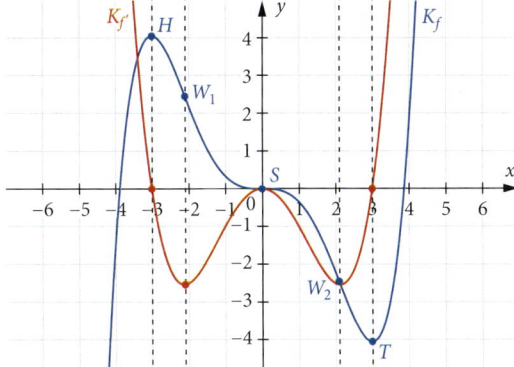

Zunächst fällt auf, dass der Graph von f punktsymmetrisch zum Koordinatenursprung ist. Diese Eigenschaft kann man bei den Überlegungen verwenden, weil daraus auch eine Symmetrie der Änderungsfunktion folgt.

Steigungsintervalle von f: Im Intervall $I =]-\infty; -3[$ ist der Graph von f steigend, deshalb muss die Änderungsfunktion f' positiv sein, $K_{f'}$ also oberhalb der x-Achse verlaufen. Im Intervall $I =]-3; 3[$ ist der Graph von f ist fallend, deshalb muss f' negativ sein, $K_{f'}$ also unterhalb der x-Achse verlaufen. Der Sattelpunkt stellt hier eine Ausnahme dar: Dort ist die Steigung von f genau null, daher berührt $K_{f'}$ hier die x-Achse. Im Intervall $I =]3; \infty[$ ist der Graph von f wieder steigend, deshalb muss f' positiv sein, $K_{f'}$ also oberhalb der x-Achse verlaufen.

Krümmungsintervalle von f: Die erste Wendestelle lässt sich nur ungenau ablesen, da ein Teilstück des Graphen fast gerade wirkt und daher der Wendepunkt irgendwo auf diesem Teilstück liegen könnte. Die Wendestelle liegt ungefähr bei $x = -2,1$. Die zweite Wendestelle muss dann wegen der Punktsymmetrie von f bei $x = 2,1$ liegen. Außerdem wechselt das Krümmungsverhalten am Sattelpunkt $S(0|0)$. Im Intervall $I =]-\infty; -2,1[$ ist der Graph von f rechtsgekrümmt, deshalb muss f' fallend sein. Im Intervall $I =]-2,1; 0[$ ist der Graph von f linksgekrümmt, deshalb muss f' steigend sein. Im Intervall $I =]0; 2,1[$ ist der Graph von f rechtsgekrümmt, deshalb muss f' fallend sein. Im Intervall $I =]2,1; \infty[$ ist der Graph von f linksgekrümmt, deshalb muss f' steigend sein.

Da der Graph von f punktsymmetrisch zum Koordinatenursprung ist, müssen natürlich auch die charakteristischen Punkte punktsymmetrisch liegen. Man kann den Hochpunkt $H(-3|4)$ und den Tiefpunkt $T(3|-4)$, den ersten Wendepunkt mit ungefähr $W_1(-2,1|2,5)$ und den zweiten Wendepunkt $W_2(2,1|-2,5)$ sowie den Sattelpunkt $S(0|0)$ ablesen. Der Hoch- und Tiefpunkt verursacht die Nullstellen der Änderungsfunktion bei $x = -2,1$ und $x = 2,1$. An den Wendepunkten W_1 und W_2 erfolgt jeweils ein Rechts-links-Krümmungswechsel; deshalb hat die Änderungsfunktion bei $x = -2,1$ und $x = 2,1$ jeweils eine Minimalstelle. Im Sattelpunkt gibt es einen Links-rechts-Krümmungswechsel, deshalb hat die Änderungsfunktion hier eine Maximalstelle. Da der Graph von f im Sattelpunkt die Steigung null hat, liegt der Hochpunkt der Änderungsfunktion auf der x-Achse.
(*Hinweis:* Die Punktsymmetrie des Graphen von f verursacht die Achsensymmetrie des Graphen von f'.)

2.

a) Die Funktion ist auf dem Intervall $I = [0; 6]$ definiert. Sie hat bei $x = 0$ und bei $x = 6$ je eine Nullstelle.
Im Intervall $I =]0; 4[$ ist der Graph steigend, im Intervall $I =]4; 6[$ ist er fallend. Also liegt in $H(4|800\,000)$ ein Hochpunkt vor. In $W(2|400\,000)$ liegt der einzige Wendepunkt. Der Graph ist im Intervall $]0; 2[$ linksgekrümmt und im Intervall $]2; 6[$ rechtsgekrümmt.

b) Da der Graph in $H(4|800\,000)$ einen Hochpunkt hat, ist nach 4 Tagen die Anzahl der Viren am höchsten mit $800\,000$ Viren in einem Milliliter Blut. Im Wendepunkt wächst die Anzahl der Viren am schnellsten, also nach 2 Tagen.

c) Im Wendepunkt ist das Wachstum am größten, anschließend verringert sich die Wachstumsrate. Also reagiert das Immunsystem nach zwei Tagen bis zum sechsten Tag, an dem die Infektion beendet ist.

d)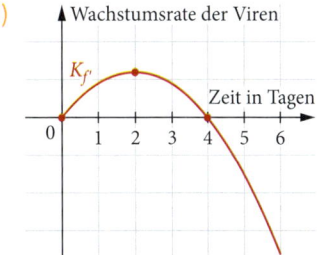

e) Zu Beginn der Infektion gab es nur wenige Viren und das Wachstum der Virenanzahl war noch langsam. Beides stieg dann immer schneller bis zum Ende des 2. Tages. Nach dem 2. Tag verlangsamte sich die Vermehrung der Viren wieder. Dennoch stieg bis zum 4. Tag die Anzahl der Viren weiter an. Nach dem 4. Tag wurden es weniger Viren – die Vermehrung der Viren war sozusagen negativ. Nach dem 6. Tag endete die Infektion.

Test zu 3.2 Seite 231

1.

a) Der höchste Gipfel liegt bei $(10\,|\,500)$, also auf einer Höhe von $500\,\text{m}$.

b) Zu Beginn ist der Anstieg am steilsten, also bei $(0\,|\,0)$, und am Ende ist der Abstieg am steilsten, also etwa bei $(12\,|\,150)$. Innerhalb der Wanderung fällt das Höhenprofil am steilsten etwa bei $\left(3\frac{1}{3}\,|\,200\right)$ und steigt am stärksten bei etwa $(8\,|\,350)$

c) Punkte ungefähr abgelesen: $A\,(0\,|\,0)$, $B\,(2\,|\,250)$, $C\,(5\,|\,160)$, $D\,(10\,|\,500)$ und $E\,(12\,|\,150)$

$$m_{AB} = \frac{y_B - y_A}{x_B - x_A} = \frac{250\,\text{m} - 0\,\text{m}}{2\,\text{km} - 0\,\text{km}} = 125\,\frac{\text{m}}{\text{km}} = 0,125 = 12,5\,\%$$

$$m_{AD} = \frac{y_D - y_A}{x_D - x_A} = \frac{500\,\text{m} - 0\,\text{m}}{10\,\text{km} - 0\,\text{km}} = 50\,\frac{\text{m}}{\text{km}} = 0,05 = 5\,\%$$

$$m_{AE} = \frac{y_E - y_A}{x_E - x_A} = \frac{150\,\text{m} - 0\,\text{m}}{12\,\text{km} - 0\,\text{km}} = 12,5\,\frac{\text{m}}{\text{km}} = 0,0125 = 1,25\,\%$$

$$m_{BE} = \frac{y_E - y_B}{x_E - x_B} = \frac{150\,\text{m} - 250\,\text{m}}{12\,\text{km} - 2\,\text{km}} = -10\,\frac{\text{m}}{\text{km}} = -0,01 = -1\,\%$$

d) Die Steigung ist dort 0 bzw. 0 %, wo die Extrempunkte liegen, da in diesen die Tangenten waagerecht sind. Bei $x = 2$, bei $x = 5$ und bei $x = 10$ ist die lokale Steigung 0 bzw. 0 %.

e) Man legt nach Augenmaß die Tangenten an und bestimmt mithilfe eines Steigungsdreiecks die Steigungen der Tangente im jeweiligen Punkt.

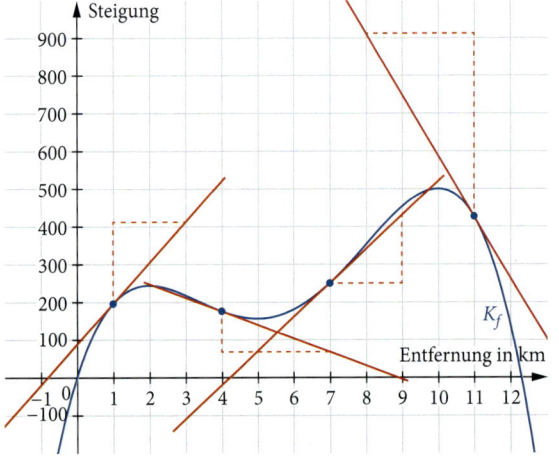

$$f'(1) = \frac{200\,\text{m}}{2\,\text{km}} = \frac{200\,\text{m}}{2000\,\text{m}} = 0,1 = 10\,\%$$

$$f'(4) = \frac{-100\,\text{m}}{3\,\text{km}} = \frac{-100\,\text{m}}{3000\,\text{m}} = -\frac{1}{30} \approx -0,03 = -3\,\%$$

$$f'(7) = \frac{180\,\text{m}}{2\,\text{km}} = \frac{180\,\text{m}}{2000\,\text{m}} = 0,09 = 9\,\%$$

$$f'(11) = \frac{-500\,\text{m}}{3\,\text{km}} = \frac{-500\,\text{m}}{3000\,\text{m}} = -\frac{5}{30} \approx -0,17 = -17\,\%$$

f) Wir nutzen die Monotonieintervalle bzw. Extremstellen von K_f, um die Nullstellen der Änderungsfunktion zu markieren: $x = 2$, $x = 5$ und $x = 10$.

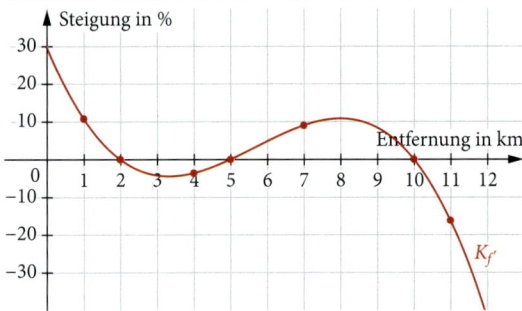

Wir entscheiden uns bei der Einteilung der y-Achse für die Angabe der Steigung in %; man könnte ebenso die Steigung als absolute Zahl verwenden und anstelle von 10 % dann 0,1 an die y-Achse schreiben.

Wir tragen die Ergebnisse aus e) als Punkte $(1\,\text{km}\,|\,10\,\%)$, $(4\,\text{km}\,|\,-3\,\%)$, $(7\,\text{km}\,|\,9\,\%)$ und $(11\,\text{km}\,|\,-17\,\%)$ ein.

Außerdem wissen wir aus b), dass der Graph von f bei $x = 3\frac{1}{3}$ und $x = 8$ Wendepunkte besitzt. Der Graph der Änderungsfunktion muss hier Extremstellen haben.

Ebenfalls in b) haben wir festgestellt, dass die Steigung bzw. das Gefälle an den Intervallgrenzen noch stärker ist als in den Wendepunkten. Der Steigungswert ist bei $x = 0$ viel größer und bei $x = 12$ viel niedriger als an jeder anderen Stelle des Intervalls.

2.

a)

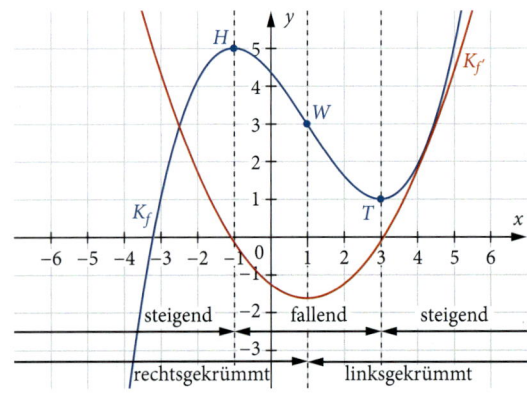

b)

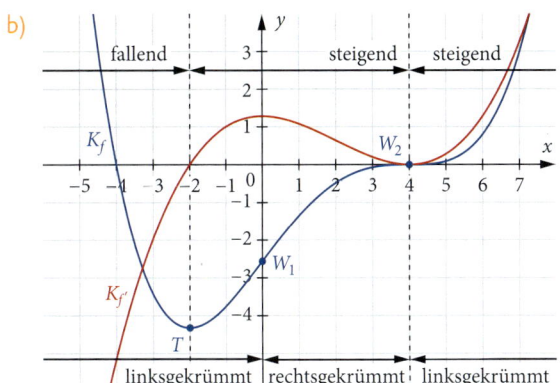

3.

a) $m_{[0;8]} = \frac{y_2 - y_1}{x_2 - x_1} = \frac{16\text{ Fälle} - 0\text{ Fälle}}{8\text{ Tage} - 0\text{ Tage}} = \frac{16\text{ Fälle}}{8\text{ Tage}} = 2\frac{\text{Fälle}}{\text{Tag}}$

$m_{[8;12]} = \frac{y_2 - y_1}{x_2 - x_1} = \frac{0\text{ Fälle} - 16\text{ Fälle}}{12\text{ Tage} - 8\text{ Tage}} = \frac{-16\text{ Fälle}}{4\text{ Tage}} = -4\frac{\text{Fälle}}{\text{Tag}}$

b) Man legt nach Augenmaß die Tangenten an und bestimmt mithilfe eines Steigungsdreiecks die Steigungen der Tangente im jeweiligen Punkt.

$f'(4) = \frac{6}{2} = 3$ und $f'(10) = \frac{7,5}{2} = -3,75$

Am 4. Tag beträgt die Zunahme der gemeldeten Fälle

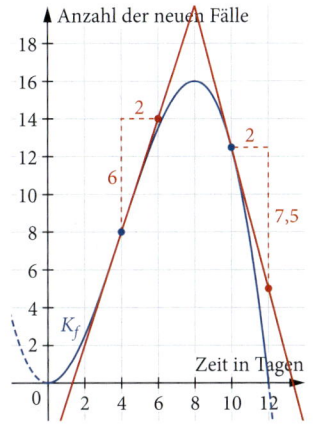

3 Fälle pro Tag und am 10. Tag beträgt die Abnahme knapp 4 Fälle pro Tag.

c) Die Punkte $A(0|0)$ und $A'(8|16)$ liegen symmetrisch zum Punkt P. Auch die Punkte $B(-4|16)$ und $B'(12|0)$ liegen symmetrisch zum Punkt P.

d) Da der Graph der Funktion symmetrisch zu P ist, muss P ein Wendepunkt sein. In einem Wendepunkt, der kein Sattelpunkt ist, ist die Steigung maximal oder minimal. Da der Graph hier steigt, muss die Steigung in P maximal sein. Folglich steigen die Fallzahlen an diesem Tag am stärksten.

e) Da f eine Polynomfunktion dritten Grades ist, muss wegen v. a. der Potenzregel die Änderungsfunktion eine Polynomfunktion zweiten Grades sein. Es handelt sich bei f' also um eine quadratische Funktion.

Mithilfe der Monotonieintervalle bzw. der Extremstellen des Graphen von f markiert man die Nullstellen von f' bei $x = 0$ und $x = 8$. Außerdem kann man $f'(4) = 3$ und $f'(10) = -3,75$ aus b) eintragen. Damit ist die Parabel eindeutig bestimmt.

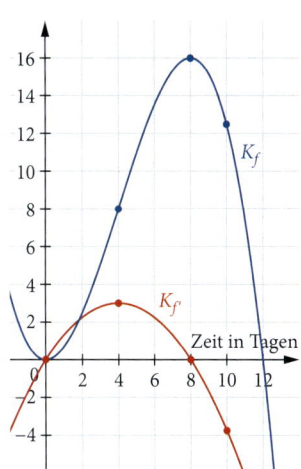

f) Zu Beginn des Verlaufs steigen die Fallzahlen langsam und dann immer schneller bis zum 4. Tag – dort ist die Zuwachsrate der Fallzahlen maximal. Anschließend verlangsamt sich die Zunahme bis zum 8. Tag – dort ist die Zuwachsrate null und die Abnahme der Fallzahlen beginnt. Vom 8. bis zum 12. Tag nehmen die Fallzahlen immer schneller ab. Am 12. Tag werden keine Fallzahlen mehr gemeldet – die Ansteckungswelle ist beendet.

Test zu 4.1 Seite 251

1.

a) $D(0|2|-1)$

b)

c) $\overrightarrow{AB} = \begin{pmatrix} 2-2 \\ 6-2 \\ -1-(-1) \end{pmatrix} = \begin{pmatrix} 0 \\ 4 \\ 0 \end{pmatrix}$

$\overrightarrow{BC} = \begin{pmatrix} 0-2 \\ 6-6 \\ -1-(-1) \end{pmatrix} = \begin{pmatrix} -2 \\ 0 \\ 0 \end{pmatrix}$

$\overrightarrow{CD} = \begin{pmatrix} 0-0 \\ 2-6 \\ -1-(-1) \end{pmatrix} = \begin{pmatrix} 0 \\ -4 \\ 0 \end{pmatrix}$

$\overrightarrow{DA} = \begin{pmatrix} 2-0 \\ 2-2 \\ -1-(-1) \end{pmatrix} = \begin{pmatrix} 2 \\ 0 \\ 0 \end{pmatrix}$

$|\overrightarrow{AB}| = |\overrightarrow{CD}| = 4;\ |\overrightarrow{BC}| = \overrightarrow{DA} = 2;$
$u = 2 \cdot 4 + 2 \cdot 2 = 12$

d) $F(1|4|-1)$

e) $h = 3$

2.

a)

(graph with axes x_3, x_2, x_1, showing vectors $\vec{a}$, $\vec{b}$, $\vec{c}$ with markings −2, −4, −6, −8, −10)

b)
$$\vec{u} = 2\begin{pmatrix} 4 \\ 6 \\ 3 \end{pmatrix} - 3\begin{pmatrix} -3 \\ 1 \\ -2 \end{pmatrix}$$

$$- 0{,}5\begin{pmatrix} 2 \\ 6 \\ 8 \end{pmatrix} = \begin{pmatrix} 16 \\ 6 \\ 8 \end{pmatrix}$$

3.

a) $C(0\,|\,10\,|\,0)$, $F(2\,|\,10\,|\,3)$, $G(0\,|\,10\,|\,3)$, $H(0\,|\,0\,|\,3)$

b) Der Erdaushub entspricht der Hälfte des Volumens des Quaders mit der Grundfläche $2\,\text{m} \times 10\,\text{m}$ und der Höhe $1\,\text{m}$.
$V = \frac{1}{2} \cdot 1\,\text{m} \cdot 2\,\text{m} \cdot 10\,\text{m} = 10\,\text{m}^3$
Es müssen $10\,\text{m}^3$ Erde ausgehoben werden.

4.

a) $\vec{v_1} = k \cdot \vec{v_2}$

(I) $6{,}6 = k \cdot 6{,}27 \;\Rightarrow\; k \approx 1{,}053$

(II) $4{,}2 = k \cdot 4 \;\Rightarrow\; k = 1{,}05$

(III) $-0{,}1 = k \cdot (-0{,}09) \;\Rightarrow\; k \approx 1{,}111$

Somit verlaufen die beiden Seile nicht parallel. Sie sind aber annähernd parallel.

b) $\vec{v_2} = \frac{1}{k} \cdot \vec{v_1}$ mit $k \approx 1{,}053$; $\vec{v_2} \approx \begin{pmatrix} 6{,}27 \\ 3{,}99 \\ -0{,}095 \end{pmatrix}$

5. $\overrightarrow{OQ} = \overrightarrow{OA} + \frac{1}{2}\,\overrightarrow{AB}$

$$= \begin{pmatrix} 8 \\ 0 \\ 6 \end{pmatrix} + \frac{1}{2}\begin{pmatrix} 9-8 \\ 7-0 \\ 6-6 \end{pmatrix} = \begin{pmatrix} 8{,}5 \\ 3{,}5 \\ 6 \end{pmatrix}$$

Schnittpunkt der Seitenhalbierenden auf $\overrightarrow{CQ}$:

$$\overrightarrow{OQ} + \frac{1}{3}\overrightarrow{QC} = \begin{pmatrix} 8{,}5 \\ 3{,}5 \\ 6 \end{pmatrix} + \frac{1}{3}\begin{pmatrix} -7-8{,}5 \\ -5-3{,}5 \\ 1-6 \end{pmatrix}$$

$$= \begin{pmatrix} 3{,}\overline{3} \\ 0{,}\overline{6} \\ 4{,}\overline{3} \end{pmatrix} \neq \begin{pmatrix} 3{,}3 \\ 0{,}7 \\ 4{,}3 \end{pmatrix}$$

P ist nicht der gesuchte Punkt.

Test zu 4.2 Seite 263

1.

a) $\vec{a} \cdot \vec{b} = 4{,}5 \cdot 5{,}1 \cdot \cos(45°) \approx 16{,}23$

b) $\cos(\alpha) = \frac{-5}{4{,}5 \cdot 3{,}9}$; $\alpha \approx 106{,}6°$

2. Ansatz: $\begin{pmatrix} a \\ b \\ 1 \end{pmatrix} \cdot \begin{pmatrix} b \\ a-1 \\ 0 \end{pmatrix} = 0$

$ab + b(a-1) = 0 \;\Leftrightarrow\; b(2a-1) = 0$
Für $a = 0{,}5$ und b beliebig oder für a beliebig und $b = 0$.

3.

a) $\overrightarrow{AB} = \begin{pmatrix} 3-2 \\ 4-3 \\ 5-(-2) \end{pmatrix} = \begin{pmatrix} 1 \\ 1 \\ 7 \end{pmatrix}$; $\overrightarrow{BC} = \begin{pmatrix} -3-3 \\ 1-4 \\ -1-5 \end{pmatrix} = \begin{pmatrix} -6 \\ -3 \\ -6 \end{pmatrix}$;

$\overrightarrow{AC} = \begin{pmatrix} -3-2 \\ 1-3 \\ -1-(-2) \end{pmatrix} = \begin{pmatrix} -5 \\ -2 \\ 1 \end{pmatrix}$

b) $\cos(\alpha) = \frac{\overrightarrow{AB} \cdot \overrightarrow{AC}}{|\overrightarrow{AB}| \cdot |\overrightarrow{AC}|} = 0 \;\Rightarrow\; \alpha = 90°$

Das Dreieck ist rechtwinklig.

c) $\overrightarrow{OD} = \overrightarrow{OA} + \overrightarrow{AB} + \overrightarrow{AC} = \begin{pmatrix} -2 \\ 2 \\ 6 \end{pmatrix} \;\Rightarrow\; D(-2\,|\,2\,|\,6)$

d) $\overrightarrow{BC} = \begin{pmatrix} -6 \\ -3 \\ -6 \end{pmatrix}$; $\overrightarrow{AD} = \begin{pmatrix} -4 \\ -1 \\ 8 \end{pmatrix}$
$\cos(\alpha) = \frac{-21}{9 \cdot 9} = -\frac{7}{27} \approx -0{,}259$
$\Rightarrow\; \alpha \approx 105{,}01° \;\Rightarrow\; \beta = 180° - 105{,}01° = 74{,}99°$

4.

a) Aus $\overrightarrow{AB} = \begin{pmatrix} 0 \\ 2 \\ 0 \end{pmatrix} = \overrightarrow{DC}$, $\overrightarrow{AD} = \begin{pmatrix} 0 \\ 0 \\ 2 \end{pmatrix} = \overrightarrow{BC}$ und

$\overrightarrow{AB} \cdot \overrightarrow{AD} = 0$, also rechtwinklig, folgt, dass es sich bei $ABCD$ um ein Quadrat handelt, da auch die Seitenlängen jeweils gleich 2 LE sind.
Also beträgt der Flächeninhalt $2 \cdot 2 = 4$ (FE).

b) $\vec{n} = \begin{pmatrix} 1 \\ 0 \\ 0 \end{pmatrix}$

5. Seien $\vec{a}$ und $\vec{c}$ die beiden gleich langen und parallelen Seiten. Es gilt also $\vec{a} = \vec{c}$, d. h. $\vec{a} - \vec{c} = \vec{0}$.

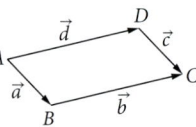

Wir müssen zeigen, dass die Vektoren $\vec{b}$ und $\vec{d}$ identisch sind. Dann sind auch diese Seiten gleich lang und parallel.
$\vec{a} + \vec{d} = \vec{b} + \vec{c} \;\Rightarrow\; \vec{a} - \vec{c} + \vec{d} = \vec{b} \;\Rightarrow\; \vec{0} + \vec{d} = \vec{b}$
$\Rightarrow\; \vec{d} = \vec{b}$

▶ Beachte die Anordnung der Pfeilspitzen.

L

Stichwortverzeichnis

Mathematische Symbole und Schreibweisen		
Zeichen (Symbol)	**Bedeutung, Sprechweise**	**Beispiel, Erläuterung, Verwendung**
$=$	gleich	$11 = 3 + 8$
$\neq$	ungleich, nicht gleich	$6 \neq 4$
$\approx$	ungefähr, nahezu gleich	$\frac{1}{3} \approx 0,33$
$<$	kleiner als	$5 < 8$
$>$	größer als	$6 > 2$
$\leq$	kleiner als oder gleich	$4 \leq 5;\ 4 \leq 4$
$\geq$	größer als oder gleich	$5 \geq 4;\ 5 \geq 5$
$\Rightarrow$	daraus folgt; aus … folgt …; folglich ist …	$A = \{1; 2; 3\} \Rightarrow 2 \in A$
$\Leftrightarrow$	… gilt genau dann, wenn …; … ist äquivalent mit …; … ist gleichwertig mit …	$3x = 6 \Leftrightarrow x = 2$
$\{a; b; c\}$	Menge mit den Elementen a, b, c	$A = \{1; 2; 3\}$
$\{x \mid \ldots\}$	Menge aller x für die gilt: …	$\{x \mid x \in \mathbb{R} \text{ und } x^2 - 9 = 0\} = \{-3; 3\}$
$\mathbb{N}$	Menge der natürlichen Zahlen	$\mathbb{N} = \{0; 1; 2; 3; \ldots\}$
$\mathbb{N}^*$	Menge der natürlichen Zahlen ohne null	$\mathbb{N}^* = \{1; 2; 3; 4; \ldots\}$
$\mathbb{Z}$	Menge der ganzen Zahlen	$\mathbb{Z} = \{\ldots; -2; -1; 0; 1; 2; \ldots\}$
$\mathbb{Q}$	Menge der rationalen Zahlen	$\mathbb{Q} = \left\{ \frac{a}{b} \mid a, b \in \mathbb{Z}; b \neq 0 \right\}$
$\mathbb{R}$	Menge der reellen Zahlen	
$\mathbb{R}_+^*$	Menge der positiven reellen Zahlen ohne null	
$\{\ \}$	leere Menge	Die leere Menge hat kein Element.
$\in$	ist Element von	$5 \in \mathbb{N}$
$\notin$	ist nicht Element von	$0,5 \notin \mathbb{Z}$
$\subset$	ist Teilmenge von	$\mathbb{N} \subset \mathbb{R}$
$\not\subset$	ist nicht Teilmenge von	$\mathbb{Z} \not\subset \mathbb{N}$
$\setminus$	Differenzmenge; Restmenge; ohne	$\{2; 4; 7\} \setminus \{2; 7\} = \{4\}$
$\cup$	vereinigt mit	$\{1; 2\} \cup \{2; 3; 4\} = \{1; 2; 3; 4\}$
$\cap$	geschnitten mit	$\{1; 2\} \cap \{2; 3; 4\} = \{2\}$
$[a; b]$	abgeschlossenes Intervall von a bis b	$[a; b] = \{x \mid a \leq x \leq b\}$
$]a; b[$	offenes Intervall von a bis b	$]a; b[= \{x \mid a < x < b\}$
$]a; b]$	linksseitig offenes und rechtsseitig abgeschlossenes Intervall von a bis b	$]a; b] = \{x \mid a < x \leq b\}$
$[a; b[$	rechtsseitig offenes und linksseitig abgeschlossenes Intervall von a bis b	$[a; b[= \{x \mid a \leq x < b\}$
$(a; b)$	geordnetes Zahlenpaar mit den Zahlen für a und b	$(-2; 1)$ alternative Schreibweise: $(-2 \mid 1)$
$P(x \mid y)$	Punkt der reellen Zahlenebene mit den Koordinaten x und y	$P(5 \mid -3)$
$P(x \mid y \mid z)$	Punkt des reellen Zahlenraums mit den Koordinaten x, y und z	$P(5 \mid -3 \mid 2)$